angela thomas
mit subversivem glanz

angela thomas

mit subversivem glanz

max bill und seine zeit

band 1: 1908–1939

scheidegger & spiess

gestaltung und satz: guido widmer, zürich
lithografie: egli.kunz & partner polygrafie ag, glattbrugg
druck und bindung: holzhausen, wien

umschlagbild: bauhäusler im und vor dem atelierhaus, april 1927
siehe s. 152

copyright der werke von josef albers, herbert bayer, binia bill, max bill,
wassily kandinsky, paul klee, konstantin stepanowitsch melnikow,
lászló moholy-nagy, lucia moholy, pablo picasso, alexander rodtschenko,
kurt schwitters, sophie taeuber-arp, georges vantongerloo
© 2008, prolitteris, zürich
weitere copyright-angaben im bildnachweis

© 2008 verlag scheidegger & spiess ag, zürich

alle rechte vorbehalten
kein teil dieses buchs darf in irgendeiner form
ohne schriftliche genehmigung reproduziert werden.

ISBN 978-3-85881-227-8

www.scheidegger-spiess.ch

für «smithy» – den nachfolger von max bill in meinem leben,
meinen liebsten ehemann erich schmid

s. 556	editorische notiz
s. 556	dank
s. 558	quellenverzeichnis
s. 566	personenregister
s. 575	bildnachweis

am lauenensee

vergnügt machte sich max bill mit mir im berner oberland auf den weg um den lauenensee. ausnehmend gut gelaunt folgte er den spuren, die seine mutter mit ihren erzählungen in seinem gedächtnis hinterlassen hatte. marie geiger war hier, zwei jahre vor maxens geburt, als noch unverheiratete junge frau, entlanggewandert. die freude, die marie damals in dieser natur verspürt hatte, konnte max bestens nachempfinden.

normalerweise erübrigte max bill ansonsten für spaziergänge kaum zeit, jedenfalls nicht in dem zeitraum, in dem ich ihm nah war, in jenen zwanzig lebensjahren von 1974 bis zu seinem tod im dezember 1994.

marie geiger reiste ende oktober 1906 nach lauenen im saanenland, um einige zeit in gesellschaft ihres lieblingsbruders ernst zu verbringen. dieser war von den mit ihm befreundeten geschwistern züricher ins ‹hubelhüsi› eingeladen worden. das 1636 erbaute holzhaus nannte man intern ‹hübi›. gertrud züricher hatte es zwei jahre zuvor erworben und in stand gesetzt. das ‹hübi› verfügte über eine reichhaltige bibliothek und wurde von zahlreichen gästen besucht.

ernst geiger war schon ein paar monate vor der ankunft seiner schwester in die berge gekommen. «ich zog nun, ein freier maler, für die familie aber ein gelinder lump, da ich keine stelle hatte, in die berge, malte, schnitt holz, welche kunst ich von amiet gelernt, lebte mit den wech-

weil die eltern der geschwister züricher nicht mehr lebten, hatte gertrud züricher das haus in den bergen erworben, um ihren geschwistern, die meist im ausland weilten, einen treffpunkt zu bieten sowie freunde und bekannte einzuladen.

bei dem von ernst geiger erwähnten amiet handelt es sich um den schweizer künstler cuno amiet. ihn hatte geiger kurz zuvor auf der oschwand in der nähe von herzogenbuchsee, kanton bern, aufgesucht, wo ihm amiet die technik des farbholzschnitts vorgemacht und beigebracht hatte. amiet und geiger werden 1907 gemeinsam mit giovanni giacometti ihre gemälde am salon in genf ausstellen.

ernst geiger am lauenensee, 1906

in der *hubelhüsi-chronik* wird «das marie giiger [so wird der nachname geiger im schweizerdeutschen ausgesprochen] aus brugg» als verursacherin eines kleinen brandes kurz erwähnt. sie hatte offensichtlich nicht darauf geachtet, dass sich auf dem ofen noch zwei «kaffeewärmer» befanden – aus stoff gefertigte hauben, die man damals den kaffeekannen überstülpte, um den kaffee länger warm zu halten –, die dann zu brennen anfingen.

ulrich wilhelm züricher (1877–1961) wird jahre später, in den *brugger neujahrsblättern 1937* sowie 1956 im *aargauer tagblatt,* auf diese gemeinsam mit ernst geiger in zürich verbrachte zeit zurückblicken.

ernst geiger:
wildhorn, um 1906
aquarell mit signatur

marie blieb nahezu anderthalb monate, vom 30. oktober bis 13. dezember 1906, im ‹hübi›. unterhalb ihres eintrags «addio, auf wiedersehen!» in der *hubelhüsi-chronik* ist das foto einer frau im langen wintermantel eingeklebt, daneben steht ein mann im schnee, der wohl ihr bruder ernst ist.

selnden gästen des ‹hübi› zusammen … und eine zeitlang kam meine schwester marie ebenfalls herauf»[1], wie er rückblickend festhielt.

geiger zeichnete im ‹hübi› blatt für blatt dekorative motive, die die neue *hubelhüsi-chronik* umranken. für die hausbesitzerin gertrud züricher, zu der er eine gewisse nähe empfand, fertigte er ein vergoldetes exlibris, das auf der deckelinnenseite des buchs eingeklebt wurde.

kaum angekommen, machte sich marie geiger im ‹hübi› nützlich und heizte erst einmal tüchtig ein, damit es in der stube gemütlich werde, was aber nicht im ersten anlauf gelang.

marie war dreiundzwanzig jahre alt. obwohl die junge frau behütet aufgewachsen war, teilte sie die meinung der eltern, dass der stellenlose, malende ernst «ein lump» sei, nicht. sie stand ihrem bruder vergnügt zur seite, begleitete ihn auf den wanderungen, und ihr gefielen seine in der lauener landschaft entstandenen gemälde.

marie genoss die unbekümmerte zeitspanne vor ihrer hochzeit mit erwin bill, den sie am 23. märz 1908 in ihrem heimatstädtchen brugg heiraten sollte – und zu dem sie dann in die kleinstadt winterthur zog, wo er als eisenbahner tätig war. ob sie ihm, ihrem baldigen ehemann und zukünftigen vater von max bill, vielleicht zufälligerweise hier oben in den bergen begegnete? jedenfalls fand sie grossen gefallen an ihrem aufenthalt fern aller gesellschaftlichen etiketten. das ungezwungene zusammensein mit ihrem unangepassten bruder machte sie glücklich.

ernst geiger war von seinem freund ulrich wilhelm züricher sowie dessen schwestern gertrud und bertha züricher ins ‹hübi› eingeladen worden. geiger

---

1 geiger 1969, s. 27
2 werktitel im katalog der *gemäldeausstellung im helmhaus,* 15. november bis 2. dezember, zürich 1903: ernst geiger (kat. nr. 1–65), bertha züricher (kat. nr. 66–88) und wilhelm züricher (kat. nr. 89–128)
3 gertrud züricher: *kinderlied und kinderspiel im kanton bern,* schweizerische gesellschaft für volkskunde, zürich 1902

und ulrich wilhelm kannten sich bereits seit ihrer studienzeit. im freundeskreis liess sich ulrich wilhelm züricher, dem man die vornamen des reformators zwingli und des schweizer nationalhelden tell mit auf den lebensweg gegeben hatte, stets nur u.w.z. nennen. während ihres aufenthalts im sommer 1906 begannen ernst und u.w.z. die holzbalken zu bemalen.

bertha züricher war malerin und hielt sich meistens in paris auf. sie hatte zusammen mit ihrem bruder und ernst geiger 1903 – also drei jahre vor geigers besuch im ‹hübi› – in zürich ausgestellt.²

gertrud züricher besass ein zeichenlehrerpatent und verdiente ihren lebensunterhalt als lehrerin. sie hatte vier jahre vor ernst und marie geigers aufenthalt im ‹hübi› eine sammlung von berndeutsch gesungenen kinderliedern publiziert.³ da sie privat botanische studien malte, fand ernst geiger, der sich seinerseits besonders für pflanzen interessierte, in ihr eine ihm äusserst zugeneigte gesprächspartnerin.

marie geiger und ihr bruder ernst, 1906

das von ihr erarbeitete, gemalte zehnbändige herbarium vermachte gertrud züricher der burgerbibliothek bern.

ernst geiger: *geltenfall bei lauenen* (auch *paysage près de lauenen*), 1906
öl auf leinwand, 44 × 61 cm

in derselben schule in aarau wurde übrigens, eine klasse über ernst geiger, albert einstein unterrichtet. max bill berichtete mir, dass sein onkel ernst den albert einstein «von der jugendzeit her kannte». bücher über einstein wird max bill später in seine bibliothek aufnehmen (z.b. *helle zeit – dunkle zeit. in memoriam albert einstein,* hrsg, von carl seelig, europa verlag, zürich/stuttgart/wien 1956). einstein gehört zu jenen, die aus nazideutschland emigrieren müssen. zur erinnerung an zwei dieser emigranten wird bill skulpturen erschaffen: das *monument für albert einstein* (1979–1982) wird in einsteins geburtsstadt ulm aus rotem ukrainischem granit aufgebaut, und als hommage an den philosophen ernst bloch entwirft bill die granitskulptur *unendliche treppe, monument für ernst bloch* (1988/1990), die in blochs geburtsstadt ludwigshafen am rhein platziert wird. ausserdem gedachte max bill mit entwürfen zu monumenten für karl marx und georg büchner (die nicht als skulpturen ausgeführt worden sind) auch anderer geistesgrössen, die sich den zu ihrer zeit vorherrschenden politischen verhältnissen widersetzt hatten.

---

4 ulrich wilhelm züricher: «zum 80. geburtstag des malers ernst geiger 1. februar 1956», in: *aargauer tagblatt,* 24.1.1956
5 ernst geiger; archiv christoph geiger
6 siehe geiger 1969, s. 23f.
7 max bill, winterthur, 26.12.1925, an ernst geiger; archiv christoph geiger
8 dr. paula brupbacher: «der vorbereitende kongress der weltliga für sexualreform», in: *information,* heft 3, august/september 1932, s. 45; und «die bevölkerungspolitik im dritten reich», in: *information,* heft 2, september 1933, s. 19

schon seit seiner schulzeit an der kantonsschule in aarau hatte ernst geiger jeglichen alkohol gemieden und lebte weiterhin bewusst abstinent.

während der studienzeit in zürich trat er dem akademischen abstinentenverein ‹libertas› bei und war wegen seiner «frohen art» beliebt, während sein freund u.w.z., der seine eltern früh verloren hatte, damals eher als «schwerblütig veranlagt» galt. einige der ‹libertas›-studenten, unter ihnen u.w.z. und ernst geiger, waren progressiv ausgerichtet. sie wollten aufklärerisch gegen das übel des alkoholmissbrauchs ankämpfen, wegen der besonders die bereits armen leute noch weiter verelendenden folgeerscheinungen.

u.w.z. schrieb rückblickend über sich und seinen freund: «damals in zürich dachten wir zukunftsfroh ... du stecktest in der försterei, und ich in der architektur. allem sozialen geschehen brachten wir lebhaftes interesse entgegen ... wie oft sind wir damals gemeinsam gewandert! natur und kunst lockten. weisst du noch, wie du dein geliebtes alphorn über acht tessiner und walliserpässe schlepptest und auf alpen und in einsamen dörfern konzerte gabst? ...

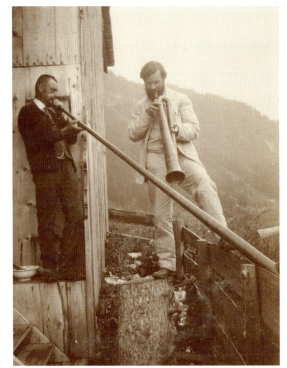

das hier erwähnte alphorn war kein gewöhnliches, sondern ein so genannter ‹büchel›. «in hergiswil erstand ich mir bei einem berühmten alphornbläser einen büchel, jene unterwaldnerform des alphorns, das gewunden oder besser zweimal geknickt mit seinem geraden schallbecher sich famos als futteral für das schatten- und regendach [das er auf wanderungen bei sich trug] eignete. eine derbe schnur ermöglichte mir, das instrument wie einen umgehängten karabiner zu tragen.»[5]

ernst geiger im hellen anzug mit seinem ‹büchel›

und paris wurde unser ziel. kurz vorher sind wir noch gemeinsam in soglio an der stelle gestanden, wo segantini sein grosses bild *werden* komponiert hatte. dann nahm uns paris gefangen mit seinen tausend anregungen.»[4]
u.w.z. und ernst geiger beteiligten sich überdies an einem ‹literarischen- und diskutier-kränzchen›, wo sie mancherlei politische anregungen von dr. fritz brupbacher, einem linken arbeiterarzt, empfingen.[6] ob ernst geiger auch mit seiner schwester marie diese themen diskutierte, ob sie um seine politischen präferenzen wusste und diese möglicherweise teilte, ist mir nicht bekannt.

les gens hors série

der maler ernst geiger wird die in brupbachers ‹kränzchen› gewonnenen politischen erkenntnisse auf jeden fall später maries 1908 geborenem sohn max überliefern, und sie werden sich prägend auf die entwicklung seines neffen auswirken. dem beispiel seines onkels folgend, wird max seinerseits kontakte zu progressiven abstinenten aufnehmen und gestalterisch aktiv im hinblick auf das geplante publikationsorgan der antialkoholiker, *die junge schweiz,* das im jahr 1926 erstmals erscheinen soll.

dem charismatischen fritz brupbacher, autor der autobiografie *60 jahre ketzer, ich log so wenig als möglich* (verlag b. ruppli, zürich 1935), der sich ideologisch vom anarchisten über den anarchosyndikalisten zum sozialisten entwickelte, wird max bill anfang der dreissigerjahre in zürich begegnen, im umfeld der kleinen antifaschistischen zeitschrift *information,* für deren typografie bill verantwortlich zeichnet, und für die unter anderen brupbachers ehefrau, die ärztin dr. paula brupbacher, ‹paulette› im freundeskreis, artikel schreibt.[8]

fritz brupbacher fühlte sich zu aussenseitern hingezogen. das bekundete – wie mir max bill erzählte – der in zürich lebende, mit brupbacher und später auch mit max bill eng vertraute französische schriftsteller jean-paul samson: für «les gens hors série» habe brupbacher ein ganz besonderes flair – und demnach dürfte er auch an begegnungen mit ernst geiger sowie, einige jahre darauf, mit dessen rebellischem neffen max bill durchaus gefallen gefunden haben.

bills onkel ernst war 1900 zusammen mit ulrich wilhelm züricher, der sich nach seinem achitekturstudium an der eidgenössischen technischen hochschule in zürich der malerei zuwandte, nach paris an die weltausstellung gereist. die beiden blieben spontan gleich mehrere monate lang zum malen. zuerst belegten sie das atelier von ulrichs schwester bertha, die ihrerseits malte

«lieber onkel ernst! es tut mir leid dich am libertas-stiftungsfest nicht zu treffen, viele deiner alten kameraden fragten nach dir und ich sagte allen sie sollen dich besuchen ... für die junge schweiz habe ich einen umschlag entworfen ... herzliche grüsse! max.»[7]

der im brief von bill erwähnte entwurf wurde allem anschein nach nicht akzeptiert. es liegt davon in max bills typografie-nachlass kein belegexemplar vor.

der besuch des russischen zaren in paris stand bevor. die staatlichen französischen organe waren darum bemüht, von ihnen befürchtete, gegen den zaren gerichtete anschläge zu vereiteln.

«das städtchen hob sich scharf ab von der umgebung, die mit vereinzelten grosszügigen landgütern und wenigen winzigen kleinbürgerhäuschen übersät war. frölich stammte aus der hauptstrasse, geiger aus dem herrschaftlichen gut, das sich vom jetzigen stadthaus westwärts bis gegen den süssbach erstreckte. unter den gewaltigen bäumen des parkes einerseits, in den gassen und winkeln der stadt andererseits spielte sich die jugendzeit der beiden gemeinsam ab.»[10]

das titelblatt der zeitschrift *svz revue onst* (no 8, 1934) zum thema «grosser preis der schweiz für automobile, bern», dem dieses zitat entnommen ist, war von max bill gestaltet worden («bill-zürich», siehe s. 412).

9   siehe gautschi-züricher [1988]
10 ernst geiger: handschriftlich verfasster text, o.j.; archiv christoph geiger
11 dr. simonett: «vindonissa», in: *svz revue onst*, offizielle reisezeitschrift der schweizerischen verkehrszentrale, bern 26.8.1934, no 8, 1934, s. 30–31
12 geiger 1969, s. 27
13 in: hubelhüsi-chronik

und farbige holzschnitte anfertigte. sie wurde in ihrem atelier im quartier montparnasse des öfteren von ihren deutschen kolleginnen, den künstlerinnen clara westhoff und paula modersohn aufgesucht.[9]

danach mieteten u.w.z. und ernst geiger ein eigenes, bescheidenes atelier in paris. da u.w.z. andauernd laut aus französischen büchern vorlas, ging er dem ernst schliesslich auf den geist. deswegen zog dieser kurzentschlossen abermals um, diesmal zu einem anderen schweizer, zu albert ‹bärti› frölich, einem architekten, mit dem er mütterlicherseits entfernt verwandt war. frölich und geiger verkehrten mit russischen emigranten und wurden deshalb bald von der französischen polizei überwacht.

albert frölich kam aus einer handwerkersfamilie, er verhielt sich draufgängerisch. ernst geiger dagegen sah sich selber damals noch als einen schüchternen kaufmannssohn. ernst und ‹bärti› hatten ihre jugendzeit – wie auch max bills mutter – in der kleinstadt brugg verbracht, die sich damals erst zum industrieort entwickelte.

gemeinsam unternahmen die beiden jungen männer «malwanderungen», auf denen ernst geiger unter anderem die heute nicht mehr existierenden «strohhäuser», so der gemäldetitel, in verschiedenen gemeinden des kantons aargau malte.

derselbe albert frölich wird als architekt in brugg einige private und öffentliche gebäude, darunter das architektonisch unattraktive vindonissa-museum (1911) realisieren können. und mit diesem museum verbindet die familie geiger wiederum eine ganz spezielle beziehung. ulrich geiger-schwarz, der vater von ernst und marie (und grossvater von max bill), wird «mitglied des ersten vorstandes der gesellschaft pro vindonissa». später wird er seine «sammlung geiger», die einige im kanton aargau gefundene römische münzen und keramik enthält, der gesellschaft in windisch vermachen.

vindonissa war einst die grösste römische militärstadt in dem gebiet der heutigen schweiz: «ausserhalb der eigentlichen soldatenstadt, die während der ersten 100 jahre nach christus bewohnt war, liegt das imposante amphitheater. es bot 10 000 personen platz … in seiner nähe erstreckte sich über eine grosse fläche hin der markt. hier trafen sich die händler nicht nur aus süden und norden, aus westen und osten; denn vindonissa lag im kreuzungspunkt nicht nur der wichtigsten heeres-, sondern auch der handelsstrassen … massenhaft entsteigen dem boden münzen aus bronze und silber, selten auch wunderbare prägungen aus gold.»[11]

besuch von maria bockhoff

obwohl ernst geiger in paris seinen ‹libertas›-kollegen u.w.z. nicht mehr ertragen hatte, treffen sie sich in der schweiz doch wieder, als geiger 1906 die einladung der geschwister züricher ins ‹hübi› nach lauenen annimmt, wo ulrich wilhelm züricher meistens die sommermonate verbringt. ernst kam vor allem deswegen in die berge, weil er sich zu gertrud hingezogen fühlte. sie selber hält sich, laut eintrag in der hauseigenen *chronik*, vom 23. dezember 1906 bis zum 6. januar 1907 in ihrem haus auf.

doch die freundschaftlich bis erotisierende geschichte nimmt dann, selbst für ernst geiger überraschend, eine völlig andere wendung: «der winter kam und der tiefe schnee … da kam am heiligabend 1906 fräulein züricher mit einer studentin. ich holte die beiden damen mit dem schlitten in gstaad ab … ich hatte mir kein bild von der kommenden studentin gemacht. sie war ein frisches deutsches mädchen, das mich, den etwas verwildert aussehenden mann, ganz zutraulich ansah … wir waren kameraden vom ersten augenblick an, maria bockhoff und ich. wir wurden bald freunde und wussten, dass wir zusammengehören.»[12]

maria bockhoff bedankt sich am tag ihrer abreise in der *chronik* «für die unvergesslich schönen tage, die ich im gastlichen hübi verlebte, 5.1.1907. maria bockhoff». gleich darunter schreibt ernst geiger, der tags darauf aufbricht: «ein reiches halbes jahr habe ich im hübi verlebt. zu einer neuen heimat ist mir das liebe häuschen geworden. dank und auf wiedersehen. 4. juli 1906 – 6. januar 1907. ernst geiger.»[13]

unterhalb dieser eintragungen sind drei fotos eingeklebt. auf einem davon sind maria bockhoff und ernst geiger zu sehen.

die geschwister züricher interpretieren die sich überstürzenden geschehnisse einhellig in dem sinn, dass maria bockhoff die beziehung zwischen gertrud züricher und ernst geiger «gesprengt» habe. dennoch scheinen die beiden frauen einen weg gefunden zu haben, weiterhin miteinander auszukommen.

mittleres foto: maria bockhoff (mitte) und ernst geiger

bertha züricher sah ihr künstlerisches schaffen nicht losgelöst von der beschäftigung mit den problemen der gegenwart und sie gehörte «zu den ersten frauen, die sich der frauenliga für frieden und freiheit zuwandten. 1927 nahm sie teil am pazifistenkongress. anwesend waren dort auch romain rolland, mahatma gandhi und albert schweitzer, die von bertha portraitiert wurden.»[15]

«nach einem semester medizin an der universität basel besuchte er das polytechnikum in zürich und bereitete sich auf den beruf des försters vor. ebenso wie der wald scheinen indessen geologie, die urgeschichte und die philosophie den jungen mann beschäftigt zu haben ... das studium schloss ernst geiger mit dem doktoreexamen in botanik ab. er war der zweite förster, welcher in der schweiz doktorierte. die wache intelligenz, die allseitigen interessen und die wanderlust führten geiger in verschiedene länder ...»[17]

gertrud züricher und maria bockhoff halten sich in den frühlingsferien 1907 erneut im ‹hübi› auf. gertruds schwester, bertha züricher, eröffnet sich die möglichkeit, ihre werke im april/mai 1907 im kunstmuseum bern auszustellen, und ernst geiger, der ihr, der begeisterungsfähigen pazifistin, freundschaftlich verbunden bleibt, gestaltet für sie die einladung.[14]

im gedächtnis von marie geiger, die 1906 anderthalb monate bei ihm im ‹hübi› zu gast war, bleiben die ereignisse verknüpft mit der gegend um den lauenensee, wo sich ihr bruder und maria bockhoff zum ersten mal begegneten. die beiden heiraten innert weniger monate. bald nach ihrem bruder wird auch marie geiger, im märz 1908, heiraten, und max bill wird sozusagen pünktlich neun monate nach der hochzeit seiner eltern, am 22. dezember 1908, in der industriestadt winterthur zur welt kommen.

die starken gefühle der künstler hodler, segantini und geiger für die natur

vom ‹hübi› aus unternahmen bertha züricher mit ihrem bruder u.w.z., der kunstkritiker dr. johannes widmer und der botaniker und maler dr. ernst geiger im august 1907 – diesmal sind weder maria bockhoff noch gertrud züricher dabei – eine fünftägige wanderung über den rawilpass zur wildstrubelhütte am weisshorn.

über die natur in der näheren umgebung schrieb züricher, dass kaum ein anderes tal in der schweiz «den stillen liebreiz des tales mit grossartiger hochgebirgsnatur» so «vereinige» wie das lauenental, und ernst geiger dichtete salopp: «von lauenen zum bergeskamm / sieht man viel pfade winken. / und triffst du auch ein bisschen schlamm, / du wirst nicht gleich versinken ...»[16]

aus den hochgebirgsgemälden geigers, hodlers und segantinis kommen uns die starken gefühle dieser künstler für die natur, die sie sich im schweisse ihres angesichts und mit grosser ausdauer erwanderten, sowie die frische der bergluft, die sie dort atmeten, noch heute entgegen. diese bilder biedern sich keinem touristischen voyeurismus an.

«das bergell. forstbotanische monographie»

ernst geiger hatte, dem wunsch des vaters nachkommend, mit einer forstbotanischen monografie über das bergell das studium der botanik 1901 abgeschlossen.

---

14 «bertha züricher – ausstellung von bildern und studien, 23. april–12. mai», ohne angabe der jahreszahl. diese ausstellung fand 1907 statt (mitteilung von judith durrer, registrar, kunstmuseum bern, 2008).
15 siehe gautschi-züricher [1988]
16 in: hubelhüsi-chronik
17 siehe fischer [1966]
18 ernst geiger: «vor fünfzig jahren. auf segantinis pfaden», 1949; archiv christoph geiger
19 ebenda
20 ebenda

in seinem vorwort zur doktorarbeit bedankte er sich unter anderen beim direktor des botanischen museums des eidgenössischen polytechnikums prof. dr. c. schröter und bei «prof. heim», dem geologen albert heim.
für seine forstwissenschaftlichen studien war ernst geiger, begleitet von u.w.z., im sommer 1899 ins bergell gewandert und verdächtigt worden, schmuggelgut zu transportieren. in den schweren rucksäcken der beiden studenten befanden sich aber nur gesteinsproben und wegzehrung, und sie konnten ihre wanderung fortsetzen, worauf die italienischen zöllner auf sie aufmerksam und sie erneut kontrolliert wurden.
es ist anzunehmen, dass geiger später seinem neffen max bill von den wanderungen auf jenen pfaden, über die noch keine touristen gekommen waren, und belustigt von den verhaftungen erzählte. «es war schon spät, als wir im herrlich gelegenen gravedona eintrafen. von den klettereien waren die hosen meines freundes arg mitgenommen ... der folgende tag brachte uns dann, zum teil mit dem schiff, zum teil mit der post und zu fuss, über das heisse chiavenna am abend doch hinauf an unser ziel nach dem hochgelegenen soglio im bergell.»[19]

das bergell. forstbotanische monographie. inaugural-dissertation zur erlangung der philosophischen doktorwürde vorgelegt der mathematisch-naturwissenschaftlichen sektion der philosophischen fakultät der universität zürich von ernst geiger, diplom. förster von brugg (kanton aargau), begutachtet von den herren: prof. dr. hans schinz, prof. dr. c. schröter. chur, buchdruckerei von jos. casanova, 1901.

«man kannte damals noch keine wandergruppen, oder sie waren erst in ihren ersten anfängen, man war auf sich selber gestellt. als ziel winkte das ferne bergell an der südgrenze des landes und dieses tal wollte man auf noch nicht ganz festgelegten wegen erreichen ... über göschenen, den lukmanierpass ... ins bleniotal ... nach roveredo ... und plötzlich sahen wir uns von einem landjäger abgefasst, der auf der suche nach einbrechern war und den unsere prallen rucksäcke zur hoffnung verleitet hatten, zwei bösewichte in die gewalt bekommen zu haben ... unter dem steilen grenzkamm gab es im geröll allerlei seltene mineralien, wie mir bekannt war. wir wichen also vom saumpfad ab, stiegen in den felsen herum und suchten eifrig. dabei merkten wir nicht, dass wir die neugierde der italienischen grenzwächter erregten.»[18]

ernst geiger wartet auf giovanni segantini

in der ortschaft soglio lebten geiger und u.w.z. monatelang «in dem alten palast der salis-soglio, der das hotel willy beherbergte». geiger schrieb an seiner doktorarbeit. nebenher malten er und u.w.z. «die berge und die gässlein». auf den spätherbst erwartete ihre hotelwirtin den künstler giovanni segantini. züricher musste leider abreisen, aber ernst geiger verblieb als einziger gast im hotel, da er das zusammenleben mit segantini unter einem dach auf keinen fall versäumen wollte.
ausserhalb der ortschaft, am fussweg in richtung vicosoprano, stand auch das podium, das segantini hatte errichten lassen, um an seinem bergellerbild mit den scioraberegen zu malen.
«als trübe tage kamen, öffnete die wirtin eine kammer, in der eine staffelei segantinis stand, den man auf den spätherbst wieder in soglio erwartete, wo er sein bild ‹werden› aus dem triptychon noch vollenden wollte ... das podium und die staffelei in der kammer des hotels waren wie zwei versprechungen für die zukunft ... der grosse alpenmaler aber wurde beim mittelbild, das er auf dem schafberg ob pontresina malte, festgehalten.»[20]
zwar hatte ernst geiger die erwartungen des vaters, der seine forschungsarbeit

«im september begibt sich der künstler auf den schafberg (2700 m), um dort am mittelbild seines alpentriptychons zu arbeiten. segantini stirbt am 28. september 1899 in seiner hütte auf dem schafberg an einer akuten bauchfellentzündung; anwesend sind sein freund und arzt oscar bernhard, sein sohn mario und seine lebensgefährtin bice.»[21]

«ich sah die familie des gestorbenen und das heim und lernte als grossen gewinn jenes unvergesslichen tages auch den maler giovanni giacometti kennen.»[23] giovanni giacomettis sohn alberto wird geigers neffe max bill in den dreissigerjahren kennenlernen.

von manchen personen «im psychoanalytischen establishment», so sagte die zürcher psychoanalytikerin sabine richebächer, wird dieser akt sigmund freud noch heute nicht verziehen.

«maloja, den 13. august 1898. ich habe ihren werten brief erhalten und bin glücklich ihnen die hand zu drücken. den 14. und 15. des monats bin ich zu hause...»[24]

---

21 «biografie – giovanni segantini, 1858-1899», 2004, s. 153
22 ernst geiger: «vor fünfzig jahren. auf segantinis pfaden», 1949; archiv christoph geiger
23 ebenda
24 giovanni segantini an max liebermann, in: maciejewski 2008, s. 134
25 ernst geiger: «vor fünfzig jahren. auf segantinis pfaden», 1949; archiv christoph geiger
26 ebenda

finanzierte, sicher im hinterkopf, aber hier oben im bergell, fern von brugg, nahm sein drang nach kunst – hin zu segantini – plötzlich überhand. er liess sich von seinen malerischen empfindungen und wünschen leiten. wie gross muss deshalb für ihn die enttäuschung gewesen sein, als die begegnung nicht zustande kam, da segantini völlig unerwartet, im alter von nur einundvierzig jahren, starb.

«inmitten der berge hatte sich segantini den tod geholt.» er war nicht transportfähig und weil es auf dem schafberg zu kalt war, konnte er auch nicht operiert werden. «so musste er, noch jung an jahren, noch nicht auf dem gipfel des ruhmes angelangt, mitten in der ihm so lieben bergwelt, hoch oben in der einsamkeit sein leben lassen. bestürzung und tiefe trauer ergriffen uns alle in soglio.»[22]

an den bestattungsfeierlichkeiten für segantini in maloja lernen sich ernst geiger und giovanni giacometti kennen. mit diesem wird ernst geiger in der folge gemeinsam ausstellen.

zeit- und kulturhistorisch nicht ganz uninteressant ist, dass sich im jahr vor der bestattung segantinis sigmund freud in maloja aufhielt. freud trug sich im sommer 1898 ins gästebuch des hotel schweizerhaus als «dr. sigm. freud und frau» ein. doch war er nicht mit seiner ehefrau angereist, sondern mit deren schwester. er übernachtete mit seiner schwägerin minna bernays im gleichen zimmer. segantini wohnte direkt gegenüber dem hotel, in dem freud und minna im zimmer nr. 11 logierten. er erwartete den besuch des künstlers max liebermann – es gab damals einen eigentlichen ‹run› hin zu dem berühmt gewordenen segantini.

als geiger sich aufmachte, soglio zu verlassen, erhielt er von der wirtin zum andenken an den verstorbenen künstler zwei kleine werke segantinis als geschenk: «zum andenken gab mir die wirtin zwei entwurfsskizzen segantinis zum panorama, das der künstler für die pariser weltausstellung von 1900 ursprünglich geplant, dann aber aufgegeben hatte. an die stelle des panoramas trat jenes allbekannte triptychon, das dann in paris zu sehen war.»[25]

von soglio herab machte sich ernst geiger allein auf den heimweg und pilgerte sozusagen noch eine etappe weit auf segantinis spuren. dabei überlegte er, welches land wohl dereinst segantini für sich vereinnahmen würde. der künstler wurde in österreich geboren, in italien verbrachte er seine jugendzeit und in der schweiz, wo er verstarb, hatte er das bündnerland laut geiger «über alles geliebt».

geiger wanderte «einsam über den duanapass und den septimer», und «am abend nach stalla und weiter bis savognin, zum dorf, in dem segantini zuerst auf schweizerboden sich niedergelassen hatte, um das hochgebirge zu malen.»²⁶

diese skizzen, die ernst geiger in soglio geschenkt erhielt, befinden sich heute bei seinem sohn christoph geiger.

giovanni segantini wurde am 15.1.1858 in der kleinstadt arco, am nördlichen ende des gardasees, als österreichischer staatsbürger geboren.

römische scherben

marie geiger hatte ihre kindheit und jungmädchenzeit zusammen mit ihrem ältesten bruder ernst und weiteren geschwistern in einem herrschaftlichen gut – dem heutigen stadthaus von brugg – verbracht, das dem vom vater betriebenen weinhandel «dank der schönen keller und dank des umschwunges wohl diente». ihr vater hatte es noch ausbauen lassen.

fernab von zuhause tauschten marie und ernst 1906 im ‹hübi› oben in lauenen ihre meinungen über das gehabe ihrer brugger nachbarn aus und sie ergötzten sich an ihren jugenderinnerungen. die nachbarn hatten ihren vater, «den schwächlichen und keineswegs mehr jungen gutsbesitzer», der tiefe gruben ausheben liess, um seine apfelbäume zu pflanzen, ausgelacht. doch es war schliesslich der schlitzohrige weinhändler ulrich geiger-schwarz, der zuletzt lachte.

«da gerade die klosterkirche von königsfelden, die einstmals eine bernische kornschütte gewesen war und daraufhin dem aargau sogar als salzmagazin diente, renoviert und der boden ausgehoben wurde, liess mein vater jahrhundertealten schutt in seinen baumgarten bringen, und wir kinder freuten uns über jede neue fuhre, die uns römische scherben oder vergoldete knöpfe von

das 1748 erbaute rokokohaus wurde gelegentlich nach seinem bauherrn johann jakob frölich das ‹frölich'sche gut› genannt. johann jakob frölich (1699–1774) hatte als privatsekretär des englischen lord sandwich ein bedeutendes vermögen erworben. die hauseigentümer nach seinem tod waren bis 1782 seine schwester; bis 1873 der baumwollfabrikant kaspar meier von rüfenach und seine nachkommen; bis 1879 g. angst und bis 1908 ulrich geiger-schwarz. nach einem einbruch in das haus und nach dem tod seiner gattin verkaufte er den stattlichen besitz und zwar, wie auf einer am haus noch heute angebrachten tafel vermerkt, «am 23. dezember 1908», das heisst einen tag nach der geburt seines enkels max bill, für den betrag von damals 100 000.– franken an die stadt brugg. dies geschah, so lautet die familiensaga, auf druck der «stadtoberen von brugg», die ulrich geiger-schwarz angst vor weiteren dieben eingejagt hätten. seither ist das gut das stadthaus von brugg. max bill fuhr mit mir einmal eigens nach brugg, um mir den herrschaftlichen rokokobau, in dem seine mutter aufgewachsen war, zu zeigen.

adolf weibel: das haus der familie geiger-schwarz in brugg
undatierte postkartenzeichnung

das 1748 erbaute rokokohaus in brugg, kanton aargau fotografie aus dem ersten viertel des 20. jahrhunderts

sempach-rittern finden liess. die spötter behielten unrecht, und unser vater erntete später fast jahr für jahr herrliches obst aus seinem weitläufigen baumgarten.»[27]

marie, dann verheiratete bill-geiger, wird auch in späteren jahren noch in der erde nach römischen scherben graben, wenn sie zusammen mit ihrem erstgeborenen sohn zu besuch in ihrem heimatkanton aargau weilt: «mit meiner mutter durchstreifte ich die umgebung von brugg und war ihr bei der suche nach römischen scherben behilflich. anschliessend klebten wir die scherbenfunde zusammen.»[28]

die hasenlöffel

marie bill-geiger wird das vom bruder erlernte botanische wissen ihren söhnen, dem 1908 geborenen max und dessen jüngerem bruder hugo, weitergeben und ihrem erstgeborenen während seiner kindheit noch oft vom lauenensee vorschwärmen. ausserdem kann sie max von einer absonderlichen hasenbildgeschichte erzählen: an dem chorbogen der in spätgotischem stil erbauten kirche von lauenen hatte ein künstler drei weisse hasen gemalt. falls maxens mutter die kirche nicht selber besucht hatte, was aber zu vermuten ist, da sie

die drei hasen in der spätgotischen kirche von lauenen, die mit ihren löffeln ein dreieck bilden

27 geiger 1957, s. 34
28 max bill im gespräch mit angela thomas, 1979

an den örtlichen sehenswürdigkeiten sicher sehr interessiert war, so hatte sie dennoch kenntnis von dieser bildergeschichte. sie war nämlich von einem andern gast, herrn professor dr. r. steck in der *hubelhüsi-chronik* bereits 1904 notiert worden: die drei weissen hasen würden «mit ihren ohren ein dreieck bilden; jeder hase hat ein eigenes ohr, das zweite aber teilt er mit seinem nachbarn.»

die ‹gemeinsamen› ohren – beziehungsweise löffel – werden, ins geometrische umgesetzt, bei max bill später wieder auftauchen und zwar in seiner epochemachenden grafikreihe *fünfzehn variationen über ein thema* (1935–1938, siehe s. 183, 531). das grundthema für diese variationen findet bill 1935: eine spiralbewegung, die, mit je gleich langen linien, von einem dreieck zu einem viereck über ein fünf-, ein sechs- und ein siebeneck zu einem achteck führt und zurück, wobei jeweils eine linie sowohl der vorangegangenen – wie bei den hasenohren, will sagen löffel – als auch der darauffolgenden form angehört.

vielleicht erzählte max diese geschichte von den weissen hasen und ihren ohren seinem vater weiter. auf jeden fall bleute ihm sein vater ein, die ohren eines hasen hiessen nicht ohren, sondern löffel. als max mir während eines aufenthalts im berliner hotel am zoo von dieser für ihn traumatischen szene zu berichten anfing, trat der verstorbene vater so übermächtig aus dem schattenreich hervor, dass max nicht mehr weiterreden konnte. es verschlug ihm wörtlich die sprache – er erlitt eine hirnblutung, nach der er sich in den darauffolgenden tagen und wochen mühsam einzelne worte erst wieder aneignen musste.

max bill: blatt aus der serie
*fünfzehn variationen über ein
thema*, 1935–1938

«on voit apparaître au XVIe siècle, dans le canton de grisons, des meubles paysans gothiques, travaillés selon la technique primitive des charpentiers. dans de grosses planches des artisans-artistes ont sculpté de merveilleuses rosaces [rosetten] d'une extrême variété.»[29]

alte schweizer truhe mit geometrischen ornamenten, die max bill zur illustration seines aufsatzes «les paysans suisses et la forme absolue» verwendete

«lieber papa,
… und wenn's nicht geht, dann geht es nicht, dann tut man eben seine pflicht, im grünen wald, schafft für den staat, damit man brot zum beissen hat; doch wer die freiheit haben kann, bedauert den gefangnen mann, bis dass man selbst gefangen sitzt auf einem runden bureausitz!
so ist's mir zu mut, du siehst, ich hab meinen humor nicht verloren. daneben singe ich aber:
auch
io son pittore
non pittore soltanto: artista.
artista di cuore; della natura l'amore, e la voce di vita per me!
… gruss an alle ernst.»[30]

29 bill 1938 [c], p. 29
30 ernst geiger, undatierter brief an seinen vater ulrich geiger in brugg; archiv christoph geiger

noch jahre nach ihrem aufenthalt im ‹hübi› lässt sich marie bill-geiger aus lauenen ‹anke› (butter) nach winterthur schicken. (mit mir sprach max bill vorwiegend hochdeutsch. wenn er jedoch ins schweizerdeutsche hinüberwechselte, gebrauchte er worte wie ‹anke› und ‹nidel› für butter und rahm. ‹nidel› sprach er beim i pointiert mit erotischem assoziationskick aus.) jenen ‹anke›-stücken waren mit holzmodeln spezielle muster eingeprägt, die max von früher kindheit an anzogen. solche bäurisch-geometrischen ornamente – die sich nicht nur in den kerbschnittmodeln, mit denen man der butter muster eindrückte, sondern auch an alten schweizer möbelstücken finden – wird sich bill als erwachsener in erinnerung rufen und sie 1938 in seinem essay *les paysans suisses et la forme absolue* abbilden.

«io son pittore»

ernst geiger hatte sich während des langen aufenthaltes in lauenen nicht nur gesonnt und erholt, sondern er aquarellierte und malte auch zahlreiche hochgebirgssujets. sein freundeskreis, zu dem die drei geschwister züricher zählten, wusste bereits, dass er sich, da er den doktortitel in der tasche hatte und somit dem wunsch des vaters nachgekommen war, nun dazu durchgerungen hatte, maler zu werden. sein «aus tiefstem herzen» gefasster entschluss umgab ihn und seine bilder mit einer hoffnungsfrohen aura. doch seinem vater musste ernst erst noch beibringen, dass er künstler werden und bleiben wolle. er verfasste diese mitteilung an den weinhändler-vater in brugg nicht in der sprache seiner kindheit, sondern auf italienisch. das italienische ist zwar eine der vier schweizer landessprachen, doch vater geiger war im schweizerdeutsch sprechenden landesteil aufgewachsen.

der gebrauch des italienischen wurde hier benutzt, um distanz zu markieren, da die mitteilung den vater sowieso befremdete, wie der von den eltern als «lump» bezeichnete ernst sehr wohl wusste.

in jene konfliktsituation zwischen vater und sohn, bei der es um die selbstgewählte, eigenständige lebensgestaltung geht, wird jahre später ernst geigers neffe max bill seinerseits hineingeraten, als er sich nach nicht abgeschlossener silberschmiedlehre dem vater gegenüber behaupten muss, um seinen wunsch durchzusetzen, ans bauhaus zu gehen. und er wird dabei die moralische unterstützung seines onkels ernst erhalten, dem dieser konflikt aus eigener erfahrung bestens bekannt war.

winterthur, kanton zürich

in der ostschweizer industriestadt winterthur, wo sein vater erwin bill als stellvertretender bahnhofsvorsteher arbeitet, wird max bill am 22. dezember 1908, nachmittags um sechzehn uhr dreissig, geboren. seiner mutter marie bill-geiger war bei dieser hausgeburt eine hebamme behilflich. hier, im haus in der rudolfstrasse 2, ganz nah beim winterthurer hauptbahnhof, wird max bill, zusammen mit seinen eltern und dem 1911 geborenen bruder hugo, seine ersten lebensjahre verbringen.

das rütteln der aus dem hauptbahnhof ein- und ausfahrenden züge begleitet max von klein auf, den ganzen tag über und bis in den schlaf hinein.

bedeutete für maxens mutter der umzug aus dem stattlichen rokokohaus der eltern in brugg in das im vergleich dazu bescheidene haus am winterthurer hauptbahnhof möglicherweise einen sozialen abstieg? dort war alles weitläufig gewesen, am neuen wohnort hingegen fühlte sie sich beengt, denn ausser von der jungen kleinfamilie bill wird das haus, das den schweizerischen bundesbahnen gehört, gleichzeitig noch von einer weiteren familie bewohnt.

in brugg hatte marie vom rokoko-wohnhaus aus «eine schöne fernsicht: nach osten ins siggental, nach westen zur habsburg, gislifluh und zur linner-linde …

es existiert ein familienfoto, das einen lässigen max bill 1927 vor seiner abreise ans bauhaus zeigt, neben ihm in locker entspannter haltung der lesende onkel ernst und mit einer schürze über dem kleid, wie es hausfrauen in jener zeit trugen, maxens mutter, marie bill-geiger, ebenfalls lesend. dieses foto ist rückseitig beschriftet: «so sieht max aus wenn der onkel da ist der *ihm* hilft» (siehe s. 107).

max bill im september 1978
vor seinem geburtshaus

«die erhöhte terrasse auf der westseite, von der aus man die juralandschaft am abend genoss, hob das haus über hofraum und gärten empor. der mit rotbergplatten in ländlicher art belegte breite gang mit seinen zwei gewaltigen glastüren besass ein cachet vornehmer behaglichkeit und bereitete auf die wohnräume vor, mit ihren wertvollen öfen, den stuckaturen-decken, dem schönen getäfer und den tiefen fensternischen ... glastüren zeigte auch der obere gang im ersten stock. dunkle nussbaumtüren mit eleganten messingfallen [türgriffen] führten in die zimmer.

die gänge waren wie zimmer abgeteilt, und wenn man im winter die türen zu den feuernischen öffnete, die holzwellen anzündete, mit denen man die grossen öfen vom gang aus heizte, war es einem so wohl ... der frohmütige anstrich einzelner zimmer mit den goldenen leisten im grünen getäfer trug zum frohen geist nicht unwesentlich bei ... nach dem nachtessen umstand man den grossen, weissen kachelofen ...»[32]

der weinhändler ulrich geiger, auf einer kachelofenbank in seinem rokokohaus in brugg sitzend, an der wand ein gemälde seines sohnes ernst geiger

das wohnhaus hatte mit seinen ökonomiegebäuden, dem hof, dem gemüsegarten, dem park und den obstgärten den charakter eines edlen landsitzes bewahrt.»[31]

maries verlorenes paradies

maries mutter starb im november 1908 an einer lungenentzündung, und im darauffolgenden monat verkaufte ihr vater das rokokohaus. dies geschah am tag nach der geburt von max. für marie, die in den letzten schwangerschaftswochen den beistand ihrer mutter verloren hatte und um sie trauerte, war nun auch noch der weg zurück in ihre einstige kindheits- und jugendidylle abgeschnitten. sie konnte sich nur noch ihren erinnerungen daran hingeben.

marie hatte ausser ihrem lieblingsbruder ernst noch einen bruder namens hans, doch der lebte in wien und war deshalb für sie «der abwesende». hans karl geiger versuchte, in österreich seinen bekanntenkreis auf gemälde seines bruders ernst aufmerksam zu machen. ein anderer schweizer maler, nämlich der auch von marie hoch verehrte ferdinand hodler, hatte ja ausgerechnet in

---

31 so überliefert von maries bruder ernst geiger; archiv christoph geiger
32 siehe geiger 1957
33 ebenda
34 guillaume apollinaire in: *l'intransigeant*, 14.11.1913; zit. nach henry van de velde: «ferdinand hodler», in: *die weissen blätter*, bern, juli 1918, s. 35
35 henry van de velde, ebenda
36 hans geiger, wien, [n.d.] 1908, an seinen bruder ernst geiger; archiv christoph geiger

wien mit einer ausstellung in der secession 1905 mit seinen gemälden erste grosse erfolge erzielt. man brachte hodlers gemälden in jener zeit nicht nur in österreich, sondern auch in deutschland wertschätzung entgegen.

doch im august 1914 begann der erste weltkrieg, und im september 1914 bombardierte die deutsche artillerie in frankreich die kathedrale von reims. der krieg verursachte neben grossem menschlichen leid auch eine veränderung in der rezeption von kunstwerken. denn als hodler gegen die zerstörung der kathedrale von reims protestierte, erlitt die anerkennung seiner kunst in deutschland empfindliche dämpfer.

tonangebende französische kunstsammlerkreise warfen hodler in seiner malerei einen «mangel an sensibilität» vor. wie henry van de velde in seinem nachruf auf ferdinand hodler jedoch richtigstellt, «dementieren» hodlers seit 1900 gemalte landschaftsbilder «die behauptung des mangels an sensibilität.»[35]

aus wien tauschte sich hans geiger brieflich mit seinem um ein jahr älteren bruder ernst auch über den verkauf des elternhauses in brugg aus: «was den hausverkauf anbelangt, so glaube ich auch – nach den details, die mir papa inzwischen gegeben hat – dass das geschäft für ihn nicht vorteilhaft ist. ich selbst bin prinzipiell für den verkauf und habe papa auch entsprechend geraten, aber unter der voraussetzung, dass er sich … [unleserlich, vermutlich: dass er sich bessere bedingungen aushandelt] … übrigens tust du papa unrecht, wenn du sagst, er habe es nicht verstanden das haus auszubauen. ich glaube nicht, dass ihm der gute wille dafür gefehlt hat. vielmehr dürfte der mangel an flüssigen mitteln die schuld haben; denn es ist doch ziemlich sicher, dass papa sein sämtliches vermögen im land und weinlager festgelegt hat.

dass ihm neben den kosten für die zahlreiche familie sehr viel für den ausbau des hauses übrig geblieben ist, bezweifle ich … zwar haben wir zu hause auch nie über allzu grossen überfluss zu klagen gehabt, und doch ist papa nach meiner auffassung nicht geizig, eher das gegenteil. ergo war das sparen bittere notwendigkeit …»[36]

als ausländer in wien wurde hans geiger während des ersten weltkriegs zusammen mit seiner frau olga interniert. über olga ist nichts näheres in erfahrung zu bringen. nach der rückkehr in sein heimatland wurde max bills onkel hans direktor des gaswerks in schlieren bei zürich. später leitete er in der zürcher bahnhofstrasse das übersetzungsbüro polyglott. hans sollte nicht einmal sechzig jahre alt werden und starb im jahr 1934. maxens mutter marie überlebte ihren bruder hans um drei jahrzehnte.

«an den hof schloss sich westwärts der garten an, in strengem französischen stil, reich gegliedert in rabatten und rondelle mit buchseinfassungen zwischen kies- und gerberlohewegen. er war mit zahleichen edlen birnbäumen bestanden. eine erhöhte promenade mit einer platanenallee, von hohen thujawänden umschlossen, bildete den abschluss des gartens gegen die matten mit den obstbäumen. am steintisch im schatten der platanen pflegten wir im sommer unsere schulaufgaben zu machen. an der südostecke des gartens befand sich ein gut eingerichtetes, heizbares treibhaus. hier überwinterten die zahlreichen kübelpflanzen … der schönste teil unseres paradieses aber war der park. er war im englischen stil angelegt mit geschwungenen wegen zwischen baum- und gebüschgruppen. der springbrunnen inmitten unseres parkes war ein halbkugelförmiges bassin … in dem wir allerlei fische hielten … an der südlichen mauer des parkes angebaut lag das gartenhaus, ein kleiner offener saal … grosse ammonshörner (versteinerungen) aus bozen lagen in den ecken …»[33] die familienintern gepflegte zuneigung zu ammonshörnern wird sich auch auf marie bill-geigers sohn max übertragen.

guillaume apollinaire kämpfte gegen hodlers kunst an, mit dem vorwurf, sie sei eher «preussisch» als schweizerisch: «wir wissen nichts anzufangen mit dem grobschlächtigen parallelismus eines hodlers, in dem mehr preussische als schweizerische art zu stecken scheint.»[34]

in der kunsthistorischen rezeptionsgeschichte finden sich auch später immer wieder politisch bedingte bewertungen. während des zweiten weltkriegs warf man dem expressionistischen maler max beckmann, der vor den nazis nach holland und anschliessend in die usa flüchten musste, in frankreich groteskerweise vor, seine kunst sei germanisch – dieser anwurf verzögerte empfindlich die anerkennung von beckmanns œuvre.

über das stadthaus von brugg siehe ferner: «die kunstdenkmäler des kantons aargau, bd. II: die bezirke lenzburg und brugg, von michael stettler und emil maurer, s. 326ff.

und als max mich 1974 zum ersten mal lieben wollte, brachte er mich eigens in den heimatkanton seiner mutter. er hatte für uns ein hotelzimmer in lenzburg, kanton aargau, reserviert. er hatte von anfang an im sinn, eine feste emotionale beziehung zu mir aufzubauen – wie er mir später anvertraute.

---

37 siehe geiger 1957
38 «jungfraubahn schweiz», gebr. fretz a.g. zürich, o.j., s. 13

---

ernst geiger war im unterschied zu seinem bruder der meinung, dass die veräusserung des elterlichen guts an die stadt brugg «auf einer art räubergeschichte» beruhte:

«das büro unseres vaters lag in der südwestecke des hochparterres, ebenerdig mit der terrasse. hier hatte er auch seine altertumssammlung untergebracht. es war der der öffentlichkeit am leichtesten zugängliche raum des hauses. hier herein kamen die handwerksburschen, die ihr sprüchlein ‹ein fremder küfer spricht um arbeit an› aufsagten und ihren zahlpfennig bekamen.

ich weiss nicht, ob der einbrecher, der eines nachts ein säcklein voll wertloser, fremder kupfermünzen und einige obligationen-coupons erbeutete, ein solcher handwerksbursche war. jedenfalls wurde er dank des raschen zusammenspiels vom bestohlenen und von der polizei noch am vormittag in neuenburg abgefasst und kam auf ein jahr in den schwarzen turm.

es gelang nun nachbarn des ängstlichen, schon ziemlich alten mannes, die angst vor wiederholungen ähnlicher erlebnisse, vor allem die angst vor der rache des verurteilten, wachzuhalten. kurz und gut, man nahm ihm das versprechen ab, von dem kaufsangebot ja nichts zu sagen, bis man handelseinig sei … die bank kam zu ihrem bauplatz, die stadt zu ihrem stadthaus.»[37]

die sammlung der altertümer, die ihr vater zusammengetragen hatte, erregte nicht nur das interesse des einbrechers, sondern war laut ernst geiger auch «von gar manchem gelehrten gesehen worden». die geschwister geiger waren sich von zuhause also auch den umgang mit verschiedenen intellektuellen gewohnt. der umzug von brugg nach winterthur bedeutete für marie daher eine einschneidende umstellung. sie musste sich in der neuen umgebung eingewöhnen und den neugegründeten eigenen haushalt organisieren.

wer die schweiz kennt, weiss, dass man nach einem umzug von einem kanton in einen anderen am neuen wohnort wie ein fremdling behandelt wird, selbst wenn man schweizer ist. max bill hat mich nachdrücklich darauf hingewiesen, dass in der schweiz an erster stelle die zugehörigkeit zu einem kanton zähle. die reformiert (protestantisch) erzogene marie war gespannt auf die sich anbahnenden beziehungen zu den zumeist gewerkschaftlich organisierten eisenbahnerkollegen ihres mannes, der selber keinerlei konfession angehörte, was für damalige begriffe ziemlich ungewöhnlich war. erwin bill kam seinerseits aus einem anderen kanton, doch er genoss in winterthur schon ein gewisses gesellschaftliches ansehen, da er zum leitenden kader gehörte.

ferdinand hodler: *eiger, mönch und jungfrau im mondschein*, um 1908
öl auf leinwand, 72 × 67,5 cm

der vater

alfred erwin bill, der sich erwin nennen lässt, ist der sohn von niklaus bill, eines selbstständigen uhrmachers im emmental, und dessen frau, der anna maria bill, geborene witschi. erwin hatte im april 1894 eine lehre bei den schweizerischen bundesbahnen sbb begonnen. nachdem das untere streckenstück der jungfraujochbahn, der am höchsten gelegenen bahnstrecke europas, im september 1898 eingeweiht worden war, wurde erwin bill dort als inzwischen beamteter ‹bähnler› [eisenbahner] tätig. ihm ist wohl an der klaren bergluft und er geniesst die überschaubarkeit der eindrücklichen landschaft.

der letzte durchschlag am jungfraujoch sollte zum jahresbeginn 1912 erfolgen. erwin bill jedoch zieht schon im september 1902 aus den bergen hinunter in die kleinstadt winterthur, um dort am hauptbahnhof eine neue arbeitsstelle anzutreten. damit beginnt für ihn zwar ein arbeitsalltag in einer völlig anderen umgebung, doch sein arbeitsrhythmus bleibt weiterhin von pünktlichkeit geprägt.

am 23. märz 1908 heiraten erwin bill «von moosseedorf/münchenbuchsee, wohnhaft in winterthur», und marie geiger am wohnort der braut. im ehere-

die jungfraujochbahn bewegte sich «in offener linie, der passhöhe entlang, zur rechten das lauterbrunnen-, zur linken das grindelwald-tal … plötzlich mündet der zug in den kleinen, nur 87 meter langen tunnel ein; aber nur eine halbe minute, dann bricht eine fülle blendenden sonnenlichtes herein und vor uns liegen, in fast greifbarer nähe, die ausgedehnten gletscher der gewaltigen eisriesen eiger, mönch und jungfrau! wir sind auf station eigergletscher angekommen (2000 meter von der kleinen scheidegg entfernt, 2323 meter über meer, dem betrieb übergeben am 19. september 1898).»[38]

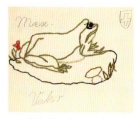

max bill: frosch, gestickte zeichnunug, um 1915

die karriere erwin bills bei den schweizerischen bundesbahnen lässt sich im archiv lückenlos zurückverfolgen: «im beamtenverzeichnis der sbb steht, dass er ab 1.9.1902 als stationsgehilfe 1. klasse in winterthur tätig war. ab 15.2.1904 war er stellvertreter 3. klasse und ab 1.4.1908 souschef 1. klasse. das letzte beamtenverzeichnis, in dem erwin bill aufgeführt ist, datiert aus dem jahr 1930.»[40]

die zugehörigkeit zu einem bürgerort war in der schweiz von bedeutung: falls ein schweizer oder eine schweizerin ‹armengenössig› wurde, das heisst verarmte, dann war der jeweils amtlich zuständige bürgerort, der nicht mit dem geburts- oder dem wohnort übereinstimmen muss, verpflichtet, ihn oder sie im örtlichen armenhaus aufzunehmen.

---

39 ernst geiger; archiv christoph geiger
40 mitteilung von daniel mani, stiftung historisches erbe der sbb/sbb historic
41 könig 1920, s. 96
42 *tagebücher von paul klee 1898–1918,* 1957, s. 11
43 paul klee, 1901, an lily stumpf; zit. in: *ferdinand hodler,* ausst.-kat. kunsthaus zürich, benteli verlag, bern 1998, 3. korr. aufl. von 1983, s. 129

gister, das im stadtarchiv brugg aufbewahrt ist, lässt erwin sich als «bahnhofvorstand-stellvertreter» eintragen. die neue stelle als «souschef 1. klasse» tritt er eine woche nach der hochzeit an.

hat der weinhändler ulrich geiger beziehungen spielen lassen, um die sbb-karriere seines schwiegersohnes zu beschleunigen? maries bruder ernst erwähnt, ihr vater sei «mit dem direktor der zentralbahn» befreundet, «schon damals spielte das vitamin b, auch wenn man es noch nicht so nannte.»[39]

auf alle fälle wird dem frisch getrauten erwin bill beruflich nun mehr verantwortung aufgebürdet, die er mit der von den winterthurer kollegen erwarteten ausstrahlung einer gewissen autorität als vorgesetzter übernimmt. erwin bill hatte sich berufsbedingt präzision, pünktlichkeit, zuverlässigkeit antrainiert, so er davon nicht schon einiges von haus aus von seinem uhrmacher-vater oder von seiner charakterstruktur her mitbrachte.

die leute des moosseetales

im alltag sprach max als kind vor allem den lokalen winterthurer dialekt seiner geburtsstadt. darüber hinaus erbte er aus dem sprachschatz seines vaters einige ausdrücke, die er berndeutsch aussprach. max erhielt, wie in der schweiz heute noch üblich, die zugehörigkeit zum sogenannten bürgerort seines vaters, die im kanton bern gelegene gemeinde mit dem poetischen namen moosseedorf/münchenbuchsee. «moosseedorf bildete mit seiner kirche eine filiale von münchenbuchsee und führte eigene rechnung.»[41]

in münchenbuchsee unterrichtete hans klee, der vater des künstlers paul klee, am lehrerseminar musik. diese tatsache wird im späteren leben von max bill an bedeutung gewinnen, wenn er sich ab april 1927 am bauhaus in dessau (weiter-)ausbilden lässt. denn in der fremde kann sich max mit seinem bauhaus-meister paul klee auf gemeinsame regionale wurzeln berufen und sich mit ihm im für die deutschen zumeist unverständlichen, schweizerdeutschen dialekt unterhalten. so werden sich klee und bill in deutschland eine kleine, vertraute heimatliche sprachoase erschaffen.

paul klee: «meinen erinnerungen an die kindheit schicke ich voraus, dass ich im schulhaus zu münchenbuchsee bei bern am 18. dezember 1879 geboren sein soll. ich war einige monate alt, als mein vater als musiklehrer am bernischen lehrerseminar hofwyl die erlaubnis bekam, in bern zu wohnen.»[42]

paul klee: *alter stadteingang bern*, 1911
tuschzeichnung, 9,8 × 17 cm

im juli 1901 hatte der berner regierungsrat den ankauf von hodlers gemälden *die nacht, die enttäuschten, eurythmie* und *der tag* beschlossen. paul klee sah diese bilder von hodler im berner museum und hielt sie für «die bedeutendsten produktionen der gegenwart», wie er seiner späteren ehefrau lily stumpf schrieb.[43]

zudem bewunderte paul klee schon früh die werke des schweizer künstlers ferdinand hodler – und somit werden max bill und paul klee am bauhaus auch in diesem themenbereich inhaltliche anknüpfungspunkte für ihre gespräche finden.

der uhrmacher im emmental

niklaus bill, maxens grossvater väterlicherseits, arbeitete als selbständiger uhrmacher im emmental. von ihm, der in seinem beruf mit behutsamer präzision vorgehen musste, erbte max – nach eigener einschätzung – nicht nur den in der schweiz sprichwörtlichen ‹emmentaler dickschädel›, sondern auch ein uhrmacherwerkzeug, eine formschön-elementar gestaltete kleine zange, die er zeit seines lebens aufbewahrte. diese zange kann als frühe inspirationsquelle gelten für die von max bill geforderte und zeitlebens von ihm verteidigte ‹gute form›.

niklaus bills uhrmacherzange

kindheit in winterthur und im ferienhaus in sternenberg

in seiner kindheit besass max einen teddybär, den er ‹bez› nannte und dem er hingebungsvoll die füsse, die nase und die ohren abkaute. das erste, was er zeichnete, waren ganz naheliegenderweise die vor seinem fenster vorbeifah-

«max bill ist nicht mehr der plauderi, der er als kleiner bub war. von sich aus erzählt er nicht viel ...»⁴⁴

dieses in sternenberg gemalte bild ist das einzige mir persönlich bekannte gemälde seiner mutter. max bill hatte dieses bild in seinem malatelier in zumikon an der wand hängen; nach seinem tod ging es an seinen sohn jakob.

«von meiner mutter erbte ich hauptsächlich mein interesse für kunst. sie selbst pflegte oft zu malen zu ihrem vergnügen, aber noch mehr war es der einfluss ihres bruders dr. ernst geiger und ihres schwagers, der auch mein pate war, prof. adolf weibel (aarau), welche bedeutenden einfluss auf mich ausübten.»⁴⁵

renden eisenbahnzüge. max scheint ein lebhaftes kind gewesen zu sein, das oft und gerne sprach. sein onkel ernst nannte ihn damals einen ‹plauderi›, eine plaudertasche.

ferien verbrachte die familie bill meistens in sternenberg, der am höchsten gelegenen gemeinde des kantons zürich. im haus mit ‹cachet›, einer ruhig-geschützten atmosphäre, fühlte sie sich deutlich wohler als im haus an der bahn in winterthur. hier hingen porträtaufnahmen von maxens wohlhabenden grosseltern mütterlicherseits. jede daguerreotypie war eine kleine kostbarkeit, ein unikat, von erstaunlicher detailtreue und lebendigkeit, eine rarität, die sich nicht jede familie leisten konnte.

marie bill-geiger malte im sternenberger ferienhaus ein bild ihrer spielenden söhne und ihres in eine zeitung vertieften mannes. hier, auf dem kleinen gemälde, sind auch die beiden daguerreotypie-porträts ihrer eltern auszumachen, die sie in der wohnstube aufgehängt hatte.

maxens grossmutter mütterlicherseits, sophie geiger-schwarz, stammte aus einer angesehenen bauernfamilie in villigen und soll eine einfache, gescheite frau gewesen sein. von seinem grossvater ulrich geiger-schwarz hiess es in der familie, dass ihm in brugg «die grösste weinhandlung in der schweiz» gehöre. doch max konnte sich als kind nie so recht vorstellen, was das eigentlich bedeutete.

die mutter und ihre familie

maxens mutter marie geiger (1882–1963) wuchs im kanton aargau auf, wo sie zusammen mit ihren geschwistern ernst samuel (*1876), hans karl (*1877), sophie (*1879), ida (*1883) und rosa (*1887) ihre jugend in der kleinstadt brugg verbrachte. ihrem bruder ernst fühlte sich marie besonders nah, und die beiden blieben einander zeitlebens emotional verbunden. maries sohn max bill wird sich seinerseits auf die zugewandtheit und moralische unterstützung seines lieblingsonkels ernst geiger stets verlassen können.

in den umliegenden dörfern lebten viele verwandte, und marie geiger unterhielt zu ihnen, auch nach ihrer eheschliessung mit erwin bill, anhaltend rege kontakte. wie max bill mir gegenüber im gespräch präzisierte, pflegte seine mutter ausschliesslich beziehungen zu ihren eigenen näheren und entfernteren verwandten; jedoch keine zur verwandtschaft seines vaters erwin bill.

was die ausbildung der geiger-schwarz-kinder anging, so wurden, wie damals

---

44 ernst geiger, 1952, an ida geiger, brugg; archiv christoph geiger
45 max bill: lebenslauf, 26.2.1942
46 max bill im gespräch mit angela thomas
47 geiger 1969, s. 23f.
48 frehner 2004, s. 99

weiterum üblich, die söhne bevorzugt gefördert. maries bruder hans war zur freude des vaters «kaufmännisch orientiert». er war kurz vor maries heirat nach österreich abgereist und verbrachte mehrere jahre in wien. deshalb lernte max diesen onkel vorerst nicht kennen.

doch im näheren umkreis der familie mütterlicherseits erlebte max neben seinem onkel ernst, der einen doktortitel hatte, noch den angeheirateten maleronkel adolf weibel in aarau. dieser war mit maxens tante sophie, der älteren schwester seiner mutter, verheiratet.

ganz nah

«ernst geiger hat mich schon früh sehr beeinflusst. er stammte aus dem cuno amiet–giovanni giacometti-kreis. damals verkehrten im umfeld meines onkels ernst geiger die erste weibliche zürcher studentin und viele russische emigranten».[46]

der onkel hatte sowohl in zürich als auch während eines längeren aufenthalts in paris, wohin er wegen der weltausstellung 1900 gereist war, in russischen studentenchören mitgesungen; letzteres erregte das misstrauen der französischen polizei.

ich fragte max bill, wie sein onkel ernst gemalt habe, und er antwortete, die linke hand ausholend und wieder an seinen körper heranführend: «ganz nah!» mit seinen ‹schneelandschaftsbildern›, die drei jahre vor der geburt seines neffen max entstanden, gehörte ernst geiger zur damaligen europäischen avantgarde; so mit dem um 1905 gemalten bild *wintersonne*, auf dem zwar eine schneehalde bei gränichen im kanton aargau mit aargauer strohhaus zu sehen ist, dessen eigentliches thema indes die beschäftigung mit dem licht ist.

auch für giovanni segantini hatte die wirkung des lichts eine besondere bedeutung in seiner malerei. in seiner neoimpressionistischen malweise verwendete er reine farben – wie georges seurat, dessen gemälde max bill später achten wird –, «zieht diese jedoch in langen, feinen fäden über die bildfläche. zwischen den fäden lässt er schmale streifen offen, die er mit komplementären farben oder feinen goldlinien schliesst, um die lichtwirkung zu intensivieren.»[48]

cuno amiet, der künstlerfreund von onkel ernst, konnte 1911 gemeinsam mit ferdinand hodler und dem französischen maler robert delaunay im sogenannten gereons-club in köln ausstellen.

«was meinen gesichtskreis während der zürcher zeit erweiterte, war die bekanntschaft mit den russischen studenten. längere zeit ass ich mit einzelnen schweizerfreunden zusammen in der russenküche und gab mich auch ernsthaft mit russischer sprache ab. später versuchte ich im kaukasus eine försterstelle zu bekommen … in paris aber trug uns guten schweizern damals der umgang mit russischen studenten das misstrauen der französischen polizei ein, die nichts eiligeres zu tun hatte, als sich in brugg beim amtsmann nach mir zu erkundigen, was meinem guten papa einen höchst unnötigen schrecken einflösste.»[47]

der gereons-club war von der malerin olga oppenheimer, deren freundin emmy worringer und franz m. jansen im januar 1911 gegründet worden: «… starteten wir, die malerin oppenheimer, die eine der überkultivierten, feinnervigen jüdinnen war und in intellektuellen und vermöglichen kreisen starken rückhalt hatte, ihre begeisterte freundin emmy und ich den ‹gereons›-club … wir zeigten als erste bilder von delaunay, derain, zeigten klimt, hodler, amiet und den ersten picasso.»[49]

hodler war 1908 zum präsidenten der ‹gesellschaft schweizer maler, bildhauer und architekten› (gsmba) gewählt worden. er machte den schriftsteller carl albert loosli zum zentralsekretär und zum redaktor der gsmba-zeitung *schweizerkunst*. in jenen jahren war «der kampf gegen die kunstreaktionäre innerschweizer ‹sezession›, die von konservativen politikern unterstützt und instrumentalisiert» war, das zentrale thema der gsmba-kunstpolitik.[50]

festzuhalten bleibt an dieser stelle, dass die gsmba in ihrer nachhodler'schen weiterentwicklung eine ideologische richtungswandlung durchgemacht zu haben scheint. in den dreissiger- und vierzigerjahren ist es nicht mehr die gsmba, die gegen konservativismus position bezieht, sondern die neue, in opposition zur gsmba gegründete künstlerinnen- und künstlergruppierung ‹allianz›, der max bill beitreten wird. die ‹allianz› wird gegen konservative erscheinungsformen in der kunst und architektur von gsmba-mitgliedern protestieren.

im mitgliederverzeichnis des ‹deutschen künstlerbundes› von 1914 finden sich die namen der schweizer künstler ferdinand hodler, ernst geiger und u. a. auch der name der deutschen künstlerin käthe kollwitz.

«eigentlich wollte ich naturforscher werden, mein ganzes sinnen und trachten war heimlich auf dieses ziel gerichtet.» (ferdinand hodler)[51]

hodlers einfluss reichte über die landesgrenzen hinaus. dank seiner empfehlung wurde ernst geiger in den ‹deutschen künstlerbund› aufgenommen.

hodler und geiger unterhielten sich ausser über künstlerische aktivitäten noch über ein weiteres, beide immens anregendes thema: die natur. der von seinem malenden kollegen, dem als künstler weit berühmteren hodler, respektvoll mit «dr. geiger» angesprochene onkel max bills, hatte diesem auf dem gebiet naturwissenschaftlicher studien etwas voraus. hodler, der in einer armen, oft hungernden grossfamilie aufgewachsene amateurnaturforscher, hätte selber gerne studiert, um wissenschaftlich beglaubigter naturforscher zu werden.

schon während seiner lehrlingsjahre in thun hatte ferdinand hodler – darauf weist sein biograf hans mühlestein hin – «eifrig käfer und schmetterlinge, schöne bergkristalle und andere mineralien gesammelt und sich ein herbarium angelegt … es war dies die einzige form der ‹naturforschung›, die ihm bis dahin zugänglich war und die er mit den unzulänglichsten mitteln, ohne anleitung, ohne geld betrieb. dafür aber mit wahrer leidenschaft!»[52]

einen lehrabschluss brachte hodler – wie etwa auch der architekt le corbusier und in der geistigen nachfolge dieser beiden vor ihm berühmt gewordenen schweizer dann schliesslich auch max bill – nicht zustande, denn er riss seinem meister vor ende der lehrzeit aus.

die empfehlung hodlers an den ‹deutschen künstlerbund› eröffnete ernst geiger die möglichkeit, nicht mehr nur in der schweiz, sondern nun auch häufig in deutschland mitauszustellen. diesen zusätzlichen verdienstchancen und dem steigenden renommee setzte dann allerdings der beginn des ersten weltkriegs ein jähes ende. in seinem heimatland jedoch konnte geiger auch während der jenseits der grenze anhaltenden kriegerischen kampfhandlungen weiterhin ausstellen.

der philologe johannes widmer, ‹libertas›-freund ernst geigers und ulrich wilhelm zürichers, war kunstkritiker. er schrieb über ferdinand hodler und des-

49 jansen 1989, s. 172
50 lerch/marti 2008, s. 12
51 mühlestein/schmidt 1942, s. 16
52 ebenda
53 «max bill winterthur, 20.-23.IV.26» und «dr. joh. widmer, genf», in: besucherbücher ernst geiger
54 ausst.-kat. april-ausstellung kunsthalle basel, 5.-25. april 1915, kat. nr. 59-67
55 cuno amiet – giovanni giacometti, 2000, brief nr. 378
56 siehe ferdinand hodler, ausst.-kat. kunstmuseum bern, szépművészeti museum budapest, hatje cantz, ostfildern-ruit 2008, s. 275-296
57 mitteilung von christoph geiger

sen zeitgenossen für den berner *bund* und kümmerte sich als eine art kunstmanager nun auch um die vermittlung von ernst geigers bildern. den in genf wohnenden widmer lernt bill während eines dreitägigen aufenthalts bei seinem onkel in ligerz im april 1926 kennen. beide tragen sich zur selben zeit ins gästebuch ein.[53]

werke von ernst geiger wurden gemeinsam mit gemälden mit ihm befreundeter künstler im april 1915 in der kunsthalle basel ausgestellt. er war mit neun arbeiten dabei, und der höchstangesetzte verkaufspreis für eines seiner gemälde, *winter im unterengadin*, betrug 1000.– franken.[54] cuno amiet stellte siebzehn werke aus; seine verkaufspreise gipfelten auf der stattlichen höhe von 3500.– franken. von giovanni giacometti – den ernst geiger an giovanni segantinis beerdigung kennengelernt hatte – konnte man in basel einundzwanzig werke betrachten; er verlangte für *weiblicher akt* den höchsten verkaufspreis, nämlich 8000.– franken. das war damals doppelt so viel, wie hodler-werke kosteten. leider erschien giacometti nicht, wie von seinen kollegen erwartet, zur vernissage.

direkt aus ferdinand hodlers atelier wurden in der kunsthalle basel lediglich die beiden werke *eiger* und *jungfrau (temps d'orage)* ausgestellt und für je 4000.– franken zum verkauf angeboten. doch der inzwischen berühmt gewordene hodler beherrschte dennoch das gesamtbild der ausstellung, da zusätzlich – und zwar zahlreich (katalognummern 129–166) – «werke von ferd. hodler aus basler privatbesitz» mitausgestellt wurden. in jener zeit trauerte hodler um seine geliebte valentine godé-darel, die ihm im oktober 1913 eine tochter geboren hatte und am 25. januar 1915, wenige monate vor der eröffnung der basler ausstellung, gestorben war.

ernst geiger: ohne titel [blick vom ‹kapf› auf den bielersee], 1915 farbholzschnitt, 12 × 8,6 cm

im abgelegenen ‹kapf› ob twann, von wo aus man eine herrliche aussicht auf den see und die alpen hatte, wohnte ernst geiger zusammen mit seiner ehefrau maria geiger-bockhoff «einfach aber geräumig» bis in den herbst 1918 zur miete.

die tochter pauline (‹paulette› gerufen) übergab hodler der ihm angetrauten ehefrau. was dies wohl für das kind wie auch für dessen stiefmutter bedeutete? ferdinand hodlers serie der kranken, sterbenden und toten valentine godé-darel wurde 2008 in bern ausgestellt und im katalog von einem text der herausgeberin katharina schmidt begleitet.[56]

ernst geiger dürften zumindest einige der arbeiten aus hodlers zyklus seiner krebskranken geliebten vertraut gewesen sein. und geigers ehefrau, maria geiger-bockhoff, habe einige dieser von hodler gemalten und gezeichneten porträts der sterbenden godé-darel kopiert, wie sie übrigens auch werke von eduard manet kopiert habe.[57] diese befinden sich deponiert im museum neuhaus, biel.

brief von cuno amiet an giovanni giacometti in stampa: «oschwand d. 28. mai 1915, lieber giovannin, wir haben gemeint du wollest zur ausstellung nach basel kommen & wir haben dich dort erwartet … in alter freundschaft dein c. amiet»[55]

ulrich wilhelm züricher (links) und ernst geiger (rechts)

ob maxens mutter marie bill-geiger zusammen mit ihrem ältesten sohn im april 1915 an diese ausstellung nach basel reiste, um sich dort die exponate ihres bruders und jene hodlers, der die künstlerische entwicklung ihres bruders so wohlwollend förderte, anzusehen? auf jeden fall dürfte sie stolz auf den bruder gewesen sein, und als ehefrau eines sbb-beamten hätte sie auch einen freifahrschein für das verkehrsnetz der schweizerischen bundesbahnen bekommen können.

zwei jahre nach der basler ausstellung und nur wenige monate vor seinem tod feierte ferdinand hodler, nach den frühen erfolgen in österreich, um jahre verzögert nun auch in der schweiz «seinen grössten triumph … mit der einzigartigen gesamtdarstellung seines lebenswerks, die das zürcher kunsthaus während des ganzen sommers 1917 darbot»[58].

«die schweiz verlor ihren grössten maler, den ersten grossen maler, den sie gehabt hat», schreibt henry van de velde in seinem nachruf auf den künstler.[59]

hodler verstarb am pfingstsonntag 1918 in genf. einige monate danach, im herbst 1918, begleitete der kleine max bill kurz vor seinem zehnten geburtstag seinen vater ins winterthurer kunstmuseum, um dort die ausstellung *selbstbildnisse schweizer künstler der gegenwart* anzuschauen, in der auch von hodler ein im jahr 1916 entstandenes selbstbewusst-dickschädliges selbstporträt gezeigt wurde.

der kunstkritiker henry van de velde betrachtete und würdigte hodlers gemälde parallel zu den «umformungsbestrebungen» der architektur: «das hohe stetige streben hodlers läuft parallel mit dem, das seit einem vierteljahrhundert die architektur umformt … will man die beziehungswerte der formel hodlers mit denen der neuen architektur ergründen, dann muss man in gedanken seine kompositionen auf die mauern irgend einer grossen bahnhofshalle übertragen, auf die mauern eines der letzten grossen verwaltungsgebäude des dresdener architekten hans poelzig oder auf die mauern meines theaters in der ausstellung von 1914 in köln. diesen werken gemeinsame dominante ist die kraft der erhebung …»[60]

58 mühlestein/schmidt 1942, s. 511
59 henry van de velde, «ferdinand hodler», in: *die weissen blätter*, bern, juli 1918
60 ebenda
61 laut des von max burgmeier verfassten ersten protokollbuchs der gsmba aargau; archiv christoph geiger
62 in: hubelhüsi-chronik
63 mitteilung von stephan kunz, aargauer kunsthaus aarau, 2007
64 max bill im gespräch mit angela thomas

adolf weibel, der zweite maleronkel

die beiden maleronkel von max bill waren schon vier jahre vor seiner geburt gemeinsam an die öffentlichkeit getreten: adolf weibel und ernst geiger gehörten 1904 zu den insgesamt acht gründungsmitgliedern der ‹gesellschaft schweizer maler, bildhauer und architekten› (gsmba), sektion aargau. geiger galt unter den künstlerkollegen als der intellektuelle, der gern diskutierte und

adolf weibel: bergpanorama, zeichnung mit monogramm; die ornamentalen verzierungen stammen von ernst geiger

dem der kanton aargau bald zu eng geworden sei. geigers schwager adolf weibel wurde der erste präsident der gsmba aargau.⁶¹

später leistete adolf weibel seinem schwager ernst geiger auch im ‹hübi›, dem haus von gertrud züricher im saanenland, im oktober 1906 ein paar tage lang gesellschaft. einer der höhepunkte ihrer ausflüge war eine wanderung auf die walliser windspillen. zum abschied zeichnete weibel ein bergpanorama in die *hubelhüsi-chronik*. er packte nur drei tage vor der ankunft seiner schwägerin marie geiger seine sachen zur abreise.

adolf weibel «wirkte als aktuar des ‹aargauischen kunstvereins› und wurde 1927 konservator der aargauischen kunstsammlung. dieses amt führte er bis 1942 aus. die aargauische kunstsammlung war damals in den oberlichtsäalen des aargauischen gewerbemuseums untergebracht. das eigentliche aargauer kunsthaus in aarau wurde erst 1959 eröffnet.»⁶³

adolf weibels ehefrau sophie geiger wurde nicht alt. sie starb, wie max mir erzählte, an einer lungenschwindsucht.

«vom 23.–27. oktober habe ich im hübi mit ernst geiger schöne tage verlebt ... der gastlichen herrin des schönen hübihäuschens danke ich herzlich. adolf weibel 27.oktober 1906.»⁶²

«onkel adolf malte ordentlich – aber spiessig. doch persönlich ist mein ‹götti› [patenonkel] adolf weibel gar nicht spiessig aufgetreten.»⁶⁴ einer dieser beiden maleronkel habe ihm, dem kleinen max, den ersten malkasten geschenkt.

der grossvater: ein weingrosshändler in brugg

ulrich geiger-schwarz, ein etwas bäurisch aussehender brillenträger mit leicht schräg geneigtem, eher schmalem gesicht, blickt uns neugierig und pfiffig-witzig aus einem von seinem sohn ernst gemalten porträt entgegen. seine ohren sind gross, sein kinn ist nicht besonders ausgeprägt.

ernst geiger: *ulrich geiger-schwarz*, öl auf leinwand, 25 × 18 cm

obwohl er laut dem bericht des sohnes körperlich nicht gerade robust war, verfügte maxens grossvater vermutlich über eine gewisse bauernschläue, gepaart mit einer kleinstadtkultiviertheit. ob er ein richtiges schlitzohr war, lässt sich aus dem porträt aber nicht ablesen.

um den obstgarten anzulegen, in dem er seine apfelbäume anpflanzen wollte, hatte er aus dem areal der klosterkirche von königsfelden, die damals gerade renoviert wurde, «jahrhundertealten schutt» in seinen baumgarten herübertransportieren lassen. seine kinder, darunter max bills mutter marie, freuten sich «über jede neue fuhre, die uns römische scherben oder vergoldete knöpfe von sempach-rittern finden liess. das jetzige stadthaus stand in unserer kinderzeit in einer nur spärlich besiedelten gegend … stadteinwärts stand an der stelle der heutigen post ein alter zweckbau, die ‹gärbi›. uns war diese gerberei wohlvertraut mit ihren gerberständen und den schönen laubenreihen auf der südseite. beim verschwinden überschüttete sie unsern vater noch mit einem reichen segen. graburne auf graburne von einem römischen begräbnisplatz kamen zum vorschein. eine der urnen enthielt neben andern beigaben einen prächtigen, versilberten spiegel. alle diese funde wanderten hinüber in das büro meines vaters, dessen winzige sammlung ein vorläufer des pompösen vindonissa-museums bildete. so blieben wenigstens diese funde in brugg.»[65]

ernst geiger

«geboren wurde ich, ernst geiger, am 1. februar 1876 als erstes kind des ehepaars ulrich und sophie geiger-schwarz in turgi im haus gegenüber der krone. ich soll ein zartes büblein mit hellblonden locken gewesen sein, so dass es oft hiess: ‹schade, dass der ernstli kein mädchen ist.›»[67]

ernst war als schüler ziemlich mädchenscheu. «… und beim tanzen auf dem tanzboden unter den platanen beim schützenhaus hatte meine liebe mama, deren lieblingskind ich übrigens war, alle mühe, mich zum tanzen zu bringen.»[68] hans hingegen, der jüngere, ein jahr nach ernst geiger geborene bruder, liess keinen tanz aus.

65 geiger 1957, s. 34f.
66 geiger 1957, s. 34
67 siehe geiger 1969; archiv christoph geiger
68 ebenda
69 ebenda
70 ebenda
71 bill 1976 [a], s. 15
72 in: besucherbücher ernst geiger
73 ebenda
74 siehe fischer [1966]

«… sodann besuchten wir mit ganter die *turnusausstellung*, wenn sie nach aarau kam. wodurch ich zum erstenmal mit moderner kunst in kontakt kam. eine kunstsammlung gab es in aarau noch nicht.»⁶⁹

«in die kantonsschulzeit fiel meine bekehrung zur abstinenz, die ich in der folge ohne unterbruch aufrecht erhielt. mein papa, der weinhändler, sah den schritt nicht gerade ungern, wenn er auch seinen geschäftsinteressen zuwiderlief, wusste er doch, welche gefahren für einen studenten der schoppen birgt.»⁷⁰ als student wird dann auch ernst «nachts auf dem tanzboden» «tanzen bis zuletzt». im sommer 1906 in lauenen stellte ernst geiger seine staffelei in der landschaft auf und malte besonders stimmungsvolle landschaftsbilder. man sieht es den bildern an, dass er sich hier sehr wohl fühlte. und es ergab sich, dass ernst geiger an diesem ort maria bockhoff, seine zukünftige frau mit dem schelmisch-lachenden gesicht, kennenlernte. seltsamerweise hat er sie in seinen gemälden nur von hinten oder mit geneigtem kopf porträtiert. ernst geiger und maria bockhoff heirateten alsbald und zogen nach bern.

dort knüpfte das ehepaar kontakte zu gleichgesinnten, die sich als progressive alkoholabstinente verstanden. in diesem kreis verkehrten auch einige russinnen, die zum studium in die schweiz gekommen waren. und ernst geiger kam so auch mit dem schweizer künstler otto morach zusammen, der in einem unverkennbar eigenwilligen, expressiven stil malte.

otto morach und ernst geiger hatten einiges gemeinsam. beide wechselten «nach einem wissenschaftlichen studium in den lehrerberuf hinüber und wurden schliesslich maler.»⁷¹

ihr kontakt blieb bemerkenswert rege. von den acht atelierausstellungen, die geiger im jahr 1908 veranstaltete, sah sich otto morach fünf an. im vergleich dazu besuchte geigers schwager adolf weibel nur zwei dieser ausstellungen, gertrud und bertha züricher wie auch die künstlerin hanni bay wurden nur je an einer ausstellung gesichtet.⁷²

ernst geiger erhielt 1911 das eidgenössische kunststipendium, und im selben jahr zogen seine frau und er aus der bundeshauptstadt fort. 1913/14 lebte er im engadin; ab 1915 verbrachte er regelmässig die wintermonate im tessin. 1918 kaufte geiger den sogenannten ‹hof zu schaffis› am bielersee, unmittelbar westlich der gemeinde ligerz gelegen. hier veranstaltete er in der folge jedes jahr im herbst eine kunstausstellung.⁷⁴

finanziell ermöglicht wurde der kauf des landguts wahrscheinlich auch dadurch, dass ernst geiger seinen anteil am erbe des im jahr 1916 verstorbenen

heinrich ganter, professor für mathematik an der kantonsschule aarau von 1886–1915. was diese ausstellung anbelangt, so sei darauf hingewiesen, dass erwin bill, der vater von max, ab dem jahr 1929 in winterthur als sekretär der *turnusausstellung* aktiv wird.

«mein vater, ulrich geiger-schwarz, der das meier'sche gut, von dem das heutige brugger stadthaus mit seinem garten nur einen kleinen teil bildet, ein vierteljahrhundert lang besass, entstammte einem alten rheintaler bauerngeschlecht. er war als buchhalter nach turgi gekommen und wurde als offizier im bat. 15 und als ehemann einer schwarz aus villigen ganz zum aargauer. die bürgergemeinde von brugg und die standschützengesellschaft nahmen ihn in ihre reihen auf. … der gemeinde leistete er wertvolle dienste als mitglied der elektrizitätskommission. von anfang an sammelte er altertümer und half die antiquarische gesellschaft (jetzt gesellschaft pro vindonissa) gründen und den erwerb des amphitheaters durch den bund vorbereiten.»⁶⁶

zu den ausstellungsbesuchern gehörten ferner z.b. von der firma kümmerly & frey «herr frey, frau kümmerly & sohn», die zu den ‹abstinenzlern› zählten; am 1.11.1908 trug sich eine maja einstein ins gästebuch ein, von der mir nicht bekannt ist, ob sie mit albert einstein verwandt war. otto morach ist auch am 7.3.1909 wieder unter den besuchern der atelierausstellung seines kollegen anzutreffen.⁷³

der ‹hof› war ein landschlösschen mit einem hohen krüppelwalmdach, erkertürmchen und steinernen aussentreppen, die in den ersten stock in einen rittersaal mit gotischen reihenfenstern und in die privaten gemächer führten. er steht in einem verwilderten park, in dem der zum förster ausgebildete geiger ein zypressen- und feigenwäldchen anlegte. gegen den bielersee zu senkte sich ein rebgelände. dieses landschlösschen war ehemals der sitz der edlen von ligerz – eines zweiten geschlechts dieses namens, das von einer im 15. jahrhundert ausgestorbenen adligen familie name und wappen übernommen hatte.

der kleine max bill, der im dezember 1918 zehn jahre alt wird, besuchte mit seiner mutter den onkel ernst und die aus deutschland stammende intelligente tante marie ausgesprochen gern im ‹hof› in ligerz.

ernst geiger verlangte damals für ölbilder beachtliche summen, von 400.– schweizer franken an aufwärts, bis zu 1200.– schweizer franken. in seinem ‹kassabuch› vermerkte ernst geiger 1919: «bisher 93 ölbilder ‹bielersee› verkauft.» als vergleich: ein werk von piet mondrian kostete in den dreissigerjahren in der schweiz um die 300.– franken.

ernst geiger: *alphornbläser*, um 1906
öl auf leinwand, 70 × 90 cm

vaters ulrich geiger ausbezahlt erhalten hatte; ausserdem hatte maxens onkel als künstler zunehmend erfolg. er konnte jetzt mit dem verkauf seiner ölbilder seinen lebensunterhalt finanzieren.

möglicherweise hinderte der finanzielle erfolg den maler geiger daran, stilistisch gewagter vorzugehen. er wird den schritt in die völlige abstraktion nicht machen, wird nicht wirklich modern, bleibt moderat. doch max bill erlebte als kind die kunst seines lieblingsonkels als durchaus anregend.

die wintermonate der jahre 1918 bis 1920 verbrachte ernst geiger in comano im tessin. die familie geiger wohnte stets im ‹säulehallenhaus›. den blick über die landschaft hinauf zur kapelle des eremiten san bernardo malte ernst geiger 1920, und das bild das *oratorio des san bernardo* gelangte in den besitz seines neffen max.

die tanten ida und rosa in brugg

rosa und ida geiger waren die patentanten von max und seinem bruder hugo. bekam hugo eine zipfelmütze mit roter bommel, so hatte die, die max von seiner ‹gotte› geschenkt bekam, einen blauen.

75 siehe «führungen durch alt-brugg, vorstadt», in: *brugger tagblatt*, 5.10.1946

diese beiden schwestern von maxens mutter blieben, wie man damals sagte, ‹jungfern›, das heisst sie waren nicht verheiratet. tante ida arbeitete als sekretärin und tante rosa war krankenschwester. sie lebten nach dem tod ihrer mutter weiterhin zusammen und waren aus dem herrenhaus in das ‹zimmermann'sche haus› am eingang zur brugger vorstadt umgezogen.

wenn die bill-söhne mit ihrer mutter deren jüngere schwestern besuchten, die rückwärts gewandt lebten, bekamen sie möbel aus vergangenen epochen zu sehen und mussten sich gesittet aufführen. tante ida und tante rosa verstanden sich als hüterinnen «alten, schönen hausrats».

salon der ida geiger im zimmermannshaus, vorstadt brugg

grossvater und onkel im vergleich

ernst geiger, der bruder dieser beiden jungfern, hatte vor dem porträt seines vaters (siehe s. 34) auch sich selbst porträtiert. ernst war brillenträger, versteckte sein kinn hinter einem bart und ihm fehlte, im vergleich zum porträt seines vaters, das pfiffige. er sah verletzlicher und sensibler aus als maxens grossvater.

seiner ausgeprägten kurzsichtigkeit verdankte ernst geiger es übrigens, dass sich für ihn der dienst in der schweizer armee erübrigte. auch sein neffe max wird schon als junge eine brille tragen müssen. darum bleibt auch ihm bei der sogenannten ‹1. aushebung› der militärdienst erspart. er wird erst später, in der zeit des zweiten weltkriegs, zum militärdienst «aufgeboten» – wie man in der schweiz für eingezogen sagt.

das ‹zimmermann'sche haus› war im sogenannten bernischen landhausstil erbaut worden, der herrschaftliche mit ländlichen elementen zu verbinden suchte. das haus, in dem sich heute die städtische kunstgalerie befindet, hat zur strasse hin eine fensterreiche fassade mit mansardendach, einen auf terrassen angelegten garten und eine zweigeschossige, offene laubenfront.

«im salon der fräulein geiger» befanden sich «möbel vom stil ludwigs XVI. bis zum biedermeier und besonders seltene empiremöbel.»[75]

ernst geiger war kein draufgänger. obwohl er mancherorts herumgekommen ist, scheint er dennoch nicht wirklich ein abenteurertyp gewesen zu sein, sondern vor allem ein der natur sehr verbundener mensch. zum zeitpunkt dieses selbstbildnisses war er seit einigen jahren mit maria bockhoff glücklich verheiratet und vater von maxens cousin hans.

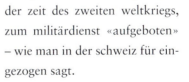

ernst geiger, selbstbildnis, um 1912, öl auf leinwand, 46 × 38 cm

maxens grossvater ulrich geiger hatte durch seine weinhandlung zahlreiche kontakte zu ausländischen lieferanten. von den gutriechenden holzkisten mit den weinflaschen fühlte sich der kleine max, wenn er in brugg zu besuch war, magisch angezogen. sie erregten und beflügelten seine kindliche phantasie, wie es auch die sujets der auf den kisten aufgeklebten, für ihn exotischen ausländischen briefmarken taten.

seine grossmutter mütterlicherseits, sophie geiger-schwarz, hatte der kleine max bill nicht mehr kennengelernt. ernst geiger hatte sie auf ihrem totenbett gezeichnet. stilistisch erinnert die zeichnung an hodlers serie der sterbenden valentine godé-darel.

nachdem ulrich geiger-schwarz das rokokohaus einen monat nach dem tod seiner gattin an die stadt brugg verkauft hatte, «behielt er im äusseren paradies, badenerstrasse 7, ein 5,73 aren grosses grundstück mit einem wohnhaus aus stein unter ziegeldach. seine weiteren liegenschaften waren entweder baumgartenland oder acker- und wiesland».[76]

maxens grossvater, in dessen militäreffekten sich seine offiziersmütze und ein schwerer offizierssäbel aus dem jahr 1870/71 befanden, nahm «im äusseren paradies» einen oberst der schweizer armee, dessen sohn gestorben war, als untermieter bei sich auf.

ernst geiger: sophie geiger-schwarz auf dem totenbett (†10.11.1908), 1908
zeichnung, 23,8 × 31 cm

76 miteilung von titus j. meier, stadtarchiv brugg
77 siehe bill 1949 [c]

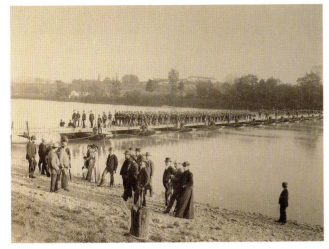
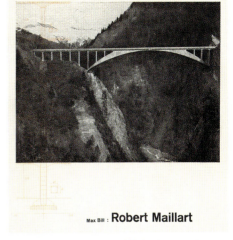

mehrteilige pontonbrücke
bei brugg, 1890

max bill: buchcover mit
salginatobel-brücke bei schiers

die vorliebe für brücken erwacht

der untermieter liebte den kleinen max bill quasi an sohnesstatt. er zeigte ihm seine zinnsoldatensammlung, mit der er schlachtenordnungen aufbaute, und nahm ihn mit an die 1.-augustfeier. dort hielt dieser oberst eine rede zum schweizer nationalfeiertag, und max, der gerade fünf jahre alt war, war stolz darauf, neben dem oberst auf der rednertribüne zu stehen.

was max jedoch noch mehr beeindruckte, waren die modelle von konstruktionen für den militärischen brückenbau – in brugg gab es eine pontonierschule –, die der oberst ihm in der kaserne zeigte.

fragen des brückenbaus werden max bill später wiederholt beschäftigen. er macht, seinem eigenen interesse folgend, im zeitraum des zweiten weltkriegs, eine gross angelegte recherche und fotografiert trotz militärischem sperrgebiet brückenkonstruktionen von robert maillart in der schweiz für eine monografie, die 1949 veröffentlicht wird.[77] ausserdem entwirft er zwei jahrzehnte später, 1966/67, selbst eine brücke, die lavinatobel-brücke bei tamins (kanton graubünden). deren ästhetisches konzept kommt im film *bill – das absolute augenmass* von erich schmid (2008) vortrefflich zur geltung.

für das militär, die armee hingegen wird sich max bill, trotz der initiation im kindesalter und von den vorlieben seiner mutter deutlich abweichend – sie hatte einen brief des schweizer generals guisan gerahmt in der wohnung hängen –, zeit seines lebens nicht gerade begeistern. das wurde ihm in der damals tonangebenden schweizer gesellschaft als manko vorgehalten.

«die pontons waren dreiteilig, aus lerchen- und eichenholz, und mit kräftigen eisenhaken zum aneinanderkoppeln versehen. das mittelstück war ein rechteckiger kasten, die beiden aussenelemente waren zugespitzt.» (christoph geiger)

bills interesse für brücken bleibt weiterhin bestehen. im september 1975 bringt er mir die zeitung *china im bild* (7/1975) mit, um mir darin farbig abgebildete, gemalte und gebaute, chinesische brücken zu zeigen.

max bill im alter von
ca. 6 jahren

winterthur, brühlbergstrasse 8

marie bill-geiger fand am brühlberg in der winterthurer vorstadt ein etwas verwunschen aussehendes gutbürgerliches wohnhaus, das ‹hegnergüetli›. hier zog die familie bill am 14. oktober 1915 ein.[78] zwei monate später, am 22. dezember 1915, feierte man an der brühlbergstrasse 8 den siebten geburtstag von max. gleichentags nahmen seine eltern eine hypothek von 17000.– franken auf. was die architektur, das ambiente und die umgebung des ‹hegnergüetli› anbelangt, so dürfte marie bill-geiger ihre neue wohnsituation als deutliche verbesserung gegenüber dem sbb-eigenen haus in der rudolfstrasse, das sie hinter sich liess, empfunden haben. auch wenn es im vergleich zu ihrem elternhaus kein gut war, sondern eben, wie der name sagt, nur ein ‹güetli›, erinnerte es sie doch an ihre jugend.

im park ihres elternhauses in brugg hatte es ganz unterschiedliche bäume gehabt, mehrere rottannen, eine gewaltige birke, «auch die rotblühende rosskastanie, ... wohl alle aus der mitte des 18. jahrhunderts. zwei kathalpen ragten hoch über ein gebüsch hinaus und erfreuten uns durch ihre blütensträusse und ihre langen fruchtschoten ... auch allerlei kleinere, exotische bäume standen in unserem parke, wie mandeln, japanische äpfel, holzige malven ... ein mehlbeerbaum trug so grosse früchte, dass man sie trotzdem sie fad schmeckten, aus gwunder [aus purer neugierde] ass. am rande eines gebüsches stand ein merkwürdiger kleiner baum mit grossen, schwarz-roten, äusserst wohlriechenden blüten ... etwas ausserhalb stand der schlanke tulpenbaum, der uns schon wegen seiner eigenartigen blätter auffiel.»[79]

zum ‹hegnergüetli› gehörten ein grosser verwilderter garten und ein ehemaliger weinberg. in einem keller, der tief in den berg hineinging, wurden weinfla-

im garten des von max bill 1967/68 gebauten wohn- und atelierhauses in zumikon befinden sich ebenfalls ‹exotische› bäume: eine davidia und einige redwood-mammutbäume sowie ein tulpenbaum, der mittlerweile das haus überragt.

das ‹hegnergüetli›, brühlbergstrasse 8, in der winterthurer vorstadt

78 in: register der einwohnerkontrolle im stadtarchiv winterthur; mitteilung von lilian banholzer
79 siehe geiger 1957
80 max bill im gespräch mit angela thomas am 22. april 1975

schen gelagert. der vormalige bewohner des hauses hatte die winterthurer industriellenfamilie rieter mit obst beliefert.

für den eigenbedarf ihrer kleinfamilie erntete marie bill im garten «wunderbare mirabellen und birnen». einige der früchte ihrer obsternte verkaufte sie im quartier. darüber hinaus sandte sie regelmässig paketweise früchte nach brugg an ihre schwestern ida und rosa. für ihren älteren lieblingsbruder ernst buk marie kuchen, die sie ihm, ebenfalls per paketpost, nach twann am bielersee und, nach seinem umzug, ab 1918 nach ligerz schickte.

obwohl die bills nun fernab der eisenbahngeräusche wohnten, die maxens erste kinderjahre ständig begleitet hatten, belegte das geschehen am und um den winterthurer hauptbahnhof weiterhin einen wichtigen platz in ihrem alltag. max begleitete seine mutter, die frau des stellvertretenden bahnhofvorstehers, und hörte so das wimmern der im weltkrieg verwundeten soldaten in den zügen, denen seine mutter sirup durch die geöffneten waggonfenster reichte. das ‹hegnergüetli› bleibt das gemeinsame wohnhaus der familie bill bis in den april 1927. danach trennen sich die wege.

marie bill-geiger kannte viele pflanzen bei ihrem namen. wenn es sich um heilkräuter handelte, wusste sie, wofür diese gut waren und was für einen tee man mit ihnen zubereiten konnte. die mutter habe im umgang mit ihren söhnen viel «didaktisches geschick» an den tag gelegt. dennoch beklagte max, dass sie ihm den jüngeren bruder vorgezogen habe. sie habe den kleinen hugo «mit wahrer affenliebe», so max bill wörtlich, umsorgt. hugo sei «hübscher» gewesen und deshalb bei den mädchen auch stets besser angekommen – so empfand es jedenfalls max.

max bill in einem bei ihm sehr seltenen, zärtlichen tonfall: «wie soll ich meine mutter beschreiben?» und nach einer langen pause: «sie konnte alles. das heisst, den haushalt machte sie. aber sie entwickelte viel phantasie. uns kindern erzählte sie lauter interessante dinge.»[80]

max bill (links) und sein bruder hugo bill, winterthur, undatiert

über die art der beziehung, die sich zwischen vallotton und seiner sammlerin entwickelte, verfasste deren schwiegertochter einen einfühlsamen text. darin wird u. a. erwähnt, dass sich vallotton und hedy hahnloser-bühler auch über von beiden zeitweise durchlittene depressionen austauschten.[81]

aus dem französischen klappentext: «le thème est simple en apparence: dans un petit port du morbihan, un jeune parisien s'isole pour achever un roman-feuilleton. mais le bourg vétuste cache un entrelacs de destinées mystérieuses et noires qui feront pâlir toutes les intrigues inventées.»

félix vallotton in winterthur

gemälde des schweizer künstlers félix vallotton waren im 1916 eröffneten winterthurer kunstmuseum vertreten. bilder vallottons hat max bill von klein auf gesehen. sie wurden ihm vertraut. félix vallotton war von hedy hahnloser-bühler, einer winterthurer sammlerin, persönlich eingeladen worden, und er hatte sich erstmals 1909 nach winterthur in die provinz begeben, wo er eine reihe von bildern malte.

für max bill charakteristisch ist, dass er personen (und deren werken), die ihn anregten und positiv beeinflussten, über lange zeiträume hinweg, wenn nicht gar ein leben lang, in einem übergeordneten sinn ‹die treue hielt›, die allerdings keine sexuelle treue war. so setzte er sich als erwachsener dafür ein, dass ein bild félix vallottons, und zwar das eher munter wirkende gemälde *das bad am sommerabend* von 1892 vom kunsthaus zürich angekauft wurde. und weil bill selber viel daran lag, gab er mir vallottons roman *corbehaut*[82] aus seiner bibliothek zu lesen.

selbstbildnisse schweizer künstler der gegenwart

marie bill-geiger bevorzugte indes klar einen anderen schweizer künstler als félix vallotton. sie hielt ferdinand hodler, in dessen werk realistische, symbolistische und idealistische tendenzen auszumachen sind, für den grössten schweizer maler. mit der mutter oder dem vater besuchte max von klein auf «immer wieder am sonntag» die kunstsammlung und die ausstellungen des kunstmuseums in winterthur. im vom architekten robert rittmeyer entworfenen kunstmuseum war auch ein naturkundemuseum untergebracht, und dort fühlte sich der kleine max stets magisch von einem grossen ammoniten angezogen. kurz vor seinem zehnten geburtstag jedoch wurde er von seinem vater mitgenommen, um sich die ausstellung *selbstbildnisse schweizer künstler der gegenwart* anzuschauen. der katalog zu dieser ausstellung im kunstmuseum winterthur (1918) ist in der bibliothek max bill vorhanden, mit einem vorne eingeklebten ex libris seines vaters alfred erwin bill.

einige der ausgestellten bilder prägten sich dem buben ein: darunter das von ferdinand hodler, dessen *selbstporträt* von 1916 posthum gezeigt wurde. neben hodlers sehr selbstbewusstem bild blieben max in seinem visuellen gedächtnis die selbstbildnisse der künstlerin alice bailly, des jungen otto morach sowie diejenigen von ignaz epper und augusto giacometti haften.

das interessante an der struktur der ammoniten (ammonshörner) ist eine spiralförmige schichtung. das thema der spirale wird später im künstlerleben von max bill wieder auftauchen. er wird sich damit wiederholt auseinandersetzen, so u. a. in den vierzigerjahren mit dem thema der ‹umgekehrt laufenden spirale› und bei seiner granitskulptur *einheit aus kugel und endloser spirale* (1978–1983, s. 196).

---

81 siehe hahnloser-ingold 2007
82 félix vallotton: *corbehaut*, le livre du mois, lausanne 1970 [um 1920 geschrieben]; mit einem vorwort von gustave roud; bibliothek max bill

dem elegant in die länge gezogenen selbstbildnis (1918) von alice bailly ist anzusehen, dass sie einige jahre (1906–1914) in paris gelebt hatte. sie trägt ihr haar kurzgeschnitten, betont ihren busen. ihre hände malt sie zugespitzt, überspitzt – vielleicht als hinweis auf deren pointiert künstlerischen gebrauch. bailly zeigt sich als moderne, aufgeklärte, intelligente grossstädterin.

otto morach hatte sich – nach dem studium der naturwissenschaften in bern – in paris, münchen, prag, köln und berlin aufgehalten. in seiner pariser zeit erteilte ihm vallotton den wohlmeinenden rat, sich stilistisch möglichst weit von hodler zu entfernen – und morach befolgte diesen. als der erste weltkrieg ausbrach, sah er sich, der gerade erneut nach paris abreisen wollte, genötigt, wieder in seiner heimatstadt solothurn, im haus seiner eltern unterzukommen. zudem musste er, ein erklärter pazifist, schweizer militärdienst leisten. in seinem in winterthur ausgestellten selbstporträt (1918) steht morach mit hängenden schultern und armen traurig da. eben noch hatte er blumen übergeben wollen. offenbar wurde er von der frau abgewiesen, die sich am unteren bildrand entfernt und ihm den rücken zukehrt. sie ist schon weit weg. eine gestalt, die einen langen zopf trägt, der ihr bis zum gürtel reicht – mehr erfahren wir nicht über sie.

morach macht mit diesem bild einen für ihn dramatischen moment seines privatlebens öffentlich. sein selbstporträt mutet modern an, mit ausgesprochen kompliziert gestalteter nasenpartie. die gefurchte stirn scheint in den zustand der hinter ihm recht abstrakt, also kaum örtlich-wiedererkennbar gemalten naturfaltungen, schichtungen, strukturen überzugehen, legt zeugnis ab von etwas, das für ihn der heftigkeit eines unvorhergesehenen naturereignisses gleichkam. (einige jahre später wird max bill otto morach an der kunstgewerbeschule zürich persönlich kennenlernen.)

die selbstdarstellung (1918) von ignaz epper zeigt diesen schmächtig, unfroh, wie eingeschlossen in der enge des zimmers, vielleicht etwas trotzig, jedoch mit grossen beharrlichen augen, die auf die betrachter gerichtet sind. der sohn eines stickereizeichners war selber stickereizeichner, bevor er sich, seit 1915, autodidaktisch als freier künstler erprobte.

augusto giacometti schliesslich präsentiert im bild von 1913 sein gesicht, seine kopfbedeckung, hemdkragen und jackettansatz wie in einem puzzle, das er allerdings nur annähernd, nicht exakt in einer mosaikartigen maltechnik zusammenfügt. es bleiben zwischenräume – wie aufgebrochene verkrustungen. der letztgenannte künstler wird den erwachsenen max bill in späteren jahren

marie bill-geiger: exlibris alfred erwin bill

selbstbildnisse schweizer künstler der gegenwart, mit einer einführung und biografischen skizzen auf grundlage der ausstellung von schweizerischen künstlerbildnissen im ‹winterthurer kunstverein›, herausgegeben von georg reinhardt und dr. paul fink, kommissionsverlag art. institut orell füssli, zürich 1918

augusto giacometti darf durchaus als geistesverwandter kunsthistorischer vorfahre max bills bezeichnet werden, denn er erarbeitete bereits um 1900 erste kleine pastellgebilde, farbstudien – gänzlich ohne figurative sujets. «ihm ging es nicht um eine phantasie des auges, nicht darum, äussere wirklichkeit zum bild, sondern das innere bild, die vision wirklichkeit werden zu lassen. das drückt sich ganz klar in diesen kleinen abstrakten studien vom jahre 1900 aus, die so entschlossen von der wirklichkeit abrücken, dass sie jeder andeutung des gegenständlichen entsagen.»[83]

wieder beschäftigen; so kauft er während des zweiten weltkriegs das buch *augusto giacometti* von erwin poeschel, in dem, farbig abgebildet, auch das soeben erwähnte selbstporträt enthalten ist.

an die näheren umstände des ausstellungsbesuchs im kunstmuseum winterthur im herbst 1918 erinnerte sich max auch deshalb so bleibend, weil er vor einem gemälde mit sanftem beige, hellblau und rosa, dem *selbstbildnis* (1918) von ernst schiess, vernehmlich auf schweizerdeutsch sagte: «der ist in der wüste». doch sein vater verstand stattdessen: «der ist ein wüster» und war darob peinlich berührt. eine solche bemerkung, noch dazu in der öffentlichkeit, wollte vater bill nicht dulden. derart negatives dürfe man nicht über ein kunstwerk sagen – und max bekam von seinem vater «eins gewischt», will sagen: alfred erwin bill ohrfeigte den kleinen max zur bekräftigung seiner lektion.

das kind, das noch nie im ausland gewesen war, sah vor dem bild von schiess sogleich – denn er schaute durchaus aufmerksam hin –, dass es sich hier um einen für ihn exotischen ort handeln musste. er sah hohe palmen, im hintergrund etwas pyramidenförmiges. in diese landschaft, die max für sich «die wüste» nannte, ragte von schräg rechts unten das von einem hut bedeckte antlitz des künstlers ins bildgeschehen, mit dickem schnurbart und betontem spitzbärtchen. er konterfeite sich als passiven, sozusagen ‹vom schicksal geworfenen›, resignierenden menschen. schiess ist auf diesem gemälde kein nach abenteuern gierender mann. seine augen sind nahezu geschlossen. er lässt nicht in sich hineinblicken. sein herrenhut, fast ein trachtenhut, nimmt sich unpassend in dieser umgebung aus. ein fremder, völlig einsam – wie in der wüste.

ernst schiess war 1908, im jahr der geburt von max bill, nach paris gegangen, von wo aus er zahlreiche reisen unternahm, unter anderem nach tunis. die letzten drei jahre vor der ausstellung in winterthur verlebte er in algier. max lag demnach mit seiner rezeption der fremdländischen atmosphäre des bildes gar nicht so schief.

83 poeschel 1922, s. 15
84 siehe v. jahn 1917

ernst schiess, *selbstporträt*, 1918
öl auf leinwand, 58 × 41 cm

dass es gerade ein gemälde war, das den anlass für einen frühen, von ihm jahrzehntelang erinnerten konflikt mit dem vater bot, ist höchst interessant: der vater, der nicht richtig, nicht genau genug hinhört – und max, der ziemlich genau hinschaut und sich so genau, wie ihm dies möglich ist, ausdrückt. der vorfall mit der ohrfeige wird ihm zeitlebens als unangenehme erinnerung an den vater im gedächtnis haften bleiben.

unweit von winterthur verunsicherten zeitgleich die dada-aktivitäten das bürgertum der stadt zürich. doch davon bekam max als kind überhaupt nichts mit, und auch seine eltern zählten nicht zu den besuchern der veranstaltungen in der künstlerkneipe cabaret voltaire in der spiegelgasse 1. in derselben altstadtgasse wohnte in jener zeit lenin (wladimir iljitsch uljanow), der die bücherbestände in zürichs bibliotheken zu schätzen und zu studieren wusste und der sich auf seine aktive teilnahme an der russischen revolution vorbereitete. einige dekaden vor lenins aufenthalt in zürich lebte im winter 1837 ein anderer, seinerseits berühmt gewordener in der spiegelgasse 12: der dichter und naturwissenschafter georg büchner. er war erst dreiundzwanzig jahre alt, als er ebendort an typhus starb. sein gedenkstein befindet sich noch heute frei zugänglich am zürichberg.

während des zweiten weltkriegs wird sich max bill ein in der schweiz herausgekommenes büchner-buch kaufen: *georg büchner – gesammelte werke, mit einem lebensbild*, herausgegeben von carl seelig, artemis-verlag, zürich 1944. und er wird sich aus der perspektive des bildenden künstlers in den fünfziger jahren intensiv mit büchners gedankenwelt auseinandersetzen. bill wird für den im schweizer exil verstorbenen deutschen ein monument entwerfen, das nur als modell existiert, in dem das rationale, umgeben vom irrationalen, darum bemüht ist, klare konturen anzunehmen und klarheit zu vermitteln.

jahre später, in seinem eigenständigen œuvre, wird der erwachsene max bill darum bemüht sein, so präzise wie möglich zu malen – und seine kunsttheorie so präzise wie möglich auszuformulieren.

streit um die römischen scherben

als max im achten lebensjahr war, starb sein grossvater mütterlicherseits, der weinhändler ulrich geiger. ernst geiger schuf ein bronzerelief für den grabstein seines vaters. ein nachruf auf den angesehenen bürger wurde publiziert.[84]
ernst geiger war sehr enttäuscht, dass sein vater die im kanton aargau von ihm, seinen kindern und dem enkel max bill ausgegrabenen römischen fundstücke nicht den «archäologisch sehr interessierten nachkommen» vermacht hatte.

der grabstein mit dem bronzerelief steht heute in ligerz im weinbaumuseum; und ein weiteres bronzerelief befindet sich in der sammlung von christoph geiger, freienbach.

> «mein vater trug seine sammlung ohne rücksicht auf seine archäologisch sehr interessierten nachkommen auf den haufen, d. h., er deponierte sie erst im museum und vermachte sie dann dem museum.
> es tat mir leid um diese kleine individuelle sammlung, die ich seinerzeit geordnet und katalogisiert, ja deren stücke ich zum teil mit grosser mühe zusammengesetzt hatte. die sammlung war in unserem haus von gar manchem gelehrten gesehen worden.»[85]

geiger hatte während seiner studienzeit an der eth in zürich vorlesungen in geologie und urgeschichte bei den professoren heim, öchsli und heierli belegt. neben ihm hatte der kommilitone otto hauser gesessen, der später durch seine ausgrabungsfunde in frankreich berühmt wurde. professor öchsli hatte geiger und hauser miteinander bekannt gemacht.

als otto hauser «nach windisch kam, um daselbst ausgrabungen zu machen», war ihm ernst geiger «behilflich». als sich hauser dann «gar ans ausgraben des amphitheaters wagte, gab es reibereien mit der antiquarischen gesellschaft von brugg und umgebung (jetzt gesellschaft pro vindonissa), in deren vorstand mein vater sass.» geiger geriet in eine konfliktsituation und stiess hier an seine persönliche grenze. er nahm nicht partei für den forscher, seinen studienkollegen hauser, sondern beugte sich dem willen der «brugger herren»: «… als die animosität so weit ging, dass hauser böse worte gegen die brugger herren äusserte, blieb mir nichts anderes übrig, als den verkehr mit ihm abzubrechen, obwohl ich der brugger gesellschaft mit geteilten gefühlen gegenüberstand … in der folge kam es dann so, dass die brugger gesellschaft das amphitheater, welches die eidgenossenschaft erworben hatte, zu ende ausgrub und konservierte.»[86]

obwohl sich ernst geiger in brugg mit hauser schliesslich nicht solidarisiert hatte, begab er sich auf hausers spuren nach frankreich, wo er im juni 1906 die dolmen von st. fort (charente) aquarellierte.

«… dann entriss sie uns der unerbittliche tod»

einige jahre nach dem tod ihres vaters, aus dessen nachlass auch ihr, wie ihren geschwistern, ein erbanteil zugewiesen worden sein dürfte, traf bei marie bill-geiger eine weitere erschütternde nachricht ein, mit der die am lauenensee begonnene liebesgeschichte ihres bruders abrupt endete: maria geiger-bockhoff war bei der geburt ihres zweiten sohns wolfgang am 17. juli 1921 gestorben. marie bill versuchte, ihrem sohn max die nachricht vom frühen tod seiner tante und den tragischen verlust, der seinem lieblingsonkel widerfuhr, möglichst sachte beizubringen. und sie reiste sofort nach ligerz, um ihrem bruder beizustehen. vermutlich nahm sie max, ihren älteren, mit an den ort der trauer.

als ernst geiger im dezember 1906 maria bockhoff in lauenen kennengelernt hatte, war die studentin in ihrem dritten semester. schon bald darauf hatte

---
85 geiger 1969, s. 22f.
86 ebenda
87 ebenda, s.30
88 ebenda

ernst der familie bockhoff in gelsenkirchen einen besuch abgestattet und sich als zukünftigen schwiegersohn vorgestellt. nur drei monate nach der ersten begegnung, am 11. märz 1907, liessen sich maria und ernst «in aller einfachheit» in bern trauen – und maria setzte ihr studium in bern fort.

«im april darauf schenkte sie mir einen sohn (hans-ulrich), wurde krank und lag wochenlang, von einem leichtsinnigen arzt falsch behandelt. eine luftveränderung in duisburg, wohin ich ihr folgte, tat ihr gut, und sie konnte das studium und die dissertation weiterführen.»[87]

in jenen jahren war es noch ungewöhnlich, dass frauen studierten. sie stiessen auf mancherlei unverständnis und ablehnung seitens ihrer «kollegen», die sich ihnen gegenüber gar nicht kollegial verhielten. dennoch liess sich maria geiger-bockhoff nicht entmutigen und schloss ihr studium mit der bestmöglichen note und einer doktorarbeit ab.

dissertation von maria geiger-bockhoff: *die visio philiberti des heinrich von neustadt*, tübingen 1912

«als sie aber ihr examen summa cum laude (1910) bestanden und ich kurz darauf das eidgenössische stipendium erhalten hatte, beschlossen wir von bern wegzuziehen und fanden auf dem kapf ob twann ein leeres haus um billiges geld zu mieten … dort wohnten wir, bis zum herbst 1918.» der ‹kapf› war aber abgelegen, deshalb kündigte das ehepaar geiger im herbst 1918 die wohnung und suchte «ganz twann und ligerz ab. der zufall führte uns auch in den hof, … jetzt gelang es uns, erst den vorderen teil, im folgenden sommer auch den hinteren teil zu kaufen und so den alten stammsitz der edlen von ligerz wieder zu vereinigen … nun fehlte zum vollen glück noch das geschwister von hans, das von maria lang gewünschte zweite kind. aber das schicksal schien ihr ein so grosses glück nicht zu gönnen. die vorfreude wurde ihr gelassen und ein blick auf das neugeborene.

dann entriss sie uns der unerbittliche tod. es war sonntag, den 17. juli 1921 in der klinik zu biel … die schwestern eilten sofort herbei, denn wir waren ganz allein, hans und ich. am tag der kremation holte ich den kleinen aus dem krankenhaus ab.»[88]

nach den trauerfeierlichkeiten berieten die geiger-schwestern mit dem witwer, was mit dem neugeborenen sohn wolfgang ‹wölfi› geschehen solle. wenige monate nach seiner geburt, im oktober 1921, werden ihn seine unverheirateten tanten ida und rosa den winter über zu sich nach brugg holen. hans, der von seiner mutter zu hause unterrichtet worden war, verbleibt beim vater ernst geiger in ligerz, und dieser übernimmt den privatunterricht seines erstgeborenen sohns.

tante ida wird ihre schwester rosa geiger überleben und deren vermögen erben. ida geiger vermacht hans geiger, dem erstgeborenen sohn ihres bruders ernst, ihre alten möbel und geld. ihre neffen max und hugo wie auch deren mutter marie bill gehen dagegen leer aus.

auch geigers künstlerfreund cuno amiet war bestürzt, als die todesnachricht bei ihm eintraf. das ehepaar amiet schickte einen beileidsbrief: «lieber freund, was ist das für eine schreckliche botschaft, die sie uns melden! diese ihre liebe, gute frau ist gestorben. wie haben wir sie in guter erinnerung. wie haben wir oft, bei jeder gelegenheit die sich bot, eine karte, ein bild, ihr name in der zeitung, von ihnen gesprochen, von ihrem familienglück ... wir könnten ihnen als trost sagen: wie glücklich sind sie zu schätzen, sie haben die kinder! aber das ist kein trost. die verlorene frau kann nichts ersetzen. es gibt aber doch einen trost. der liegt in ihnen, in ihrer künstlerschaft.
ihnen helfe ihre kunst, die zeit, die ruhe.
ihre amiets.»[89]

in bern bei der hodler-ausstellung

max bill hat mir erzählt, dass er wenige jahre nach der winterthurer ausstellung *selbstbildnisse schweizer künstler der gegenwart*, die er mit dem vater besucht hatte, zusammen mit seiner mutter nach bern reiste, um dort mit ihr die grosse *hodler gedächtnis-ausstellung* anzuschauen. diese gutbestückte posthume retrospektive fand von august bis oktober 1921 an zwei ausstellungsorten gleichzeitig statt, im kunstmuseum und in der kunsthalle.

die retrospektive war überaus eindrücklich. es waren mehr als 800 werke zu sehen. erhalten geblieben sind zahlreiche schwarzweissfotos, die die damalige hängung der werke dokumentieren, wie sie max bill als jugendlicher zu sehen bekam. auf einem dieser fotos, die heute in drei fotoalben im archiv des kunstmuseums bern aufbewahrt werden, ist im hintergrund das grossformatige gemälde *blick in die unendlichkeit* in der kunsthalle bern auszumachen. diesem bild sollte max bill dann zwei jahre später, als schüler in oetwil am see, seinen allerersten vortrag über kunst widmen.

ebenfalls 1921 konnte in der bundeshauptstadt die gsmba-sektion aargau, der sowohl maxens onkel ernst geiger als auch sein angeheirateter onkel adolf weibel angehörten, ausstellen – auf einladung des vereins kunsthalle bern und zusammen mit den damals eben zu ruhm gekommenen alice bailly und paul klee. ob sich der trauernde witwer ernst geiger seiner schwester marie und deren sohn max beim besuch der ausstellung anschloss – oder ob seine ihm besonders nahestehenden winterthurer verwandten auf ihrer reise zumindest einen abstecher zu ihm nach ligerz einplanten?

hodler gedächtnis-ausstellung, 20. august–23. oktober 1921, illustrierter katalog, kunstmuseum bern 1921; auf dem cover ist kurioserweise kein werk des zu ehrenden hodler abgebildet, sondern ein frauenporträt von cuno amiet, der der ausstellungskommission als präsident vorstand – und sich somit selbst in den vordergrund rückte.

---

89 beileidsschreiben des ehepaars amiet, oschwand, 19. juli 1921, an dr. ernst geiger, ligerz; archiv christoph geiger
90 notiz von ernst geiger; archiv museum neuhaus, biel
91 max bill, lebenslauf, 26.2.1942
92 mitteilung von peter niederhäuser, winterthur 2008
93 max bill, lebenslauf, 26.2.1942

blick in die *hodler gedächtnis-ausstellung* in bern, 1921

von der künstlerin alice bailly hatte max ja bereits 1918, als noch nicht ganz zehnjähriger knabe, im winterthurer kunstmuseum ein selbstporträt gesehen; und paul klee wird in späteren jahren einer der meister von max bill am bauhaus in dessau. klee und ernst geiger gehörten auch der vereinigung schweizerischer künstler-graphiker ‹die walze› an – über die mir aber nichts näheres bekannt ist. jedenfalls notierte maxens onkel als «mitglieder der walze, 1912»: «geiger, giacometti, klee, … albert welti, bertha züricher»[90]

vorbilder aus der kinder- und jugendzeit

max bill benannte anfang der vierzigerjahre in einem lebenslauf personen aus der kinder- und jugendzeit, die ihn geprägt hatten. zum einfluss, den sein vater auf ihn ausübte, erwähnt er: «von meinem vater ererbte ich ein interesse für technisches und handwerkliches wie auch für historische studien, war er doch jahrelang vorstandsmitglied des ‹historisch-antiquarischen vereins winterthur› …»[91] in dem hier erwähnten verein amtete sein vater seit 1917/18 als rechnungsrevisor. im jahr 1920 umfasste der verein circa 50 bis 60 personen. zwar hielt erwin bill laut den erhalten gebliebenen vereinsprotokollen in diesem umfeld selber nie einen vortrag, doch er dürfte zumindest gelegentlich einige referate im verein mitangehört, mancherlei anregung zur lektüre aufgegriffen und an max weitergegeben haben. zu hause las erwin bill nicht nur zeitungen, sondern auch bücher, texte von lessing oder schriften der pazifistin bertha von suttner. und somit hatte auch sein sohn max gelegenheit, suttners buch *die waffen nieder!*, das auch in der schweiz zur entstehung einer friedensbewegung beitrug, zur lektüre aus dem regal zu nehmen.

viele der in der schweiz tätigen eisenbahner waren politisch links engagiert. laut auskunft der schweizer eisenbahnergewerkschaft war erwin bill allerdings nie mitglied geworden.

über den einfluss seiner mutter und seiner beiden maleronkel äusserte sich max wie folgt: «von meiner mutter erbte ich hauptsächlich mein interesse für kunst. aber noch mehr war es der einfluss ihres bruders dr. ernst geiger und ihres schwagers, der auch mein pate war, prof. adolf weibel (aarau), welche bedeutenden einfluss auf mich ausübten.»[93]

«der ‹historisch-antiquarische verein› versammelte verschiedene fachpersonen von bibliothek, archiv und technikum und war lange recht elitär. die tätigkeit bezog sich auf die vermittlung von geschichte (regelmässige vorträge zu geschichte und kunstgeschichte), exkursionen, denkmalpflegerische aufgaben und die betreuung des museums auf schloss mörsburg (im besitz der stadt winterthur).»[92]

bertha von suttner, *die waffen nieder!*, volksausgabe, 1.–20. tausend, e. pierson's verlag in dresden, märz 1902; erhalten geblieben in der bibliothek max bill.

ernst geiger: *wintersonne*, 1905
öl auf leinwand, 35 × 50 cm

«wenn du nicht gut tust, kommst du in die zeitung!»

als max in die zweite klasse der sekundarschule ging, stand er für einen anderen jungen, der an einem kiosk kriminalromanheftchen klaute, schmiere. beide buben wurden ertappt. wenn max nicht ‹folgen› wollte, wenn er ungezogen war, drohte ihm seine mutter jeweils mit den worten: «wenn du nicht gut tust, kommst du in die zeitung!» doch max kam nicht in die medien, sondern man nahm ihn aus der winterthurer schule und schickte ihn ende april 1923 «zwecks besserung» in das sogenannte ‹waldheim› in oetwil am see (kanton zürich). in diesem erziehungsheim sollte er sich auf den übertritt in die realabteilung der kantonsschule vorbereiten.

offensichtlich hatte marie bill-geiger zu diesem zeitpunkt ihrem sohn max gegenüber, der kein pflegeleichtes kind war, sondern ein anstrengender, sie (über-)fordernder sohn, in fragen der erziehung resigniert. zudem bemängelte sie, dass ihr mann sie nicht hinreichend bei der erziehung des unterstützt habe. das schülerheim wurde von einem ehepaar geleitet, frau dr. phil. clara keller-hürlimann und herrn dr. phil. wilhelm keller-hürlimann. die im heim wohnenden ‹internen› schüler wurden angehalten, ihre erlebnisse in einer *chronik* aufzuschreiben. darin erschienen die heimleiter nie mit namen, sondern stets

---

eine heute auf einem hof unterhalb vom ‹waldheim› lebende bäuerin erzählte mir, «die mehrbesseren aus der stadt» hätten ihre «kinder, die nicht gut taten» in dieses institut geschickt.

94 scheidungsurkunde, bezirksgericht winterthur 1.4.1927; staatsarchiv des kantons zürich

95 verlag bürgi & wagner, zürich 1914, 4. aufl.

96 «schülerheim oetwil am see, kanton zürich, bezirk meilen»; archiv ortsmuseum oetwil am see

nur mit ihren titeln, als «herr doktor» und «frau doktor». obwohl max im ‹waldheim› nicht nur unterrichtet, sondern auch diszipliniert werden sollte, schrieb er meist fröhliche berichte. er fühlte sich in der umgebung der schule, in der natur besonders wohl.

einer der institutsschüler, der einen vorsprung vor max hatte, da er schon im jahr zuvor hierher abgeschoben worden war, hiess wolfgang vogel. seine aus deutschland stammenden grosseltern hatten in winterthur die buchhandlung vogel eröffnet, in der maxens vater seine bücher, unter anderen lessings *nathan der weise*, einkaufte. wolfgang hatte im dorf oetwil am see eine tante. möglicherweise hatte diese tante wolfgangs eltern das ‹waldheim› empfohlen – und vielleicht hatten dann maxens eltern ihrerseits über die buchhandlung vogel von der existenz dieses heims erfahren.

andererseits könnte vater bill auch davon gelesen haben, zum beispiel in *bürgis illustrierter reiseführer, sommer in der schweiz*[95]: «oetwil am see (unweit zürich, forchbahn). das schülerheim von dr. phil. wilh. und dr. phil. klara keller-hürlimann, dipl. gymnasiallehrern mit mehrjähriger erfahrung im mittelschulunterricht, umfasst ein unteres gymnasium und eine sekundarschule mit hauptsächlich den zürcherischen schulen angepasstem lehrplan und bereitet knaben und mädchen im alter von 12–16 jahren in durchaus gründlicher und den grundsätzen der modernen pädagogik entsprechender weise auf öffentliche mittelschulen oder das praktische leben vor. die prinzipiell ausserordentlich klein gehaltene schülerzahl (maximal 12 interne) ermöglicht eine eingehende individuelle behandlung … verbindung von geistiger beschäftigung und körperlicher arbeit in garten und werkstatt … während die einfache lebensweise, die pflege von spiel und sport in der dafür in jeder weise geeigneten umgebung, die rein ländliche, erhöhte lage am rand ausgedehnter waldungen das physische gedeihen in hohem grade begünstigen.»

das schulleiterehepaar unterstrich in einer broschüre eigens den zweck der erziehungsanstalt: «das schülerheim … will einerseits den schülern vom lande dienen, deren eltern sie nicht allzufrüh in die stadt verbringen möchten; andererseits solchen aus der stadt, für die aus diesen oder jenen gründen eine verpflanzung in ein erziehungsheim und dazu in ländliche umgebung wünschenswert ist … der preis für unterricht, erziehung und pension beträgt fr. 2400.– pro schuljahr.»[96]

das fernhalten von der kleinstadt winterthur und ihren «gefahren», das unterbringen auf dem lande im erziehungsheim liessen sich maxens eltern offen-

---

marie bill-geiger, so steht es in der scheidungsurkunde vermerkt, beklagte sich sowohl über ihren «etwas missratenen sohn max» wie auch darüber, dass maxens vater in erziehungsfragen «nicht energisch genug gegen ihn eingeschritten» sei. die klägerin gibt aber auch zu, «dass sie auf ihren älteren sohn keinen einfluss ausüben könne».[94]

jener junge, für den er in winterthur am kiosk schmiere gestanden hatte, habe sich später zu einem «notorischen straftäter» entwickelt. auch er selber, fuhr max bill im gespräch mit mir fort, hätte nach eigener einschätzung durchaus anlagen zu einer gangsterkarriere ausbauen können – wäre er nicht stattdessen künstler und architekt geworden.

schüler des instituts ‹waldheim› in badehosen mit einem lehrer. max bill zweiter von rechts

sichtlich einiges kosten. die jahresgebühr für das ‹waldheim› entsprach ungefähr dem damaligen jahreslohn eines arbeiters. war es vielleicht marie bill-geiger, die aus dem vom verstorbenen vater geerbten anteil die schulkosten beglich?

das institut versprach den kindern «... schlaf in lichten und luftigen, 2 bis 3 betten enthaltenden zimmern, eine einfache, kräftige und reichliche nahrung in 5 mahlzeiten mit viel milch, gemüse und obst.» und was «besuche im elternhaus» anging: «nicht zu häufigen, über sonntag stattfindenden besuchen im elternhause steht im allgemeinen nichts entgegen; nicht zu weit entfernt wohnende machen einen solchen in der regel einmal im quartal.»[97]

das ambivalente verhalten von vater erwin bill, seinem sohn max in erziehungsfragen ‹zuckerbrot und peitsche› angedeihen zu lassen, wird sich in den darauffolgenden jahren fortsetzen.

97 «schülerheim oetwil am see, kanton zürich, bezirk meilen»; archiv ortsmuseum oetwil am see
98 mitteilung von wolfgang vogels tochter christine geiser, 2006
99 wolfgang vogel, 29.4.–27.5. 1923, in: waldheim-chronik
100 ebenda
101 ebenda

wolfgang vogel

wolfgang war ein aufmüpfiger junge und er soll, so lautet die legende, die sich in seiner familie bis heute hält, sogar einmal ein tram zum entgleisen gebracht haben.[98] als bereits geübter *chronik*-schreiber erwähnt wolfgang vogel das eintreffen zweier neuer schüler aus winterthur – einer davon muss max bill gewesen sein, den er hier aber noch nicht namentlich einführt. unter den im

max bill (dritter von links, mit brille) und mitschüler sowie schulleiter dr. keller (sitzend) am greifensee, mai 1923

waldheim wohnenden kamen also insgesamt vier schüler aus winterthur: wolfgang vogel, max bill, arnold mötteli und robert freitag.

wolfgang berichtet im weiteren über das wetter und die aktivitäten der schüler, für die neu herr wegmann, ein lehrer aus zürich, eingetroffen ist: «in den ersten vierzehn tagen hatten wir wundervolles wetter … dieses jahr konnte man schon im mai in den seeweidsee baden gehen etwa bei 18° wärme. jeden abend gingen wir ein wenig spazieren, oder wir turnten an reck und barren.»[100]

die institutsschüler durften sich, laut satzung, nie allein, sondern immer nur in begleitung zumindest eines mitschülers bewegen. wolfgang schreibt auch über weitere freizeitaktivitäten: «am mittwoch nachmittag gingen wir nach stäfa hinunter um auf dem [zürich-]see zu rudern. wir fuhren zum stäfener stein hinaus wo wir herrn wegmann abluden. dort sass er und sah träumend auf den see hinaus …

5.–12. mai am sonntag erfreute uns ein prachtvolles wetter … und herr dr. erklärte nach dem mittagessen, wir dürfen in den greifensee baden gehen … im greifensee plätscherten wir fröhlich im wasser herum, und herr wegmann machte noch einige aufnahmen.»[101]

«28.5.–4.6. am nächten sonntag war das wetter ziemlich zweifelhaft, aber wir wagten doch einen ausflug zu unternehmen. herr dr. und wir 4 interne gingen hinüber nach männedorf, und wir fuhren mit dem dampfer ‹stadt rapperswil› nach der [halbinsel] au hinüber. wir spazierten beim gasthaus au vorbei zur

«am 29. april wurde es im waldheim wieder lebendig, zu den zwei schon länger hier gewesenen schülern kamen zwei neue, beide von winterthur.»[99]

station hinunter. dann stiegen wir gegen den zimmerberg hinauf. in einem tobel machten wir entdeckungs-reisen und führten eine kleine kletterpartie aus; als wir auf der andern seite ankamen, waren unsere sonntagskleider ziemlich beschmutzt. beim nächsten brunnen löschten wir unseren durst und machten uns wieder sauber. immer weiter gings, bergauf und bergab, bis wir das kirchlein von schönenberg erblickten, aber wir hatten keine lust weiterzugehen. mich plagten die hühneraugen und die andern hatten den ‹knieschnapper›. herr dr. [der schulleiter] sagte, wir gingen jetzt nach wädenswil … im eilschritt ging's hinunter. im alkoholfreien [restaurant] assen wir z'vieri. am landungsplatz war ein seiltänzer und wir schauten noch ein viertelstündchen zu … hernach fuhren wir wieder mit der ‹stadt rapperswil› nach männedorf hinüber. wir durften noch eine stunde rudern … wir gondelten nun eine stunde im see herum und kehrten am abend befriedigt von unserem ausflug zurück …
am montag regnete es wieder in strömen … am mittwoch liefen wir mit dem fussball ins weidenbad hinunter und ‹tschuteten› [spielten fussball] bei immer stärker werdendem regen … wir mussten uns auf den heimweg machen.
in einer scheune auf dem türli brachen wir die türe auf und trockneten unsere kittel ein wenig.»[102]

«am freitag zeichneten wir oberhalb dem waisenhaus ein idillisches [sic] plätzchen ab.»[103] auch der zur strafe aus dem elternhaus entfernte max war hier beim zeichnen oberhalb des zürichsees dabei.

wolfgang und max finden rasch zu einem freundschaftlichen zusammengehörigkeitsgefühl, das von ihren mitschülern neidvoll beargwöhnt und zeit-

max bill: *oberhalb dem waisenhaus stäfa,*
ende mai/anfang juni 1923
farbstifte auf papier,
25 × 34 cm

---

102 wolfgang vogel, 28.5.–4.6.1923, in: waldheim-chronik
103 ebenda
104 wolfgang vogel, 5.–12.6.1923; ebenda
105 ebenda
106 henry van de velde, «ferdinand hodler», in: *die weissen blätter,* bern, juli 1918

weise sogar denunziert wird. die erzieher verlangten von den ihnen anvertrauten kindern bisweilen ein «abverdienen» sprich: sie verteilten strafarbeiten für streiche oder «missetaten». «am samstag mussten wir beim abverdienen den turnplatz vom unkraut befreien, danach machten wir im töbeli eine staumauer. barfuss schafften wir grosse blöcke herbei und füllten die lücken ... dabei spritzte der dreck den körper und die kleider voll und wir sahen am abend eher schweinen als menschen gleich. um 9 uhr gingen wir befriedigent [so im original] ins bett.»[104]

bei einem weiteren ausflug passierte einem neu dazugekommenen schüler aus dem bündnerland ein ungeschick: «luzi glitt aus im wasser, wollte sich dabei am rucksack von herrn wegmann halten, zerrte ihn natürlich dabei ins wasser und dazu noch den photo sammt platten. luzi stand ganz verdattert da. in grossen sätzen sprang herr wegmann welcher barfuss war ins wasser und rettete seinen aparat. der wurde sofort an die warme sonne gelegt und bald war er wieder trocken.»[105] wolfgang erwähnt auch, dass die jungs gegen die singstunde einspruch erhoben, «weil wir den stimmbruch hatten».

max bill hatte zwei jahre zuvor in bern mit seiner mutter die hodler-retrospektive gesehen. und nun wählte er in oetwil am see, wo er als vierzehnjähriger schüler seinen allerersten vortrag über kunst halten sollte, ein gemälde von ferdinand hodler zum thema. um seinen vortrag anzukündigen, fertigte max nach hodlers bild *blick in die unendlichkeit* eigens ein kleinformatiges plakat. vielleicht erhoffte er sich mit der wahl dieses vortragsthemas seine mutter, die er wohl davon in kenntnis setzte, ihm gegenüber wieder milder zu stimmen.

sehnsucht nach den ewigen dingen

in seinem sehr einfühlsamen, kongenial geschriebenen nachruf auf hodler hatte der belgische architekt henry van de velde, der auch selber malte, 1918 folgendes bemerkt: «hodler sehen wir nach den ewigen symbolen greifen ... alle gegenstände, die der meister frei gewählt hat, sind seiner synthetischen formel angepasst und seiner sehnsucht nach den ewigen dingen: der tag, der erwählte, die stunden, die wahrheit ... der blick ins unendliche ... seine methode ist gekennzeichnet durch die verneinung der perspektive ... hodlers linie ist von einer kraft, die seine komposition in eine ganz eigentümlich musikalische sphäre erhebt.»[106]

hodlers *blick in die unendlichkeit* war als «geschenk des galerievereins, freunde des kunstmuseums winterthur» in maxens geburtsort winterthur gelangt. ferner hatte hodler noch wenige monate vor seinem tod für das zürcher kunsthaus ein grosses wandbild gleichen titels gemalt. das hodler-bild in winterthur kannte max bestimmt und das wandbild in zürich eventuell ebenfalls. was die wertschätzung für ferdinand hodler betraf, stimmte er darin mit seiner mutter überein.

«die meinungen über hodler, der recht frei gelebt hat, waren damals sehr zerstritten», sagte max bill rückblickend zu mir, «jedoch, was der alles geleistet hat!»[107] mit dieser äusserung, dass hodler «frei» gelebt habe, bezog sich bill wohl darauf, dass hodler neben seiner ehefrau eine geliebte hatte, der er sehr zugetan war. doch hodler traf im hinblick auf seine lebenssituation mit diesen beiden frauen keine klärende entscheidung, er verhielt sich – so würde ich im gegensatz zu max bill sagen – nicht gerade «frei», sondern emotional ambivalent. der gesellschaftliche ruf hodlers war zu seinen lebzeiten jedenfalls mit seinem künstlerischen nicht identisch.

obwohl ferdinand hodler nicht von seiner geliebten und mutter der gemeinsamen tochter lassen konnte, bezog er 1913 mit seiner ehefrau eine neue, luxuriöse wohnung am quai du mont-blanc 29 in genf. gerade in jenen monaten, als hodler laut seinem biografen hans mühlestein an «den vielen hundert einzelstudien» zum *blick in die unendlichkeit* arbeitete, wurde seine geliebte valentine godé-darel immer hinfälliger. ihren schleichenden krebstod dokumentierte er in einer umfangreichen gemälde- und skizzenserie. so hat er sich im realen leben zwar nicht wirklich nur für sie entschieden, sie jedoch posthum berühmt gemacht.

ein vierteljahrhundert nach erscheinen von mühlesteins erstem hodler-buch, im märz 1939 – als max bill den autor bereits seit einigen jahren persönlich kannte –, offerierte ihm ein verleger die möglichkeit, den biografischen teil zu überarbeiten. mühlestein hatte sich mittlerweile von einem «philosophischen idealisten» zu einem «entschiedenen realisten» gewandelt, entwickelt, «das bedeutete auch in seiner bewertung der kunst hodlers eine so völlige umkehr, dass selbst die blosse erzählung der biographie hodlers einen von grund auf neuen aufbau des buches erforderte», wie es im vorwort des schliesslich von hans mühlestein tatsächlich neu und diesmal zusammen mit dem basler kunsthistoriker dr. georg schmidt erarbeiteten buches zu lesen steht.[109]

---

max bill sollte sich am bauhaus noch 1928 den künstler hodler zum vorbild wählen – wie wir in den aufzeichnungen von hanns fischli sehen werden –, bevor er stilistisch in seine «klee-phase» geriet. das von hodler gelebte beziehungsmuster wird auch im späteren (verheirateten) leben max bills wieder anzutreffen sein. wie sein einstiges vorbild jongliert bill immer wieder räumlich, zeitlich und emotional zwischen (mindestens) zwei frauen – der angetrauten und der geliebten. somit wird bill keiner der beiden vollumfänglich gefühlsmässig «frei» zugewandt sein.

---

107 max bill im gespräch mit angela thomas am 25.9.1975
108 siehe mühlestein 1914
109 mühlestein/schmidt 1942, s. VIII
110 ebenda
111 ebenda, s. 426f.

hodlers interpret mühlestein entwickelte sich, inmitten der geschehnisse des zweiten weltkriegs, verglichen mit den weltanschaulichen ansichten des 1918 verstorbenen künstlers ideologisch sozusagen umgekehrt. aus dem anfangs realistischen künstler hodler war zusehends ein sich auf das idealistische zu bewegender geworden. für diese beiden divergierenden positionen stehen in hodlers œuvre beispielsweise die beiden «grundwerke» (wie mühlestein sie nennt): das realistische *mutige weib* (1886) und das idealistische gemälde *aufgehen im all* (1892), beide heute im basler kunstmuseum.

ferdinand hodlers spätphase

hodler selber habe den *blick ins unendliche* (1913–1916) für die «krönung seines lebenswerks» gehalten. doch das autorenkollektiv mühlestein/schmidt geht zu diesem gemälde in der von ihnen gemeinsam überarbeiteten hodler-biografie von 1942 auf kritische distanz: «wenn wir uns auch weigern müssen, diese auffassung zu teilen, so ist doch nicht zu bestreiten, dass dieses werk gewissermassen die kuppel auf dem tempel seines hymnischen idealismus bedeutet … im februar und märz 1914 – mitten in der tragischen wendung im schicksal der madame darel – traf ich hodler in einer wahren arbeitswut.»[110]
mühlestein/schmidt sprechen von «hymnischen frauengestalten», von «gigantenweibern», die den raum «mit dem hauch des michelangelesken» erfüllen, von einem «gegensatz von geziertheit oben und stämmigkeit unten … im gegensatz zur damenhaften posiertheit der hände und köpfe sind nun aber die körper von den hüften an abwärts von einer wahrhaft grossartigen plastischen kraft! … die souverän geformten falten der fusslangen gewänder sind nicht weniger plastisch als die darunter sichtbaren waden und oberschenkel. in diesen beingebirgen schwelgt hodler förmlich, wie um sich schadlos zu halten für das pseudogeistige getue in den oberen stockwerken dieses riesenbaus.»[111]
es sollte nicht besonders verwundern, wenn dieses derart von widersprüchen geprägte monumentalgemälde hodlers, das nicht nur die darüber reflektierenden kunstwissenschaftler irritierte, auch den pubertierenden max bill verwirrt haben sollte.
ferdinand hodler hatte sich zu lebzeiten meist als «macho» aufgeführt, doch seine liebe zu valentine godé-darel liess zartere saiten in ihm anklingen. die gemälde und zeichnungen der sie zeigenden porträtserie dürften sich, weil emotional viel differenzierter als sein inhaltlich-überhöhtes monumentalbild *blick

anfang der dreissigerjahre wird bill bekanntschaft schliessen mit dem bedeutenden hodler-kenner hans mühlestein, der in den jahren 1910 bis 1914, in nahem kontakt zu hodler, an einer biografie des künstlers geschrieben hatte, die ende 1914 veröffentlicht wurde.[108] möglicherweise besorgte sich die mutter von max bill als bekennende hodler-verehrerin diese biografie, wodurch ihm das buch bereits in jungen jahren zugänglich gewesen wäre. wenige jahre nach dem erscheinen der biografie und kurz vor hodlers tod war mühlestein, der als auslandschweizer freiwillig zum militärdienst in die schweiz gekommen war, im herbst 1917, vor seiner wiederausreise ins ausland, bei hodler in genf zu gast. hodler malte mühlesteins porträt gegen ende oktober 1917, um es ihm zum dank und als andenken mit auf die reise zu geben.

in die unendlichkeit, letztlich in der rezeptionsgeschichte – so meine ich – als von bleibenderem wert behaupten. anderseits ist zu bemerken: weil der befremdende aufbau dieses gemäldes gar manche betrachtende verunsicherte, hat es wohl gerade deshalb zur auseinandersetzung damit herausgefordert.

die frage nach der unendlichkeit, die max bill schon in früher kindheit berührte, als er den beiden geraden der eisenbahnschienen, die vor seinem geburtshaus verliefen, nachträumte, wird er später im eigenen werk aufgreifen. man kann vielleicht sogar sagen, dass er damit auch noch an ein thema von hodler anknüpft. doch bill begibt sich nicht auf eine inhaltlich überhöhte metaphysische ebene, wie hodler es getan hatte, sondern geht das thema rational an – so in seiner skulptur der *unendlichen schleife (ruban sans fin,* 1935, siehe s. 433) oder wie der kunsthistoriker will grohmann schreibt: «... wenige sehen die plastiken so, wie bill sie macht und sieht, einen raum zum beispiel, der auf der einen seite beginnt und auf der anderen seite, die gleichzeitig dieselbe ist, in veränderter form endet ... oder die unendlichkeit, die in sich selbst zurückkehrt als gegenwart?»[112]

als anschauungsmaterial für seine these bildete wood im katalog das gemälde *silvaplanersee* (1907) von hodler und bills skulptur *konstruktion aus einem kreisring* (1942–1944) ab. james n. wood war seinerzeit associate director der albright-knox art gallery in buffalo, usa, wo 1974 eine grosse bill-retrospektive gezeigt wurde. als ein weiteres beispiel für hodlers umgang mit dem phänomen der spiegelung könnte an dieser stelle auf sein gemälde *thunersee mit symmetrischer spiegelung* (1909) hingewiesen werden.

auch james n. wood ist der meinung, dass bills gebrauch der symmetrischen spiegelung an bilder ferdinand hodlers erinnere: «bill's use of the reflection image recalls the work of another swiss, ferdinand hodler, who was equally determined to capture the spiritual intensity of nature's contradictions. his *silvaplanersee* exploits the only straight line in the swiss landscape – the surface of a body of water – to contrast the identical curves of massive peaks and their immaterial reflection.»[113]

wenn bill die spiegelungssituation von elementen einsetzte, dann tat er dies jedoch nicht 1:1, wie es hodler, der vorgabe der natur folgend, im genannten gemälde machte, sondern bei ihm wurde eins der zwei hauptelemente der skulptur noch um 180 grad gedreht.

was bill auf jeden fall mit hodler gemeinsam hatte, das war ein unbändiger arbeitseifer, ein «élan vital». «... so kam es, dass hodler, ohne andere stütze als seinen willen und ohne vorbild, ein problem anging. seine angeborene hartnäckigkeit, die zu recht oder unrecht seinem bernischen ursprung zugeschrieben wird, half ihm über alle schwierigkeiten zu triumphieren.»[114] hodler brachte die geduld auf, unzählige vorstufen zu einem gemälde zu erarbeiten; so wie max bill beispielsweise für das plakat *konkrete kunst,* das er 1944 für eine

---

112 grohmann 1968, s. 19
113 wood 1974, s. 36
114 henry van de velde, «ferdinand hodler», in: *die weissen blätter,* bern, juli 1918
115 erwin bill, im mai [n.d.] 1929, an max bill; archiv max bill

ausstellung in der kunsthalle basel gestaltete, mindestens zweihundert vorbereitende skizzen erarbeiten sollte. ob nun «zu recht oder zu unrecht» betonte auch max bill, der von der väterlichen linie her berner war, die härte seines emmentaler dickschädels, den er vom uhrmachergrossvater geerbt habe.

fortsetzung der ‹waldheim›-chronik

nach seinem freund wolfgang war nun max an der reihe, die instituts-chronik fortzusetzen. er sah genau hin – mit den augen eines zeichners –, berichtet verschmitzt und witzig. seine charakterzüge beginnen sich auszuprägen.

«… dann gingen wir an einer verlotterten wirtschaft vorbei … stiegen auf die höhe hinauf, wo wir das ganze tal übersehen konnten. dann ging es weiter auf den hüttkopf, um dann zur tössscheide hinunter zu gehen. dort badeten wir die füsse in der töss und assen zwetschgen, bananen und chocolade, um neugestärkt den tössstock zu besteigen. es ist ja bekannt, dass der tössstock ein schutzgebiet ist für die dortigen gemsen, welche ausgesetzt worden waren. gemsen sahen wir wohl keine, aber fussabdrücke. nun wollten wir aber zu hause bezeugen, dass es dort gemsen habe. aber einen fussabdruck konnten wir nicht gut ausstechen, so nahmen wir das erste beste was uns in die hände fiel, natürlich nicht wörtlich, es war etwas, das eine gemse dort einmal hinterlassen hatte, und das man in jedem ziegenstall sehen kann, aber nicht von gemsen. anrühren wollte es niemand, so nahmen wir es mit stäblein und taten es in einen briefumschlag und herr doktor nahm es in die tasche …

dann ging es frölich [sic] auf den töss-stock hinauf und von dort auf eine alp hinunter wo uns der senn suppe kochte. es war zur mittagsstunde und wir liessen uns in der mittagshitze braten. nachher assen wir suppe, brot, schüblinge, orangen und anderes mehr, was uns die gute frau doktor in die rucksäcke versteckt hatte.

als die grösste hitze vorüber war, schnürten wir unsere rucksäcke und stiegen den welschenberg hinauf und von dort gingen wir auf den schwarzenberg, wo wir die aussicht bewunderten. dann ging es in schnellem schritte talwärts, denn es nahte ein gewitter und es war noch ordentlich zeit bis wir in wald sein konnten. aber schon fing es an zu regnen und wir warfen die pellerinen über uns und schritten froh weiter. bald liess der regen nach und wir gelangten zum sanatorium …

‹fröhlich› schrieb max hier ohne h, ansonsten machte er kaum orthografische fehler. doch fünf jahre später, nach der scheidung seiner eltern (1927), zeigen sich auf diesem gebiet unsicherheiten, und er wiederholt früher begangene schreibfehler. deswegen wird ihm sein vater, sogar noch nach maxens zeit am bauhaus, erbitterte vorwürfe machen: er müsse nun endlich mal darauf achten, seine briefe orthografisch korrekt zu verfassen. «man kann doch kein zutrauen zu dir haben, so lange du dich sichtlich nicht bemühst, die elementarsten anstandsformen zu wahren.»[115]

die erzieher im ‹waldheim› beauftragten max damit, die chronik fortzuschreiben. er widmete sich dieser arbeit mit viel engagement und lieferte gut sechs schulheftseiten ab über die ereignisse in seinem zweiten institutsquartal, vom 26. august bis zum 1. september 1923.

aber nachher kam der regen wieder und wir nahmen unter einer grossen linde platz, wo wir wieder zu essen anfingen. als dann der regen nachliess gingen wir nach wald hinunter wo wir die bahn besiegen [sic], um von dort nach rüti, uster und dann heim zu fahren. max bill.»[116]

fern vom elternhaus amüsierte sich max offensichtlich bestens gelaunt mit den anderen ‹internen›. der flüchtigkeitsfehler des vierzehneinhalbjährigen gegen ende seines berichts – am schluss kommt immer das wichtigste – ist eine prachtvolle freud'sche fehlleistung. wünschte max vielleicht mit der bahn, die er in seinem text «besiegt», unbewusst zugleich den vater, den bähnler, zu besiegen?

in derselben expo wurden auch andere werke zum thema ‹die ordnende idee› gezeigt, u.a. konkrete gemälde von verena loewensberg und richard paul lohse sowie von max bill eine plastik.

in der gegend von oetwil am see beobachtete der schüler max auf seinen spaziergängen des öfteren eine bizarre, skurril gekleidete frau. wie er bald herausfand, war es die malerin helen dahm. zusammen mit ihrer lebensgefährtin else strantz wohnte sie seit 1919 in oetwil. nach einer von verzicht geprägten laufbahn wird helen dahm, als erster künstlerin, 1954 der kunstpreis der stadt zürich verliehen; und zehn jahre darauf wird sich max bill an sie und ihre malerei erinnern und sie in oetwil am see aufsuchen. denn er möchte eines ihrer bilder an der *expo '64* in lausanne in dem von ihm gebauten abschnitt ‹bilden und gestalten› zur thematik ‹der mensch› mitausstellen.

das festchen

«am dienstag arbeiteten wir in jeder freien minute an den vorbereitungen für das festchen, am abend hatten wir probe und darum kein vorlesen. am mittwoch trafen wir wieder vorbereitungen und machten darum keinen ausflug. gleich nach dem essen machten wir uns zur erd- und maurerarbeit bereit. zwei gingen nach esslingen und holten zement. unterdessen reisten die andern ins töbeli [enge waldschlucht] und hoben treppentritte aus und andere sägten schwarten [baumholzteile, an denen die rinde dran gelassen wird] zur befestigung der tritte und hieben dazu pföstchen.

unterdessen waren auch die von esslingen wieder zurück und machten zement an und trugen ihn ins töbeli wo ich sie zwischen die steine schmiss welche sie vor das bänklein gelegt hatten. dann wurden noch die brücklein fertig ausgebessert. an der treppe wurde immer noch emsig gearbeitet, aber man konnte sie nicht fertig bringen bis zum nachtessen, aber es fehlten nur noch einige tritte, bei welchen die bretter noch nicht befestigt waren …

---
116 max bill, ende juni-anfang juli 1923; in: waldheim-chronik
117 max bill, 26.8.–1.9. 1923; ebenda

am abend fiel die waldteufelversammlung [eine art schülerparlament] aus, weil wir wieder probe hatten für den 1. september. nachher verzogen sich einige ins ‹juchee› [estrich] hinauf wo sie an einer schnitzelbank [gereimte verse] arbeiteten … am freitagabend musste noch vieles fertig gemacht werden, es war wieder probe, die letzte vor der hauptprobe …

dann kam der samstag heran mit all seinen geheimnissen. man stand zur gewohnten zeit auf. beim morgenessen erklärte frau doktor dem herrn doktor, dass wir heute allesamt streiken wollten … dann kamen zwei kleine und gaben jedem ein löwenmäulchen und ein sprüchlein, welches frau doktor verfasst hatte …

nach dem essen wurde emsig gearbeitet. das lesezimmer wurde in eine küche und wirtschaft verwandelt. dann wurde die scharadenkiste duchsucht nach passenden kleidungsstücken für die verschiedenen spieler. hierauf war die hauptprobe des humoristischen schülerheimer-dramas, welches frau doktor gedichtet hatte. die hauptprobe endete mit einer schockoladenbelohnung …

um ½ 12 uhr spielte das trio am anfang des festchens, währenddem sich die andern in das lesezimmer begaben. dazu gingen die spieler bis auf den schülerheimer, der einen brief bringen musste, auf die bühne. nach einiger zeit kam der letztere herein und überreichte dem wirt eine bestellung eines mittagessens … dann begaben sich alle ins esszimmer zum gemeinsamen essen, bei welchem der festherold eine von frau doktor in versen gefasste rede hielt. der schnitzelbank-direktor stellte die verse und bilder der reihe nach zusammen. nach dem abendessen führte man scharaden auf, aus früheren zeiten: eine religionsstunde, sonntagskontrolle und eine ‹tschinggen›-scharade …

dann begab man sich zum umzug mit den lampions, zuerst ins töbeli, dann ins dorf. voran der schnitzelbänkler, dann herr alder mit der mandoline und hintendrein alle andern vom schülerheim in zweierreihe.

so ging es mit sang und klang zur waldheim linde und wieder zurück zum schülerheim, wo alle im gänsemarsch im garten herum spazierten und sich nachher auf die zinne begaben, wo sie die lampions der reihe nach aufhängten. dann bekamen alle noch meringue und dann begaben sich alle etwa um ½ 11 uhr zu bette. max bill.[117]»

später setzte arnold ‹noldi› mötteli, wie wolfgang und max ebefalls aus winterthur, die chronik fort. nach einem ausflug auf den pfannenstiel wurde max

max bill: ohne titel [vase mit blumen], 1923
zeichnung, 30 × 22,8 cm

der gebrauch des schweizer dialektwortes ‹tschingge›, mit dem früher die aus italien gekommenen arbeitsimmigranten bezeichnet wurden, gilt heutzutage als diskriminierend.

bill offensichtlich bestraft. was genau vorgefallen war, wird aber nicht erwähnt: «donnerstag. wieder regnete es. max hatte klassenbann. am nachmittag mussten wolfgang und max oberhalb der treppe, die in den oberen estrich führt, eine schutzmauer gegen die katzen bauen.»[118]

anfang oktober 1923 begannen die herbstferien. alle ‹internen› institutsschüler durften nun zu ihren eltern fahren.

nachdem max aus den ferien zurückgekehrt war, war es erneut an ihm, die chronik fortzuführen. was er in den ferien erlebte, berichtete er allerdings darin nicht.

dörfer mit «feueraugen»

die institutsschüler begaben sich nach männedorf, an einen lichtbildervortrag über tunesien, und bills interesse für architektur wurde angestachelt. «wir schauten die wunderbarsten bilder über römische baudenkmäler, in cartago und benachbarten gebieten, über die dortige bauart, und alle erklärungen waren mit gutem witz gewürzt, dass der ganze saal von dem gelächter dröhnte, zu dem bekamen wir eine flasche meilener most und brötchen ... nach dem vortrag gingen wir fröhlich gegen oetwil zurück und schauten noch auf den see und die gegenüberliegenden dörfer, die mit ihren feueraugen zu uns hinüberschauten.»[119]

das zusammengehörigkeitsgefühl zwischen max bill und wolfgang vogel hatte sich verstärkt. sie sonderten sich ab. mitschüler verpetzen die beiden wegen «geheimen redens», wie ein jüngerer schüler berichtet: «es war ein wundervoller sternenhimmel. max ging mit wolfgang gegen den wald hinauf, um den himmel zu besichtigen. da erklärten einige schon wieder, sie würden miteinander geheimnisvoll reden ... am abend hatten wir vorlesen, da verklagte rudolf [rudolf stiefel aus turbenthal] max wegen dem geheimen reden.»[120]

kurt bindschedler, der aktuelle chronik-schreiber, stammte aus der näheren umgebung, aus männedorf, und zählte selber nicht gerade zu den bravsten. beim «abverdienen», bei den strafarbeiten, musste kurt «10 giesskannen voll jauche tragen für das fluchen» und «für pöbelstrafen mussten wir noch helfen die vorfenster hineinhängen ... nach dem mittagessen hatten wir kleider-, schuh- und schoss[schürzen]-kontrolle. nach dem vieruhressen hatten wir heftkontrolle. ich hatte soviel heftkontrolle, dass ich bis am abend nicht fertig wurde.»[121]

---
118 arnold «noldi» mötteli, 16.-22.9. 1923; in: waldheim-chronik
119 max bill, ende oktober-11.11.1923; ebenda
120 kurt bindschedler, 12.-17.11.1923; ebenda
121 kurt bindschedler, 12.-17.11.1923; ebenda
122 mitteilung von peter niederhäuser, winterthur, 2008
123 wolfgang vogel, 7.-12.1. 1924; in: waldheim-chronik
124 max bill, 13.-19.1. 1924; ebenda

vom 16. bis 23. dezember 1923 ist wiederum ‹noldi› an der reihe mit schreiben. max wird in dieser wochen-chronik nicht erwähnt. vielleicht durfte er vorzeitig aus oetwil am see abreisen, um gemeinsam mit seinen eltern in winterthur seinen fünfzehnten geburtstag am 22. dezember und bald darauf das weihnachtsfest 1923 zu feiern.

1924

maxens vater erwin bill, rechnungsrevisor beim ‹historisch-antiquarischen verein› in winterthur, wurde im jahr 1924 ausnahmsweise namentlich im protokoll erwähnt. der verein plante seinen fünfzigsten geburtstag mit einem ausflug und einer feier auf der mörsburg, die der stadt winterthur gehörte, zu begehen. und der sbbler erwin bill sorgte dafür, dass der um 14.14 uhr in winterthur richtung frauenfeld abfahrende schnellzug ausser fahrplan beim dorf wiesendangen hielt, damit die festgesellschaft dort aussteigen konnte.

die erste chronik zu beginn von max bills zweitem jahr im ‹waldheim› schreibt erneut sein freund wolfgang vogel: «am dienstag, den 7. januar wurde es im schülerheim wieder lebendig. zum z'vieri waren alle wieder beieinander … prachtvolles skiwetter war und bald waren wir auf unseren brettern und tummelten uns auf den hängen herum.

mittwoch. nun hatte die schule schon regelrecht angefangen … am mittag konnte man schlittschuhlaufen oder ski fahren.

max und ich zogen das skifahren vor … wir besuchten auch die schlittschuhläufer auf dem oberen weiher und betraten das eis auch mit unsern skiern, was aber ziemlich ‹glatt› war … max flog in einem grossen bogen über einen graben und zerriss sich dabei die bindung.»[123]

die ereignisse der darauffolgenden woche werden von max in seiner sich nach rechts neigenden handschrift notiert: «… gab herr doktor uns kund, dass wir mit den skis auf den pfannenstiel gehen würden und von dort vielleicht auf die forch.»[124]

zwei wundervolle birklein mit grossen schleierüberzügen

«wir machten uns bereit und fuhren ab. immer höher stiegen wir gegen den pfannenstiel, in dem immer lichter werdenden nebel, da ging es aufwärts. je höher wir kamen, desto schöner war die natur, besonders der wald. endlich

---

ansonsten beschränkte sich erwin bills tätigkeit vor allem auf die vereinsabrechnungen. zwei jahre nach dem von ihm ermöglichten ‹halt› wählte man ihn zum quästor (kassier) des vereins».[122]

mit dieser landschaft waren bei max bill anhaltend-angenehme erinnerungen verknüpft. forch ist eine gemeinde im kanton zürich. sie konnte damals – und kann heute immer noch – mit der sogenannten ‹forchbahn›, einem vorortszug, erreicht werden. in der nähe der endstation esslingen befand sich das ‹waldheim›. fährt man von forch aus in die andere richtung gegen zürich eine station weiter, kommt man nach zumikon. das ist jener ort, wo max bill 1967/68 sein zweites eigenes wohn- und atelierhaus bauen wird.

kamen wir zum schützenstand von egg, wo zwei wundervolle birklein standen, mit grossen schleierüberzügen. aber es ging immer weiter und weiter. bis wir am untern teil des skigeländes angelangt waren. so waren wir auf die höhe gelangt, wo wir ein wundervolles nebelmeer zu gesicht bekamen. unsere köpfe waren über, die füsse waren unter seinem spiegel.

aber nicht lange konnten wir das wogende schauspiel beobachten, wir stiegen hinauf an den waldrand, wo uns herr doktor schockolade gab … da sagten einige, sie möchten dort bleiben. die andern aber wollten auf die forch. es wurde zweimal abgestimmt und zuletzt wollte es auch wieder nicht passen. da schlug herr doktor einen mittelweg vor, der mit freuden ausgeführt wurde. der eine teil verzog sich gegen die forch, der andere teil blieb auf dem pfannenstiel. wir flogen mit pfeilschnelle durch die prächtige gegend in ein breites tal hinunter um auf der andern seite mit einer langen fahrt auf der forch anzulangen … und bestiegen das bähnchen und fuhren nach esslingen von wo wir noch nach hause stapften … der samstagnachmittag brachte das gewohnte abverdienen, der kaninchen und hühnerstall wurde geputzt. max bill.»[125]

vom ‹waldheim› in oetwil am see hat max einen weiten blick in die landschaft, an klaren tagen bis zum berg bachtel.

sein lieblingsonkel und vorbild ernst geiger hatte in ihm die liebe zum gestein erweckt, und der institutsschüler nahm sich vor, naturwissenschaften zu studieren. doch konnte max seinen wunsch, geologe zu werden, nicht verwirklichen. er wird ohne matura, ohne abitur, die schule verlassen. dennoch wird max bill zeit seines lebens eine haptische beziehung zum gestein, zu marmor und graniten, beibehalten.

böse mütter

in der letzten im ortsmuseum oetwil am see erhalten gebliebenen chronik schreibt ‹steffi›: «… am nachmittag vermissten wir schlitten. zum glück gingen ernst [ernst sieber] und luzi ins töbeli, da fanden sie die vermissten schlitten. einer, der von noldi lag am bach, der von luzi hing an einem baumast und der vom schülerheim lag auf dem eise beim töbeli. wir alle glaubten, dass es max gewesen war, der uns einen streich spielen wollte.»[126] es war wohl tatsächlich der junge max, der wieder einmal lustbetont schabernack getrieben hatte, die schlitten ‹versorgte› und einen davon in einen baum hängte.

125 max bill, 13.–19.1. 1924; in: waldheim-chronik
126 ‹steffi›, 4.–9.2.1924; ebenda
127 frehner 2004, s. 97

giovanni segantini: *die bösen mütter*, 1894
öl auf leinwand, 120 × 225 cm

vielleicht regte ihn das bild der *bösen mütter* (1894), ein gemälde des 1899 verstorbenen giovanni segantini, auf das ihn sein onkel ernst aufmerksam gemacht haben könnte, zu seiner tat an. die *bösen mütter* sind hier in bäume verpflanzt, in schnee-berges-kälte verbannt. segantini hatte sein ölgemälde oberhalb von savognin, auf dem maiensäss tussagn gemalt.

dieses aussergewöhnliche bild bezeichnet der kunsthistoriker matthias frehner als ein schlüsselwerk der kunst am übergang des geistigen klimas vom 19. jahrhundert zum 20. jahrhundert: «die darstellung von mutter und kind ist in segantinis schaffen ein hauptmotiv, mit dem sich existentielle grundfragen seines eigenen lebens verbinden. zu seiner mutter, die er bereits als siebenjähriger verlor, hatte er später ein geradezu irreales verhältnis. einerseits fühlte er sich für ihren tod schuldig, da sie sich von seiner geburt nie mehr richtig erholt hatte, andererseits konnte sie ihm die geborgenheit nicht geben, die ein kind in seinem alter von der mutter normalerweise erwarten kann.
der freudianer karl abraham kam in seiner psychoanalytischen deutung von segantinis autobiografie zum schluss: ‹die ganze ergreifende kindheitsgeschichte segantinis gleicht einem individuellen mythos.› jede version des themas von den genrehaften wiegenszenen ... bis zu den im eise ausgesetzten *bösen müttern* sind von den individuellen mythen von segantinis beziehung zu seiner mutter durchdrungen.»[127]

hierzu möchte ich anfügen, dass sich segantini mit seinem motiv – wörtlich gemeint – weit mehr «auf die äste» hinaus liess als hodler.

max bill war zeit seines lebens eifersüchtig auf seinen jüngeren bruder hugo, der ihm die liebe der mutter entzogen hatte. da die mutter ihre brüste von ihrem erstgeborenen ab- und stattdessen dem nachfolgenden, jüngeren sohn zuwendet, empfindet der ältere die liebe seiner mutter zu ihm als ‹erkaltet›. auch max, der erstgeborene, hatte sich als kind, nach hugos geburt, plötzlich dieser ihn erschreckenden kälte ausgesetzt gefühlt. erstgeborene söhne wie max bill – und bekannterweise auch sigmund freud – sind es, die von ihren müttern in die kälte geschickt werden. segantinis gemälde kehrt das thema um: er setzt die *bösen mütter* der kälte aus, und zwar mitsamt ihren säuglingen.

als andere inspirationsquelle für den einfall des aufmüpfigen bill, einen schlitten in einen baum zu hängen, käme noch eine tat in frage, die hodler sich ausgedacht hatte und die im nachruf auf hodler in der *neuen zürcher zeitung* erwähnt worden war. es könnte sein, dass sein belesener vater oder seine mutter, die hodler verehrte, ihm diese geschichte weitererzählt hatten.
hodler hielt sich als achtzehnjähriger in langenthal auf, und luise rölli, eine jugendfreundin hodlers, bekam den streich als augenzeugin mit: «… ganz in der nähe von uns wohnte ein alter absonderlicher holzhacker, wisst, eine gestalt, wie wir sie in einer spitzwegmappe finden. von diesem ward im dorfe erzählt, dass er jeden morgen seine ‹schwarzwälderzyt› mit in den wald nehme, und sie dann dort auf eine ihm benachbarte tanne aufhänge. abends trage er sie dann wieder heim. das war nun etwas für unseren hodler. gleich musste das ausgekundschaftet werden. eines morgens zogen wir drum in den wald und folgten dem schalle einer axt. leise schlichen wir uns heran, einer hinter dem andern alle hodler nach. mitten im walde war eine lichtung, wo der bauer sein holz zerhackte. wir schauten ihm zu … hie und da hörte er auf zu hacken und schaute dann besinnlich an eine ihm gegenüberstehende tanne. und wirklich, an jener tanne hing die schwarzwälderuhr und tickte vergnüglich in die welt hinaus … hodler [stieg] auf den baum, an dem die uhr hing – nahm sie ab und befestigte sie hoch oben im baume. als der holzhacker nach der uhr schauen wollte, hing an deren stelle ein brauner zapfen, der vergnüglich an einer kette hin und her baumelte.»[128]

aus dem ‹waldheim›-zeugnis

der interne schüler max bill wurde wie folgt beurteilt:[129]
die allerbeste benotung erreichte max bill lediglich in einem fach, nämlich beim ‹singen›. die note 5, also ‹gut›, erzielte er in den fächern ‹schreiben/ste-

---

128 p. schmuziger: «aus hodlers jugendzeit», in: *neue zürcher zeitung*, 7.6.1918
129 max bills ‹waldheim›-zeugnis liegt im archiv ortsmuseum oetwil am see
130 mündliche mitteilung von max bill an angela thomas
131 max bill: lebenslauf, 26.2.1942

nographie›, ‹buchführung›, ‹freihändiges zeichnen›, ‹geometrie›, ‹geometrisches zeichnen›, ‹geschichte› und ‹chemie/physik›. in ‹algebra/arithmetik› pendelte max zwischen ‹befriedigend bis gut›. die note 4, ‹befriedigend› wurde ihm für die fächer ‹geografie›, ‹griechisch/englisch› eingetragen. das fach, in dem er in oetwil am see am unmotiviertesten war, war offensichtlich ‹französisch›: man gab ihm die note ‹ausreichend bis befriedigend›.

im gegensatz zu den noten, die in deutschland vergeben werden, gilt in der schweiz eine 6 als die beste note.

der gold- und silberschmiedlehrling

der vater erwin bill befand, es wäre am besten, wenn sein sohn ein handwerk lernen würde.[130] max entschied sich für das gold- und silberschmieden: «das hatte auch eine tradition. schon im mittelalter sind gold- und silberschmiede auch bildhauer geworden, oder haben sich sonst mit kunst befasst – als kupferstecher. im frühjahr 1924 kam ich in die kunstgewerbeschule zürich, wo ich in die abteilung für silberschmiede und ziseleure eintreten konnte. da jedoch laut schulreglement jeder neueintretende ein bis zwei semester die allgemeine klasse zu besuchen hatte vor eintritt in eine werkstätte, wurde mir das erste semester als allgemeine klasse angerechnet und ich besuchte in der folge mehr wie die andern schüler der werkstätte modellierunterricht und metallabteilung.»[131]

vielleicht klang seine stimme harmonischer, weil er den stimmbruch im unterschied zu seinen jüngeren mitschülern schon hinter sich hatte. ob bill in griechisch und englisch unterrichtet worden war oder ob die schüler alternierend eine dieser beiden sprachen wählen konnten, ist mir nicht bekannt. persönlich habe ich ihn nie etwas auf griechisch sagen hören; und was das englische anbelangt, wird er sich gegen ende der dreissigerjahre anstrengen, es besser zu erlernen. max bill hatte keinen latein-, keinen religions- wie auch keinen naturkundeunterricht. rund eine dekade nach dem verlassen der heimschule macht er sich auch daran, seine französischkenntnisse zu verbessern.

ernst ludwig kirchner im kunstmuseum winterthur

zwar war bill nun kunstgewerbeschüler in zürich, doch er wohnte bei seinen eltern in winterthur und pendelte zwischen den beiden städten hin und her. in seiner geburtsstadt nahm er, völlig selbstverständlich und wie es ihm von klein auf vertraut war, an den kulturellen ereignissen teil. so befand er sich auch im juni 1924 in der besucherschar der ersten, vom ‹kunstverein winterthur› veranstalteten einzelausstellung der werke ernst ludwig kirchners im kunstmuseum winterthur.

bisher war hier vor allem die französische kunst des 19. jahrhunderts ausgestellt worden. kirchners werke, darunter sein gemälde der *bauernmittag* von 1920, stiessen weiterum auf geballtes unverständnis. und der eklat war heftig, obwohl georg schmidt, damals kunstkritiker bei der *national-zeitung* und bibliothekar des ‹basler kunstvereins›, in seiner führung durch die kirchner-ausstellung engagiert zu erläutern und zu vermitteln versuchte. er wurde von

georg schmidts damalige ausführungen finden sich unter dem titel «was ich am 29. juni in winterthur gerne gesagt hätte, was zu sagen mich aber die freundliche gesinnung meiner zuhörer einigermassen behindert hat. zugleich einige antworten auf einige besprechungen der ausstellung» in: *expressionismus aus den bergen,* herausgegeben von beat stutzer, samuel vitali, han steenbruggen und matthias frehner, verlag scheidegger & spiess, zürich 2007, s. 287–303. weniger als eine dekade später werden georg schmidt und max bill eng zusammenarbeiten, und zwar an der kleinen antifaschistischen zeitung *information* in zürich, für die schmidt artikel schreibt und bill die typografische gestaltung eines jeden hefts, gedruckt in der genossenschaftsdruckerei aarau, übernimmt.

132 zitiert nach stutzer 2007, s. 281f.
133 zit. nach stutzer 2007, s. 282
134 ernst ludwig kirchner, 29.7.1924, an nele van de velde; zit. nach stutzer 2007, s. 284
135 beat stutzer: «‹der bauernmittag›. zu einem bild von ernst ludwig kirchner», in: *neue zürcher zeitung,* 5./6.12.1992
136 siehe schoop 1992, s. 50
137 georg reinhart, 19.5.1919, an hans marderstieg; zit. nach schwarz 1998, s. 353

empörten besuchern ausgepfiffen. während des horrenden pfeifkonzerts befand sich der aufgeschlossene junge max bill meinungsmässig auf der gegenseite. er ergriff partei für kirchners kunst sowie den kirchner verteidigenden progressiven basler schmidt.

paul fink, der konservator des kunstmuseums winterthur, hatte schmidt wohl erst die zusicherung gemacht, dass er zur eröffnung der von kirchner persönlich eingerichteten ausstellung reden dürfe, diese aber mit folgender begründung wieder zurückgezogen: «da wir dieser kunst ablehnend gegenüberstehen, befürchten wir, dass eine offizielle einführung in die ausstellung so gedeutet werden könnte, als ob wir diese malerei schätzen und durch die einführung sie empfehlen wollten.»¹³²

schmidt konnte deshalb erst am zweiten ausstellungssonntag, am 29. juni 1924, seinen kenntnisreichen vortrag halten. die museumsleitung hatte sich davon distanziert: «auf wunsch des künstlers ... [wird] der kunstschriftsteller georg schmidt aus basel vor den bildern im parterresaal des museums über die malerei e. l. kirchners sprechen. obgleich die hiesigen kunstkreise dieser malerei ablehnend gegenüber stehen (wobei sie durchaus nicht das gefühl haben hinterwäldnerisch zu sein) ...»¹³³

nach dem winterthurer skandal schreibt der betroffene künstler kirchner an nele van de velde, eine der töchter henry van de veldes: «ich sende ihnen hier die photos meiner ausstellung ... sie geben ihnen vielleicht einen eindruck von der ausstellung, die so sehr angefeindet wurde und die eine der grössten und besten war, die ich je gemacht habe ... die arbeiten fielen allerdings aus dem sonstigen kunstbesitz des museums vollkommen heraus und daher wohl das nichtverstehen und schimpfen des publikums. wohlmeinende sagten, diese kunst sei ‹zu deutsch›, um von den winterthurern verstanden zu werden, dabei ist nichts ‹deutscher› als dieses kleine städtchen winterthur ... aber was sehr fein und erfreulich war, das war die art der jungen künstler, wie diese meine partei nahmen ...»¹³⁴

einer der von kirchner erwähnten jungen besucher des vortrags von georg schmidt war max bill, der zwar von klein auf und auch während seiner schulzeit gezeichnet hatte, sich zu jenem zeitpunkt aber noch nicht als ‹junger künstler› bezeichnen konnte.

georg reinhart, einer der massgebenden sammler in winterthur und leiter der firma gebrüder volkart, hatte den künstler ernst ludwig kirchner im dezember 1917 persönlich kennengelernt. kirchner wurde in jener zeit vom psychiater

ernst ludwig kirchner: *kopf van de velde, dunkel*, 1917
holzschnitt, 49,9 × 39,5 cm

ludwig binswanger in der kuranstalt bellevue in kreuzlingen behandelt, wo sich zur gleichen zeit auch henry van de velde aufhielt. van de velde habe dort in der klinik kirchner dem georg reinhart vorgestellt.¹³⁶

im anschluss an diese begegnung erwarb reinhart im lauf der darauffolgenden jahre bis 1922 «42 handdrucke kirchners». er tat dies, obwohl sie ihm «unverständlich» erschienen: «ich habe kirchner offen geschrieben, dass diese neueste ausdrucksweise mir noch unverständlich ist und er hat sich die mühe genommen, trotz seinen kranken händen, mir in einem langen briefe den schlüssel dazu zu geben. es fängt mir an ein knopf aufzugehen … aber weitere nachhilfe … wäre mir erwünscht.»¹³⁷

während reinhart sich immerhin redlich um ein verständnis von kirchners kunst bemühte, lehnten die anderen tonangebenden und vornehmlich auf französische künstler fixierten winterthurer sammler einen solchen effort im hinblick auf das werk dieses aus deutschland stammenden künstlers, der sich in der schweiz wegen seiner drogenprobleme behandeln liess, schlichtweg ab. anlässlich der ausstellung kirchners im kunstmuseum winterthur unterbreitete reinhart «im juli 1924 dem vorstand des ‹kunstvereins› die grosse landschaft

das einige jahre nach der winterthurer einzelausstellung entstandene gemälde *drei akte im walde* ernst ludwig kirchners (siehe s. 521) schätzte max bill besonders, da der künstler hier das licht als gestaltungsmittel auf eine kompositorisch ganz ungewohnte art einsetzt. 1937 wird das seinerzeit in winterthur ausgestellte kirchner-gemälde *der bauernmittag*, das in der zwischenzeit von der hamburger kunsthalle für 3000.– schweizer franken angekauft worden war, als ‹machwerk› angeprangert und «nach hitlers säuberungskrieg von allem, was an ‹entarteter kunst› in deutschen museumsbeständen aufgespürt wurde, mit der beute dieses kunstraubs im eigenen land, vom 19. juli bis zum 30. november 1937 in münchen zur schau gestellt und mit diskreditierenden kommentaren (‹deutsche bauern – jiddisch gesehen›) versehen».¹³⁵

es bestanden berechtigterweise grosse vorbehalte gegenüber dem nachbarland deutschland, das mit dem ersten weltkrieg eine schwere schuld auf sich geladen hatte; das wirkte sich auch auf die rezeption von kunstwerken aus. doch sollte man als denkender mensch diese ressentiments gegenüber deutschland nicht auf einzelne künstlerpersönlichkeiten übertragen.

die rezeptionsgeschichte von kunstwerken lässt erahnen oder erkennen, wie aufgrund des ersten und später auch des zweiten weltkriegs die beurteilung der kunst von politisch parteigreifenden, auch von jeweils gegnerischen ‹nationalen› gefühlen beeinflusst oder stark belastet wurde.

nachdem georg reinhart seine kirchner-landschaft mit dem völlig unverfänglichen bildthema 1939 nochmals dem winterthurer museum als geschenk anerboten hatte und es erneut abgelehnt wurde, «übergab er es 1944 dem kunstmuseum basel, wo georg schmidt es mit begeisterung entgegennahm».[139] reinhart hatte sich «mit kirchner wohl am weitesten in die entwicklungen der moderne hineingewagt, denn dem kubismus und der ungegenständlichen kunst versagte er sich ebenso sehr wie die anderen winterthurer sammler.»[140]

---

[138] schwarz 1998, s. 353f.
[139] schwarz 1998, s. 354; detaillierteres dazu siehe stutzer 1979
[140] schwarz 1998, s. 354
[141] mebold 2008, s. 206
[142] félix vallotton; zit. nach hahnloser 1973, s. 23
[143] bill 1993

davos im schnee (1923) als geschenk für die sammlung … doch der von den anhängern der franzosen dominierte vorstand lehnte reinharts schenkung ab, und so erwarb dieser das umstrittene bild schliesslich für sich.»[138]

nicht nur mit kirchner, sondern bereits davor, als es – im geburtsjahr max bills – um den ankauf eines werks von ferdinand hodler ging, hatten die winterthurer ihre mühe. «für hodler musste man damals noch kämpfe ausfechten. als der neue vorstand des ‹kunstvereins winterthur› 1908 seine *abendruhe* erworben hatte, erhob sich ein sturm der entrüstung, worauf das ehepaar hahnloser bei vallotton ein ausführliches gutachten einholte. ‹je pense que d'ici peu d'années winterthur sera fière d'avoir été une des premières villes suisses à petit budget, qui se sera offert le luxe d'une peinture de hodler; ce temps viendra même plutôt que l'on pense, car la puissance que porte en soi l'œuvre d'art est une force irrésistible … si néanmoins vos concitoyens souffraient trop à sa vue, et que leurs murs leur semblent déshonorés, j'en sais d'autres qui lui offriraient volontiers asile.›»[142]

jene anderen winterthurer sammler, die die annahme des von georg reinhart offerierten kirchner-gemäldes verweigerten, waren das ehepaar hedy und arthur hahnloser-bühler sowie hedys vetter richard bühler, der langjährige präsident des ‹winterthurer kunstvereins›.

sammler, die einer interessierten öffentlichkeit den zugang zu einigen von ihnen privat angekauften werken (teilweise) überhaupt erst ermöglichten, indem sie diese als leihgaben oder schenkungen zugänglich machten, diktierten so gleichzeitig den geschmack. zweifelsohne befanden sich in ihren beständen durchaus sehenswerte, qualitätsvolle gemälde vallottons, bonnards – dessen «malerische qualität» max bill zeit seines lebens anzog – oder vuillards; doch die französischen künstler vuillard oder bonnard haben bildlich gesprochen sozusagen die grenze des boudoirs oder des grossbürgerlichen salons nicht überschritten. während die von vallotton gemalten landschaftsbilder, wenn er sich vom salon entfernte, einen eigenen reiz haben. bei hodlers grossformatig angelegten gemälden ergab sich immerhin schon die neue möglichkeit, diese gegebenenfalls in ein öffentliches gebäude, zum beispiel in eine bahnhofshalle zu integrieren.

das kunsthistorische umfeld, wie es sich dem heranwachsenden max bill in seiner heimatstadt darbot, war von den begüterten sammlern abgesteckt, begrenzt und vor allem nicht nach vorne hin geöffnet.

vor dem hintergrund des kulturellen umfelds seiner geburtsstadt winterthur und der prägung durch seine nähere verwandtschaft wird verständlich, wie sehr der junge max bill auftatmen kann, als er 1927 am bauhaus in dessau zum studium eintrifft. hier wird sich dem bald neunzehnjährigen ein völlig neues, modern-zeitgenössisches kulturklima eröffnen. er muss sich zurechtfinden, neu orientieren, und dann gelingt es ihm, sich aktiv in die quicklebendige aufbruchstimmung miteinzubringen.

der junge max bill, der 1929 tief in einem finanzloch steckt, wird sich seinerseits brieflich an den winterthurer mäzen georg reinhart wenden. im januar und erneut anfang april 1929 schickt er ihm einige seiner arbeiten, die er «kommentarlos» zurückerhält. reinhart verweigert ihm jegliche mäzenatische unterstützung.[141]

die kunstgewerbeschule zürich

das fach ‹modellieren mit tonerde und gips› wurde während max bills ersten drei semestern von eduard bick unterrichtet. dieser konnte zwar mit etlichen auslanderfahrungen aufwarten, aber seine skulpturen gefielen dem schüler max bill gar nicht.

eduard bick stammte aus wil im kanton st. gallen. er hatte eine lehre als goldschmied in innsbruck absolviert und sich danach in deutschland, zuerst in hanau und danach in münchen, aufgehalten, wo er 1906 an der akademie studierte. später wohnte bick in rom, wo er mit der bildhauerei anfing. von 1910 bis 1914 lebte er in berlin, bis er erneut nach italien aufbrach. 1916 lernte bick den kunstsammler baron august von der heydt kennen und zog abermals nach berlin. nach dem ersten weltkrieg kehrte bick zurück in sein heimatland, wo er sich 1921 schliesslich in zürich niederliess.

«ich erinnere mich, dass wir eine sehr kleine klasse waren, und dass jeder gerade das modellierte, was ihm einfiel. ich erinnere mich nicht daran, ob bick mich je korrigiert oder beraten hat.

eduard bick war immer gut angezogen, sass zu beginn des tages in einer ecke und las zeitung. dann verzog er sich ins café esplanade am plätzchen, wo bahnhofstrasse und rennweg mit der oetenbachgasse, wo sich unser modellierraum befand, zusammentrafen. er hatte zwei lieblingsschüler, meinen freund aus der metallklasse alfred (‹fredi›) bühler und eine frau, die damals an der oetenbachgasse wohnte, alis guggenheim. sie war eine halbe generation älter als ich und fredi genau dazwischen. fredi verstand sich politisch als ‹genosse› der alis guggenheim. die beiden waren jene schüler, um die bick sich kümmerte. sie machten vorerst köpfe voneinander.»[143]

der junge, vom lehrer bick nicht beachtete bill nahm nun manchmal sein cello mit und übte im modellierraum, während alis dort modellierte. noch jahrzehnte später erinnert sich bill an «ihren intensiven blick» aufs modell.

max bill: *selbstportrait,* 1925
radierung, druckabzug rot,
9,1 × 7,7 cm

alis war, wie maxens mutter, im kanton aargau aufgewachsen. wegen der anziehungskraft, die alis auf maxens freund fredi ausübte, kam ihm dieser, zumindest zeitweise, abhanden. der allein zurückgelassene max war verunsichert. in seinem 1925 datierten selbstporträt, schmal im gesicht, blickt er ernst.

maxens haare sind gelockt, und er trägt sie bis über die ohren. obwohl er verzagt aussieht, versucht er dennoch, sich mit weit geöffneten augen «die welt» durch seine brille hereinzuholen. in jener epoche, in der dieses selbstporträt entstand, schuf max bill in der zürcher metallklasse unter anderem einen krug (siehe s. 81) sowie einen elektrischen samowar (siehe s. 76). «in schülerwettbewerben für neue metallgeräte, neue vasen, grosse pflanzentöpfe aus eisenguss, hatte ich gute erfolge. die meisten meiner entwürfe wurden als erste preise ausgeführt.»[144]

gelegentlich nahm fredi dann max doch auch mit zu alis guggenheim, die viel über ihre arbeit als schneiderin in einem sowjetbetrieb, als zeitzeugin im revolutionären moskau, zu berichten hatte. nicht, dass max die ‹revolutionären›

144 max bill im gespräch mit angela thomas
145 max bill im gespräch mit angela thomas
146 thomas 1991 [b], s. 91

max bill mit lockenschopf als silberschmiedlehrling in der metallklasse der kunstgewerbeschule zürich

nachrichten aus moskau nicht interessiert hätten, aber alis, diese frau, die ihm die aufmerksamkeit seines freundes fredi entzog, wirkte auf bill «zu herb», und er habe sich «fast ein bisschen vor ihr gefürchtet.»[145]

alis guggenheim hatte von 1919 bis 1920 in moskau gelebt, bevor sie mit ihrer tochter in die schweiz zurückkehrte und an die kunstgewerbeschule kam. in moskau hatte sie in ihrer freizeit bildergalerien besucht, die durch «konfiskation der in privatbesitz gewesenen kunstwerke bereichert sind» und «massenhaft besucht» wurden. in zürich lernte sie gegen jahresende 1924 den figurativ arbeitenden schweizer bildhauer karl geiser kennen, mit dem sie sich vorübergehend auf verquälte sexuelle begegnungen einliess. qualvoll, für beide, wohl auch deshalb, weil geiser eigentlich männer bevorzugte. alis stellte sich schliesslich vor, dass nur dann, wenn sie «ausübende künstlerin» würde, ihr leben «einen sinn entfalten»[146] könne.

in zürich sah sich alis guggenheim umstellt von vorurteilen, wie sie in einem brief an den linken kunsthistoriker dr. georg schmidt schreibt: «für die

anlässlich jener ausstellung hatte der winterthurer sammler und mäzen georg reinhart den bildhauer hermann hubacher persönlich kennengelernt und ihn alsbald gefördert. reinhart und hubacher unternahmen 1929/30 gemeinsam eine ägyptenreise und blieben einander freundschaftlich verbunden. darüber hinaus unterstützte reinhart u. a. jahrelang den bildhauer karl geiser, dem er «aufenthalte in paris, und das herstellen von güssen» finanzierte. georg reinhart setzte hiermit eine familientradition fort, denn sein vater, der erfolgreiche unternehmer dr. theodor reinhart, hatte sich massgeblich dafür eingesetzt, dass der wegen seines lebenswandels wie auch als künstler «noch umstrittene» ferdinand hodler 1908 doch noch den auftrag zur gestaltung der schweizer banknoten erhielt.[149]

---

147 alis guggenheim, briefentwurf [n.d.], an georg schmidt; in thomas 1991 [b], s. 94 und anm. 30
148 max bill im gespräch mit angela thomas
149 schwarz 1998, s. 353 und 345
150 ernst geiger: «fin de siècle», in: *korrespondenzblatt für studierende abstinenten*, nr. 9, juli/august 1925; archiv christoph geiger
151 mitteilung von christoph geiger
152 chronologie ulrich wilhelm züricher, in: gautschi-züricher [1988], s. 8–9
153 u.w. züricher: «man wünscht libertaserinnerungen von mir», in: *korrespondenzblatt für studierende abstinenten*, nr. 9, juli/august 1925; archiv christoph geiger
154 max bill, winterthur, 26.12.1925, an ernst geiger; archiv christoph geiger
155 siehe anm. 153

schweizer bin ich nur eine jüdin, für die juden nur eine kommunistin, für die kommunisten nur eine künstlerin, für die künstler nur eine frau und für die frauen nur ein fräulein mit kind.»[147]

vom elterlichen interesse für kunst geprägt, kannte sich max schon «ordentlich» mit der schweizer kunstwelt aus: «das waren in zürich die dominierenden berner im gefolge von ferdinand hodler: hermann haller, hermann hubacher und der etwas jüngere karl geiser.»[148] werke von hermann hubacher hatte bill schon als neunjähriger knabe in der ausstellung *schweizer bildhauer 1917* im kunstmuseum winterthur in begleitung seiner eltern gesehen.

in späteren jahren werden werke von max bill mit jenen von hermann haller, hermann hubacher und karl geiser, die alle in zürich wohnten und arbeiteten, in gruppenausstellungen zusammen zum vergleich zu sehen sein. so beispielsweise im zürcher kunsthaus in der ausstellung *schweizer bildhauer und maler 1941* (dezember 1941–februar 1942), also zu einer zeit, da max bill diese figurativ schaffenden bildhauer stilistisch längst überholt und hinter sich gelassen haben wird, da er mit seinen konkreten werken kunstgeschichtlich moderner ist als sie. im jahr 1953 kann man figurative werke karl geisers und konkrete von max bill dann in einer gruppenausstellung *schweizer kunst der gegenwart* in der kunsthalle baden-baden (29. märz–28. juni 1953) besichtigen. in dieser ausstellung, welche die gegenwart zum thema haben sollte, sind werke der älteren haller und hubacher nicht mehr berücksichtigt; doch von geiser werden dort zwei ‹alte› bronzen aus den jahren 1928 und 1929 – also nichts auf das ausstellungsthema bezogenes – ausgestellt, während von max bill aktuellere skulpturen aus den jahren 1944–1952 die aufmerksamkeit auf sich lenken (abgebildet in: *schweizer kunst der gegenwart: gemälde, plastik, graphik, kunstgewerbe*, baden-baden 1953. geisers bronzen: kat. nr. 126 und 127, bills skulpturen: kat. nr. 116–120).

flügelkämpe in der ‹libertas›

in der zürcher ‹libertas› gab es anfang des 20. jahrhunderts zwei richtungen. zu der von fritz brupbacher beeinflussten linken fraktion zählten maxens onkel ernst geiger und dessen freund ulrich wilhelm züricher, genannt u.w.z. «nach innen und nach aussen war man kampflustig. in der ‹libertas› zürich hielten sich zwei richtungen die waage ... den einen war es am wohlsten bei tanz und gesang, die andern waren vom geist der kritik besessen, wollten die helvetianer mit turgenjeff und einer frauenemanzipatorischen broschüre von brupbacher revolutionieren. man kam gelegentlich hart aneinander.»[150]

u.w.z. war revolutionär und religiös ausgerichtet. 1906 wieder in zürich, nahm er erneut die beziehung zu brupbacher und der arbeiterbewegung auf. «russische gesellschaft in zürich verändert gefunden; kommende revolution spürbar … erste beziehungen zu leonhard ragaz, universitätspfarrer in zürich. religiös-soziale richtung, nahe der arbeiterbewegung, kampf gegen den militarismus … besuch bei kropotkin in cannobbio.»[152]

anlässlich des 30. stiftungsfestes berichtete er, wie er zur ‹libertas› und deren ‹brupbacher-fraktion› gekommen war. züricher besuchte den vortragsabend «sollen wir leid und langeweile im alkohol ertränken?». der vortragende «hatte einen selten klugen kopf, und das vorgetragene war eine mischung von sentimentalität und blasiertheit, skepsis und glauben, leidgewohnter schärfe und verhaltener glut, was meinem jungen erkenntnishunger damals mächtig imponierte. für meine studienjahre in zürich wurde dieser mediziner (es war fritz brupbacher), eine art schicksalsmensch.

wie viele nächte haben wir zusammen durchdiskutiert, uns gefunden und wieder auseinander geredet … für einen der psychologisch begabtesten menschen unserer zeit halte ich ihn auch jetzt noch … das ‹libertas›-leben war voll wandern, sitzungen und endlosen diskussionen … trumpf waren goethe und keller, nietzsche und dostojewski … böcklin und segantini, ibsen und tolstoi, marx, bakunin … bei den einen freilich mehr, bei den andern [den vom autor «nur-abstinenzler» genannten] weniger. wir kamen oft hart hintereinander und manchmal waren wir nahe daran, in zwei vereine auseinander zu fliegen.»[153]

mitte der zwanzigerjahre entwarf max bill für die *junge schweiz*, die zeitschrift der progressiven antialkoholiker, einen umschlag: «lieber onkel ernst!

es tut mir leid dich am ‹libertas›-stiftungsfest nicht zu treffen, viele deiner alten kameraden fragten nach dir und ich sagte allen sie sollen dich besuchen, es sei sehr schön dort und s.w. – wie ich sah hast du in zürich an der ausstellung der g.s.m.b.a. [gesellschaft schweizer maler, bildhauer und architekten] nichts, und das bild das du im museum haben solltest ist auch nirgens zu finden, trotz der erweiterung. – die farben und pinsel aus paris kamen nicht, dafür ein brief, dass solche sendungen zu kompliziert seien etc. – darauf machte ich nichts mehr. für die junge schweiz habe ich einen umschlag entworfen, aber die mitgliederkarte habe ich noch nicht gemacht für dr. oettli, der will etwas für an die wand! herzliche grüsse an euch alle! max.»[154]

---

ernst geiger sei einst, als er in zürich am polytechnikum studierte, zum präsidenten des akademischen studentenvereins ‹libertas› gewählt worden. und er war offensichtlich nicht nur in der ‹libertas› zürich aktiv. so existiert z. b. eine für die ‹libertas› bern geschaffene, undatierte, mit seinem monogramm versehene lithografie, deren sujet eine gebirgslandschaft bei lauenen ist.[151]

die junge schweiz erschien dann erst im darauffolgenden jahr erstmals. max bill dürfte also zu entsprechenden insiderinformationen zugang gehabt haben. weder der im brief von bill erwähnte umschlagentwurf noch die mitgliederkarte für dr. oettli, einen der progressiven antialkoholiker, liegen in max bills typografie-nachlass vor. im *korrespondenzblatt* vom juni 1925 wird erwähnt, dass «ein mitglied aus der humanitas winterthur» – dies war eventuell max bill –, den wettbewerb für einen «briefkopf» gewann und dafür mit dem buch *das leben tolstois* von romain rolland bedacht worden sei. zur person des dr. max oettli ist aus einem artikel von geigers freund u.w.z. kurz folgendes zu entnehmen: «max oettli, unser rühriger sekretär in lausanne, sprühte in seinem naturwissenschaftlichen maientrieb. dass jeder ernsthafte naturforscher für die menschheit unendlich wichtiger sei als alle verbalisten und kunstmenschen wie goethe und tutti quanti, das stund ihm ganz fest.»[155]

der nachlass des bildhauers eduard bick wird in den besitz der aargauischen kunstsammlung übergehen – wo übrigens auch, als schenkung, werke von maxens patenonkel adolf weibel hingelangen.¹⁵⁷

alfred altherr, der direktor der kunstgewerbeschule zürich, war ein ausgesprochen fortschrittlicher mensch. er war zudem direktor des mit der schule verbundenen kunstgewerbemuseums zürich, ferner gründer und präsident des ‹schweizerischen werkbunds› (swb).

156 bill 1993
157 siehe widmer 1974, s. 131
158 max bill in einem seiner lebenslauf-entwürfe
159 sophie taeuber-arp, n.d., an hans arp; in: dossier «lettres de sophie», nr. 14; stiftung hans arp und sophie taeuber-arp, rolandseck
160 schaller 1983, s. 63

erste kunstgewerbliche erfolge

im kunsthaus zürich traf max bill eines tages auf «ein mädchen, auf halbe grösse verkleinert, in bronze gegossen», eine figürliche plastik von eduard bick. «eine figur ohne gesten, ohne ‹künstlerische interpretation›, sorgfältig gearbeitet und nur unmerklich stilisiert, im übrigen vollständig naturgetreu, eine figur, die nichts darstellt als die nackte stille ... ich begriff, dass seine lieblingsschüler jene waren, die ebenfalls eine ähnliche präzision zustande bringen wollten. interessant ist, dass die beiden [alis guggenheim und alfred bühler] die einzigen jungen bildhauer wurden, die bicks eigenartigen naturalismus weiterpflegten.»¹⁵⁶
bill wusste jetzt schon, dass der weg des «eigenartigen naturalismus» nicht der seine werden würde, und er fing an, sich deutlich davon abzugrenzen.
in einem seiner entwürfe für einen lebenslauf schrieb er später: «ich hatte in der zürcher schule unter meinem hauptlehrer herrn vermeulen die möglichkeit, meine eigenen ideen zu realisieren und wurde dabei immer gefördert, auch von herrn direktor altherr.
während dieser zeit liefen in der kunstgewerbeschule eine anzahl wettbewerbe unter den schülern (für neue zinngeschirre, neue keramische vasen, moderne spenglerarbeiten, verkleidung von möbeln mit metallfolien etc.) bei all diesen wettbewerben hatte ich guten erfolg, oft hatte ich die ersten preise.»¹⁵⁸
bills lehrer nahmen zwar seine offensichtlich vorhandene künstlerische begabung wahr, beklagten sich aber andererseits mehrfach über seine unbotmässigkeit. der obligatorische unterrichtsstoff zog den silberschmiedlehrling eben nicht allzusehr an, und er entwickelte ein weitaus regeres interesse für das umfeld, wie zum beispiel die von alfred altherr im kunstgewerbemuseum gezeigten, thematisch organisierten ausstellungen, die grundlegende informationen boten und den jungen, wissbegierigen bill beeinflussten.
im lehrkörper der kunstgewerbeschule gab es einige ausseror-

max bill: elektrischer samowar, 1925
tombak, höhe ca. 40 cm

sophie taeuber: *rythmes verticaux-horizontaux libres*, 1919 gouache polychrome auf papier, 24,5 × 17 cm

otto morach war in einem dorf im kanton solothurn geboren worden und lebte in seiner kindheit in der stadt solothurn, wo es ihm nicht wohl war und er unter der provinziellen enge litt. obwohl seine eltern nicht zu den wohlhabenden zählten, ermöglichten sie ihm einen schulabschluss mit abitur. 1906 zog morach nach bern, wo er 1908 das sekundarlehrerpatent mathematisch-naturwissenschaftlicher richtung erwarb. danach besuchte er zwei semester lang kurse an der universität und an der kunstgewerbeschule, um sich zum zeichenlehrer auszubilden.

in der berner zeit lernte morach, der sich zu den alkoholabstinenten bekannte, seine späteren malerfreunde carl fischer (den derzeitigen kollegen an der kunstgewerbeschule in zürich) und johannes itten (den späteren meister am bauhaus weimar und nachmaligen direktor der zürcher kunstgewerbeschule), der 1910–1912 in bern mathematische und naturwissenschaftliche studien betrieb, kennen, mit denen er gern wanderungen in der schweiz unternahm.

mit sophie taeuber und hans arp und anderen hatte morach im jahr 1918 in basel in der ausstellung *das neue leben* ausstellen können. «die basler ausstellung wurde anfang 1919 verändert im kunsthaus zürich gezeigt; schliesslich wurde die *2. ausstellung das neue leben* zu beginn des jahres 1920 in der kunsthalle bern eröffnet.»[160]

dentliche persönlichkeiten, darunter sophie taeuber-arp in der textilabteilung und der mit bills onkel ernst geiger schon seit langem befreundete maler otto morach als lehrer für ornamentales zeichnen. was das menschliche klima in zürich anging, bemerkte sophie taeuber-arp: «zürich ist immer schön und langweilig. hier fängt man erst bei 15000 [franken] einkommen an ein mensch zu sein für die zürcher.»[159]

mit otto morach – den er von jenem selbstporträt her, das er 1918 als noch nicht zehnjähriger im winterthurer kunstmuseum gesehen und als zerquälten einsamen in erinnerung behalten hatte – wird der kunstgewerbeschullehrling max bill im jahr 1925 nach paris reisen. morach kannte die stadt, da er sich dort vor dem ersten weltkrieg wiederholt aufgehalten und in der ‹ruche› am montmartre ein atelier in der nähe von marc chagalls studio gemietet hatte. an der zürcher kunstgewerbeschule verliebte sich morach als lehrer in seine schülerin hermana sjövall, die in paris geborene tochter einer genferin und eines schweden. mutter und tochter hatten frankreich wegen des ausbruchs des ersten weltkriegs verlassen. die teppichwebende schülerin wird in den frühen 20er-jahren seine freundin, was einen gewissen skandal in zürich verursachte. hermanas mutter erlaubte ihr jedenfalls nicht, mit morach zusammen zu verreisen.

ausserdem gehörte morach u.a. mit arp, giacometti, janco und richter zu den unterzeichnern eines manifests radikaler künstler, das im mai 1919 in der *neuen zürcher zeitung* veröffentlicht wurde.

ernst keller, graphiker, 1891–1968. gesamtwerk, hrsg. von hansjürg budliger, ausst.-kat. kunstgewerbemuseum zürich, 2. mai–13. juni 1976; bibliothek max bill; darin abgebildet auch kellers grabstein für den kollegen: «grabstein wilhelm kienzle», friedhof fluntern, 1958, s. 120

im august 1923, bevor bill als schüler an die kunstgewerbeschule kam, hatte hermana ihren lehrer morach heiraten dürfen. es heisst jedoch, dass sie sich nie wirklich von ihrer familie habe lösen können.

zum lehrkörper zählten ferner ernst keller, wilhelm kienzle und carl fischer. an keller erinnert sich ein mitschüler max bills: «es kam etwa vor, dass die türe laut krachend aufsprang und ernst keller, ein blatt in der hocherhobenen hand, hereinstürmte: ‹da schaut!› er kam aus der bibliothek, im nu war er von allen umringt. aufmerksames stilles staunen. die blicke folgten seinem zeigenden finger. meist waren es drucke aus nürnberg, gotische holzschnitte oder stiche mit flächiger kolorierung. er erklärte aber nichts, er zeigte nur.»[161]

keller hat das allen zürich-touristen vertraute zifferblatt der uhr am kirchturm st. peter mit einem durchmesser von über acht metern und das zeichen für das ‹züri-tram›, die strassenbahn von zürich, entworfen. er gilt als ein bedeutender – wenn auch aus bills rückblickender sicht «traditioneller» – grafiker.

was bill hier mit «traditionell» meinte, dürfte die tatsache betreffen, dass sich keller seine anregungen bei den handwerklichen meistern, buchdruckern und schriftschneidern des 16. jahrhunderts holte, dass er also zurück- und nicht vorwärtsblickte. keller hatte mit dem zeitgemäss industriellen nichts im sinn. dennoch hat ernst keller «ein bedeutendes werk geschaffen, ohne zweifel. manchmal scheint es mir aber fast, das bedeutendste sei gewesen, dass er in den 20er- und 30er-jahren da war, inmitten einer kleinen gruppe von jungen erwartungsvollen schülern. so entstand damals die zürcher grafik … auf dieser basis konnte sich später das, was man in der welt schweizer grafik nennt, entwickeln.»[162]

wilhelm kienzle formte produkte, die man heute unter dem begriff «design» einreihen würde. der bescheidene carl fischer unterrichtete seit 1914 an der kunstgewerbeschule ‹modellieren› und ‹holzschnitzen›. er hatte von sophie taeuber entworfene marionetten für das theater, das damals von direktor altherr neu aufgezogen wurde und massgebenden einfluss auf die bühnenentwicklung der damaligen zeit ausübte, ausgeführt. altherr hatte die künstlerin beauftragt, für das marionettentheater der ausstellung des *schweizerischen werkbunds* 1918 das stück *könig hirsch* von carlo gozzi auszustatten. max bill wies später darauf hin, dass es, kunstgeschichtlich betrachtet, wenige diesen bühnenfigurinen verwandte gebe; nämlich nur jene, die oskar schlemmer in den 20er-jahren für sein *triadisches ballett* entworfen hatte, sowie kubistische figurinen von pablo picasso für diaghilev.[163]

161 steiner 1976, s. 21f.
162 ebenda
163 bill 1943, s. 170
164 «70 jahre bildhauer, ausstellung von carl fischer», in: *zürichseezeitung*, 19.3.1975
165 schaller 1983, s. 75

carl fischer war es als lehrer, auch des jungen bill, daran gelegen, «jeden schüler nach dessen persönlicher eignung zu fördern, ihn nach dessen eigener art des sehens, fühlens und denkens zu impressivem, expressivem oder konstruktivem schaffen hinzuleiten … seine sogenannte temperamentslehre, auf der seine schülerbeurteilung basierte, bezog er aus der weltanschauung des mazdaznan, es ist dies eine östliche philosophie, die davon ausgeht, das leben zu meistern und den menschen durch vegetarische nahrung und reine luft an geist und seele jung zu erhalten. anhänger der mazdaznanbewegung siedelten sich in den 20er-jahren in herrliberg an, so auch carl fischer.»[164]

auch max bill eröffnete, von seinem lehrer carl fischer beeinflusst, eines tages in winterthur am familienesstisch sitzend dem vater – mit rebellischem nachdruck: «ich esse kein fleisch von toten tieren!» der vater reagierte ungehalten auf die ‹vegetarische phase› seines sohns, die ein paar jahre bis circa 1930, 1931 andauerte.

bei seinen eltern fühlte max sich nicht mehr sonderlich wohl und kam nicht immer nach hause. als er sich in zürich in ein mädchen verliebte, nahm ihm der vater das bahnabonnement weg und verbot ihm, das mädchen zu besuchen. max machte sich trotzig zu fuss auf den weg – er ging «viereinhalb stunden von winterthur nach zürich», doch sie waren «noch kinder», und es passierte weiter nichts.

da ihm der vater das sbb-abonnement nicht nur vorübergehend weggenommen hatte, ihm auch keine freifahrscheine mehr zugestand und man damals noch nicht trampte, ging max auch zu fuss zu seinen verwandten nach brugg oder zu freunden, ins rheintal.

ermuntert vom onkel mütterlicherseits, dem damals recht angesehenen maler ernst geiger, der zu den initianten der *progressiven abstinenten bewegung* in der schweiz gehörte, traf sich max im zeitraum 1924 bis 1926 mit anderen jungen menschen einer winterthurer gruppierung abstinenter schüler und studenten. hier lernte er den um sechs jahre älteren, ebenfalls in der stadt der grossen maschinenfabriken geborenen hans hinterreiter kennen, der sich für grundlegende politisch-ökonomische zusammenhänge interessierte und sich ideologisch als ‹freiwirtschafter› verstand. hans hatte 1920 angefangen, mathematik an der universität zürich zu studieren, sich dann jedoch für ein architekturstudium an der eidgenössischen technischen hochschule entschieden, das er im jahr 1925 abschloss.

carl fischer hatte 1908/09 in bern die kunstgewerbeschule besucht und kannte von daher schon seinen derzeitigen kollegen otto morach, mit dem er befreundet blieb. morachs ehefrau hermana war ebenfalls eine anhängerin der mazdaznanlehre und besuchte des öfteren, manchmal auch von morach begleitet, carl fischer und dessen ehefrau bertie in herrliberg am zürisee, um sich dort reformnahrungsmittel zu besorgen.[165]

dem rheintal fühlte sich max bill geografisch-emotional verbunden, da sein grossvater mütterlicherseits ursprünglich aus einem alten rheintaler bauerngeschlecht stammte.

vater hinterreiter arbeitete als schneider und war ein gebürtiger österreicher, die mutter seines neugewonnenen freundes war schweizerin.

max bill: «... ich kenne die freiwirtschaft erst seit 1925, und bin seit fast solange mitglied des f.k.b.»[166]

manchmal war max nun in winterthur bei der familie hinterreiter zu gast. doch noch öfter traf man sich im haus der familie hess. das ehepaar hess hatte drei kinder. der ältere ihrer söhne, willy hess, spielte mit hans hinterreiter klavier, war mit dessen schwester lilli ‹züsy› befreundet und seinerseits ‹freiwirtschafter›. den jüngeren hess-sohn kannte max seit ihrer gemeinsamen zeit bei der ‹pfadi winterthur›, bei den pfadfindern.

hans, ‹züsy› und willy nahmen max, den silberschmiedlehrling, mit an die veranstaltungen der freiwirtschafter, und er begeisterte und radikalisierte sich politisch im sinne dieser ideologie, welche die geldvermehrung durch zinsen abschaffen wollte. die freiwirtschafter setzten stattdessen auf tauschhandel.

broschüre «an alle! das proletarische finanz- und wirtschafts-programm» von silvio gesell, 1919 bibliothek max bill

zum thema freiwirtschaft und tauschhandel finden sich in bills bibliothek mehrere von ihm gesammelte broschüren, darunter:
– *gesundung des sozialen organismus nach den vorschlägen von rudolf steiner und silvio gesell oder dreigliederung und freiwirtschaft* von heinrich nidecker, pestalozzi-fellenberg-haus (p.f.h.), bern 1926; darin findet sich ein kapitel zum thema ‹mutterrente›. max bill begrüsste im gespräch mit mir wiederholt diese idee einer staatlichen mutterrente. der benutzer des bodens solle dem staat ein pachtgeld bezahlen und das pachtgeld sollte «jährlich einem grundrentenamt zufliessen und von diesem monatlich an sämtliche mütter nach der zahl ihrer kinder bis zu einem bestimmten alter (16 jahre) verteilt werden». (s. 26)
– *gesell's monetary and social reform free-economy* by philip pye m. a. fellow of the royal economic society, reprinted from the nineteenth century and after june 1920, neo-verlag, berlin frohnau 1930
– *das geldwesen, ein dynamisches system*, dargestellt von dr. th. christen, verlag des schweizer freiland-freigeld-bundes, bern 1920; diese broschüre hat max innen kleingeschrieben mit «bill» angeschrieben und demnach nicht im erscheinungsjahr gekauft, sondern gut ein jahrzehnt später, da er vor 1930 noch die konventionelle gross-/kleinschreibung benützte.
– *ordnung und gesundung des schweizer geldwesens, drei denkschriften an das eidgenössische finanzdepartement* von dr. th. christen, 2. auflage, verlag des pestalozzi-fellenberg-hauses, bern 1919; von bill innen kleingeschrieben mit seinem namen versehen, demnach ebenfalls um ca. 1930/31 gekauft.

erste reise nach frankreich

zur *exposition internationale des arts décoratifs* reiste max bill 1925 zum ersten mal in seinem leben ins benachbarte frankreich, zusammen mit einigen mitschülern und dem zürcher kunstgewerbeschule-lehrer otto morach. einen besseren ausstellungsort für seine kunstgewerblichen objekte und diejenigen seiner mitschüler, als es das grand-palais war, hätte er sich nicht erträumen können. er konnte zu recht glücklich, zufrieden und stolz sein.

das grand-palais, ein industrieller glas- und stahlbau mit vorzüglichem licht und grosszügigen ausstellungsräumen, war ein fabelhafter ort. hier wurde der ideelle ‹grundstein› gelegt, an diesem ort begann max bills karriere. seither fühlte er sich der stadt paris besonders verbunden – on y reviendra.

---

166 max bill, 18.9.1932, an fritz schwarz; privatarchiv fritz und elly schwarz
167 joseph gantner: «die internationale kunstgewerbeausstellung in paris, erste eindrücke», in: *werk*, heft 5, mai 1925, s. 154–158

zur offiziellen eröffnung der *exposition internationale des arts décoratifs* am 27. april reiste joseph gantner, redakteur des organs des bundes schweizer architekten *werk*, nach paris und übermittelte seine ersten eindrücke. da er die ‹schweizer abteilung›, die erst mitte mai eröffnet wird, noch nicht besuchen kann, berichtet er über das areal, auf dem die ausstellung veranstaltet wird: «das ausstellungsareal ist eines der schönsten von paris. es hat eine grosse achse in der breiten strasse, die als avenue alexandre III von den champs-élysées herkommend über den pont alexandre III und als avenue général galliéni mitten über die esplanade des invalides auf das hauptportal des hôtel des invalides zuführt, und deren richtpunkt die kuppel des invalidendomes ist.

auf dieser esplanade des invalides nun, dem wichtigsten teil der ausstellung, dominiert frankreich völlig. mit ausnahme eines seitentraktes von ausstellungshallen für die ausländischen staaten – auch die schweiz hat hier ihren platz – ist alles der französischen kunstindustrie im weitesten sinne reserviert … der interessanteste teil der ausstellung zieht sich als eine doppelte reihe von pavillons am rechten seineufer hin, von der place de la concorde … bis zur place de l'alma … im grand-palais endlich hat ein letzter wichtiger teil der ausstellung platz gefunden … im obergeschoss die ausländischen gewerbeschulen. zu den allerersten fertig eingerichteten räumen gehörten hier die von anfang an viel beachteten kompartimente der gewerbeschulen zürich und basel.»[167]

den artikel gantners im *werk* hat max bill aufbewahrt. im selben heft findet sich ein ausführlicher text von werner moser über «frank lloyd wright und amerikanische architektur» mit zahlreichen schwarzweissabbildungen.

wahrscheinlich bezog bill hier seine allerersten informationen zum wohnhausbaustil wrights, dessen meister, der architekt louis sullivan, ein jahr zuvor, im mai 1924, verstorben war. in späteren jahren wird sich max bill mit edgar kaufmann junior anfreunden, für dessen eltern frank lloyd wright das berühmt gewordene *house of the falling water* baute.

max bills krug ist abgebildet in *travaux d'art appliqué exécutés dans les ateliers de l'école des arts et metiers de zurich*, eugen rentsch verlag, zürich 1926, mit einem vorwort des direktors alfred altherr. im buch sind indes lediglich die namen der lehrenden, nicht diejenigen der schüler, die diese werke schufen, erwähnt. im exemplar aus max bills bibliothek ist mit bleistift ergänzt: «von 17 metallarbeiten einschliesslich schlosserei, 2 von bill, bill: abbildungen s. 20 unten + s. 30».

max bill: krug, 1926
schmiedearbeit,
26,5 × 17,5 × 12 cm

sophie taeuber-arp mit
damenhut und otto morach
mit schirmmütze in paris,
ca. mai 1925

auf dem gleichen terrain hatte man, eine generation zuvor, die grosse weltausstellung besuchen und den auf dieses ereignis hin erbauten eiffelturm bewundern können. den besuch der weltausstellung im jahr 1900 hatte sich – wie erwähnt – maxens onkel ernst geiger nicht entgehen lassen; und er dürfte seinem neffen wohl ausführlich von seiner zeit in paris erzählt haben.

sophie taeuber, in ihrer funktion als jurymitglied zuständig für die zusammenstellung der schweizer ausstellungsobjekte für die *exposition internationale des arts décoratifs*, hatte auch einen vom jungen silberschmiedlehrling bill an der zürcher kunstgewerbeschule geschaffenen metallkrug ausgewählt. der krug ist formschön und bauchig, er kommt ohne dekorative schnörkel aus.
einen weiteren krug, eine schmiedearbeit (siehe s. 81), wird max bill im darauffolgenden jahr anfertigen.
otto morach seinerseits hatte für die ausstellung in paris im schweizer pavillon glasfenster und ein wandbild für touristik geschaffen. ferner wurden einige seiner plakate mitausgestellt und ausgezeichnet. seinen schülerinnen und schülern zeigte morach natürlich auch die stadt paris, in der er sich von seinen früheren aufenthalten her bestens auskannte. die kleine exkursionsgruppe aus zürich, zu der auch sophie taeuber-arp stiess, sah sich neben vielem anderen den eiffelturm an, dessen technische details bill schon zuhause, in der vom grossvater geiger geerbten zweibändigen dokumentation *l'exposition universelle de paris*, 1889, studiert hatte.

max bill bei seinem ersten besuch in paris anlässlich der *exposition internationale des arts décoratifs*, ca. mai 1925

länge – breite – höhe

max bill, dem von klein auf die schienenstränge als grösste längenausdehnung vertraut waren, die in seiner kindheit in die unbekannte ferne führten und sich in einer für ihn unvorstellbaren unendlichkeit verloren, erlebte die weltstadt paris als die grösste ausdehnung in der fläche und den eiffelturm als ein bauwerk von ihm bislang unbekannter höhe.

«man muss sehen *wollen*. mit dem gehörsinn allein wären wir zu keinem so vollkommenen und universalen wissen vorgedrungen, und ohne die wahrnehmungsmöglichkeiten des gesichtssinnes wären wir bei einer successiv-bewegung stehengeblieben, sozusagen beim takt der uhr.» dieser aufforderung, die sich in einem von paul klee aus dem französischen ins deutsche übertragenen frühen text von robert delaunay, «über das licht» («la lumière») findet, der in herwarth waldens zeitschrift *der sturm* im februar 1913 veröffentlicht worden war, kam der junge bill unbedingt nach: er *wollte sehen*.

der französische maler robert delaunay hatte in einigen seiner ölbildkompositionen das sujet des eiffelturms (um 1910/11) transformiert, er formte den turm um, setzte ihn anders, neu zusammen. nach diesen experimenten ging er in theorie und praxis noch einen, den entscheidenden schritt weiter. «solange die kunst vom gegenstand nicht loskommt», so lautete seine erkenntnis,

es werden noch ein paar jahre ins land gehen, bis max bill an dieser, von paul klee im deutschen sprachraum bekanntgemachten, theorie robert delaunays anknüpfen, darauf bestehen – und sie seinerseits als argumentation gebrauchen wird.

so habe ich des öfteren von bill, vor gemälden anderer, gehört: ein figürliches motiv, ein gegenstand als kompositionsmotiv gehöre nicht (mehr) in den bereich der neuen kunst des 20. jahrhunderts, sondern, wenn schon, dann in den bereich der literatur.

jahrhunderte zuvor, während der renaissance in italien, hatte sich die malerei gerade durch ihre nähe zur literatur ‹legimitiert›. damals erwarteten die aristokratischen auftraggeber von ‹ihren› hofmalern, dass sie von autoren der antike beschriebene szenen in ihren bildern erneut ‹aufleben› lassen sollten.[169]

morach hatte sich, als er noch in der kleinstadt solothurn lebte, in briefen oft darüber beklagt: «es ist scheusslich zu leben so in einer kleinen stadt, wo man so unfrei ist, wenn man dazu noch ein freiheitsfanatiker ist. und schliesslich zu sehen wie man als sonderling angesehen wird. bis man schliesslich wirklich einer wird, ist auch nicht angenehm.»[171]

---

168 delaunay 1989. s. 403f.
169 siehe hierzu: andreas tönnesmann: die kunst der renaissance, c.h. beck, münchen 2007
170 bill 1966, s. 3
171 otto morach [n.d.] an bertie fischer-rettenmund, in: schaller 1983, s. 27
172 otto morach, positano, 23.7.1923, an hermana sjövall, zürich; in schaller 1983, s. 91
173 max bill im gespräch mit angela thomas
174 lissitzky 1930/1965, s. 14, 16
175 chatwin 1989, s. 96

«bleibt sie beschreibung, literatur, erniedrigt sie sich in der verwendung mangelhafter ausdrucksmittel, verdammt sie sich zur sklaverei der imitation. und dies gilt auch dann, wenn sie die lichterscheinung eines gegenstandes oder die lichtverhältnisse bei mehreren gegenständen betont, ohne dass das licht sich dabei zur darstellerischen selbständigkeit erhebt.»[168]

die gruppe um morach machte sich in paris weiter auf den weg zum louvre, zur ‹madeleine› und zur börse, wo max, der gerade erst anfing, sich bildung anzueignen, vermeinte, die anwendung des «griechischen formenkanons» vorzufinden – ähnlich wie in seiner geburtsstadt winterthur beim stadthaus, einem klassizistischen bau gottfried sempers, den er damals als «griechische» architektur schätzte, bei der «das innere und das äussere ganz miteinander übereinstimmt: die säulen, treppengeländer, quaderteilungen»; zwar ein ihm imponierender bau, aber, wie bill selber in späteren jahren korrigierend feststellte, doch recht weit von griechischer architektur entfernt.[170]

beim herumstreifen kommt der kunstgewerbeschüler bill mit dem ansonsten eher zurückhaltenden lehrer morach, der allgemein als wortkarg galt, näher ins gespräch. max verstand es, an morachs beziehung zu seinem lieblingsonkel ernst anzuknüpfen. es wurde das längste gespräch, dass der junge bill je mit morach führte. ausser dem thema ernst geiger hatten morach und bill noch ein weiteres gemeinsames: sie teilten die erfahrung, in der schweizer provinz aufgewachsen zu sein.

noch kurz vor seiner eheschliessung war morach im sommer 1923 allein nach italien gereist. ob er dem jungen bill von seinen eindrücken erzählte? zum beispiel von der oben in den bergen gelegenen «alten stadt, die früher so gross war, vor 1000 jahren, wie jetzt etwa lausanne, und die jetzt fast gar keine leute mehr hat, nur lauter paläste und etwa 30 kirchen … positano im mondschein (siehe s. 196), das kann man gar nicht beschreiben, so merkwürdig ist das.»[172]

während der unterhaltung in paris offenbarte der lehrer dem jungen bill das geheimnis seiner herkunft: früher hätten die morachs «morachi» geheissen und seien sarazenen gewesen, die es ins wallis verschlagen habe, mit einem mohren im familienwappen. dies beeindruckte bill damals ganz besonders.

in zürich sah bill im selben jahr dann zum ersten mal eine grosse ausstellung von otto morachs bildern: «es war eine wunderbare und eindrucksvolle schau im kunstgewerbemuseum zürich. alfred altherr hatte das museum mit hellen wänden eingerichtet und die bilder wohlverteilt in diese direkt eingelassen.»[173]

melnikow und le corbusier

der von melnikow gebaute sowjetrussische pavillon (pavillon U.R.S.S.) und mehr noch der anblick von le corbusiers *pavillon de l'esprit nouveau* waren architekturerlebnisse, die den jungen bill 1925 in paris prägten. diese erfahrung zeitgenössisch modernster architektur öffnete max bill die augen.

wie el lissitzky bemerkte, war der «kleine bau» des sowjet-pavillons vom «radikalen» architekten melnikow für eine «utilitare aufgabe» geschaffen, der architekt ging also vom ‹zweck› aus, für den er eine angebrachte bauliche umhüllung suchte.

die verwendung des materials holz war übrigens anscheinend von ökonomischen gründen bestimmt, denn die udssr hatte für diesen ausstellungspavillon einen betrag von maximal 15000 rubel vorgesehen – das waren damals umgerechnet 7560 dollar. so blieb melnikow nichts anderes übrig, als ‹leicht› zu bauen; billiges holz wurde grob zugeschnitten und mit dem zug von moskau nach paris transportiert, dort im handumdrehen als sowjetrussischer pavillon errichtet, rot, grau und weiss gestrichen.[175]

die vorgehens- und bauweise von konstantin melnikow bleibt dem jungen bill in erinnerung. er wird später – um hier ein beispiel zu nennen – die skulptur *rhythmus im raum* in hamburg an der aussenalster derart konzipieren, dass man, wenn man einmal um 180 grad um jene plastik herumgegangen ist, entdeckt, dass sie die selbe form annimmt wie in der ausgangsposition.

an el lissitzkys feststellung, dass in melnikows architektur «keine falsche monumentalität», sondern stattdessen «eine neue gesinnung» aufscheine, wird max bill anknüpfen, der seinerseits eine ‹neue›, zeitgenössische gesinnung vertreten wird. auch er wird jegliche falsch verstandene monumentalität ablehnen. ihm gilt der mensch als massstab – so beispielsweise in seinem *monument für den unbekannten politischen gefangenen* (1951), das er als wettbewerbsbeitrag 1952 an das institute of contemporary art, london, einreichte.

1988 reist max bill mit mir zusammen nach moskau. uns wird eine dolmetscherin zugeteilt, die, so sagt sie, zuvor für die sowjetische botschaft in bern gearbeitet hat und uns nicht ganz geheuer ist. nach einer veranstaltung mit dem schriftsteller heiner müller aus der ddr fragt uns jemand, ob wir das haus, das melnikow für sich in moskau gebaut hatte, besichtigen möchten. wir sagen zu und beschliessen ‹abzuschleichen›, ohne die dolmetscherin-begleiterin zu informieren. wir können das ganze haus besichtigen, uns jedoch nicht mit melnikows sohn, der es bewohnt, unterhalten, denn er spricht nur russisch.

«in diesem fall wollte die idee durch das freilegen der treppe die auflockerung des volumens bezwecken. in dem grundriss ist die symmetrie diagonal festgelegt und um 180 grad gedreht. so ist das ganze aus seiner normalsymmetrischen ruhe in bewegung umgesetzt. der turm ist in ein offenes mastsystem verwandelt. der bau ist ehrlich in holz konstruiert, zeigt nicht die nationalistische blockbauweise, sondern moderne holzkonstruktion. er ist durchsichtig, ungebrochene farben, deshalb keine falsche monumentalität. eine neue gesinnung.»[174]

dieses phänomen, lässt sich nicht anhand von fotos verdeutlichen, sondern es ist eben nur vor dem original erlebbar oder kann in einer filmsequenz vermittelt werden – wie dies erich schmid in *bill – das absolute augenmass* (2008) veranschaulicht.

ebenfalls in paris hielt sich – nebenbei bemerkt – 1925 auch der heute weltweit berühmte künstler alexander rodtschenko auf, von dem max bill in späteren jahren zwei arbeiten auf papier für seine sammlung erwerben wird (nachlass max bill an angela thomas). ein foto, das rodtschenko von melnikows pavillon mit dem hammer-und-sichel-symbol auf dem dach aufnahm, ist abgebildet in: victor margolin: *the struggle for utopia: rodchenko, lissitzky, moholy-nagy 1917–1946*, the university of chicago press, chicago/london, 1997, s. 131. die ausstellung zog viele besucher an, so auch die künstler piet mondrian und georges vantongerloo, wie ein (vermutlich von lucia moholy aufgenommenes) foto dokumentiert, abgebildet z.b. in: *georges vantongerloo*, ausst.-kat. kunsthaus zürich, zürich 1981, s. 14.

der sohn hat in diesem bauwerk diverse religiöse ikonen platziert, was wir als völligen stilbruch empfinden.

obwohl diese reise in die udssr während der ära gorbatschow stattfindet und bill in moskau einen öffentlichen vortrag über seine vor dem hauptsitz der deutschen bank in frankfurt am main aufgestellte skulptur *kontinuität* hält, trägt dieser aufenthalt ihm seitens des schweizer staatsschutzes eine weitere eintragung in die ‹fiche› seiner politischen aktivitäten ein. der aktenvermerk, der allerdings der letzte ist, lautet: «10.10.1988 ▇▇▇ prof. b. ist ▇▇▇ zu einem kongress in die udssr eingeladen, dies zusammen mit frau dr. thomas. ▇▇▇ »[176]

le corbusiers pavillon, der am 10. juli 1925 in paris offiziell eingeweiht worden war, wirkte auf bill als «weisser kubus mit grossen dunklen öffnungen».[177] kam man näher, sah man in den pavillon hinein, der um einen baum herum gebaut war. der baum stand mittendrin und durchschnitt die terrassen und das dach. der pavillon war eine modellhaft-vorbildliche zweistöckige wohnung, mit doppelstöckigem wohnraum. diese wohneinheit, bei der die aufteilung des raumvolumens im innern frappierte, war noch durch einen zweistöckigen terrassengarten ergänzt. im grossen wohn- und arbeitsraum im parterre mit möbeln von thonet hatte le corbusier, laut bill, sehr schöne, moderne bilder von fernand léger aufgehängt. schlafzimmer und nebenräume befanden sich im obergeschoss.

die einfachheit der äusseren form, die vollständige weisse des gesamteindrucks, die einheit eines ihm völlig neuen wohnanspruchs und wohngefühls waren für den jungen bill atemberaubend, aufregend. bill erinnerte sich vor allem an «die helligkeit», «das weisse». doch, im innern des pavillons gab es durchaus auch farbe, so im mehrfarbigen esszimmer: blau, braun und weiss, gelb.

für le corbusier ging sein heraustreten an die öffentlichkeit mit diesem avantgardistischen pavillon nicht ohne behinderungen und kränkungen vonstatten. so sei die baudirektion der ausstellung le corbusiers «in der feindseligsten weise» begegnet: «es bedurfte der gegenwart des ministers der schönen künste, um den palisadenzaun von 6 meter höhe abzubrechen, den die ausstellungsleitung um den pavillon hatte errichten lassen, um ihn dadurch den blicken der besucher zu entziehen.»[178]

der architekturhistoriker arthur rüegg hält rückblickend auf le corbusiers pavillon fest, es handle sich dabei um einen der wichtigsten versuche des 20. jahrhunderts, «die kluft zwischen ‹arts majeurs› und ‹arts mineurs› zu

---

[176] ‹fiche› max bill [staatsschutzakten], (315:0)815, in: bundesarchiv, bern

[177] max bill im gespräch mit angela thomas

[178] siehe *le corbusier et pierre jeanneret,* 1930, s. 100f.

[179] arthur rüegg: «le corbusiers innenräume um 1925», in: *zeitschrift für schweizerische archäologie und kunstgeschichte,* bd. 45, heft 1, 1988

überbrücken». er interpretiert den wohnraum im *pavillon de l'esprit nouveau* als «verweigerung» der offiziell geltenden ‹kunst des ensembles› mit seiner «verschmelzung von raum, möbel und kunst zu einem unauflösbaren, einheitlichen ganzen». das neue in diesem wohnraum sei «das nebeneinander einer neuen kargen architektur und einer minimalen zahl von gegenständen …, die industriell hergestellt sind und folglich eine abkehr von der kunsthandwerklichen einzelanfertigung signalisieren». rüegg ist überzeugt davon, dass «die innenräume des pavillons somit als provokation und als manifest des *antikunstgewerblichen* aufzufassen» seien. «ein weiteres indiz für diese tatsache liefert ein flugzeugmodell aus blech, das in der bibliotheksnische wie ein kruzifix über einem altar inszeniert ist; es vertritt – kraft seiner bildhaftigkeit – den sieg der technik, den anbruch einer neuen zeit.»

die zweite charakteristik des pavillons sei «die farbigkeit der innenräume» gewesen, dafür seien «wenige, industriell gewonnene pulverfarben» verwendet worden, deren auswahl le corbusier *subjektiv* vorgenommen habe: «blau weitet aus, steht aber auch für die assoziation von aussenraum, von himmel. braune töne wiederum erinnern an backstein oder an holzstimmungen, gelber ocker an sand.»

rüegg fasst zusammen: «man kann le corbusiers und pierre jeannerets innenräume um 1925 als räumliche stilleben bezeichnen, die sich durch den gebrauch der objekte und durch die bewegung des benutzers ständig verändern. damit erzielte er – trotz des heterogenen ausbaus mit industriell hergestellten anonymen möbeln – eine neuartige einheit, welche die problematik der zeitgenössischen kunst ebenso enthielt wie diejenige der industrialisierung und der modernen produktgestaltung.»[179]

die internationale jury wollte diesem pavillon ihre höchste auszeichnung verleihen, aber der vizepräsident legte sein veto ein, indem er erklärte, dass das «keine architektur» sei.

1925 ist das jahr, in dem max im mai seinen ersten öffentlichen ausstellungsauftritt mit kunstgewerblichen objekten im ausland, an der pariser *exposition internationale des arts décoratifs*, hat. und es ist das jahr, in dem sein vater erwin bill am 9. september fünfzig und er selber am 22. dezember siebzehn jahre alt wird.

die geburtstagskarte für den vater hinterlässt einen zwiespältigen eindruck. bei der zeichnung gab max sich nicht sonderlich mühe, bei den schriftzeilen hingegen suchte er nach einer typografischen lösung und tauschte den buchstaben des grossen U gegen das grosse V. ferner setzte max bill rechts und links von jedem wort einen punkt.

max bill: geburtstagskarte für seinen vater, 1925
zeichnung, 16,3 × 11,1 cm

professor albert heim, der geologe

maxens onkel ernst geiger hatte in seiner studentenzeit den professor albert heim auf exkursionen in die höhlen von schaffhausen, in den schwarzwald, den jura und besonders oft ins glarnerland begleitet. «... die märsche waren manchmal streng, der rucksack mit den vielen gesteinsproben, die nicht zu klein sein durften, schwerer als eine botanisiertrommel und je müder alle waren, desto unglaublicher zog der eher kleine, leicht hinkende mann – zweckmässigerweise – aus. die löwen vom bierstaat, die grossen, dicken kerle, sind oft nicht mehr mitgekommen. das war anschauungsunterricht. wir abstinenten besitzen auch alle herrliche handzeichnungen heims in unseren geologischen skizzenbüchern.

das kam so: hatte man eine stelle mit guter übersicht erklommen, so sagte heim: ‹wer hat gespitzte farbstifte?› und dem, der damit zuerst zur stelle war, dem zeichnete er in seiner meisterhaften art die geologischen verhältnisse, die er erläutern wollte, anstelle einer wandtafel ins skizzenbuch. ich glaube nicht, dass die vom bierstaat über viele solcher kunstwerke verfügen. sie kamen an, wenn wir weiter zogen. – ... übrigens: wir verehrten *alle* diesen mann.»[180]

da der geologieprofessor die abstinenz öffentlich befürwortete, war er damit für die ‹libertas›-studentenvereinigung eine wichtige stütze. albert heim unternahm auch zusammen mit seinem bruder ernst heim, der ein musiker mit «scharfem» ohr war, exkursionen, um in den alpen den tönen der wasserfälle nachzuhorchen. zudem reiste der immer neugierige albert heim zusammen mit dem ballonfahrer eduard spelterini. im oktober 1898 unternahm er bereits seine vierte «luftreise», diesmal «über die alpen». es war die erste alpenüberquerung in einem ballon.

professor albert heim und seine mineralienfunde faszinierten auch den jungen bill, dem eine zeitlang als berufswunsch vorschwebte, geologe zu werden – vermutlich dazu angeregt von erzählungen seines onkels ernst. «ich hatte damals die absicht naturwissenschaften zu studieren, im besonderen interessierten mich chemie und geologie. ich hatte jedoch die absicht, mein studium als liebhaberei zu betrachten, um später mich der kunst widmen zu können, wie es mir in meinem onkel als idealbild vorschwebte.

dieser plan wurde dann nicht durchgeführt. man fand dass wenn ich später malen wolle, ein studium zu kostspielig sei, und eine handwerkerlehre einen besseren ausgangspunkt bilde.»[182]

im elternhaus in winterthur besteht max bill, mit neugefundenem selbstver-

---

in ligerz errichtete ernst geiger im parterre vom ‹hof› in den 1930er-jahren «ein kleines privatmuseum», u. a. bestückt mit «mineralien, die er einst auf exkursionen mit dem geologen professor albert heim» gefunden hatte. dieses kleine museum existiert heute nicht mehr; es wurde «wegrestauriert» (christoph geiger). die skizzenbücher von ernst geiger mit den zeichnungen albert heims befinden sich heute noch im familienbesitz.

darüber schrieb professor albert heim einen kleinen aufsatz, den er im jahr 1873, anlässlich einer zusammenkunft der *schweizerischen naturforschenden gesellschaft schaffhausen*, vortrug. «töne der wasserfälle» ist wiederabgedruckt in: *du, schweizerische monatsschrift*, 2. jg., nr. 7, juli 1942, s. 17; und ein porträtfoto des geologen, aufgenommen von r. zinggler, ist abgebildet in einem text von werner lüdi: «zürich als stätte der botanischen forschung und lehre», in: *du, schweizerische monatsschrift*, 14. jg., februar 1954, ill. s. 10.

---

180 [vermutlich ernst geiger]: «geologie-professor albert heim», in: *die junge schweiz / la jeune suisse*, nr. 12, september 1937; archiv christoph geiger
181 albert heim, julius maurer, eduard spelterini: *die fahrt der «wega» über alpen und jura am 3. oktober 1898*, schwabe, basel 1898
182 max bill, lebenslauf, 26.2.1942
183 guggenheim 1999, s. 193

eduard spelterini: *gspaltenhorn, ostseite,* 1910

heim schilderte die erfahrungen bei der ersten alpenüberfahrt in einem detaillierten aufsatz.[181] der text «albert heim erzählt von der ersten ballonfahrt über die alpen (1898)» findet sich unter dem titel «naturwissenschaftliche pioniertaten» in: *du,* schweizerische monatsschrift, 11. jg., juni 1952, s. 50ff.
der ballonpionier eduard spelterini wurde in jener fernen zeit in der schweiz wie ein volksheld verehrt. spelterini nahm aus dem ballonkorb grandiose, gestochen scharfe fotos auf, die 2007, erstmals seit 1928, wiederveröffentlicht wurden *(eduard spelterini – fotografien des ballonpioniers,* hrsg. von thomas kramer und hilar stadler, scheidegger & spiess, zürich 2007).

trauen dem vater und auch allen andern gegenüber, neuerdings darauf, sich jetzt nur noch «bill» nennen zu lassen. denn er findet, «max» sei ein name für einen hund, nicht für einen menschen.

in seinen letzten lebensjahren hatte er aber nichts dagegen einzuwenden, wenn ich ihn mit «max» ansprach – manchmal nannte ich ihn auch in erweiterter koseform «maximilian billinsky».

or-rouge-noir

an einem der ‹abstinenzler›-feste im ligerzer ‹hof›, die ernst geiger organisierte, tanzte max bill eines vollmondabends mit den anderen gästen um einen baum herum. da er einige monate vorher mit geigers freund otto morach an der *exposition internationale des arts décoratifs* gewesen war, konnte er vor den anderen damit ‹plagieren›, aufschneiden – was er ab und zu als junger mensch ganz gerne tat.

an diesen tanz bei vollmond in ausgelassener stimmung erinnert max mit einer detailszene, die auf seiner glückwunschkarte zum 50. geburtstag seines onkels, am 1. februar 1926, wiedergegeben ist.

für max bill stand wohl schon ziemlich früh unumstösslich fest, dass er «nebenher malen» wolle wie sein lieblingsonkel ernst geiger. bill wird später in seiner bibliothek auch einen zweiseitigen bildbericht von arnold heim, des sohnes von professor albert heim, zu «minya gongkar» aufbewahren, der in einer japanischen zeitung erschien *(kentiku sekai,* japanese journal of building and living culture/ japanische zeitschrift für bau und wohnkultur, tokyo, no. 9, 1936). und der schweizer schriftsteller kurt guggenheim hielt fest, dass er, wenn ihn je «ein hartes schicksal in die fremde verschlagen» sollte, folgende drei bücher mitnehmen würde: *flora der schweiz* von schinz und keller, *die geologie der schweiz* von albert heim sowie das offizielle kursbuch der schweizerischen bundesbahnen. «in diesen drei büchern fände ich die ganze heimat wieder. es sind bücher zum träumen.»[183]

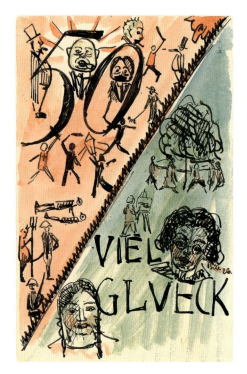

max bill: zum 50. geburtstag seines onkels ernst geiger, 1926
zeichnung, 11,7 × 7,5 cm

auf dieser karte ist ausser maxens selbstbildnis in etwa gleicher grösse – und damit für ihn emotional von gleicher bedeutung – das antlitz eines jungen mädchens mitporträtiert. vielleicht hatte er eine freundin mit nach ligerz genommen oder die junge frau während des festes ende september 1925 kennengelernt, oder es zeigt das mädchen in zürich, für das er etwa in diesem zeitraum schwärmte und zu dem er einmal, aus trotz gegenüber dem autoritären vater, in einem viereinhalbstündigen fussmarsch von winterthur nach zürich gegangen war.

in der schweiz wurde 1925 ein hochdotierter plakatwettbewerb anlässlich des bevorstehenden hundertjährigen jubiläums der schokoladefabrik suchard ausgeschrieben; die entwürfe mussten der jury anonym vorgelegt werden. der junge silberschmiedlehrling max bill sandte eine gouache unter dem kennwort ‹or–rouge–noir› ein und gewann überraschenderweise den ersten preis.

max hatte die skizzen für sein *suchard-plakat* in der anregenden umgebung des stattlichen ‹hofs› mit den zwei- und mehrfach gekuppelten schlanken fenstern, unter den fittichen seines onkels mit dem ihm wohlwollenden blick aller wahrscheinlichkeit nach während seines besuchs am vollmondfest erarbeitet, denn er zeichnete sie auf einem kümmerly-&-frey-kalenderblatt aus dem jahr 1925 – wie sie in ligerz vorhanden waren.

auf der vorderseite des kalenderblatts, der woche sonntag 8. bis samstag 14. november, ist nur wenig skizziert; aber die horizontale linienstruktur der einzeln unterteilten tage, die auf der rückseite durchscheint, übernimmt bill in seine entwurfsgouache.

das ambiente im ‹hof› regte max schöpferisch an. hier konnte er, fern und entlastet von den in seinem elternhaus herrschenden spannungen, arbeiten. zwar hatte der onkel den eigenen künstlerischen zenith seit einigen jahren überschritten und «ein jeglicher drang nach macht und ansehen» war ihm nach dem tod seiner jungen frau «völlig abhandengekommen». doch ernst geiger pflegte seinen garten und hatte die räume «mit seinen historischen und geologischen sammlungen und gemälden belebt.»[184] zudem organisierte ernst geiger im ‹hof› jeweils im herbst kunstausstellungen, an denen er eigene und gele-

184 mitteilung von christoph geiger

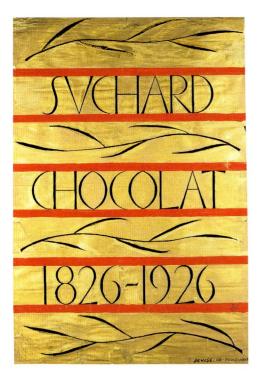

max bill: «suchard chocolat 1826–1926», plakatentwurf 1925 gouache gold, rot und schwarz, 128 × 90,5 cm

mit dem kalenderblatt, das bill in ligerz rasch und anscheinend in ermangelung anderen papiers benützte, hat er sozusagen kalendarisch vorgegriffen – denn der entscheid, wen man prämieren wollte, muss schon vor dieser woche gefällt worden sein, da man am 9. november 1925 bereits den gewinnercheck aus neuenburg an bill nach winterthur absandte.
seine vorstudien liess er im ‹hof› liegen. das kalenderblatt gelangte später aus dem nachlass von ernst geiger an dessen sohn christoph geiger aus zweiter ehe; max bill signierte es für letztgenannten nachträglich am 15.1.1994.

clara woerner (siehe s. 133) war eine schülerin von johannes itten und wob gelegentlich wandteppiche. max bill mochte sie und er wird sie während eines sommerferienaufenthaltes 1927 in ligerz porträtieren.

gentlich auch werke anderer zeigte. so wurden z.b. arbeiten der clara woerner ausgestellt, die nach dem tode von maria geiger-bockhoff, ernst geigers halbverwaiste söhne hans und wölfi betreute.

auch bei der glückwunschkarte zum 50. geburtstag seines vaters hatte max bill anfang september 1925 den buchstaben u absichtlich durch ein v ausgewechselt; so kann dies im plakatentwurf für ‹svchard› schon fast als typografisches wiedererkennungszeichen des jungen bill gedeutet werden.

bill vermutete, die jury, welche die anonym eingereichten entwürfe für das suchard-plakat beurteilte, habe einen anderen als ihn, einen älteren – dachte er dabei an morach? – als gestalter angenommen. er selbst habe als absoluter newcomer nur durch zufall die auszeichnung gewonnen.

nous vous félicitons vivement

max bills entwurf für das suchard-plakat ist eine mit horizontalen, die schwarze schrift je nach oben und unten hin abgrenzenden mit schlanken roten farbbalken versehene gouache. in den zwischenräumen sind, noch leicht

es ist reizvoll, den gebrauch des ausgewechselten buchstabens in dem sinne zu interpretieren, dass max sich auf kreative art zu wehren versteht. es entbehrt nicht einer gewissen ironie, dass er gerade einen ihm vom vater wiederholt und streng vorgehaltenen fehler, nämlich den seiner orthografieschwäche, in ein plus ummünzt und daraus nachgerade ein markenzeichen entwickelt. andererseits bleibt historisch zu erwähnen, dass otto morach mit «pvnkt 5 vhr» (abgebildet in: marie-louise schaller: «otto morach [1887–1973]», 1983, s. 82, abb. 194) bereits ein typografisches beispiel geliefert hatte, das bill eventuell vertraut war.

man stelle sich vergleichsweise vor, anstatt ‹mercedes-benz› stehe auf einem plakat auf einmal ‹mercedes-bonz›.

«monsieur, nous avons le plaisir de vous annoncer que le jury du concours d'affiches de la maison suchard a attribué à votre projet, présenté sous la devise ‹or, rouge et noir› le premier prix, soit frs. 2.500.– (deux mille cinq cents) que nous vous remettons ci-joint en un chèque sur zurich. nous vous félicitons vivement ... suchard.»

max trifft in ligerz zusammen mit seiner weiterhin in brugg lebenden unverheirateten tante rosa geiger ein, laut eintrag im besucherbuch «max bill 14.–15.XI. 1925 winterthur» «rosa geiger brugg».[185]

an den jugendstil gemahnende, stilisierte zweige (schwarz) eingesetzt, und das alles auf goldenem grund. durch minimst vorgenommene, gegenläufige varianten der stilisierten zweige kommt in das zweidimensionale blatt insgesamt eine sachte bewegung – wie von einem windhauch hervorgerufen – hinein. der oberste zweig ist von links nach rechts platziert, der darunter in der gegenbewegung von rechts nach links, der darunter von links nach rechts und der zuunterst von rechts nach links.

die buchstaben sind schlank, jedoch nicht verkünstelt-zierlich, und die kleine manipulation des firmennamens erregt eine irritation der sehgewohnheiten. doch die firma suchard akzeptierte die verfremdung – und das halte ich für die damalige zeit immerhin für bemerkswert aufgeschlossen.

die direktion von suchard in neuenburg beglückwünschte den jungen plakatgestalter «monsieur max bill, winterthur, bruhlbergstrasse 8» am 9. november 1925 in einem brief, dem ein check über die beachtliche summe von 2500.– schweizer franken beigelegt war.

gleich nachdem ihm der check zugekommen war, wird max bill seinen onkel ernst am 14. und 15. november 1925 erneut in ligerz besuchen und ihm von seinem auch ihn selber überraschenden erfolg berichten.

wie max mir erzählte, sei er dann «irgendwie auf die idee gekommen», sich «einen kursus in astrologie zu leisten». der astrologe widmete sich auch noch persönlich maxens horoskop. aufgrund der starken widersprüche von «neptun und uranus-einflüssen» müsse max ein ausgeprägtes «technisches und musisches interesse» haben; und der astrologe sagte max bill voraus, er werde «eine ganz neue kunstrichtung begründen».[186] da ich mich auf diesem gebiet nicht auskenne, vermag ich das hier wiedergegebene zitat nicht zu werten.

von jenem astrologen malte max «circa 1926, auf jeden fall vor meiner studienzeit am bauhaus, ein porträt mit geometrischen elementen im hintergrund». über den verbleib des bildes war ihm nichts bekannt.

in einer kürzlich erschienenen publikation steht die behauptung, dass max bill «von der schule gewiesen wurde, weil er sich unerlaubterweise an einem plakatwettbewerb beteiligt und diesen erst noch gewonnen hatte».[187] diese behauptung ist falsch. der rauswurf bills aus der kunstgewerbeschule zürich geschieht erst anfang 1927, also mehr als ein jahr nachdem bill beim suchardplakatwettbewerb im november 1925 den ersten preis zugesprochen erhalten hatte. allein schon daher kann es keinen direkten zusammenhang geben. aus-

---

185 besucherbücher ernst geiger
186 max bill im gespräch mit angela thomas am 15.4.1976
187 koella 2008, s. 28

serdem klingt die bemerkung, bill habe sich «unerlaubterweise» an diesem wettbewerb beteiligt, sowieso grotesk.
tatsächlich wird bill nicht wegen seiner teilnahme an einem wettbewerb abgestraft – der wirkliche grund beruht auf der tatsache, dass er nach einer fasnachtsfeier am nächsten morgen nicht abgeschminkt zum unterricht auftauchte. und das brachte das fass zum überlaufen; die geduld des lehrkörpers mit dem jungen bill, der sich nicht disziplinieren lassen wollte, hatte sich erschöpft.

erste reise nach italien 1926
besuchte max seinen onkel ernst in den folgenden jahren am bielersee, traf er auf einen traurigen mann, der sich immer mehr zurückzog. gelegentlich wird max in der ferienzeit ab 1927 auch in porto ronco vorbeischauen.

im alter von siebzehn jahren konnte max endlich einmal für eine längere zeit fort von zu hause, wo es ihm nicht mehr behagte. er verliess das enge, miefige klima der von fabriken geprägten kleinstadt winterthur auf jenen eisenbahnschienen, die er von klein auf vor augen hatte und von denen er sich schon lange erhoffte, sie möchten ihm den weg in die ferne öffnen.
bills fernziel war italien. während seiner insgesamt dreiwöchigen ferienreise machte max unterwegs im tessin station, um seinen onkel ernst in dessen ferienhäuschen am lago maggiore zu besuchen. ernst geiger weilte mit seinem kleinen sohn ‹wölfi› in der ‹casa al porto›. zur begrüssung reichte der onkel saure milch. in der tasse von maxens cousin schwamm eine fliege, und deshalb wollte er sie nicht auslöffeln. doch ernst geiger hielt ‹wölfi› an, die fliege einfach mitzuverspeisen.
während des aufenthalts im rustico ging max seinem onkel beim bau eines schlichten cheminées mit je einer sitzfläche rechts und links zur hand. direkt vor dem steinhaus lag der kleine hafen der ortschaft porto ronco, der damals wegen der von heftigen nordföhnstürmen an den hafenmauern verursachten schäden ziemlich heruntergekommen aussah. und max erfuhr, wie es seinem onkel gelungen war, dieses rustico zu erwerben.
vor der ortschaft ronco liegen die isole di brissago im lago maggiore. auf den beiden inseln war früher, im 19. jahrhundert, sprengstoff für den bau der gotthardbahn fabriziert worden.

ernst geigers ferienhaus ‹casa al porto› in porto ronco existiert nicht mehr, es wurde 1981 abgerissen.

im tessin gelang es ernst geiger, zu einer geheimnisumwobenen, von den einheimischen misstrauisch beargwöhnten russin eine von gegenseitigem vertrauen geprägte beziehung aufzubauen. diese ausländerin war die ‹baronin› antonietta von st. leger, wie onkel ernst seinem neffen erzählte, eine einst sehr begüterte industrielle. sie sei eine zeitlang schülerin von franz liszt gewesen. im jahr 1885 erwarb die ‹baronin› diese isole di brissago. zum zeitpunkt der vertragsunterzeichnung standen darauf nur «… altes gemäuer und auf jeder der inseln eine verlassene kirche. die baronin baute ein geschmackvolles einfaches aber geräumiges landhaus.»[188]

wegen antoniettas finanziellen schwierigkeiten gelang es ernst geiger später, das rustico zu erwerben, und er wurde darin der rechtsnachfolger der alten dame. er habe sehr gestaunt, als er den kaufbrief erhielt, denn «der wartete auf mit einer menge von halben estrichen, halben zimmern, einer ganzen liste von lokalitäten», sodass er im ersten augenblick vermeinte, «ein halbes dorf» sei ihm zugeschlagen worden.[189]

geiger war es auch dank seiner russischkenntnisse, die er sich als student angeeignet hatte, und mehr noch wegen seiner kompetenz als fachmann in botanischen fragen gelungen, die baronin für sich einzunehmen. frau von st. leger hatte «mit grossen kosten» von einem grundstück auf dem festland, das sie eigens zu diesem zweck erwarb, «die erde auf die insel herüberführen lassen», um einen park anzulegen. für diesen park, der nicht öffentlich zugänglich war, interessierte sich selbstredend maxens onkel, der forstingenieur geiger, der einmal, als die baronin nach italien reisen wollte, von ihr beauftragt wurde, die insel zu «hüten». er sollte ungebetene gäste fernhalten. «die baronin san leger wollte für ein paar tage ihre einsiedelei verlassen um nach mailand zu fahren. sie hatte dringend mit ihrem advokaten zu reden und konnte doch die inseln die sie mit ihrem kleinen hund allein bewohnte, nicht allein lassen.»[190]

beim eintreffen geigers im frühling 1926 auf der insel mit dem haupthaus war die baronin vorerst froh, in ihm einen zuhörer gefunden zu haben – und sie verschob ihre abreise, um ihm allerhand abenteuerliche geschichten aus ihrem leben zu kredenzen. da die alte dame des abends «beim schein der petrollampe beim knisternden kaminfeuer» gar vieles zu berichten hatte, hielt er sich wochenlang auf den isole di brissago auf und widmete sich intensiv deren pflanzenvielfalt. als geiger auf das festland zurückzukehren gedachte, «… entschloss sie sich endlich doch zur reise. aber als sie zurückkam, da fing sie von vorne an: sie müssen ja erst hören, was ich in mailand erlebt und angerichtet

---

es gibt im familienbesitz einen handgeschriebenen text von ernst geiger über seinen hütedienst: «robinsonade im langensee», mir zur verfügung gestellt von seinem sohn christoph geiger, freienbach

---

188 ernst geiger: «erinnerungen an frau von st. leger», in: *schweizer frauenblatt,* 21. und 28.5.1948
189 ebenda
190 ernst geiger: «robinsonade im langensee»; archiv christoph geiger
191 ebenda
192 mitteilung von christoph geiger

habe … sodass man nicht anders konnte als zu den wochen noch einige tage auf der insel zuzugeben.»[191]

den von der baronin angelegten park, dessen pflanzenvielfalt sich geiger hatte wochenlang widmen können, nannte er «ein pflanzenparadies». er hatte dort feigenbäume, bambus, palmenreihen, eukalyptuswäldchen, fremde koniferen und einen seerosenteich vorgefunden.

max bill erspähte dann die baronin auch selbst, als sie in ihrem boot in den hafen einfuhr. und er erzählte, dass frau von st. leger mehrere röcke übereinander getragen habe, in denen sie für alle fälle eine pistole verbarg. denn einige der einheimischen waren ihr, der ausländerin, gar nicht gut gesinnt. man behauptete, «die baronin» habe ein «mal occhio» [wörtlich: ein böses auge]. gemeint ist mit dieser redewendung, dass sie über einen andere verhexenden blick verfüge. die fischer nannten sie, die kleine, zartgebaute baronin, «la vipera», die viper, oder «la strega», die hexe.

das detail mit der pistole der baronin findet in den schriften ernst geigers keinerlei erwähnung, es wurde ausschliesslich von max bill überliefert.

es existiert ein um 1926/27 aufgenommenes foto, das max bill vor geöffneten fensterläden auf dem balkon der ‹casa al porto› in porto ronco zeigt. auf einem weiteren während seiner ferientage im tessin aufgenommenen foto posiert er unter palmen. beide aufnahmen befinden sich im familienbesitz geiger, sind jedoch aktuell nicht auffindbar. ausser dem ferienhaus verfügte ernst geiger damals zudem noch über ein weiter oben im ort ronco gelegenes grundstück, auch dort wurde max bill fotografiert.[192]

ernst geiger wird es in späteren jahren nicht unterlassen, artikelschreibend an ‹die baronin› zu erinnern, an jene abenteuerlustige frau, die vielsprachig in einem russischen adelsinstitut in smolna erzogen worden war und deren weg er gekreuzt hatte. er verhält sich ihr gegenüber in diesem sinne treu. das ist eine beachtenswerte charakterliche komponente, die auch in später von seinem neffen max bill verfassten zeitungsartikeln auszumachen sein wird. der kontakt zwischen ‹der baronin› der brissago-inseln und dem forstingenieur, maler und antialkoholiker dr. ernst geiger entbehrte in späteren jahren nicht einer gewissen komik, da sich frau von st. leger in den kopf setzte, aus torf groteskerweise ausgerechnet alkohol herzustellen.

nachdem es ihren gläubigern gelungen war, ‹die baronin› von ihren inseln im lago maggiore zu vertreiben, wurde sie schliesslich ins spital und armenhaus von intragna eingeliefert. als sie im schmalen armenhauszimmer am 20. juni 1940 ihren neunzigsten geburtstag beging, trug sie auch dort noch, «die wertvolle meteoritenhalskette, die ihr die zarin einst in neapel an bord eines russischen kriegsschiff geschenkt hatte».[193]

und als am 2. april 1952 die grössere der brissago-inseln schliesslich der öffentlichkeit zugänglich gemacht wird, unterlässt es geiger nicht, noch einmal an die im armenhaus verstorbene weltdame, die schülerin von liszt zu erinnern. es liegt ihm daran, ein wort einzulegen «für frau antonietta von st. leger, die 1886 das damals wüste eiland erwarb und in ein pflanzenparadies umwandelte».[194]

während eines seiner aufenthalte im tessin malte ernst geiger die hafeneinfahrt von porto ronco mitsamt den sturmschäden an den hafenmauern, und sein neffe ‹porträtiert› das dorf im jahr nach seiner ersten italienreise, als er 1927 wieder ein paar ferientage im rustico des lieblingsonkels verbringt.

ernst geiger hielt damals auf einem gemälde den *blick von fontana martina richtung italien* fest, und ihn beschäftigte auch das hauptthema von max, die farben gelb, rot, blau. max durfte seinen onkel auf den spaziergängen zur künstlerkolonie fontana martina begleiten.

das aquarell *südliches dorf (porto ronco)*, 1927, ist schwarzweiss abgebildet in: *max bill*, ausst.-kat. kunstmuseum winterthur/ gewerbemuseum winterthur, niggli verlag, sulgen/zürich 2008, s. 32.

hier, in den südlichen gefilden seines heimatlandes, fühlte sich max ausgesprochen wohl – so wie es den meisten menschen, die aus der nordschweiz anreisen, ergeht. sie blühen förmlich auf. vegetation und farben der häuser am lago maggiore sind völlig anders, als die von der deutschschweiz her gewohnten. allein schon das ist abwechslungsreich und ein augenschmaus. dazu kommt die sonne.

der zwischenhalt beim onkel im rustico bedeutete für max allerdings nur einen vorgeschmack. die nächst fernere, seinen blick erweiternde aussicht – die auf das mittelmeer –, sollte sich ihm bald darauf in genua darbieten. hier sieht der knapp achtzehnjährige max überhaupt zum ersten mal das meer.

---

193 ernst geiger: «eine unternehmungslustige neunzigerin», in: *brugger tagblatt*, 22.6.1940
194 ernst geiger: «zur ehrenrettung einer frau», in: *schweizer frauenblatt*, 6.4.1952
195 bill 1966, s. 3–6

«nichts aussergewöhnliches, aber typisch»

im hotel in genua lernte max bill «zwei sehr nette schweizer burschen» kennen. die beiden arbeiteten als kellner und nahmen ihn am abend mit – in ein bordell am hafen: da sei «eine neue». «die beiden gingen nacheinander hinein.

max bill: *genova*, 1926
aquarell und tusche auf
japanpapier, 22,4 × 29,5 cm

dann bin ich auch gegangen. das mädchen war sehr brav. hat sich einfach aufs bett gelegt. ich wusste gar nicht so recht, was ich machen sollte. ich hab mich auf sie raufgelegt und schon vorher alles verspritzt. nichts aussergewöhnliches, aber typisch.»
ich fragte max: «wie typisch?»
«typisch, meine unbeholfenheit.»
am nächsten tag sei er am nachmittag wieder hingegangen, weil er das mädchen malen wollte. aber die puffmutter meinte: «die schläft, die kann jetzt nicht arbeiten! kommen sie am abend wieder.»

bill reiste von genua nach rom und weiter nach neapel. hier lernte er einen deutschen kennen, der ihn in ein ‹dormitorio› (nachtasyl) mitnahm, in dem seltsame typen, vom spinner bis zum polizisten, übernachteten.
per boot machte sich max auf nach capri und kehrte von dort über neapel nach rom zurück. er besichtigte die porta pia, die kolonnaden und gar manches, was «im gefolge des griechischen beispiels, transponiert in erster, zweiter und dritter welle und dann auslaufend in paläste und kleine hauseingänge»[195] in rom anzutreffen war.
da max sein geld fast aufgebraucht hatte, begab er sich zum schweizer konsu-

max bill: *bei florenz
(fiesole)*, 1926
tusche über aquarell auf
japanpapier, 30,3 × 22 cm

lat, um einen zustupf zu erlangen. schliesslich erreichte er im august 1926 florenz und kletterte hügelaufwärts nach fiesole, läutete an einer klosterpforte, und die franziskanermönche beherbergten ihn für ein paar tage. dort oben in fiesole fand max wieder musse zum aquarellieren, wie zuvor schon in genua und neapel.

der junge bill umschrieb sein überwiegendes gefühl während dieser reise durch italien mit einer wortschöpfung: er sei «vaboniert». darin ist das französische ‹bon› enthalten. er hatte es mit sich selber gut. von florenz aus nahm max den zug nach venedig, wo er die stadt ziellos durchstreifte. die bei touristen beliebten sehenswürdigkeiten habe er nicht angeschaut. er wunderte sich über die strassen, die in kanäle mündeten. schliesslich schickte er ein telegramm, in dem er seinen vater um etwas geld bat. in mailand, von wo aus der junge ‹vagabond› in die schweiz zurückkehren wollte, erwartete ihn dann tatsächlich eine kleine unterstützung seines vaters.

bill war schon 1925 in paris im gespräch mit otto morach von dessen abstammung von den sarazenen fasziniert gewesen. im lauf seiner ersten italienreise im jahr darauf konnte er daran anknüpfen, als er auf capri begeistert die ‹sarazenische architektur› für sich entdeckte. vielleicht war es auch morach gewesen, der ihm den tipp gegeben hatte. von den auf der italienreise aufgesogenen visuellen erfahrungen hinterliess jedenfalls – ausser dem petersdom in rom – die ‹sarazenische architektur› den bleibend grössten eindruck. eingedenk seines erfolgs während des aufenthalts in paris und mit dem während der italienreise neu dazu gewonnenen selbstvertrauen, malte max bill ein weiteres selbstporträt.

winterthur: «rangschierbahnhof» und fabriken

zurückgekehrt aus italien, aquarellierte max in winterthur und widmete ein blatt seinem vater zu dessen 51. geburtstag am 10. september 1926. er konterfeite dessen winterthurer alltag: fabriken und einen «rangschierbahnhof» (sic). die bäume im vordergrund des aquarells sind wie aus einem rasch vor-

196 scheidungsurkunde, bezirksgericht winterthur 1.4.1927, in: staatsarchiv des kantons zürich

neben *genova* und *bei florenz (fiesole)* ist ein weiteres auf der italienreise entstandenes aquarell von bill mit dem titel *napoli* abgebildet in: *max bill,* catalogo di arturo carlo quintavalle, università di parma, parma 1977, abb. 3.

max bill: *selbstportrait*, 1926
öl auf leinwand, 50 × 65 cm

beifahrenden zug heraus gesehen. sie sind ‹verwischt›, sehen exotisch, fast wie palmen aus – wie ein nachhall der italienreise. prompt hielt ihm der vater die orthografische unsicherheit vor. der rangierbahnhof mit sch musste nun ausgerechnet diesem akkuraten ‹bähnler›-vater unterkommen. bemerkenswert ist auch die distanzierte widmung: «seinem vater zum geburtstag 10. september 1926. max».

nicht nur max distanzierte sich in jener zeit von erwin bill. dessen frau marie bill-geiger reichte am 14. dezember 1926 beim friedensrichteramt winterthur gegen ihren ehemann erwin bill eine klageschrift ein, in der sie die «sofortige scheidung» verlangte. ein nur vier tage darauf erfolgter «sühneversuch» blieb erfolglos, weswegen – wie amtlich vermerkt – «die klage mit weisung vom 24. februar am 11. märz 1927 hierorts anhängig»[196] gemacht wurde. es sollten aber noch ein paar wochen ins land gehen, bis erwin und marie bill voneinander geschieden wurden.

max bill: *winterthur. rangschierbahnhof und fabriken*, 1926
gouache über aquarell auf geripptem papier, 21,5 × 30,5 cm

architektur und soziale bedürfnisse

nach der von max als für ihn befreiend, jedoch sexuell nicht gerade erfüllend erlebten italienreise wird als nächstes ein vortrag von le corbusier ende november 1926 in zürich einen starken eindruck auf den kunstgewerbeschüler ausüben. dies seien die ersten vorträge von le corbusier in zürich überhaupt gewesen, die er im *ingenieur- und architektenverein* sowie auf einladung des *schweizerischen werkbunds* gehalten habe. der interessierte junge bill fand sich zur rechten zeit am rechten ort ein.

max bill: *fabrik*, 1926
bleistiftzeichnung auf japanpapier, 21 × 22,2 cm

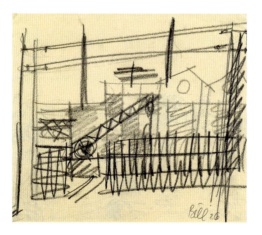

max bill: ohne titel
[im park], 1926
aquarell und tusche
auf japanpapier,
22,3 × 30 cm

le corbusier hielt seine vorträge spontan und klar formuliert. das reden fiel ihm ausserordentlich leicht, und er überzeugte auch max davon, dass die architektur die einzige kunst sei, die imstande ist, soziale bedürfnisse zu befriedigen. unter der nachhaltigen wirkung von le corbusiers *pavillon de l'esprit nouveau* und unter dem prägenden eindruck, den der architekt in seinem vortrag auf ihn hinterliess, wünschte sich max bill als preis für einen wettbewerb, den er innerhalb der kunstgewerbeschule gewonnen hatte, le corbusiers damals gerade von hans hildebrandt ins deutsche übertragene buch *kommende baukunst* (1926; original *vers une architecture*, 1923). max konnte das buch zwei tage vor seinem achtzehnten geburtstag entgegennehmen.

die abbildungen am anfang von le corbusiers buch sind erstaunlich rau und trocken; es werden industriebauten, getreidesilos und elevatoren vorgestellt. danach lesen wir auf seite 23 eine weitsichtige voraussage: «die grossen probleme der modernen konstruktion werden verwirklicht werden auf der grundlage der geometrie.» das klingt wie ein aufzeigen des weiteren wegs für max bill, der noch ein paar kleinere umwege gehen muss, bis auch er persönlich an diese ideologische zielvorgabe hingelangt – und sie sich selber als methode zu eigen machen wird. in der *kommenden baukunst*, die max sogleich verschlungen haben dürfte, «zeigte es sich schon, dass die sprache le corbusiers, die be-

le corbusier, *kommende baukunst,* übersetzt und hrsg. von hans hildebrandt, deutsche verlagsanstalt, stuttgart 1926, 256 seiten, 230 s/w abbildungen; in: bibliothek max bill, sammlung angela thomas. vorne im buch ist ein maschinengeschriebener brief eingeklebt: «anlässlich eines preisausschreibens zur erlangung von zinnwaren wurde herr max bill eine anerkennung zugesprochen. zürich, den 20. dezember 1926», handschriftlich unterzeichnet vom direktor der «gewerbeschule der stadt zürich» und mit dessen stempel versehen: «altherr». da max bill zu der zeit noch nicht hinreichend französisch verstand, war er auf die übersetzung angewiesen. französisch war im erziehungsheim in oetwil am see das fach gewesen, in dem bills leistungen am schwächsten gewesen waren.

le corbusier, der eigentlich charles-eduard jeanneret hiess, hatte sich 1917 zum weggang aus der schweiz entschieden. in paris gelang ihm bald danach – und zwar unter seinem eigentlichen familiennamen – der durchbruch als maler, während er als architekt unter seinem pseudonym le corbusier zunehmend bekannt wurde.

griffe, die er prägte, um bestimmte ideen zu präzisieren, ein wesentlicher teil seiner schöpferischen leistung sind».[197]

schöpferisches programm mit politischer komponente

le corbusiers *kommende baukunst* sowie ein buch, das bill in der gutsortierten bibliothek der kunstgewerbeschule zürich gefunden hatte, nämlich *staatliches bauhaus weimar* 1919–1923 (bauhausverlag weimar, münchen 1923), beeindruckten den jungen silberschmiedlehrling. die lektüre beider bücher erschloss ihm neue möglichkeiten im hinblick auf die entwicklung seiner eigenen zielvorstellungen. und mit dem werdegang des im schweizer jura aufgewachsenen le corbusier, der schon mit dreizehneinhalb jahren die schule verlassen hatte, um graveur zu werden, kann sich max sofort identifizieren. persönlich werden sich le corbusier und bill aber erst 1938 kennenlernen.

in le corbusiers schöpferischem programm erkannte bill eine politische komponente, die ihn persönlich sehr ansprach, denn le corbusier verwarf eine kommerzialisierung der architektur und wandte sich stattdessen ihrer humanisierung zu.

hans girsberger hatte seine bücherstube vom jungen architekten max ernst haefeli ausbauen lassen, was viele von haefelis kollegen anzog. so verkehrten hier die architekten werner moser, alfred roth, ernst f. burckhardt und dessen frau elsa burckhardt-blum – mit den drei letztgenannten wird sich max bill bald näher anfreunden.
die möbel und das ambiente des buchladens girsberger sind ferner auf zwei weiteren fotos wiedergegeben, abgebildet in: *schweizer typenmöbel 1925–1935, sigfried giedion und die wohnbedarf ag*, gta verlag, zürich 1989, s. 14f.

---

197 bill 1968

bücherstube girsberger

bei girsberger, einer buchhandlung mit progressivem sortiment in der zürcher kirchgasse 17, deren eingangstüre von ernst keller, dem grafiker und lehrer an der zürcher kunstgewerbeschule, gestaltet worden war, hielt der wissbegierige max bill ausblick nach aktuellen publikationen.

im buchladen gab es eine ‹bücher-bar›, mit hohen barstühlen aus holz und eisen sowie verstellbaren lesepulten. carl von ossietzkys *weltbühne* lag hier auf, in der bill regelmässig las und die er – spätestens ab 1927/28 – abonnieren wird. und hier stiess max unter anderem auf ein schmales

die ‹bücher-bar› in der bücherstube girsberger, kirchgasse 17, zürich
auf einem der lesepulte ist die publikation *staatliches bauhaus weimar* aufgelegt.

max bill: *auf den händen getragener kopf*, 1927 bleistiftzeichnung auf velinpapier, 16,8 × 12, 3 cm

will grohman: *wassily kandinsky*, mit einer zusammenstellung der lebens- und werkdaten, 32 tafeln und einem farbigen titelbild, aus der reihe ‹junge kunst›, band 42, verlag von klinkhardt & biermann, leipzig 1924; dieses büchlein ist auf der innenseite mit bleistift beschrieben: «12.II.25» [eventuell von der buchhandlung, bei eintreffen des werks] und es ist ein «max bill exlibris» hineingeklebt, darunter steht, mit bleistift notiert, die jahreszahl 1926 (bibliothek max bill). dem lässt sich entnehmen, dass max bill das buch 1926 wohl gelesen hatte, auf jeden fall bevor er selber im april 1927 als studierender an das staatliche bauhaus nach dessau und dort in der folge u. a. auch zum meister kandinsky kommen wird.

bändchen von will grohmann zu *wassily kandinsky*. der autor versucht in seinem text, eine vermittlerposition zwischen «böswilligen» und, auf der gegenseite, etwas «allzu eifrig» in bezug auf kandinskys kunst reagierenden menschen einzunehmen: «das problem kandinsky beginnt mit seiner abwendung von der wirklichkeit. dieser vorgang ist einer der umstrittensten in der kunstentwicklung des 20. jahrhunderts ... die einen sehen darin eine künstlerische und moralische anarchie, die andern den anbruch einer neuen epoche oder den beginn der kunst überhaupt.» in den biografischen notizen, die grohmann nach mitteilungen von kandinsky zusammenstellte, gab dieser an, er habe 1911 sein «erstes abstraktes bild gemalt». ferner ist grohmanns buch unter anderem zu entnehmen, dass herwarth walden gegen beschimpfungen, denen sich kandinsky wegen seiner kunst in der presse ausgesetzt sah, einen prozess geführt habe.

der junge bill kaufte in der zürcher buchhandlung girsberger auch das erste heft der zeitschrift *bauhaus*. aus diesem heft erfuhr er, dass in dessau, einem zentrum des mitteldeutschen braunkohlereviers mit aufsteigender wirtschaftlicher entwicklung, ein neues bauhaus gebaut worden war.

die erste nummer von *bauhaus* war am 4.12.1926 in dessau erschienen, schriftleitung: walter gropius und lászló moholy-nagy; in der zeitschrift reproduzierte fotos sind u. a. von lucia moholy aufgenommen.

ich erinnere an dieser stelle an die aussage von max bill, seine mutter habe «mit einer wahren affenliebe» an seinem jüngeren bruder hugo gehangen. max bill selber hat demnach die mütterliche sehnsucht nach einem ‹prince charmant› nicht gestillt.

max bill: hugo, 1927, bleistift auf papier, 20 x 13 cm; abgebildet in: max bill, catalogo di arturo carlo quintavalle, università di parma, parma 1977, abb. 6.

max bill: ohne titel, 1927, farbstift und aquarell auf papier; abgebildet in: max bill, catalogo di arturo carlo quintavalle, università di parma, parma 1977, abb. 7.

198 scheidungsurkunde, bezirksgericht winterthur 1.4.1927, in: staatsarchiv des kantons zürich
199 ebenda

das zerwürfnis der eltern

da in winterthur wegen der scheidungsabsichten von maxens mutter, die immer häufiger an psychosomatischen kopfschmerzen litt, auch der lebensrhythmus der mitbetroffenen söhne aus dem gleis geraten war, mochte max nicht mehr nach hause fahren. denn hier bekam er den ganzen frust seiner mutter mit und die sticheleien, zankereien und streitereien seiner eltern.

marie bill-geiger und ihr mann erwin bill hatten schon «seit jahren jeden geschlechtsverkehr eingestellt»[198]. eltern erwähnen in der regel einen so unbefriedigenden sachverhalt nicht am familientisch, aber die kinder bekommen es trotzdem meistens deutlich spürbar mit, wenn es ihrer mutter nicht (mehr) wohl ist in ihrer haut. was in einer familie passiert, in der eine frau von ihrem mann nicht die gewünschte zuneigung erfährt und sich ihre diesbezüglichen zurückgesteckten, versteckten bzw. verdrängten wünsche auf die söhne verlagern, ist ein weites feld für psychotherapeuten – die in der familie bill jedoch nicht konsultiert wurden.

max zeichnete im jahr 1927 ein porträt seines bruders. es zeigt hugo mit weste und krawatte, also nicht gerade salopp, sondern ‹anständig›, formell gekleidet. hugo hat dunkel umschattete augen, sein mund ist sinnlich – hier ist die verwandschaft zu max besonders ersichtlich –, und seinen kopf stützt er mit geballten fäusten.

eine weitere, im selben jahr entstandene kleine arbeit sieht stilistisch fast wie eine kinderzeichnung aus – vielleicht handelt es sich um das zeichnerische festhalten einer erinnerung, die aus der kindheit auftauchte. diese zeichnung ohne titel hat eingeflochtene schriften: «mama», «naïra» und «max». alle drei namen sind grossgeschrieben hervorgehoben – und max demnach gleichwertig emotional wichtig. ferner sind darauf einige wie von kinderhand gezeichnete motive auszumachen: zuoberst rechts eventuell ein abstrahiertes porträt des vaters mit strengem, einförmig-strichförmigem mund nebst einem sehr kleinen häuschen und der sonne, die auf einen auf dem rücken liegenden hasen [?] zu strahlen scheint – so es sich anstelle eines hasen nicht um den teddybär, den ‹bez›, aus maxens kindheit handelt.

das mädchen naïra, deren namen max in der zeichnung neben seinem eigenen und dem seiner mutter hervorhob, war – wie er mir erzählte – «eine entfernte cousine». in späteren jahren wird max naïra in paris nach der ‹libération› wieder begegnen. da nennt sie sich ‹naïra france›. sie hatte im exil unter charles de gaulle von london aus für die befreiung frankreichs von den nazis mitgearbeitet – und wird vorübergehend maxens geliebte.

marie bill-geiger beklagte sich im scheidungsverfahren über ihren ehegatten. er sei «ein ausserordentlich mürrischer mann, ein nörgler, dem man nichts recht machen könne. oft sei er mit ihr grob gewesen und habe sie beschimpft. seine junggesellenmanieren habe er sich nicht abgewöhnt … in der kindererziehung sei es zu reibereien gekommen. besonders sei der beklagte gegen den etwas missratenen sohn max nicht energisch genug eingeschritten, habe es sogar geduldet, dass max in seiner gegenwart die klägerin beleidigt habe. es sei nun zeit, dass die ehe gelöst werde, sonst werde auch der sohn hugo noch verdorben …»

sie bemängelte, dass sie jahrelang in dieser ehe nicht nur sexuell, sondern auch noch kulturell zu kurz gekommen sei. ihr gatte sei «häufig an dienstfreien sonntagen in aller frühe ausgezogen und habe sie daheim sitzen lassen. überhaupt habe er ihr nie eine freude gegönnt, sei nie in ein theater oder in ein konzert mit ihr gegangen. wo er selbst hinging, habe er ihr nie gesagt.»

der vater erwin bill hielt dagegen, «immer seien ihm vor den knaben vorwürfe gemacht worden, als ob er an den schlimmen streichen der knaben schuld wäre … einer solchen ehe sei er überdrüssig.» und der richter kam zum schluss: «bei jeder kleinigkeit kam es zu streitereien, die ganz besonders hinsichtlich der kindererziehung das verhältnis der parteien so sehr gestört haben, dass sie sich nicht mehr scheuen, einander vor ihren kindern zu beschimpfen.»[199] die ehe wurde schliesslich am 1. april 1927 geschieden.

verstört, wie max von den mit dem einreichen der scheidung nun ‹öffentlichen› auswirkungen der zerrütteten ehe seiner eltern war, begann er sich in zürich während des unterrichts noch mehr «eigenwillige freiheiten» herauszunehmen. das war an der kunstgewerbeschule – wie er selber sagte – jedoch «absolut nicht willkommen». er hatte das gefühl, zu hause – das kein wirkliches, schützendes zuhause mehr, sondern ein gefechtsplatz war – wie auch an seiner ausbildungsstätte nur noch im wege zu stehen. man sah ihn wohl an der kunstgewerbeschule als störenfried, erkundigte sich aber nie bei ihm nach einem grund für sein störrisches verhalten.

max bill fing an, den unterricht zu schwänzen. er rettete sich an die frische luft, in den zoo, zu den dickhäutern – vielleicht hoffte er, sich eine dickere haut zulegen, um seine sensibilität zu schützen. er besuchte die kunstgewerbe-

es ist gut möglich, dass sich marie, die tochter des weinhändlers und offiziers geiger, mit ihrem familienintern bekannten notorischen faible für das schweizer militär als junge frau in erwin bill verschaute, weil sie von dessen eisenbahnuniform mit der eichenlaubdekoration an der zackigen kopfbedeckung angetan war; dass sie erwin bill deswegen fesch und adrett – und begehrenswert – fand.

falls erwin bill in seiner freizeit, in der er seine «junggesellenmanieren» auslebte, in winterthur die wirtshäuser frequentierte, dem ‹jass› [einem kartenspiel] frönte und dem alkohol zusprach – wie ihm dies an seinem späteren wohnort in ligerz am bielersee von einheimischen nachgesagt werden wird –, könnte letzteres ein zusätzlicher grund dafür gewesen sein, weswegen max dem beispiel seines intellektuellen onkels ernst folgte und sich seit 1925 bei der progressiven antialkoholikerbewegung engagierte.

kinder, die mit erwin bill in ligerz zu tun hatten, fürchteten sich eher vor ihm. die tochter einer ligerzer ladenbesitzerin erinnert sich, dass erwin bill ihr die an den laden adressierten briefe «aus der hand gerissen» habe, um die briefmarken für seine sammlung zu sichern.

max bill: *portrait eines elefanten*, 1927
gouache über aquarell auf geripptem papier,
12 × 10,8 cm

max bill: «mein vater war recht geduldig, aber meine mutter hatte immer häufiger kopfschmerzen. als ich im bauhaus war, liessen sie sich scheiden. mein bruder blieb bei ihr in winterthur ... die mutter hatte das haus in winterthur, brauchte keine miete dafür zahlen und lebte vom gemüse, das sie dort im garten anpflanzte.»
angela thomas: «hatte denn deine mutter ihr ganzes leben lang kopfweh?»
max bill: «nein, sie machte dann eine abmagerungskur und danach waren die kopfschmerzen weg».[200]

200 max bill im gespräch mit angela thomas am 22.4.1975
202 siehe fischer [1966]

schule nur noch um «irgendwie» fertig zu werden und arbeitete dort «nur noch am zeichenbrett».

sein interesse für die werkstattarbeit erlosch ganz und gar. obwohl er schon 1925 zwei seiner kunstgewerblichen objekte in paris ausgestellt hatte, hielt ihn seine mutter noch immer – so steht es zumindest in ihrer scheidungsklage – für einen «etwas missratenen sohn». trotzdem nahm sie die geburt ihres ersten sohns als vorwand, um zu erklären, warum sie sich nicht schon viel früher habe scheiden lassen. ihr anwalt notierte dazu: «hätte die klägerin nicht bald ein kind bekommen, so wäre es vermutlich schon viel früher zur scheidung gekommen.»

der rausschmiss aus der kunstgewerbeschule

als max anfang 1927 nach einer fasnachtsfeier mit schminke im gesicht zum unterricht erschien, übertrug direktor altherr die verantwortung auf den schulvorstand der stadt zürich. max bill wurde von der schule gewiesen, obwohl er mit seinen frühen erfolgen durchaus gezeigt hatte, dass er über talent verfügte.

sein vater liess es nicht an vorhaltungen mangeln, weil max wegen des rauswurfs seine lehre als silberschmied nicht hatte abschliessen können. für den jungen bill aber brachte die neue situation den vorteil, dass er nun etwas angehen konnte, von dem er zuvor nur geträumt, aber noch nicht gewusst hatte, wie er es bewerkstelligen könne. er verteidigte dem vater gegenüber seinen wunsch, den er seit le corbusiers vortrag hegte: selber ein architekt, und zwar ein moderner ‹junger rationalist› zu werden. er wolle sich an der architekturabteilung am neueröffneten bauhaus in dessau weiterbilden. dank seines polsters von 2500.– franken aus dem suchard-plakatwettbewerb schlug max dem vater vor, er selber werde eine hälfte des studienaufenthaltes in dessau zahlen, und dieser willigte schliesslich ein. der wechselkurs von schweizer franken in deutsche reichsmark wirkte sich für max bill, der aufgrund seiner eingereichten arbeiten am 20. april 1927 am staatlichen bauhaus in dessau aufgenommen wird, vorteilhaft aus.

schon beim betrachten der frühen gemälde seines onkels ernst dürfte max bill dessen umgang mit dem licht aufgefallen sein. «die wiedergabe des sonnenlichtes hat geiger stets gefesselt. der einbruch der sonnenstrahlen ins laubgewirr der bäume, das dadurch bewirkte spiel extremer kontraste von farbe und helligkeit, gehörte zu den oft wiederkehrenden aufgaben, welche sich der maler stellte.»²⁰²

wie innerhalb der verwandtschaft ausgetauschten briefen zu entnehmen, ist ernst geiger der festen überzeugung, dass max seine künstlerischen anlagen von seiner schwester marie geerbt habe. und er übernimmt die verteidigung der geiger'schen gegen die bill'sche linie.

die probleme des lichts

nach den düsteren stunden in winterthur, jener zeitspanne, in der er oft von zu hause ausgerissen war, um sich dem anhaltenden ehestreit seiner eltern zu entziehen, hatte sich max, in der hoffnung, sein seelisches gleichgewicht wiederzugewinnen, kluger- und einleuchtenderweise ‹problemen des lichts› zugewandt. «gegen ende meiner silberschmiedausbildung hatte ich begonnen, mich mit lichtproblemen zu befassen. als ich dann im frühjahr 1927 ans bauhaus kam,

max bill, ernst geiger, die mutter marie bill-geiger und andere vor dem ‹hegner-guetli›, vermutlich frühjahr 1927
rückseitig beschriftet: «so sieht max aus wenn der onkel da ist der *ihm* hilft.»

Margin notes:

von der neuen anschrift an der stadthausstrasse 131 aus wird erwin bill ab 1929 als sekretär der *turnusausstellung* des ‹schweizerischen kunstvereins›, winterthur, tätig. bei den schweizerischen bundesbahnen arbeitet er als beamter nur noch bis ins jahr 1930.[203] im dezember 1931 wird erwin bill zusammen mit seiner zweiten ehefrau lina wolf nach ligerz am bielersee umziehen.

marie geiger bekommt die liegenschaft brühlbergstrasse 8 bei der scheidung vom beklagten «übertragen»: «an die klägerin, zu eigentum um den preis von fr. 45'000.–, welcher wie folgt berichtigt wird:
aa) mit fr. 17'000.– wird die klägerin angewiesen auf die bestehende hypothek lt. schuldbrief zu gunsten der zürcher kantonalbank vom 22. dezember 1915 per fr. 17'000.–
bb) fr. 28'000.– werden verrechnet mit den güterrechtlichen ansprüchen der klägerin; summa fr. 45'000.–.»[204]

---

201 bill 1979 [b], s. 71
203 mitteilung von daniel mani, stiftung historisches erbe der sbb/sbb historic
204 scheidungsurkunde, bezirksgericht winterthur 1.4.1927, staatsarchiv des kantons zürich
205 ernst geiger, [n.d.] 1962, an christoph-beat geiger; archiv christoph geiger
206 oskar schlemmer, dessau, 1.4.1927, an tut schlemmer; in: schlemmer 1958, s. 205

war ich beeindruckt von den verschiedenen lichtträgern, die sich einander im ganzen gebäude nach funktionalen bedürfnissen abwechselten in mannigfachen variationen.»[201]

neben den schwierigkeiten, die seine eltern untereinander hatten, musste nun auch max einen konflikt mit seinem vater austragen, sich mit seinem wunsch, ans bauhaus zu gehen, behaupten und die selbstgewählte, zukünftige lebensgestaltung durchsetzen. dabei wurde er vom eigens aus ligerz nach winterthur herbeigeeilten bruder der mutter moralisch unterstützt – onkel ernst war ein solcher konflikt ja bestens aus eigener erfahrung bekannt.

max entwickelte in diesen krisenzeiten eine beträchtliche soziale energie. diese half ihm, sich von den frustrationen und den einengenden winterthurer vorstellungen zu befreien und sich konsequent unkonventionell zu entwickeln – zu einem jener ‹gens hors série› zu werden, die fritz brupbacher als gegenüber so interessiert hatten. es drängt ihn vorwärts, er will sich informieren, sich ‹klarheit› verschaffen.

maxens vater dürfte sich letztlich, wenn auch nicht finanziell, so doch emotional entlastet gefühlt haben, seinen ältesten sohn ans bauhaus reisen zu sehen und ihn für die nächsten monate nicht mehr in der näheren umgebung zu wissen. denn auch für ihn beginnt ein neuer lebensabschnitt: erwin bill zieht mit seiner neuen lebenspartnerin lina wolf – die max tante lina nennen und die der vater am 1. oktober 1928 ehelichen wird – in die stadthausstrasse 131.

eine scheidung war zu jener zeit, im vergleich zu heute, noch eher selten und konnte zu ausgrenzung, vor allem der geschiedenen frau aus ihrem vertrauten gesellschaftlichen umfeld, führen. ob auch marie geiger, die jetzt vierundvierzig jahre alt ist und wieder ihren mädchennamen trägt, eine soziale ächtung widerfuhr? ob sie von den nachbarn, zumindest vorübergehend, schief angesehen wurde?

an den folgen ihrer entscheidung hat marie geiger jahrzehntelang zu tragen, wie einem von ihrem bruder geschriebenen brief an seinen sohn christoph-beat aus dem jahr 1962 zu entnehmen ist.

«lieber chr.-beat ... eben kommt eine karte von tante marie, die sich auf deinen besuch freut (brühlberg 8). du solltest den ersten freien sonntag benützen und sie besuchen. sie hängt sehr an uns aus brugg, wenn auch die brugger an ihr nicht hängen, die mit ihrem auto am brühlberg vorbeirasen ... um so mehr müssen wir nett zu ihr sein, wenn wir gelegenheit haben ihr im alter noch eine freude zu machen ... sie muss schwer büssen, dass sie diesen laushund erwin bill geheiratet hat.»²⁰⁵

marie bill-geiger überstempelte nach der scheidung auf ihrem ex libris, das von ihrem bruder ernst geiger gestaltet worden war, auch kurzerhand den namen bill, so dass lediglich ‹marie geiger› lesbar blieb. sie wohnte weiterhin im ‹hegnergüetli› wie auch ihr jüngerer sohn hugo, der in ihrer von nun an alleinverantwortlichen obhut verblieb – worum ihn max beneidete. dieser war per scheidungsstichtag der alleinigen ‹erziehungsgewalt› – so hiess das damals bezeichnenderweise – des vaters unterstellt.

maxens bruder hugo bill wird in späteren jahren mit einem militärgewehr – das die schweizer nach geleistetem militärdienst mit nach hause nehmen – auf die mutter zielen. marie geiger glaubt, dass er sie tatsächlich habe erschiessen wollen. hugo bill hat grosse alkoholprobleme und wird in eine psychiatrische klinik eingewiesen, wo er jahrelang bleibt. er war fest davon überzeugt, eine grosse erfindung zu machen, die er patentieren lassen wollte. hugo bill stirbt 1989 und wird in winterthur ‹armengenössig› beerdigt.

zwei schweizer neuankömmlinge

das bauhaus hatte bis 1925 seinen sitz in weimar in einem von henry van de velde im jugendstil erbauten haus. als rechtsgerichtete politiker an die macht gekommen waren, verlor es die zuschüsse der regierung und musste schliessen. dadurch wurden die bauhaus-meister vorübergehend arbeitslos, bis die von sozialdemokraten gemeinsam mit den bürgerlichen regierte stadt dessau die kosten für eine von walter gropius neugeplante ausbildungsstätte übernahm. dessau garantierte sowohl für den neubau als auch für den unterhalt der ausbildungsstätte, die tatsächlich realisiert werden konnte und ‹staatliches bauhaus dessau› genannt wurde.

im april 1927 nahm der schweizer architekt hannes meyer seine tätigkeit als meister am dessauer bauhaus auf; er sollte die architekturabteilung leiten. im selben monat immatrikulierte sich der junge max bill.

familie meyer zieht zum bauhaus-meister oskar schlemmer in eins der in der nähe des bauhauses gelegenen, nach plänen von walter gropius gebauten meisterhäuser. «gestern abend zehn uhr kamen hannes meyers an. zwei nette, pralle kinder, grösser als unsere, die frau klein, vif, alle braun.»²⁰⁶ schlemmers

ernst geiger: ex libris marie bill geiger, mit überstempeltem ‹bill›

obwohl hugo bill noch lebte, als meine beziehung zu max bill begann, lernte ich ihn nie kennen. als max bill seinen bruder einmal in der kantonalen pflegeanstalt in winterthur-wülflingen, einer 1818 im klassizistischen stil gebauten ehemaligen spinnerei, besuchte, musste ich draussen warten. anschliessend ging er mit mir im gourmetrestaurant des schlosses wülflingen essen. er verlor nicht viele worte über seinen bruder-konkurrenten. ausser, dass es ihn wunderte, dass es hugo mit seinem charme stets gelang, frauen «um sich zu scharen», die ihn sogar in der leidlichen situation im pflegeheim noch besuchen kamen.

der sohn von paul klee beschrieb den umzug von weimar ans bauhaus in dessau: «inmitten von trüben industrieanlagen (zucker, gas, agfa, junkers) döste diese kleine residenzstadt ihren dornröschenschlaf. ein mutiger stadtvater lotste das ganze weimarer bauhaus nach dort, erstellte den kunstrevolutionären eine herrliche schule und jedem meister extra eine villa mit atelier und acht zimmern. im juli 1926 zogen wir in unser haus, welches lieblich in einem kiefernhain lag … mein vater fühlte sich in seinen neuen vier grossen wänden sehr glücklich, mauer an mauer neben seinem freunde kandinsky wohnend.»[207]

ehefrau ‹tut›, geborene tutein, war mit ihren gemeinsamen kindern kurz vor der ankunft der familie meyer aus dessau abgereist. sie plante ein jahr im tessin zu wohnen. deshalb begnügte sich schlemmer im meisterhaus nun mit dem atelier und einem zimmer oben im haus sowie dem dachgarten, «den ich mir schön machen will».

der von seiner ehefrau allein in dessau zurückgelassene bauhaus-meister, zu dem max bill im darauffolgenden jahr an die bauhaus-bühne gehen wird, hält tut, die die «dessauer verhältnisse» unerfreulich fand – unter anderem, weil ihr mann unter geldmangel litt – brieflich auf dem laufenden über den stand seiner sozialen kontakte: «sonntags nun regelmässig bei klees zum essen. freitags bei feiningers. kaffee mittags bei schepers …»[211]

über den neueingetroffenen meister, seinen mitbewohner hannes meyer, unterrichtet schlemmer ausführlicher den künstlerfreund otto meyer-amden: «… und hannes meyer ist also hier. er war hier zur einweihung, wo ich ihn kennenlernte. er war sehr kritisch gegen etliches am bauhaus. äusserungen wie ‹überkunstgewerbe›, ‹dornach›, ‹dekorative ästhetik› waren damals objektivfreimütig geäussert und bisweilen treffend. er blieb ein bis zwei tage, länger als die übrigen gäste, und lernte verschiedenes vom bauhaus kennen. er machte sichtlich guten eindruck, und etwas neues, dem bauhaus mangelndes, wurde empfunden. gropius suchte einen mann für die endlich zu schaffende architekturabteilung.

er fragte zuerst den architekten mart stam, mit dem hannes meyer hier gewesen war. stam lehnte mangels pädagogischer fähigkeiten und lust ab. hannes meyer wurde eingeladen, nochmals nach dessau zu kommen und mit den architekturschülern fühlung zu nehmen. er machte eine kleine ausstellung von arbeiten, unter anderem sein sehr interessantes völkerbundprojekt in genf. ein motto seiner arbeit war, betreffend architektur: ‹organisation der bedürfnisse›. dies aber im weitesten sinn, und die seelischen sicher nicht vergessend.»[212]

dann kommt schlemmer auf die von hannes meyers neuen kollegen geschaffenen kunstwerke zu sprechen, die meyer zu sehen bekam – und was er davon bevorzugte: hannes meyer habe gesagt, «dass die stärksten eindrücke hier bilder (bei mir und moholy) waren. von mir im besonderen gefiel ihm abstraktes. klee interessierte ihn nicht, er meint, dieser müsse wohl immer im trancezustand sein, und feininger nicht. kandinsky des theoretischen wegen. moholy steht er naturgemäss vielleicht am nächsten, obwohl er sehr kritisch ist gegen

---
207 klee 1957, s. 424
208 rudolf steiger in: *information*, heft 6, dezember 1932, s. 25
209 sigfried giedion in: *information*, heft 1, juni 1932, s. 9
210 rudolf steiger in: *information*, heft 6, dezember 1932, s. 25
211 oskar schlemmer, dessau, 11.4.1927, an tut schlemmer; in: schlemmer 1958, s. 206
212 oskar schlemmer, dessau, 17.4.1927, an otto meyer; in: schlemmer 1958, s. 207f.
213 ebenda
214 oskar schlemmer, dessau, 25.4.1927, an tut schlemmer; in: schlemmer 1958, s. 208

manches, seine art (menschlich-geschäftige), seine misslehre (die auch die schüler empfinden als solche und ablehnen) … gropius kann froh sein, diesen ehrlichen kerl als neue blume in sein knopfloch bekommen zu haben.»[213]

die von schlemmer beobachteten vorlieben und abneigungen werden sich nicht nur auf die werke beziehen, sondern auch auf die personen, die sie schufen und die im weiteren, konfliktreichen verlauf der ideologischen entwicklungen am bauhaus ihre rolle spielen.

als hannes meyer mit seiner familie noch nicht mal einen monat mit schlemmer unter einem dach wohnt, nimmt schlemmer am schweizer mitbewohner nun auch negatives wahr und vertraut dies seiner tut an: «meyer ist oft sehr übermütig. aber seine frau hat, scheint's kummer. er ist sicher ein dickkopf, prinzipienmensch und vielleicht auch, bei aller liebe, rücksichtslos. da siehst du, dass nicht alles gold ist, was glänzt.»[214] im darauffolgenden jahr wird hannes meyer walter gropius als direktor des bauhauses ablösen.

max bill muss sich seinerseits unter den ihm noch völlig unbekannten mitstudierenden und meister-persönlichkeiten menschlich zurechtfinden und herausbekommen, welche ansprüche die meister fachlich an ihn stellen werden. nach den – zumindest geografisch – hinter ihm liegenden streitereien seiner nun geschiedenen eltern wird das soziale beziehungsgeflecht am bauhaus, die situation und wer auf wessen seite steht, für ihn, den newcomer, auch nicht gerade einfach zu durchschauen sein.

komplizierte beziehungsmuster

in jener zeit, als die pille als empfängnisverhütendes mittel noch unbekannt war, scheint meyer mit mindestens drei frauen kinder gezeugt zu haben. von meyers erster ehefrau, die schlemmer, der sie nicht namentlich nennt, als «klein» und «vif» beschrieb, ist heute kaum mehr bekannt, als dass sie nathalie meyer-herkert hiess.

in dessau lässt sich hannes meyer in eine liebesgeschichte mit seiner studentin lotte beese ein. mit seiner ehefrau wohnt er jedoch bis 1929 weiterhin zusammen.

als hannes meyer dann am 1. august 1930 aus politischen gründen als bauhaus-direktor fristlos entlassen wird, lebt er, nach eigenem bekunden, von seiner familie ‹getrennt›. ob diese trennung wegen seiner liebe zu lotte beese oder

bei hannes meyer handelt es sich um denselben, der zusammen mit hans wittwer 1926/27 den gewagten wettbewerbsentwurf für das ‹völkerbund-gebäude› in genf, das ‹palais de la société des nations à genève›, eingereicht hatte, wofür ihnen der dritte preis zugesprochen worden war. dieser wettbewerbsentwurf wurde reproduziert in der von hannes meyer selber zusammengestellten zeitschrift *bauhaus*, nr. 4, s. 6, die im oktober 1927 in dessau erscheint.

bei der ausschreibung war eine bausumme von 13 millionen franken vorgegeben, «die nur vom projekt le corbusier-jeanneret eingehalten» worden sei, doch die baukommission des völkerbundes habe 1927 vier architekten, nämlich vago, lefèvre, nénot, broggi die bauausführung übertragen, «obschon deren projekte im mittel 37 millionen franken kosten».[208] sigfried giedion übte kritik an dieser auftragsvergabe: «wenn der völkerbund sich einen palast baut, so soll dieser palast gleichzeitig ewig und modern sein. als wir 1927 in genf im auftrag einer schweizerischen vereinigung gegen das urteil sturm liefen, da empfing uns der sekretär des damaligen schweizerdelegierten: ‹säulen sind zweitausend jahre schön gewesen, warum sollen sie nicht noch tausend jahre schön bleiben?›»[209] im jahr 1928 wurde der vorgesehene bauplatz vom see in den arianapark verlegt. «die vier architekten arbeiten ihr projekt um und übernehmen im prinzip den grundriss corbusier.»[210] le corbusier klagt 1930 den völkerbund der groben verletzung der wettbewerbsbestimmungen und des plagiats an.

die schreibweise ihres rufnamens nathalie/natalie variiert. ihr voller name lautete louise bianca nathalie herkert. hannes und nathalie kannten sich seit ihrer jugendzeit in basel und hatten 1917 geheiratet.[215]

nachdem nathalie meyer-herkert dessau verlassen hatte, habe sie mit ihren töchtern claudia und livia zuerst in münchen und anschliessend in zürich gewohnt.[216] livia meyer wird später felix klee, den sohn von paul klee, heiraten. sie nennt sich dann livia klee-meyer und ist noch am leben.

«... bin schweizer, 40 jahre alt, verheiratet, lebe getrennt von der familie; 174 cm gross, haare meliert, augen graublau, nase, mund und stirn sind laut meinem eidgenössischen pass ‹mittel›, spezielle merkmale: äusserlich keine.»[217]

einige der bewohnerinnen und bewohner auf den terrassen eines bauhaus-meisterhauses, um 1927/28
oben: lou scheper, oskar schlemmer; mitte: georg muche, lucia moholy; unten: hinnerk scheper mit tochter britta, nathalie meyer-herkert mit ihren töchtern claudia und livia

wegen einer anderen beziehung, jener zu seiner sekretärin margret mengel, geschah, lässt er unerwähnt. wegen meyers rauswurf wird auch margret mengel, und zwar ‹unter protest›, das bauhaus verlassen. hannes meyer ist der vater ihres sohnes johannes mengel.

hannes meyer selbst reist nach dem rauswurf noch im gleichen jahr in die udssr. er wird in moskau an der hochschule für architektur lehren und einen entwicklungsplan für ‹gross-moskau› entwerfen. privat, durchmischt mit dem beruflichen, wird er es weiterhin mit mehreren ihm zugewandten frauen zu tun haben. seine frauenbeziehungen haben sich allem anschein nach – ganz ähnlich jenen der von bert brecht gelebten – zeitlich überschnitten. lotte beese, die ehemalige bauhaus-studentin und kommilitonin max bills, wird, ihrerseits in moskau angekommen, dort am 31. juli 1931 ihren von hannes meyer gezeugten sohn peter zur welt bringen.

doch nicht sie wird die zweite ehefrau des einstigen bauhaus-direktors, sondern eine andere ehemalige bauhaus-dessau-studentin, helene bergner, die man ‹lena› nennt.

max bill und helene «lena» bergner hatten in dessau eine weile lang zeitlich parallel studiert. sie absolvierte 1926 den vorkurs bei albers und besuchte

---

215 siehe kieren 1990, s. 28
216 mitteilung von erich wagner, deutsches architekturmuseum, frankfurt am main
217 meyer 1993, s. 117
218 *experiment bauhaus*, 1988, s. 421
219 barbara kreis: «zwischen funktionalismus und sozialistischem realismus – hannes meyer in der sowjetunion» in: *archithese*, 4/1990, s. 31
220 wikipedia-eintrag zu hannes meyer
221 *experiment bauhaus*, 1988, s. 421

1927/28 den unterricht von bauhaus-meister paul klee. max bill war 1928 in der freien malklasse paul klees. ausserdem belegte lena «kurse bei kandinsky, moholy-nagy, schlemmer und joost schmidt. studium in der weberei, mitarbeit in der reklamewerkstatt. nach dem besuch einer färbereischule leiterin der färberei am bauhaus».[218] bergner folgte 1930 hannes meyer ebenfalls in die sowjetunion und war als entwurfszeichnerin für die textilindustrie tätig. meyer und sie heiraten 1931, und lena meyer-bergner arbeitete «freiwillig» am bau der moskauer untergrundbahn mit. da zur heirat lediglich die jahreszahl, aber nicht der monat überliefert ist, wird nicht ersichtlich, ob die hochzeit mit lena vor oder nach der geburt von lotte beeses und hannes meyers gemeinsamem sohn peter stattfand.

1931, in diesem wortwörtlich schicksalschwangeren jahr, treffen auch noch meyers vormalige bauhaus-sekretärin margret mengel mit ihrem von hannes meyer gezeugten sohn johannes und begleitet von heinrich vogeler in moskau ein. vor ihrer übersiedelung nach moskau war margret mit ihrem kind in bremen bei der familie von heinrich vogeler untergekommen. ihr reisegefährte heinrich vogeler sucht, als mitglied der deutschen kommunistischen partei (kpd), in moskau zuflucht.

nach hannes und lena meyers ausreise aus der udssr 1936 blieb seine frühere geliebte margret mengel in moskau zurück. sie wird dort verhaftet und mit vielen anderen ausländern ohne prozess zum tode verurteilt und erschossen. der gemeinsame sohn von hannes meyer und margret mengel, johannes mengel «… überlebt in einem staatlichen erziehungsheim und erfährt erst in der ära chruschtschow vom gewaltsamen tod seiner mutter. sie wird im zuge der entstalinisierung posthum rehabilitiert.»[220] lena meyer-bergner wohnt ab «1936 in der schweiz … und 1939 geht sie mit hannes meyer nach mexiko».[221]

nach diesem exkurs, der einen nur verknappten einblick in meyers überaus komplizierte beziehungen zu frauen gewährt, ist es nicht sonderlich verwunderlich, wenn meyers erste ehefrau, die in schlemmers berichten weiterhin namenlos bleiben wird, kaum in dessau angekommen, «scheint's kummer» hat.

«zwischen bewunderung, duldung und ausgrenzung»
von berlin her kommend, erreichte man dessau damals mit dem personenzug in zwei stunden. dessau, im mitteldeutschen kohlerevier, war eine provinzielle

«lena meyer-bergner berichtete, wie sie selbst als freiwillige mithelferin beim bau der moskauer metro die begeisterung der arbeiter und ihren stolz erlebte: sie nahmen selbst umwege in kauf, um damit zur arbeit fahren zu können. ehrfürchtig strichen sie mit ihren händen über den glatten marmor und zeigten die stellen, an denen sie gearbeitet hatten.»[219]

heinrich vogeler wohnte in früheren jahren zeitweise in der von ihm und fritz jordi 1928 gegründeten landwirtschaftlichen kommune ‹fontana martina› im tessin, der max bill und sein onkel ernst geiger einen besuch abgestattet hatten.

kleinstadt mit ein- oder zweistöckigen häusern. die landschaft ist flach. um die stadt herum standen viele rote schornsteine. es gibt die elbe und ein paar auen. die stadt hatte nur wenige hier geborene und berühmt gewordene persönlichkeiten zu bieten.

einer der wenigen war moses mendelssohn; ein anderer der komponist der dreigroschenoper, kurt weill – der sich genötigt sehen wird, aus deutschland zu fliehen; er emigriert 1935 in die usa.

moses mendelssohn war, wie stefana sabin in ihrer besprechung eines buchs des französischen historikers dominique bourel über *moses mendelssohn. begründer des modernen judentums. eine biografie* (aus dem französischen von horst brühlmann, amman, zürich 2007) zitiert, «... berühmt für seine bildung und die eleganz seines deutschen stils wie für die stringenz seiner argumentation. er war ein frommer jude, der für die trennung zwischen staat und kirche eintrat und dem judentum eine vernunftdimension erschloss, die es in die modernität holte». die autorin folgert, dass in bourels buch der eindruck «von der prekären position mendelssohns am rande der deutschen gelehrtenrepublik entstehe»: «... zwischen bewunderung, duldung und ausgrenzung. dass er den preis der königlichen akademie erhielt und dennoch nie ihr mitglied wurde, ist auch für bourels augen symptomatisch für eine intellektuelle offenheit, die durch keine entsprechende durchlässigkeit unterstützt wurde.»[222]

das, was moses mendelssohn während seines lebens im kulturellen berlin des 18. jahrhunderts «zwischen bewunderung, duldung und ausgrenzung» widerfuhr, wird, im historisch übertragenen sinn, auch für das politische geschick des bauhauses in dessau im 20. jahrhundert gelten: die am bauhaus geschaffenen produkte werden von einigen bewundert, von anderen lediglich geduldet – und dann von den nazis völlig ausgegrenzt, verboten.

---

[222] stefana sabin: «am rande der gelehrtenrepublik. dominique bourel über moses mendelssohn», in: *neue zürcher zeitung*, 17.10.2007
[223] tadeusz peiper: «im bauhaus», aus dem polnischen übersetzt von ulrike herbst, in: *sinn und form*, berlin ddr, 5, 1983
[224] max bill in: deutschlandsender kultur, berlin, erstsendedatum 28. juli 1991

kasimir malewitsch zu gast in dessau

an ostern 1927 traf der in der ukraine aufgewachsene künstler kasimir malewitsch gemeinsam mit dem polnischen poeten tadeusz peiper zu einem besuch am bauhaus in dessau ein. zuvor hatten die beiden in berlin den architekten mies van der rohe besucht.

peiper hatte malewitsch zuerst nach polen und dann zur reise nach deutschland eingeladen. den bericht dieser reise veröffentlicht tadeusz peiper im juniheft 1927 des von ihm seit 1922, mit unterbrechungen, herausgegebenen organs der krakauer avantgarde *zwrotnica* (die weiche). daraus stammen die folgenden zitate.

walter gropius, der bauhaus-direktor, war in dessau anwesend und bot für die nacht unterkunft in seinem haus an. er fuhr im direktorenauto vor dem café vor, in dem malewitsch und peiper warteten. gropius' gesicht, eingehüllt von müdigkeit, sei edel und «von wahrheit gestrafft» (tadeusz peiper). wegen der osterfeiertage waren einige professoren aus dessau weggefahren. die im ort gebliebenen rief gropius an. der ungar moholy-nagy, «maler und zugleich fotoformator», traf als erster ein. laut peipers bericht schrumpfte moholys gesicht, durch die beim sprechen breit entblössten zähne, zusammen. wenige augenblicke nach moholy traf der architekt hannes meyer ein. peiper notierte, meyer habe ein «gesundes meistergesicht».

alle interessierten sich für malewitsch, der weder deutsch noch französisch verstand. der sprachgewandte und theoretisch gebildete tadeusz peiper übersetzte daher die gespräche für malewitsch. peiper hatte in krakau, berlin und paris, wo er bekanntschaft mit dem künstler robert delaunay schloss, studiert. während er sich für die kulturelle entwicklung in europa interessierte, hätten ihm im hinblick darauf, was denn in polen vor sich gehe, die meister am bauhaus keinerlei interesse entgegengebracht.

gropius rief schliesslich noch bei kandinsky an. «man hätte irgendwie eine neugierige, wenn nicht gar überschwängliche begrüssung zwischen kandinsky, diesem russen, der in deutschland arbeitet, und malewitsch, diesem polen, der in russland arbeitet, erwarten können, doch nichts dergleichen geschah. kandinsky machte eine heftige verbeugung … von seinem *russischen* gespräch mit malewicz übersetzte kandinsky nur das, was seinen [kandinskys] kürzlichen misserfolg in russland erklärte.»[223]

am nächsten tag konnten die ausländischen gäste das bauhaus besichtigen. «die gebäude teilen sich auf in berufsschule, laborwerkstätten und schülerwohnungen. ein wichtiger bestandteil des bauhauses sind die werkstätten, in denen metall-, tischler- und bauarbeiten sowie wandmalerei ausgeführt werden. der gesamtanblick ist beeindruckend. ungewöhnliche formeffekte und materialwirkungen. von jeder seite aus ein anderes schauspiel an lösungen. wenn es noch eines beweises für den epochalen wert der leistungen der neuen kunst bedürfte, hier ist er. aus eisen, eisenbeton und glas.

das bauhaus ist eine schule der formgestaltung. durch die ausbildung im hand-

zwrotnica war ein forum für eine literarisch-künstlerische gruppierung im bannkreis des konstruktivismus, dessen credo in bezug auf die situation in polen lautete: um heute bestehen zu können, müssen wir ein land auf dem niveau europas werden, müssen wir in den kategorien der heutigen zeit denken.

in einem jahrzehnte später aufgezeichneten interview jedenfalls meint bill sich zu erinnern, dass er, damals als junger student, malewitsch in dessau zu gesicht bekommen habe. max habe «in der bauhaus-mensa gesessen» und «von dort aus malewitsch gesehen».[224]

zur farbgestaltung der bauhausfassade siehe die zeichnungen von hinnerk scheper, abgebildet in: renate scheper: *farbenfroh! colourful! die werkstatt für wandmalerei am bauhaus, the wallpainting workshop at the bauhaus,* bauhaus-archiv berlin, 2005, s. 28f.

werklichen und im technischen befähigt es seine schüler, häuser zu bauen, ihre einrichtung zu entwerfen sowie modelltypen für die industrie und das handwerk zu projektieren. ... der zusammenhang zwischen dem unterricht in der staffeleimalerei und den anderen wissenschaftlichen zielen des bauhauses wird nicht ganz klar.»[225]

die meisterhäuser und die arbeitersiedlung ‹törten›

weiter heisst es in peipers bericht: «zum bauhaus gehören auch die häuser der professoren. sie wurden ebenfalls von der stadt gebaut und sind deren eigentum. sie liegen in einer abgeschiedenen allee, abseits der schulgebäude. ihre wände sind ein weisses leuchten, umgeben vom grünen leuchten der rasenflächen und bäume. flache dächer, von einer horizontalen linie abgeschlossen.»[226]
«nach dem mittagessen bei den gropius' fahrt nach törten, wo gropius arbeitersiedlungen baut. zwei lange reihen von kleinen häusern, ein jedes enthält vier kleine kammern und stellt eine wohnung dar. durch das moderne serienbausystem reduzieren sich die kosten soweit, dass ein arbeiter, der zu beginn 1000 mark einzahlt und dann die normale miete, nach ablauf von 15 jahren eigentümer wird.»[227]

bills ankunft am bauhaus in dessau im april 1927

max bill erinnerte sich lebhaft an jenen morgen, als ihm vor der einfahrt zum bahnhof dessau die front des bauhaus-gebäudes unvermittelt gegenüberstand. etwas nie gesehenes: weisse wände und grosse dunkle glasfassaden, dazu im vordergrund das studentenhaus mit den balkonen und «mennig-roten türen» (max bill).
das sommersemester, zu dem max aufgrund der von ihm eingereichten arbeiten zugelassen worden war, begann offiziell am 20. april 1927, wenige tage nach dem besuch malewitschs. doch vielleicht war max schon einige tage vor dem offiziellen semesterbeginn nach dessau gereist. er schrieb sich am bauhaus unter der nummer 151 ein.[228]

auf seine anfangszeit am bauhaus zurückblickend, berichtet bill in einem lebenslauf (um 1930) zusammenfassend: «bauhaus dessau. zuerst eifriges studium der mathematik, statik, etc. die theoretischen übungen von kandinski

---

zur farbgestaltung der bauhausfassade siehe die zeichnungen von hinnerk scheper, abgebildet in: renate scheper: *farbenfroh! colourful! die werkstatt für wandmalerei am bauhaus/the wallpainting workshop at the bauhaus*, bauhaus-archiv berlin, 2005, s. 28f.

225 tadeusz peiper: «im bauhaus», aus dem polnischen übersetzt von ulrike herbst, in: *sinn und form*, berlin ddr, 5, 1983
226 ebenda
227 ebenda
228 immatrikulationsliste der studierenden am bauhaus dessau; in: wingler 1962, s. 534
229 max bill, lebenslauf, um 1930
230 bill 1979 [b], s. 66

max bills bauhaus-ausweis

[sic], klee, moholy-nagy, albers.»²²⁹ und an anderer stelle, noch viel später (1978) zurückblickend, liest es sich so: «das prinzip des bauhaus-unterrichts, vor allem der elementare vorkurs, geleitet von josef albers, bestand weitgehend darin, dass alles bekannte in frage gestellt und durch neue problemstellung ersetzt werden sollte.
insbesondere bei albers und später bei moholy-nagy versuchte jeder, etwas zu produzieren, das nichts vorhandenem ähnlich sein sollte, das er jedoch in der gruppe begründen und diskutieren musste … ergänzend zu diesen experimenten gab es die elementaren gestaltungslehren bei wassily kandinsky und anschliessend bei paul klee …
so griffen während der ganzen bauhauszeit theorie, experiment und praxis dialektisch ineinander, und dies in einer gemeinschaft von studierenden, meistern und gästen, wie eine solche seither kaum zustande gekommen ist.»²³⁰

«einsicht durch erfahrung» – josef albers

obwohl bill eine nahezu abgeschlossene ausbildung an der kunstgewerbeschule zürich hinter sich hatte, war er verpflichtet, am bauhaus als erstes einen ‹vorkurs› zu belegen, denn dieser war obligatorisch für das erste semester. max musste also noch mal von den grundlagen her neu anfangen. der leiter des vorkurses war bauhaus-meister josef albers. er war nur zwanzig jahre älter als bill.

in einer aktuellen publikation wird zur quellenlage festgehalten, dass albers und moholy-nagy gemeinsam mit dem vorkurs- bzw. grundkursunterricht beauftragt worden seien: «albers and moholy were jointly entrusted with giving a new direction to the *vorkurs* (or preliminary course), which was obligatory for all newly enrolled bauhaus students. albers was originally appointed as ‹young master› (even though he was moholy's senior by seven years), moholy as ‹master of form›, with considerable difference in hierarchical and financial status. moholy, for instance, was accomodated in one of the master houses designed by gropius ... albers moved into moholy's house when the latter resigned from the bauhaus in 1928.»[231]

«da die anwendung von glasmalerei [bis dahin] so auf die im sakralen bereich festgelegten formen vorbestimmt war, fand sich kein handwerker, der gestaltungen für die neuen architekturideen entwickeln konnte.
die glasfenster sollten der neuen architekturauffassung mit der öffnung des innenraums und der flächenauffassung der wände entsprechen. so wurde albers zu

---

231 borchardt-hume 2006, s. 70 und anm. 16
232 herzogenrath 1979/80, s. 253
233 ebenda, s. 255f.
234 dietzsch 1990, bd. 1, s. 102, und bd. 2., s. 39 und 302, anlage 20
235 ebenda
236 ebenda, bd. 1, s. 41
237 schawinsky 1927

albers war, nachdem er unter anderem in der malklasse des ‹malerfürsten› franz von stuck in münchen – wie zwanzig jahre vor ihm kandinsky und klee – ‹konventionell› unterrichtet worden war, als student im jahr 1920 an das erste bauhaus nach weimar gekommen, wo er den vorkurs bei johannes itten absolvierte. dort ging albers «mit einem hammer und einem rucksack auf die müllplätze der stadt, um farbige glasscherben und flaschenstücke zu sammeln. die mitstudierenden bauten aus kontrastierenden materialien objekte; er suchte sich nur *ein* einziges material – farbiges glas –, das aber in der dichte, transparenz, in bruchstellen, farbe und musterung unterschiedlich war; er montierte diese scherben auf blechplatten und fand eine neue form der verwendung nichttransparenter, farbiger glaskompositionen.»[232]
wegen seiner glasscherbenexperimente habe albers vom bauhaus-meisterrat einen brief erhalten, in dem er aufgefordert wurde, ein eigenes glasatelier am bauhaus einzurichten.
albers war erst am bauhaus in dessau zum meister berufen worden, das heisst, er galt noch als sogenannter ‹jungmeister›, was finanziell bedeutete, dass er weniger verdiente als ein meister. er zog mit seiner frau anni in dessau ins ‹prellerhaus›.
in diesem, nach plänen von walter gropius gebauten, inoffiziell nach dem maler friedrich preller genannten wohnheim «... wurden in den vier oberen geschossen 28 wohnateliers mit je einer teeküche pro etage geschaffen. ihre ver-

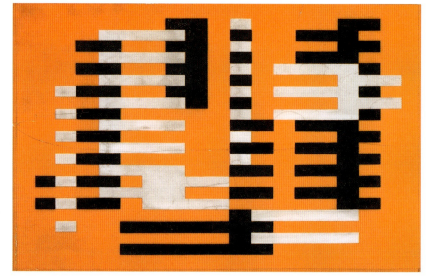

josef albers: *tectonische gruppe,* um 1925
opakglas, weisse ätzung, schwarze einbrennfarbe, opakes überfangglas, 29,6 × 45,6 cm

gabe an die studierenden erfolgte nach dem leistungsprinzip. die übrigen studierenden hatten bei privaten vermietern quartier bezogen.»
nur etwa «8 prozent» der studierenden in dessau waren verheiratet. «zu eheschliessungen von lehrenden mit studierenden während bzw. nach ihrem studium konnte nachfolgendes ermittelt werden: zehn lehrende bzw. meister und auch sieben sogenannte jungmeister heirateten studierende des bauhauses.»[234]
auf albers' etage im fünfstöckigen prellerhaus wohnten herbert bayer, marcel (lajko) breuer und der student alexander ‹xanti› schawinsky. letzterer war ein studienkollege von max bill; die beiden werden im jahr 1928 zusammen auf der bauhaus-bühne aktiv.

‹ideale kommunikationsstationen›

das prellerhaus war international besetzt. man sprach ungarisch, polnisch, deutsch, schweizerdeutsch, russisch, jiddisch, japanisch, hindu, italienisch. «die nach osten gelegenen ateliers waren mit einem balkon ausgestattet … die balkone waren gerade gross genug für eine mahlzeit zu dritt … die individuellen balkone stellten sich als ideale kommunikationsstationen heraus; der kontakt mit nachbarn konnte von dort aus hergestellt werden, durch zurufe … wenn albers einen neuen witz zum besten geben wollte, brauchte er nur die namen der etagenbewohner auszurufen – lajko, herbert, xanti [breuer, bayer, schawinsky] – und man ‹traf sich› auf den kleinen balkonen. von dort konnte man sich auch gegenseitig ins atelier kucken, durch die grossen glaswände, es sei denn dass die vorhänge zugezogen waren. die ‹durchsichtigkeit› gehörte zum alltag und wurde ein durchaus positives erlebnis … das prellerhaus im komplex des bauhaus-gebäudes ragte wie ein symbol empor zur erfüllung moderner lebensbedürfnisse. es enthielt im souterrain bäder und duschen, darüber eine kantine mit grosser küche, terrassen in jeder etage, eine dachterrasse, und ausserdem eine küche in jedem der vier atelierstockwerke, und mehrere toiletten … das innere der ateliers war mit eingebauten schränken, einer sofanische, einer waschgelegenheit, stahlrohrstühlen, -hockern und kleineren tischen und einem ebenso von breuer entworfenen grossen arbeitstisch ausgestattet.»[237]
als max bill im april 1927 in dessau eintraf, mietete er sich, da alle ateliers im prellerhaus bereits belegt waren, in einer siedlung unterm dach ein. so entging ihm vorerst der direkte genuss der modernen breuer-möbel im prellerhaus.

dem ersten nicht nur verantwortlichen, sondern auch praktizierenden leiter der werkstatt überhaupt: handwerksmeister und formmeister in einer person. der offizielle formmeister paul klee bemühte sich um diesen bereich kaum, wenn auch albers' kompositionsschemata der schachbrettartigen reihungen von klee beeinflusst sein könnten. damals kamen die aufträge, von denen albers berichtete, zunächst vom bauhaus: ein grosses fenster in dem von gropius im präriestil frank lloyd wrights entworfenen, von allen bauhaus-werkstätten ausgestatteten haus sommerfeld in berlin …»[233]

die mit einer bauhaus-studentin verheirateten jungmeister waren josef albers (mit seiner frau anneliese ‹anni›, geb. fleischmann), alfred arndt, herbert bayer, marcel breuer, joost schmidt, hinnerk scheper (mit seiner frau louise ‹lou›, geb. berenkamp). die bauhaus-jungmeisterin gunta stölzl ehelichte den bauhaus-studenten arieh sharon. des weiteren schlossen «in nachweislich 57 fällen studierende untereinander die ehe. bei der betrachtung ihrer altersstruktur ist hierbei festzustellen, dass innerhalb dieser 74 ehegemeinschaften in 24 die männer jünger als ihre frauen waren.»[235] derselben recherche ist zu entnehmen, dass die semester in dessau im durchschnitt «mit 150» studierenden belegt waren.[236]

heutzutage ist es möglich, als zahlender gast für nur wenige euros übernachtungsgebühr die hell-freundliche architektur des von walter gropius entworfenen prellerhauses in dessau persönlich hautnah zu erfahren.

bills dachgeschoss befand sich, circa zwei kilometer vom bauhaus entfernt, in der fichtenbreite 32, in einem hauptsächlich von arbeitern der nahegelegenen «junkers»-werke bewohnten quartier.

zwar hatte max, vor zwei jahren in paris, die von le corbusier aufgezeigte möglichkeit des neuen wohnens mit zeitgemässem wohnstil visuell beeindruckt, doch er selber war in seiner unter dem ganzen dach durchgehenden ‹bude›, die man heute in ihren räumlichen dimensionen nahezu als loft bezeichnen könnte, überhaupt nicht sachlich modern eingerichtet. bei ihm sah es wie in einer mit brockenhausmöbeln eingerichteten stube aus. in seiner ‹bude› befanden sich ein hängendes büchergestell, zwei couchbetten, staffeleien und tische, ein riesiger vorhang aus blauem samt, dahinter die küche. er hatte die ganze bleibe mitsamt dem blauen samtvorhang von seinem vormieter so übernommen und unverändert beibehalten.

als hanns fischli aus der schweiz im jahr darauf als neuer student im april 1928 am bauhaus eintraf und bill in dessen bude begleitete, hatte max die übernommene möblierung noch immer nicht ausgewechselt, sich weder ein ambiente mit persönlicher note noch einen bauhaus-kompatiblen wohnstil geschaffen.

tat er das aus gründen der sparsamkeit? oder war ihm die gestaltung seines interieurs damals noch schlichtweg egal?

dazu kam, dass bill persönlich, laut fischli, «wie eine neuausgabe von ferdinand hodler» auftrat.[238]

bis in das frühjahr 1928 hatte max, nach dieser überlieferung des zeitzeugen fischli zu urteilen, weder äusserlich noch innerlich noch inhaltlich seinen persönlichen stil gefunden, und er wohnte mit dem mobiliar, das er von seinem vormieter übernommen hatte. verhielt er sich regressiv? fehlte ihm das samtene gefühl seiner mutter? sie hatte ihn, ausgenommen in jener zeit, in der er fern von der familie zur strafe im ‹waldheim› in oetwil am see hatte wohnen müssen, jahrelang durchs leben begleitet, sich dann bei den scheidungsformalitäten jedoch dafür entschieden, sich von april 1927 an nur noch um seinen jüngeren bruder hugo zu kümmern. max war der «erziehungsgewalt» seines vaters zugeteilt worden.

die kontrastierend-modern-zeitgemässen breuer-möbel im prellerhaus hat bill auf alle fälle während gelegentlicher besuche in den ateliers seiner kollegen, so bei seinen mitstudenten xanti schawinsky oder bei seinem freund clemens röseler, zu gesicht bekommen.

238 fischli 1968, s. 20
239 schawinsky 1927
240 herzogenrath 1979/80, s. 257
241 ebenda, s. 245

der vorteil seiner vom bauhaus-komplex abseits gelegenen ‹bude› war der, dass max bill der selbst am progressiv orientierten bauhaus existierenden sozialen kontrolle weniger ausgesetzt war. er konnte sein während der ferien in italien erworbenes freies lebensgefühl des ‹vagabonierens›, da er abseits der internen ‹bauhäusler› – wie sie sich selber nannten – wohnte, weiterentwickeln und auskosten.

was ihm hingegen am prellerhaus architektonisch auf jeden fall zusagte, das waren – neben den (über die fotografie auch nach aussen hin bestens bekannt gewordenenen) attraktiven schattenwürfen der kommunikativen balkone – das von licht durchflutete treppenhaus und ebenso die korridore. «architektonisch war das gesamte – inneres sowohl als äusseres – aus einem einzigen guss: logisch, funktionell, die sinne erhebend …» nicht nur das durchflutende tageslicht, sondern auch die abendliche musik spielten im prellerhaus eine grosse rolle. «wer eine neue grammophonplatte zum besten geben wollte, stellte dazu sein grammophon abends auf den balkon. damit war das signal für gegenleistungen gegeben – es konnte sich ein musikalischer abend entwickeln.»[239]

die ‹beste› lösung, die es nicht gibt

anlässlich der eröffnung des bauhauses dessau war josef albers zum jungmeister berufen worden, und er leitete den gesamten vorkurs für das erste semester. er habe sich «liebevoll, aber mit der autorität einer starken persönlichkeit» für die studierenden eingesetzt. diese wiederum schätzten die «sanfte und doch bestimmte art», mit der er aufgaben gestellt und diese «nach unterschiedlicher lösung gemeinsam besprochen» habe.[240]

den neuankommenden – unter ihnen max bill – habe albers im vorkurs zunächst nur schere und papier gegeben. «damit sollten sie falten und schneiden. die aufgabe formulierte albers präzis: ‹festigkeits- und konstruktionsübung ohne verschnitt, mit positiver und negativer bewegung›; ‹machen sie ein loch in das papier›; oder albers kam mit einem stapel zeitungen in den klassenraum, verteilte diese, formulierte nur die methode: ‹keine hilfsmaterialien benutzen, ökonomisch mit dem material umgehen, die möglichkeiten dieses materials ausnutzen› – und liess die studenten dann für einige stunden allein.»[241]

der kunsthistoriker wulf herzogenrath umreisst den pädagogischen einsatz von albers, den dieser nicht als lehr-, sondern als lernmethode verstanden ha-

«einhergehend mit der polarisierung der politischen kräfte in deutschland erhöhte sich in dessau die anzahl der sich bekennenden parteimitglieder unter den studierenden pro semester. 1927, mit der bildung einer kommunistischen parteizelle am bauhaus, vergrösserte sich in der folgezeit auch der anteil kommunistischer parteigänger. ein parteileben begann sich zu entwickeln. insgesamt gab es unter den studierenden von 1926 bis 1932 mehr als 50 kpd-mitglieder. in dessau waren auch mindestens 8 studierende mitglieder der sozialdemokratischen partei deutschlands (spd).»[244]

ben will, mit dem motto: «einsicht durch erfahrung» [in späteren jahren, nach albers' emigration aus nazideutschland in die usa, beibehalten als «learning by doing»]. «der ausgangspunkt soll einfach und die mittel begrenzt sein, da trotzdem die lösungsmöglichkeiten immer noch vielfältig und unausschöpflich für schöpferische menschen sind. ... albers gibt keine vorbilder, jeder soll selbst zu seiner lösung kommen. im anschliessenden gespräch werden die verschiedenen exempel diskutiert; für albers steht fest, dass man nicht nur nicht in den arbeitsgang der schüler eingreifen darf, sondern, dass es grundsätzlich keine ‹beste› lösung gibt.» stattdessen existierten «unterschiedliche arbeiten mit unterschiedlichen vorzügen».[242]

max bill lernte im dessauer vorkurs bei albers, wie man unvoreingenommen an ein ihm vom meister gestelltes problem herangehen soll, wie man das problem löst und wie man dann die gefundene kreative problemlösung vor anderen, vor den mitstudierenden und dem meister, verteidigt.

herzogenrath recherchierte, dass «nur einige kommunistisch orientierte studenten unter hannes meyer» albers vorwerfen, «keine lehrmethode zu haben, kein handbuchwissen zu verbreiten, keine festen richtlinien aufzustellen». und es erstaunt ihn nicht, dass die mehrzahl der marxistisch denkenden studenten die verunsicherung der alten werteskala und die relativierung einer einzigen logischen lösung ablehnen. «... bei den vorkursarbeiten von albers erkennt man das neue bei der betrachtung von mehreren unterschiedlichen arbeiten zu derselben aufgabe: relativität des kunstobjektes, anonymität, reproduzierbarkeit, materialbezogene, ökonomische komposition.»[243]

was man am bauhaus lernen konnte

suzanne markos-ney – eine schülerin, die erst nach bill ans bauhaus kam – meinte rückblickend, dass wassily kandinsky es verstanden habe, jede sache «von unendlich vielen seiten zu betrachten und zu deuten ... kraft seines universalwissens ... am bauhaus haben wir gelernt, zuerst alles einmal zu vergessen. das spezifische dieses unterrichts von kandinsky war, dass er uns die welt als maler sehen lernte.»[245]

max bill fügte zu diesem thema ergänzend an, dass kandinsky in seinem unterricht, in bezug auf zeitgenössische künstler, nachdem er sich selber als beispielhaft angeführt hatte, keine weiteren, aktuellen künstler oder künstlerinnen mehr benannte. «er breitete eine art kunstgeschichte im zusammenhang

---

242 herzogenrath 1979/80, s. 258
243 ebenda, s. 264 und 266
244 dietzsch 1990, s. 40
245 suzanne markos-ney in: kandinsky 1976, s. 132
246 max bill in: kandinsky 1976, s. 175
247 nina kandinsky in: kandinsky 1976, s. 133f.

mit der gegenwart aus. er erklärte die gegenwartskunst und schaffte den schülern einen brauchbaren zugang. zum beispiel wählte er monets *heuhaufen* und leitete von ihm entwicklungen zur gegenwartskunst ab. die gegenwartskunst reichte bei kandinsky [nur] bis zu sich selbst.»²⁴⁶

kandinsky habe in metaphern gesprochen – und es nicht ertragen, wenn man ihm widersprach. und wenn gar «politisches ins gespräch einfloss, wurde die situation heikel».²⁴⁷

josef albers wird nach der bauhaus-zeit in dessau gemeinsam mit seiner frau anni, am in berlin neu gegründeten bauhaus bis zu dessen schliessung im jahr 1933 verbleiben, wo auch sein meister-kollege kandinsky weiter lehren wird. danach wird das ehepaar albers in die usa, an das black mountain college, berufen, wo josef und anni albers bis 1949 lehren.

josef albers und max bill werden einen jahrelangen briefwechsel über kunst führen. von allen menschen, denen der junge bill am bauhaus begegnete, wird sich der kontakt zu albers als der am längsten andauernde erweisen.

von albers lernte bill am dessauer bauhaus verschiedenes, das mit dem allgemeinen verhältnis des gestaltenden menschen zu seiner umwelt zu tun hatte. die anregungen, die von albers ausgingen, aktivierten bei bill den willen, der frage nach der begründbarkeit einer sache nachzugehen, und ein produkt, sei es ein bild, eine skulptur oder ein designobjekt, ‹nicht ungerechtfertigt› vor ein publikum, in die gesellschaft, hinausgehen zu lassen, sondern dafür verantwortung zu übernehmen.

nach dem zweiten weltkrieg werden sich bill und albers in peru treffen. es gelingt bill, josef albers zu einer reise ins nachkriegsdeutschland zu bewegen und ihn als dringend benötigten dozenten zu gewinnen, dessen mitwirkung für den aufbau einer neuen grundlehre an der von max bill gebauten und von ihm als rektor geleiteten hochschule für gestaltung in ulm wichtig war. josef albers wird anfang der fünfzigerjahre per schiff aus den usa tatsächlich anreisen.

max bill wird an das von kandinsky gehörte in späteren jahren als sammler anknüpfen, der sich für die weiterentwicklung in der kunstgeschichte interessiert. und dies in die gegenwart ergänzend fortsetzen, indem er eine von roy lichtenstein erarbeitete paraphrase des *heuhaufen*-bildes von monet kauft (roy lichtenstein: o.t., haystacks 7, 1969, lithografie, 52 x 77,5 cm, nachlass max bill an angela thomas).

... und verschwanden an den ufern der elbe

max bill befand sich im bannkreis aufgeweckter, selbstbewusst auftretender, modisch-urbaner, intelligenter bauhaus-studentinnen. in deutschland war, nur wenige jahre nach dem ende des ersten weltkriegs, noch immer eine deutliche aufbruchstimmung zu verspüren, eine lust am leben, eine neugier, die dem jungen schweizer so aus seiner vom krieg verschont gebliebenen heimatlichen umgebung nicht geläufig war.

während bill im vorkurs erst bei albers, daran anschliessend bei moholy-nagy, wie seine mitstudierenden darum bemüht war, etwas zu produzieren, «das nichts vorhandenem ähnlich sein sollte» und darüber in der gruppe diskutierte, habe ihn der ‹bauhaus-kater› gepackt.

«dieses diskutieren über dinge, die keinen sichtbaren zweck hatten, beanspruchte den scharfsinn aller. aber obwohl sich alle mit eifer betätigten und heisse schlachten fochten, wurden die meisten nach einigen wochen von zweifeln befallen, sie wurden vom bauhaus-kater gepackt und verschwanden an den ufern der elbe. spätestens wenn regen einsetzte, kam man schuldbewusst zurück und vernahm, dass diese seuche ungefährlich, ein allgemein bekannter bestandteil eines notwendigen prozesses sei.»[248]

was das verhalten der studentinnen und studenten im wintersemester anbelangte, vermutete bill «nicht ohne grund, dass das bett die elbe ersetzte.» die theorie der freien liebe verbreitete sich, und jung und begeistert suchte man sie in die bauhaus-praxis mitumzusetzen. t. lux feininger (eigentl. theodore), einer der jüngsten studenten am bauhaus, der mit seinen eltern aus weimar nach dessau gezogen war, befand, dessau sei «viel urbaner» als die alte, kleine goethestadt. und er erlebte das politische klima in dessau «mehr im einklang mit neuen ideen».[249]

ein gesandter der bauleitung des bauhauses dessau hatte die familie feininger aufgesucht, «... um mit meinen eltern ihre wünsche bezüglich der farblichen innengestaltung ihrer hälfte des meisterhauses nr. 1 zu besprechen, das die feiningers mit den moholy-nagys teilen sollten. es handelte sich um das erste von drei äusserlich identischen, aber innenarchitektonisch unterschiedlichen zweifamilienhäusern in einer häuserreihe, die mit dem des direktors begann. meine verwunderung war gross, aber mehr noch fühlte ich mich in meinem selbstwertgefühl geschmeichelt ...»[250]

kattja both und hilde rantzsch

einige der studentinnen rauchten und trugen zum zeichen ihrer emanzipation «bubi»-frisuren. an den bauhaus-festen tanzten sie ausgelassen den charleston. bei mancher endeten die rocksäume oberhalb der knie.

max bill gingen die augen auf für die erfrischend gescheiten frauen. im wechselspiel mit den freundinnen kattja both und hilde rantzsch entdeckte er seine eigenen erotischen qualitäten. doch nicht nur bei den frauen kam bill gut an. er wurde auch von seinen männlichen mitstudenten geschätzt. einer von ihnen schildert max als einen «unglaublich vitalen», begabten menschen.[251]

‹katt› both hiess eigentlich anna elisabeth mathilde both. sie liess sich abwechselnd kattina, katt oder kattja nennen und ist in der immatrikulationsliste unter der nummer 4 zu finden, hilde rantzsch unter der nummer 64.[252] die beiden waren also bereits am bauhaus, als max dort eintraf. sie nahmen in ihrer rolle

---

248 max bill im gespräch mit angela thomas
249 feininger 2006, s. 72
250 ebenda, s. 71
251 max gebhardt, im märz 1976, an konrad püschel; archiv stiftung bauhaus
252 siehe wingler 1962, s. 558
253 maasberg/prinz 2004, s. 73
254 walter gropius in: maasberg/prinz 2004, s. 74

max bill: *zwei freundinnen* [hilde rantzsch und katt both], 1927 zeichnung, frottage auf papier, 18 × 21 cm

als alteingesessene, erfahrene bauhaus-habituées den jungen schweizer unter ihre fittiche und initiierten ihn. die attraktive katt arbeitete als gesellin in der bauhaus-tischlerei bei marcel breuer. sie war drei jahre älter als max.

katt konzentrierte sich «in ihrer weiteren ausbildung bei mart stam, walter gropius und hannes meyer auf möbeldesign und architektur».[253] der direktor wird kattja both später rückblickend neben ihrer künstlerischen veranlagung «hohe intelligenz, energie und können» bescheinigen. und er hielt sie «zur selbständigen durchführung auch schwieriger bauaufgaben für hervorragend befähigt».[254] zwischendurch arbeitete kattja drei monate im berliner architekturbüro luckhardt & anker.

in der metropole berlin, deren sog deutlich bis nach dessau reichte, fand von anfang mai bis ende september 1927 *die grosse berliner kunst-ausstellung* statt. ob bill sie, eventuell zusammen mit der einen oder anderen kommilitonin besuchen ging? in seiner bibliothek findet sich jedenfalls der katalog der erwähnten ausstellung.

mitglieder der ausstellungskommission waren unter anderen die architekten hugo häring und ludwig hilberseimer für die architektenvereinigung ‹der ring›. katt both wird im frühjahr 1928 das bauhaus verlassen, um in berlin bei luckhardt & anker weiterzuarbeiten.

zu den interessanteren abbildungen im katalog gehören ein suprematistisches bild von malewitsch sowie eine architektur-«studie für einen hauptbahnhof am humboldthafen, berlin» von ludwig hilberseimer (siehe: *die grosse berliner kunst-ausstellung,* 7.5.–30.9.1927, verlag von g.e. diehl, berlin 1927, s. 100f., bibliothek max bill).

mit hugo häring wird bill in späteren jahren in süddeutschland mehrmals wegen originalen des künstlers malewitsch, die sich in dessen obhut befinden, zu tun haben.

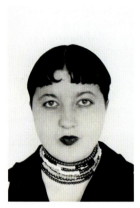

grit kallin-fischer:
hilde rantzsch, um 1927
fotografie, vintage print,
21,5 × 15,4 cm

hilde rantzsch:
krankes mädchen, 1927
tusche auf papier,
20,7 × 23,2 cm

ihre aus leipzig stammende freundin hilde rantzsch wird vom schweizer hanns fischli – der seinen vornamen in späteren jahren nur noch mit einem n schreibt – in seinem autobiografischen bericht beschrieben: «hildes gesicht war breit und glich einer wunderkatze. ihr körper sprach nur von rundem, sie hatte zierliche glieder mit fingern wie eidechsenfüsschen. ihr mund war üppig und hätte ich es damals schon gewusst, müsste ich sagen, voll freude … sie wusste an manchem tag nicht, was sie essen sollte; kredit bekam sie schon bei keinem mehr; dann arbeitete sie besessen in der weberei, schuftete bis sie einen vorschuss verdient hatte.»[255]

hilde rantzsch war arm und ‹schräg›. eine kleinformatige arbeit von ihr aus dem august 1927 trägt den titel *meiner grünen laternen-schwester.* diese arbeit fand den weg in die misawa bauhaus collection, tokyo (und ist farbig abgebildet in: jeannine fiedler, peter feierabend, *bauhaus,* könemann verlagsgesellschaft, köln 1999, s. 163). zwei weitere werke von hilde rantzsch, *krankes mädchen* aus dem märz 1927 und ein titelloses vom juni desselben jahres, fanden sich in max bills nachlass.

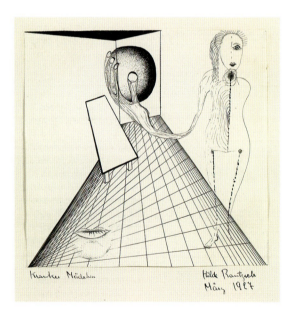

---

255 fischli 1968, s. 54
256 ebenda, s. 52
257 dietzsch 1990, s. 35f.
258 fischli 1968, s. 56

hilde rantzsch: ohne titel, 1927
aquarell und tusche auf papier,
28,5 × 20,5 cm

max bill: *ich, ein katzenmensch*, 1927
tusche über aquarell auf papier, 16,2 × 12,3 cm

seit seinem ersten aufenthalt in paris, wo die schönheit und das spezielle licht der stadt auf maxens gemütszustand positiv eingewirkt hatten und von seinem antlitz vorteilhaft zurückstrahlten – «qu'il était beau!» –, verfestigte sich sein neugewonnenes selbstwertgefühl, wie von ihm in seinem selbstporträt *ich, ein katzenmensch* dokumentiert. in seiner zeit am bauhaus verliebte er sich insgesamt «viermal» – wie max bill mir wörtlich sagte.

auch finanziell ging es bill nicht schlecht, denn für ihn war der wechselkurs von der schweizer in die deutsche währung durchaus günstig. für einige seiner mitstudentinnen hingegen, darunter hilde rantzsch, war das leben deutlich karger. unter den bauhaus-studenten waren «reicher väter söhne verschwindende minderheit».[256]

einer der wenigen reichen studenten sei «flake, der sohn des dichters» gewesen: «er hielt alle in zwei meter abstand, er schien nicht nur, sondern war ein vornehmer, hatte schnittige flanellhosen, langgescheiteltes haar und sprach wie ein norddeutscher. er war seit 1927 bei gropius in der bauabteilung.»[258] marianne brandt, die mitarbeiterin moholy-nagys, erinnert sich, dass jene, «die gar nichts ausgeben konnten», im gymnastikraum nächtigten, der sich im kellergeschoss vom bauhaus dessau befand, obzwar dies streng untersagt war: «dort gab es einen grossen weichen teppich … duschen, bäder.»

der frage nach der sozialen herkunft der am bauhaus studierenden ging folke f. dietzsch nach: «danach entstammt die mehrheit aus dem bürgertum bzw. aus kleinbürgerlichen kreisen. der anteil derer, die der arbeiterklasse zugerechnet werden können, ist mit zehn personen verhältnismässig gering. walter gropius beschrieb die sozialen bedingungen der studierenden folgendermassen: ‹die schülerschaft des staatlichen bauhauses setzt sich zum grössten teil aus unbemittelten jungen leuten zusammen, die ohne zuschüsse existieren müssen.› dies stellt zwar einen widerspruch zu oben ermittelten daten dar, es ist aber die wahrheit, denn auch die bürgerlichen kreise der damaligen zeit lebten oftmals in finanziellen bzw. existentiellen schwierigkeiten.»[257]

obwohl die kleinschreibung am bauhaus üblich war, begann max bill erst nach seinem weggang vom bauhaus, in die schweiz zurückgekehrt, kleinzuschreiben.

es gab andererseits auch einnahmequellen für einige studentinnen und studenten: für sonntägliche fremdenführungen durch die werkstätten erhielten sie einen teil der einnahmen, bekamen indes manchmal, ausser zusprache, auch den ärger von besuchern zu spüren. «besonderen eindruck hinterliess bei mir eine führung von 200 buchdruckern. sie wurden wütend, als ich von kleinschreiben und ersparnis an arbeitskräften und zeit sprach. sie bedrohten mich sogar mit stöcken.»

eine andere, für die studierenden nicht gerade üppige geldquelle tat sich bei der vergabe von lizenzen auf. «von den lizenzen, die wir für unsere modelle bekamen, erhielt meines erinnerns das bauhaus die hälfte»; die andere hälfte wurde aufgeteilt «zwischen meister, entwerfer und werkstatt.»[259]

besuch aus zürich

carl fischer und otto morach, die weiterhin als lehrer an der kunstgewerbeschule zürich wirkten, wollten sich nach progressiven unterrichtsmethoden umsehen und machten sich 1927 gemeinsam nach dessau auf, um dort das bauhaus und den jungen bill zu besuchen. dieser freute sich sehr über den besuch der beiden künstlerlehrer. er war ja damals als schüler in zürich unter dem einfluss von carl fischer, den er verehrte, zum ärger seines vaters vegetarier geworden. und otto morach hatte bill 1925 in paris herumgeführt. nun fand ein rollenwechsel statt – es war bill, der morach und fischer die dessauer hochschule zeigen konnte, was ihn mit stolz erfüllte.

der farbenexperte wilhelm ostwald am bauhaus

walter gropius und der chemie-nobelpreisträger und philosoph wilhelm ostwald waren sich verschiedentlich im deutschen ‹werkbund› begegnet. gegen ende november 1926 wandte sich gropius auf bauhaus-briefpapier – «wir schreiben alles klein, denn wir sparen damit zeit» – «an den sehr geehrten herrn ostwald»: «anliegend übersende ich ihnen eine kleine druckschrift von mir, aus der sie entnehmen können, in welcher weise an unserem institut formen- und farbenlehre angegliedert sind … ihr sehr ergebener gropius».[260]

wenige wochen darauf schrieb dann bauhaus-meister moholy-nagy an ostwald: «sehr verehrter herr geheimrat, von meiner reise zurückgekehrt, habe ich herrn gropius von ihren wünschen, bei uns im bauhause vorträge zu hal-

---

259 brandt 2001, s. 47
260 walter gropius, dessau, 20.11.1926, an wilhelm ostwald, grossbothen, sachsen; wilhelm ostwald archiv
261 lászló moholy-nagy, dessau, 22.1.1927, an wilhelm ostwald, grossbothen, sachsen; wilhelm ostwald archiv
262 walter gropius, dessau, 2.2.1927, an wilhelm ostwald; wilhelm ostwald archiv
263 bill 1979 [b], s. 66
264 walter gropius, dessau, 25.6.1927, an wilhelm ostwald; in: wilhelm ostwald archiv

ten, referiert. auch er, wie wir alle – ist über diesen plan sehr erfreut ... mit den ergebensten grüssen von uns allen, ihr moholy-nagy.»²⁶¹

wilhelm ostwald sagte zu, und gropius bot ihm an, während des aufenthalts in dessau sein gast zu sein.

«sehr verehrter herr professor ostwald!

dankend bestätige ich ihren freundlichen brief. wir freuen uns ausserordentlich, dass sie in unserem kreise hier sprechen wollen. meine frau und ich werden uns sehr freuen, sie bei uns aufnehmen zu dürfen ... mit herzlichem dank für ihre so freundliche bereitwilligkeit, uns mit ihrem reichen wissen bekannt zu machen. ich hoffe auf sehr anregende tage. wenn irgend möglich, bringen sie doch auch lichtbilder mit. mit herzlichem dank im namen des ganzen bauhauses grüsse ich sie als ihr sehr ergebener gropius.»²⁶²

wegen verschiedener terminprobleme fand ostwalds vortragszyklus dann erst vom 10. bis 15 juni 1927 statt. so kommt auch max bill, als einer der neu eingetretenen studenten, in den genuss der vorlesungen des nobelpreisträgers. es seien nur wenige zuhörer gewesen, die den gastdozenten während der intensivwoche anhörten, wie er sich erinnert: «wilhelm ostwald löste durch ein farbseminar eine art glaubenskrieg aus zwischen jenen, die seiner physikalisch exakt fundierten theorie anhingen, und jenen, die diese als physiologisch falsch bekämpften.»²⁶³

während die vorträge unter den studierenden heftige auseinandersetzungen zwischen anhängern der goethe'schen farbenlehre und jener der ostwald'schen farbtheorie auslösten, bedankte sich direktor gropius bei wilhelm ostwald: «darf ich ihnen heute unser aller ganz besonderen dank aussprechen, dass sie unser bauhaus bereichert haben. die woche ihrer vorträge war sehr fruchtbar und wird zweifellos ihre folgen unter unseren leuten haben. darf ich sie heute in aller form bitten, uns die ehre anzutun, und dem kuratorium des kreises der freunde des bauhauses beizutreten? ... ihr sehr ergebener gropius.»²⁶⁴

und herbert bayer möchte bereits kurz nach der vortragsreihe für seine abteilung ‹typografie und reklame› am bauhaus «nach dem farbenkreis gefärbte (nicht gestrichene) papiere bekommen.»

fragen um licht, raum und materie

ostwald behauptete, dass «sich die materie selbst einzig durch die energie bestimmt, die aus ihr hervorgeht». gemäss seiner konzeption ist «der raum des

in der bibliothek von max bill befinden sich folgende schriften des unter den bauhaus-studenten umstrittenen ostwald, die indes erst nach dieser vorlesungsreihe, erschienen:
wege der technik. die pyramide der wissenschaften, j.g. cotta'sche buchhandlung, stuttgart/berlin, 1929; *mathetische farbenlehre, der farbenlehre erstes buch*, 3., vermehrte und verbessrte aufl. mit 42 figuren im text, verlag unesma (erstausgabe 1921), leipzig 1930. das letztgenannte buch ist von bill innen kleingeschrieben mit «bill» angeschrieben, d.h., von ihm für würdig befunden, in seine privatbibliothek aufgenommen zu werden. ein exemplar von *goethes farbenlehre*, hrsg. und eingel. von hans wohlbold, eugen diederichs verlag, jena o.j. [1928], mit 27 karten zur optik sowie 22 farbigen und schwarzen tafeln nach den originalen goethes, neue sonderausgabe, in altdeutscher schrift, wurde als «3.8.37» angekauft. band I der *taschenbücher zum studium von goethes farbenlehre. die durchs prisma gesehenen farben*, mit beigegebenem versuchsprisma und mit s/w und sechsfarbigen tafeln dargestellt durch h.o. proskauer', verlag r.g. zbinden & co, basel 1951, wurde erst sehr viele jahre nach dem ankauf der ostwald-bücher erstanden.
in keinem der genannten bücher gibt es anstreichungen.

auf einem von herbert bayer selbst entworfenen briefbogen, «hochschule für gestaltung» postanschrift: bauhaus dessau, am 21.6.1927, an das «farbenlaboratorium prof. ostwald, grossboten bei leipzig»; in: wilhelm ostwald archiv

im scheerbart'schen sinne sollte die neue architektur «eine glasarchitektur sein, die gebaut ist auf metallkonstruktionen mit doppelten farbigen scheiben. durch die abschaffung gemauerter wände wird ein besonderer effekt erzielt: die räume werden vom natürlichen licht der sonne, der sterne und des mondes durchstrahlt, und durch die verwendung von farbigen doppelscheiben wird dessen wirkung verstärkt ... ein beweis für das allgemeine interesse an scheerbart ... ist die veröffentlichung von adolf behnes *wiederkehr der kunst,* die in grossen ausschnitten ebenfalls in der zeitschrift *ma* unter dem titel ‹kunst und revolution› erschien.»[266]

universums ausgefüllt mit einem netz von mannigfaltigen energien ... unter ihnen ist die strahlungsenergie ... eine energieart, die am wenigsten mit der materie verbunden» sei, und diese strahlungsenergie bestimme die farbe. «die energie, welche durch einwirkung auf unsere augen die empfindung der farbe hervorruft, heisst licht.»[265]

der kunsthistoriker janos brendel fragt sich, ob moholy-nagy unter den einfluss dieses theoretischen ansatzes geriet, denn dieser unternahm in der zweiten hälfte der zwanzigerjahre experimente mit licht und transparenz. wie brendel vermutet, war die theoretische grundlage dafür sowohl der einfluss ostwalds als auch jener des schriftstellers paul scheerbart und von dessen utopie einer ‹glasarchitektur›, über die um 1920, als moholy gerade frisch in berlin eingetroffen war, viel diskutiert wurde.

brendel führt im weiteren seine beachtenswerte these aus, dass sich aus der konzeption scheerbarts die idee «der aus doppelten scheiben» gebauten architektur in moholy-nagys malerei übertragen habe. von daher unterscheide sich seine eigentümliche positionsbestimmung deutlich vom ansatz der russischen konstruktivisten.

lászló moholy-nagy:
q IV, 1923
öl auf weissgrundierter leinwand, 76 × 96 cm

schon bill war aufgefallen, als er über *q IV* (1923), ein besonders typisches bild von lászló moholy-nagy, reflektierte, dass dieser sich kunsthistorisch in einer position zwischen dem russischen konstruktivismus und dem niederländischen neoplastizismus befinde.[267]

---

265 zit. nach brendel 1986, s. 177, 178
266 ebenda, s. 173
267 siehe max bill 1976 [b], s. 39
268 bill 1979 [a], s. 71

lichtträger

der junge max bill war beeindruckt von den verschiedenen lichtträgern am bauhaus. seine vorliebe galt dabei einer kugelförmigen pendelleuchte in den seminarräumen, die ihn faszinierte, da sie seine «vorliebe für elementare lösungen» besonders ansprach.

während der sommerferien 1927 trug sich max am 3. august 1927 selbstbewusst als «max bill, architekt winterthur, bauhaus dessau» ins gästebuch seines onkels ernst in ligerz ein – er weiss noch nicht, wie viele tage lang er bleiben wird.

überbordend von den starken eindrücken am bauhaus, empfahl der junge student seinem onkel alsbald, ihn im ‹hof› farbliche eingriffe im hinteren schlafzimmer vornehmen zu lassen. ernst geiger kam dem wunsch nach aktiv mit primärfarben eingreifender, moderner raumgestaltung entgegen und liess seinem neffen vertrauensvoll freie hand. voller tatendrang ging bill an die arbeit. mit dem resultat zufrieden, erweist sich bill dankbar. er porträtiert seinen onkel in dem neugestalteten, von nun ab ‹max bill-zimmer› genannten raum. man sieht ernst geiger unter der zuvor von max bill blau angemalten zimmerdecke und vor einer neu gelb angemalten wand. das bild strahlt eine seriöse, gereifte stimmung aus, und es dokumentiert, wie eine pr-arbeit in eigener sache, zugleich im bildhintergrund den jüngst vorgenommenen bill'schen räumlich-gestalterischen eingriff.

bill ist auf dem weg, erwachsen zu werden.

während dieser sommerferien am bielersee malte bill auch clara woerner, die sich um seine cousins hans und wölfi geiger kümmerte. das gesicht der nur sechs jahre älteren frau malte bill in rot-gelb und grünen farben mit einer dunkleren, grünen gesichtshälfte mit nach innen gekehrtem auge und einer helleren partie, deren stirnhälfte noch extra gelb aufgehellt ist. das auge in der helleren gesichtshälfte blickt klar und unbeirrt. die lippen sind rot, der ansatz ihres kleids ist nur angedeutet.

ihr haar trägt sie nach der damaligen mode als sogenannten ‹bubi-schnitt›. sie zeigt sich bill gegenüber beim modellsitzen nicht von ausgeprägt erotischer, sondern von eher ernsthafter seite. stilistisch erinnert das gemälde entfernt an die farblichen vorläufer der bilder des ehepaares sonia und robert delaunay oder gino severinis.

seltsam mutet die neben das gesicht der porträtierten gesetzte pflanze, das heisst deren reduktion auf eine struktur, an. auf wessen befindlichkeit deutet

in erinnerung daran analysiert bill die kugelpendelleuchte, diesen blendungsfreien beleuchtungskörper, der «licht direkt nach oben ausstrahlt», als ob hier «verschiedene probleme in exemplarischer klarheit gestellt und dadurch die typische gestalt für einen bestimmten zweck gefunden worden» sei.[268]
im jahr 1944 wird max bill eine eigene *indirektleuchte mit spiegelreflektor* für die b.a.g. turgi entwerfen, von der er eine abbildung – aus einem sonderdruck aus dem *werk*, die man «nachklischieren» müsse – im märz 1947 an xanti schawinsky für publikationszwecke in den usa sendet (max bill an xanti schawinsky, usa, zürich, 11.3.1947; beigelegt der sonderdruck aus dem *werk*, o.j., mit dem text «erfahrungen bei der formgestaltung von industrieprodukten» von max bill sowie skizzen und modellen des verfassers; in: schawinsky-archiv c/o ronald schmid, san nazzaro).

anlässlich eines besuchs 1940 liest sich sein eintrag knapper: «bill, zürich swb [schweizerischer werkbund]», und bei noch späteren aufenthalten in ligerz in den jahren 1962, 1963 dann nur noch ganz kurz: «bill» (in: ernst geigers besucherbüchern).

1963, zwei jahre vor seinem tod, verkaufte ernst geiger dieses porträt, «weil er in geldnot war» und für ein bild seines neffen in jener zeit mehr geld erzielen konnte als für ein eigenes, der stadt brugg. es hänge dort im stadthaus, wie max bill mir sagte.

«... unter aktiver beteiligung von ernst geiger richtete der älteste sohn hans aus erster ehe mit seiner gattin in ligerz eine bekannte handweberei ein» (guido fischer, «nachruf auf ernst geiger 1.2.1876–16.12.1965», in: brugger neujahrsblätter, 1966, archiv christoph geiger); und christoph geiger, sohn aus der zweiten ehe von ernst geiger, bemerkt ergänzend dazu: «als textilkünstlerin war clara geiger-woerner der elsi giauque als konkurrentin im dorf ein dorn im auge. letztere intrigierte deshalb massiv gegen ernst geiger und seine schwiegertochter. ihr mann, mein stiefbruder hans drechselte holzschalen, wobei er bei einem drechselunfall eines seiner augen fast ganz verlor» (christoph geiger an angela thomas, freienbach, 27.11.2007) mit elsi giauque, einer schülerin der sophie taeuber-arp, die in der ‹festi› oberhalb ligerz wohnte, wird max bill in späteren jahren freundschaftlich verkehren.

diese befremdende pflanze in ihrer emotionalen kargheit hin? vielleicht verweist sie – wahrscheinlich im ansonsten üppig wuchernden garten des onkels gewachsen oder ein abstrahiertes phantasieprodukt – eher auf den seelenzustand des jungen max bill? denn an claras realitätsbezogenem, ins eigene innere und nach aussen gerichtet reflektierendem zustand erscheint die daraus gewonnene klarheit als der vortrefflichste moment.

clara woerner, eine frau, die weiss, was sie will, wird dem ‹schweizerischen werkbund› beitreten und zusammen mit ihrem einstigen pflegekind hans geiger, maxens cousin, mit dem sie ab 1935 verheiratet ist, eine handweberei betreiben, tatkräftig unterstützt von ihrem schwiegervater ernst geiger.

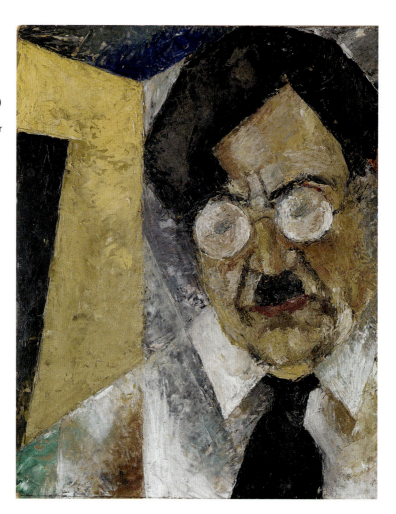

max bill:
portrait von dr. ernst geiger,
ligerz, 1927
öl auf karton, 32 × 25 cm

das hier erstmals abgebildete porträt clara woerners hängt gleich beim eingang in der zürcher wohnung des professors hans-ulrich geiger, dem sohn von clara woerner und hans geiger. bei meinem besuch bescheinigte er dem maler: «bill hat meine mutter sehr gut getroffen».

max bill: *clara woerner*,
ligerz, 1927
öl auf karton, 35 × 35 cm

bills architekturprojekt für osaka

das neue semester, bills zweites am bauhaus, begann offiziell am 5. september 1927. meister klee kam nicht, wie man es von ihm erwartete, pünktlich aus den ferien zurück. die freiheitsliebe hatte es ihm wohl eingegeben, noch nicht nach dessau zurückzukehren, und er verlängerte eigenmächtig seinen urlaub, worauf er vom meisterrat am 24. september 1927 einen brief erhielt:
«lieber herr klee! seit drei wochen sind wir wieder in der bauhaus-arbeit. wir vermissen sie unter uns und bitten sie sogleich zurückzukehren; denn es hat einen nachteiligen eindruck auf uns, auf die stadt, und vor allem auf unsere studierenden gemacht, dass einige meister sich selbst länger beurlaubt und die leitung erst so spät in kenntnis gesetzt haben, dass sogar eine rechtzeitige re-

max bill:
faksimile der architekturpläne
für ein fünfstöckiges gebäude
mit dachterrasse in osaka,
1927

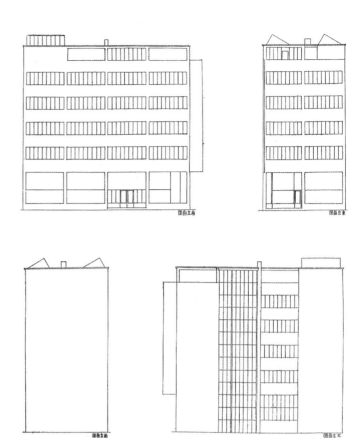

sämtliche eingeschickten pläne
gingen in den besitz der zeitung
über, die den wettbewerb ausgeschrieben hatte. demnach
müssten sich noch heute bills
originalpläne irgendwo in einem
archiv in japan befinden.

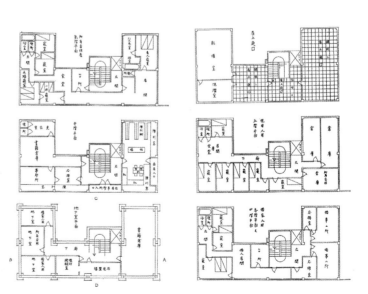

---

269 in vollem wortlaut abgebildet
 in frey 2003, s. 240
270 bill 1990 [a]
271 shiina taneo: [results of the competition for business building
 organised by shin-kenchiku ma-
 gazine] *shin-kenchiku* (the japan
 architect), 4 (2), 1928, s. 56;

gelung des unterrichts nicht mehr möglich war … ihre kandinsky, moholynagy, albers, breuer, h. meyer, g. stölzl, schlemmer, schmidt, bayer, gropius.»[269] klee wurde kein anhänger von ostwald, sondern er blieb der goethe'schen farbenlehre weiterhin treu.

max bill fand sich am bauhaus schnell wieder zurecht. er war erpicht darauf, das, was er für sich theoretisch aus den vorträgen über baukonstruktionslehre und statik übernommen hatte, baldmöglichst in die praxis umzusetzen. mir gegenüber erwähnte max einmal, dass er sich «in eigener regie» vom bauhaus aus an einem in japan ausgeschriebenen architekturwettbewerb für den bau eines hochhauses in osaka beteiligt habe.

es finden sich von ihm selber auch zwei knappe textstellen, in denen er dieses projekt erwähnt: «bei einem internationalen architekturwettbewerb in osaka (japan) gewann ich einen dritten preis, als einziger europäer, mit einem geschäftshaus (eisenskelett, stahlplattenverkleidung, aussenwände verbleit)» (max bill, lebenslauf, um 1930).

und jahre darauf griff er das thema noch einmal kurz auf: «ich habe seit meiner jugend die japanischen kulturgüter bewundert, die täglichen gebrauchsgegenstände, die berühmten holzschnitte und die wunderbaren bauten. mein erster kontakt mit japan war ein architekturwettbewerb, er war von einer japanischen architekturzeitschrift ausgeschrieben. ich gewann einen dritten preis. ich war damals (1928) student am bauhaus.»[270]

in keiner der in späteren jahren zahlreich zum œuvre von max bill erschienenen katalogpublikationen habe ich je eine abbildung dieses frühen osaka-projekts reproduziert gesehen. vielleicht hatte bill es seinerzeit in dessau unter zeitdruck beendet und versäumt, vor dem abschicken seiner pläne nach japan noch fotos davon aufnehmen zu lassen.

2007 beauftragte ich den englischen architekten jason bill und seine japanische frau atsuko bill, für mich nach diesem projekt zu suchen. sie wurden fündig. als ergebnis dieser recherche tauchen die jüngst aufgefundenen historischen materialien somit wieder aus der versenkung auf.

shin-kenchiku, ein japanisches architekturmagazin, hatte den wettbewerb lanciert. einsendeschluss war der 30. oktober 1927. die wettbewerbsresultate wurden am 1. dezember 1927 bekanntgegeben. «max bill, dessau, bauhaus» gewann den dritten preis und ihm wurden dafür 20 japanische yen zugesprochen. im darauffolgenden jahr veröffentlichte das magazin den beitrag max bills zusammen mit einer ihn würdigenden besprechung.

«max bill, who came at the third place of the third prize, was an unusual overseas entrant. this must be the first incident in which a westerner submitted to a design competition organized in japan. it is understood that mr. mizutani, who is currently studying at bauhaus, contributed the japanese on his drawing.»[271] den in einem altmodischen japanischen stil geschriebenen bericht über das architekturprojekt von max bill, der im magazin *shin-kenchiku* 1928 publiziert wurde, habe ich mir um des besseren verständnisses willen von riyoko probala sowohl ins deutsche als auch – sozusagen als ‹second opinion› – von atsuko bill ins englische übertragen lassen.

riyoko probala erzählte mir, dass in jener zeit in kleinen geschäften neben der ladentheke ‹kohlebecken› gestanden hätten. reklameschilder seien noch völlig unbekannt gewesen.

max bill hatte sich also begeistert entschlossen, an diesem japanischen architekturwettbewerb teilzunehmen. aus eigener initiative und mit grosser sorgfalt entwickelte er auffallend gründlich seinen wettbewerbsbeitrag. voll motiviert schickte er seine originalpläne im massstab 1:200 für ein ‹business establishing building› in der gewerbezone chuo-ku von osaka an das magazin *shin-kenchiku*.

in jener zeit erlebte die stadt osaka, in der es bis anhin noch keine hochhäuser gab, einen wirtschaftlichen aufschwung. beton galt noch als völlig ungewöhnliches baumaterial, die meisten der kleinen häuser waren aus holz gebaut.

wie in der besprechung von shiina taneo zu lesen ist, arbeitete max bill in keiner weise mit tricks. sein planungsvorschlag spreche wegen seiner wertvollen, «erstklassig rationalen denkweise», der «bauhaus-gedanken», an. das ebenerdige eingangsgeschoss «is dedicated to a bookshop and associated offices spaces», im stockwerk darüber befinde sich die wohnung des buchladenbesitzers, die wohnungen in den darüberliegenden etagen könnten vermietet werden. die mietwohnungen waren für je ein ehepaar mit drei kindern plus einer haushalthilfe vorgesehen – und für japanische verhältnisse von bill vermutlich zu grosszügig geplant.

«the staircase and landing is well laid out. the drawing presents some distinctive ideas: installing display windows on the entire area of the two sections of the building facing a street; placing a reception room behind a display window benefiting from natural lighting coming through it; and installing retail signage in the most effective position», dergleichen sei in keinem einzigen projekt der anderen wettbewerbsbeiträge vorgekommen.[272]

bills wettbewerbseingabe sind weiter die folgenden projektinformationen zu entnehmen:

«retail signage
the projected wall for retail signage will be fitted on the exterior,
made with milk-white glass, lit from inside. space above the doorway
will be used for signage.»

das von bill geplante mehrstöckige hochhaus, an hanglage, sollte mit zellbetonplatten und einer aussenbeschichtung aus kork erbaut werden. es sei selbstverständlich gegen feuer und gegen erdbeben geschützt.
besonders sorgfältige angaben wurden von bill/mizutani zu der wahl der ma-

272 siehe anm. 271
273 ebenda

terialien mitgeliefert: so sollten die stahlpartien beschichtet sein, um ein rosten des stahls zu verhindern.

«building structure
steel-frame
external walls: steel panel ‹zellbeton› + (air filled cavity) + cork panel
+ (air filled cavity) + steel frame
basic frame: reinforced concrete …
all the rooms are thoughtfully laid out for practical use, and particular attention is paid to allow daylight in each room.
construction specifications
lift: goes through all floors
window frames: z-shape steel and crystal glass
doors: steel
staircases and corridors: ribbed rubber lining
office and residential space: linoleum lining»

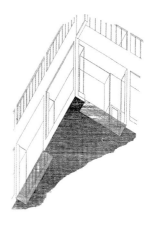

damals gab es noch keine tintenfüller, und so fügte takehito mizutani in bills pläne sorgfältig mit pinsel und tusche, kalligrafisch, die japanischen schriftzeichen ein. seine leistung bei den übersetzungen der wettbewerbsbedingungen aus dem japanischen und der erläuternden angaben von max bill in das japanische war ein überaus solidarisch-kollegialer beitrag an bills sorgfältig erarbeiteten architekturentwurf.

es gingen in osaka 114 wettbewerbsbeiträge ein, aus der mandschurei, korea, japan und «besonders erfreulich war eine einsendung vom bauhaus dessau»; max bill war der einzige westliche ausländer, der sich beteiligte.[273]

besonders auffallend an bills wettbewerbsbeitrag war, dass die dachetage von ihm teils offen und teils überdacht, mit zwei oberlichtern versehen, entworfen wurde. auf dem dach sollte eine ‹laundry› installiert werden. die wäsche hätte, fernab der strasse, auf dem dach, unter dem sternenhimmel, getrocknet werden können.

diese idee einer teilweise überdachten dachterrasse – die in osaka nicht gebaut wurde – greift max bill in einem sehr viel später von ihm entwickelten architekturprojekt des wohnungshochbaus mit dem darin integrierten kino ‹cinevox› in neuhausen bei schaffhausen (schweiz) erneut auf. er ‹recykliert› seine eigene, frühe idee.

die arbeiten, die den vorkurs von albers später weltweit berühmt gemacht haben, «waren papierknickungen und faltungen, die als festigkeits- und kon-

wie mir meine japanische freundin riyoko probala versicherte, sei in jener zeit in japan die von bill vorgesehene anlage eines dachgartens etwas «sehr ungewöhnliches» gewesen. ihre wäsche hätten die japanerinnen damals allerorten noch an öffentlichen brunnen, draussen im freien gewaschen.

es war wohl ebenfalls takehito mizutani, der mit ihm den grundkurs bei josef albers besuchte, dem max bill überhaupt den hinweis auf den im magazin *shinkenchiku* ausgeschriebenen architekturwettbewerb verdankte. dieser hatte sich unter der immatrikulationsnummer 150, eine nummer vor max bill, im april 1927 am bauhaus in dessau eingeschrieben. ²⁷⁴

struktionsübungen aus einem blatt ohne verschnitt, durch positive und negative faltung, hergestellt wurden.

wenn sich diese papierarbeiten noch mit den bekannten vorgaben des vorkurses hinreichend erklären lassen, ist dies bei der arbeit von takehito mizutani nicht mehr der fall. schon die wahl des materials ist anspruchsvoller, es ist kein einfaches, billiges, überall erhältliches, sondern es sind kreisförmige messingscheiben, die eingeschnitten und gegensinnig eingerollt worden sind. im ergebnis entstehen aus mathematisch exakten kreisbögen freie kurven von hohem ästhetischen reiz. die gliederung an einer achse und verteilung der raumvolumen in einen oberen und unteren teil erzeugen eine reizvolle gegenüberstellung zweier gleicher und wieder doch nicht gleicher teile eines ganzen.»²⁷⁵ josef albers schätzte diese übungsarbeit seines studenten «zur veränderung der eigenschaften des materials durch biegung» derart, dass er sie, «als eines der wenigen plastischen beispiele seiner vorkursarbeit», in der bauhaus-ausstellung new york 1938 zeigen – und 1967 dem bauhaus-archiv berlin zu ausstellungszwecken vermachen – wird.²⁷⁶

dieses von takehito mizutani entworfene objekt ist formsicher und von schwingender eleganz – und damit gar nicht so weit entfernt von den in späteren jahren von bill realisierten skulpturen mit subversivem glanz. deren grundform ist ebenfalls metall, das anschliessend in ein speziell dafür geformtes bad getaucht und vergoldet wird. takehito mizutani und max bill verbindet eine art seelen- und geistesverwandtschaft, sie sind «anders» als die anderen.

es sind nur wenige werkabbildungen von arbeiten takehito mizutanis in europäischen publikationen erhalten geblieben. auch die hier abgebildeten blech-

takehito mizutani: *plastisch-dynamische materialübung aus dem vorkurs albers*, 1926/27
blechformen geschnitten und gedreht, frei stehend

274 wingler 1962, s. 534
275 schaarschmidt 2003, s. 21
276 siehe wollsdorff 1988, s. 28
277 fiedler/feierabend 1999, s. 377
278 hin bredendieck in: *form + zweck*, fachzeitschrift für industrielle formgestaltung, 1979, s. 63

max bill: *kontinuität*,
1946/1982
kupfer poliert, anschliessend
vergoldet, höhe 41 cm

formen sind verschollen. «… auf einen genau bestimmten schwerpunkt austariert, baute mizutani eine elegante und dynamische form auf. charakteristisch für die arbeitsergebnisse des albers-vorkurses ist eine konzentration auf die ursprünglichen eigenwerte des materials; eine arbeitsweise, die dieses scheinbar selbst zum sprechen bringt.»[277]

gegen exzessiven individualismus

am 14. oktober 1927 gab béla bartók am bauhaus einen klavierabend; und am 29. november spielten adolf busch (violine) und rudolf serkin (klavier) werke von mozart, beethoven und busoni. es ist anzunehmen, dass der musikinteressierte max bill sich diese beiden konzerte nicht entgehen liess.

nach der obligatorischen grundlehre bei albers «stellte jeder am ende des semesters seine arbeiten aus, die dann vom ganzen lehrkörper bewertet wurden. der lehrkörper beurteilte, ob der betreffende student genügend fähigkeit zeigte, um sein studium am bauhaus fortsetzen zu können. zensuren wurden nicht gegeben.»[278]

von max bill erhalten blieb das foto einer bauhaus-schülerarbeit aus dem vor- beziehungsweise grundkurs, deren thema eher nach einer von moholy-nagy als von josef albers gestellten aufgabe aussieht. beiden meistern, moholy und

max bill wird nach seiner rückkehr vom bauhaus in der schweiz kontakte zu zwei ehemaligen schülern des meisters busoni pflegen: zu robert blum, mit dem er in der kleinkunstbühne ‹der krater› in einem ‹halbpolitischen› kabarett mitwirken wird, und zu wladimir vogel – dazu an anderer stelle mehr.
hin bredendieck, von dem dieses zitat stammt, studierte 1927–1930 am bauhaus dessau.

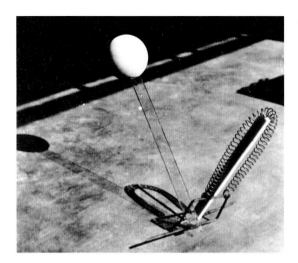

max bill: arbeit aus dem bauhaus-vorkurs, 1927

«albers and moholy were united in their rejection of excessive individualism. rather than expressing the sentiments of its maker, their art was first and foremost intended to provide an ‹enlightment› experience for the viewer.» [279]

albers, war ein ideologischer lehransatz gemeinsam: sie verwarfen übereinstimmend jeglichen ‹exzessiven› individualismus.

ideologisch geformt von diesen beiden bauhaus-meistern, wird auch bill als erwachsener stets jeden ‹exzessiven› individualismus in der kunst, jegliche ‹innenschau› ablehnen – etwa in späteren jahren die bilderflut der sogenannten neuen wilden.

bill konnte nicht, wie er es sich erträumt hatte, regulär in die bauabteilung des bauhauses eintreten, da er keine dementsprechende vorbildung – beispielsweise als bauzeichner – vorzuweisen hatte. direktor gropius teilte ihm im oktober 1927 folgendes schriftlich mit: «in der heutigen aufnahmesitzung wurden sie zum eintritt in das zweite semester zugelassen. es wurde als besonders wichtig für ihre weitere ausbildung angesehen, dass sie sich mit praktischer werkarbeit beschäftigen. sie wollen uns bitte unverzüglich mitteilen, welche werkstatt sie zum eintritt wählen.» [280]

in der bauhaus-metallwerkstatt

unter lászló moholy-nagys leitung war die werkstatt für metallarbeiten die erste am bauhaus, die erschwingliches design herstellte. max erzählte mir, moholy-nagy habe ihn aufgefordert, entwürfe der marianne brandt auszuführen. marianne brandt, geborene liebe, war seit 1919 mit dem norweger erik brandt verheiratet; sie hatte am bauhaus in weimar ab 1923 den grundkurs belegt und wurde auf ausdrücklichen ratschlag des meisters moholy-nagys hin in der

279 borchardt-hume 2006, s. 74
280 walter gropius, bauhaus dessau, 13.10.1927, an max bill; bibliothek max bill
281 borchardt-hume 2006, s. 69
282 brandt 2001, s. 46
283 machlitt/harksen 1977, s. 76-87
284 ebenda, s. 78

metallwerkstatt tätig. sie war als frau dort eine ausnahmeerscheinung, und ihre männlichen kollegen liessen sie das deutlich spüren. «zuerst wurde ich nicht eben freudig aufgenommen: eine frau gehört nicht in die metallwerkstatt, war die meinung. man hat dieser meinung ausdruck zu verleihen gewusst, indem man mir vorwiegend langweilig-mühsame arbeit auftrug.»[282]
bereits während der lehrzeit in weimar waren ihre qualitativ und ästhetisch hochstehenden, später legendär gewordenen entwürfe entstanden, darunter das kaffee-und teeservice, die heutzutage an auktionen hohe verkaufspreise erzielen.

am neuen bauhaus in dessau waren vier ehemalige weimarer bauhaus-studenten, die handwerklich wie künstlerisch gleichermassen ausgebildet worden waren, neu zu meistern ernannt worden: josef albers zum leiter des vorkurses; herbert bayer zum leiter der neu eingerichteten abteilung typografie und reklame; marcel breuer zum leiter der wandmalereiwerkstatt; joost schmidt zum leiter der reklamewerkstatt, später zum leiter der plastischen werkstatt, ab 1928 nachfolger von herbert bayer.

es gab ein nebeneinander von handwerklichen einzelfertigungen und der fabrikation von modellen und mustern in serienfertigung mit lizenzen. die werkstätten «fanden im modernsten teil des hauses, dem flügel mit der grossen glasfassade, platz: im souterrain bühnenwerkstatt, druckerei, färberei, bildhauerei, im hochparterre die tischlerei, im 1. obergeschoss weberei und grundlehre, im 2. obergeschoss wandmalerei- und metallwerkstatt. sie waren mit modernen maschinen und geräten ausgestattet …» danach erfolgte «die einrichtung der meisterhäuser mit stahlmöbeln, leuchten und anderen geräten».[283]

marianne brandt kam im april 1927 nach dessau – sie traf also im selben monat ein, in dem der aus der schweiz angereiste max bill den von josef albers geleiteten vorkurs begonnen hatte. marianne brandt trat als mitarbeiterin in die metallwerkstatt ein. im jahr darauf, im april 1928, wird sie zur «stellvertretenden leiterin der metallwerkstatt» befördert werden. zu dem zeitpunkt wird allerdings max bill der metallwerkstatt und marianne brandt schon wieder den rücken gekehrt haben, weil die ihm zugeteilte aufgabenstellung in der metallwerkstatt ihm überhaupt nicht gefiel.

«weil ich eine silberschmiedelehre hatte, wurde ich in die metallabteilung geschleust. ich bin ja dann aus dieser metallklasse heraus nach verhältnismässig kurzer zeit, und zwar ging ich einfach nicht mehr hin, und damals war der leiter der metallklasse moholy-nagy, ein ungarischer konstruktivistischer künst-

«moholy was put in charge of the metal workshop … under his tutelage this became the first workshop to achieve the goal of affordable and economically viable bauhaus design.»[281]

herbert bayer wurde im jahr 1900 in österreich geboren, hatte am weimarer bauhaus bei kandinsky gemalt und wurde am dessauer bauhaus zum meister berufen, wo er von 1925–1928 typografie und layout unterrichtete. auf bayer war bill, zumindest in späteren jahren, nicht allzu gut zu sprechen; wir begegneten ihm 1980 in los angeles im bonaventure hotel anlässlich einer preisverleihung, zu der ray eames, die dort ausgezeichnet wurde, max bill und mich eingeladen hatte.

im *dessauer kalender 1977* sind die «kugellampe (deckenleuchte, 1926)» von marianne brandt (s. 86) sowie die «ausziehbare (reflektor-)hängelampe, 1926» von marianne brandt und h. przyrembel (s. 87) abgebildet. ulla machlitt und hans harksens belegen einige in dessau und umgebung damals vom bauhaus ausgeführte aufträge, jedoch müssen sie bedauernd dazu feststellen: «leider sind uns in den meisten fällen fotos nicht erhalten.» der eigentliche finanzielle «durchbruch» sei im jahr 1928 gelungen: «in diesem jahr wurde erstmals der aus den werkstätten geplante reingewinn in höhe von 10 000 mark in voller höhe abgeführt. das ging wohl auf das konto der stahlmöbel und beleuchtungskörper.»[284]

ler, der noch sehr jung war und er hat mich, als ich nicht kam, rufen lassen und hat mich gefragt, was mit mir los sei. und ich habe gesagt, das interessiert mich nicht mehr, metallklasse zu machen. er hat mich zu sich eingeladen – und ich muss sagen er hat sofort begriffen, weshalb ich das nicht mehr will, und ich ging in die bühne.»[285] möglicherweise fand er, der nahezu fertig ausgebildete silberschmied, seine aufgabe, nämlich von marianne brandt entworfene objekte auszuführen, unter seiner würde? begehrte er als macho auf?

der hauptgrund für bills ablehnende haltung wird wohl gewesen sein, dass sich sein begehren im hinblick auf die eigene berufliche zukunft darauf fixiert hatte, sich an der neueröffneten architekturabteilung vom bauhaus bei hannes meyer weiterzubilden. aber in diese architekturabteilung liess man ihn nicht offiziell hinein; dennoch hatte er dort, «mit grossem eifer», auf eigene faust und schon während des ersten semesters «hauptsächlich baukonstruktion, statik und städtebau»-vorlesungen besucht.[286]

obwohl er wegen der aufgaben, die man ihm in der metallwerkstatt stellte, aufbegehrte, ist dieser zeitabschnitt in der vom politisch radikalen bauhausmeister moholy-nagy geleiteten werkstatt dennoch nicht spurlos an max, dem jungen, innerlich zeitweise frustrierten rebellen vorbeigegangen. jede psychisch zu leistende arbeit braucht bekanntermassen ihre eigene zeit und sie passiert nicht unbedingt synchron zu den ereignissen, sondern meistens zeitlich um einiges verschoben.

rückblickend schreibt bill in einem *lebenslauf*: «nochmals versuchte ich in der metallwerkstätte zu arbeiten, aber die arbeit in dieser art war mir unsympathisch geworden, ich kannte neue methoden, wollte keine alten mehr, zu dieser zeit fing ich wieder an zu malen und zu zeichnen.»[287]

mit geschärftem blick

walter gropius hatte den ungarischen künstler lászló moholy-nagy bereits 1923 als meister ans weimarer bauhaus berufen. dessen ehefrau lucia moholy war sprachbegabt und blitzgescheit. sie hatte kunstgeschichte und philosophie in prag studiert. am bauhaus befand sie sich jedoch weder als auszubildende noch als lehrperson, sondern in der rolle der ehefrau von moholy-nagy.

lucia moholy fotografierte die werke ihres mannes, und sie dokumentierte mit geschärftem blick, sachlich interessiert insgesamt fünf jahre lang die entwick-

---
285 max bill; in scheidegger 1998
286 max bill, lebenslauf, 26.2.1942
287 max bill, lebenslauf, um 1930

lucia moholy: *bauhaus dessau*, um 1925

lungsstufen am bauhaus – anfangs in weimar und dann ab 1925 in dessau. dort richtete lucia 1926 ein eigenes fotolabor ein und entwickelte die serie ihrer ansichten/schrägsichten der neuen bauhaus-gebäude; ferner repros der in den werkstätten neuproduzierten gebrauchsgegenstände. ohne ihre klug arrangierten sachfotos – die wie gütesiegel wirken: geprüft und für gut befunden – wäre die visuelle bauhaus-rezeptionsgeschichte nicht denkbar. lucia hatte intensive, hellblaue augen.

lucia und lászló moholy-nagy hatten sich im april 1920 in berlin kennengelernt. lászló war mit einem empfehlungsschreiben an herwarth walden in der tasche in berlin eingetroffen. in budapest hatte walden 1913 eine ‹sturm›-gesamtausstellung gezeigt und damals persönliche beziehungen geknüpft zu ungarischen künstlern, besonders zu lajos kassák. kassák war ein konsequenter antimilitarist und gab die zeitschrift der linken ungarischen avantgarde *ma* (= heute) heraus, die sich mit den zielen der räterepublik im einklang wusste. aufgrund widriger politischer ereignisse musste die zeitung ab 1920 in wien er-

herwarth walden hiess eigentlich georg levin; sein vater war arzt, seine mutter eine geborene rosenthal. ernst kállai wird gegen ende der zwanzigerjahre in der ära des dessauer bauhaus-direktors hannes meyer die schriftleitung übernehmen für die am bauhaus erscheinende zeitschrift *bauhaus,* und in noch späteren jahren mit max bill einen briefwechsel unterhalten.

«moholy-nagy, der auf mich ziemlich eingebildet wirkte, machte mir komplimente mit seinem gedehnten ungarischen akzent, kandinsky sprach mit mir russisch.»²⁸⁸

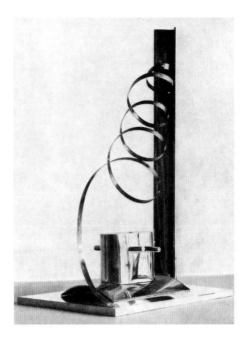

lászló moholy-nagy: *nickel-plastik*, 1921
metall, geschweisst,
35,9 × 17,5 × 23,8 cm

kassák traf im november 1922 in berlin ein. er wurde begleitet von seiner ehefrau, der schauspielerin jolán simon, «die eine vermittlerin der avantgardistischen dichtung von grosser suggestivität war».²⁸⁹

288 liessner-blomberg 1990, s. 336f.
289 in: *kassák lajos 1887-1967*, 1987, s. 20-22
290 in: *kassák lajos 1887-1967*, 1987
291 siehe brühl 1983
292 stam 1976, s. 394
293 lissitzky-küppers 1976, s. 22
294 nonne-schmidt 1984, s. 19
295 werner graeff, in: richter 1958, o.s.

scheinen. moholy-nagy, der sich am 27. april 1920 im gästebuch von nell und herwarth walden eintrug, sollte die zeitschrift *ma* in deutschland vertreten. ernst kállai, der sich ebenfalls in berlin aufhielt, schrieb für *ma* rezensionen. direkt gegenüber von herwarth waldens galerieladen in berlin befand sich damals die buchhandlung twardy, in der auch kunst ausgestellt wurde. eine junge russin, die dort arbeitete, erinnerte sich, moholy-nagy häufig gesehen zu haben; auch der aus russland stammende künstler kandinsky verkehrte bei ihr.

lucia und lászló moholy-nagy heirateten im januar 1921 in berlin. im darauffolgenden jahr hatte der künstler seine erste einzelausstellung in der galerie ‹der sturm›, im selben jahr, in dem auch die *erste russische kunstausstellung* in berlin stattfand. diese wichtige ausstellung wollte sich auch lajos kassák anschauen; das pogramm für seinen aufenthalt bereiteten moholy-nagy und ernst kállai gemeinsam vor.

schon in den ersten tagen fanden beggnungen des ehepaars kassák mit herwarth walden und den künstlern aus dessen umkreis statt. «diese wichtigen begegnungen konnten allein schon deshalb in so kurzer zeit zustande kommen, weil das atelier von moholy-nagy und die räumlichkeiten vom ‹sturm›, wo sich die kassáks sicherlich fast täglich einfanden, ein bekannter treffpunkt der in berlin lebenden avantgardistischen schriftsteller und künstler waren.»²⁹⁰ vorerst war es lucia moholy, die für sich und ihren mann im verlag ernst rowohlt den lebensunterhalt verdiente, bis moholy-nagy 1923 als meister ans bauhaus weimar berufen wurde. kurz vor seiner berufung hatte moholy-nagy noch seine später berühmt gewordenen emailbilder geplant.

herwarth walden hatte in seinem laden in der potsdamer strasse, in der kunstgalerie ‹der sturm›, einen lesesaal mit zeitungen und zeitschriften eingerichtet. jeden mittwoch fand dort ein kabarett statt, im anschluss daran konnte man zu der musik einer jazzband tanzen.²⁹¹ in der galerie war auch der begeisternde sowjetische künstler el lissitzky anzutreffen, der an von ihm sogenannten *proun*-bildern arbeitete. das wort ‹proun› sei eine zusammensetzung von ‹pro unovis› für ‹erschaffen einer neuen form›. lissitzky postulierte: «proun ist die umsteigestation von malerei zu architektur.»

lissitzkys *proun*-bilder sind experimente bei der suche nach neuen gestaltungsmitteln, kompositionen von flächen und volumen, quasi im weltraum gesehen, schräg von oben, und, wie der holländische architekt mart stam, der in berlin lissitzky kennengelernt hatte, diese werke beschreibt, kompositionen von ausserordentlich starker räumlicher wirkung. der eindruck sei kein stehender, sondern: ein sich schwebendes lagern im raume. es gebe «kein unten und kein oben» mehr.²⁹² lissitzky hatte sein atelier in einer berliner dachmansarde und er beteiligte sich an der *grossen berliner kunst-ausstellung* 1923 – sie fand im selben jahr statt, in dem die ‹einhundert-milliarden-noten› gedruckt wurden.

nach der arbeit ging lissitzky entweder ins romanische café oder ins atelier seines künstlerkollegen moholy-nagy, «dessen kluge frau lucia grossen anteil an der schriftlich-theoretischen arbeit ihres mannes nahm und ihm viel half. dort kamen raoul hausmann, hannah höch, hans richter, werner graeff zusammen. man diskutierte, organisierte, nahm alle neuen ideen gierig auf und verarbeitete sie je nach begabung.»²⁹³

ein anderer gast in moholy-nagys berliner atelier, der künstler werner graeff, überliefert, wie lissitzky damals in berlin wirkte: «klein, schmächtig, beweglich, fix, oft ungeduldig … lissitzky hatte sehr lebhafte, unruhige dunkle augen, war ein rascher und scharfer denker. er arbeitete sehr sicher und sauber. lissitzky war schon damals lungenleidend, er hüstelte oft und sprach im allgemeinen leise. wie gabo beherrschte auch er die deutsche sprache.»²⁹⁵

mart stam wird in der jahresmitte 1928 als gastdozent für städtebau und elementare baulehre an das bauhaus nach dessau kommen und bis 1929 dort unterrichten; max bill gehört dort zu seinen zuhörern.

«moholy-nagy ist seit 1921 [korrekt: seit 1920] in berlin, wo sein atelier treffpunkt der internationalen avantgarde ist, und wo auch el lissitzky häufig verkehrt. er ist jung, voller ideen und enthusiasmus, undogmatisch und offen, und vor allem ist er voller bereitwilligkeit, alles neue aufzunehmen und weiterzugeben. auf diese weise wirkt auch lissitzky in das bauhaus als schöpferisches stimulans ein. moholy-nagy, anstelle von johannes itten [im märz 1923 an das bauhaus nach weimar] berufen, übernimmt dessen vorkurs, die leitung der metallwerkstatt, und er nimmt sich der drucksachen an, die für die bauhaus-ausstellung gebraucht werden. gegenüber der von itten vertretenen emotionalen haltung setzt moholy-nagy seine klare, sachliche auffassung durch.»²⁹⁴

moholy-nagy freundete sich während seiner zeit in berlin nicht nur mit el lissitzky, sondern auch noch mit hans arp und kurt schwitters an. doch zu lissitzky hatte er einen besonderen draht. «moholy instinctively embraced the leftist-orientated notion of art as a contributing force to social reform. his position at this point was close to that of other avant-garde artists such as van doesburg and el lissitzky who defined art, just as much as science and technology as a method for organizing life in general. however, moholy soon became frustrated with the rhetorical rivalries amongst his peers, especially their paranoid protestations to originality, and criticised their self-centred debate as bourgeois and elitist. this criticism coincided with his taking up position at the bauhaus, whose principal ambition was to further social progress by making good design affordable to a wider public.»[296]

bei ihrem besuch des bauhauses in dessau und bei paul klee und kandinsky im meisterhaus waren el lissitzky und seine lebensgefährtin sophie küppers – wie ingeborg prior ohne nähere zeitangabe erwähnt – «von der schlichtheit und zweckmässigkeit der gropius-häuser fasziniert» gewesen. ihr begleiter, der schriftsteller ilja ehrenburg, hingegen habe alles langweilig gefunden.[297]

lissitzky scheint sich schon für die anfangsphase des bauhauses interessiert zu haben, denn es gibt ein foto, das ihn 1923 am bauhaus, demnach in weimar aufgenommen, zeigt – so die datierung zuverlässig ist.

im jahr 1928 hatte lissitzky den auftrag für die gestaltung des sowjetischen pavillons der internationalen presseausstellung *pressa* in köln angenommen. deswegen begab er sich auf reisen. zuerst traf er in köln «zur installation der von zahlreichen sowjetischen künstlern ausgeführten vorentwürfe» ein, dann reiste er weiter nach dessau ans bauhaus – ob ihn dort 1928 auch max bill zu gesicht bekam, ist mir nicht bekannt – und nach paris, «wo er mit ehrenburgs kamera aufnahmen von der stadt macht.»[300]

am bauhaus dessau fand im darauffolgenden jahr, am 1. oktober 1929 – in der ära des bauhaus-direktors hannes meyer –, eine veranstaltung mit el lissitzky statt, die als eine «zwanglose aussprache über fragen der modernen architektur und werkarbeit mit besonderem hinblick auf das bauhaus und das staatliche russische institut wchutein, moskau» angekündigt wurde. darauf folgte vom 2. bis 9. november eine ganze vortragsreihe eines weiteren pioniers der avantgardekunst, des sowjetischen künstlers naum gabo.

an gabos erstem abend fand eine «bekanntmachung der bauhaus-angehörigen mit den konstruktivistischen plastiken von naum gabo, ihren grundlagen und

---

ilja ehrenburg persönlich notierte «… in dessau … das bauhaus – die schule der modernen kunst. ein haus aus glas. der stil der epoche ist gefunden: der kult der trockenen vernunft. im haus des architekten gropius befindet sich eine vielzahl von knöpfen und hebeln, die wäsche wird wie rohrpost durch rohre gejagt, die teller kriechen aus der küche ins esszimmer. alles ist wohldurchdacht, sogar die eimer. alles ist makellos und unvorstellbar langweilig … im haus des malers kandinsky gibt es einige zugeständnisse an die kunst: ikonen der nowgoroder schule, landschaften des zöllners rousseau.»[298]

---

296 borchardt-hume 2006, s. 74
297 prior 2002, s. 116
298 aus ilja ehrenburgs memoiren; zit. nach prior 2002, s. 116
299 borchert-hume 2006, s. 28
300 tupitsyn 1999, s. 227
301 *bauhaus*, zeitschrift für gestaltung, nr. 1, januar 1929, s. 25; herausgeber hannes meyer, schriftleitung ernst kállai
302 mehring 1965, s. 88f.
303 ebenda, s. 61
304 schreyer 1956, s. 132

zielen» statt. auf die vorträge von lissitzky und gabo, die beide aus russland stammten und deutsch sprachen, im zweiten halbjahr 1929 wurde in der rubrik «veranstaltungen am bauhaus» bereits zu jahresanfang 1929 hingewiesen[301], und es könnte sein, dass max bill sich diese daten vormerkte und nochmals eigens nach dessau reiste, um sich die vorträge mit den themen, die ihn brennend interessierten, nicht entgehen zu lassen.

walter gropius und sein bauhaus-umkreis

die meisten der mitarbeiter, die walter gropius zu meistern an das erste bauhaus, das er 1919 in der stadt weimar eröffnete, berief, hatten schon in herwarth waldens berliner galerie ‹der sturm› ausgestellt. neben dem bereits erwähnten moholy-nagy waren dies die künstler johannes itten, wassily kandinsky, georg muche, oskar schlemmer, lothar schreyer, lyonel feininger und paul klee.

an eine begegnung mit dem künstler paul klee in waldens galerie erinnert sich der schriftsteller walter mehring: «als ich ihn das erste mal sah, in waldens *sturm*-galerie, waren er und ich in kaisers rock, in verbeulten, missfarbenen muschkotenröcken, schirmlosen mützen; und er nahm sich kaum weniger unbeholfen aus als ich. ich ... betrachtete ihn, wie er da stand, schweigend neben dem etwas geckigen, langgemähnten, kurzsichtigen herwarth walden, der impulsiv auf ihn einsprach ... ich hätte ihn [klee] an nichts erkannt, wenn nicht an seinen augen, dem doppelblick aus unbestimmter ferne ins weite – von seinen bildern her. in weimar nahm mich lyonel feininger zweimal zu ihm mit. die beiden nah befreundeten – sich nah durch ihre schwärmerei für bachmusik; für phantom-marine; für transparentes altstadtgiebel ... beide scheu, beide ungesprächig – diskutierten bedächtig ein paar gewohnte bauhaus-probleme.»[302]

den amerikanischen staatsbürger lyonel feininger beschreibt walter mehring als «hoch aufgeschossen, langbeinig, federnd, reitgertenschlank, mit scharfer, witternder windhundnase, mit vorgespitztem kinn, dünnen, zurückgekniffenen, doch sanftmütigen lefzen».[303] lothar schreyer, der feininger bei nell und herwarth walden beobachtete, schildert ihn als schweigenden zigarrenraucher mit «edlem» gesicht.

zwei blocks von seinem geburtshaus entfernt, in der nähe der honky-tonks (kneipen) am east river in manhattan, wird lyonel feininger hochbetagt am 13. januar 1956 sterben. er hinterlässt, so liest man im nachruf der *new york*

---

das foto von lissitzky am bauhaus weimar ist abgebildet in: margarita tupitsyn: *el lissitzky jenseits der abstraktion*, 1999, s. 226, und in derselben publikation (s. 227) ist auch ein von josef albers aufgenommenes porträtfoto dokumentiert, mit der bildlegende «el lissitzky, bauhaus 1928». es könnte sein, dass das letztgenannte foto während jenes von ingeborg prior erwähnten besuchs von lissitzky in begleitung sophie küppers und ilja ehrenburgs in dessau aufgenommen wurde. dann hätte lissitzky dort nicht nur klee und kandinsky, sondern darüber hinaus auch noch den ihn fotografierenden josef albers am bauhaus angetroffen.

in einer aktuelleren publikation[299] ist eine ganze serie von fotos abgebildet, die albers von «el lissitzky at the bauhaus» aufgenommen hat. sie sind jedoch vage datiert mit 1928–1930. albers scheint einen sehr direkten, unkompliziert-vertrauten umgang mit ed lissitzky gepflegt zu haben. die porträtfotos, die er von dem gastdozenten aufnahm, zeigen jedenfalls einen entspannten, sensiblen, humorvollen künstlerkollegen.

«in einem sessel sass lyonel feininger und schwieg. sein platz war aber so, dass wir anderen um ihn herum sassen und er die eigentliche mitte war, sozusagen die nabe eines rades, um die sich die speichen drehten.»[304]

in diesem nachruf wird lyonel feininger, der sohn deutscher auswanderer, als «most famous of the american expressionists» bezeichnet (in: *new york times*, 1956).

darauf wird hingewiesen im ausstellungskatalog *lyonel feininger. menschenbilder. eine unbekannte welt,* hamburger kunsthalle, hatje cantz, ostfildern-ruit 2003, s. 138.

alma mahler-werfel, die erste ehefrau (1915–1920) von walter gropius, hatte feininger zu beschwören versucht: «es ist mir so eine tiefe beruhigung, dass sie da sind, in weimar – im bauhaus, um gropius. sie dürfen ihn nicht verlassen. harren sie aus. nehmen sie einen langen urlaub, aber bleiben sie bei einer sache, die sie mitbegründet haben. ihre freundin alma maria» (alma mahler-werfel an lyonel und julia feininger, 3.7.1922)

times, seine witwe – seine zweite gattin julia, die er als professor des weimarer bauhauses heiratete – und zwei söhne aus dieser ehe sowie den älteren sohn andreas feininger, den *life*-kunstfotografen.

feininger war zusammen mit anderen bauhaus-meistern aus weimar nach dessau umgezogen, wo er und seine familie sich mit dem ehepaar moholy-nagy eins der von gropius entworfenen bauhaus-meisterhäuser teilten. dies, obwohl er in weimar eine zeitlang wegen eines «internen richtungsstreits» zwischen johannes itten und walter gropius gezögert hatte, ob er weiterhin dabei sein wolle.

lyonel feininger, der als sohn eines deutschen musikers 1871 in new york zur welt gekommen war, hatte bereits eine karriere als comiczeichner hinter sich. in seinen cartoons führte er sich gar nicht edel auf, sondern ganz im gegenteil skurril anarchistisch und witzig. die *chicago tribune* hatte ihn verpflichtet, denn in chicago lebte eine grosse deutschstämmige community. die erste folge von feiningers comicstrip the *kin-der-kids* war ende april 1906 erschienen und erzählte «die abenteuer des bücherwurms daniel webster, des verfressenen pie-mouth und des hanteln stemmenden strenuous teddy, die, gejagt unter anderem von ihrer tante jim-jam und ihrer familienflasche rizinusöl, in einer alten badewanne um die welt segeln, vom eismeer über england bis nach sibirien, wo sie, der spionage verdächtigt, in gefangenschaft geraten».[305]

in dessau wurde feininger oft auf dem fahrrad gesichtet, wie auch erstaunlicherweise die eher aristokratisch wirkenden kandinskys begeisterte radfahrer waren … während direktor gropius mit dem auto durch die gegend sauste.

um einen eindruck von den menschen am bauhaus und ihren eigenarten zu bekommen, habe ich in verschiedenen publikationen nachgelesen.

einer, der vom bauhaus weimar nicht mit nach dessau umzog, nämlich lothar schreyer, behauptete rückblickend unangenehmes, was die person moholy-nagy während der weimarer bauhaus-zeit betraf: «da geschah es nun, dass mit moholy-nagy eine neue, uns ganz fremde welt in das bauhaus kam, die uns zu bedrohen schien. die massgebenden lehrlinge und gesellen weimars lehnten moholy-nagy ab, nicht als künstler, sondern als menschen.»[306] schreyer bezog sich explizit auf die «person» und nicht die «kunst» von moholy-nagy. es bleibt zu erhellen, dass moholy, der sehr junge bauhaus-meister, in seiner kunstproduktion konsequent kompromisslos avantgardistisch war.

hingegen schreibt der am bauhaus studierende schweizer carl j. jucker, schreyers (vor-)urteil widerlegend, zu einem foto, das moholy-nagy im jahr 1924 mit

---

305 christian gasser: «in der badewanne um die welt. der künstler lyonel feininger als comic-zeichner», in: *neue zürcher zeitung,* 26.2.2004
306 schreyer 1956, s. 238
307 in «c. j. jucker, lampen 1923-24», sonderausgabe von *tropi, house organ der imago dp,* no. 132, mailand 1978
308 schreyer 1956, s. 238f.
309 hertzberger 1993, bilddokumenteteil

lászló moholy-nagy:
fotogramm (positiv), 1924
fotogramm auf papier,
39,7 × 29,7 cm

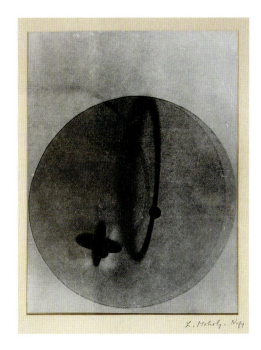

den studenten der metallwerkstatt zeigt: «die studenten sagten über ihn: moholy unterrichtet nicht, er gibt dir vielmehr das gefühl, mit ihm zu leben und zu arbeiten.»³⁰⁷

bald nach der berufung von moholy-nagy habe gemäss lothar schreyer «ein eigentlich lächerliches ereignis» stattgefunden, das «den ausschlag für die uns allen schmerzliche entwicklung gab ... unglücklicherweise hatte moholy-nagy schwierigkeiten mit der deutschen sprache. aber das war kein grund, obwohl die schwierigkeit vielleicht das entscheidende deutlich gemacht hatte. das war so: in einer abenddämmerung kam moholy-nagy atemlos, völlig aufgelöst ins bauhaus und stiess einen satz hervor, den wir mit mühe enträtselten: ‹ähr wollte mihr mit dem rävolvär berücksichtigen!› es stellte sich heraus: moholy-nagy war auf dem kurzen weg durch den park zum bauhaus gekommen und hatte sich ernsthaft eingebildet, ein mann mit einem revolver habe ihn verfolgt und hätte ihn von hinten erschiessen wollen, in den rücken ‹berücksichtigen›. wir lachten insgesamt. diese episode sprach sich leider sofort im ganzen bauhaus herum.»³⁰⁸

lucia moholy, die person, die moholy-nagy während seiner bauhaus-jahre am nächsten stand, versuchte in einer kleinen, präzis formulierten dokumentation den mittlerweile entstandenen mythos moholy-nagy rückblickend zu ent-

der anfang des 20. jahrhunderts in zürich geborene carl j. jucker hatte an der kunstgewerbeschule zürich eine lehrzeit als silberschmied im ‹metallkurs› – wie wenige jahre nach ihm max bill – absolviert. da er «wegen der wirtschaftskrise, die sich bereits zu beginn der zwanziger jahre in der schweiz stark bemerkbar machte, keinerlei arbeit fand», ging er als studierender von 1923 bis 1925 ans bauhaus. juckers künstlerische lehrmeister waren dort paul klee, oskar schlemmer und lászló moholy-nagy.

über den ehrerweisenden umgang ihres vaters dem von ihm geschätzten moholy-nagy gegenüber schreibt eleonore hertzberger, die tochter des verlegers der grössten deutschen textilfachzeitschrift *der konfektionär*. moholy-nagy hatte bei ihrem vater, dem textilindustriellen ludwig katz, einem gebürtigem österreicher, während der nazizeit in amsterdam, der ersten station seiner emigration, arbeit gefunden. eleonore ‹lore› katz, später verheiratete hertzberger, wurde in dieser zeit von moholy-nagy fotografiert – die schwarz-weiss-fotografie findet sich im buch, in dem die später als widerstandskämpferin ausgezeichnete frau ihre erinnerungen veröffentlichte.³⁰⁹

ludwig katz habe sich besonders für typografie und grafik interessiert und sei ein begeisterter anhänger der vom bauhaus entwickelten funktionalen ästhetik gewesen. «besonders stolz war mein vater darauf, dass es ihm gelungen war, einen der pioniere des bauhauses, professor moholy-nagy, als künstlerischen direktor für die zeitschrift zu gewinnen. obwohl er erst

dreissig war, hatte moholy-nagy schon graue haare, und wegen seiner extremen kurzsichtigkeit trug er gläser, die so dick wie lupen waren. ich erinnere mich gut an die charakteristische bewegung, mit der er seine brille ins haar schob, um sich alles, was er begutachtete, ganz dicht vor die augen zu halten.»³¹⁰
nach einem arbeitskurzaufenthalt in brüssel an der weltausstellung 1935 wird moholy-nagy weiter nach england und schliesslich in die usa emigrieren, stets in länder, mit deren sprache er, der gebürtige ungar, mühe haben wird.

mystifizieren. darin überliefert sie, wie sie moholy-nagy persönlich erlebt hatte:

«seine konstitutionelle veranlagung äusserte sich vor allem als stärke des instinkts, sicherheit der intuition, ungewöhnliche aufnahmebereitschaft und fähigkeit zu rascher umsetzung. er hatte das juristische studium aufgegeben – nicht, wie neuerdings oft behauptet wird, abgeschlossen – und liess nun, hellhörig, weltoffen und begeisterungsfähig, die dinge auf sich zukommen. wann, wo und in welchem zusammenhang ein funke auf ihn übersprang, stets war der beginn eines prozesses gegeben, der ihn fesseln, entzünden und mitreissen konnte. methodisches studium wissenschaftlicher, vor allem naturwissenschaftlicher literatur war ihm wenig gemäss; das überliess er grösstenteils anderen, die typmässig dafür begabt waren. auch ‹der im bauhaus-buch *malerei, photographie, film* in den fussnoten vergrabene schatz technologischer utopien›, auf die [otto] stelzer in seinem nachwort zum neudruck (1967) dieses buches hinwies, war das ergebnis kollektiver arbeit. moholy-nagy ging es damals vor allem um die prägnanz der aussage, nicht um verschlungene gedankenwege. der gebrauch der deutschen sprache bereitete ihm erhebliche schwierigkeiten. im persönlichen umgang fiel das nicht ins gewicht. er benutzte dann die ihm eigenen wort- und satzbildungen, die, wenn auch oft nicht korrekt, doch ungemein ausdrucksvoll waren und es ihm möglich machten, gedanken auszutauschen, zu diskutieren, zu lernen, zu überzeugen, andere für seine ideen zu gewinnen – immer im hinblick auf das heute und morgen, nicht auf das historische gestern …

zwischen moholy und mir hatte sich bald eine art symbiotischer arbeitsgemeinschaft herausgebildet, die dem reichtum seiner spriessenden ideen einen fruchtbaren boden bereiten half.»³¹¹

lucia moholy berichtet

lucia moholy erzählte mir im februar 1985, da war sie 91-jährig, sie habe sich von nina kandinsky, der ehefrau des bauhaus-meisters wassily kandinsky, absichtlich ferngehalten. während die kapriziös wirkende nina in dessau besonders die musikszene lobte, fühlte sie sich, fern von der grosstadt berlin, dort gar nicht wohl. bald nachdem der junge max bill am bauhaus eingetroffen war, notierte lucia am 5. mai 1927 in ihr tagebuch: «dessau ist wie ein ort, in dem man – auf der reise – den anschluss versäumt hat und auf den nächsten

---

310 hertzberger 1993, s. 20f.
311 moholy 1972, s. 10f.
312 siehe valdivieso, 2000
313 moholy, 1972, s. 40
314 stephan templ: «wenn vergangenheit zukunft bedeutet – eine werkschau der bauhausschülerin friedl dicker in wien», in: *neue zürcher zeitung*, 9.11.1999, s. 68

zug warten muss. nichts weiter als ein warten auf den nächsten zug. man wäre in dieser stadt sonst nie ausgestiegen.»

bemerkenswerterweise wurde die enttäuschte lucia aber nicht depressiv, sondern aktiv; und sie, die mit der deutschen sprache besser umgehen konnte als ihr ungarischer ehemann, begann dessen theoretische texte redaktionell zu überarbeiten. sie lernte auch, angeregt von den aktivitäten am bauhaus, professionell zu fotografieren, und experimentierte zusammen mit ihrem ehemann lászló an der herstellung von fotogrammen.[312]

trotz all ihres könnens und ihrer herausragenden fotografien erteilte der bauhaus-meisterrat lucia moholy nie einen lehrauftrag für fotografie. sie habe am bauhaus bedauerlicherweise nur als lászlós frau gegolten, er hingegen als der grosse meister. doch dessen fotografische arbeiten, seine fotos und fotogramme, seien ohne sie «überhaupt nicht denkbar». «lászló», sagte lucia moholy über ihren ehemann, war schon «ein sehr wichtiger mensch in meinem leben» und charakterisierte ihn an anderer stelle wie folgt:

wer mit moholy-nagy in seinen bauhaus-jahren kontakt hatte, «spürte sehr bald, dass er zu den menschen gehörte, für die das heute und das morgen, das sein und das werden, das wollen und das tun ungewöhnlich nahe beieinanderlagen. die jahre am bauhaus eröffneten dem künstler moholy-nagy eine fülle neuer und neuester möglichkeiten. gleichzeitig aber waren es fordernde jahre, jahre der hingabe an den lehrerberuf, der meist den ganzen menschen in anspruch nimmt.»[313]

sehr eng verbunden war lucia dem als sohn jüdischer eltern 1896 in wien geborenen, österreichischen architekten franz singer. dieser hatte ab 1917 eine von johannes itten in wien gegründete private kunstschule besucht, an der er die zwei jahre jüngere friedl dicker kennenlernte. als itten 1919 an das bauhaus nach weimar ging, folgten ihm die beiden. über den handwerklichen vorkurs fand singer den weg zur architektur, während friedl in der druckerei, der textilwerkstatt arbeitete. singer und dicker eröffneten 1925 in wien ein atelier für architektur und innenarchitektur.

franz singer, den lucia moholy «seit der weimarer bauhaus-zeit kannte», war ihr, wie sie mir erzählte, «ganz nah». sie habe später viel von ihm in wien gebautes fotografiert. «franz singer war einer der begabtesten bauhaus-leute, ohne ein wesen um sich zu machen.»

friedl dicker hatte 1921 die grafische gestaltung der von bruno maria adler herausgegebenen zeitschrift *utopia* übernommen. darin publizierte johannes

lucia, eine geborene schulz, hatte früher, zu hause im prager vorort karolinenthal, in ihrer familie deutsch und mit den bediensteten tschechisch gesprochen. sie bestand am deutschsprachigen lyzeum in prag, wo sie auch englisch und französisch lernte, im jahr 1910 das abitur. ihr vater war ein rechtsanwalt, der sich für die rechte der tschechen im damals österreichischen prag einsetzte. ihre mutter war deutschsprachiger abstammung. nachdem sie einige kunstgeschichtliche und philosophische vorlesungen gehört und auch in der kanzlei ihres vaters gearbeitet hatte, verliess lucia im jahr 1915 das elternhaus und ging nach deutschland.

«die vom gemeinschaftsbüro friedl dicker und franz singer entworfenen raumkonzepte gehören zu den aussergewöhnlichsten künstlerischen leistungen der ersten republik ... mit ihren genialen möbeln zum stapeln und klappen wird der raum zum wandelbaren ambiente.»[314]

bauhäusler im und vor dem atelierhaus, april 1927
blick von oben auf:
(vorn von links)ursula schneider, anni albers, gunta stölzl; (unten stehend mitte:) max bill, unbekannt; (hinten sitzend von links:) bruno streiff, shlomo ben-david, gerda marx, unbekannt

itten «die analysen alter meister, die basis seiner grundlehre am bauhaus waren» – «die grundlehre ittens und der einfluss von ‹utopia› sollten 1923 zu konflikten mit dem bauhaus-direktor gropius führen. singer emigrierte dann vier jahre vor dem ‹anschluss› österreichs nach london, wohin auch lucia moholy über prag flüchtete sowie, unabhängig von ihr und nach ihr eintreffend, der inzwischen von ihr getrennt lebende moholy-nagy, dem sie gleichwohl freundschaftlich half, sich in london zurecht zu finden. singer überlebte die nazizeit. er starb auf einer reise nach berlin, am 5.10.1954.
‹die geistvoll-jüdische gruppe singer-adler ist zu üppig geworden und hat leider auch itten ernstlich beeinflusst. mit diesem hebel wollen sie das ganze bauhaus in die hand bekommen ... es ist mir klar, dass leute wie singer-adler nicht ans bauhaus gehören und mit der zeit fort müssen, wenn ruhe eintreten soll.›»[315]

wie erwähnt hielt sich lucia moholy, die intellektuelle, von nina kandinsky fern. die abneigung beruhte allem anschein nach auf gegenseitigkeit, denn in ninas memoiren wird lucia überhaupt nicht erwähnt, sondern lediglich, und auch nur kurz, deren ehemann. nina kandinskys sparsame zeilen zu moholy-nagy zeugen nicht gerade von menschlicher wärme. wassily kandinsky und

---

315 lucia moholy; zit. nach maasberg / prinz 2004, s. 79 und anm. 63
316 kandinsky 1976, s. 130f.

bauhäusler im und vor dem atelierhaus, april 1927
blick von oben auf: anni albers (vorne links), gunta stölzl (vorne rechts) und (unten von links) bruno streiff, shlomoh ben-david, max bill und gerda marx

moholy-nagy seien sich «menschlich ziemlich fremd» geblieben, «was dazu führte, dass wir uns privat höchst selten trafen.»[316]
das ehepaar kandinsky bewohnte zusammen mit den klees eins der unweit vom bauhaus-gebäude situierten meister-doppelhäuser in der burgkühnerallee 6–7; in derselben strasse wie die feiningers und moholy-nagys. das dritte ab spätherbst 1926 bezugsbereite meister-doppelhaus an dieser strasse wurde vom ehepaar muche und von oskar schlemmer bezogen. die muches waren anhänger der mazdaznan-lehre; frau muche bewegte sich elegant, und sie war bildschön.
walter gropius, der direktor, hatte in derselben strasse für sich ein einzelhaus gebaut – das während des zweiten weltkriegs zerstört und bis heute nicht wieder aufgebaut wurde. alle diese neubauten waren in ein wäldchen mit locker beieinanderstehenden kiefern hineingestellt.
nach nina kandinskys geschmack – im gegensatz zu lucia moholys – mangelte es in dessau durchaus nicht an kulturellen ereignissen. sie und ihr mann wassily waren eifrige theater- und konzertbesucher: «mit der familie klee mieteten wir jede saison eine loge im dessauer friedrich-theater, in dem auch symphoniekonzerte stattfanden …», und «paul klee lud regelmässig drei mitglieder

«die umgebung von dessau war landschaftlich so abwechslungsreich, dass sie jedermann zu einem besuch einlud. wir haben diese landschaft ausgiebig erkundet, erwandert und mit dem fahrrad durchstreift. ausgedehnte spaziergänge unternahmen wir in die elbniederung, die kandinsky wegen ihrer heiteren stimmung, ihrer einmaligen naturschönheiten und vor allem ihres lichtes wegen sehr liebte. hier fühlte er sich wohl ... mit sehnsucht erwarteten wir alljährlich die zeit der fliederblüte in dessau. dann mieteten wir uns, immer gemeinsam mit der familie klee, einen zweispännigen landauer und liessen uns zu den schlössern am stadtrand kutschieren. dort lag das von erdmannsdorf erbaute schloss wörlitz inmitten eines parks, den wir wie ein juwel schätzten. die architektur des schlosses wörlitz und die des schlosses oranienbaum hatten es uns angetan. klee und kandinsky bewährten sich bei diesen ausflügen immer als gute reiseführer und als sachkundige architekturkenner. eingebettet in den idyllischen park um das schloss wörlitz lag ein schöner grosser see. oft mieteten wir einen kahn, liessen uns über den see rudern und tranken dabei unseren obligatorischen nachmittagstee.»[318]

317 kandinsky 1976, s. 121
318 ebenda, s. 113f.
319 loew 1984 [a], s. 78 und ill. s. 79
320 ebenda s. 79, anm. 279
321 oskar schlemmer, 5.12.1927, an tut schlemmer; in: schlemmer 1990, s. 185
322 xanti schawinsky in: «oskar schlemmer zum 4. september 1958»
323 stölzl 1987, s. 30
324 siehe stölzl 1987

des theaterorchesters ein, um mit ihnen quartett zu spielen. auch im bauhaus fanden konzerte von höchstem rang statt ...» bei kandinskys im meisterhaus fanden an sylvester und zum karneval besondere feste statt. «kandinsky liess sich nur einmal im jahr, nämlich in der silvesternacht, zu einem walzer hinreissen.»[317]

«die guillotine der dichter»

im laufe des jahres 1927 beteiligte sich die bauhaus-bühne an einer theaterausstellung in magdeburg. ob max bill eventuell mit anderen bauhaus-studenten und -studentinnen dorthin reiste, um sich die exponate anzuschauen? die bahnfahrt hätte nicht lange gedauert, da magdeburg von dessau aus gesehen näher lag als beispielsweise die grosstadt berlin.

in der magdeburger «bauhaus-koje», die der schriftsteller thomas mann in seiner eröffnungsrede der theaterausstellung als «die guillotine der dichter» bezeichnet, gab es ein vom bauhaus-studenten heinz loew entworfenes ‹mechanisches bühnenmodell› zu entdecken.[319] «die bauhausbühnenausstellung erregte die gemüter. die dänische zeitschrift *kritisk revu*, heft 1 vom märz 1928, schrieb, warum das bauhaus nicht auch den schauspieler in zwei teile schneide, um sein inneres zu zeigen.»[320]
auf alle fälle wurde in dieser zeit bills interesse für die bühne geweckt, und bauhaus-meister oskar schlemmer erlaubte ihm, ab mitte januar 1928 aktiv an der dessauer bauhaus-bühne mitzuwirken.

bauhaus-meister gunta stölzl

«also: gestern war das schlagwörterfest ... leider vergass man, die meister rechtzeitig einzuladen, erst nachmittags. infolgedessen war nur moholy da und ich von den ‹alten›. ich war im smoking, ein roter papierkragen mit weisser binde, auf der stand ‹das band, das uns alle zusammenhält›, auf der hemdbrust ein roter papp-punkt (kreis) mit ‹der dunkle, der wunde, der springende punkt›. aus den schuhen rote lappen mit ‹die lose zunge›. gunta war ein dienstbote mit weisser schürze, darauf ‹die soziale frage›, hinten ‹angestelltenversicherung› und ‹liberté, egalité, fratellinité› (fratellinis sind zur zeit in berlin, die clowns). katt both kam als ‹nackte tatsache›. um drei uhr war schluss.»[321]

studierende am bauhaus dessau im hof eines mietshauses, um 1927
max bill (hinten rechts mit brille), erich comeriner (mit pfeife), friedel kopp (rechts)

bei ‹gunta›, die schlemmer im brief an seine frau erwähnt, handelt es sich um die in münchen geborene und seit dem wintersemester 1925/26 als werkmeisterin der bauhaus-weberei verpflichtete adelgunde ‹gunta› stölzl.
gunta empfand dessau bei ihrer ankunft als eine abscheuliche stadt. im november 1927 beklagte sie sich bei ihrem bruder über ihre situation: «beamter und lehrer und kaum selbst schaffender.» sie schrieb damals über sich in der männlichen form, derart nannte sich gunta nicht meisterin, sondern bauhausmeister. «wir haben augenblicklich das höchstmass an aufträgen, ein grosses café auszustatten.» im wintersemester 1927/28 fanden «3 × pro woche meisterratssitzungen bis nachts um 12 uhr» statt. «die meister waren von programm-diskussionen ausgepumpt.»[323]

«stille nacht»

«am siebzehnten dezember ist weihnachten am bauhaus.
es darf kein wort gesprochen werden.
aber es werden wortkarten ausgegeben.
für ein wort (ein pfennig), zehn worte, hundert worte.
verständigung nur durch gesten,
überwacht durch wopo (wortpolizei)»[324]
max bill, wegen seiner vorliebe für maskenbälle bereits in die annalen der zürcher kunstgewerbeschule eingegangen, wurde nun zusätzlich vom bauhaus-

max bills mitstudent xanti schawinsky bestätigt dem bühnenmeister schlemmer «... mut. im spass und im ernst besass er ihn zum grad der kühnheit, brachte uns zum lachen und dann wiederum zum sinnen, bis sich das eine mit dem anderen vermischte».[322]

gunta stölzl erhielt ab 1. april 1927 einen monatlichen lohn von 345.- mark, ferner ein atelier, das ihr unentgeltlich zur verfügung stand. eine arbeit dieser bauhaus-meisterin, ein diwandeckenstoff, ist abgebildet in der vierteljährlich erscheinenden zeitschrift bauhaus, nr. 4, 1927, schriftleitung w. gropius und l. moholy-nagy, abb. 2; oberhalb der abbildung eines von josef albers 1926 entworfenen teeglases (abb. 3).
ein etwa 1929 aufgenommenes porträtfoto von katt both, der anderen von schlemmer im brief erwähnten frau – die max bill mit hilde rantzsch porträtierte (siehe s. 125) –, ist abgebildet in: bauhaus, ex libris 11 [auktionskatalog der mittlerweile geschlossenen gleichnamigen new yorker buchhandlung], ill. 81.

virus – der vorliebe für geistvolle wortspielereien wie gunta stölzls fraternité-fratellinité – infiziert. und xanti beispielsweise behauptete das wort ‹ferien› komme von ‹faire rien›.

ankunft von mutter und tochter hennings

annemarie hennings und ihre mutter, die schriftstellerin und einstige dada-zürich-diseuse emmy ball-hennings, die schon viel durchgemacht hatten, reisten nach dem weihnachtsfest, im dezember 1927, nach dessau. sie waren auf der suche nach einer für annemarie geeigneten ausbildungsstätte.

hugo ball, mit dem emmy hennings im jahr 1915 gemeinsam von münchen nach zürich emigriert war und der ihr zweiter ehemann wurde, war nicht annemaries leiblicher vater. annemarie war 1906 in deutschland geboren worden, als ihre mutter mit einem wanderzirkus unterwegs war.[325]

1927 war annemaries stiefvater hugo ball verstorben. nach seinem tode hatte anna baumann-kienast, eine betuchte schweizer künstlerin, die junge annemarie hennings im herbst 1927 zu sich ins haus nach lugano-castagnola eingeladen. dort im atelier entwarf und malte annemarie einen *könig david*-freskenzyklus von 700 figuren, auf einer gesamtfläche von 35 quadratmetern, samt einem fries in hebräischer schrift. von ihrer gastgeberin hatte annemarie auch geld erhalten. und mit diesem betrag machte sie sich auf den weg, um ein studium zu beginnen.

bevor emmy ball-hennings und annemarie hennings in dessau eintrafen, hatten sich die beiden frauen in berlin umgesehen und sich bei dem schriftsteller und arzt richard huelsenbeck sowie dem künstler max oppenheimer (‹mopp›) nach einer geeigneten schule erkundigt. annemarie wäre gerne in der berliner kantstrasse in eine malschule gegangen, doch ‹mopp› empfahl ihr stattdessen das bauhaus. «mopp sagte sofort dessau», und emmy hennings befand, dass das bauhaus annemarie «mehr konzentration» bieten werde, als man in berlin vorfinden könne. sie schreibt in ihrem tagebuch: «unser geld nimmt rapide ab» und sie habe «moholy-nagy gefragt, wie teuer dessau kommt.»[326] annemarie hennings wurde vom ehepaar moholy ins meisterhaus zum essen eingeladen – wie zufällig gleichentags auch der junge studierende max bill.

max ‹verschaute› sich – wie er es nannte – auf der stelle in annemarie. er fand, sie sei genau sein typ. annemarie war zwei jahre älter als max, was in der jugend einen ziemlichen unterschied ausmacht.

---

eine fotografie von annemarie hennings' *könig david*-zyklus (1927/28) ist abgebildet in angela thomas, *mit unverstelltem blick – bericht zu drei künstlerinnen: anna baumann-kienast, alis guggenheim, sophie taeuber-arp*, benteli verlag, bern 1991, s. 79. der zyklus wurde von walter boven zerstört.

---

325 siehe ball-hennings 1987
326 ball-hennings 1999, s. 208f.
327 borchardt-hume 2006, s. 68

annemarie hennings, hugo ball und emmy ball-hennings auf einem foto von 1926, ein jahr vor hugo balls tod

wie moholy-nagy zu seinem eigenen stil gefunden hatte, wird sehr anschaulich vom kurator der grossen moholy- und albers-retrospektive in der londoner tate im ausstellungskatalog 2006 vermittelt: «moholy's move into abstraction was motivated by the fervent desire to be part of an artistic and social avant-garde. dada's irreverence, which aimed to offend middle-class notions of good taste, taught moholy to refuse the limitations of traditional definitions of art, and to appreciate the artistic potential of mundane subject matter such as railway bridges, machines and mathematical numbers, and the value of humour and irony as creative strategies. from constructivism, on the other hand, moholy borrowed the principle that art should be pure, creating its compositional constituents that were void of any representational references. ‹to be an artist is to surrender to the elements that give form›, he proclaimed. moholy's idiosyncratic type of constructivism was characterised by it's emphasis on transparency and light. built from opaque areas of colour, the geometric shapes in moholy's paintings seemingly float on top of each other ... though there is pictorial depth in paintings ... there is no spatial ‹illusion› ... overlapping translucent planes explored in a wide range of different media remained a recurrent theme in moholy's art throughout his career.»[327]

moholy-nagys kunst in jener epoche war – verglichen mit der mondrians, mit klees oder mit kandinskys werken – konstruktiv, gewagt, mit grossem atem, bahnbrechend, zeitgenössisch modern.

war max wegen seiner schwärmerei für annemarie hennings zu kribbelig, um sich auch noch auf die kunstwerke seines bisherigen meisters aus der metallwerkstatt, die im wohn- und esszimmer hingen, zu konzentrieren? und moholy-nagy wollte von max wissen, weshalb er nicht mehr in der bauhaus-metallwerkstatt erscheine. als grund gab bill an, ihn habe die ‹maladie de la peinture› erwischt, er würde lieber malen.

an dieser stelle sei nochmals darauf hingewiesen, dass moholy auf das ‹pure› in der kunst nicht nur über die (russischen) konstruktivisten aufmerksam geworden war, sondern besonders durch die malerei des (holländischen) piet mondrian.

in einer mit dias unterstützten vorlesung von moholy-nagy hatte max bill erstmals etwas über ein werk von piet mondrian erfahren. moholy nannte mondrian anerkennend den «reinsten» der zeitgenössischen maler. diese wertung prägte sich dem jungen studierenden bleibend ein.

max bill kann nicht ahnen, dass er dem von seinem bauhaus-meister moholy so hoch geachteten künstler im dezember 1933 in paris persönlich begegnen wird. moholy-nagys bemerkungen zu bills eigenen arbeiten sollten diesem – trotz aller schwärmerischen verliebtheit in annemarie durchaus noch fähig, konzentriert zuzuhören – als kriterien gegenwärtig bleiben. moholy habe, so bill zu mir, immer und also auch in seinen kursen «sehr interessante dinge» erzählt. «wir haben bei ihm sehr interessante versuche gemacht, zum beispiel über ‹die oberfläche von dingen›.»

die darstellung einer idee

«ich habe moholy arbeiten von mir gezeigt, und er hat diese arbeiten kritisiert. er hat mir einen tipp gegeben, wie ich etwas anpacken solle. er hat mir das beispiel picasso gezeigt, der damals im grunde genommen für uns studierende am bauhaus völlig unbekannt war.»[328]

moholy wies max ungefähr ende dezember 1927/anfang januar 1928 im gespräch speziell darauf hin, dass man eine zeichnung nicht willkürlich in ein grösseres format umsetzen könne, um aus der zeichnungsvorlage ein gemälde zu machen, wie es bill mit seiner arbeit *tanzendes mädchen* (1927/28) getan hatte. denn ein gemaltes bild folge anderen gesetzen als eine zeichnung. als beispielhaft für gelungene werke, die den eigenen gesetzen der malerei folgen, hielt moholy dem jungen studenten die abbildungen von picasso-werken vor, die er im von max raphael geschrieben buch von *monet zu picasso* aufblätterte, um bill aufzuzeigen, wie picasso beim komponieren eines gemäldes vorging, wie er es aufbaute, gestaltete.

raphael hatte bei heinrich wölfflin in münchen kunstgeschichte studiert und persönlich picasso, rodin und matisse in paris aufgesucht. den nach diesen recherche-gesprächen in der kulturmetropole entstandenen text mochte heinrich wölfflin nicht als dissertation anerkennen, womit er seinem studenten max raphael jegliche akademische karriere verunmöglichte. positiv formuliert lässt es sich so darstellen, dass sich raphael mit dieser schrift aus den fängen der akademischen kunstgeschichte gelöst und zeitgenössisches neuland betreten hatte. er war einer, der fragen aufwarf.

---

max bill: *tanzendes mädchen* (1927/28), öl auf leinwand, 146,5 x 110,5 cm, nachlass max bill an jakob bill, ist reproduziert in: *max bill. maler, bildhauer, architekt, designer*, hatje cantz, ostfildern 2005, s. 22). der text von max raphael erschien gedruckt 1913: *von monet zu picasso, grundzüge einer ästhetik und entwicklung der modernen malerei von max raphael*, mit 32 abbildungen, delphin-verlag, münchen und leipzig 1913.

dem marxistischen kulturphilosophen max raphael wird max bill anfang der dreissigerjahre in zürich persönlich begegnen, in jener zeitspanne, in der max bill für die kleinformatige antifaschistische zeitschrift *information*, zu deren autorenkreis max raphael zählt, die typografische gestaltung übernimmt. dazu an anderer stelle mehr.

---

328 max bill; in scheidegger 1998
329 ball-hennings 1999, s. 210
330 fischli 1968, s. 54

«annemarie giesst einen engel»

bevor emmy ball-hennings aus dessau abreiste, verbrachte sie mit ihrer tochter annemarie, in die sich bill so heftig verliebt hatte, noch den letzten abend des jahres 1927. die beiden frauen versuchten sich «künstlich in neujahrstimmung zu bringen, indem wir schon um 17 uhr blei giessen im ofen mit einem löffel. annemarie giesst einen engel.»[329]

annemarie hennings schrieb sich am bauhaus in dessau für das beginnende sommersemester 1928 unter der immatrikulationsnummer 265 ein. kurz vor ihr hatte sich der schweizer hanns fischli (immatrikulations-nummer 247), für dasselbe semester angemeldet. fischli besuchte zuerst 1928 den obligatorischen, von albers geleiteten vorkurs, dann studierte er bei schlemmer und besuchte zusammen mit bill klees und kandinskys freie malklassen.

kleine wohn- und arbeits-gemeinschaft bill / fischli

max bill hielt seinen neueingetroffenen mitstudenten fischli, der laut eigenem bekunden damals «abwechselnd bedächtig oder als heissporn auftrat», für einen anständigen menschen und er gestattete ihm, in seine bude in der fichtenbreite 32 einzuziehen. in dieser neugegründeten kleinen wohngemeinschaft wurden bill und fischli von annemarie hennings besucht, die dann «gelegentlich» mit ihnen in die freie malklasse ging.

beide meister, kandinsky und klee, redeten «behutsam» mit annemarie. bauhaus-frischling fischli hielt klee für «einen weisen»; der unterricht kandinskys kam ihm oft «zu theoretisch» vor. ferner notierte er, annemarie habe nur ein schwarzes kleid gehabt; und war ihr schwarzes haar «auch lang, strähnig, ungepflegt, so leuchteten ihre mandelförmigen augen fiebrig in ihrem bleichen gesicht ... sie malte mit undurchsichtiger tempera, vielem schwarz und goldigem gelb lange mädchengestalten mit olivenaugen und grossen runden pupillen, sie schauten dich alle an und fragten mit verschlossenem mund.»[330] annemarie hennings wollte malerin sein. bill nannte ihren stil «irgendwie byzantinisch».

die fragile studentin war in dieser zeit nicht nur in bills bude, sondern auch in der bauhaus-weberei anzutreffen. sie lebte von brosamen, und ihr dauerzustand war nach hanns fischlis autobiografischem bericht «das gradnichtverhungern». bei gunta stölzl hatte sie «einen der kleinen stühle, denn eigentlich webte sie nicht, auf alle fälle nicht möbelstoffe, sie führte ihren faden nicht mit dem weberschiff, sondern mit einer nadel, stich um stich, zug um zug entstanden die spiegelbilder ihrer tempera-blätter nun in garnen, mit schwarzer wolle die kleider und mit glänzender seide – die augen.» und nicht nur max fühlt sich von annemarie angezogen. «jedesmal ergab es sich unwillkürlich, dass die frauen der lehrer ihr sacht die stirn streichelten, wie einem kätzchen.»[331]

um in ihrer nähe zu sein, besorgte sich bill vermutlich in der bauhaus-weberei den ‹stoff› für eine kleinformatige arbeit mit dem geheimnisvollen titel *was man nur auf dem bilde sieht*.

das sujet ist ein abstrahiertes gesicht – von bill? –, dessen augen in form von dreiecken neugierig schauen, eins nach oben und eins nach unten.

der student max bill war dazumal am bauhaus ein suchender. er hatte noch nicht den kunsthistorischen überblick, war bei weitem noch nicht, wie moholy-nagy, der alle gestaltungsgebiete des lebens als eng miteinander verknüpft betrachtete, auf der höhe der zeit angelangt. doch plötzlich, möglicherweise nach der privaten unterhaltung mit moholy in dessen meisterhaus, zeichnet max nun eine völlig geometrische komposition auf stoff.

331 fischli 1968, s. 54
332 siehe moholy-nagy 1929

max bill: *was man nur auf dem bilde sieht*, 1928
tusch- und farbkomposition auf stoff, 19 × 13 cm

moholy-nagys abgang

moholys politische einstellung war fest umrissen: «dem kämpfenden muss immer bewusst bleiben, dass der klassenkampf letzten endes nicht um das kapital, nicht um die produktions-mittel, sondern in wahrheit um das recht auf eine befriedigende beschäftigung, innerlich ausfüllende arbeit, gesunde lebensführung und erlösende kräfteauswirkung geht.

... die heutige wirtschaft ist nur an sehr wenigen stellen der entfaltung des menschen günstig. im heutigen lebenstempo bietet sich selten gelegenheit, zum eigentlichen wesenskern der dinge und des eigenen ich vorzudringen ... die heutige produktion ist schärfste erpressung des profits; ... in diesem zustand befindet sich nicht nur der arbeiter, der proletarier; alle, die innerhalb des heutigen produktionssystems arbeiten, sind im grunde genau so schlecht dran. höchstens gradweise unterschieden. die hetze des geld- und machtgewinns beeinflusst die ganze heutige lebensform bis in die grund-gefühle des einzelnen: er denkt nur noch an die sicherung nach aussen, statt sich um seine innere sicherung zu bemühen.»[332]

moholy-nagy gab im januar 1928 – kurz nachdem gropius die leitung der schule an hannes meyer abgegeben hatte – bekannt, dass er «aufgrund des zu-

max bill kaufte sich moholys buch *von material zu architektur* (1929) im jahr 1930.

max bill:
ohne titel, 1928
zeichnung auf gelbem stoff,
17 × 13,8 cm

nehmenden politischen druckes» von seinen aufgaben am bauhaus zurücktreten werde.[333] max bill, der sich in moholys metallwerkstatt sowieso nicht mehr zeigte, wechselte im selben monat, in dem der ‹alte› meister seine austrittsabsichten kundtat, in die bühnenabteilung des bauhauses hinüber. oskar schlemmer teilte dem von ihm mit «sehr geehrter herr bill» höflich angeschriebenen studenten mit, dass einer «aufnahme in die bühnenabteilung nichts im wege steht».[334]

den tagebuchnotizen des bauhaus-bühnenmeisters schlemmer ist zu entnehmen, dass sich moholy anfang märz 1928 noch unter den bauhaus-leuten befand, die die neuerlangte deutsche staatsbürgerschaft des ehepaars kandinsky mitfeierten: «kandinskyabend war sehr fidel. breuer, scheper, wittwer, ich erschienen als schillsche offiziere, moholy als alter dessauer [kostümiert] … hannes meyer als volksvertreter, klee als ein türk, kandinsky als mischling, komisch. die frauen waren gemischt. sinn: kandinskys sind jetzt anhaltiner [sachsen-anhalt] geworden, deutsche.»[335]

rolf sachsse interpretiert die aussage meyers in diesem brief als «sicher richtige, wenn auch überspitzte beobachtung».[337]

kurz darauf verlässt das ehepaar moholy die stadt dessau, in der sich lucia nie richtig wohlfühlte, definitiv. «am 31. märz 1928 verlassen die moholys das bauhaus in dessau. welche gründe auch immer anzuführen sind für den exodus … in erster linie ist er mit dem weggang von walter gropius verbunden. dass gerade moholy-nagy nicht unter einem direktor hannes meyer hätte arbeiten können, wird schon aus einem brief meyers klar, der dem bauhaus-vorkurs aus der anschauung seiner ergebnisse heraus *anthroposophische* tendenzen unterstellt» – im bezug auf biomechanische grundlegungen von moholy-nagys vorkurs-arbeit. «meyers wissenschaftliche grundlagen seiner bauhaus-pädagogik waren völlig anderer art, streng historisch-materialistisch, was biologismen in den bereich des irrationalen verwies.»[336]

lucia moholoy, die in ihren *marginalien* einige daten korrigiert, benennt im hinblick auf den wegzug vom bauhaus lediglich das jahr 1928, jedoch keinen monat. sie selber wäre am liebsten schon früher weg aus dessau und zurück nach berlin gezogen. «lieber laci», schrieb sie ihrem ehemann, «warum kannst du dich nicht entschliessen, mir zu glauben, dass es die grosstadt ist, die mich anzieht? – ich bin seinerzeit mit widerstreben nach weimar mitgekommen, mit widerstreben dann nach dessau – ich kann es nach den 4 jahren einfach nicht mehr aushalten, trotzdem ich zwischendurch verreist war – es summiert sich die zeit doch, und es ist anders, als wenn einer ab und zu mal fleisch braucht, weil er nicht alle tage spinat essen mag. glaube mir – ich brauche den wirbel

---

333 weitemeier 1974, s. 67
334 oskar schlemmer, dessau, 20.1.1928, an max bill; bibliothek max bill
335 oskar schlemmer, dessau, 13.3.1928, an tut schlemmer; in: schlemmer 1958, s. 232f.
336 sachsse 1985, s. 42
337 ebenda
338 lucia moholy, 24.5.1927, an lászló moholy-nagy; in: berger 2000, s. 77
339 oskar schlemmer, dessau, 1.6.1927 und 17.10.1927, an tut schlemmer; in: schlemmer 1990, s. 173 und s. 181
340 oskar schlemmer, dessau, 23.1.1928, an otto meyer-amden; ebenda, s. 189
341 bill 1969 [b], s. 1145

der umgebung – und da ich mir nicht oft die fahrt leisten kann, um in der stadt zu sein, muss ich sehen, das mit einer arbeit zu verbinden. – ziel für mich ist nicht, von dir fortzugehen – sondern dich wiederzufinden.»[338]

bauhaus-problem geldbeschaffung

zu den arbeitsabläufen auf der bauhaus-bühne berichtete der bühnenmeister schlemmer am 1. juni 1927 seiner frau tut im tessin: «wir proben oft bis nachts, von acht uhr an. einzelproben morgens, oft auch mittags, von drei bis sieben uhr.» wenige monate darauf, am 17. oktober 1927, schreibt ihr schlemmer: «... morgen fangen die bühnenproben wieder an, allabendlich ab neun uhr. für die bühne ist noch einer dazugekommen, so dass wir nun fünf bis sechs sind. es herrscht auch ein guter geist ... wir bereiten wieder ein programm vor: lichtstück, geräuschestück, salonstück, komisches, antikes, politisches, theater des grauens, alles ausschnitthaft, sozusagen die möglichkeiten in ausschnitten, kurz und prägnant, um dann eine aufführung vor dem bauhaus ... zu machen ... eventuell dann weitere, um geld in die kasse zu bekommen.»[339]

das thema geldbeschaffung kann man als gewichtiges bauhaus-problem betrachten, sowohl was einerseits die situation der oft armen studierenden als auch andererseits die möglichkeiten der bauhaus-werkstätten anbelangt. bei letzteren weist wiederum schlemmer auf ein finanzielles gefälle hin: während die von ihm geleitete bühnenwerkstatt lediglich fünfundzwanzig mark erhält, wie auch die plastische werkstatt, befindet sich die von moholy-nagy beaufsichtigte metallwerkstatt in komfortabel privilegiertem zustand, sie erhält tausend mark für den werkstattbetrieb.

die feste am bauhaus sind einigen politikern der stadt dessau ein dorn im auge, wie oskar schlemmer seinen freund brieflich wissen lässt: «tatsächlich verbietet die stadt, der magistrat, zum beispiel feste am bauhaus. das zweite schön geplante wurde wiederum zu guter letzt verboten.»[340]

walter gropius wirkte auf den jungen bill im bauhaus-alltag «hart, korrekt und scharf». um in die bibliothek des bauhauses – von deren existenz er erst später erfahren habe – zu gelangen, musste man das büro des direktors durchqueren. doch des nachts habe gropius das festefeiern genossen. «allen, die dabei waren, bleiben die bauhaus-feste in lebendiger erinnerung, wo erst recht alle zusammengehörten gemäss einem damaligen spruchband: ‹in dieser saubucht herrscht die bausucht›. diese feste gaben den ausgleich zu unserem ernsten treiben, und dafür, dass dieses möglich war, sind walter gropius alle dankbar, die jene pionierzeit miterleben durften.»[341]

«die angehörigkeit zur bauhaus-familie»

wenn sich bauhäusler in späteren jahren wiederbegegneten, gingen sie, wie ich beobachten konnte, meistens herzlich und offen einander zugetan aufeinander zu. wie max bill und lotte beese, die sich nach langen jahren im mai 1985 im bauhaus-archiv berlin wiedersahen (siehe s. 223).

an einer gedenkfeier nach max bills tod im schauspielhaus zürich strich auch dirk scheper, der sohn von hinnerk und lou scheper, am 12. februar 1995 diesen aspekt hervor: «die angehörigkeit zu einer bauhaus-familie garantiert auch dem nachgeborenen die zugehörigkeit zu einem mythos, der allumfassenden bauhaus-familie. worum es dabei geht, hat max bill 1985 in seinen dankesworten für philip rosenthal, den vorgänger als vorstandsvorsitzenden des bauhaus-archiv-vereins (berlin), gleichsam augenzwinkernd anklingen lassen in den selbstverständlich klein geschriebenen worten: ‹ich möchte nun als alter bauhäusler, auch im namen aller noch persönlich von gloriosen zeiten zehrenden, ihnen dafür danken, dass sie entscheidend mithalfen, das bauhaus-archiv zu einem instrument des weiterbestehens der bauhaus-idee zu machen.› bill, der lieber nach vorne blickte, sah das archiv mehr als ort der spurensicherung denn als museum.

der bauhaus-familie begegnete er voller wärme, aber dann mit kritischer distanz, wenn sich der umgang mit der idee nur mehr auf das zehren beschränkte.

die bauhaus-familie besteht aus bauhäuslern, bauhaus-kindern, bauhaus-nachkömmlingen, bauhaus-enkeln und so weiter, bis sie sich dereinst im unendlichen verlieren wird, wenn – da bin ich sicher – marcel breuers lattenstuhl immer noch der prototyp eines modernen sitzmöbels ist. den wahren alten bauhäusler zeichnet neben dem respekt vor seinen meistern ein besonderer stil im umgang mit den nachgeborenen mitgliedern der familie aus: herzlich, offen, vorurteilsfrei, neugierig, zu rat und hilfe bereit – weder wichtigtuerisch noch anbiedernd – im besitz von standpunkten und haltungen und nicht zögernd bei deren vermittlung. für den jungen menschen ein generationen überspringendes partnerschaftliches ideal, für den älteren orientierungshilfe in einer in so vieler hinsicht unsicher und massstablos gewordenen gegenwart. das, so merke ich jetzt, ist max bill für mich gewesen.»

im märz 1928 teilte walter gropius dem «sehr geehrten herrn ostwald» sein baldiges ausscheiden aus dem bauhaus per 1. april mit und bat ihn herzlich, nun auch seinem bisherigen mitarbeiter und nachfolger, dem «hannes meyer aus basel bei dem weiteren aufbau des kreises der freunde des bauhauses behilflich sein zu wollen».[342] gropius selbst hatte vor, sich nunmehr vermehrt eigener bauarbeit zuzuwenden.

ostwald scheint sich enttäuscht über die wirkung seiner vortragsreihe im juni 1927 geäussert zu haben. doch gropius versicherte ihm bereits aus berlin: «ich glaube, dass es nicht zutrifft, wenn sie glauben, dass ihre vorträge im bauhaus ergebnislos verlaufen sind. ich weiss, dass sich zumal herr scheper eingehend weiter damit beschäftigt hat und das verfahren bei seinem unterricht verwendet.»[343]

und die am bauhaus lehrenden halten den kontakt zu ostwald weiterhin aufrecht. joost schmidt beabsichtigte, im wintersemester 1928 in der ihm unterstehenden bauhaus-reklameabteilung «einen geregelten unterricht mit übungen in der farblehre» durchzuspielen. «wir haben jetzt eine reihe studierende, die ihren vortrag nicht hörten. wie ein geigenspieler seine täglichen etüden spielen muss, so werden unsere studierenden täglich farb-etüden herstellen müssen.»[344]

im april 1929 schrieb schliesslich josef albers an ostwald und schickte ihm einen katalog: «… ihnen beiliegend den katalog der nunmehr in basel begin-

---

342 walter gropius, 21.3.1928 und 5.7.1928, an wilhelm ostwald; in: wilhelm ostwald archiv
343 walter gropius, 13.8.1928, an wilhelm ostwald; ebenda
344 joost schmidt, 3.10.1928, an wilhelm ostwald; ebenda
345 josef albers, 22.4.1929, an wilhelm ostwald; ebenda
346 weise 2002, s. 238

nenden wanderausstellung des bauhauses zu überreichen, sie finden darin illustriert einige neueste werkstatt-erzeugnisse des bauhauses. mit dem ausdruck unserer grossen wertschätzung, albers.»[345]

in berlin

entgegen lucias wunschvorstellung wird sich das ehepaar moholy nicht «wiederfinden», sondern im frühjahr 1929 auseinandergehen und sich schliesslich scheiden lassen. nach dem weggang vom bauhaus gestaltete lászló moholy-nagy in berlin bühnenbilder, die lucia moholy fotografierte: sowohl für eine aufführung von *hoffmanns erzählungen* 1929 an der staatlichen kroll-oper als auch für die als progressiv bekannte piscator-bühne, die beide 1931 ihren betrieb wieder schliessen mussten.

moholys kollege, der einstige bauhaus-meister oskar schlemmer, konnte seine bühnenerfahrung ebenfalls an der kroll-oper einbringen, unter anderem bei der ausstattung von arnold schönbergs *die verklärte nacht*. auch marianne brandt, moholy-nagys frühere mitarbeiterin in dessau, kam, «nachdem sie das bauhaus 1929 verlassen hatte», in die metropole und arbeitete «kurzzeitig im bauatelier gropius in berlin».[346]

max bill hielt sich im frühjahr 1929 wohl vorübergehend in berlin auf. ob er sich in dieser zeit einige der von seinen einstigen bauhaus-meistern ausgestatteten aufführungen an der kroll-oper ansah, lässt sich kaum rekonstruieren. er gab sich der neugewonnenen lebensauffassung eines «freien» sexual- und liebeslebens hin. dies spiegelt sich in den arbeiten aus jener zeit – siehe *hermaphrodit* (1929, no. 1, s. 205) oder den sachte entblössten körper einer *frau* (1929, no. 9, s. 166) sowie die auf dunkelviolett getuschte zeichnung der konturen eines nackten liebespaares in *violette nacht* (1929, no. 11, s. 166). (bill betitelte und signierte hier 1929 noch in der traditionellen gross-klein-schreibweise.)

so wie die personen, mit denen er in dieser phase verkehrte, nicht namentlich genannt sind, enthüllte bill auch nichts näheres zu den orten, an denen er sich aufhielt. orte sind von ihm in dieser verschwiegenen, geheimnisumwitterten zeit ohne nähere geografische angaben allenfalls betitelt, wie zum beispiel ein aquarell mit *dorf im vor-frühling* (1929, no. 17). ein weiteres aquarell aus dem jahr 1929 (no. 23), mit einer geometrisch-reduzierten ansammlung von häuserstrukturen, heisst schlicht *alter stadtteil*.

die von albers in seinem brief erwähnte *bauhaus dessau*-ausstellung fand im gewerbemuseum basel vom 21. april bis zum 20. mai 1929 statt. auch wenn max bill zu dieser zeit nicht mehr am bauhaus war, liess er sich diese werkschau vermutlich nicht entgehen – und reiste wohl mit einem vom seinem vater erbetenen sbb-gratisticket nach basel.

max bill: *frau*, 1929
tusche auf japanpapier,
60 × 44,8 cm

das fein-erotische blatt *frau* wird bill nach seiner rückkehr aus deutschland im november 1929 bei einer ausstellung in seiner atelierwohnung in der stadelhoferstrasse 27 in zürich mitausstellen; zu dieser ausstellung *malerei und grafik* gibt es eine kritik von walter kern: «atelierausstellung max bill zürich», in: *werk*, heft 11, 1929.

max bill:
violette nacht, 1929
tusche auf violettem
geripptem papier,
27 × 62,5 cm

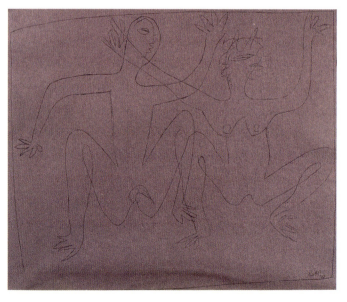

347 bill 1980 [b]
348 ebenda

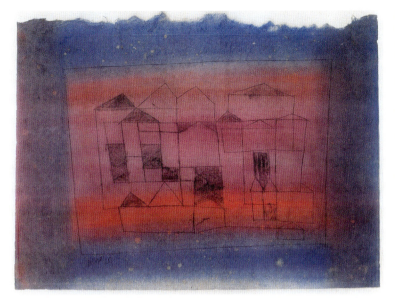

bills aquarell *dorf im vor-frühling* (35 x 50,5 cm) ging aus dem nachlass von max bill an mich, und ich habe es am 29. Juni 1995 teddy kollek, dem früheren bürgermeister der stadt jerusalem, der mich im haus bill in zumikon besuchen kam, zur erinnerung an max bill geschenkt. denn bill hatte in der ära teddy kollek dem ‹townplanning subcommittee› des ‹jerusalem committee› angehört.

max bill: *alter stadtteil*, 1929
aquarell, 21,5 × 29,5 cm

düstere zeiten für die alten meister

der für oskar schlemmer vielversprechende neubeginn in berlin fand durch den nationalsozialismus ein jähes ende. «gleichzeitig mit dem tod seines freundes otto meyer-amden traf den erst 45-jährigen die ausgeschlossenheit.»[347] oskar schlemmer wird etliche demütigungen und ausgrenzungen erleiden und von den nazis als ‹entartet› verfemt. er verbleibt dennoch in deutschland, kläglich die zeit aushaltend. obwohl er «am bauhaus in weimar und dessau, als akademie-professor in breslau und berlin gewirkt hatte, war er zu wenig arriviert, um zu emigrieren wie seine bauhaus-kollegen kandinsky, klee, moholy-nagy.» schlemmer war, ähnlich wie seine künstlerkollegen willi baumeister und julius bissier, gezwungen, sich aus der öffentlichkeit zurückzuziehen «in die innere emigration und den harten kampf um das kärgliche brot.

dieser kampf ging parallel mit demjenigen um die künstlerische existenz. aus den museen verbannt, ausgestellt als ‹entartete kunst›, musste er sein umfassendes und wegweisendes werk unter bescheidensten verhältnissen wahren und mehren. er baute für sich, seine familie und die tiere als lebenserhaltende mitbewohner, unter fachlicher mithilfe von hans fischli, eine einfache bleibe, nahe der schweizergrenze mit blick auf die rheinebene.»[348]

schlemmers freund, der 1883 in bern geborene bernburger otto meyer-amden, verstarb im jahr 1933. im darauffolgenden jahr erschien ein nachruf von oskar schlemmer, der ergänzt wurde durch einen text von sigfried giedion zum œuvre meyer-amdens (in: *werk*, heft 3, märz 1934, s. 67–81, mit zahlreichen s/w-abbildungen). giedion resümierte darin, das werk meyer-amdens sei «eine unaufhörliche diskussion zwischen den hemmungen und verboten in ihm und um ihn und dem hartnäckigen willen, darüber hinaus zu einer klärung der form zu gelangen», gewesen (ebd., s. 81). otto meyer-amden hatte in seinem heimatland nur einen einzigen öffentlichen auftrag erhalten: das glasfenster im kirchgemeindehaus zürich-wiedikon. der bsa-architekt max haefeli sammelte werke meyer-amdens.

oskar schlemmer «... war der jüngste von sechs zum teil mehr als 20 jahre älteren geschwistern ... mit 8 jahren verliess er die eltern – seine mutter war eine schwäbin – und wurde von einer älteren schwester unter einfachen verhältnissen in göppingen erzogen ... 1909 bis 1916 begegnete er dem lehrer hoelzel, fand er die weggenossen baumeister und otto meyer-amden, der sein treuester und liebster freund werden sollte ... 1911 in berlin die begegnung mit dem ‹sturm› herwarth waldens ... er muss in den ersten weltkrieg, wird verwundet ...»[349]

unter den gästen an der gedenkfeier, die tut schlemmer im jahr 1958 für ihren mann oskar schlemmer, der am 4. september 1958 siebzig jahre alt geworden wäre, veranstaltet, wird max bill auf seine einstige bauhausfreundin katt both treffen; ferner befindet sich auch nina kandinsky in der gästeschar.

> das atelierhaus schlemmer (1935–1937) in badenweiler, ausführung: dipl. ing. hertel, architekt aus lörrach, unter mithilfe von hans fischli, ist abgebildet in: karl jost: *hans fischli (1909–1989) – architekt, maler, bildhauer*, gta verlag, zürich 1992, s. 235.

der 1888 in stuttgart geborene oskar schlemmer «gehörte einer generation an, deren entwicklung durch zwei weltkriege nicht nur bestimmt war, sondern durch ihre deutsche staatsangehörigkeit unter den ereignissen in besonderem mass zu leiden hatte. dies in mancher hinsicht, doch am einschneidensten durch zeitverlust und verfolgung.»[350]

schlemmer wird die nazizeit nicht überleben. er stirbt im alter von nur vierundfünfzig jahren in der universitätsklinik in freiburg im breisgau im april 1943 an herzversagen. sein herz versagte sich den düsteren zeiten.

die verfemung zeitigt langanhaltende nachwirkungen in der rezeption von schlemmers kunst. noch 1980 muss max bill anlässlich des erscheinens der sogenannt ‹abschliessenden›, umfangreichen monografie von karin von maur bedauernd feststellen, dass sein einstiger bauhaus-meister «oskar schlemmer ein noch immer zu wenig bekannter, um nicht zu sagen verkannter künstler» ist.[351]

> schlemmer habe sich, wie lucia moholy mir sagte, als mensch «gerade so bewegt, wie er auch seine figurinen auftreten liess».

lászló moholy-nagy vollendete 1930 seinen heute weltweit bekannten *licht-raum-modulator*. von dessen licht/schatten-bewegungen habe moholy-nagy viel für seine filmarbeiten gelernt.

> das objekt ging, als schenkung seiner zweiten ehefrau sibyl moholy-nagy, an das busch-reisinger-museum in cambridge, usa.

moholy-nagy begab sich in gefährliche situationen, legte mit seinem film *zigeuner* (berlin 1932, 16 mm, s/w) zeugnis ab vom leben einer menschengruppe, die bald darauf von den nazis in vernichtungslager transportiert wurde. politisch sprach er sich gegen einen «durch den kapitalismus auf irrwege geleiteten industrialismus» aus, dessen jetzige form zu erhalten «nur die herrschende klasse» interessiere.[352] er hätte gerne 1933 in schweizer städten vorträge gehalten und erkundigte sich deswegen bei max bill, ob dieser ihm organisatorisch über den ‹schweizerischen werkbund› behilflich sein könne. aus der vortragstournee durch die schweiz, die moholy sicher aus argen finanziellen nöten dringend gewünscht hätte, ist meines wissens nichts geworden.

---

349 lauterbach [1958]
350 ebenda
351 bill 1980 [b]
352 siehe *telehor*, internationale zeitschrift für visuelle kultur, «l. moholy-nagy», nr. 1–2, 28.2.1936, texte: tschechisch, dt., engl., frz., und zahlreiche illustrationen, weltvertrieb: kommissionsverlag dr. hans girsberger zürich

doch privat lud bill moholy zu sich und binia nach höngg ins neugebaute haus ein: «lieber moholy … wir sind anfang dieses monats umgezogen ins neue haus. und freuen uns darüber sehr, wenn sie nach zürich kommen, sind sie uns jederzeit gerne willkommen.»[355]

anfang der dreissigerjahre war es schwierig, modernen wohnungsbau zu finanzieren. um sich gegen die finanzierungskrise zu wappnen, hatten einige interessierte, darunter max bill, eine bausparkasse, die «baukredit zürich», gegründet – und da bill unter den ersten war, die dort einen bausparvertrag abschlossen, erhielt er verhältnismässig rasch einen kredit, mit dem er die verwirklichung seiner persönlichen baupläne angehen konnte. das haus wurde in der damaligen agglomeration von zürich, am äusseren rand des dorfes höngg aus vorfabrizierten, stockwerkhohen wandelementen zusammengesetzt. es erhielt, da ein flachdach verboten war, stattdessen ein sehr flaches kupfernes satteldach. für die bauausführung zog bill den zehn jahre älteren architekten robert winkler heran, der als mitarbeiter der architekten hubacher und steiger am zürcher ‹zett-haus› einiges an erfahrung vorweisen konnte.

nach der machtergreifung der nazis wird sich im darauffolgenden jahr schliesslich auch moholy-nagy – als einer unter vielen – zur emigration entschliessen. er begibt sich 1934 zuerst nach amsterdam, während seine neue gefährtin sibylle und die gemeinsame kleine tochter hattula vorerst noch in berlin blieben. ein jahr danach zieht er über brüssel weiter nach london – wo ihn nun seine zweite ehefrau und die tochter erwarteten; und schliesslich emigrierte die ganze familie 1937 in die usa, wo moholy-nagy das new bauhaus in chicago leiten wird.

vor moholy-nagy war bereits walter gropius, seinerseits mit zwischenstation in london, in die vereinigten staaten von amerika umgezogen. ferner waren anni und josef albers dorthin emigriert.

«professor moholy-nagy aus berlin, ehemaliger professor am bauhaus dessau» sprach bevorzugt über «die zwei treibenden haupttendenzen des bauhauses», wie er dies während eines vortragszyklus im märz 1931 in der tschechoslowakei, in pressburg an der kunstgewerbeschule, bereits getan hatte, über ‹neue wege der fotografie›, ‹materialgerechte typografie› und ‹die moderne malerei›. moholy hatte diese vorträge in pressburg, obwohl er nicht sonderlich gut deutsch sprach, «in deutscher sprache mit lichtbildern» gehalten.[353] im selben kapitel «moholy-nagy in brünn und pressburg» wird übrigens erwähnt, dass sich moholys einstiger dessauer-meisterkollege josef albers an ebendieser pressburger kunstgewerbeschule vor seiner definitiven abreise in die usa vergeblich «um eine professorenstelle bewarb».[354]

ob sich moholy-nagy jemals bills neubau, auf den max stolz war, anschauen kam, entzieht sich meiner kenntnis. möglich wäre es, da sich moholy während der dreissigerjahre gelegentlich in zürich aufhielt. so ist belegt, dass er in jenem zeitraum im doldertal bei der familie giedion-welcker zu gast war; daran erinnert sich der sohn: «während der dreissiger jahre wohnten max ernst, moholy, arp sowie vordemberge-gildewart oft wochenlang im doldertal».[356]

zu den themen emigration, kriegsteilnahme und kampf gegen faschismus siehe die recherchen in der dissertation von folke f. dietzsch: «mit dem erstarken des faschistischen staates begann in deutschland eine verfolgungskampagne gegen die kunst und die künstler der moderne, einschliesslich der vertreter des bauhauses, die

1937 in der aktion ‹entartete kunst› in münchen gipfelte … nachweisbar verliessen 81 ehemalige bauhaus-studierende das faschistische deutschland und emigrierten in über 20 länder der erde … knapp ein drittel der emigranten verliess deutschland bereits 1933 … die mehrzahl der emigranten verblieb in ihren exilländern.»

«… von den ehemaligen studierenden wurden nachweislich 35 teilweise mehrfach verhaftet, in schutz- und untersuchungshaft genommen bzw. zur strafhaft verurteilt. vier von ihnen befanden sich in internierungslagern. 19 von ihnen wurden in konzentrationslagern gefangengehalten, davon zehn ermordet.»[357]

353 mojzisová 1986, s. 282f.
354 ebenda, s. 283
355 max bill, zürich-höngg, 27.4.33, an professor moholy-nagy, berlin-charlottenburg 9, fredericastrasse 27 atelier; bibliothek max bill
356 giedion 2007, s. 394
357 dietzsch 1990, s. 51f. und s. 53

«lieber xanti, ... ich war sehr traurig über den tod von moholy. in der neuen zürcher zeitung habe ich einen langen nachruf geschrieben, in ‹domus› wird ebenfalls dieser tage einer von mir erscheinen, und in den grafischen mitteilungen mache ich über ihn eine 8-seitige beilage. dennoch bin ich nachträglich froh, dass ich seinerzeit seinem ruf, dass ich als sein mitarbeiter nach chicago kommen solle, nicht folge leistete, ich habe das gefühl, dass ich jetzt mit der schule am hals dasitzen würde. was nicht mein ideal wäre.»[358]

moholy-nagy war ein bewegter fremder, auf flexibilität eingestellt. künstlerisch war er unverkennbar eigen. obwohl sich durchaus berührungspunkte zum werk anderer künstler, wie el lissitzky oder friedel vordemberge-gildewart, aufzeigen lassen, respektierte moholy die bereits abgesteckten ‹claims›. er betrachtete sein gesamtes arbeitspensum – wie nach ihm in ähnlicher weise max bill – als einen konstruktiven, breit angelegten beitrag an eine, von vielen, neu zu gestaltende umwelt.

später wird bill erfreut feststellen, dass seine meister vom bauhaus ihn, den einstigen schüler, schliesslich auf kollegialer ebene akzeptieren. so wird ihn moholy-nagy aus dem exilland usa anfragen, ob er nicht als künftiger enger mitarbeiter zu ihm ans new bauhaus nach chicago kommen wolle.

max bill wird diese ehrenvolle einladung nicht annehmen – und ist letztlich sogar froh über seinen entscheid.

die wirren um den neuen direktor

hannes meyer strukturierte den unterricht neu: drei tage pro woche ‹theorie› und drei tage pro woche ‹praxis› – was insgesamt weniger lehrstunden als an herkömmlichen akademien bedeutete und den studierenden viel mehr zeit zum untereinander diskutieren ermöglichte.[359]

«die ausbildungsstruktur am bauhaus ab 1927 sah für alle studienrichtungen im 1. semester einen vorkurs vor, der im 2. semester mit praktischer werkstattarbeit, vorträgen und übungen fortgesetzt wurde. vom 3. bis zum 5. semester erfolgte eine spezialisierung in den zur wahl stehenden werkstätten, wobei im 3. semester intensive werkstattarbeit einschliesslich entwurfsarbeit vorgesehen war, die im 4. semester wieder reduziert wurde und ab dem 5. semester in selbständige laboratoriumsarbeit innerhalb der werkstatt überging. die ehemalige wandmalerei, tischlerei, metallwerkstatt und weberei bildeten zusammen die neu geschaffene abteilung ‹inneneinrichtung›. für die ausbildung in der wandmalerei wurden die bekannten arbeitsgebiete aufgeführt, wobei allerdings plakatmalerei sowie anwendung und erprobung neuer techniken keine erwähnung mehr fanden.»[360]

zuvor hatte meyer kategorisch «gegen das schwindelhaft-reklamehaft-theatralische des bisherigen bauhauses front gemacht».[361] grossen wert legte er auf sachliche arbeit und stellte die architekturausbildung in den mittelpunkt der lehre. eine straffere organisation und verwissenschaftlichung der ausbildung

---

[358] max bill, adelboden [schweiz, wo er sich ausnahmsweise ferienhalber aufhält], 17.1.1947, an xanti schawinsky in den usa; in: schawinsky-archiv

[359] laut aussage des bauhaus-studenten hubert ‹höbi› hofmann im gespräch mit max bill und mir anlässlich eines bauhaus-kolloquiums in weimar, ddr 1984

[360] scheper 2005, s. 28

[361] brief von hannes meyer, 28.1.1928, an adolf behne; bauhaus-archiv berlin

[362] scheper 2005, s. 28

[363] ebenda

[364] bill 1953, s. 59

[365] wingler 1974, s. 53

[366] diese aussage wurde gefilmt von thomas grimm in dessau 1988, anlässlich der ausstellung *experiment bauhaus*.

sollten dem bauhaus zu wirtschaftlichem erfolg und besserem ansehen in der öffentlichkeit verhelfen. «schon vor dem beginn seines direktorats waren freie malklassen unter der leitung von paul klee, wassily kandinsky und oskar schlemmer eingerichtet worden. meyer setzte nun diese künstler wieder verstärkt beim unterricht in den vier ersten semestern ein, zog parallel dazu wissenschafter, techniker, psychologen u.a. als gastdozenten heran und berief fachleute für die architekturabteilung.»[362]

so kam unter anderen mart stam mitte 1928 als gastdozent für städtebau und elementare baulehre (bis 1929) nach dessau.

meyer wird schliesslich erwägen, ob er die künstler nicht allesamt vom bauhaus entlassen solle. von daher stimmt es vielleicht, dass kandinsky (oder dessen ehefrau nina kandinsky?), um den eigenen rauswurf zu verhindern, seinerseits in diesem ideologischen machtkonflikt in aktion trat und meyer, weil der für die ‹rote hilfe› gespendet habe, denunzierte.

diese frage werden jedenfalls die linken studenten am dessauer bauhaus in ihrer zeitschrift aufwerfen. die denunziation, von wem auch immer begangen, führte zum rausschmiss meyers aus dem bauhaus.

die zeitzeugin gertrud arndt, deren mann alfred arndt ab 1929 als leiter der ausbau-abteilung und vertretungsweise leiter der wandmalerei bauhaus-meister in dessau ist, bestätigt die vermutung der linken bauhaus-studenten. ihr mann habe beim oberbürgermeister der stadt dessau reklamiert, weil eine kündigung nur vom bauhaus-meisterrat ausgesprochen werden könne. der oberbürgermeister habe ihm geantwortet, es sei nur ein einziger meister in dessau gerade anwesend gewesen, und das sei kandinsky, und der habe der kündigung zugestimmt.[366]

die version der bauhaus-meisterehefrau nina kandinsky lautet: «gunta stölzl geht aber meines erachtens zu weit, wenn sie behauptet, kandinsky habe den kommunistisch orientierten hannes meyer mehr oder weniger gestürzt … nachdem die öffentlichkeit ausserhalb des bauhauses von den politischen aktionen erfahren hatte, wurden kandinsky und klee eines tages von oberbürgermeister fritz hesse aufgesucht. hesse, ein kluger und energischer mann, stellte kandinsky und klee vor die einzig noch mögliche alternative: ‹entweder sie bewirken, dass die politik am bauhaus sofort ein ende hat, oder die schule wird geschlossen.› kandinsky erkannte, wie ernst die lage war … er empfahl hesse, mit meyer selber zu sprechen. hesse tat das, musste aber einsehen, dass es unmöglich war, ihn umzustimmen. deshalb forderte er ihn auf, die schule

in einer sorgfältig recherchierten neueren publikation weist renate scheper, die ehemalige schwiegertochter von hinnerk scheper, des meisters der dessauer bauhaus-werkstatt für wandmalerei, auf die von meyer vorgenommene umstrukturierung hin. nachdem gropius «dem druck der studierenden» nachgegeben habe und im frühjahr meyer «zum aufbau einer architektur-abteilung am bauhaus» berief, habe meyer «die ideale ausbildung in praktischer planungs- und bautätigkeit» gesehen.[363]

auf einen ökonomischen aspekt wird bill, in einem allerdings erst sehr viele jahre später geschriebenen text, hinweisen: «hannes meyer versuchte die produktion der bauhaus-werkstätten zu heben, vor allem um wenig bemittelten studierenden das studium am bauhaus dadurch ermöglichen zu können.»[364]

in hans m. winglers kleiner «bauhaus-fibel» heisst es trocken: «hannes meyer. 1927 am dessauer bauhaus als leiter der architektur-abteilung, 1928 als direktor; 1930 entlassung wegen fortschreitender politisierung der schule.»[365]

zu verlassen. meyer weigerte sich. da er die schweizerische staatsbürgerschaft besass, fiel es der anhalter regierung leicht, ihn des amtes zu entheben. diese zwangsmassnahme erzeugte am bauhaus krisenstimmung.»[367]

und es soll kandinsky gewesen sein, der mies van der rohe als neuen bauhausdirektor vorgeschlagen habe, wie gunta stölzl erzählt: «im sommer 1930, als wir am bauhaus ferien hatten, erhielt ich von kandinsky ein telegramm, in dem es hiess: ‹hannes meyer ist abgesetzt. wir nehmen an, sie sind damit einverstanden›, in ähnlich lapidarer kürze erfuhr ich, dass mies van der rohe zum neuen direktor ernannt worden war.»[368]

«die fortschrittlichste kulturstätte europas»

bill sieht die affäre rückblickend in grösserem politischem zusammenhang: «in jenen jahren zunehmender politischer spannungen, in denen erstmals der ‹kulturbolschewismus› als schwarzes schreckgespenst an den himmel deutschlands gemalt wurde, verabschiedete ein neu gewähltes stadtparlament von dessau hannes meyer und ersetzte ihn durch den architekten ludwig mies van der rohe.

als dann 1932 die nationalsozialisten in dessau endgültig die mehrheit erlangten, wurde das bauhaus geschlossen. ein versuch, es in berlin auf privater basis noch weiterzuführen, dauerte nur einige monate. seine lehrer und studierenden wurden als staatsfeinde erklärt, verfolgt und zur untätigkeit verurteilt. so verschwand 1933 diese fortschrittlichste kulturstätte europas nach fünfzehnjähriger tätigkeit in der grossen versenkung.»[369]

josef albers blieb zuletzt noch als «assistant director» mies van der rohes am bauhaus berlin, bis es von den nazis geschlossen wurde. albers, der zusammen mit seiner frau anni albers deutschland verliess, war der erste ehemalige bauhaus-meister, der vier jahre vor gropius und moholy-nagy, «with whom he largely avoided contact», in die usa emigrierte.[370]

zehn jahre nach dem erscheinen von bills text, aus dem ich oben zitierte, erschien in der ddr eine broschüre, in der die affäre um meyers rauswurf wie folgt beschrieben steht:

«im jahr 1930 enthob der sozialdemokratische magistrat der stadt dessau h. meyer als direktor des bauhauses ‹wegen marxistischer unterrichtsmethoden, die die bürgerlichen begriffe über das bauwesen und die architektur untergra-

achim borchardt-hume, der kurator der gut bestückten doppelausstellung *albers und moholy-nagy from the bauhaus to the new world*, die 2006 in der tate modern in london stattfand, schreibt in seinem katalogtext, es sei albers gelungen, die familie seiner jüdischen frau zu retten, jedoch ohne nähere angaben, auf welchem wege albers diese rettung gelang: «[josef albers], who had witnessed the destruction of cultural values in his homeland and who rescued his wife's jewish family from nazi persecution ...»[371] «... at the invitation of ted dreier, the philanthropist founder of the liberal black mountain college, albers and anni crossed the atlantic ocean en route to north carolina. their arrival did not go unnoticed in the east-coast press, which enthusiastically welcomed the arrival of ‹a teacher from the bauhaus›.»[372]

---

367 kandinsky 1976, s. 145
368 gunta stölzl; zit. in kandinsky 1976, s. 145
369 bill 1953, s. 59
370 borchardt-hume 2006, s. 76
371 ebenda, s. 76f.
372 ebenda, s. 76
373 faber: «das bauhaus in dessau vor torschluss», in: *information*, heft 3, zürich august/september 1932
374 pazitnov 1963, s. 31

ben und die jugend infizieren›, seines postens. den unmittelbaren anlass zu dieser entlassung lieferte der freiwillige beitrag, den h. meyer der internationalen arbeiterhilfe für die streikenden mansfelder bergarbeiter entrichtete. dieser akt der solidarität des bauhaus-direktors mit der arbeiterklasse war für die sozialdemokratischen stadtväter der letzte stein des anstosses. die polizei nahm im bauhaus hausdurchsuchungen vor und wies die ausländischen anführer der studenten aus deutschland aus.

hannes meyer fuhr mit einer gruppe von bauhaus-architekten in die sowjetunion, wo sie die architekten-stossbrigade ‹rotfront› gründeten. vor seiner abreise erklärte h. meyer in einem interview: ‹ich fahre in die udssr, um dort zu arbeiten, wo eine wirkliche proletarische kultur geschmiedet wird, wo der sozialismus entsteht, wo die gesellschaft besteht, die wir hier unter dem kapitalismus bekämpft haben.›»[374]

man konsultiert eine neuere untersuchung, walter scheiffeles buch *bauhaus, junkers, sozialdemokratie*. da steht in einer kurzbiografie zu hannes meyer: «im august 1930 wird meyer von hesse fristlos entlassen. seit oktober arbeitet er im auftrag des obersten volkswirtschaftsrats der udssr als chefarchitekt des trustes giprowtus und als professor des architektur- und bauinstituts (wasi). 1936–39 rückkehr in die schweiz» (s. 281). demselben buch entnehmen wir der kurzbiografie jenes fritz hesse, der meyer «fristlos entlassen» habe, dass der in dessau geborene sozialdemokrat als oberbürgermeister der stadt dessau eine «entscheidende rolle bei der übernahme des bauhauses von weimar nach dessau» gespielt habe. nach der nazizeit wird er, im juli 1945 «von us-dienststellen wieder als oberbürgermeister dessaus eingesetzt» (s. 279).

«noch bevor die nazis die faktische mehrheit gewannen, wurde hannes meyer im sommer 1930 brüsk entlassen. geschickt wurde er wegen ‹marxistischer gesinnung› – und zwar von der damals noch demokratisch-sozialdemokratischen mehrheit. so gross war damals schon die faktische macht der nationalsozialisten.»[373] in der ausgabe dieser *information* findet sich ein ergänzender hinweis der redaktion: «dieser aufsatz war bereits gesetzt, als wir in der deutschen presse folgende meldung aus dessau lasen: ‹die rechtsmehrheit des gemeinderates der stadt dessau hat einen nationalsozialistischen antrag angenommen, das bauhaus zum 1. oktober zu schliessen und die lehrkräfte zu entlassen. die sozialdemokraten haben sich der stimme enthalten.›»

die bauhaus-bühne zur zeit von max bill

ein freund von bill, clemens röseler, arbeitete bereits seit 1927 an der bauhaus-bühne. vielleicht war er es, der max zur aktiven teilnahme ermunterte. max bill stiess jedenfalls definitiv in der zweiten januarhälfte 1928 neu zur bauhaus-bühnentruppe dazu.

von max bill, dem neu in die bauhaus-bühnenabteilung eintretenden, wurden ausser selbständigen zeichnerischen oder handwerklichen arbeiten auch ein polizeiliches leumundszeugnis und ein ärztliches gesundheitszeugnis verlangt. schlemmer nahm bill auf, unter der bedingung, dass max eine probezeit von einem monat absolvieren müsse – und bill geriet hier erneut mitten hinein in eine experimentelle phase.

clemens röseler war ein schüler kandinskys und hatte zuvor in der wandmalerei-werkstatt erfahrungen gesammelt. er wohnte, wie der ebenfalls auf der bühne höchst aktive xanti schawinsky, im ‹prellerhaus›, dem bauhaus-studententurmtrakt. und er war nicht nur mit max bill, sondern auch mit t. lux feininger befreundet. röseler war einer der vielbeschäftigten, mehrfachbegabten bauhäusler. so gab er nebenbei t. lux noch unterricht im banjospielen. röseler wird sich im laufe des jahres 1928 der farbgebung für ‹bauhaus-tapeten› widmen, die die firma gebr. rasch & co vertreiben möchte.

t. lux feininger hat seinerseits «ein doppelportrait von max bill zusammen mit einer studierenden auf der terrasse vor der bauhaus-kantine» aufgenommen: «diese aufnahme befindet sich jetzt in der photographischen sammlung des metropolitan museums in new york» (t. lux feininger, 22 arlington street, cambridge, ma., 29. september 2004, an angela thomas schmid, zumikon).

die offizielle programmvorgabe für die bauhaus-bühne lautete folgendermassen:
«a) die bühnenabteilung dient der praktischen und theoretischen schulung von bühnenmässig begabten, zum zweck der zusammenarbeit an dem gemeinsamen ziel einer neuen bühnenform.
b) die bühnenabteilung gliedert sich in die bühnenwerkstatt für maler und techniker und in die versuchsbühne für tänzer, schauspieler, regisseure.
c) da die abteilung vornehmlich versuchscharakter trägt, wird kein lehrvertrag abgeschlossen und auch keine abschliessende ausbildung in einem bestimmten fach gewährleistet.»[375]

gerade die aussage in absatz c) kam bill sehr entgegen; das unkonventionelle vorgehen, der versuchscharakter sagten ihm zu. den hinweis, es werde «keine abschliessende ausbildung gewährleistet», nimmt er zur kenntnis – und gegen jahresende 1928 wird er dann offiziell, und tatsächlich ohne abschluss, das bauhaus verlassen.

die bauhaus-bühne dessau war nach zwei seiten, zur aula und zur küche hin, zu öffnen und ursprünglich nur als vortragsbühne gedacht, für veranstaltungen kleineren stils. obwohl die an der bühne arbeitenden sozusagen die ‹underdogs› am bauhaus waren – die bühnenabteilung erhielt im vergleich zu den anderen werkstätten das wenigste geld zugeteilt –, hatte schlemmer die aufgaben sehr anspruchsvoll ausformuliert:
«a) in der bühnenabteilung werden bestimmte von der abteilungsleitung gestellte aufgaben gelöst. je nach fähigkeit des einzelnen sind diese ideell-schöpferischer oder handwerklich-praktischer natur.
b) sie beziehen sich vor allem auf die bühnenelemente der f o r m, der f a r b e, des r a u m s und der b e w e g u n g.
c) im weiteren auch auf s p r a c h e und t o n; ferner auf theatralische i d e e und k o m p o s i t i o n.

alle diese gebiete sollen in ihren elementaren formen und erscheinungsarten erforscht, erprobt und angewandt werden mit dem ziel, zu einer neuen bühnengemässen darstellungsweise zu gelangen.

aufführungen:
die ergebnisse der studien sollen in zwangloser folge in aufführungen zunächst innerhalb des bauhauses, später auch ausserhalb zur schau gestellt werden.

---

375 oskar schlemmer in: *bauhaus* 3, 1927, schriftleitung w. gropius und l. moholy-nagy, s. 6
376 ebenda

max bill inmitten der experimentellen bauhaus-bühnengruppe, 1928
von rechts: alexander ‹xanti› schawinsky, andor weininger, joost schmidt, max bill, t. lux feininger und clemens röseler

arbeitsgebiet:
    bau von masken und kostümen
    bau von instrumenten, apparaten, requisiten
    szenische raumgestaltung, bühneneinrichtung
    anfertigung von bühnenmodellen
e – g) gymnastische, tänzerische, musikalische, sprachliche studien und gestaltungen
h)   improvisationen, stegreifspiele, dramatische kompositionen
i)   choreografische darstellungen.»[376]

meister schlemmer befand sich seit den letzten sommerferien, das heisst schon seit einigen monaten, in einer phase der intensivsten auseinandersetzung mit hermann scherchen, dem musiker. man hatte ein gemeinsames projekt ins auge gefasst, scherchen und schlemmer wollten *les noces* von igor strawinsky mit farbigen projektionen realisieren. scherchen stellte eine aufführung für ende januar 1928 in berlin in aussicht, sodass schlemmer sich obsessiv an die fertigstellung seiner vorlagenreihe machte – gerade in der zeit, als bill als neuling an der bauhaus-bühne eintrudelte.

max bill dürfte zumindest der name und das prestige hermann scherchens, wenn nicht gar der berühmte dirigent von angesicht zu rückenansicht, von dessen konzerten in seiner heimatstadt winterthur bekannt gewesen sein.

schlemmer hatte in den ferien von mitte august bis september 1927 seine frau und die kinder im tessin besucht, «dem sommerlichen refugium vieler bauhäusler und anderer illustrer gäste aus der kunstwelt»; in ascona hatte er «scherchen und dessen frau, die schauspielerin gerda müller, die er von gemeinsamer arbeit an der berliner volksbühne» her kannte, getroffen.[377]

der schlanke, feingliedrige schlemmer «mit dem glatt-geschorenen kopf, den leicht abstehenden ohren und den hellen, klaren augen», der «immer liebenswürdig, bescheiden, voller achtung für den andern» war[378], arbeitete mit scherchen in ascona an einer «musik-tanz-zahlen-theorie».

aus den gesprächen entwickelte sich der plan für eine zukünftige zusammenarbeit. scherchen vertrat die meinung, schlemmer solle vom «triadischen ballett» wegkommen und etwas ganz neues wagen, er solle nicht mehr mit menschen, «sondern mit mechanischen formen» schaffen. der inhalt der diskussionen kreiste um «formen an sich, ihre farbe, ihre zahl». scherchen stellte sich «ein form- und farbengebilde räumlich vor, mechanisch bewegt, das nach der fuge funktioniert».[379]

doch dann wird das projekt, einen aufwendigen mechanischen bühnenapparat nach musik zu bewegen, von scherchen und schlemmer zugunsten eines neuen plans aufgegeben. es geht darum, igor strawinskys *les noces,* eine folge von tanzszenen, «statt durch tänzer mit hilfe von farbigen projektionen zu realisieren».[380]

einer dieser entwürfe in farbiger tusche, *das brautbett,* ist s/w abgebildet in dirk scheper: «hermann scherchens zusammenarbeit mit oskar schlemmer», 1986, s. 100.

schlemmer ist von den gesprächen mit scherchen derart hingerissen, dass er seinen ferienaufenthalt in ascona eigenwillig verlängert, wie auch sein künstlerkollege und bauhaus-meister paul klee sich einmal die freiheit herausnahm, nicht rechtzeitig zum unterricht zurückzureisen – gepriesen seien die kreativen, die sich nicht disziplinieren lassen.

zur geplanten aufführung von *les noces* gestaltete schlemmer von oktober 1927 bis januar 1928 «neun kleinere entwürfe in farbiger tusche» und «25 teilstücke des gemalten projektions-frieses in temperafarbe auf schwarzem photokarton».

377 siehe scheper 1986
378 lauterbach [1958]
379 siehe scheper 1986
380 ebenda
381 max bill in einem interview über oskar schlemmer
382 max bill in einem tv-film über oskar schlemmer, sw3, 19.5.1984, 22 uhr; mit ausschnitten aus der rekonstruktion des ‹triadischen balletts›

an die kreativ-plastisch gestaltende licht- und schatten-arbeit seines bühnenwerkstattmeisters schlemmer, zu dessen studenten er nun seit januar 1928 zählte, erinnerte sich max bill lebhaft: «das ‹figurale kabinett› aus flachen, bunten, geometrisierenden figurinen, von den akteuren in schwarzem trikot getragen, die sich auf der schwarzen bühne verschoben und durch wechselnde lichteffekte zu leben schienen, indem ihre farbe durch andersfarbiges licht bestrahlt wurde. stäbetanz, metalltanz und weitere bühneneinfälle wurden an der bauhaus-bühne geübt, aus dem stegreif unter schlemmers mitwirkung erfunden und an kostümen dafür gebastelt.»

die möglichkeit, in bewegung einen ausdruck zu finden, übte auf bill eine starke anziehungskraft aus. «das ‹triadische ballett›, das ‹figurale kabinett›, der ‹stab-tanz›, die zum teil dort kreiert wurden ... nachher, bei den aufführungen haben wir studierenden tatsächlich versucht, auch zu tanzen. schlemmer komponierte für diese aufführungen, beispielsweise den ‹metall-tanz›, selbst die musik.»[381]

übungen für die herstellung eines stückes wurden gemeinsam vorgenommen. darüber hinaus konnte man sich an der bauhaus-bühne betätigen, wie man wollte, laut bill ohne festgelegten stunden- oder tagesplan. dies kam ihm und seinen ideologischen vorstellungen sehr gelegen.

an anderer stelle kommt bill in einem interview zu schlemmer rückblickend nochmals auf das ‹triadische ballett› zu sprechen: schlemmer «war sehr merkwürdig, er war eigentlich sehr zurückhaltend. wenn man zum beispiel das ‹triadische ballett› ansieht, gab es da immer figuren, die aneinander vorbeigehen, die sehr wenig beziehungen zueinander haben. sie haben räumliche beziehungen, beziehungen, die sehr isoliert sind. es gibt ganz wenige direkt-menschliche ausdrucksformen drin.»[382]

«sachlich-fachlich» – ein lieblingsbegriff von oskar schlemmer

max bill geriet also an der bauhaus-bühne mitten hinein in den arbeitstrubel, in dem sich schlemmer wegen der geplanten aufführung von *les noces* befand. genoss er das ambiente, die experimentelle situation, die er antraf, oder verunsicherte sie ihn, kam er in die bedrouille, ins schleudern?

schlemmer musste bald enttäuscht zur kenntnis nehmen, dass die aufführung von *les noces* in berlin verschoben wurde. schliesslich wurde ihm auch kein ersatztermin mehr in aussicht gestellt. schlemmers kontakt zu scherchen brach damit ab.

war scherchen vielleicht aus gründen von arbeitseinsätzen an anderen orten ungewollt verhindert, arbeitsmässig überlastet? im monat darauf ist er jedenfalls in maxens geburtsstadt winterthur tätig. scherchen dirigierte dort am 19. februar 1928 die *kunst der fuge* von johann sebastian bach in der orchesterfassung von wolfgang graeser. diese aufführung in winterthur war die schweizerische erstaufführung. daran anschliessend dirigierte scherchen bachs *kunst der fuge* in den monaten märz und april 1928 in zürich, lausanne, genf und frankfurt am main. schliesslich übernahm er mit unermüdlichem arbeitselan im selben jahr die leitung der musikabteilung im königsberger ostmarkenrundfunk.

ob max bill gelegenheit hatte, eine dieser aufführungen zu besuchen? vielleicht gemeinsam mit seiner mutter, die sich in ihrer scheidungsklage über mangelndes kulturelles interesse ihres mannes beklagt hatte.

scherchens freundschaft mit wladimir vogel datierte schon aus der zeit nach dem ersten weltkrieg in berlin. «seitdem setzte er sich als dirigent und als verleger für ihn ein, wo immer er konnte. für vogels künstlerische laufbahn entscheidend waren insbesondere die uraufführungen, die hermann scherchen in den dreissiger jahren betreute: 1931 in königsberg die *zwei etüden für orchester* von 1930; 1932 in berlin die kurz zuvor entstandene *ritmica ostinata* für blasorchester.»[383]

es wurden zwei konzerte – «keineswegs leichte musik» – pro tag gegeben und vorträge gehalten, so berichtet canetti und lässt sich ausführlich über den «dirigenten» scherchen aus.[384]

ein exemplar von *wladimir vogel, schriften und aufzeichnungen über musik,* das sich in der bibliothek max bill befindet, ist mit einer widmung des herausgebers versehen: «max bill, der wie kein zweiter bildender künstler die entstehung der neuen musik mitverfolgt, mit den besten wünschen des herausgebers zum 22. dezember 1977, walter labhart»; und darunter hat der musiker, zu bills geburtstag, jedoch erst ein paar jahre später, seinen namen mit rotem stift dazugesetzt «wladimir vogel 22.12.80».

---

383 in: hermann scherchen 1891–1966, 1986
384 siehe canetti 1985
385 vogel 1977, s. 174
386 wladimir vogel, zürich 7.5.1974, an walter labhart; vogel 1977, s. 252
387 winkler 2003, s. 106
388 fischli 1968, s. 56

bill wird den kontakt zu hermann scherchen weiter pflegen und für ars viva, einen von scherchen gegründeten musikverlag, das verlagssignet und das standard-cover auf sehr radikal-reduzierte weise gestalten, so u. a. für *tripartita* von wladimir vogel (strassburg, 1933/34, siehe s. 403).

hermann scherchen hatte an die von ihm organisierte ‹arbeitstagung für moderne musik› in strassburg, die einen monat dauern sollte, nicht nur den busoni-schüler wladimir vogel, sondern noch weitere zeitgenössische komponisten eingeladen. zusätzlich hatte er den schriftsteller elias canetti brieflich aus riva gebeten, nach dem 23. juli 1933 nach strassburg zu kommen.
der komponist wladimir vogel emigrierte 1933 in die schweiz, wo max bill unter den ersten kulturschaffenden ist, die vogel dort kennenlernt. sie hatten als gemeinsamen bekannten den musiker robert blum, bei dem max bill in der 1928 gegründeten zürcher kleinkunstbühne ‹der krater› belegtermassen ab märz 1930 mitwirken wird und mit dem wladimir vogel in berlin, in der meisterklasse busonis an der alten preussischen akademie der künste, gemeinsam studiert hatte.
«ich meldete mich bei busoni, als bekannt wurde, dass er als nachfolger von richard strauss die meisterklasse übernehmen sollte, doch nur fünf schüler anzunehmen bereit war. davon hatte er schon drei aus der schweiz, wo er den ersten weltkrieg verbacht hatte, mitgebracht. es waren meine schweizer kollegen luc balmer (bern), robert blum (zürich) und walther geiser (basel), die alle neben ihren verschieden gelagerten begabungen eins gemeinsam hatten: die harte schweizer währung.»[385] zu diesen stiess als student dann noch der aus dessau stammende und später weltberühmt gewordene kurt weill.
nach eigenen biografischen angaben war vogel «als sohn eines deutschen vaters und einer russischen mutter in moskau zur welt gekommen und hatte demzufolge den papieren nach deutsche nationalität. «als ich dann deutschland verlassen hatte und mit deutschem pass in der schweiz war, behandelte man mich hier als deutschen.»[386]
ebenfalls in scherchens ars-viva-musikverlag erschien, diesmal in brüssel und erneut mit dem bill-cover, *joh. seb. bach musikalisches opfer version roger vuataz, partition,* 1937; bill wird im dezember 1940 einen vortrag scherchens in zürich anhören über ‹die musikalische interpretation und die weiterentwicklung der musik›.
mitten im kalten krieg publiziert scherchen, kurz bevor er seine stelle in win-

terthur nach fast dreissig arbeitsintensiven jahren verliert, wegen, wie es nun plötzlich heisst «unvereinbarer politischer ansichten», die *kunst der fuge (1749–1750) johann sebastian bachs*.

gesetzmässigkeiten bach'scher fugen

am bauhaus beschäftigten sich einige mit dem thema der bach'schen fugen. «angeregt durch den klee-unterricht», machte sich ein kollektiv dessauer bauhaus-studenten, püschel, neugeboren und marx, an «die grafische und plastische umsetzung einer fuge von bach in ein bildwerk».[387]
und ein sohn des dichters otto flake hatte sich die aufgabe gestellt, «die gesetzmässigkeiten einer fuge von johann sebastian bach in einem schema grafisch darzustellen, er studierte dazu die partitur und liess eine schallplatte laufen».[388]

xanti schawinsky, der «schwarzmähnige tiger»

alexander ‹xanti› schawinsky stammte aus basel und hatte sich, bald nach katt both und vor max bills ankunft, in dessau unter der immatrikulationsnummer 16 eingeschrieben. zuvor hatte xanti als bühnenbildner am stadttheater in zwickau gearbeitet. auf seinem dort erworbenen soliden know-how konnte er in dessau aufbauen. von anfang an engagierte er sich begeistert und äusserst rege an der bauhaus-bühne.

xanti war vier jahre älter als max und spielte in der bauhaus-band, in der auch bill zeitweise als banjo-spieler aktiv wird.

xanti bat bill ende der vierzigerjahre, das, was er sich vom bauhaus erwartet und was er dann am bauhaus erlebt hatte, zu beschreiben, und max versuchte es mit folgenden worten:

«es ist einem, als ob man eines tages dort angelangt wäre, mehr einem unwiderstehlichen drang folgend, als etwas ganz bestimmtes erwartend; aber in der hoffnung, am bauhaus das zu finden, was dem modernen lebensgefühl am meisten entspricht: die verbindung von bildung, wissenschaft, experiment, jugendlichem übermut und kulturbewusstsein.

währenddem man am bauhaus war, wurde man sich dieses suchens nicht mehr bewusst. man arbeitete, man experimentierte, man diskutierte. das leben ausserhalb begann an interesse zu verlieren, denn man war mitglied einer gemeinschaft, in der von den bedeutendsten künstlern unserer epoche bis zu ver-

auch die *kunst der fuge (1749–1750) johann sebastian bachs*, instrumentalisierung roger vuataz (seinem freunde hermann scherchen gewidmet), 1950, eigentum des verlags hermann scherchen – ars viva, zürich, mit dem schwarz-weissen standard-cover gestaltet von max bill, befindet sich in der bibliothek von max bill; darin mit rotem stift die handschriftliche widmung: «herrn bill in freundschaftlicher dankbarkeit hermann scherchen zürich 7.V.50».
der 1896 in genf geborene vuataz, der die partitur der instrumentierung der *kunst der fuge* notierte, ist ab 1942 direktor musikalischer sendungen von radio genf.

eine arbeit von heinrich neugeboren, *stereometrische darstellung von vier takten einer fuge aus dem ‹wohltemperierten klavier› von j. s. bach*, vorschlag zu einem bach-monument, ursprüngliches modell 1928, ist abgebildet in klaus-jürgen winkler: «die werkstätten für wandmalerei und bildhauerei» (1974, s. 19).

xanti schawinsky gab ein semester lang clemens röseler, t. lux feininger und roman clemens privatunterricht über seine bisherige praktische bühnenerfahrung. der bauhaus-bühnenkollege roman clemens, max bills deutscher mitstudent, wird sich in den kommenden düsteren zeiten entschliessen, aus nazi-deutschland zu emigrieren, und max bill – zu jenem zeitpunkt dann bereits in die schweiz zurückgekehrt – wird ihn in zürich in seiner engen wohnung aufnehmen.

t. lux feininger: karikatur «ashes of the great oskar schlemmer», 4. mai 1928 blei- und farbstiftzeichnung, 21,5 × 27,4 cm

einzelten, zufällig ans bauhaus geschwemmten widerwärtigen strebern alles vereinigt war. darunter suchte man sich seine kameraden und die noch lieberen kameradinnen, man fand bisweilen das lernen überflüssig, vergass aber dennoch nie zu arbeiten.»[389]

t. lux feininger war vielleicht auf max, der seinerseits mit clemens röseler befreundet war, eifersüchtig. für röseler, der ihm das banjo-spielen beibrachte, hätte t. lux nach eigenem bekennen jederzeit «die hand ins feuer» gelegt. jedenfalls beschäftigte bill die zeichnerische phantasie des meister-feininger-sohns. im mai 1928 zeichnete t. lux eine karikatur, in der er den «urenkel» bill in devoter haltung vor einer urne mit den «ashes of the great oskar schlemmer» knieen lässt, mit der ironischen widmung versehen: «herrn bill gewidmet», «gemalen von lux 4.5.28». sehr erheiternd an dieser karikatur ist das mischen von deutsch und englisch. der autobiografie von t. lux *zwei welten – mein künstlerleben zwischen bauhaus und amerika* ist zu entnehmen, dass er sich im anschluss an gemeinsame kinobesuche mit seinem vater, dem bauhaus-meister lyonel feininger, über die inhalte der filme auf englisch, worauf er sehr stolz war, unterhalten habe.

lyonel feiningers schiffsthematik

t. lux wohnte mit seinen eltern in einem der bauhaus-meisterhäuser. möglich ist, dass bill, auch einmal dort war, jedenfalls scheint er bilder von lyonel feininger zu gesicht bekommen zu haben. denn ein gewisser stilistischer einfluss des malers auf den jungen bill ist – wenn auch nur vorübergehend – ausmachbar. eine visuelle annäherung an die schiffsthematik von lyonel feininger macht sich in zwei arbeiten max bills auf papier bemerkbar: *ein schiff bei sonnenuntergang* (1928, no. 16) entstand in den sommerferien, im juli 1928, als er sich zum zweiten mal in italien aufhielt. dieses aquarell widmete bill mit dem vermerk: «meinem vater, weil ich noch so lange nicht komme! 28.7.28». die andere arbeit, *ein schiff unter der sonne* (1929, no. 33) ist aus dem darauffolgenden jahr.

bauhaus-student bill geht nicht derart sezierend vor wie feininger, der sich die

389 bill 1947
390 lyonel feininger; zit. nach schreyer 1956, s. 139

frage stellte: «was tue ich denn, wenn ich ein bild male? ich meine, ein leben der kunst zu erzeugen, wenn ich das leben der natur zerstückele. ich nehme ein rasiermesser in die hand und zerstückele noch die leiche, um die seele zu finden, und finde sie nicht. ich zerquäle mich selbst nach der eigenen seele. und was bleibt auf dem bild? schnitt neben schnitt. ein netz von scharfen oder unsicheren schnitten. sie meinen, es seien konstruktionslinien. sie meinen vielleicht, es seien die kraftlinien des lebens, die ich aufgedeckt habe. ach nein, es sind verlegenheiten. es sind die merkmale dafür, dass ich von aussen an das geheimnis des geistes herankommen will. und ich weiss doch, dass dies unmöglich ist.»[390]

bill hingegen wird sich tatsächlich auf die suche nach den «konstruktionslinien» machen. er hat für sich einen teilaspekt der feininger-methode übernommen und konstruktiv umgesetzt. bills gestaltung der sonne, deren linearen aufbau in seinem aquarell *ein schiff unter der sonne* (1929, siehe s. 182) kann man als frühen vorläufer zu seiner serie der *fünfzehn variationen über ein thema*, an der er ab 1935 bis 1938 arbeiten wird (siehe s. 19, 183, 531) betrachten.

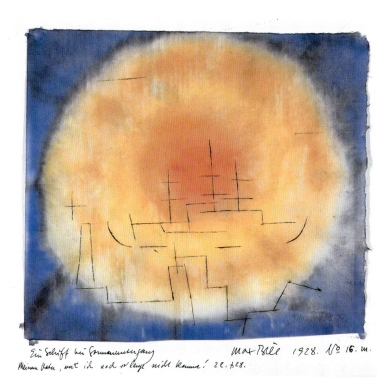

max bill: *ein schiff bei sonnenuntergang*, 1928 aquarell und tusche auf papier, mit widmung: «meinem vater, weil ich noch so lange nicht komme! 28.7.28»

max bill: *ein schiff unter der sonne*, 1929
aquarell und tusche auf papier, 44 × 30,5 cm

feininger hing gewissen vorstellungen der deutschen romantik nach, mit der er eine vorliebe für die themen der ostsee-landschaft teilte. zu seinem 60. geburtstag fand in der nationalgalerie berlin 1931 eine retrospektive seiner werke statt. nach der machtergreifung der nazis, «obwohl die jüdische abstammung seiner frau julia ebenso wie seine anbindungen an die moderne ihn der verfolgung durch die nazis aussetzten», konnte sich feininger nicht sogleich zur rückkehr nach amerika entschliessen. erst nach einer hausdurchsuchung durch die gestapo und nach der «entfernung von ungefähr 378 seiner bilder aus deutschen museen» und nachdem er in der naziausstellung *entartete kunst* an den pranger gestellt wurde, verliessen er und seine frau «am 11. juni 1937 deutschland in richtung amerika.»[391]

die mehrfach begabten bauhäuslerinnen und bauhäusler
«auf einladung der gebrüder rasch wurde an den entwürfen für tapeten gearbeitet, an welchen sich jeder und jede beteiligen konnte. aus allem, was abgeliefert wurde, fand eine auswahl statt, und jeder beteiligte erhielt ein kleines ho-

391 siehe eckmann 1997
392 schawinsky 1927

max bill: blatt aus der serie
fünfzehn variationen über ein thema, 1935–1938

norar. eine engere arbeits-gruppe übernahm die endgültige bearbeitung der kollektiv-ideen, und daraus entstand endlich das fertige produkt bei den rasch-werken und wurde unter dem namen ‹bauhaus-tapeten› auf den markt gebracht. die urheberschaft blieb anonym und ausser den honoraren an die beteiligten zahlte die firma von nun an ‹tantiemen› an die bauhaus g.m.b.h., welche zur geschäfts-führung mit der industrie gegründet worden war.»[392]
der vertrag zwischen dem bauhaus und der firma gebr. rasch & co. über den neukreierten markenbegriff ‹bauhaus-tapete› wurde zu einem zeitpunkt unterzeichnet, als bill sich noch nicht defintiv entschieden hatte, ob er in zukunft in dessau oder in zürich wohnen sollte, nämlich im märz 1929.

es wurde zwischen der tapetenfirma und dem bauhaus vertraglich festgelegt, dass «alle entwürfe und kolorits ausdrücklich vom bauhaus genehmigt werden», ausserdem «behielt sich das bauhaus das recht vor, reklamearbeiten, wie z.b. plakate, anzeigen etc. zu entwerfen und herzustellen, um das publizistische erscheinungsbild ebenso nach den ästhetischen leitlinien des bauhauses gestalten zu können. dieser vertrag sah auch vor, dass 5 % vom umsatz für

im april 1929 gab bill in der zeitschrift *letzte politik* noch annoncen auf, in denen er nach einer arbeit in dessau ausschau hielt.

«einer der sieger des wettbewerbs, hanns fischli, setzte josef albers' methodik im vorkursunterricht auf tapete um ... den erfolg teilte er sich mit leiteritz, die muster mit linierungen und punktraster erfunden hatte.»[394] margaret leiteritz und fischli gewannen «die meisten preise zur gestaltung der bauhaus-tapeten».[395]

die kolorierung legte hinnerk scheper «mit seinen schülern in der fabrik in bramsche direkt an den maschinen fest. diese arbeit scheint den bauhäuslern so viel freude gemacht zu haben, dass hannes meyer spöttelte, jetzt gingen auch die letzten jünger der kunst tapetenfarben mischen.»[396]

der zwischenzeitliche aufenthaltsort von margaret leiteritz, kassel, wird mir bestätigt von burckhard kieselbach: «1929/30 war frau leiteritz für ein urlaubssemester als volontärin am kassler staatstheater, wo sie an den bühnenbildern im malsaal mitarbeitete.»

---

393 thümmler 1999
394 ebenda
395 mitteilung von burckhard kieselbach, der zugang zum archiv der tapetenfabrik rasch hat; kieselbach design, bramsche 2007
396 thümmler 1999
397 [vermutlich] hilde rantzsch, dessau, n.d. (november oder dezember 1929), an max bill; bibliothek max bill
398 lou scheper; zit. nach neumann 1971, s. 95
399 neumann 1971, s. 91
400 lou scheper; ebenda, s. 95

reklame auszugeben seien ... der entwurf der bauhaus-tapeten wurde der werkstatt für wandmalerei übertragen, die in dessau der leitung von hinnerk scheper unterstellt war.»[393]

unter der direktion von hannes meyer wurde ein ausschuss mit der entwurfsarbeit der bauhaus-tapeten betraut. dieser setzte sich aus den vier meistern josef albers, ludwig hilberseimer, hinnerk scheper und joost schmidt zusammen. es wurde ein wettbewerb unter den studierenden veranstaltet, an dem sich max bills freunde clemens röseler und hanns fischli sowie ihre mitstudentin margaret camilla leiteritz beteiligten. die ausgewählten entwürfe wurden schliesslich anonymisiert herausgebracht.

mit der kommilitonin margaret leiteritz, die sich erfolgreich zusammen mit fischli den entwürfen für die sogenannten bauhaus-tapeten widmete, scheint auch bill in näherem kontakt gestanden zu haben. denn ihm wird – nach seinem wegzug aus deutschland – über das weitere schicksal «der leiteritz» in einem gegen ende des jahres 1929 aus dessau in die schweiz geschickten brief von hilde rantzsch bericht erstattet. sie setzte wohl voraus, dass den briefempfänger diese mitteilungen interessieren würden: «leiteritz ist in kassel als teatermaler am staatsteater [sic], aber ... schreibt nicht», und geografisch am weitesten entfernt «sitzt lou scheper mit ihrem mann in moskau und spielt sich durch geistelnde artikel als intellektuelle frau auf.»[397]

lou scheper selber war, entgegen der leicht giftelnden mitteilung von hilde rantzsch, durchaus begeistert von den möglichkeiten ihres aufenthalts in moskau: «der auftrag, 1928/29 als ‹spezialist› an der farbe im stadtbild moskaus mitzuarbeiten, ermöglicht durch beurlaubung [vom bauhaus], eröffnete ein riesiges versuchsfeld und vermittelte erfahrungen, die bauhaus und bauhäuslern zugute kamen. nicht unerwähnt darf bleiben, dass die ausführung grosser aufträge den mitgliedern der bauhaus-werkstatt für wandmalerei neben der begegnung mit der praxis existenzmöglichkeiten bot. sie arbeitete wirtschaftlich rentabel, eine ausnahme für einen lehrbetrieb, der aber nicht auf kosten der lehre ging.»[398]

bills persönliche haltung gegenüber den politischen vorgängen jener periode in der udssr ist einem von ihm für das humoristisch-satirische schweizer wochenblatt *nebelspalter* konzipierten cover abzulesen. darauf prangert er die aktuelle situation in der udssr an, wo «ein posten sowjetführer [sic] weit unter anschaffungspreis abzugeben» sei. in seiner figurativen darstellung hält ein

zu margaret camilla leiteritz erschienen vor wenigen jahren zwei publikationen: claudia hohmann: *margaret camilla leiteritz, bauhauskünstlerin und bibliothekarin*, museum für angewandte kunst, frankfurt am main, 2004; heinrich p. muehlmann: *margaret camilla leiteritz, studium am bauhaus*, 2006, hrsg. zur ausstellung im meisterhaus kandinsky/klee, dessau. der letztgenannte verwaltet den nachlass von margaret camilla leiteritz.

max bill: «ussr – ein posten sowietführer weit unter anschaffungspreis abzugeben», 1929
titelbild der zeitschrift *nebelspalter*, 13. oktober 1929

sowjetmilitär ein nahezu wie mit einer heutigen schablone gespraytes flugblatt wie einen nicht beschrifteten steckbrief in der hand, das wohl den intellektuellen brillenträgerkopf des dort billig abzugebenden leo trotzki zeigt, den josef stalin wegen angeblicher verschwörung loswerden will.

progressive farbinhalte versus «brandiges nazirot»

«hellklare und dunkelklare töne, reines weiss und reines schwarz, variierte graustufen ohne verschmutzung – das war die farbwelt, in die das schlimme braun, das brandige rot des dritten reiches einbrachen. was vor 1934 lag, wurde verschüttet und muss mühsam wieder zutage gefördert, zum bewusstsein gebracht werden.»[400]

wenn max bill in späteren jahren, besonders auffallend in den vierzigerjahren, seinerseits «reines weiss und reines schwarz» in seinen bildern verwendet, so beruft er sich auf das «klare» der am bauhaus gepflegten «farbwelt». er beharrt auf jenen progressiven farbinhalten, die auch er den schlimmen farben der nazis entschlossen entgegenzusetzen weiss.

lou scheper, diese bemerkenswerte frau, die nach dem zweiten weltkrieg in west-berlin für die farbgestaltung der vom architekten hans scharoun entwor-

die seit 1922 mit hinnerk scheper verheiratete bauhaus-studentin lou scheper-berkenkamp hatte sich bei oskar schlemmer an den aufgaben der bauhausbühne beteiligt. sie malte und stellte mit der gruppe ‹junge maler am bauhaus› in wanderausstellungen aus. hinnerk scheper wurde vom bauhaus beurlaubt, um in moskau «als spezialist für fragen der farbe in der architektur und im stadtbild von moskau» beratend tätig zu werden. danach kehrte er mit seiner familie aus moskau ans bauhaus nach dessau zurück.[399]

über verbindungen von bauhausleuten zu sowjetischen künstlern siehe: larissa a. shadowa: «hinnerk scheper und boris ender im maljarstroj», in: *wissenschaftliche zeitschrift der hochschule architektur und bauwesen*, weimar, 26. jg., heft 4–5, 1979

diese zugehörigkeit zur bauhausfamilie dehnte sich auf den sohn aus. und so kam es, dass dirk scheper, auf meine bitte hin, bei der gedenkfeier für max bill im zürcher schauspielhaus eine ergreifende rede hielt. dirk scheper berichtete darin über den tag vor maxens tod, an dem er mit bill, bei einer stundenlangen sitzung im berliner bauhausarchiv, zusammengearbeitet hatte.

ob der von bill ausgesprochene vorwurf gerechtfertigt ist, vermag ich nicht zu beurteilen. vielleicht handelt es sich nur um einen verdacht. jedenfalls fand ich keinen historischen quellenbeleg, der diese von bill ausgesprochene anschuldigung bestätigt hätte. zutreffend ist auf jeden fall, dass in der planungsphase der hochschule für gestaltung max bill von der deutschen industrie verschiedene stolpersteine in den weg gelegt wurden.

hannes meyer schrieb im april 1947: «max bill, architekt und grafiker ... sehr rühriger geschäftsmann und manager. steckt in allem, was moderne kunst ist ... hielt vor einem jahr einen vortrag in mailand über das bauhaus, wo er plötzlich mit mir sympathisiert. konjunktur?»[402]

---
401 max bill rückblickend auf die ulmer hfg-zeit in einem gespräch mit angela thomas, 1.10.1975
402 hannes meyer, mexiko, 28.4.1947, an waldemar adler; archiv stiftung bauhaus dessau
403 nonne-schmidt 1984 [c], s. 21f., 116, und s/w ill. 40, s. 36
404 rasch 1971, s. 183
405 grote 1959, s. 8

fenen berliner philharmonie (1962/63) verantwortlich war, habe ich leider nicht mehr persönlich kennengelernt; sie verstarb unerwartet, kurz bevor sie in begleitung ihres sohnes dirk scheper die von max bill und mir 1976 eingerichtete *max-bill-retrospektive* in der berliner akademie der künste besuchen wollte. lou scheper und max bill hatten sich einander seit der zeit am bauhaus, das auf bestimmte art für sie wie ein gemeinsames «zuhause» (lou scheper) war, verbunden gefühlt.

wirbel um die bauhaus-tapete

wegen einer kritischen äusserung zu abbildungen im buch der bauhaus-tapeten wird bill – wie er mir gegenüber äusserte – den unmut des direktors der firma gebr. rasch & co, dr. emil rasch, auf sich ziehen.

das *bauhaus tapetenmusterbuch* wurde bei rasch veröffentlicht, und zwar mit einem porträtfoto von walter gropius. darüber habe sich bill in einer kritik mokiert: es sei sehr viel eleganter, ein foto von gropius zu bringen, der in die usa ging, als ein porträtfoto von hannes meyer, der schliesslich derjenige war, der seinerzeit in dessau den tapetenwettbewerb betreute, der aber auf die «falsche» seite, in die udssr, überwechselte. wegen dieser kritik habe der industrielle dr. emil rasch in deutschland «stimmung» gegen ihn und seine hfg-pläne gemacht.[401]

wer am bauhaus was getan oder nicht getan hat, gehört aber in das kapitel der rezeptionsgeschichte des bauhauses. bill scheint darum bemüht gewesen zu sein, das, was tatsächlich geschehen war, wer daran anteil hatte, historisch möglichst korrekt wiederzugeben. hannes meyer äusserte sich in der zweiten hälfte der vierzigerjahre trotzdem erstaunt darüber, dass max bill in der rückschau auf die dessauer bauhaus-jahre «plötzlich» mit ihm sympathisiere.

der tapetenkatalog, auf den bill sich im gespräch mit mir bezog, war von bauhaus-meister joost schmidt gestaltet worden. es sei die «letzte auftragsarbeit» gewesen, die an «schmidtchen» am bauhaus in seiner berliner schlussphase erging, und er habe sie «im sommer 1932» ausgeführt. auftraggeber war die firma gebrüder rasch in bramsche/osnabrück.

dr. emil raschs schwester maria rasch hatte am weimarer bauhaus studiert. einer ihrer mitstudierenden dort war hinnerk scheper. durch dessen vermittlung konnte emil rasch im jahr 1928 hannes meyer in seinem büro am bauhaus in dessau aufsuchen.

meyer habe sich, aus einer gewissen «tapetenfeindlichen haltung» heraus, ihm gegenüber anfangs distanziert-abweisend verhalten, wie rasch im rückblick schreibt: «es hat mich nicht überrascht, bei meiner begegnung mit dem bauhaus in dessau 1928, die mir hinnerk scheper vermittelt hatte, den damaligen direktor, hannes meyer, zunächst reserviert zu finden, als ich ihm den vorschlag machte, bauhaus-tapeten zu entwickeln. hannes meyer, der für das bauhaus grundsätzlich eine zusammenarbeit mit der industrie anstrebte, um die wirtschaftliche basis der schule zu erweitern und den studierenden neue praktische ausbildungsmöglichkeiten zu erschliessen, hat dann doch meine anregung akzeptiert und unsere weitere zusammenarbeit verlief sehr harmonisch. als ich ihm einmal ein kompliment machte für die korrekte und termingerechte durchführung unserer programme und für seine solide kaufmännische einstellung, sagte er mir: ‹sie brauchen sich darüber nicht zu wundern, ich stamme aus einer basler kaufmannsfamilie.› … das versäumnis, walter gropius kennenzulernen, konnte ich erst nach dem [zweiten welt-]kriege gutmachen.»[404]
diese aussage gibt der von max bill geübten kritik recht, nämlich, dass rasch im jahr 1928 rein gar nichts mit walter gropius zu tun hatte.

zum bauhaus gehörte auch die palucca

die arbeit auf der bauhaus-bühne brachte bill nicht nur herausforderndes und erfreuliches, er machte hier auch eine einschneidend-schmerzhafte erfahrung. gret palucca hatte, nach einem studium bei der tänzerin mary wigman, 1924 eine solokarriere begonnen und den aus einer der vermögendsten familien dresdens stammenden fabrikantensohn friedrich bienert geheiratet. die bauhaus-meister kandinsky und moholy-nagy verkehrten bei ihren schwiegereltern, den bienerts; moholy-nagy gestaltete das cover für ein buch über die bedeutende kunstsammlung bienert. piet mondrian hatte für paluccas schwiegermutter den «salon pour ida b.» entworfen.
gret palucca kam zum tanzen an die bauhaus-bühne und führte «den modernen tanz aus seiner expressionistischen phase in den bereich des geistes und der abstraktion», «so dass er schwerelos und immateriell wurde. in klee und kandinsky kann sie mit recht die väter ihrer grossen kunst sehen.» den studierenden am bauhaus führte palucca «nicht nur ihre tänze, sondern auch ihre übungen vor, die einblick gewährten in den gestaltungsprozess ihrer tänzerischen schöpfungen.»[405] paluccas gesicht war hell, und ihre technisch vollen-

«die fotoplastik der titelseite zeigt vor einer silbernen kugel, in der sich ein teil von schmidts atelier in einem der meisterhäuser spiegelt, ein stück bauhaus-tapete, in der die typische struktur der klassischen bauhaus-tapetenmuster erkennbar ist. die grosse silberne glaskugel wurde an der atelierdecke aufgehängt, die abgerollte tapete auf einen tisch gelegt und zusammen mit dem gezeichneten schriftband fotografiert. mit der amüsant-grotesken kugelspiegelung von tapete, typografie und räumlichem ambiente wird die sachdarstellung zum schaubild verwandelt. das schriftband unter dem bild weist ausdrücklich auf den spezifischen charakter der tapeten hin, von dem man sich an hand der originalen musterblätter im katalog überzeugen kann.»[403]

postkarte «gret palucca, wassily kandinsky: ballett-studie und abstraktion 1926», bauhaus dessau, ddr

gret palucca wird in der folge eine eigene schule gründen, die dann von den nazis mit der «begründung», sie sei eine «halbjüdin 1. grades mütterlicherseits» geschlossen wird.⁴⁰⁷ als bill viele jahre später, im herbst 1988, mit mir in leipzig/ddr zu besuch ist, um dort im museum eine ausstellung seiner grafischen blätter einzurichten, bin ich dabei, als er sich von leipzig aus telefonisch mit palucca in dresden verbinden lässt und sich aufs freundlichste nach ihrem befinden erkundigt. die weltberühmte tänzerin stirbt 1993, ein jahr vor bill.

dete leichtigkeit war gepaart mit zartestem charme. sie wird geschildert als von energie strotzende persönlichkeit. zeitzeugen beschreiben ihren tanzstil als «abstrakt» und «absolut».

die tänzerin, die nur sechs jahre älter als bill war, der sie bewunderte und als vorbildlich anerkannte, zeigte den bauhaus-studierenden am 6. mai 1928 auf der bauhaus-bühne eine reihe von technischen übungen und improvisationen. als bill bald darauf versuchte, sich eine von paluccas übungen ins gedächtnis zu rufen und ihr, ganz auf sich selbst konzentriert, kreisförmig nachzugehen, passierte ein bühnenunfall. die ironie des schicksals wollte es, dass bill, der noch im januar für seinen eintritt in die bauhaus-bühnentruppe ein ärztliches gesundheitszeugnis hatte vorlegen müssen, gerade hier auf der bühne einen schaden nahm.

«die gret palucca, das war eine hervorragende tänzerin und sie hat übungen gemacht, ihr eigenes training … eine dieser übungen, über die ich sie dann befragt habe, machte mir besonderen eindruck …

ich habe mir dann selbst, dort auf der bauhaus-bühne, diese übungen vorgenommen. und ich hatte eine solche übung angefangen, währenddem ich gar nicht zugesehen habe, dass einer irgendwie oben am trapez etwas macht, und der ist dann runter gekommen, und wir haben uns die köpfe zusammengeschlagen, mir hat es mehr als die hälfte der zähne rausgerissen … das war gewissermassen das ende dieser kreislauferei auf diesem platz.»⁴⁰⁶

nach diesem unfall musste sich max bill in seiner mundhöhle, im oberen gaumen, eine gewölbte stahlplatte einpassen lassen. die zahnarztrechnung dürfte ein beachtliches loch in sein budget gerissen haben. dazu kamen andere, banale kalamitäten: hanns fischli verkaufte zum beispiel in bills abwesenheit des-

---
406 max bill; in scheidegger 1998
407 ralf stabel: «tanz durch die regime des 20. jahrhunderts», in: *neue zürcher zeitung*, 8.1.2002
408 fischli 1968, s. 60

sen habseligkeiten und gab ihm nichts vom erlös ab. seine finanziell schwierige situation wird bill zwingen, das bauhaus zu verlassen, da er sich die fortsetzung des studiums nicht mehr leisten kann.

max bill verarbeitete die vehemenz des zusammenstosses künstlerisch, umgesetzt in eine farblich krass rot-grüne komposition, der er den titel *siamesische zwillingsakrobaten* gab. in diesem noch figürlichen ölbild erkennt man deutlich eine auf den boden gemalte kreisform, analog der übungsvorlage von gret palucca, der bill auf der bauhausbühne nachgegangen war.

während seiner schülerzeit im institut in oetwil am see war es ausgerechnet max bill passiert, dass ihm die bindungen seiner skier zerrissen. jetzt, während seiner studienzeit am bauhaus, dürfte sich sein unfall auf der bauhaus-bühne sofort in seinem umfeld herumgesprochen haben, denn er war auf seine weise höchst ungewöhnlich. möglicherweise bezieht sich auch ein von paul klee 1929 gemaltes, *seltsames theater* betiteltes werk auf diesen dramaturgisch nicht vorgesehenen zwischenfall auf der bauhaus-bühne.

hanns fischli, der ein jahr nach bill im sommersemester 1928 ans bauhaus gekommen war, wunderte sich über die spezielle aura, die die bauhaus-bühnengruppe umgab: «… weil man wusste, dass sie im keller hausten, keine mittel besassen, hatte die schlemmer-gruppe einen eigenartigen wert. wenn sie herumliefen oder am tisch in der kantine sassen, musste man zweimal hinschauen – einmal theater, dann erst tranken sie die milch aus gewöhnlichen gläsern.

schlemmer war von allen meistern am häufigsten unter der schülerschar anzutreffen. tut, seine gattin, war damals für uns eine legendäre figur, die nur sporadisch bei festen auftauchte.»[408]

schlemmer unterrichtete ausser an der bühne auch noch wöchentlich zwei stunden lang die lehre vom menschen. das fach ‹der mensch› war obligatorisch für das dritte semester, in dem sich bill befand.

max bill: *siamesische zwillingsakrobaten,* 1929
öl auf karton, 66,5 × 57 cm

paul klee: *seltsames theater,* 1929
feder und aquarell auf papier
auf karton, 31,7 × 26,7 cm

max bill notierte dazu, die aufführung habe «wahrscheinlich am 7. juli 1928» am bauhaus stattgefunden. in der zeitung *bauhaus*, 2. jahrgang 1928, nr. 4, s. 24 ist unter der überschrift ‹veranstaltungen am bauhaus› für den 7.7.1928 angekündigt: «neue vorführungen der bauhaus-bühne: stäbetanz, musikalische clownerien, spiele nach texten von hans arp etc. unter mitwirkung von manda v. kreibig, carla grosch, e. siedhoff u.a.»; andererseits existiert ein programmzettel zu einer aufführung der bauhausbühne, jedoch nicht vom 7., sondern vom 9. juli 1928: «ballett- und pantomimenabend» (abgebildet in: dirk scheper: «oskar schlemmer – das triadische ballett und die bauhausbühne», 1988, abb. nr. 178, s. 159).

und oskar schlemmer schrieb dazu: «die darstellung des menschlichen körpers beschränkte sich bisher auf das aktzeichnen. dieses wurde im winter 1927/28 durch das figurenzeichnen erweitert (schematische darstellung des menschlichen körpers als linie, fläche, körper, nach zahl, mass und proportion; als skelett, nach muskulatur usw.) und wurde durch die lehre vom menschen vervollständigt.»[409]

oskar schlemmer: *reihenfolge 1–11*, um 1928 auftrittsfolge mit figurinen zu ‹das triadische ballett› und requisiten der ‹bauhaus tänze›, bauhaus-bühne dessau zeichnung auf papier, 28,3 × 22 cm

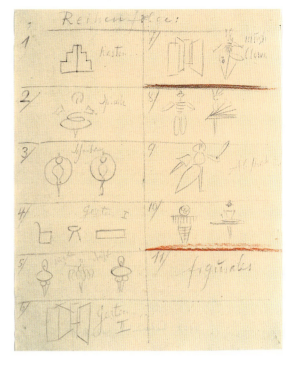

«dem unterricht ‹der mensch› geht am abend des vorhergehenden tages das zeichnen nach dem lebenden modell voraus, mangels guter modelle greifen die studierenden zur selbsthilfe und stehen abwechselnd selbst modell. sodann ist das aktzeichnen auf die bühne verlegt, wodurch ... durch aufbauten, geräte, scheinwerferlicht, bisweilen auch grammofonmusik, anregung und abwechslung geschaffen wird.»[410] ein von bill in dieser phase gezeichneter männlicher torso ist ebenfalls erhalten geblieben.

max war wieder einmal überhaupt nicht erpicht auf disziplierung. er sehnte sich nach einem freien umgang mit seinen mitmenschen. mit seinem freund röseler besuchte bill, manchmal von annemarie hennings begleitet, die von klee und von kandinsky geleiteten freien malklassen. «ich trat zu schlemmer in die bühne ein, malte, machte musik und studierte theoretische fächer ... nach dem weggang von gropius, moholy, breuer, bayer, trat ich im frühjahr 1928 zu kandinsky in die freie malklasse, ging zu klee und arbeitete theoretisch, an malerei und architektur.»[411]

---

409 oskar schlemmer, «unterrichtsgebiete», in: *bauhaus*, heft 2/3, 1928, s. 23; hrsg. hannes meyer, schriftleitung ernst kállai
410 ebenda
411 max bill, lebenslauf, um 1930
412 helfenstein 2000, s. 74–75

bauhaus-meister paul klee

paul klee hatte während des ersten weltkriegs als soldat in der deutschen armee kriegsdienst leisten müssen. sein vater lebte zwar in der schweiz, war aber ein deutscher, und somit hatte der sohn auch die deutsche staatsbügerschaft. immerhin hatte der in keiner weise kriegsbegeisterte paul klee das glück, nicht an der front kämpfen zu müssen.

klees werke wurden während des kriegs in der berliner galerie ‹der sturm› ausgestellt und erzielten dort 1917 den bis dahin grössten verkaufserfolg.

falls paul klee am bauhaus in dessau seinen studenten näheres zu seinen kulturpolitischen aktivitäten während der räterepublik im frühjahr 1919 in münchen erzählt haben sollte, ist anzunehmen, dass der junge bill zu schätzen wusste, dass sich klee politisch vorbildlich, nämlich auf der seite der progressiven, engagiert hatte. wegen des die räterepublik zunichtemachenden militärregimes hatte sich klee damals gefährdet gesehen und konnte sich nur durch die flucht aus deutschland den in münchen einsetzenden mörderischen repressionen entziehen.

während der münchner räterepublik war der freiwirtschafter silvio gesell der neuernannte «volksbeauftragte für finanzen» gewesen. max bill besorgte sich später eine broschüre über dessen finanzprogramm (siehe s. 80).

«noch während des krieges hatte klee angefangen, sich zunehmend mit theoretischen problemen bildnerischen gestaltens zu beschäftigen. 1918/19 schrieb er seinen ersten kunsttheoretischen essay, der im sammelband *schöpferische konfession* [herausgegeben von kasimir edschmid, erich reiss, berlin 1920] erschien.
nach der beurlaubung vom militärdienst ende 1918 und der endgültigen entlassung im februar 1919 mietete klee ein atelier im schlösschen suresnes in münchen. hier widmete er sich zum ersten mal intensiv der ölmalerei ... im frühjahr 1919 engagierte sich klee kulturpolitisch in der münchner räterepublik. nach deren zusammenbruch flüchtete er im juni vor dem militärregime in die schweiz. hier traf er hans arp und lernte tristan tzara sowie andere vertreter der zürcher dada-bewegung kennen.»[412]

im gegensatz zu schlemmer erwähnt übrigens klee in seinen tagebuchnotizen keinen einzigen seiner studenten oder studentinnen je namentlich.

max bill: *düstere bewegungen*, 1928
gouache über aquarell auf gerippte papier,
27,4 × 23,2 cm

damals erschienen auch die beiden ersten monografien über paul klee von leopold zahn und hans von wedderkop, unter mithilfe des künstlers.

«katherine s. dreier began to acquire works by klee. dreier was an american artist, collector, and educator of german ancestry who spoke german and travelled annually to germany to visit relatives. in new york in january 1920, together with marcel duchamp and man ray, she founded the société anonyme, inc., subtitled museum of modern art ... through the société anonyme, dreier organized klee's first one-person show in america. the exhibition took place at the society's new galleries at 44 west 57th street in new york from januar 7 until february 9, 1924.»[414]

noch bevor klee von gropius im oktober 1920 ans staatliche bauhaus nach weimar berufen wurde, war dem dazumal 40-jährigen künstler «der durchbruch zu öffentlicher anerkennung» gelungen, mit seiner bisher grössten ausstellung von «363 werken in der galerie ‹neue kunst – hans goltz› in münchen».[413]

und nachdem die société anonyme 1924 in new york die erste us-einzelausstellung von paul klee, organisiert von katherine dreier, gezeigt hatte, konnte der bauhaus-meister auf öffentliche anerkennung auch jenseits von europa stolz sein. nach dem erfolg in den usa wurde im oktober 1925 auch die erste pariser einzelausstellung klees veranstaltet, in der galerie vavin-raspail.

noch bevor bill ans bauhaus kam, war im herbst 1925 das *pädagogische skizzenbuch* von paul klee, eine kurzfassung seiner vorlesungen für das erste semester, in der reihe der bauhausbücher als band 2, erschienen.

während der phase, in der bill zu den studenten gehörte, denen klee in seiner freien malklasse unterricht erteilte, verfasste der bauhaus-meister den text «exacte versuche im bereich der kunst», den er 1928 in der zeitschrift *bauhaus* veröffentlichte. darin verteidigte klee seine persönliche kunstauffassung gegen die rationalistische tendenz des neuen bauhaus-direktors hannes meyer. und angesichts des auseinanderklaffens der anschauungen begann klee ab 1928,

paul klee: *pädagogische skizze*, um 1928
bleistift und farbstift auf papier

---
413 helfenstein 2000, s. 75
414 endicott barnett 2006, s. 31 und 33
415 helfenstein 2000, s. 109
416 ebenda, s. 109f.
417 so überliefert von ju aichinger-grosch; in grote 1959, s. 50
418 rückblickend berichtet von eva weininger, new york, 1991 in: weininger 1994, s. 379f.

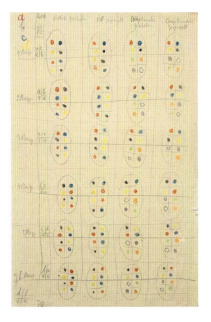

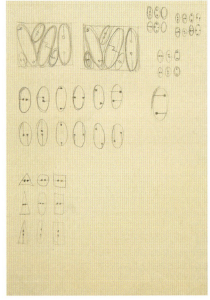

max bill: ohne titel, um 1928
bleistift auf papier

seinen weggang vom bauhaus in betracht zu ziehen. ob sich klee vor seinen studenten diese bauhaus-unlust im unterricht anmerken liess?
am bauhaus gab es eine gymnastiklehrerin namens karla grosch, eine schülerin der palucca. sie war mit der familie klee freundschaftlich verbunden. nach karlas plötzlichem tod kümmerte sich paul klee um ihre katze. ihrer schwester gegenüber erwähnt klee, er habe «in dessau die sa mit dem lied ‹siegreich wolln wir frankreich schlagen› vorbeimarschieren» gesehen und gehört.[417]
klee ahnt – und er verdrängt diese ahnung nicht –, wie für ihn und viele andere betroffene die nähere zukunft aussehen wird. so lautet der titel einer bittertraurigen zeichnung aus dem jahr 1933 *auswandern* (abgebildet in: lothar lang: *das bauhaus 1919–1933, idee und wirklichkeit*, zentralinstitut für formgestaltung, berlin 1965, s. 138).

östliche versus westliche tendenzen

die veränderung der atmosphäre am bauhaus nach dem weggang von gropius, moholy-nagy, breuer und weiterer alter bauhäusler, unter ihnen andor weininger, machte auch bill zu schaffen. nachdem er die bauhaus-kapelle, das kleinorchester, die – wie er es salopp ausdrückte – «zusammengeflogen» war, «wieder neu gegründet» hatte, reiste er nach italien ab, um dort über alles, was passiert war, an der sonne nachzudenken.
wie allerorten in den werkstätten am bauhaus fanden auch in der bauhauskapelle auseinandersetzungen um ideologische positionen statt. vielleicht übertrieb bill etwas, was seine von ihm behauptete rolle bei der neugründung der bauhaus-kapelle, deren mitglieder häufig wechselten, anbelangte?
allem anschein nach lassen sich zwei haupttendenzen ausmachen: in der anfangsphase der bauhaus-kapelle wurden die melodien einer lebensbekräftigen-

«im november stellten die surrealisten in ihrer ersten gruppenausstellung in der galerie pierre in paris zwei werke von klee aus ... die surrealisten, vor allem rené crevel, paul eluard, louis aragon und max ernst, gehörten zu den grossen bewunderern von klees kunst.»[415]

«das lehramt in dessau war für ihn mehr und mehr zum unterrichtszwang geworden, von dem zu befreien sich klee aber aus wirtschaftlichen gründen nicht entschliessen konnte. 1928 verhandelte er wegen einer professur ergebnislos mit der frankfurter städelschule, 1929 nahm er mit der staatlichen kunstakademie in düsseldorf kontakt auf.»[416]

«wie andor erzählte, spielte er zunächst in der hauptsache ungarische volksmusik, mit der er aufgewachsen war, aber auch kabarett- und revuemusik. ihm waren bartók und seine forschungen wohl bekannt.
seine schwester studierte an der liszt-akademie in budapest und ihre lehrer waren u.a. bartók und kodàly. auf seinen reisen lernte andor die schönen dalmatischen und jugoslawischen lieder kennen ... 1923 war er fünf monate am kabarett ‹die jungfrau› in hamburg und brachte von dort viele anregungen mit. am weimarer bauhaus war eine gruppe chassidischer juden, die gern zusammen sangen, und andor lernte drei ihrer lieder. hierzu kamen dann russische, deutsche usw., das repertoire wuchs auf über 80 nummern ... ausserdem fuhr andor immer nach berlin, wenn er josephine baker oder eine erstklassige gruppe hören konnte. das waren die einflüsse.»[418]

ein exemplar des mehrere hundert seiten umfassenden katalogbuchs *das frühe bauhaus und johannes itten*, in dem der hier zitierte text eva weiningers erschien, trug max bill, der wegen einer angina-pectoris-erkrankung nichts schweres hätte tragen sollen, übrigens auf sich, als er am 9. dezember 1994 auf dem flughafen in berlin-tegel zusammenbrach und der herbeigerufene notarzt nur noch seinen tod feststellen konnte.

auffallend ist, dass hier unter den mitgliedern der neuzusammengesetzten band der name max bills von t. lux überhaupt keine erwähnung findet, während roman clemens genannt wird, der mit t. lux, xanti und max bill in jenem zeitraum gemeinsam auf der von schlemmer geleiteten bauhaus-bühne auftritt.

eine abbildung der bauhaus-kapelle bei einem festlichen auftritt, dessau, um 1928, die diese aussage bestätigt, ist zu finden in: eckhard neumann (hrsg.): *bauhaus und bauhäusler: erinnerungen und bekenntnisse*, dumont taschenbücher, köln, 1985, ill. 43, s. 57.

---

419 weininger 1994, s. 379f.
420 feininger 1994, s. 378
421 aussage von hubert ‹höbi› hofmann, gefilmt von thomas grimm in dessau, 1988, anlässlich der ausstellung *experiment bauhaus*
422 ebenda
423 feininger 2006, s. 85f.
424 fischli 1968, s. 57
425 feininger 2006, s. 86f.
426 max bill, 5.6.1952, an josef albers, 8 north forest circle new haven 15/conn, usa; archiv max bill

den bohème adaptiert. diese phase wurde geprägt vom klavierspielenden andor (andreas oder andie) weininger, bis er im april 1928 das bauhaus verliess. andor weininger habe während seiner zeit in der kapelle die programme für auftritte zusammengestellt. «zwei ausnahmen waren schlemmer und hirschfeld mit je einem marsch. ludwig hirschfelds hiess ursprünglich *soviet marsch*. später schnitt ludwig das wort soviet heraus. unser exemplar, in der bauhaus druckerei gedruckt, hat ein loch an der stelle.»[419]

nachdem weininger und andere ältere mitglieder 1928 aus der kapelle ausgeschieden waren, begann mit xanti schawinsky in der zweiten phase eine ‹amerikanisierung› der bauhaus-band, was laut eva weininger andor «höchst unsympathisch» war.

als neue bauhaus-bandmitglieder traten «eddie collein, ernst igeler und roman clemens» auf.[420]

«die amateurmusiker der bauhaus-jazzband steigerten und verausgabten sich in einer art und weise, wie es sich kein professioneller musiker hätte leisten können – weil er ansonsten nach fünfzehn jahren kaputt gewesen wäre.»[421]

die musik klang «metallisch» da die bauhaus-kapelle auf einer metallenen unterlage gespielt habe.[422]

höbi hofmann meint, schawinsky sei der bandleader gewesen. dem widerspricht aber t. lux feininger, einer der drei söhne des bauhaus-meisters lyonel feininger: «… damals kehrte xanti schawinsky nach einem gastengagement an seine basis, das bauhaus, zurück und … da er ein herausragendes bandmitglied war (allerdings nicht deren leiter, wie er manchmal zu glauben schien), hatte ich während der proben einigen respekt vor ihm.» xanti hätte auch sein talent «als spendeneintreiber spielen lassen, mit solch einem erfolg, dass zwei saxofone gekauft werden konnten, deren spiel er während des sommers erlernen wollte. es war noch genug geld in der gemeinsamen kasse für eine posaune, für die röseler sich freiwillig meldete.»[423]

wie sich hans fischli erinnert, lernte xanti, der ‹schwarzmähnige tiger›, flugs den gebrauch des saxofons und versetzte die mädchen «in ekstase», an den samstags-tanzabenden in der bauhaus-kantine.[424]

t. lux selber erbat sich aus dem budget seiner familie den kauf einer klarinette. seine mutter war dagegen, sein vater dafür. papa feininger finanzierte dem sohn zusätzlich den unterricht beim ersten klarinettisten der dessauer staatsoper, und danach war t. lux schliesslich gegen ende des sommers 1928 in der lage, «als volles mitglied» der «neugestalteten» bauhaus-band mit loszulegen.[425]

die eben genannte zeitangabe erklärt möglicherweise, warum max bill in den erinnerungen des t. lux, der eben erst «gegen ende des sommers 1928» in die neue bauhaus-band aufgenommen wird, nicht vorkommt. max bill hatte ja laut eigenen angaben in der zeit davor, vor dem beginn der sommerferien 1928, die neuzusammenstellung der «zusammengeflogenen» band gewährleistet, sozusagen interimistisch und zeitweise selber in der bauhaus-band banjo-spielend, somit wohl vor der phase der von xanti schawinsky definitiv betriebenen ‹amerikanisierung›.

max bill in positano

der noch nicht zwanzigjährige bill unternahm während der bauhaus-sommerferien 1928 seine zweite reise nach italien. diesmal fuhr er nach salerno und positano, wo er seinen freund arnold ‹arne› mehl aufsuchen wollte. dieser hatte sich 1928 vom bauhaus «beurlauben» lassen und max eine ansichtskarte aus positano/italien geschickt mit einem kreuz auf dem haus, in dem er sich aufhielt.

erwin bill hatte von max erwartet, dass er in den ferien einen abstecher zu ihm einplane, um ihm von angesicht zu angesicht rechenschaft über das bisher geleistete studienpensum abzulegen. max versuchte den vater in der zweiten julihälfte 1928 mit einem aquarell *ein schiff bei sonnenuntergang* (siehe s. 181), zu vertrösten, da er noch nicht die absicht hatte, seinen vater zu besuchen.

in positano hielt sich in jenem sommer auch otto morach auf, der lehrer, mit dem max 1925 von zürich aus nach paris an die *exposition internationale des arts décoratifs* gereist war und der max bill am bauhaus besucht hatte. morach malte dort ein bild mit dem titel *verlassener friedhof bei positano* (siehe s. 196). in diesem expressionistischen gemälde gibt es ein seltsam räumliches sonnengebilde, im innern abgestuft abgeschattet, mit einem kreisrund ausgesparten loch.

vielleicht hat bill dieses gemälde mit dem seltsamen sonnengebilde einmal gesehen. es kommt mir vor wie ein wesensverwandter vorläufer von max bills jahrzehnte später erarbeiteten granitskulptur *einheit aus kugel und endloser spirale* (1978–1983), in deren mitte ebenfalls kreisrund ein loch ausgespart ist. die skulptur ist öffentlich sichtbar aufgestellt am general-guisan-quai in zürich vor dem ehemaligen ibm-gebäude. und auch das cover einer reklamebroschüre bills für asbestzement-druckrohre von 1961 erinnert an die sonne in

den um vier jahre älteren arnold ‹arne› mehl kannte max – wie er mir gegenüber erwähnte – «vom bauhaus her». in der von wingler publizierten liste der studierenden am bauhaus dessau ist mehl zwar nicht aufgeführt, aber in einem rückblickend an josef albers geschriebenen brief betont bill die enge freundschaft. «lieber albers, ... dass ich die adresse von arnold mehl bei ihnen finde, interessiert mich sehr. wir waren am bauhaus ganz besonders eng befreundet ...»[426] im archiv der stiftung bauhaus dessau gibt es zu mehl einen, allerdings nur äusserst kargen, eintrag, dem zu entnehmen ist, dass arnold mehl von 1927 bis 1929 am bauhaus in dessau eingeschrieben war. er absolvierte dort «grundlehre, druckereiwerkstatt, freie malklassen».

otto morachs gemälde *verlassener friedhof bei positano* (um 1926–1928) wird jahre später in zürich ausgestellt. es ist reproduziert im ausstellungskatalog *gsmba sektion zürich,* kunsthaus zürich, 27. november 1969 bis 4. januar 1970, abb.6.

max bill: *einheit aus kugel und endloser spirale* (1978–1983) granit, ⌀ 50 cm

otto morach: *verlassener friedhof bei positano,* um 1926–1928 öl auf leinwand, 100 × 72 cm

morachs friedhofsimpression. diese broschüre wurde «von der eternit aktiengesellschaft berlin im auftrag der ausstellergemeinschaft von 35 asbestzementrohr-produzenten» herausgegeben, die am 5. internationalen wasserversorgungs-kongress in berlin (29.5.–3.6.1961) ausstellten.

bill traf nachts in salerno ein und mietete einen eselskarren, der ihn nach positano brachte. man reiste die nacht durch. in amalfi wurde eine kaffeepause eingelegt. auf der weiterreise bei vollmond wurde max vom anblick eines gigantischen bauwerks überrascht, dem berühmten ‹duomo normanno›. am frühen morgen kam man in positano an – doch max hatte vergessen, die postkarte mit dem markierten haus mitzubringen, und musste zu seiner verwunderung feststellen, dass ein haus wie das andere aussah. er ging durch die strassen und pfiff den bauhaus-pfiff.
es gab einen bauhaus-song, dessen textrefrain zum klang eines alten marsches lautete: «itten – muche – mazdaznan – mazdaznan – mazdaznan sind für uns alle abgetan, abgetahahan». dessen anfangsakkord gebrauchten bauhäusler überall, um kollegen oder meister anzupeilen.
der pfiff, mit dem sich bauhäusler ‹riefen›, reichte diesmal nicht aus, um ar-

427 weininger 1994, s. 380

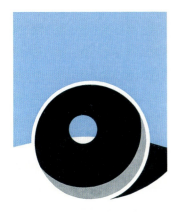

Asbestzement-Druckrohre auf der ganzen Welt
(Verfahren Mazza)

Tuyaux amiante-ciment dans le monde
(procédé Mazza)

Asbestos-cement pipe used world-wide
(Mazza process)

max bill: «asbestzement-druckrohre auf der ganzen welt (verfahren mazza)», werbebroschüre, 1961

der text bezog sich auf den ‹sagenhaften› schweizer johannes itten, der in herrliberg am zürichsee sozusagen als guru einer kleinen mazdaznan-gemeinde residiert hatte und dann während seiner zeit als meister am bauhaus weimar den unterricht ebenfalls mit seiner mazdaznan-ideologie unterlegt hatte, sowie auf den maler muche, auch er ein anhänger der mazdaznan-bewegung, der während der weimarer bauhaus-zeit das ‹haus am horn› konzipiert hatte. «eingeführt» worden sei der bauhaus-pfiff von andor weininger. es handelte sich dabei um «die ersten sieben töne eines liedes, das die ungarischen rekruten sangen beim marschieren. es war ihm bekannt aus seinem heimatdorf, wo es bei den [in ungarn lebenden] schwaben in deren dialekt gesungen wurde zu einem urkomischen text: ‹wenn die pelzkapp wiedig wird, wiedig wird ...›; das heisst, die pelzkappe war so voller ungeziefer, dass sie wütig [wütend] wurde ... was andor aber, der es gern als erstes stück auf dem programm spielte, aus der banalen melodie machte, hatte nichts mehr zu tun mit marschieren oder pelzkapp oder mazdaznan, es war ein auftakt, eine ‹aufforderung zum tanz›, zündend, überschwänglich, mitreissend.»[427]

nold mehl zu finden. deshalb liess sich max schliesslich von einem briefträger den weg weisen. dann machte er sich mit arne, der sich als romantischer wandervogel ausgab, auf den weg nach paestum. dort gibt es drei frühgriechische tempel: den poseidon-tempel, den demetertempel und die sogenannte basilika, mit ganz weit ausladenden kapitellen und säulen, die sich stark nach oben verjüngen. der letztgenannte tempel war bill bereits von einer abbildung her bekannt.

den poseidon-tempel schaute sich bill genauestens an, gerade so, als ob er sich auf einer wissenschaftlichen expedition befände. «es war am morgen eines tages, der heiss werden sollte, und ich glaubte zu begreifen, warum die griechen hier ausgezogen waren, denn es war sumpfig und hatte moskitos. das war also paestum: die basilika, der poseidon-tempel. ich erinnere mich, wie ich bedauerte, dass diese bauwerke ohne dächer waren. doch was mich besonders überraschte, war die geschlossenheit der baukörper. nicht nur ihre geometrische begrenzung, sondern die masse, der materialaufwand. von der renaissance über den klassizismus bis zur betonklassizistik von auguste perret war man an ein ständiges leichterwerden der baumassen gewöhnt. nun standen da säulen, flach auf der betonplatte aufgesetzt, oben nach einem knappen wulst abge-

sein grosses vorbild, der architekt le corbusier, hatte die ‹basilika zu paestum› (zwischen 600 und 550 vor christi geburt) abgebildet in seinem buch *kommende baukunst* (s. 108), das bill im dezember 1926 als anerkennungspreis von der zürcher kunstgewerbeschule erhalten hatte.

julius posener, ein architekt und architekturkritiker deutsch-jüdischer abstammung, der als britischer offizier während seines freiwilligen militärdienstes im zweiten weltkrieg, also jahre nach bills besuch, seinerseits nach paestum kam, schrieb in seiner autobiografie begeistert: «der süden italiens ist voll von griechischen städten und wurde auch von den römern ‹magna graecia›, gross-griechenland genannt. der poseidon-tempel ist das grosse wunder der architektur. ich habe ähnliches weder vorher noch nachher gesehen, auch nicht in ägypten.»[429]

erich consemüller war ein habitué, der schon am bauhaus in weimar studiert hatte und sich in dessau zum weiterstudium unter der nummer 19 immatrikuliert hatte.
vladas svipas hatte wie consemüller bereits am bauhaus in weimar studiert und sich dann zum weiterstudium in dessau zweimal eingeschrieben: unter der immatrikulationsnummer 9 und erneut, nach der ankunft hanns fischlis und annemarie hennings, ab sommersemester 1928 unter der nummer 273.

---

428 bill 1966, s. 4
429 posener 1990, s. 266
430 max bill; in scheidegger 1998
431 max bill im gespräch mit dem ehemaligen hfg-studenten hans roericht, erinnerungsprotokoll angela thomas, 1983
432 in: ciam – internationale kongresse für neues bauen 1979, s. 218–220
433 kandinsky 1926, s. 97

schlossen durch eine kräftige, ausladende deckplatte. darauf die last. das erstaunlichste waren die verhältnisse: frontal gemessen ist der zwischenraum zum säulendurchmesser im verhältnis von 6 teilen zu 5 teilen. bei der deckplatte noch erstaunlicher: deckplatte 3 teile zu zwischenraum 2 teile. diese abmessungen und die daraus entstehende geschlossenheit der baukörper waren für mich ein völlig neues und fremdes erlebnis. sie erschienen mir überflüssiger materialaufwand. schön in sich selbst, imponierend, aber zwecklos.»[428]

arne und max genossen auch die folgenden tage in vollen zügen. die beiden badeten im meer, assen in den hafen-trattorias und fuhren nachts mit den fischerbooten hinaus. nach einem kurzaufenthalt in vietri reiste max per bahn zurück nach dessau. auf der rückreise legte er in der schweiz möglicherweise einen zwischenhalt ein, um seinen nun seit mehr als einem jahr getrennt voneinander lebenden familienmitgliedern in winterthur einen besuch abzustatten.

zurück am bauhaus vernahm bill die ferienberichte seiner freunde: clemens röseler hatte in der sommerpause 1928 seinen grossvater am rhein besucht und imitierte dessen schlurfenden gang und die müde stimme vor seinen dessauer kommilitonen; erich consemüller – der sich alsbald als autodidaktischer fotograf einen namen machen wird – war mit einem freund durch lappland geritten; ein weiterer rückkehrer aus den ferien war vladas svipas, der von seiner heimat litauen erzählte.

in der bauhaus-mensa fand bill in den aufliegenden zeitschriften erstmals schwarzweissreproduktionen von in der udssr entstandenen konstruktivistischen werken; die dazugehörenden texte konnte er mangels sprachkenntnissen nicht lesen. «was wir zu gesicht bekommen haben, als kontakt nach aussen, waren ein paar zeitschriften, die herein kamen, teilweise russische oder polnische zeitschriften der avantgarde oder auch irgendetwas französisches. aber im wesentlichen waren es russische zeitschriften wie die *stavba*, ich weiss nicht einmal mehr, ob sie in polnisch oder in russisch war, und tschechische zeitschriften; es waren mehrere aus dem osten. und diese paar zeitschriften, das war so eigentlich unsere zusatznahrung.»[430]
in der bauhaus-mensa wurde auch «mit den jungmeistern gegessen, zusammengesessen und diskutiert über alle probleme».[431]

die von bill im scheidegger-film erwähnte zeitschrift stavba, war keine russische, sondern eine tschechoslowakische architektur-zeitschrift. zwei der stavba-cover (nr. 2, vol. III, 1924, und nr. 5, vol. X, 1932) sind abgebildet in einem essay von alena kubova («a construction of relations: establishing the centers of the architectural avant-garde in czechoslovakia», in: *the art of the avant-garde in czechoslovakia 1918–1938,* ivam centre julio gonzalez, ausst.-kat. span./engl., valencia 1993, s. 234).

anfang der zwanzigerjahre hatten in prag und brno (brünn) vorträge über die moderne architektur stattgefunden. gastredner waren 1924 u. a. walter gropius, le corbusier, j.j.p. oud, also die elite des neuen bauens (ebd., s. 232). tschechische architekten, die funktional bauten, gründeten 1929 die léva fronta (linke front) und unterbreiteten ihre pläne für kollektives wohnen dem 3. ciam-kongress (ebd., s. 235). die vorbereitende kommission zum 3. ciam-kongress tagte 1930 in paris; die vollversammlung fand mit sitzungen vom 27.–29. november 1930 in brüssel zum thema ‹rationelle bebauungsweisen› statt. vorträge hielten u. a. gropius, le corbusier, rudolf steiger. dann gab es berichte von europäischen gruppen «über die wohnungsfrage», darunter den «bericht der tschechischen gruppe ‹die wohnungsfrage in der tschechoslowakei›, 15 seiten, verfasst von teige».[432]

analyse der malerischen elemente: «punkt und linie zu fläche»

von wassily kandinskys *punkt und linie zu fläche, beitrag zur analyse der malerischen elemente* hatte sich max bill 1927 selber ein exemplar gekauft. kandinskys gedanken, die zu diesem buch führten, hatte der meister am anfang des ersten weltkriegs, als er «drei monate in goldach am bodensee» verbrachte, notiert, wie er im vorwort festhielt.

was an dieser stelle interessiert, ist einerseits die abbildung (fig. 9) eines sprungs der von bill verehrten tänzerin palucca, den kandinsky in einer zeichnung (fig. 10) in einem grafischen schema analysiert; und andererseits die abbildung eines raums der konstruktivisten-ausstellung in moskau 1921 (fig. 70). bill sah also nicht nur in der mensa aufgelegte zeitungen, sondern konnte auch im kandinsky-buch – auf deutsch – unter dem begriff ‹konstruktivismus› folgendes erfahren:

«die ‹konstruktivistischen› werke der letzten jahre sind grössenteils und besonders in ihrer ursprünglichen form ‹reine› oder abstrakte konstruktionen im raum, ohne praktisch-zweckmässige anwendung, was diese werke von der ingenieurkunst trennt und was uns zwingt, sie doch zum gebiet der ‹reinen› kunst zu rechnen. die energische verwendung und die strikte betonung der linie mit den punktknoten sind in diesen werken auffallend (fig. 70).»[433]

vielleicht hatte schon kasimir malewitsch anlässlich seines besuchs zu ostern 1927 einige kunstzeitschriften aus der udssr mit nach dessau ans bauhaus gebracht. auf alle fälle erschien eine ins deutsche übertragene ausgabe von malewitschs *die gegenstandslose welt* mit einem von moholy-nagy gestalteten layout 1927 in der reihe der bauhausbücher als nr. 11.

die typografische gestaltung von herbert bayer wird max bill für eine von ihm verantwortete neuausgabe im verlag gerd hatje 1955 überarbeiten und modernisieren.

das cover von lászló moholy-nagy der nr. 11 aus der reihe der bauhausbücher ist farbig abgebildet in: albers and moholy-nagy from the bauhaus to the new world, tate 2006, s. 70, abb. 10, und s. 31, abb. 34).

«kasimir malewitsch hat als einer der ersten versucht, von ihm so benannte gegenstandslose kräfte auf der fläche zu organisieren. es schwebte ihm dabei tatsächlich eine welt von merkwürdigen ästhetischen satellitengebilden vor. in diesem sinn schuf er eine neue art von imaginären gegenständen wie in der zeichnung von ca. 1915/16.»[434]

«alexander rodtschenko hat die idee des expressiven konstruktivismus in einer reihe von kreis-konstruktionen objektiviert. hier wird, ähnlich wie bei malewitsch, ein schwebezustand gesucht, der typisch ist für den russischen konstruktivismus, vor allem im gegensatz zum niederländischen neoplastizismus.»[435]

nachdem bill die publikationen mit den abbildungen zeitgenössischer sowjetrussischer kunstwerke in der bauhaus-mensa gesehen hatte, hegte er die vorstellung, «die dort», in der udssr, seien weitaus fortschrittlicher als die leute am bauhaus.

fragend sei hier angemerkt, warum sich bill am bauhaus nicht an moholy-nagys kunstauffassung orientierte, die vor ort die avantgardistischste war, sondern stattdessen an der malerei von paul klee. ihn sprach klees œuvre eher an, da in dessen werken unbewusste und bewusste anteile, intuition und erkenntnis, kombiniert vorkommen. eingedenk der tatsache, dass das werk von paul

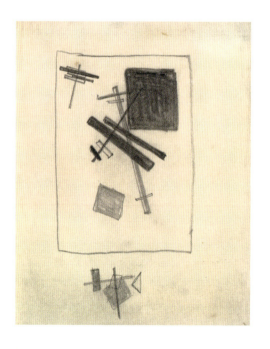

434 bill 1976 [b], s. 41
435 ebenda
436 max bill, zürich, stadelhoferstrasse 27, 28.1.1930, an hans fischli; archiv sik

kasimir malewitsch: ohne titel, um 1915
bleistift auf papier,
21,5 × 16,5 cm

klee in paris von den dort ansässigen surrealisten, darunter max ernst, enthusiastisch aufgenommen wurde, darf es nicht sonderlich verwundern, wenn bill, sozusagen im gefolge klees – und seinerseits auf künstlerischen erfolg hoffend – seine arbeiten eine phase lang, um 1930, als «surreal» bezeichnen wird, bevor er dann 1936 den theoretischen begriff «konkrete kunst» prägt und für eigene werke in anspruch nimmt.

gescheiterte architekturstudiumsträume

obwohl bill im alleingang in dessau seinen entwurf für eine schweizerische landesbibliothek (1927, siehe s. 228) erarbeitet hatte sowie sein architekturprojekt für ein hochhaus in osaka (1927, siehe s. 134) und trotz eines weiteren, diesmal zusammen mit seinem schweizer mitstudenten hanns fischli erarbeiteten architekturentwurfs, ging bills wunschtraum, am bauhaus in die architektur-abteilung aufgenommen zu werden, zu seinem leidwesen nicht in erfüllung. jedoch hatte bill, laut eigenem bekunden, die gelegenheit genutzt, sich gastvorträge des holländischen architekten mart stam anzuhören, dem eigentlichen einstigen wunschkandidaten von walter gropius als sein nachfolger am bauhaus. obwohl stam dieses ehrenwerte angebot abgelehnt hatte, kam er als

das wort ‹surreal› als kennzeichnung eigener arbeiten gebraucht bill beispielsweise in einem brief an fischli, in dem er erwähnt, er habe nun gelegenheit, in der individualität (verlag in basel) einen aufsatz zu schreiben. «in frage kommen steiner (den kennst du ja aus dessau, willi eidenbenz, der ist augenblicklich in magdeburg, macht vollkommen abstrakte bilder, die auf mathematischer basis hergestellt sind, dann du und ich. steiner und wir sind surrealister [sic]) ...»[436] der hier erwähnte willi eidenbenz wird ab 1933 in der schweiz, in basel leben – wie mir dessen sohn florian eidenbenz 2008 mitteilte.

alexander rodtschenko:
ohne titel, undatiert
[um 1918]
gouache auf papier,
30 × 20,7 cm

bill umfasste später in mehreren seiner angaben zur eigenen biografie seine zeit am bauhaus anstatt mit dem offiziellen austrittsdatum 1928, wiederholt mit dem zeitraum «bis 1929». es existiert ein fragebogen, den max bill 1965 für das bauhaus-archiv, das sich damals noch in darmstadt befand, ausfüllte, demzufolge er vom «frühjahr 1927–winter 1929» das bauhaus besuchte. ausser den von mir bereits erwähnten meistern (albers, kandinsky, klee, moholy-nagy und schlemmer) gibt er in diesem fragebogen zusätzlich an, «vom bauingenieur köhn» unterrichtet worden zu sein.[437]
da bill im umgang mit zahlen im gegensatz zu seiner gelegentlich auftauchenden orthografieschwäche keine mühe hatte, dürfte es sich bei der von ihm angegebenen jahreszahl «winter 1929» wohl nicht um ein versehen und kaum um einen flüchtigkeitsfehler handeln.

der stand von joost schmidt und «junkers gasiator» ist abgebildet in: «joost schmidt lehre und arbeit am bauhaus 1919-32», edition marzona, 1984, s. 116.

---

[437] zit. nach hahn 2008, s. 82
[438] max bill, lebenslauf, um 1930
[439] max bill, zürich, 15.9.1930, an erwin bill, winterthur; archiv max bill
[441] max bill, zürich, 11. august 1946, an georges vantongerloo, paris; vantongerloo-archiv

gastdozent ‹für städtebau und elementare baulehre› mitte 1928 bis 1929 nach dessau.

max bill sah sich gegen ende 1928 genötigt, sich aus finanziellen gründen von der liste der am bauhaus studierenden streichen zu lassen. es ist jedoch nicht auszuschliessen, dass er 1929 – sozusagen inoffiziell, das heisst als nicht mehr eingeschriebener –, nochmals sporadisch am bauhaus auftauchte.

wo sich max bill im jahr 1929 überall aufhielt, ist etwas geheimnisumwittert. im januar 1929 übernachtete er wohl gelegentlich in winterthur bei seinem vater und suchte sich in zürich eine bleibe. er fand eine bude in der mühlegasse und zog anfang februar in die stadelhoferstrasse. doch erwähnte er auch einen nicht näher spezifizierten aufenthalt «in deutschland».

dies könnten beispielsweise der besuch einer in breslau gezeigten bauhaus-wanderschau, eine sonderausstellung der *werkbund*-ausstellung *wohnung und werkraum* – für die nach einem entwurf von bauhaus-meister joost schmidt, mit dem gemeinsam max bill auf der bauhaus-bühne geprobt hatte (siehe s. 175), auch ein stand mit «junkers gasiator» aufgebaut worden war – sowie der besuch der *film und foto*-ausstellung in stuttgart, für die el lissitzky die präsentation der sowjetauswahl übernommen hatte, gewesen sein.

wenn max bill, der wissbegierige, 1929 erneut in dessau erschienen war, könnte er die gelegenheit genutzt und sich am bauhaus weitere gastvorträge von mart stam angehört haben. aber ob er nun 1928 und 1929 zu stams zuhörern gehörte, spielt letzten endes nicht eine so grosse rolle, denn er hat mehrfach bekräftigt, dass er das bei mart stam, in dessen statikkursen, gehörte später selber bestens als architekt habe verwenden können.

ferner dürften bill auch jene von naum gabo und el lissitzky, den aus russland stammenden pionieren der avantgardekunst, 1929 im oktober und november am bauhaus stattfindenden gastvorträge brennend interessiert haben. ob max in der zweiten jahreshälfte 1929 nochmals nach dessau reist, um sich diese vorlesungen anzuhören, ist aber nicht mehr festzustellen.

in einer der fassungen seines lebenslaufs heisst es lapidar: «ich holte meine sieben sachen in dessau, reiste ein wenig in deutschland herum und landete in zürich.»[438] wo genau sich bill in deutschland vor seiner definitiven rückkehr in die schweiz umgeschaut hat und eventuell begleitet von wem, erwähnt er nicht. er hält sich bedeckt.

vielleicht war er in frankfurt am main, denn er erwähnt frankfurter «riesensiedlungen» in einem im drauffolgenden jahr geschriebenen brief an seinen vater: «in deutschland stehen riesensiedlungen (in frankfurt vielleicht 1200 häuser) in dessau ca. 400 etc., es ist schon fast nicht mehr wert über die form zu diskutieren, die praxis hat ergeben, dass sie schön und zweckmässig ist, und durchaus nicht verrückt, der staat hat die woba finanziert und damit die richtung anerkannt.»[439]

«unter dem einfluss deutscher freiwirtschafter habe ich mich politisch radikalisiert», ist alles, was er mir gegenüber im gespräch über diesen zeitabschnitt andeutete. es wäre eher seltsam, wenn er sich in jenen harten zeiten nicht radikalisiert hätte. er bezog politisch stellung.

ob max bill in jener zeit auch in berlin war und sich im büro seines vormaligen bauhaus-direktors walter gropius dessen baupläne für die hochhaussiedlung in berlin-haselhorst ansah? jedenfalls wird bill wenige jahre später auf einen der pläne für zwölfgeschossige wohnhochhäuser, die gropius 1929 für diese siedlung ausgearbeitet hatte, zurückgreifen, als er den umschlag für die restauflage des buchs *rationelle bebauungsweisen* zum 3. ciam-kongress gestaltet (siehe s. 438) – wie später noch ausführlicher beschrieben wird.

auf diese vorträge von el lissitzky und naum gabo wurde jedenfalls vorzeitig, bereits im januar 1929, hingewiesen unter der rubrik «veranstaltungen am bauhaus» in: bauhaus-zeitung, nr. 1, herausgeber: hannes meyer, schriftleitung: ernst kállai, s. 25. max bill, der sich im oktober/november 1928 «offiziell» vom bauhaus dessau verabschiedet hatte, sich anfang dezember 1928 jedoch weiterhin in dessau aufhielt, hätte also hinreichend zeit gehabt, erneute reisen nach dessau einzuplanen.

in berlin gab max bill 1929 in der freiwirtschafter-zeitung *letzte politik* annoncen auf. darauf hat mich der buchantiquar peter petrej in zürich hingewiesen, dem ich daraufhin für mein archiv ein ganzes konvolut von *letzte politik* abkaufte.

neugestecktes ziel als reklametechniker

mart stam hatte den jungen max bill nicht nur mit seinen erläuterungen zur statik beeindruckt, sondern auch mit seinem politisch aufrechten verhalten. nach seinem weggang vom bauhaus fragte bill von zürich aus im sommer 1930 stam brieflich an, ob er nicht mit diesem und der ‹brigade ernst may› zur aufbauarbeit in die udssr mitreisen könne. er suchte ein neues arbeitsgebiet als reklametechniker. «ich wollte in irgendeine industrie als reklamemensch, ich

1938 wird bill zur teilnahme an der ausstellung *abstracte kunst* in amsterdam eingeladen. mart stam, mit dem er einige jahre zuvor gern zum arbeiten in die udssr gereist wäre, ist nicht nur mitglied der amsterdamer ausstellungskommission, sondern half auch beim einrichten der ausstellung, die im april 1938 im stedelijk museum eröffnet wird. bill kann dort seine plastik *konstruktion* (1937, siehe s. 530) und eine weitere arbeit, «vier constructies: variaties over een thema» (1935–1938) zeigen (vier konstruktionen über das gleiche thema, zwei reliefs aus messing, weiss bemalt auf glas, und zwei malereien auf glas, 102 x 122 cm). beide werke sind zusammen auf einem foto im katalog (s. 15) abgebildet. bill befindet sich hier in gesellschaft anderer hochkarätiger künstler; so wurden neben vier kompositionen von piet mondrian u.a. auch drei arbeiten von moholy-nagy gezeigt, der zu jenem zeitpunkt in london im exil lebt.

mart stam scheint seinen einstigen bauhaus-studenten und die aufstrebend-eigenständige künstlerpersönlichkeit max bill durchaus geschätzt zu haben. er wird bill nach dem zweiten weltkrieg, anfang august 1946, privat in der schweiz besuchen. nach dieser zusammenkunft hält bill fest, dass stam einer der wenigen sei, die in den politisch äusserst kontroversen und turbulenten 1930er- und 1940er-jahren nicht in reaktionäre verhaltensweisen abgerutscht

seien. es erfreut bill, dass stam, genau wie er selber, gegenüber jeglicher ausschliesslich «leer und repräsentativer» gesinnung (oder form), eine ablehnende haltung einnehme, wie er seinem freund georges vantongerloo berichtet: «il est un des seuls types que j'ai rencontré qui n'a pas fait la réaction. il m'a fait plaisir comme il a prit position … contre tout esprit seulement représentatif et vide.»[441]

fand in der reklame das, was ich glaubte mit hilfe aller meiner verschiedenen arbeitsgebiete irgendwie neu anfassen zu können und in einer grossen vielfalt zu betreiben.»[440]

«die zeiten sind hart»

im lauf seiner geschichte wurde das bauhaus dreimal geschlossen: 1925 in weimar, 1932 in dessau und 1933 in berlin. im august 1930 war dem bauhaus-direktor hannes meyer wegen «marxistischer unterrichtsmethoden» vom dessauer magistrat gekündigt worden. im oktober 1930 übernahm der architekt mies van der rohe die leitung. paul klee verliess das bauhaus 1931.

am 22. august 1932 beschloss der dessauer gemeinderat gegen die stimmen des oberbürgermeisters und der kommunisten die schliessung des bauhauses. die reaktionären triumphierten.

in berlin-steglitz wurde ein neues bauhaus, jetzt als privates institut, aufgemacht, das von der sa und polizei im april 1933 geschlossen wurde. wenige monate darauf beschloss das lehrerkollegium im juli 1933 die «offizielle auflösung», die unter anderen unterzeichnet wurde von mies van der rohe, albers, kandinsky, hilberseimer und peterhans.

paul klee, der das bauhaus 1931 verliess, habe sich in seinem fünfzigsten lebensjahr, «nach einem aufenthalt in ägypten um die jahreswende 1928/29» dem «wichtigsten problem, das seiner noch wartete – dem licht» zugewandt, wie max huggler meint. «die achtunddreissig ersten eintragungen des jahres 1929 scheinen sämtlich arbeiten zu sein, in denen eindrücke dieser reise verwertet wurden; doch wäre klee wohl auch ohne die fahrt zum nil zum wichtigsten problem gekommen, das seiner noch wartete – dem licht.»[444]

die kommunistische studentengruppe am dessauer bauhaus stellte in der von ihr herausgebenen zeitschrift sprachrohr der studierenden die frage, von wem meyer denunziert worden sei. «herr kandinsky, ist es wahr, dass durch sie oder ihre frau gemahlin nina die nachricht von der zeichnung hannes meyers für die rote hilfe bei den zuständigen stellen kolportiert worden ist, sodass sie in der presse erschien?»[442]

«die schliessung ist nur das logische fazit unter eine im kern kranke und ebenso art- wie kulturfremde entwicklung ... das ganze bauhaus in seinem faden, antinationalen weltstil war immer nur schlechthin ein ärgernis.»[443]

max huggler war der langjährige direktor des berner kunstmuseums, in dessen mauern nach dem tode von paul klee das umfangreiche material der klee-stiftung deponiert wurde.

klees schüler max bill ergreift – nebenbei bemerkt – jahrzehnte später die gelegenheit, in ägypten den spuren seines meisters zu folgen. jahre vor seiner reise nach ägypten (1985) besorgt sich bill bereits ein von einem mitglied des ‹institut de france› geschriebenes buch über die moscheen in kairo (gaston wiet: les mosquées du caire, photographies de albert shoucair, librairie hachette, 1966). max wird nach der einweihung seiner in der nähe des hotels king david in jerusalem aufgestellten, mehrteiligen skulptur four cubes cut into halves which makes eight elements (1973–1985) gemeinsam mit seiner ersten ehefrau binia bill von israel aus weiter nach ägypten reisen. auch er ist – wie lange vor ihm klee – von der fahrt auf dem nil besonders beeindruckt.

nach dem tod von binia bill im april 1988 nimmt sich bill vor, gemeinsam mit mir auf eine weltreise zu gehen. er möchte unbedingt nochmals nach ägypten reisen, um auch mir die nillandschaft, die ihm so sehr gefiel, nahe zu bringen. doch bis zu seinem plötzlichen tod im dezember 1994 wird es nicht mehr zu dieser reise kommen. noch wenige tage vor seinem ableben hatte max bill in meinem beisein, bei einem wiedersehen mit der galeristin denise rené in paris, seine überzeugung kundgetan, noch «weitere zehn schaffensjahre» vor sich zu haben.

---

440 max bill, lebenslauf, um 1930
442 in: *sprachrohr der studierenden*, bauhaus 3
443 in: *berliner lokalanzeiger*, 24.8.1932
444 huggler 1969, s. 110
445 max bill, zürich, 18.3.1971, an dr. siegfried salzmann; zit. in *paul klee und seine malerfreunde*, 1971, s. 124

seine behauptung, dass sich klee erst 1929 der thematik des lichts zugewandt habe, lässt sich allerdings kaum aufrechterhalten – man denke nur an paul klees reise nach tunis (1914) und den einfluss des lichts in den auf dieser reise entstandenen aquarellen.

einen monat nach dem finanziellen desaster, das der sogenannte ‹schwarze freitag› an den börsen ausgelöst hatte, konnte paul klee am 18. dezember 1929 am bauhaus in dessau seinen fünfzigsten geburtstag feiern.

auf der rückseite des werks, das max dem meister als geburtstagsgeschenk zukommen liess – in bills handschrift «hermafrodit» (sic) betitelt – steht folgende widmung zu lesen:
«bes. prof. paul klee, dessau 18.12.29. meinem lieben meister klee zu dem tage, an welchem er die hälfte eines jahrhunderts, seines lebens, welches für meine arbeit im speziellen wie die kunst im allgemeinen, bestimmend ist, hinter sich, überblicken darf.

zum 18. dezember 1929 ihnen, lieber herr klee, alles gute und die herzlichsten glückwünsche und grüsse! ihr bill»

max bill: *hermaphrodit*, 1929
ölfarben und firnis auf papier auf karton,
63,5 × 40,5 cm

der wortlaut der widmung wurde mir 2007 freundlicherweise von stefan frey, nachlassverwaltung paul klee, bern, mitgeteilt.

über die technik dieser arbeit schrieb bill rückblickend und anderslautend als heute in der legende vom zentrum paul klee angegeben in einem brief an siegfried salzmann: «das blatt hermafrodit ist ein temperabild aus transparenten gefirnissten lasuren.»[445] im winterthurer katalog derselben ausstellung paul klee und seine malerfreunde. die sammlung felix klee, kunstmuseum winterthur 7.2.–18.4.1971 ist dieser brief nicht wiedergegeben.

es ist auffallend, dass sich max bei der wortwahl der wünsche zum 50. geburtstag klees weitaus mehr mühe gab als auf der kleinen postkarte, die er anlässlich des fünfzigsten geburtstags seines vaters erwin bill gezeichnet hatte (siehe s. 87).

die widmung an den meister klee war von max bill im dezember 1929 noch in der traditionellen schreibweise verfasst. er war bis anhin noch nicht zur am bauhaus üblichen kleinschreibung übergegangen. erst ab 1930 benützte dann auch max bill konsequent die ‹ökonomischere› kleinschreibung.

war auch die schreibweise noch konventionell, so war das von bill gewählte thema eines hermaphroditen hingegen völlig unkonventionell. es ist berührend, wie ausgesucht intim diese arbeit ist. nicht einmal dem lieblingsonkel ernst geiger, geschweige denn seinem vater gegenüber hat sich max bill je derart geöffnet. es ist klee, dem er diese jenseits aller prüderie entstandene arbeit zueignet. diese geste lässt die besondere, zart-vertrauensvolle nähe, die bill zu klee empfand, erahnen.

der von glückwünschen überschüttete klee bedankt sich wenige tage nach dem fest auf sensible, jedoch knappe weise schriftlich bei max bill für das geschenk:

«lieber herr bill,

ihre arbeit ist weich-kräftig und ernst gehalten. herzlichen dank leider in dieser kurzen form. denn die zeiten sind hart und ich danke seit tagen für freundliche zurufe von allen seiten. die form die sie fanden verdiente mehr. ihr klee»[446]

erwägenswert ist, ob bill mit der thematik des hermaphroditen bezug nahm auf die entwicklung seiner eigenen sexuellen gefühlswelt; oder hatte max bei der entstehung des geschenkes für klee daran gedacht, wie er klee als person wahrnahm – oder beides? in seiner technischen ausführung hat max bill das thema variiert. so existiert auch noch eine nur mit schwarzer tusche auf japanpapier gezeichnete arbeit *hermaphrodit* (1929), die nicht sexuell-verknorzt, nicht peinlich berührend ist, sondern eine witzig-spielerisch-leichte komponente hat.

der schweizer schriftsteller max pulver versuchte rückblickend den eindruck festzuhalten, den paul klee, ein klassenkamerad seines bruders, auf ihn gemacht hatte: «er erschien mir als geschöpf einer zwischenwelt, zwischen männlichem und weiblichen wesenspol hin und her fluktuierend, ein doppelwesen mit beständig fliessendem inneren austausch, ein magnetisches feld ohne feste ruhepunkte.» klee sei im jünglingsalter «schmächtig, blass, mit arabischen mandelaugen (seine grossmutter war südfranzösin), ruhig, gelassen, aber in seiner gelassenheit vibrierend von innerem leben» gewesen.[447]

bill in den freien malklassen paul klees und wassily kandinskys

der junge bill beschäftigte sich auf eigene – wie er selbst es nannte «liberale» – weise in dessau, kümmerte sich um dinge, die eigentlich so nicht ohne weiteres in der reihenfolge der lehre am bauhaus vorgesehen waren.

nachdem er nicht mehr in der metallwerkstatt arbeitete und im januar 1928 im dritten semester in die bühnenwerkstatt von oskar schlemmer eingetreten war, nahm max anschliessend, in seinem vierten und letzten semester am bauhaus, an den von paul klee und wassily kandinsky geleiteten freien malklassen teil. der besuch dieser klassen war nicht obligatorisch, sondern frei gewählt, daher der name freie malklassen. zu klee kamen viele schüler, zu kandinsky

---

446 paul klee, karte abgestempelt in dessau 26.12.1929, an max bill, stadelhoferstrasse 27, zürich; bibliothek max bill

447 max pulver; zit. in grote 1959, s. 18

448 max bill: «kandinsky, l'éducateur»; in ders. (hrsg.): *wassily kandinsky,* maeght, paris 1951, s. 97

nur wenige. der zugang zu kandinskys kunst schien schwieriger.

«als ich 1927 an das bauhaus kam, war kandinsky eben 60 jahre alt geworden. ich hatte mich schon vorher gefragt, was denn all die maler am bauhaus eigentlich täten, wirkten doch neben kandinsky dort noch klee, feininger, schlemmer, moholy, muche und albers. dabei wurde offiziell am bauhaus nicht gemalt. sehr bald bemerkte ich, dass alle diese bedeutenden künstler eine pädagogische tätigkeit ausübten, die mit ihrer malerei teilweise nur in losem zusammenhang stand. so unterrichtete kandinsky vorerst eine art ‹geschichte der neueren kunst› und in verbindung damit, und im anschluss daran, eine kompositionslehre, die auf den erkenntnissen der kunstentwicklung aufbaute.

wassily kandinsky auf einer fotografie von 1925

ein zeichenunterricht unter seiner leitung bestand darin, dass aus den verschiedenartigsten gegenständen eine art stilleben aufgebaut wurde, das die schüler dann zeichneten. aber nach der struktur der gesamten erscheinung. so entstanden studien, in denen nur die horizontalen oder nur die vertikalen oder diagonalen elemente dargestellt wurden, verschieden betont, nach ihrer wichtigkeit. die runden und die eckigen formen wurden einander gegenübergestellt. im ganzen nicht ‹komposition›, sondern ‹analyse› des vorhandenen.

etwas später entdeckte ich, dass am bauhaus trotz aller ‹offizieller ablehnung› gemalt wurde. es gab einige kameraden, die nichts anderes taten als bilder malen. das war bei uns sehr verpönt. wir forderten praktische ergebnisse, sozialprodukte. aber im untergrund gab es eine ‹maladie de la peinture›, eine art schleichende sucht nach den verbotenen früchten. auch bei mir kam es soweit, dass ich mich eines tages erkundigte, was denn das sei, diese ‹freien malklassen› der meister, und ob ich da mitmachen könne.

so trat ich bei kandinsky (und klee) in die freie malklasse ein. das bedeutete, dass man jede woche einmal seine neuesten ‹erfindungen› zu kandinsky oder zu klee trug ... nun erst lernte ich kandinsky kennen.»[448]

den «obligatorischen, von klee gegebenen kurs» habe er, wie bill selber eingesteht, nur «sehr spärlich» besucht – das war wohl in jener zeit, als er lieber an

stefan frey hat die themen der diversen unterrichtskurse, die paul klee am dessauer bauhaus abhielt, recherchiert und in seinem text «paul klee – chronologische biografie 1920–1931» in: *paul klee lehrer am bauhaus*, ausst.-kat. kunsthalle bremen 2003, s. 239 publiziert, doch lässt sich nicht mehr feststellen, welchen kurs davon max bill – und nach seinen angaben, sowieso nur «sehr spärlich» – besucht hat.

marie bill-geiger hatte vom botanischen wissen ihres bruders ernst geiger profitiert. er konnte ihr die namen zahlreicher bäume und pflanzen sowohl auf deutsch als auch auf lateinisch sagen, die marie wissbegierig aufsog. denn ihr, wie auch ihren schwestern, hatten die eltern kein studium vergönnt.

die ufer der elbe als in den unterricht ging. doch «später dann kam ich wöchentlich einmal in sein atelier, wo er die studierenden seiner ‹freien malklasse› empfing und die resultate ihrer bemühungen besprach.»[449]

während der unterrichtsstunden im atelier paul klees, im dessauer meisterhaus, könnte max bill folgende im jahr 1927 kurz nacheinander von klee erarbeiteten werke gesehen haben: *pastorale* und *junger garten*, wobei diesen titeln in klammern jeweils von klee das wort ‹rhythmen› beigefügt worden war. diese werke paul klees von 1927 seien «kleinteilig, fein und zum grössten teil mit abstrakten zeichen gebildet. es wird ein gleichmässiges, in sich wechselseitiges muster erzeugt.»[450]

ich zitiere im folgenden, in welcher weise max huggler die inhaltliche bedeutung der 1927 entstandenen werke von paul klee interpretiert: klees sinn richte sich nun «auf die gesetzmässigkeiten, auf die ordnungen im dasein und im zusammensein … er entdeckt in der natur das geistige prinzip. das jahr 1927 bringt eine intensive beschäftigung mit blüten und samen … die die feinsten und differenziertesten formen besitzen.»[451]

klees künstlerisches nachspüren in der pflanzenwelt dürfte bei seinem schüler max bill liebevolle erinnerungen an die ferne mutter in winterthur heraufbeschworen haben, die ihn in seiner kindheit in die welt der pflanzen eingeführt hatte.

in klees werkverzeichnis ist kurz vor jahresende 1927 das ölbild *zeit der pflanzen* (auch *zeit und pflanzen*) erwähnt. huggler ist der meinung, dass klees werke aus jener zeit nicht nur «erfindungen mit poetischem inhalt» seien, sondern sie würden darüber hinaus die frage «nach der objektivität unseres zeitbegriffs» aufwerfen.[452]

eine gewisse freiheitsliebende tendenz zum ‹schwänzen› des unterrichts hatten übrigens schüler bill und meister klee gemeinsam. klee war bei semesterbeginn am 5. september 1927 nicht aus den ferien nach dessau zurückgekehrt; er hatte sich eigenmächtig seine ferien verlängert und wurde brieflich vom meisterrat am 24. september 1927 aufgefordert, «sogleich zurückzukehren».

während der zeit, in der bill jede woche regelmässig klees freie malklasse besuchte, stand er «stark unter dem eindruck der thematischen und äusseren erscheinungen der werke von paul klee».[453] auf ein vom künstler ähnlich faszinierend herausgearbeitetes motiv wie bei otto morach jenes seltsame gebilde/gestirn im bild *verlassener friedhof bei positano* (siehe s. 196) traf bill in einer

---

449 max bill, zürich, 18.3.1971, an dr. siegfried salzmann; zit. in *paul klee und seine malerfreunde*, 1971, s. 124
450 huggler 1969, s. 102
451 siehe huggler 1969, s. 151–162
452 huggler 1969, s. 104f.
453 max bill, zürich, 18.3.1971, an dr. siegfried salzmann; zit. in *paul klee und seine malerfreunde*, 1971, s. 124
454 huggler 1969, s. 107f.
455 max bill, aufgezeichnet von endicott barnett 2005, s. 22
456 ebenda

zeichnung von paul klee namens *vorort von beride 1927.04.*, in der «ein mächtiges ovales gestirn» im dichtesten «schwarz-weiss-wechsel und zum kreislauf sich drehender strahlen» zu sehen ist. vielleicht setzte diese zeichnung etwas bei max bill in gang, vielleicht bezog er aus dieser zeichnung unbewusst den impuls, 1935 mit den variationen eines themas, seinen später berühmt gewordenen *fünfzehn variationen über ein thema* (1935–1938, siehe s.19, 183, 531) zu beginnen, in denen auch etwas ‹in bewegung› gesetzt wird.

max bills aussage, «nun erst lernte ich kandinsky kennen», sollte wohl lauten «richtig kennen». denn er erzählte der amerikanischen kunsthistorikerin und kandinsky-spezialistin vivian endicott barnett, er habe bei kandinsky bereits während des ersten studienjahres, also 1927, «den vorgeschriebenen vorkurs» belegt. in der vorkurs-klasse mussten die studenten analytische zeichnungen und kompositionen anfertigen, so dass «aus den verschiedenartigsten gegenständen eine art stilleben aufgebaut wurde», der kurs habe «nur aus theorie» bestanden und der «strukturanalyse» von irgend etwas, möbel oder objekte, auf einem tisch zusammengestellt. «ich war sehr faul in dieser zeit. es hat mich gar nichts interessiert.» in seinem zweiten studienjahr am bauhaus habe er dann die freie malklasse «freiwillig» belegt. kandinsky unterrichtete in seinem atelier im bauhaus. «es gab ganz wenige studenten, sieben oder acht», die malen konnten, «was sie wollten». sein stil sei in jener zeit «halbkonstruktiv naturalistisch» gewesen, z.b. «ein gesicht, das bestand aus einer linie und einem quadrätchen und einem rhomboid, und daraus hat es dann ein gesicht gegeben».[455]

bill erzählte vivian endicott barnett des weiteren, wie es dazu kam, dass kandinsky ihn 1928 in seiner bude besuchte: «einmal habe ich ein grosses bild gemalt. ich konnte es nicht mit in den bus nehmen; dann habe ich gesagt, ich könne es nicht bringen, es sei zu gross. ausserdem hat kandinsky mit seinen schülern eine kleine ausstellung gemacht, im museum, und hat dann eigentlich die werke sehen wollen …» kandinsky sei zu ihm in die dachwohnung gekommen. dies habe er als «ganz grosse ehre» empfunden. sein grossformatiges bild eines (stilisiert) *tanzenden mädchens* (1927/28) habe kandinsky «nicht schlecht gefallen, und es war dann auch in dieser ausstellung …»[456]

ein gemälde von max bill, *räumliche komposition no. 9*, das er «1928» datierte, könnte im zusammenhang mit kandinskys unterricht entstanden sein.

paul klees *vorort von beride 1927.04.* ist abgebildet in max huggler: *paul klee*, verlag huber, frauenfeld/stuttgart, 1969, s. 107; und huggler beschreibt es auch darin: «die bodenzone ist wie in taktstriche gefasst – zeigt über turm, mauer und bäumen» das bereits erwähnte «mächtige ovale gestirn». «der formale gegensatz zwischen einer durchsichtigen architektur-zeichnung unten und einem kompakten rundfleck des gestirns oben kennzeichnet eine reihe verschiedener arbeiten.» diese kompositionsweise mit «andersartigen, voneinander getrennten elementen, vor denen der betrachter die notwendigkeit empfinde, sie durch eigene anstrengung zu einer ‹einheit› zu bringen», sei von malern einer jüngeren generation aufgegriffen, «übernommen» worden und «zur bildspannung von ordnung und chaos» benutzt worden.[454]

im ausstellungskatalog *max bill. maler, bildhauer, architekt, designer*, hrsg. von thomas buchsteiner, otto letze, kunstmuseum stuttgart 2005, in dem vivian endicott barnetts aufzeichnungen abgedruckt sind, ist auch das erwähnte *tanzende mädchen*, 1927/28, öl auf leinwand, 146,5 x 110,5 cm, nachlass max bill an jakob bill, s/w reproduziert.

als max bill nach seinem weggang vom bauhaus erstmals in der schweiz in der kunsthalle bern in einer gruppenausstellung, die am 15. juni 1930 eröffnet wurde, mitausstellen konnte, war sein sorgfältig ausgearbeitetes ölbild *räumliche komposition no. 9* (1928) jedoch nicht auf der liste der ausgestellten werke.

das bild ging nach dem tod von max bill 1994 aus dessen nachlass an seinen sohn jakob bill.

jedenfalls fällt eine entfernte verwandtschaft auf zu kandinskys werk *offenes grün* (1923; abgebildet in will grohmanns buch *wassily kandinsky* von 1924), vor allem die elemente schwarz-weiss streifen und überlagerndes kreismotiv unten rechts in kandinskys bild. vielleicht hatte bill während seiner studien am dessauer bauhaus kandinskys *offenes grün* gesehen? als zusätzliche inspirationsquelle für die *räumliche komposition no. 9* kommt noch eine anlehnung an josef albers *tectonische gruppe,* 1925 (siehe s. 118) in frage – wobei bill dann schliesslich in seiner komposition etwas durchaus eigenes schuf. zur bekräftigung meiner vermutung möchte ich auch noch auf ein bild des kandinsky-schülers hanns fischli aus der dessauer bauhaus-zeit hinweisen: *komposition. 1928*, in dem ebenfalls horizontal und vertikal geschichtete streifen vorkommen.

die eigenen bilder sehen lernen

die von klee am bauhaus geleistete arbeit habe sich einerseits in «die demonstration seiner formentheorie» für das zweite und dritte semester und andererseits in die in seiner malklasse vorgenommene «bildanalyse» gegliedert. inwieweit max bill klees auf diese semester zugeschnittene formenlehre, ob sporadisch oder gar nicht, besucht hatte, sei dahingestellt. denn bill befindet sich mittlerweile im vierten semester.

die studierenden von klees freier malklasse wurden in seinem eigenen atelier im meisterhaus empfangen, ihnen öffnete stets lily klee die haustüre. einer der studenten berichtet: «beim vorgehen in der malklasse hat klee seine methodik, doch nie war er daran gebunden. oft, meistens ging er so vor, dass er zuerst die frage des formats erörterte. von da ging er zum eigentlichen schauplatz, und dann zum schauplätzlichen, zu dem, was sich auf dem schauplatz ereignete. bis hierher wurde alles rein formal besprochen. dann kamen die ausdruckswerte der formen zu ihrem recht, das nahezu unglaubliche, nur durch intuition zu erklärende war wieder, wie klee die maler ihre eigenen bilder erst recht sehen lehrte.»[457]

kandinsky unterrichtete ‹analytisches zeichnen›, ‹abstrakte formelemente› (lehre und übungen), ‹konstruktion-gestaltung›, freie malklasse. bill besuchte neben klees parallel dazu auch kandinskys freie malklasse zusammen mit seinem «freund röseler».

---

457 christof hertel: «genesis der formen oder über die formentheorie von klee», in: *bauhaus,* zeitschrift für gestaltung, nr. 3, dessau bauhaus, dezember 1931; schriftleitung wassily kandinsky

458 bäschlin/ilg/zeppetella 2000, s. 199

459 in: *bauhaus,* zeitschrift für gestaltung, nr. 2/3, 1928, s. 31; schriftleitung ernst kállai

460 wassily kandinsky: «die kahle wand», in: *der kunstnarr,* 1929, s. 20, 22

eine ausstellung von arbeiten bis 1928, die in kandinskys malklasse entstanden waren, wurde von ludwig grote kritisch gewürdigt: «das ergebnis dieser ausstellung spricht deutlich durch das fehlen jeglicher dogmatik für kandinskys pädagogische begabung ... alle ausgestellten arbeiten zeichnet gleichmässig ein sinn für ordnung und gesetz aus. diese jugend treibt es von den genialischen gebärden fort zur gesetzmässigen gestaltung.»[459]

ein ölgemälde aus dieser ausstellung von «hermann röseler» [vermutlich ist clemens röseler gemeint], ohne titel, mit einem zentralen, sternförmigen motiv (einem davidstern?) im raum und ohne angabe des entstehungsjahrs, ist schwarz-weiss abgebildet in *der kunstnarr* (herausgegeben von ernst kállai, dessau, april 1929, s. 21). diese abbildung begleitet einen von kandinsky im januar 1929 am dessauer bauhaus verfassten pointierten text, den er «die kahle wand» betitelt.

kandinsky zeigt darin auf, wie sich der konflikt um die malerei am bauhaus weiter zugespitzt hat – doch bill hatte zu jener zeit die lehrstätte bereits verlassen.

«je nach ‹richtung› und gesinnung wird verschiedenes vom heutigen maler verlangt. besonders vom ‹abstrakten›. manche verlangen von uns, dass wir die wände nur anstreichen. und nur innen. manche wünschen, dass wir die häuser von aussen anstreichen. und nur aussen. manche verlangen von uns, dass wir die industrie bedienen, dass wir muster für stoffe, kravatten, socken, geschirr, sonnenschirme, aschenbecher, teppichläufer liefern. nur kunstgewerbe.

wir sollen nur das bildermalen für alle zeiten lassen ...

die einen trauern, die andern freuen sich, dass im bauhaus gemalt wird, dass es nicht nur die ‹meister› tun, sondern dass es auch die jugend tut, dass es im bauhaus seit bald zwei jahren einen regelrechten unterricht gibt – ausser der praktischen ‹werkstatt für wandmalerei› wird jetzt die malerei auch in den unpraktischen ‹freien malklassen› kultiviert. man begegnet aber in demselben bauhaus studierenden, die weder in der praktischen abteilung, noch in den unpraktischen malklassen zu finden sind und die sich trotzdem ‹freimalerisch› betätigen: es malen z.b. tischler, metallisten, weberinnen, sogar architekten ... das abgestorbene wort kunst ist ausgerechnet am bauhaus wieder auferstanden.»[460]

klee und kandinsky, die in dessau nebeneinander wohnten und eines der meisterhäuser teilten, waren miteinander befreundet. kandinsky war seinerzeit, vorgeschlagen von klee und daraufhin von walter gropius als professor beru-

klee pflegte zu seinen eigenen malutensilien eine sehr persönlich geprägte beziehung und gab ihnen spitznamen – wie dies später auch bill mit einigen seiner skulpturen machen wird, die im familienjargon ganz andersklingende namen haben als die offiziell publizierten titel: «das schwert» für *unendliche fläche in form einer säule* (1953); «der dackel» für *konstruktion aus 30 gleichen elementen* (1938/39, siehe s. 526); «der bischofshut» für *fünfeckfläche im raum mit vollem kreisumfang* (1977). klees «hauptinstrumente, die scharfen bleistifte und radiernadeln, sind getauft auf die schönen namen ‹lupus, fünfzhart, chrüttli, nero, judas, rigoletto und robert der teufel›. die farbtöpfchen, die klee selbst modellierte und mit fundgegenständen wie muscheln ergänzte, erfüllen nicht nur die funktion eines gebrauchsutensils, sondern waren und sind zugleich objekt.»[458]

fen, 1922 an das staatliche bauhaus weimar gekommen. als das bauhaus in dessau als hochschule für gestaltung weitergeführt wurde, zog kandinsky dorthin mit um.

«ein undogmatischer geist»

wassily kandinsky kam aus dem russischen grossbürgertum, das sehr westlich orientiert war. ursprünglich hatte er eine ausbildung als jurist und nationalökonom, wurde attaché an der russischen gesandtschaft in syrien. 1895 änderte er seine zielvorstellungen und siedelte nach münchen um, um maler zu werden.

kandinsky, ein weitgereister mann, pflegte eine weltanschauung «von unverkennbar mystischer grundhaltung und ebensolcher gläubigkeit, die sich gegen die geistigen hierarchien der zeit wendet und unentwegt ansätze zu ihrer überwindung sucht (die er vor allem in künstlerischen einzelleistungen findet, etwa in werken wagners, debussys und schönbergs, in dichtungen maeterlincks, in bildern cézannes oder picassos) ...

neben kandinsky waren noch andere hervorragende künstler der russischen avantgarde von der reaktion betroffen: marc chagall, nahum gabo und sein bruder antoine pevsner, mansurow und zeitweise el lissitzky siedelten ins ausland über, während sich die zurückgebliebenen, darunter tatlin, rodchenko und vorerst auch malewitsch umzustellen begannen.»[461]

kandinsky verliess die udssr in richtung berlin und ergriff dann – wie bereits erwähnt –, die möglichkeit, am bauhaus zu lehren. bill schwärmte von den grossen fähigkeiten kandinskys «als dialektiker und lehrer», von «hinreissenden vorlesungen», von kandinskys lebendiger art, «alte und neueste kunst auf ihre wesentlichen geistigen und künstlerischen grundlagen zurückzuführen und ihre grundprinzipien aufzudecken», was allen studierenden stunden «höchster erkenntnis und grossen genusses» beschert habe.

«am bauhaus lehrte kandinsky nicht nur im ersten semester, wodurch er auf die gesamtrichtung des instituts entscheidenden einfluss ausübte, sondern er hatte auch in einer freien malklasse einzelne schüler um sich versammelt. da das bauhaus keine akademie sein sollte, sondern dem praktischen leben dienen wollte, war das interesse für die malerei und ihre stellung freilich sehr umstritten.»[462] hier machte bill also in jungen jahren bekanntschaft mit einem konfliktthema, das ihm später – als rektor und dozent der von ihm gebauten

---

461 max bill: «wassily kandinsky» [1944]
462 ebenda
463 ebenda
464 in: *bauhaus, zeitschrift für gestaltung,* nr. 4, 1928, s. 24
465 anonyme buchbesprechung zu erich mühsams *sammlung aus dem dichterischen werk; eine auswahl,* in: *letzte politik,* vierte august-nummer, 1929, [s. 3]

hochschule für gestaltung (hfg) in ulm – erneut in hitzigen diskussionen begegnen wird.

bill fährt in seiner rückblickenden hommage an kandinsky, die emotional und von bewunderung geprägt ist, fort: «die beziehungen, die kandinsky zu seinen schülern pflegte, waren besonders herzlich. besuche bei ihm zeigten ihnen, dass sein atelier so sauber war, als ob nie darin gearbeitet würde. dabei sind seine bilder auch handwerkliche meisterleistungen. er rieb seine farben selbst an, auf gestellen standen die flaschen mit den farbpulvern schön geordnet, raum und mensch strahlten die ruhe einer festen natürlichen harmonie aus, ohne jede nervosität in höchstpersönlicher disziplin.

trotz seiner vielseitigen theoretischen und pädagogischen arbeiten war kandinsky der überlegene künstler geblieben. mit grosser regelmässigkeit wuchs sein werk.»[463]

bauhaus-medien

auf eine ausstellung mit werken von max bill im juli 1928, in der er allerdings nur aquarelle, keine ölbilder zeigte, wurde hingewiesen unter der rubrik ‹veranstaltungen am bauhaus›: «5.–13.7.1928 ausstellung: aquarelle von max bill und albert braun».[464]

in derselben *bauhaus*-zeitung wird ferner auf im zweiten halbjahr 1928 geplante vorträge hingewiesen. am 5. oktober ist ein vortrag von ignaz jezower «über soziologie und ästhetik des films» vorgesehen, die marxistische autorin «lu märten, verfasserin des grundlegenden historisch-materialistischen werkes über die formen-künste», ist eingeladen sowie der anarchistische autor erich mühsam, der sich in der münchner räterepublik engagiert hatte. die eingeladenen vortragenden stehen politisch eindeutig links.

ob sich max bill den vortrag erich mühsams im zweiten halbjahr 1928 am bauhaus angehört hat, ist mir nicht bekannt. jedenfalls hat bill texte des anarchisten erich mühsam gelesen sowie, um politisch und kulturell auf dem laufenden zu bleiben, *die weltbühne – wochenschrift für politik, kunst, wissenschaft*, begründet von siegfried jacobsohn, unter mitarbeit von kurt tucholsky, geleitet von carl von ossietzky.

die schwarze fahne aus dem verlag freie jugend, berlin/wien, eine andere wochenzeitschrift aus jenen kulturpolitisch engagierten kreisen, wurde von ernst friedrich herausgegeben, der auch der redaktion angehörte. für ihren vertrieb

«erich mühsam ist uns fysiokraten kein unbekannter. wir kennen sein revolutionäres temperament. wir wissen, dass er mit gesell in münchen zur zeit des heroischen versuchs einer räterepublik arbeitete und dass dieser tat die rache der bourgeoisie folgte, die ihn 5 jahre im kerker unter brutalsten bedingungen schmachten liess ...»[465]

carl meffert wird wenige jahre darauf als einer der ersten aus deutschland in die schweiz emigrieren und das pseudonym clément moreau annehmen. hier werden sich moreau und max bill auch persönlich begegnen.

auch wenn ich die frage, ob bill erst nach mühsams vortrag *die schwarze fahne* abonnierte oder ob er diese zeitung schon vorher bezog, nicht beantworten kann, so ist doch belegt, dass er während seines studiums am bauhaus für sich privat ein abonnent dieser anarchistisch-antimilitaristischen wochenzeitschrift hatte. max bill hatte mir diesen sachverhalt selber erzählt, was ich nach seinen angaben auch bereits einmal zu seinen lebzeiten publiziert hatte.[467]

dieses vorbereitende treffen leitete die aktivitäten der bald darauf unter der abkürzung ‹ciam› (congrès internationaux des architectes modernes) stattfindenden kongresse ein. jahre nach dieser im sommer 1928 formulierten «offiziellen erklärung» wird der junge bill vom älteren linken schweizer architekten hans schmidt, der zu den erstunterzeichnern gehörte, erstmals an einen ciam-kongress, und zwar an den «5. ciam-kongress», der in zürich vom 8.–11. juli 1939 stattfindet, mitgenommen. erst dort wird auch max bill mitglied.

[466] in: ralf g. hoerig und hajo schmück, datenbank des deutschsprachigen anarchismus, abteilung periodika im internet
[467] «max bill: the early years. an interview by angela thomas», in: *swiss theme issue, the journal of decorative and propaganda arts*, 1993, s. 98–119, hier s. 104
[468] bill 1928, s. 25

sorgte ein eigener linker zeitungsdienst (l-z). in dieser anarchistischen wochenzeitschrift erschienen neben texten von leo tolstoi oder kurt tucholsky auch abbildungen kritischer kulturschaffender, so unter anderen von käthe kollwitz, george grosz, frans masareel oder carl meffert.

nach angaben des herausgebers soll *die schwarze fahne* zeitweise eine auflage von 40000 exemplaren erreicht haben.[466]

die nr. 4 der *bauhaus*-zeitung von 1928 ist überhaupt von besonderem interesse. ausser den zuvor zitierten informationen über bills ausstellungstätigkeit und den hinweisen auf die gastvorträge am bauhaus ist darin unter anderem auf seite 10 eine architektur-studienarbeit «ein reihenhausprojekt für tel aviv» von bills kommilitone philipp tolzner – der uns im hohen alter aus moskau anreisend in zumikon besuchen wird – abgebildet.

und von historisch weitreichender konsequenz ist die aktuelle information über einen architektenkongress, der vom 25.–29. juni 1928 in der schweiz, im château de la sarraz, das der mäzenin hélène de mandrot gehörte, stattgefunden hatte. die überschrift des artikels (s. 8f.) lautet: «vorbereitender internationaler kongress für neues bauen». darunter wird die «offizielle erklärung» des kongresses abgedruckt, die von namhaften architekten wie h. häring, berlin, p. jeanneret, paris, le corbusier, paris, e. may, frankfurt, g. rietveld, utrecht, mart stam, rotterdam, und den schweizer architekten m. e. haefeli, zürich, w. m. moser, zürich, hans schmidt, basel, sowie dem am bauhaus lehrenden direktor hannes meyer unterzeichnet war.

max bills suche nach klarheit

max bill behielt seine vor allem durch die freundschaft mit dem etwas älteren hans hinterreiter bereits in der schweiz geprägte ‹freiwirtschaftliche› ideologie bei. in seinen antworten auf einen fragebogen, in dem studierende beantworten sollten, weshalb sie ans bauhaus gekommen waren und welche eindrücke sie zunächst hatten, die als textbeitrag in der zeitschrift *bauhaus* veröffentlicht werden, lesen wir:

«max bill: … am bauhaus wollte ich zunächst architektur studieren, denn corbusier hatte mir den kopf verdreht.

mein eindruck vom bauhaus war nicht der, den ich erwartet hatte, ich war etwas enttäuscht, aber nach und nach fand ich doch, was mich eigentlich hergezogen hatte: klarheit.

eine neue lebenseinstellung habe ich nicht bekommen, ich habe meine alte in immer stärkerem masse bestätigt gefunden ... aus dieser einsicht heraus ist die höchste forderung für den menschen in sozialer hinsicht: die persönliche freiheit (gesell: physiokratie durch freiland und freigeld). deshalb ist die technik so wesentlich.

die technik sollte den menschen befreien, aber durch das kapitalistische system hat sie ihn noch mehr geknechtet.»[468]

unser als junger rebell auftretender benennt hier leider nicht näher, wovon genau er anfangs am bauhaus «enttäuscht» gewesen sei. in seinem geiste erweiterte max aber das bauhaus, indem er dem überbau einige persönlichkeiten hinzufügte: ausgehend von seiner erfahrung des 1925 in paris gesehenen «tour eiffel», beruft er den ingenieur gustave eiffel in den von ihm eröffneten olymp, und auch chaplin bekommt darin einen ehrenplatz. in seinem artikel in der *bauhaus*-zeitschrift nennt max ferner als zusätzliche, imaginäre meister «picasso und strawinsky» – wohl unter dem einfluss kandinskys, der diese persönlichkeiten besonders schätzte – wie auch «sigmund freud»; letzteres für mich überraschend, da sich bill der psychoanalyse gegenüber in späteren jahren eher ablehnend verhielt: «ich fasse das bauhaus grösser, als es in wirklich-

seiner auswahl wichtiger persönlichkeiten ist zu entnehmen, dass bill damals in dessau wohl regelmässig ins kino ging, wie auch meister feininger, der ein begeisterter kinobesucher war – was bill in späteren jahren eher selten tat.

moholy-nagy: *tp5*, 1930
öl auf resopal, 28,5 × 20,5 cm

keit ist: picasso, jacobi, chaplin, eiffel, freud, strawinsky, edison gehören eigentlich auch zum bauhaus.»[469]

auffallend ist, dass bill hier bei der aufzählung der zu jener zeit von ihm bevorzugten geistesgrössen an erster stelle picasso nennt. auf pablo picasso hatte ihn sein bauhaus-meister moholy-nagy aufmerksam gemacht, als bill und annemarie hennings vom ehepaar moholy bei ihnen zum essen eingeladen waren.

warum sich bill am bauhaus statt an den gemälden von klee und kandinsky nicht an werken von moholy-nagy, aus denen uns klarheit entgegenatmet, orientierte, bleibt sein geheimnis.

<small>nach kandinskys tod im jahr 1944 erwirbt max bill mehrere seiner werke. auf die frage, welches davon ihm «am liebsten sei», «dachte bill einen moment nach und antwortete dann, jenes mit dem roten hintergrund, *streifen* [siehe s. 217], sei sein ‹lieblingsbild›.»[471]</small>

da wassily kandinskys kunst in deutschland nach 1933 als ‹entartete kunst› verfemt wurde, siedelte er 1934 nach paris über – bill wird die verbindung zu ihm aufrechterhalten. «in den letzten zehn jahren seines von krieg und okkupation überschatteten schaffens schuf kandinsky vollkommen neue werke von ungeahnter vielfalt. ohne vernachlässigung der ständig erneuerten formenwelt gewann die farbe nochmals an bedeutung».[470]

auch nach seiner rückkehr vom bauhaus in die schweiz blieb bill in seinen arbeiten aus dem jahr 1929/30 stilistisch noch an klee angelehnt.

klees zweite flucht aus deutschland

klee kam im oktober 1931 nach düsseldorf, wo er an der dortigen kunstakademie ein lehramt übernahm. seinen unterricht in ‹maltechnik› besuchten «zunächst nur vier schüler». er «mietete in düsseldorf ein zimmer, behielt aber seine dessauer wohnung bis april 1933 bei.»[472] unmittelbar nach der machtergreifung hitlers, der am 30. januar 1933 durch den reichspräsidenten hindenburg zum reichskanzler ernannt worden war, «verstärkten die nationalsozialisten ihre hetze gegen die moderne kunst. klee gehörte zu den in der presse am häufigsten attackierten vertretern ‹entarteter kunst›. seine bilder wurden 1933 von den nationalsozialisten in drei sogenannten ‹schandausstellungen› in mannheim, chemnitz und dresden an den pranger gestellt.»[472]

am 17. märz 1933 drangen polizei und sa in abwesenheit des ehepaar klees in dessen dessauer domizil ein und beschlagnahmten während dieser hausdurchsuchung akten, die sie in drei wäschekörben abtransportierten. «klee flüchtete daraufhin vorübergehend in die schweiz.»[473] das war, nach den ereignissen der münchner räterepublik 1919, klees zweite flucht aus deutschland. «in den

<small>
469 bill 1928, s. 26
470 max bill: «wassily kandinsky» [1944]
471 endicott barnett 2005, s. 23
472 helfenstein 2000, s. 139f.
473 ebenda
474 mehring 1965, s. 87
475 zit. in grohmann 1934
</small>

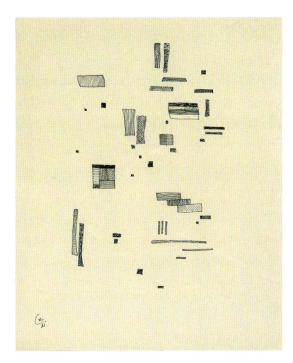

wassily kandinsky:
dessin no. 26, 1931
tusche und tinte auf papier,
22 × 18 cm

wassily kandinsky:
streifen, 1930
öl auf karton, 48,5 × 16 cm

schaubuden der ‹entarteten kunst›, die ein totalitärer dilettant veranstalten liess, wurden klees meisterstücke als hauptattraktionen, als wechselbälge eines rassefremden angeprangert, ‹dessen herkunft sich ins orientalische verlor›.»[474] am 6. april 1933 schrieb paul klee an seine ehefrau lily: «denn: wenn es auch so wäre, dass ich jude bin und aus galizien, so würde dadurch an dem wert meiner person und meiner leistung nicht ein jota geändert. diesen meinen persönlichen standpunkt ... darf ich von mir aus nicht verlassen, weil ich mir sonst ein komisches denkmal für immer setze. lieber nehme ich ungemach auf mich, als dass ich die tragikomische rolle eines sich um die gunst der machthaber bemühenden darstelle.»[475] diese argumentation wiederholte paul klee auch gegenüber seinem sohn felix, der in deutschland verblieb.

der schriftsteller walter mehring verweist in diesem zusammenhang, in dem sich paul klee entschliesst, einer nur unter menschenunwürdigen zuständen möglichen karriere in nazideutschland definitiv zu entsagen, auf klees «malerische kommentare» dazu: «ein ‹negroid› kaffeebraunes selbstportrait mit einem grossen schwarzen X querüber: *‹von der liste gestrichen›* und das aquarell *‹protzige wehr›*. klee, keineswegs jude, aber ein künstler, traf eine entscheidung, deren charakterstärke zu würdigen versteht, wer in ähnlich korrumpierende zeitverhältnisse geriet.»[476]

«öffentlich zum ‹entarteten künstler› gestempelt, durch die schliessung der galerie alfred flechtheim seines wichtigsten kunsthändlers beraubt und seit dem 21. april 1933 ‹mit sofortiger wirkung› von seinem lehramt an der staatlichen kunstakademie in düsseldorf beurlaubt, war paul klee gezwungen, sich wirtschaftlich völlig neu zu orientieren.»[477] nach einem ferienaufenthalt in südfrankreich trifft klee ende oktober 1933 in paris seinen freund kandinsky, «der seine übersiedlung nach frankreich vorbereitete und wie klee seine berufliche zukunft neu organisierte.»[478]

kandinsky wird sich zusammen mit seiner um dreissig jahre jüngeren gattin nina in frankreich in neuilly-sur-seine niederlassen, wo ihn der in paris lebende verleger san lazzaro, der die hervorragende kunstzeitschrift *XXe siècle* herausbringt, aufsucht. san lazzaro behält den «starken russischen akzent» nina kandinskys in erinnerung und wassily kandinskys ideologische haltung, letzterer habe sowohl die bolschewiken in seiner einstigen heimat als auch die nazis heftig abgelehnt.

«... son ‹humanité› candide se révoltait contre les systèmes instaurés par les bolcheviks et les nazis».[479]

der gewaltsamste einschnitt in klees biografie

nach klees vorübergehendem aufenthalt in der schweiz vergehen noch ein paar monate, bevor er zum dritten mal deutschland fluchtartig verlassen und diesem land definitiv den rücken kehren wird, um sich mit seiner frau lily im dezember 1933 in die schweiz zurückzuziehen. der sohn der berner klee-sammlerin hanni bürgi-bigler hatte bei der fremdenpolizei ein gesuch für eine niederlassungsbewilligung für das ehepaar klee eingereicht, dem im dezember 1933 stattgegeben wurde.

«klees rückkehr nach bern, die einer emigration bzw. einer flucht gleichkam, war der gewaltsamste einschnitt in seiner biografie. mit einem mal sah sich der international anerkannte künstler einer zunehmenden geistigen isolation in einer kulturell wenig anregenden provinzstadt ausgesetzt.»[480]

nachdem im herbst 1934 der von will grohmann bearbeitete werkkatalog *paul klee, handzeichnungen 1921–1930* in deutschland erschienen war, den die nationalsozialisten im april 1935 beschlagnahmten, durchlitt paul klee in der schweiz in den jahren 1934 bis 1936 eine künstlerische krise. obwohl die kunsthalle bern im februar/märz 1935 einen grossen überblick über sein œuvre aus den jahren 1919–1934 präsentierte, «die im herbst 1935 in veränderter form in der kunsthalle basel gezeigt wurde», fielen die verkäufe in beiden ausstellungen «eher bescheiden» aus, und klee erkrankte schwer im herbst

---

476 mehring 1965, s. 87
477 frey 2000, s. 201
478 helfenstein 2000, s. 139
479 siehe san lazzaro 1966
480 helfenstein 2000, s. 151
481 ebenda
482 ebenda, s. 158
483 bill 1976 [b], s. 36

1935 an «progressiver sklerodermie», weswegen er im darauffolgenden jahr die für ihn ungewöhnlich niedrige anzahl von «nur 25 werken» erarbeiten konnte.[481]

obwohl klee krankheitsbedingt in bern sehr zurückgezogen lebte, besuchte ihn dort 1937 kandinsky zum letzten mal, und im gleichen jahr suchte ihn picasso in bern auf. neben anderen künstlerkollegen wie jawlensky und georges braque, die klee besuchten, kam auch max bill nach bern, um den kontakt zu seinem verehrten ehemaligen dessauer bauhaus-meister wieder aufzunehmen.

in bills nachlass befindet sich von klee neben anderen gerade auch ein im jahr 1937, im jahr der ausstellung *entartete kunst* entstandenes werk, das den titel *hart und weich II* trägt und zu dem sich bill in einem kurztext äussert: «am bauhaus hatte ich zeitweise stark unter seinem einfluss gestanden. er ist für mich eine der wesentlichsten künstlerischen erscheinungen, insbesondere auch in der theorie. zahlreiche werke von paul klee befassen sich mit gestaltvariationen, hier mit dem thema *hart und weich II*.»[483]

1937 hatte sich klees krankheitszustand etwas stabilisiert, er schuf im laufe des jahres 264 werke, obwohl die von den nationalsozialisten organisierte wanderausstellung *entartete kunst* im juli in münchen eröffnet wurde, in der etwa fünfzehn werke von klee, «von diffamierenden kommentaren begleitet», geschmäht wurden – was ihn hätte psychisch zurückwerfen können. «seine bilder wurden unter anderem als ‹psychopathenkunst› verunglimpft. im zuge einer umfassenden beschlagnahme von werken ‹entarteter kunst› wurden vom sommer bis herbst 1937 insgesamt über 100 werke klees aus deutschen museen entfernt.»[482]

käthi bürgi, die schwiegertochter von hanni bürgi-bigler, die klees werke von früh an gesammelt hatte, führte den erkrankten künstler per auto auch zu ausstellungsbesuchen aus, so «beispielsweise zur auktionsvorschau der von den nazis konfiszierten werke aus deutschen museen bei der galerie fischer in lu-

paul klee: *hart und weich II*, 1937
kohlezeichnung auf papier,
35,3 × 22,2 cm

zern anfang juni 1939».[484] kann man sich hineinversetzen, was für einen effort es für klee bedeutet haben muss, sich diese von den nazis aus deutschen museen entfernten arbeiten anzuschauen – und wie demoralisierend dies auf ihn einwirkte?

lotte beese

einige zeit vor max bill hatte sich lotte beese am bauhaus immatrikuliert und sie studierte weiterhin hochmotiviert, als max in dessau eintraf. ihre politische gesinnung hatte sich unter dem eindruck des ersten weltkriegs vehement antinational entwickelt. am bauhaus befand sie sich unter gleichgesinnten und kam sich zum ersten mal in ihrem leben aufgenommen, integriert vor. anfangs arbeitete sie in der von gunta stölzl geleiteten webklasse-werkstatt. dann studierte lotte beese ‹baulehre› bei hannes meyer.

lotte wird schliesslich mitarbeiterin des schweizers meyer, und die beiden verlieben sich ineinander. sie nimmt ein zärtlich-intimes foto von ihm auf, wie auch er sie vertraut-vertrauend fotografiert. in ihrer arbeitsanschauung waren sie bestrebt, unter dem primat der architektur die angewandte und die freie kunst gelungen zusammenzubringen – eine insofern hierarchische auffassung, als sie die architektur über alles andere stellen. die von ihnen angestrebte zu entwerfende, zu entwickelnde und zu bauende zeitgenössisch moderne architektur bedeutete ihnen das höchste gut.

die von hannes meyer inhaltlich verantwortete architektur-abteilung am bauhaus wurde unterteilt in eine theorie-abteilung ‹baulehre› und in die ausführende, real bauende ‹bauabteilung›.

an einigen der aufträge, die hannes meyer persönlich erhielt, wie zum beispiel einen bedeutenden grossauftrag des allgemeinen deutschen gewerkschaftsbunds (adgb) für bernau, liess meyer auch studenten der ‹bauabteilung› mitarbeiten, und sie wurden in einer arbeitsgemeinschaft, die als kooperative funktionierte, ausgeführt.

der aus münchen stammende jüdische student philipp tolziner, der sich im sommersemster 1927 am bauhaus (immatrikulationsnummer 132) eingetragen hatte, wurde ein klassenkamerad von lotte beese in der ‹baulehre›. sie seien dort auf ingenieursniveau mit bautechnischen fakten überschüttet worden. hannes meyer habe ihnen zudem angeraten, nicht nur fachliteratur, sondern darüber hinaus auch noch moderne literatur zu lesen. tolziner ist der meinung, dass wohl alle studenten der ‹bauabteilung› im bauhaus-machtkampf auf seiten von hannes meyer standen: «unsere begeisterung galt seinem streben nach der lösung unserer aufgaben auf wissenschaftlicher grundlage und seinen losungen ‹dem volke dienen›, ‹volksbedarf statt luxusbedarf›, ‹alles, was wir machen, muss qualitativ hochwertig und gleichzeitig billig sein›.»[485]

---
484 frey 2000, s. 202
485 siehe tolziner 1989
486 borngräber 1977, s. 115
487 siehe schilt/selier 1993

‹brigade hannes meyer›

der bauhaus-student philipp tolziner reiste anfang 1931 in die udssr nach moskau und schloss sich dort der ‹brigade hannes meyer› an, die an manchen stellen in der fachliteratur auch ‹rote brigade› genannt wird.

architekten werden in moskau dringend gebraucht, da ein grosser mangel an wohnungen herrscht. «in moskau leben in dieser zeit um die 2,8 millionen menschen, das sind 250% mehr als 1920 nach revolution und bürgerkrieg. über die hälfte aller häuser ist nicht an das kanalisationsnetz angeschlossen. bis 1930 wurden 5000 neue häuser gebaut, doch stehen nur vier quadratmeter jedem bewohner zur verfügung.»[486]

noch vor tolziner reiste lotte beese, und zwar bereits im november 1930, zu hannes meyer nach moskau; einige monate darauf, am 31. juli 1931, wird peter geboren, der gemeinsame sohn von lotte beese und hannes meyer. nach der geburt ihres kindes fand lotte keine arbeit mehr.
der zuvor so gepflegt auftretende bauhaus-direktor kleide sich jetzt in arbeiterkluft, er sehe aus wie die imitation eines proletariers, überliefert lotte, vielleicht aus einer neuerdings aggressiven stimmung hannes meyer gegenüber; meyer ging eine neue beziehung ein zu lena bergner, auch sie eine ehemalige bauhaus-studentin.[487]
lotte sah sich gezwungen, ihren sohn peter bei einer familie in prag unterzubringen, und reiste auf der suche nach arbeit im april 1932 in die ukraine nach charkow, wo eine fürchterliche hungersnot herrschte – eine folge der erzwungenen kollektivierungsmassnahmen in der landwirtschaft. die offizielle ideologische darstellung lautete: die hungersnot sei eine «historische notwendigkeit», «das klassen-los der bauern»; und da lotte mit vielen der kommunistischen ideen sympathisierte, übernahm sie damals zuerst einmal diese offizielle version, ohne sie zu hinterfragen.
von charkow aus versuchte sie wieder kontakt zu hannes meyer aufzunehmen, doch der endgültige bruch zwischen den einstigen liebenden war unabwendbar. um eine unterhaltszahlung für den gemeinsamen sohn zu erhalten, musste lotte vor gericht. meyer versuchte, sie als typisch westliche frau abzuqualifizieren, die mit dem sowjetleben nicht zurechtkomme. ein volksgericht in moskau verurteilte meyer schliesslich zur zahlung von monatlich 250 rubel zugunsten des sohnes.

---

philipp tolziner begegneten max bill und ich anlässlich eines bauhaus-kolloquiums am 30. juni 1989, kurz vor dem ende der ddr, in weimar. danach kam tolziner, wiederum aus der udssr angereist, anlässlich der ausstellung hannes meyer – urbanist, architekt, lehrer im museum für gestaltung (märz bis mai 1990) nach zürich und besuchte uns im haus bill in zumikon. tolziner erzählte, er habe in der udssr einige zeit in einem stalin-gulag zugebracht.

von lotte beese existiert aus dieser periode ein klar gegliederter plan zu einer kinderkrippe für 90 kinder in orsk (lotte beese: axonometrie, «standardgorproject», ca. 1934, abgebildet in: jeroen schilt/herman selier: «het leven van lotte stam-beese», 1993, s. 19).

das scheitern der beziehung traf lotte beese tief. darüberhinaus wurde sie, die noch immer deutsche papiere hatte, deswegen vorübergehend sogar als spionin verdächtigt.

lotte beese begann, krippen und schulen für die stadt orsk im ural zu entwerfen. rein zufällig traf sie in charkow auf der strasse mart stam, dessen vorlesungen zum städtebau sie sich 1928 – wie auch max bill – am bauhaus in dessau angehört hatte. ihr leben nahm darauf eine neue, jedoch nicht weniger komplizierte wendung, denn der moderne holländische architekt war verheiratet. seine ehefrau lenie lebeau und die tochter jettie hielten sich in moskau auf.

‹brigade ernst may›

mart stam war mit der brigade des ehemaligen stadtbaumeisters von frankfurt am main, ernst may, in die udssr gekommen. der erste auftrag, den die sowjetautoritäten der may-brigade erteilten, lautete, magnitogorsk, eine industriestadt für 200 000 einwohner, zu planen. die brigade entwickelte mehrere projekte; schliesslich wurde das von stam entworfene bevorzugt und als basisplan auserkoren.

noch während die ersten wohnungen in magnitogorsk gebaut wurden, erhielt stam einen neuen auftrag: er sollte den strukturplan für die stadt makejewka erarbeiten, für ein geplantes industriezentrum für 250 000 einwohner im 250 kilometer von charkow und lotte entfernten donbass.

lotte beese und mart stam unterwegs per schiff auf der wolga, 1933

im august 1933 zog lotte aus charkow weg, um sich zu mart zu gesellen. beide machten sich im herbst 1933 gemeinsam auf die lange reise, teils per auto, teils per schiff auf der wolga nach orskaja/ural, denn die may-brigade hatte inzwischen den auftrag erhalten, im 300 kilometer von magnitogorsk entfernt gelegenen orskaja eine neue idustriestadt zu erbauen: das sogenannte ‹standardgor-project›.

488 françoise very: «hans schmidt et la construction de la ‹ville socialiste› d'orsk», in: *l'architecture et l'avant-garde artistique en urss de 1917–1934*, VH 101, revue trimestrielle, paris 1972, s. 147-155; mit abbildungen
489 siehe schilt/selier 1993

mart stam und lotte beese reisten vermutlich gegen ende 1933 nach moskau, um von dort aus unter leitung des schweizer architekten hans schmidt zusammen mit grete schütte-lihotzky, werner hebebrand und ernst zeman (von der ursprünglichen may-brigade) das projekt weiter zu bearbeiten, das im laufe des jahres 1934 fertig ausgearbeitet sein sollte. in diesem zeitraum stiessen die vormaligen bauhaus-studenten konrad püschel, tibor weiner und philipp tolziner aus der ‹brigade hannes meyer› als verstärkung zur may-brigade.

der schweizer architekt hans schmidt – der in späteren jahren in der schweiz max bill zur mitarbeit heranziehen und sich 1939 in zürich für bills aufnahme in den ciam einsetzen wird – war gemeinsam mit der ‹brigade ernst may› am 1. september 1930 in die udssr abgereist. die gruppe umfasste um die zwanzig leute und setzte sich vornehmlich aus deutschen architekten und ingenieuren zusammen, mit dazu zählte aber auch der holländer mart stam.

schmidt sei wegen der von ihm in zusammenarbeit mit stam, meyer und el lissitzky in der schweiz herausgegebenen architekturzeitung *abc* (1924–1928) für diese aufgabe in der udssr mitberücksichtigt worden.

stam und beese reisten anschliessend nach kasachstan ab, wo es um das letzte projekt stams in der udssr, um den aufbau einer 200 kilometer von alma-ata entfernt gelegenen stadt am balchasjmeer, gehen sollte. doch stam bekam vor ort moralische skrupel.

«le groupe ernst may, dont il fait partie, engagé pour cinq ans par le gouvernement soviétique, commence à travailler comme groupe autonome, pour être ensuite intégré au standardgorprojekt, fondé en 1932 … au sein du standardgorproject travaillèrent près de 150 spécialistes étrangers, allemands pour la pluspart, ainsi que certains spécialistes américains dans le domaine de l'industrie … hans schmidt, après avoir collaboré avec ernst may aux plans de magnitogorsk et du ‹grand moscou›, trace, avec mart stam, en 1934, le plan général de la ville d'orsk.»[488]

«jedes kilo kupfer kostet ein menschenleben»

in der neuen stadt sollten 60 000 bis 70 000 zwangsarbeiter, in erbärmlichen unterkünften untergebracht, kupferminen ausbeuten. als mart stam zu seinen auftraggebern nach moskau zurückkehrte, um bericht zu erstatten, eröffnete er diesen, der auftrag sei für ihn unausführbar, weil jedes kilo kupfer ein menschenleben koste.[489] da eine arbeitsverweigerung als sabotage eingestuft werden konnte und als bestrafung die deportation drohte, beantragten stam und beese vorbeugend ausreisevisa. sie lebten in einem bangen klima – man liess sie monatelang warten.

max bill und lotte stam-beese im bauhaus-archiv, berlin, mai 1985

während des zweiten weltkriegs werden sich mart stam und lotte stam-beese in den niederlanden 1943 scheiden lassen. als lotte beese und max bill sich nach langen jahren zufällig 1985 hocherfreut und herzlich wiederbegegneten, war ich zugegen. die architektin lotte stam-beese ist 85 jahre alt geworden und wurde am 21. november 1988 in rotterdam kremiert.

vor ihrer ausreise aus der udssr in richtung niederlande heirateten lotte beese und mart stam im oktober 1934 in moskau. bei diesem entschluss spielte auch die überlegung eine rolle, dass lotte auf diese art vielleicht eher eine aufenthaltsbewilligung für die niederlande erhalten würde. da die niederländischen autoritäten aber in jener zeit die sowjetunion nicht anerkannten, war für sie die in moskau vorgenommene vermählung inexistent. deshalb mussten lotte und mart in amsterdam erneut heiraten. sie liessen sich im august 1935 trauen.

melting pot bauhaus

die immatrikulationsliste der studierenden am bauhaus dessau zeigt auf, wie international die zusammensetzung der studentinnen und studenten war: bemerkenswert «oft kommen namen slawischer und jüdischer herkunft vor, aber es finden sich auch etliche englisch-amerikanische, skandinavische, italienische und selbst japanische».[490]

dem heft 2/3, 1928, der bauhaus-zeitschrift, das am 1. juli 1928 erschien, in dem unter der rubrik «interview mit bauhäuslern» auch die stellungnahme von max bill gedruckt wurde (s. 25–26), ist ferner zu entnehmen, dass es aktuell am bauhaus 166 studierende gab, davon 45 studentinnen und insgesamt «37 ausländer». letztere mitteilung ist nicht nach anzahl männlicher und weiblicher ausländischer studierender aufgeschlüsselt.

klees vater hans klee stammte zwar aus unterfranken, doch er lebte und lehrte seit 1878 in der schweiz, als musiklehrer am staatlichen lehrerseminar in hofwil (bis 1932). klees mutter ida, eine geborene frick, war in besançon als schweizerin geboren und in stuttgart als sängerin ausgebildet worden. sie war also musikerin, wie auch klees spätere ehefrau, die 1876 in münchen geborene lily stumpf. lily, die paul klee im jahr 1900 kennengelernt hatte, heiratete ihn «gegen den willen ihres vaters» mitte september 1906. das einzige kind von lily und paul klee, ihr sohn felix klee, wurde ende november 1907 geboren.

ergänzend können wir anfügen, dass es auch einige wenige schweizer gab. wie mir max bill sagte, seien es zu seiner zeit circa sechs menschen, darunter sein meister, der im primarschulhaus in münchenbuchsee bei bern am 18. dezember 1879 geborene paul klee, gewesen, mit denen er sich in seinem schweizer dialekt unterhalten konnte.

ein jahr nach bills ankunft schrieben sich für das sommer-semester 1928 unter den neuankömmlingen der schweizer hanns fischli (immatrikulationsnummer 247) und annemarie hennings (immatrikulationsnummer 265) ein.

bevor hanns, der seinen vornamen in späteren jahren hans schrieb, ans bauhaus kam, verkehrte er in zürich beim autor des buches *die neue schweiz* (1918), dem religiös-sozialen professor leonhard ragaz in der gartenhofstrasse, und las tolstoi, gogol und gorki, romain rolland, henri barbusse und leonhard frank im kreise jener jungen leute um ragaz. dieser jugendgemeinschaft um leonhard ragaz gehörte neben fischli auch ein sehr schräger typ na-

---
490 wingler 1962, s. 558
491 albert ehrismann: «der krater», in: tages-anzeiger, 18.6.1930
492 siehe fischli 1968, s. 12
493 ebenda, s. 17
494 ebenda, s. 18

mens albert ehrismann an. albert wohnte in der badenerstrasse in der mietwohnung seiner eltern im vierten stock, wo ihm hanns fischli rehe an die kammerwand malte.

die von leonhard ragaz inspirierte jugendgruppe gab unter dem titel *nie wieder krieg* eine eigene monatsschrift heraus. fischli ass als anhänger der *nie wieder krieg!*-ideologie nur noch fleischlos und «verzichtete auf jedes narkotische gift», wie er in seinem ausführlichen biografischen bericht schreibt.[492] bald war er völlig unterernährt und erkrankte im letzten jahr seiner bauzeichnerlehre an einer doppelseitigen lungenentzündung. nach sechs wochen im krankenbett fuhr der lehrling ins ausland, um sich in stuttgart die weissenhofsiedlung anzuschauen («flachdachhäuser kannte ich nur aus abbildungen. es war einfach ein wunder!»).

dem aufgebot zur lehrlingsprüfung kam fischli nicht nach, und er fälschte sein antrittsdatum am bauhaus «um zehn tage rückwärts, so fügte es sich, dass ich nach meinem abschied im büro andertags abreisen musste, um rechtzeitig am bauhaus zu sein … bauzeichner, das war ich, nun wollte ich ausziehen, um architekt zu werden.»[493]

die erste begegnung von fischli und bill

«am elften april 1928 um sieben uhr … stieg ich nach durchfahrener nacht aus dem nichtraucherabteil dritter klasse vom schnellzug zürich–stuttgart–berlin und betrat den bahnsteig des bahnhofs dessau.

das bauhaus war leer und verlassen, die lehrer und schüler waren aus den semesterferien noch nicht zurück. ich kam ja zu früh. ein fräulein im büro trug mich in eine liste ein. zwei studierende seien dageblieben, zufällig auch schweizer. ich suchte sie auf, einer hiess bill … sie fanden es schlau von mir, so früh zu kommen, jetzt könne ich ein zimmer finden vor dem rummel … bill, mit struppiger mähne, wohnte im gegenüberliegenden vorstadtgebiet … man sah ein endloses kornfeld, topfeben bis zum strich am horizont. der weg, zwar weit weg von der schule, führte durch einen kiefernwald …

dann holten wir mein gepäck beim pedell der schule. bevor ich mein zimmer, zwei häuser von bill entfernt, bezog, zeigte er mir seine behausung. dreimal so gross, durchgehend unter dem ganzen dach, ein hängendes büchergestell, zwei couchbetten, staffeleien und tische, ein riesiger vorhang aus blauem samt, dahinter die küche.»[494]

um 1930 wird max bill für albert ehrismanns lyrikband mit dem heute noch hinreissenden titel *lächeln auf dem asphalt* (orell füssli, zürich 1930) den schutzumschlag gestalten (siehe s. 315), während albert ehrismann seinerseits im sommer 1930 eine positive kritik über das programm der kleinkunstbühne ‹der krater› verfasst («eine freude für sich die bühnenbilder. der ‹krater› verfügt über maler!»[491]), zu dessen aktiven mitgliedern seit april jenes jahres auch max bill gehört.

hanns fischlis vater war ein handwerker, der erst in der ostschweiz, im kanton thurgau, wohnte, bevor er mit seiner frau in deren heimatort nach zürich zog; dort wurde er grundbuchgeometer und topografierte mit zwei gehilfen den uetliberg. hanns fischli ist, nebenbei bemerkt, der vater von peter fischli vom künstlerduo fischli/weiss.

unter dem eindruck des neuen bauens entwarf hanns fischli ironischerweise ausgerechnet für den konservativen schrebergärtnerverein sektion entlisberg einen flachdach-schuppen. immerhin erhielt er fünfzig schweizer franken entwurfshonorar.

obwohl der frisch angekommene fischli eine lange bahnfahrt hinter sich hatte, zeigte ihm max unerbittlich noch gleichentags seine arbeiten.

«noch nie hatte ich das atelier eines malers betreten. lange zeigte er mir dann seine arbeiten. ich, knabe vom land, dachte, die seien so gut wie richtige klee. dann gestand ich meine erschöpfung ...»[495]

parallelismus bei hodler und bei klee

wen wundert's, dass sich bill anfangs den von seiner mutter am meisten verehrten schweizer künstler ferdinand hodler zum vorbild nahm – schliesslich wollte er der mutter gefallen. zum neuen vorbild wählte sich max bill dann paul klee aus. mit ihm konnte er sich auf schweizerdeutsch, und damit für die meisten seiner mitstudierenden unverständlich, unterhalten – fast, als hätten meister und schüler hier eine geheimsprache.

auf eine eventuelle stilistisch-verwandtschaftliche eigenart in werken hodlers und klees macht klees biograf max huggler wie folgt aufmerksam: «für ferdinand hodler war bekanntlich das bildungsprinzip seines schaffens der parallelismus, der ihm als die grosse, alles umfassende gesetzmässigkeit der natur erschien. bei der engen beziehung seines werks zur art nouveau steht die herkunft seines parallelismus ausser frage, vielleicht dürfte derselbe stilgeschichtliche zusammenhang auch für die parallel-figurationen von klee bestehen.»[496]

bill hatte bereits einen ruf. er war derjenige schweizer unter den studierenden, von dem man am meisten sprach. vor einem jahr sei er «als reicher mann» gekommen und er «fresse lebende fische», kolportiert hanns fischli.

fischli tat sich anfangs, wie er rückblickend berichtet, mit einer «reinen» kommilitonin zusammen, die mazdaznan-übungen zelebrierte, bei denen fischli seinerseits aber bald passen musste. er besuchte den vorkurs von josef albers – über den er beredt und exakt zeugnis ablegt –, und bekommt, wie manch anderer, eines tages den berühmten bauhaus-koller: «man schwänzte ein anderes mal und streifte zu dritt, mit bill, der wenigstens über den koller hinaus war, am ufer der elbe herum.»

bill lässt fallen, er habe erfahren, dass in zürich ein wettbewerb für den neubau einer kindergarten-anlage ausgeschrieben sei. teilnahmeberechtigt seien architekten aus und in zürich. «ein eilbrief – zehn tage später sassen wir über den unterlagen. wir waren ja beide mit dem gleichen ziel hierhergekommen – architekten wollten wir werden!»[497]

folgerichtig setzten sich hanns fischli und max bill in dessau daran, ihr projekt für diesen architektur-wettbewerb «kindergarten und quartierzentrum in zürich» (1928) gemeinsam zu erarbeiten.

---
495 fischli 1968, s. 18
496 huggler 1969, s. 92 (kapitel «die klassische schau der natur»)
497 fischli 1968, s. 31
498 ebenda

auffallen und durchfallen

«drei wochen später schickten wir die rolle mit unseren plänen dem preisgericht zur beurteilung, will sagen, zur prämierung zu. es konnte nur eine lösung geben, die unsrige.

um für die kommende korrespondenz gerüstet zu sein, und um nicht als anfänger zu erscheinen, hatten wir die briefbogen unserer architekten-firma in din: den gebräuchlichen formaten der deutschen industrie, bereit. bill kam das alphabet zu gut; ich fand, mein name – schliesslich sei ich vorläufig der einzige einigermassen ausgewiesene fachmann in unserem geschäft – sollte auf der oberen linie stehen. ich hatte auch sauber gezeichnet und gewusst, was eine kubische berechnung enthalten müsse und wie eine solche zu machen sei. doch dass im alphabet b vor f kommt, war nicht zu bestreiten.»[498]

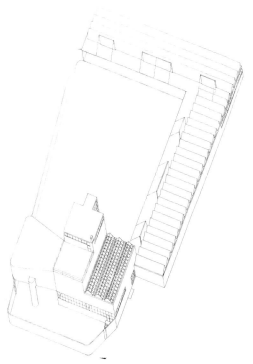

max bill/hanns fischli: *entwurf für einen kindergarten und quartierzentrum in zürich*, 1928

fischli sah sich als der bauzeichner mit dem soliden wissen. bill hingegen hatte im jahr zuvor in dessau bereits eigenständig einen entwurf für den architekturwettbewerb für die schweizerische landesbibliothek erarbeitet (siehe s. 228) und befand von daher, seine kompetenz müsse, nicht nur aus alphabetischen gründen, an erster stelle stehen.

da bill nicht regulär in die ‹baulehre› aufgenommen worden war, schaute er dort nur gelegentlich in die vorlesungen hinein. an seinen entwurf für die schweizerische landesbibliothek hatte er sich 1927 mit seinem neu erworbenen wissen gewagt. für den wettbewerbs-eingabetermin war das datum des poststempels ausschlaggebend. max bill verpasste ihn knapp, denn er kam einen tag zu spät mit seinem entwurf auf der dessauer poststelle an, und obwohl er all seinen charme bemühte, hatte die postangestellte ihm, amtlich-korrekt, eine rückdatierung des poststempels verweigert.

josef albers war in jenen tagen aufgefallen, dass fischli nur unregelmässig im grundkurs erschien. hanns gestand, und albers besah sich daraufhin wohlwollend die bill-fischli-pläne für den kindergarten: ganz aus stahl, glas und eternit. und der geschätze bauhaus-meister «wünschte uns glück», und die phantasien nahmen ihren lauf: «als mutmassliche gewinner würden wir alle pläne

sein erster entwurf für die schweizerische landesbibliothek, den er später noch überarbeitet habe, sei im bauhaus dessau mitausgestellt worden, wo ihn sich auch hannes meyer ansah, erzählte mir max bill. den originalentwurf von 1927 sah max bill am 15. januar 1994 wieder, während der ausstellung *max bill* in der fondation saner, studen bei biel, wohin ihn eine besucherin zur ansicht mitgebracht hatte. maxens sohn jakob bill hat ihn im jahr 2002 über das berner auktionshaus kornfeld für seine sammlung angekauft.

max bill: *entwurf
für die schweizerische landesbibliothek*, 1927

für den bau in dessau zeichnen; einer von uns sollte gelegentlich nur schnell zu den paar sitzungen fahren. alles sei zwar klar aus unseren plänen ersichtlich, meinten wir.

um meine angehörigen in der schweiz nicht brüsk zu schockieren, wenn sie aus den zeitungen erfahren sollten, dass wir die ersten preisträger wären, stand auf den postsendungen von jetzt ab als absender ‹hanns f. maler + architekt, bauhaus dessau›, noch nicht ganz neunzehnjährig, kaum ausgelernt, unentschieden begabt und schon doppelt beruflich bezeichnet!...

trotzdem: wir schieden im ersten rundgang aus; unausgewogener baukörper stand im bericht des preisgerichtes. nach eigenem urteil war unser projekt sehr gut, hatte vielleicht nicht ausgesprochene merkmale einer kleinkinderschule, die klassenzimmer waren auf drei seiten ganz aus glas, wir waren für die offenheit, auch wenn das tram daran vorbeifuhr...»

und fischli resümiert diese arbeitserfahrung schmunzelnd: «wir hatten sehr gut zusammengearbeitet; bill hatte den besuchern unsere gedankengänge klug erklärt und den tee zubereitet. während ich die gemeinsamen skizzen in lesbare pläne 1:200 verwandelte, begleitete er die damen nach hause.»[499]

auch max nahm den abschlägigen bescheid rückblickend locker und meinte lakonisch-belustigt, bei diesem kindergarten-wettbewerb seien bill & fischli wohl «nicht nur aufgefallen, sondern auch durchgefallen».

«die gemeinsame arbeit am wettbewerb hatte zwischen bill und mir eine gute kameradschaft ergeben. in seinem grossen raum unter dem schrägen dach zu arbeiten, hatte mich angeregt.

---
499 fischli 1968, s. 31
500 ebenda, s. 49
501 ebenda

nun räumte er mir einen wohn- und arbeitsplatz ein. wir legten unsere haushaltungen zusammen und hofften so geld zu sparen. seine mittel neigten sich langsam, das steigerte seine aktivität. seine gründerzeit begann.»[500]

bills gründerzeit

wie fischli berichtet, wollte max bill «einige junge bauhausmaler in eine gruppe vereinigen, wanderausstellungen in europa organisieren, die uns berühmt machen sollten und unsere bilder begehrt. beim aufstellen der mitgliederliste führten wir klee und kandinsky auf, dann unsere namen. wegen der alphabetischen ordnung stand bill, weil es keinen namen mit a gab, an der ersten stelle. die gruppe z. der letzte schrei, die nicht zu überbietenden!»[501]
der inzwischen mit fischli befreundete bill vertraute seinem schweizer studienkollegen, und die beiden entwarfen für die neugegründete gruppe z statuten. der noch nicht einmal zwanzigjährige bill übernimmt «die direktion und das sekretariat» der gruppe z und gestaltet eigens deren briefpapier und visitenkarte.
ausser der für die gruppe gestalteten visitenkarte liegt auch eine persönliche, von bill in eigener sache gestaltete vor.
der gruppe z schliessen sich auch annemarie hennings und hilde rantzsch an. im weiteren stossen bills freund clemens röseler sowie einer namens freddo bortoluzzi dazu.
über den mit-z-ler alfredo ‹freddo› bortoluzzi findet sich in einem nur mit h. unterzeichneten, vermutlich von hilde rantzsch geschriebenen, brief an max bill, gegen jahresende 1929 verfasst, folgende mitteilung: «… botoluzzi [sic]

max bill: visitenkarte, um 1929

max bill: visitenkarte der gruppe z, 1928

ein foto von maxens früherem freund clemens röseler, als mitspieler in der bauhaus-kappelle, ist abgebildet in: jeannine fiedler, peter feierabend: *bauhaus*, könemann, köln 1999, s. 149; und mit ‹katt› ist katja both aus dem doppelporträt *zwei freundinnen* (1927, siehe s. 125) gemeint; wer katt boths «blonder schorsch» war, entzieht sich meiner kenntnis.

die schreibweise des namens der studentin liesl träger (immatrikulationsnummer 211), die zusammen mit max bill auf der bauhaus-bühne aktiv mitwirkte, lautet manchmal auch liesel. sie wird nach ihrer bauhaus-zeit, als sie in der schweiz heiratet und liesl steiner-träger heisst, weiterhin zum näheren kreis um max bill gehören.

ist in karlsruhe schützenstr. 12. er tanzte vor einem halben jahr ballet.» und auch neuigkeiten über clemens röseler, ebenfalls ‹gruppe-z›-mitglied, zu dem bauhaus-meister feiningers sohn t. lux besonders bewundernd aufsah, vernimmt bill im selben brief: «... was röseler angeht, so ist er in stralsund als bühnenbildner. dieselbe stelle, die einstmalen der schöne hildebrand (katt's blonder schorsch) inne hatte».

ausserdem wird in diesem brief, «was die gruppe z angeht», beziehungsweise in welche himmelsrichtungen sich nach bills weggang vom bauhaus deren weitere mitglieder janosch, margaret leiteritz und lou scheper zerstreut haben, berichtet.[502]

obwohl die verantwortlichen köpfe der *gruppe z* dessau, also bill und fischli, eigens «ein paket briefpapier mit einem briefkopf bedrucken» liessen, kam dennoch «keine ausstellung» zustande und es sei «kein bild verkauft» worden.[503]

da hanns fischli bei seiner ankunft noch nicht – wie man heute sagen würde – bauhaus-kompatibel aussah, musste er erst noch zurechtgemacht werden. die im jahr zuvor von bill zusammen mit ihrer freundin katt both porträtierte hilde rantzsch, die im sommersemester 1928 ihrerseits die freie malklasse besucht und bei der *gruppe z* mitmacht sowie im wintersemester 1928 in der weberei arbeitet, nahm hanns unter ihre fittiche und kümmerte sich um die veränderung seines outfits. sie riet ihm zu einer baskenmütze; damit solle er seine abstehenden ohren verdecken.

nach hildes styling ergreift liesl träger die initiative, dem ‹neuen› das tanzen beizubringen. «nach einem fest, es tagte bereits, stellte sie mich vor ihrer tür hin, liess mich den takt des hauptsongs pfeifen und hielt mich fest, ohne locker zu lassen, bis die tanzschritte sassen ... lach doch, junge, du wirst bald einer der besten tänzer werden... den rhythmus in den lenden und du warst dem mädchen im arm oder nur frech an der hand, ein kenner und könner.»[504]

fischli über klee im meisterhaus

über den eindruck, den klee bei sich im meisterhaus auf hanns fischli machte, erfahren wir, dass man klee niemals in arbeitskleidern antraf und dass seine arbeiten wie selbstverständlich da standen oder lagen. «er zeigte sie uns jedoch nie. auf dem tisch standen grosse tonvasen, die mit vielen sauberen pinseln gefüllt waren, flaschen mit lösungs- und bindemitteln, firnissen oder lacken. wir

---

502 [vermutlich] hilde rantzsch, dessau, n.d. (november oder dezember 1929), an max bil; bibliothek max bill
503 fischli 1968, s. 50
504 ebenda, s. 58
505 ebenda, s. 48
506 ebenda, s. 50

sahen, was für arten und fabrikate von farben er brauchte, und die vielen feinen sorten papier versteckte er ebensowenig … die fische in seinem aquarium durften wir mit ihm betrachten; er schaltete die lampe ein oder aus, er scheuchte einzelne sorgsam vom platz, um versteckere besser zu sehen …
er verabschiedete uns mit einem händedruck an der ateliertür; seine frau lily, schwer, aber mit leichten schritten und einem apfelgesicht, begleitete uns zur haustür, wo sie unser grüppchen in empfang genommen hatte und nun wieder entliess.»[505]

das kleinganoventrio

fischli hatte am dessauer bauhaus eine freundin namens sascha. fischlis vater emil schickte jeweils einen wechsel, der aber «immer unregelmässiger» eintraf. «mit sicherheit konnten wir drei [fischli, sascha und bill] eine zeitlang nur auf meine hundertundfünf mark rechnen, die mein vater pünktlich an seinem zahltag an mich überweisen liess … wir fanden, uns fehle das obst.»[506]

auf was für eine idee das junge trio kam, um den akuten geldmangel etwas zu lindern, wird im folgenden in hanns fischlis worten wiedergegeben: «auf einem spaziergang an der elbe waren wir an einem rhabarberfeld vorbeigekommen und hatten auf dem rückweg einige schöne stengel mitgenommen. in unserer kleinen küche kochten wir sie, zusammen mit griessbrei ergab das eine bekömmliche mahlzeit. endlich wieder einmal etwas süsses, in der kantine war die marmelade seit langem zu teuer. …

wir eröffneten schnurstracks eine rhabarber-konfitüre-fabrik. das sollte die einnahmen ergeben, die uns fehlten …

wir begannen, en gros zu stehlen, nicht immer auf dem selben feld, sondern wir beglückten die kulturen im ganzen umkreis gleichmässig mit unseren besuchen. wir hatten hilfskräfte, waren in der anstellung sehr wählerisch, sascha durfte nie mit, sie war zu edel, hilde rantzsch sofort, die war wie geschaffen für dieses handwerk.

es mussten gewandte, verschwiegene frühaufsteher sein, denn wir arbeiteten in frühschicht, start 02.30 ab fichtenbreite, um 04.30 begann es hell zu werden, bis dann musste die ernte eingebracht sein …

den zucker hingegen, sogenannter stosszucker, eine art rohmaterial, man musste die brocken zerstossen, bevor man den zucker beigeben konnte – kauften wir en gros, weil er so billiger kam …» das paraffin «kauften wir in form

die freundin von fischli, sascha, deren familienname unerwähnt bleibt, besucht bill nach dessen rückkehr vom bauhaus in die schweiz einmal in zürich.

hanns fischlis platonische freundin, die «edle» sascha, «durfte auf dem markt die steinguttöpfe kaufen, wenigstens die kleinen und mittleren, die für fünf kilo inhalt besorgten wir wegen des gewichtes selbst.»

die rhabarberfeld-story hat bill selber mir nie erzählt. sie ist in gewisser weise die fortsetzung des winterthurer klauens am kiosk, bei dem bill damals schmiere gestanden hatte. bill unternahm zwar einen einmaligen versuch, diese geschichte aufzuschreiben, verschob es dann aber auf später, wie er xanti in einem brief mitteilt: «schliesslich habe ich das ganze in den papierkorb geworfen und beschlossen, meine autobiografie später einmal zu schreiben ... vielleicht zum 100sten geburtstag von pius.»[507]

mit «pius» (lat. der fromme) war direktor walter gropius gemeint; man hatte bauhausintern die erste hälfte seines namens weggelassen – das sparte zeit, wie bei der kleinschreibung, und dementsprechend nannte man seine zweite ehefrau ise gropius auch in der weiblich gepaarten form «pia».

von kerzen, die wir einschmolzen; das paraffin wurde im flüssigen zustand als luftdichter deckel auf die vollen töpfe gegossen ...»

eine grosse, geborgte kasserolle «stand stundenlang auf dem kleinen gaskocher; es zischte und pluppert gemütlich. das zurichten erledigten wir zu dritt in fliessbandmethode, einer waschen, einer schälen, einer zerkleinern. süsser duft, mit gas gemischt, erfüllte den raum.

beim stehlen wurden wir immer wählerischer, nur noch ganz dicke stengel, weil sie die steingutkrüge, die sich sehr vermehrten, schneller füllten. beim zuckern wurden wir immer geiziger, senkung der selbstkosten, normaler verkaufspreis, höherer gewinn ...

zum hauptabnehmer bestimmten wir den bauhaus-kantinenwirt, unsere mitschüler sollten die vitamin-beglückten sein. wir werden den winter gut überstehen. wenn dann doch noch bilderverkäufe hinzukamen, um so besser. die gasuhr lief auf hochtouren ...

dann aber gab es eine unterbrechung in der rohstoff-beschaffung. eines morgens ertappte uns ein rhabarberzüchter bei der ernte, und es gelang uns nur mit knapper not, zu entkommen ... in verschiedener richtung davon ... querfeldein, und zu verschiedener zeit, aus entgegengesetzten enden der fichtenbreite kam jeder atemlos zurück. wir sahen uns verhaftet, bestraft, ausgestossen.

aber wir hatten wieder einmal glück, nur mit den raubzügen war es aus. noch so gut, so schnell wie möglich das lager in klingende münze verwandeln, eine neue existenz aufbauen.»

doch des nachts hörten die wg-genossen fischli/bill gleichzeitig «ein sonderbares geräusch in der küche ... am morgen sahen wir die bescherung. ein paraffindeckel lag zersplittert auf dem boden neben einem drei-kilo-topf, auf der konfitüre waren niedliche blasen, und es roch säuerlich. jede nacht platzten weitere, stanken die nächsten, genau in der reihenfolge ihrer entstehung ...

jede nacht schleppte einer von uns das gärende, von saurem alkohol betäubend duftende zeug hinunter durchs haus zum häuschen; der andere nahm eine schaufel und stahl statt rhabarberstengel nun erde, nicht um in der fallgrube eine gute humusmischung zu erzeugen, sondern aus aromatischen überlegungen.

auch hier hiess es wieder klug vorgehen, einmal da eine schaufelvoll, in der nächsten nacht in einem andern winkel des gartens ...

die steinguttöpfe, ausgewaschen und mit wiesenblumen gefüllt, schenkten wir

---

507 max bill, zürich 11.3.1947, an xanti schawinsky, usa; schawinsky-archiv
508 fischli 1968, s. 50f.
509 max bill, zürich, 1.8.1929: zusammenstellung zuhanden des rechtsanwalts dr. hans duttweiler, bahnhofstr. 65, zürich 1; kopie bei angela thomas, bibliothek max bill
510 ebenda
511 lang 1965, s. 79
512 ebenda

den mädchen in unserer umgebung als neuesten zimmerschmuck. und die moral von der geschicht – knaben, spart mit zucker nicht!»[508]

das ende der wohngemeinschaft

wenn der gasmann kam, suchten fischli/bill das weite oder taten so, als ob sie nicht in der bude wären. denn die gasrechnung war wegen der vielen kocherei ungeheuer hoch. schliesslich brach die wohn- und arbeitsgemeinschaft auseinander. herr krause, der vermieter des wohnateliers, in dem bill in dessau seit mehreren monaten gewohnt hatte, kündigte ihm ende juli 1928 per 1. oktober des jahres.

da sich bill im august 1928, während der bauhaus-sommerferien, nicht in dessau, sondern in italien befand, konnte er sich nicht persönlich um die auflösung seines hausrats kümmern. dies übernahm in seiner abwesenheit hanns fischli, der ebendiese bude nun interimistisch allein bewohnte. und er verkaufte dann 1928 auch tatsächlich bills hausrat und möbel.

«vor meiner abreise wurde mir das atelier gekündigt auf einen termin, während dem ich mich im ausland befand. wir wussten das, fischli und ich, vorher und haben entsprechende vorkehrungen getroffen.

ein ofen, welcher vom hausmeister gekauft werden sollte, war in meinem raum eingebaut, und ich gab fischli die schriftliche erlaubnis, darüber zu verfügen und ihn für 80.– mk. zu verkaufen, er hat ihn dann für 70.– mk. verkauft. davon sollte er begleichen: 25.– mk für rückzahlung eines gleichen betrages bei fischli, 15.– mk. zur bezahlung meiner schuld in der kantine des bauhaus, und 40.– mk. zur bezahlung einer kohlenrechnung.

die schuld in der kantine wurde bezahlt, jedoch der betrag an die kohlenverkaufsstelle steht heute noch offen.»[509]

der sozial eingestellte bauhaus-direktor hannes meyer beteiligte übrigens gerechterweise «die studenten am bruttoverdienst der von ihnen entworfenen und an die industrie weitergegebenen modelle». «so sollte es im jahre 1929 gelingen, den studenten 32000 mark auszuzahlen.»[511]

max bill war nicht in den genuss solcher finanziellen ausschüttungen gekommen, da er während seiner studienzeit am bauhaus nichts für die industrielle produktion (z.b. möbel) entworfen hatte. seine betätigung in der von ihm so geschätzten ‹liberalen› art an der bauhaus-bühne hatte ihm zwar bewegungsfreiheit ermöglicht, ihm jedoch kein geld eingetragen.

hanns fischli war damals noch «unmündig», deswegen liess bill, um den erlös aus dem verkauf seines dessauer hausrates zu bekommen, dessen vater emil fischli betreiben. doch «gegen einen zahlungsbefehl hat der betriebene emil fischli rechtsvorschlag erhoben.»[510]

hannes meyer berichtet zum thema der studentischen finanzen: «die monatlichen durchschnittlichen ausgaben für den unterhalt eines studenten beliefen sich damals etwa auf 75 mark, dass heisst von 900 mark im jahr. die durchschnittlichen jahreseinnahmen der etwa 100 studenten, die finanziell an der werkstättenarbeit beteiligt waren, beliefen sich demzufolge auf 320 mark, was einer studienbeihilfe von etwa fünfunddreissig prozent gleichkam.»[512]

max bill: vermählungsanzeige
lina wolf und erwin bill, 1928

offene rechnungen

dass max bill bis anhin keine fertigkeit entwickelt hatte, mit geld verantwortungsbewusst umzugehen, sondern es nur ausgab, hielt ihm sein vater immer wieder vor. dieser plante unterdessen seine zweite eheschliessung und verlangte von max, er solle auf diesen anlass hin eine mitteilungskarte entwerfen. max kam dem auftrag nach und wird für eben diese lina bill-wolf und seinen vater fünf jahre später auch noch je eine adresskarte gestalten.

sein vater alfred erwin bill blieb mit der zweiten ehefrau lina wolf, tochter des jakob wolf und der lina wolf, geb. flückinger, nach der hochzeit im herbst 1928 bis ende dezember 1931 in winterthur wohnen und zog danach in die gemeinde ligerz am bielersee um – wo auch ernst geiger, der eine maleronkel von max, wohnte. erwin bill tritt am 9. januar 1932 das amt des gemeindeschreibers an und seine zweite ehefrau dirigiert einen frauenchor.

obwohl max bill die typografische gestaltung dieser adresskarten, «lina bill-wolf, ligerz» und «erwin bill, ligerz» ausgeführt hatte, verdrängte er jahrzehntelang den nachnamen der zweiten ehefrau seines vaters. erst als ich ihm einmal in seinen späten jahren einen text der schriftstellerin christa wolf (zu inge scholl und otl aicher) vorlas, fiel ihm wieder ein, dass jene lina, die er «tante lina» nannte, ihrerseits wolf mit nachnamen hiess.

wie zuvor bereits in winterthur, amtet erwin bill nun von ligerz aus beim ‹schweizerischen kunstverein› weiterhin als *turnus*-sekretär und zwar bis mindestens 1940. so wird er belegtermassen in dieser funktion von den kunstschaffenden schriftliche anmeldungen für die *turnusausstellung*, die *exposition de la société suisse des beaux-arts* 1932 entgegennehmen. auch max bill meldet sich im jahr 1932 von der zürcher goldbrunnenstrasse aus bei seinem vater zur teilnahme an dieser ausstellung an, wird jedoch nicht berücksichtigt – jedenfalls ist er im ausstellungs-katalog 1932 nicht verzeichnet.[513] max bill konnte demnach nicht von der offiziellen funktion seines vaters als *turnus*-sekretär im hinblick auf eigene ausstellungsmöglichkeiten profitieren. in den besucherbüchern von ernst geiger finden sich eintragungen, die von max bills vater und dessen zweiter ehefrau lina bill-wolf stammen. sie besuchten zwar jahr für jahr die *herbstausstellungen*, jedoch offensichtlich nie gemeinsam.[514]

somit wurde der aufenthalt am bauhaus für max bill biografisch von zwei krassen einschnitten markiert. als er ans bauhaus kam, hatte sich erwin bill gerade von maxens mutter marie scheiden lassen; und jetzt, da er wegen man-

513 mitteilung von gabrielle schaad, dokumentation des schweizerischen instituts für kunstwissenschaft sik
514 ernst geiger besucherbücher
515 max bill, dessau, 26.11.1928, an direktion des bauhaus; kopie bei angela thomas, bibliothek max bill
516 hannes meyer, dessau, 26.11.1928, an max bill, dessau; ebenda
517 hannes meyer, dessau, 27.11.1928, an max bill, dessau; ebenda

gelnder finanzen, wegen seiner vierzig-mark-schulden für die kohlerechnung, die etwas mehr als die hälfte des monatlichen unterhalts ausmachten, das bauhaus verlassen musste, heiratete sein vater eine um elf jahre jüngere frau.
diese hochzeit, von der ich nicht sagen kann, ob max als gast daran teilnahm, fand am 1. oktober 1928 statt. nach der hochzeit seines vaters entschloss sich bill ende des monats, sein studium am bauhaus nicht fortzusetzen.

von der liste gestrichen

ende november 1928 reiste max bill dann allerdings noch einmal nach dessau – vermutlich um die finanzielle angelegenheit mit fischli persönlich und vor ort doch noch ins reine zu bringen. er blieb jedoch erfolglos.
mit absenderadresse in dessau schrieb bill am 26. november 1928 «an das bauhaus dessau. hiermit teile ich ihnen mit, dass ich das bauhaus aus wirtschaftlichen gründen verlassen muss … ich möchte sie höflich ersuchen mir einen ausweis über die von mir geleistete arbeit auszustellen. für all das was mir das bauhaus geboten hat bin ich allen beteiligten von herzen dankbar. mit vorzüglicher hochachtung, bill.»[515]
bill begründete seinen austritt mit mangelnden mitteln, er bedankte sich zwar, jedoch nur kurz gefasst und allgemein, nicht namentlich bei einzelnen meistern persönlich, und beendete sein schreiben mit einer floskel. der direktor antwortete, seinerseits kürzest gefasst: «von ihrer mitteilung vom 26. nahmen wir kenntnis und haben sie wunschgemäss von der liste der studierenden des bauhauses per 30.10.1928 gestrichen. hannes meyer, bauhaus dessau, 26.11.28.»[516]
und in der austrittsbescheinigung bestätigte direktor meyer bills absolviertes pensum wie folgt: «wir bescheinigen hiermit, dass herr max bill vom 20.4. 1927–30.10.1928 studierender des bauhauses dessau war.» max bill habe als studierender «nach absolvierung der grundlehre in der metallwerkstatt des bauhauses» studiert, «ging dann in die bühnenabteilung über, und widmete sich das letzte semester der freien malklasse. dessau, den 27. november 1928, der direktor, hannes meyer.»[517]

«eines tages begab man sich dann wieder fort und das ganze blieb zurück wie ein traum, der immer weiter weg aus dem bewusstsein wich, denn nun stand man mitten in der gesellschaft, durchtränkt mit den bauhaus-idealen, die einem zur täglichen notwendigkeit geworden waren, zum lebensprinzip. und je weiter weg jene zeit rückt, desto klarer schält sich das wesentliche heraus.

zuerst findet man die eindrücke wieder, die man hatte beim ersten durchblättern der bauhaus-publikationen. dann das erste zusammentreffen mit dem kühnen bauhaus-gebäude, zudem das glück mit den grossen malern kandinsky und klee zusammengekommen zu sein und mit all den andern bauhausmeistern und studierenden, die einem nahe standen. dann die erinnerungen an all die diskussionen über architektur, stadtplanung, über farben und formen, über soziale probleme.

all diese dort gemachten erfahrungen hatte man in sich gesammelt, um sie möglichst rein in die welt zu tragen und durch neue, eigene erfahrungen zu vervollkommnen … mit dem einzigen ziel, mithelfen zu können am aufbau einer wirklich fortschrittlichen kultur.»[518]

seinen aufenthalt am bauhaus bezeichnete bill rückblickend als «durchgangsstation», die seinem leben «die gewissheit jener gradlinigkeit der handlung» gegeben habe, der es bedurft habe und die ihm seine eltern nicht vermitteln konnten. das am bauhaus mitbekommene habe ihn persönlich ausgeglichener gemacht und ideologisch stabilisiert.

licht und fotografie

am bauhaus war dem jungen studenten max bill in mehrfacher hinsicht ‹ein licht aufgegangen›.

am bauhaus in dessau hatte bauhaus-meister joost schmidt, genannt ‹schmidtchen›, die ostwald'sche wissenschaftliche farbentheorie, die bill im unterricht aus erster quelle mitangehört hatte, als basis für seine eigene farbenlehre übernommen. schmidtchen erwies sich somit als wissenschaftlich-fundierter, modern arbeitender lehrer, der beabsichtigte, im wintersemester 1928 in der ihm unterstehenden bauhaus-reklameabteilung «einen geregelten unterricht mit übungen in der farblehre» durchzuspielen, wie er in einem brief an professor ostwald schrieb; denn «wir haben jetzt eine reihe studierende, die ihren vortrag nicht hörten. wie ein geigenspieler seine täglichen etüden spielen muss, so werden unsere studierenden täglich farb-etüden herstellen müssen.»[520]

für den auftrag ‹berlin im licht› (1928) benützt schmidtchen in zusammenarbeit mit seinen bauhaus-studenten in der plastischen werkstatt zum thema ‹licht› die fotografie «als entwurfsmittel», wie bills mitstudent heinz loew überliefert.

---

die gesamte «lichttechnisch ausgereifte» beleuchtung des bauhaus-gebäudes, mit ausnahme von vestibül und aula, war übrigens von marianne brandt, «bzw. unter deren mitarbeit»[519] entworfen; also von derselben marianne brandt, deren objektentwürfe max bill in der metallwerkstatt nicht weiter ausführen wollte.

nach seiner rückkehr vom bauhaus in die schweiz wird bill sich in das thema ‹licht› vertiefen.

«lichtreklame-einheiten wurden in modellform in verschiedenen anordnungen fotografiert, um den eindruck von illuminierten strassen, plätzen, kiosken oder individuellen gebäuden zu vermitteln.»[521]

---

518 bill 1947
519 weise 2002, s. 235
520 joost schmidt, bauhaus dessau, 3.10.1928, an wilhelm ostwald; wilhelm ostwald archiv
521 loew 1984 [b], s. 8
522 ebenda, s. 9
523 nonne-schmidt 1984 [c], s. 20
524 loew 1984 [b], s. 9 und s. 7

da der umgang der menschen am bauhaus untereinander eher der lebensgemeinschaft in einer kulturellen grossfamilie «mit einem starken austausch von ideen, geleitet von zielbewussten menschen»[522] entsprach, als den althergebrachten gepflogenheiten an einer schule, dürften max bill die bemühungen um die auftragsgestaltung für ‹berlin im licht› (1928) nicht entgangen sein – wenn er nicht gar selber daran mitgearbeitet hatte.

bauhaus-meister joost schmidt hatte einen charakterzug, der an max bills früheren lehrer der zürcher kunstgewerbeschule, ernst keller, erinnerte: schmidtchens arbeiten «kann man mit denen der alten meister vergleichen, die ein hohes handwerkliches können voraussetzten, verbunden mit einem kreativen geist. die einstellung so zu arbeiten war natürlich sehr zeitraubend». doch in seiner vorgehensweise kam eine neue komponente hinzu: seine «unterrichtstheorien sind auf einer mathematischen basis aufgebaut».[524]

joost schmidt hatte sich «schon lange mit der materie beschäftigt und seiner typischen gründlichkeit zur folge kam er zu einer konstruktiven, rationellen lösung, ohne das ästhetische, formale sowie künstlerische zu vernachlässigen ... als lehrer am bauhaus kann man joost schmidt wohl als unique bezeichnen. er versuchte das unbewusste oder gefühlsmässige bewusst zu machen und eine rationale lösung der gestellten aufgabe zu finden, wobei letzten endes die individuelle beurteilung derselben bestehen blieb ... er hatte immer zeit für die

walter gropius hatte (ab oktober 1925) joost schmidt, wegen dessen intensiver beschäftigung mit «schrift in verschiedenen charakteren» den «obligatorischen schriftunterricht für beide grundlehrsemester übertragen», den schmidt (bis 1932) weiterführte.[523]

schmidtchens schrift-typografiekurs dürfte auch für max bill in dessen grundlehrsemester, während seines ersten dessauer studienjahres 1927, obligatorisch gewesen sein.

auf den bemerkenswerten faktor einer auseinandersetzung mit einer mathematischen basis wird max bill nur wenige jahre darauf, dann allerdings in bezug auf die gestaltung eines kunst-œuvres, in der gedankenwelt des belgischen pioniers der moderne, georges vantongerloo, den er mitte der 1930er-jahre in paris persönlich kennenlernt, erneut stossen; da kann er an etwas von schmidtchens theorie her bereits vertrautes anknüpfen und sich dem weiterführenden diskurs stellen, eine eigene haltung dazu einnehmen, die schliesslich in seinem text *die mathematische denkweise in der kunst unserer zeit* (1949 [a]) gipfeln wird. was er am bauhaus erfuhr, erweist sich als tragfähiges fundament.

max bill: *entwurf für eine wandmalerei mit grossem ‹O›*, 1932
gouache, 20 × 30 cm

bauhäusler und ihre probleme. in einer gemeinschaft wie dem bauhaus, wo das studium gleich leben war, gab es oft persönliche konflikte, die nur durch aussprache eine lösung finden konnten. für die meisten bauhäusler war ‹schmidtchen› die person, der man sich anvertrauen konnte … er war ein guter zuhörer, und seine fähigkeit zu analysieren führte meist zu einer lösung.»[525]

joost schmidt hatte schon im november 1924 die gesamte typografische anordnung für das bauhaus-sonderheft der zeitschrift *junge menschen* verantwortet. auffallend an der gestaltung der titelseite ist ein signet: ein kreis, in dessen mitte eine weitere ausgeschnittene, weiss belassene kreisform auftritt, die man eventuell als (unbewusste?) anregung für bills baldige gestaltung des entwurfs für eine *wandmalerei mit grossem ‹o›* (1932, siehe s. 237) in betracht ziehen könnte. ferner veröffentlichte joost schmidt, während max bill am dessauer bauhaus studierte, den aufsatz *schrift?* in der auch von bill gelesenen *bauhaus*-zeitschrift, nr. 2/3 des 2. jahrgangs, 1928.

| joost schmidts titelseite des bauhaus-sonderheftes der zeitschrift *junge menschen, monatshefte für politik, kunst, literatur und leben aus dem geiste der jungen generation*, 5. jahrgang, heft 8, bauhaus weimar, november 1924, ist reproduziert in: «joost schmidt: lehrer am bauhaus» in: *joost schmidt lehre und arbeit am bauhaus 1919–32*, edition marzona, düsseldorf 1984, s. 25, abb. 20.

wie oft bill tatsächlich dem obligatorischen unterricht beiwohnte, wie oft ihn der bauhaus-koller gepackt hatte und er den unterricht schwänzte, ist nicht zu rekonstruieren. mit joost schmidt kam er auf jeden fall an der experimentellen bauhaus-bühne in berührung, wie das 1928 aufgenommene foto belegt, auf dem max bill inmitten einer gruppe, umgeben von alexander schawinsky, andor weininger, joost schmidt, t. lux feininger und clemens röseler, steht (siehe s. 175).

joost schmidt wird bis anfang 1933 in dessau wohnen bleiben. «am 17. märz 1933 werden die meisterhäuser von ss, sa, polizei und kriminalpolizei nach waffen und sprengstoff – erfolglos – untersucht … die neuen machthaber haben weitere schläge vorbereitet: sie wenden ein neugeschaffenes gesetz rückwirkend an; die zahlung der vereinbarten abfindung wird eingestellt (die verträge laufen bis 1935) und sie sperren das bankkonto. joost schmidt sei, da er am bauhaus gewesen ist, ‹kulturbolschewist›.»[526]

joost schmidt, obwohl von den nazis als ‹kulturbolschewist› geschmäht, bleibt während des zweiten weltkriegs in deutschland und stirbt am 2. dezember 1948 in nürnberg an malaria. seine witwe, die einstige bauhaus-studentin helene nonne, seit september 1925 mit schmidt verheiratet, wird von max bill in den 1950er-jahren als gastdozentin an die hochschule für gestaltung nach ulm berufen.

wenige jahre nach seiner rückkehr vom studium am bauhaus in die schweiz lieferte max bill 1932 einen eigenen plakatentwurf zum thema ‹licht› für die ‹1. zürcher lichtwoche› ab, in den er eine fotocollage integrierte – so wie schmidtchen vor ihm im jahr 1928 für den ans bauhaus ergangenen auftrag ‹berlin im licht› seinerseits fotografische mittel genutzt hatte.

---
525 loew 1984 [b], s. 7
526 nonne-schmidt 1984 [a], s. 116f.
527 zit. nach hans hinterreiters versuch einer kurzen autobiografie, aufgesetzt für die spanische kunstzeitschrift *el cobalto*, 8.6.1949; nachlass hinterreiter

diskussion der ostwald'schen formtheorie

zurück in zürich, hatte max bill das grosse verlangen, die anregenden diskussionen weiterzuführen, und er beschloss, seinen alten freund aus der winterthurer jugendzeit, hans hinterreiter, zu besuchen, um mit diesem die ostwald'sche formtheorie zu erörtern. hinterreiter lebte damals (bis 1935) gemeinsam mit seiner lebensgefährtin mina salm, die «etwas kapital» besass, zurückgezogen in einer alphütte im kanton uri, nahe der ortschaft seelisberg. der junge bill vertrat die meinung, dass die ostwald'sche formtheorie über die formlehre von paul klee hinausgehe, und hinterreiter war bereits seinerseits auf die farbenlehre wilhelm ostwalds gestossen. in der hoch über dem vierwaldstättersee gelegenen alphütte zeigte er bill «farb-proben», die er an der sonne hatte trocknen lassen. in der alpenluft waren die farben «zu hart» geworden, und hinterreiters empfindsame augen wünschten diese härte irgendwie zu mildern. als wissenschaftlich geschulter mensch wollte er das problem der farbe

max bill: «1. zürcher lichtwoche», 1932
plakatentwurf, fotocollage und gouache auf pappe, 49,5 × 34,8 cm

entsprechend wissenschaftlich anpacken. er habe wenig brauchbares vorgefunden, bis er das glück hatte, auf die farbenlehre wilhelm ostwalds zu stossen. sie bedeutete für ihn einen wendepunkt in seiner malerei und habe seinen künstlerischen ansatz «revolutioniert». eigene praktische versuche zeigten hinterreiter bald, dass ostwald seiner meinung nach wirklich die grundgesetze der farbenharmonie entdeckt und meisterhaft herausgearbeitet habe.

nun sei die farbharmonie jedoch etwas geistiges, abstraktes und bedürfe, um sichtbar zu werden, der form. was ostwald in bezug auf die form in seinen mappen *die welt der formen* unternommen habe, sei zwar genial, jedoch nur ein kurzer ausflug in dieses sachgebiet.

im anschluss an diesen besuch wird bill den sehr zurückgezogen lebenden freund für ein paar jahre aus den augen verlieren.

möglich ist, dass bill mehr noch als die avantgardistische, suprematistische, konstruktivistische kunstproduktion, wie sie in der udssr um das revolutionsjahr 1917 herum stattgefunden hatte – und mit zeitlicher verzögerung in

hans hinterreiter wird für sein eigenes œuvre einige begriffe von ostwald übernehmen: «netze», «drehlinge», «spiegellinge», wiederholungen durch drehung, spiegeln und schieben. er befand für sich, dass «die zuordnung von farbe zur form» der wichtige akt sei, der über den künstlerischen wert des werks entscheidet.[527]

> die *1. russische kunst-ausstellung*, 1922 in berlin in der galerie van diemen, unter den linden, hatte bill sicher nicht gesehen, da er damals noch nicht in deutschland war.

deutschland über reproduktionen in publikationen bekannt wurde –, vor allem die utopische vorstellung von revolutionär zu bauender architektur in der udssr anzog.

bills interesse verlagerte sich um 1930 auffallend dahingehend, dass er gern als «reklametechniker» mit einer ‹architektur-brigade› ins neuland udssr aufbrechen wollte, um dort als beschrifter mitzuarbeiten; und zwar nicht mit jener des vormaligen bauhaus-direktors hannes meyer, sondern mit der ‹brigade ernst may›, in der auch mart stam mitreiste. doch sein plan liess sich dann nicht verwirklichen. wie viele andere scheint bill damals über die aktuelle situation in der udssr und die fatalen auswirkungen der politik josef stalins noch nicht wirklich informiert gewesen zu sein.

ernst may

> «aufgabe und verwirklichung der minimalwohnung: entwurf zu thesen zum 2. kongress der ciam frankfurt am main 1929» ist wieder abgedruckt in: hans schmidt: *beiträge zur architektur 1924–1964*, gta-verlag, zürich 1993, s. 50–52 und s. 194, anm. 16 (originalausgabe veb verlag für bauwesen, berlin ddr/pfalz-verlag basel 1965).
>
> in deutschland gab es nach der weltwirtschaftskrise «allein im baugewerbe über 500 000 arbeitslose und anfang der 30er-jahre sind 90 % der architekten arbeitslos». in frankfurt am main hätten sich «1400 architekten» um eine übersiedlung nach moskau beworben.[529]

ernst may war im jahr 1925 zum stadtbaurat von frankfurt am main berufen worden. er war einer der beiden hauptredner am 2. ciam-kongress zum thema ‹die wohnung für das existenzminimum›, der 1929 in frankfurt am main stattfand. der andere hauptredner war der ehemalige und erste bauhaus-direktor, architekt und ciam-mitbegründer walter gropius.

der schweizer architekt hans schmidt, dessen mitarbeiter max bill zehn jahre später für die schweizer *landesausstellung* (zürich 1939) sein wird, hatte für diesen kongress ein thesenpapier vorbereitet: «aufgabe und verwirklichung der minimalwohnung». dieser thesenentwurf wurde dem kongress, in etwas abgeänderter form, durch walter gropius vorgetragen unter dem titel «die soziologischen grundlagen der minimalwohnung für die städtische bevölkerung».

stadtrat ernst may hielt im selben jahr in der udssr, in moskau, leningrad und charkow, vorträge, in denen er über die neue stadt, über den stand des wohnungswesens in deutschland, die rationalisierung des wohnungsbaus referierte. daran anschliessend offerierte ihm die russische regierung, er könne mitsamt mitarbeiterstab in die udssr übersiedeln. may nahm das angebot an und reiste am 8. oktober 1930 mit seiner brigade nach moskau ab: «mir ist eine mitarbeit an dieser gewaltigen und einmaligen aufgabe selbst auf die gefahr des scheiterns hin unendlich wesentlicher als die ängstliche besorgnis um die persönlich gesicherte existenz.»[528]

als die ‹brigade ernst may›, die sich letztlich aus ernst may und lediglich zwanzig mitarbeitern zusammensetzte, in moskau eintraf, waren die zugesagten

---

528 ernst may: «bekenntnisse des städtebauers», in: *das neue russland*, 1930, 5/6, s. 55
529 borngräber 1977, s. 116f.
530 walter schwagenscheidt: «glückliche jahre der arbeit mit ernst may», in: *baukunst und werkform*, 1956, 9, s. 477)
531 ebenda

neubauwohnungen für sie nicht fertiggestellt. so mussten sie sich anfangs auf mehrere hotels verteilen; bald darauf bekamen alle mitglieder der brigade in einem neu erbauten fünfstöckigen haus mehr oder weniger die gleiche wohnung.

zwischen den beiden brigaden von hannes meyer und ernst may gab es einen ökonomischen graben: meyer und seine mitarbeiter verzichteten auf jegliche privilegien und liessen sich den gleichen kargen lohn, den auch die russischen genossen erhielten, in rubel auszahlen (300 rubel für anfänger, 400 rubel für fortgeschrittene). may hingegen hatte, als spezialist, für sich und seine brigade verträge in valuta abgeschlossen, die auf eine bank im ausland überwiesen wurden.

mays mitarbeiter mart stam, in seiner funktion als mitglied des projektbüros von magnitogorsk im südlichen uralgebiet, hielt, im deutschen klub in moskau, einen vortrag über «den aufbau der sozialistischen stadt magnitogorsk».

auch unser junger post-bauhaus-bill hätte sich brennend gern gerade dieser brigade angeschlossen und hatte im sommer 1930 den ihm vom bauhaus her bekannten mart stam um vermittlung gebeten, da dieser seinerseits beabsichtigte, mit der ‹brigade ernst may› mitzuziehen.

aufbau der stadt magnitogorsk

bill hatte die nase im wind. er suchte einen job, in dem er kompromisslos als cooler reklametechniker, als beschrifter, arbeiten könnte. von seinem vorhaben, in die udssr zu gehen, riet ihm hingegen gerade der basler architekt hans schmidt dringend ab, denn es sei nicht der geeignete zeitpunkt für einen ausländer, in die udssr zu gehen, noch dazu, wenn er wie bill kein mitglied der kommunistischen partei sei.

um die tausend ausländische architekten arbeiteten im gleichen zeitraum in der udssr, darunter die aus basel stammenden architekten hans schmidt, hannes meyer und rené mensch. diese drei schweizer verhehlten nicht die enormen schwierigkeiten, mit denen sie zu kämpfen hatten.

meyer und schmidt hatten eine marxistisch geprägte ideologie. rené mensch war kein kommunist, sondern katholik. meyer war nach seinem hinauswurf vom dessauer bauhaus nach moskau an das vasi (höheres institut für architektur und bauwesen) berufen worden. er traf ende 1930 mit béla scheffler in moskau ein.

zur ‹brigade hannes meyer›, die auch «rote bauhaus-brigade» genannt wird, zählten ab 1931 zusätzlich klaus meumann, konrad püschel, anton urban, tibor weiner, philipp tolziner – den max bill vom bauhaus her gut kannte – und rené mensch. sie lebten in enger nachbarschaft mit russischen familien in ei-

«es ist abend und die gruppe muss zur nachtaufnahme. heute soll die giess-station gefilmt werden. ... es ist dunkel, aber überall wird noch gearbeitet. der hochofen dröhnt, von der koksbrennerei her kommt das scharfe zischen des unter wasser gesetzten glühenden kokses, auf dem bauplatz des walzwerks rattern die werkzeuge der nieter und schweisser.»[530]

hans schmidt selber wird in den jahren 1930–1937 mit frau und kind in der sowjetunion als architekt in magnitogorsk tätig sein. jene jahre sind anfangs geprägt von hungersnöten, rationierten lebensmitteln, der kollektivierung (kolchosen) und schliesslich ab dezember 1934 von einer reihe von ‹säuberungsaktionen›, prozessen und hinrichtungen.

ernst may selbst hielt unsentimental fest: «das bauen in der udssr ist keine romantische betätigung des spieltriebs, sondern ein kampf auf leben und tod.»[531]

hannes meyer, der vormalige dessauer bauhaus-direktor, beschrieb die situation während seines arbeitsaufenthaltes in der udssr ernüchtert: «als ich anno 1931 zu einem der acht brigadenentwürfe des wettbewerbs von gross-moskau berufen wurde, ahnte ich noch nicht, wie gering mein wissen und meine erfahrung im vergleich zur gigantischen aufgabe waren. denn die schulung, die uns der westeuropäische städtebau vermittelt hatte, war völlig wesensfremd und ungeeignet im gesellschaftssystem der udssr.»[532]

die forschung zu diesem thema wurde übrigens hauptsächlich im westen betrieben, basierend auf den seltenen dokumenten, die meyer und schmidt aus der udssr mitbringen konnten.[534]

[532] hannes meyer: «la realidad sovietica: los arquitectos», in: *arquitectura*, 9, mexiko 1942
[533] konrad püschel: «die tätigkeit der gruppe hannes meyer in der udssr in den jahren 1930 bis 1937», in: *wissenschaftliche zeitschrift der hochschule für architektur und bauwesen*, 5/6, 1976, s. 468
[534] schnaidt 1990
[535] ebenda
[536] ebenda
[537] el lissitzky, lugano, 13.2.1924, an sophie lissitzky-küppers, in: *el lissitzky*, 1976, s. 35
[538] ebenda, s. 34
[539] schmidt 1976, s. 399
[540] huelsenbeck 1920, s. 34f.
[541] el lissitzky, lugano, 13.2.1924, an sophie lissitzky-küppers, in: *el lissitzky*, 1976, s. 35
[542] siehe stam 1976

nem unkomfortablen altbau in moskau am arbat. «der mangel an baumaterial war schrecklich, zement und stahl gingen in priorität zum industriebau und durften im wohnungsbau nur in dringenden fällen verwendet werden. geschulte maurer, gipser, zimmerleute, bautischler, installateure fehlten fast ganz.»[533]

die schweizer architekten kamen in die udssr, als diese bereits seit zwei jahren die verwirklichung des ersten fünfjahresplanes in angriff genommen hatte. stalin hatte die allgemeine linie der partei und der regierung in einem satz zusammengefasst: «unser agrarland in ein industrieland zu verwandeln, das fähig sein wird mit seinen eigenen kräften die notwendige ausrüstung zu produzieren».

zu beginn «war die udssr gezwungen, maschinen zu importieren und ausländische techniker zu rekrutieren. hugh l. cooper, der den niagarafall ausgestattet hatte, war am bau des dnieprostroï beteiligt, amerikanische ingenieure arbeiteten in magnitogorsk, henry ford und ingenieure der austin compagny gründeten das automobilwerk von gorki und k. j. clader lancierte die traktorenproduktion in stalingrad. diese spezialisten werden sich zwischen 1933 und 1934 zurückziehen.»[535]

hannes meyer habe auf die für ausländer bereitgehaltenen privilegien verzichtet, berichtete auch lotte beese. er selber beschrieb sein essen in birobidjan: «600 gramm brot pro tag, fische, natürlich kleinste portionen und eine suppe aus kohl oder graupe – das ist unser mittagessen. kein abendessen.

im büro sollte man papier sparen und die telefonverbindungen funktionierten schlecht. die entfernung der baustellen, die langsamkeit der züge und das gleichzeitige bauen desselben typenprojektes an verschiedenen orten verhinderten eine kontrolle der bauausführung durch den planautor.»

viele ausländische architekten vertrugen diesen bruch mit der praxis schlecht. «von diesen männern, die bestenfalls siedlungen gebaut hatten, wurde erwartet, dass sie vollständige städte projektierten.»[536]

mart stam, el lissitzky, hans schmidt und lotte stam-beese

mart stam hatte sich 1924, in jenem jahr, in dem max bill als schüler an die zürcher kunstgewerbeschule kam, vorübergehend in zürich aufgehalten. er holte im februar 1924 zusammen mit sophie taeuber-arp und hans arp den lungenkranken sowjetischen ‹proun›-künstler el lissitzky bei dessen ankunft in zürich ab. dieser war in die schweiz gekommen, um sich hier auszukurieren. am anfang seines aufenthalts sollte lissitzky in einem sanatorium in agra in der südschweiz untergebracht werden. an der schweizer grenze wurde bei der passkontrolle eine garantie für den monatlichen unterhalt des kranken verlangt.

lissitzky und stam hatten sich zuvor in berlin kennengelernt, wo stam im büro von max taut arbeitete. nach einem aufenthalt in amsterdam kam lissitzky dann für längere zeit in die schweiz, wo er mart stam wiederbegegnete und den basler architekten hans schmidt kennenlernte.

lissitzky berichtete seiner frau sophie von seiner ankunft in zürich: «am bahnhof wurde ich von dem grossen pra [arp rückwärts geschrieben] in weissen locken und dem 1½ kilometer langen stam abgeholt. der stam macht hier auch revolution in der architektur … stam wird nächstens mit noch einigen jungen architekten (hans schmidt, wittwer, emil roth) eine zeitung wie *g* herausgeben.»[537]

man brachte lissitzky in einem kleinen hotel unter, denn bei den arps zu hause war es zu eng. «arp ist ein sehr guter und ganzer kerl. riecht absolut schieberfrei.»[538]

wenn lissitzky erleichtert arps absolut «schieberfreien geruch» festhält, bezieht er sich in diesem zusammenhang möglicherweise auf das politische verdikt von richard huelsenbeck, dem mitbegründer des *cabaret voltaire*, über zürich, diese «fette idylle», in der «die internationalen schieber» sitzen. huelsenbeck, der berliner dadaist, hatte diese aussage während des ersten weltkriegs notiert, er verglich dabei das «fette» zürich mit berlin, der stadt «des immer lauter rollenden hungers».[540]

mit der schubkraft der russischen revolution im rücken, von der dada-zürich auf politischer ebene merkwürdig wenig abbekam, postulierte el lissitzky: «die schweiz ist sehr rührig mit ihrer ‹bundeskunst›, man muss den leuten etwas dynamit zu schlucken geben.»[541] gemeint waren damit sicher keine terroristischen, sondern kulturelle sprengladungen gegen die erstarrung der leute.

mart stam schilderte und würdigte el lissitzky als einen menschen voller begeisterung, übersprudelnd von ideen: es ging ihm in allem darum, mitzuhelfen zum wohle einer kommenden generation eine inhaltsreiche umwelt zu schaffen.[542] nach seinem aufenthalt in zürich nahm margarethe hardegger, einst eine der gesuchtesten, aufrüttelnden agitatorinnen, die sich von der gewerkschaftlichen arbeit als sozialdemokratin hin zur anarchistin entwickelt hatte, den «tu-

mit der geplanten zeitung ist *abc, beiträge zum bauen* gemeint. die erste nummer der zeitschrift erschien 1924 in basel; redaktion emil roth, hans schmidt und mart stam. *abc, beiträge zum bauen* wird in einer folge von zehn heften bis zum jahr 1928 herausgegeben.
laut hans schmidt, der sich bei *abc* engagierte, sei es lissitzky gewesen, der den anstoss zur herausgabe gegeben habe. und aus derselben zeit stamme auch die in lissitzkys brief an seine frau erwähnte zeitschrift *g* (gestaltung), die lissitzky zusammen mit mies van der rohe in deutschland herausgab.[539]

berkulosekranken» lissitzky, «der unter geldsorgen und einsamkeit leidet», bei sich im von ihr ‹villino graziella› genannten haus auf und pflegte ihn. das haus stand unterhalb von brione, auf dem gemeindegebiet von minusio «mitten in einem verwilderten garten, der an ein kleines bachtobel mit einem wasserfall grenzt.»[543]

vom balkon im obersten stock hatte man eine wunderbare aussicht über den lago maggiore und die bewaldeten hänge des locarnese und des benachbarten italien. «gerührt» berichtet der kranke lissitzky seiner freundin sophie küppers, er habe «hier ein paar leute gefunden, die menschen» seien: «ein paar, er ein guter tischler, die frau schon viel erlebt, mit 57 weissen hühnern.» sophie küppers, die ihren el im tessin besuchte, war aber weniger angetan: «wenn es regnete, floss das wasser an den wänden dieser romantischen behausung herab. da lag nun mein unpraktischer, zu gescheiter freund – auf gut glück von der wirtin betreut.» doch lissitzky meinte: «diese leute verdienen meine hochachtung.»[544]

abc, beiträge zum bauen

mart stam und hans schmidt hatten sich bereits in den niederlanden kennengelernt, wo hans schmidt von 1920 bis 1922 gearbeitet hatte.

die neue zeitschrift *abc, beiträge zum bauen* sollte den weg bahnen für revolutionäre beiträge in der architektur. sie wurde ab 1924 in basel herausgegeben von hans schmidt, hans wittwer und emil roth; mitarbeiter waren mart stam, hannes meyer und el lissitzky.

das 1925 in zürich im eugen rentsch verlag erschienene buch *kunst-ismen 1914–1924* wird sich max bill 1929 kaufen, wie seine immer noch konventionell gross-/kleingeschriebene signatur mit jahreszahl belegt (bibliothek max bill).

el lissitzky hatte 1924 das buchprojekt *kunst-ismen* im sinn, und hans arp sowie der verleger eugen rentsch fanden gefallen daran. für einen arbeitsaufenthalt reisten die arps im sommer 1924 nach ambrì-sotto, im oberen tessin, wo el lissitzky und seine frau sophie lissitzky-küppers unterkunft gefunden hatten. hans arp schrieb einen kurzen text über den dadaismus für die *kunst-ismen*.

543 bochsler 2004, s. 345
544 ebenda
545 jean arp; in adriani 1980, s. 41
546 mart stam, stam u. moser, architekten, frankfurt am main, 5.8.1930, an max bill, stadelhoferstrasse 27, zürich; bibliothek max bill
547 schnaidt 1990

el lissitzky contra hans arp

im oberen tessin kam es zu heftigen auseinandersetzungen zwischen dem konstruktiven ‹proun›-künstler lissitzky und dem post-dadaisten arp. frau lissitzky versuchte vermittelnd einzugreifen. um für entspannung und zerstreuung zu sorgen, kletterten die lissitzkys mit den arps über die berge ins valle maggia. sie kamen in die künstlerkolonie ascona am lago maggiore, die «die

absonderlichsten heiligen und sekten aufzuweisen hatte. wir waren froh, wieder in die kühlere, reinere luft des gotthard zurückzukehren.»
einen aspekt der streitfragen deutete arp, sich spöttisch beklagend, seiner berliner dada-freundin hannah höch an: «liebe haha, ihre und segals unsterblichkeitsmachung *[in kunst-ismen 1914–1924]* hat beinahe dazu beigetragen, dass ich von eli-aas [lissitzkys vorname elias und aas] lissitzky mit einem lauwarmen prounknochen erschlagen worden wäre.»[545]

hannah höch wird den zweiten weltkrieg zurückgezogen in einem berliner aussenquartier überleben. nach dem krieg besucht eine gruppe mitglieder der akademie der künste (berlin-west), darunter max bill, die alte dada-dame in ihrem atelier. dies war die erste und einzige begegnung zwischen max bill und der künstlerin.

bills ersparte desillusionierung in der udssr

bill erhielt im august 1930 von mart stam abschlägigen bescheid auf seine russland-anfrage:
«herrn bill, reklametechniker, stadelhoferstrasse 27, zürich. lieber bill, das stimmt alles, was sie von russland schreiben. ich muss sie aber enttäuschen, denn ich persönlich habe auf die wahl der mitarbeiter keinen einfluss; ausserdem kommt schon jemand für eventuelle beschriftung mit. im übrigen bin ich sicher, dass es dort auch nicht ganz ohne konzessionen geht.»[546]
die ausländischen «barfüssler-architekten auf den baustellen sibiriens» bekannten sich zum prinzip der zeilenbauweise und des offenen raums, die die gleiche verteilung von sonne, luft und grün erlaubte. das europäisch-kühne neue bauen, sein funktionalismus, war aber in der udssr nicht (mehr) unbedingt willkommen.

nach dem plenum des zentralkommitees der kommunistischen partei im juni 1931 wurde ein sogenannt ‹neuer› ideologischer inhalt der sowjetischen architektur postuliert – und anstatt neuer inhalte erhielten die einheimischen architekten der alten schule parteizuspruch und auftrieb.
im august 1932 erschien der erste polemische artikel gegen die «unzulässigen stempellösungen» der in der udssr arbeitenden deutschen städtebauer, und der grössere teil der ‹brigade ernst may› wird im selben jahr aus der udssr abreisen. die schweizer verblieben ein paar jahre länger.
während der grossen ‹säuberungswelle› 1936 wurden schliesslich alle ausländer «aus sicherheitsgründen» von sämtlichen städtebaulichen arbeiten ausgeschlossen, und man forderte sie auf, entweder die sowjetische staatsbürgerschaft anzunehmen oder auszureisen. hannes meyer verliess die udssr im juni 1936, hans schmidt reiste 1937 ab.

die deutschen seien besonders streng in der anwendung dieses prinzips gewesen, analysiert claude schnaidt: «sie reihten die häuserblöcke in nord-süd-richtung ohne rücksicht auf die topografie des geländes und die grösse der anlage. in den volksversammlungen wurden ihnen fragen nicht erspart: ‹wo ist der boulevard, auf dem der kumpel abends mit seinem mädchen spazieren geht und die schaufenster betrachtet?›»[547]

hans schmidt hatte bill persönlich abgeraten, in die udssr arbeiten zu gehen, und mart stam hatte dem jungen, nach arbeit und erfahrung im ausland lechzenden max 1930 eine absage erteilt, die bill sicherlich wütend machte und die er erst verdauen musste, aber vielleicht haben ihn die beiden älteren kollegen damit vor desillusionierenden erfahrungen bewahrt.

postbauhaus in der schweiz

ausser max bill zogen noch zwei seiner vormals an der bauhaus-bühne mitstudierenden nach zürich, nämlich liesel träger und roman clemens. roman clemens wird langjähriger bühnengestalter am zürcher opernhaus und maler. liesel träger wird alsbald heiraten und liesel steiner-träger heissen. in zürich wohnt liesel zeitweise in einem eckhaus am oberen ende der kirchgasse, dessen fassade heute noch figurativ bemalt ist.

auch die bauhaus-meisterin gunta sharon-stölzl emigrierte in die schweiz. in ihrer zürcher werkstatt arbeitete um 1933/34 dann auch zeitweise die ehemalige bauhaus-studentin und einst in dessau von bill porträtierte hilde rantzsch (siehe s. 125), mit der er 1928 rhabarber en gros geklaut hatte.

vor der emigration

gunta stölzl reiste im mai 1928, zusammen mit arieh sharon und einem weiteren bauhäusler namens peer bücking, zu einem internationalen architektenkongress nach moskau. die «kleine bauhaus-delegation» sei dorthin geschickt worden, um «das höhere technische und künstlerische institut wchutein kennen zu lernen».[548]

«zum abschluss der russlandreise hielt sharon vor der moskauer universität einen vortrag über das bauhaus und seine ziele. nach ihrer rückkehr wurden sharons und peer bückings erfahrungsberichte am bauhaus mit grossem interesse aufgenommen.»[550]

wer hingegen von stölzls meisterratskollegen gar kein interesse für den moskau-bericht signalisierte, sondern sich ausgesprochen ablehnend verhielt, war meister kandinsky. «... als wir dann wieder in dessau waren, überraschte es uns, dass kandinsky sich nicht nach unseren eindrücken und erlebnissen erkundigte. er wollte über die situation in russland nichts hören ... für ihn stand fest, dass das russische volk das kommunistische system nicht akzeptieren

---

liesel steiner-träger wird im engeren umkreis von max bill verbleiben. sie wird jahrelang als lehrerin am werkseminar der kunstgewerbeschule zürich tätig sein. maxens freundin wird 77 jahre alt, und er wird ihre todesanzeige vom 1. mai 1980 aufbewahren. «heute abend wurde unsere liebe freundin liesel träger-steiner im 77. lebensjahr von ihrem schweren leiden erlöst. wir gedenken ihrer in liebe und dankbarkeit. in stiller trauer: freunde und bekannte.» max bill schreibt einen nachruf auf sie in: *neue zürcher zeitung*, 6./7. september 1980, s. 67.

---

548 winkler 2003, s. 102
549 gunta stölzl, moskau, 30.4.1928, an oskar schlemmer, bauhaus dessau; in *gunta stölzl*, 1997, s. 52
550 in: *gunta stölzl*, 1997, s. 52
551 gunta stölzl überliefert in: kandinsky 1976, s. 144f.
552 ebenda, s. 145
553 winkler 2003, s. 102
554 so verzeichnet in der broschüre *the jerusalem committee*, herausgegeben von yissakhar ben-yaacov, jerusalem 1978, s. 24 und s. 29
555 gunta stölzl, 5.12.1928, an ihren bruder erwin; in *gunta stölzl*, 1997, s. 53

könne.»⁵⁵¹ vor diesem hintergrund, so befand kandinskys frau nina in ihrem bericht, sei es «nur allzu verständlich, dass kandinsky jede radikale aktivität am bauhaus kategorisch ablehnte. als gebranntes kind versuchte er in dessau das schlimmste zu verhindern.»⁵⁵²

anfang juni 1928 berichteten arieh sharon und peer bücking in dessau über ihre reise nach russland. daran anschliessend wurde eine diskussion eröffnet. diesen anlass liess sich bill kaum entgehen und vielleicht war es sogar gerade dieser vortrag, der bei bill die überzeugung begründete, dass man, was das aktuelle architektur- und kunstschaffen anbelangte, in der udssr weiter, also noch progressiver, als am bauhaus sei, und der seinen wunsch weckte, eine arbeitsmöglichkeit in der udssr zu suchen.

arieh sharon, der aus jaroslaw, galizien, stammte, war acht jahre älter als bill. er hatte sich seit 1920 in palästina aufgehalten, arbeitete in einem kibbuz und war ausgebildeter zimmermann und landwirt. am bauhaus hatte er sich bei hannes meyer, sehr stark motiviert, in windeseile und mit ausnahmeregelungen umfangreiches bauwissen erarbeitet.

«sharon gehörte zum ersten regulären baukurs, der im sommersemester 1927 begann und nach seiner beschreibung nur sieben studierende umfasste. neben dem unterricht hatte sharon für die instandhaltung der meisterhäuser zu sorgen. die arbeit an einigen praktischen entwürfen füllte die folgezeit aus. die wichtigste war der wettbewerbsentwurf für die bundesschule des adgb in bernau unter der leitung von meyer und wittwer.»⁵⁵³

gunta stölzl und arieh sharon, der spätere namhafte architekt, waren sich während der reise in die udssr näher gekommen. gunta weihte ihren bruder ein und eröffnete ihm, sie liebe sharon: «ich hab halt jetzt leicht lachen, mir geht es fast zu gut, so im menschlichen … der mann gefällt mir und es gibt eigentlich keine probleme … ich geb dir ja gern zu, dass es hier am bauhaus ein wenig leichter geht, als in der guten stube einer mietskaserne. wir brauchen uns mit keinem papier zu täuschen und wenn wir es brauchen – nun dann werden wir es eben benützen.»⁵⁵⁵

gunta berief sich hier auf die am bauhaus tolerierte und praktizierte ‹freie liebe›. doch als sie schwanger wurde und unverheiratet war, rückte die «papier-frage» doch näher. obwohl sie meisterin war, bewohnte sie kein meisterhaus und musste sich um eine unterkunft für sich und das kind kümmern. arieh und gunta heirateten im august 1929. aus finanziellen gründen gab es

aus moskau schickte gunta eine postkarte, die auch arieh sharon unterschrieb, an oskar schlemmer: «moskau herrliche stadt – immer sonne. – wo bleibt dein genossliches herz? – meines nährt sich hier in den strassen. hier ist es ganz international – östlich – keine spur westlich. wir werden besser als der könig von afganistan empfangen. immer zwischen berühmten architekten – bin ich eigentlich noch webmädchen? habe keine süchte nach deutschland.»⁵⁴⁹

arieh sharon erarbeitete 1928 ein eigenständiges architekturprojekt für den arbeiterrat der stadt jerusalem: *entwurf für das haus des arbeiterates in jerusalem*; es wurde im darauffolgenden jahr abgebildet in der zeitung *bauhaus*, heft 1, dessau 1929. bill und sharon werden auch nach ihrer zeit am bauhaus brieflich in einvernehmlich-freundschaftlichem kontakt bleiben. anfang der 30er-jahre wird sharon, der dann in tel aviv lebt, den in zürich wohnenden bill betreffend der mitarbeit für die gestaltung der schweizer abteilung in der messe ‹levant fair› in tel aviv (1932) anfragen. und noch viel später, 1978, werden sowohl der 1902 in polen geborene arieh sharon als auch max bill in der ära des sozialistischen bürgermeisters der stadt jerusalem, teddy kollek, dem ‹townplanning subcommittee› des ‹jerusalem committee› angehören.⁵⁵⁴

man hatte gunta stölzl das untergeschoss bei schepers (hinnerk scheper war jungmeister am bauhaus) versprochen. zunächst jedoch wohnte sie längere zeit in einem nebenraum ihres ateliers. «wir hausen im atelier – da die wohnung nicht fertig ist, ich kann nicht zu schlemmers oben hinein, sondern bei schepers unten – das ist im augenblick nicht ungünstig, weil dort einige möbel sind und ich mir zunächst ausser einem kleiderschrank gar nichts anzuschaffen brauche.»[556]

nur eine karge ziviltrauung ohne hochzeitsfeier – merkwürdigerweise dachte niemand am sonst so festfreudigen bauhaus daran, für das junge paar etwas zu veranstalten.

an die heirat war für gunta stölzl die aufgabe der deutschen staatszugehörigkeit gekoppelt; sie erhielt neu die staatsbürgerschaft ihres ehemanns und wurde palästinenserin.

dies geschah zwei jahre, nachdem die nationalsozialisten auf ihrem ersten, in nürnberg veranstalteten parteitag eine ‹rassenlehre› verkündet hatten, in der sie behaupteten, es gäbe «eine hochstehende nordische rasse und andere unterschiedlich minderwertige menschliche rassen». in jene unwirtliche zeit, in der die nazis eine ‹säuberung› des politischen lebens forderten, wurde bald nach der eheschliessung, im oktober 1929, guntas und ariehs tochter yael hineingeboren. und die nationalsozialisten beeilten sich darauf, verheiratete frauen aus dem öffentlichen dienst zu entlassen, mit der frauenfeindlichen parole «zurück an den herd!».

guntas eltern waren nicht so unkonventionell wie ihre tochter. sie holten einkünfte über ihren lebenspartner ein. frau schlemmer suchte sie zu beruhigen, in dem sie attestierte, dass sharon «hochtalentiert» sei. nach dem wegzug schlemmers vom bauhaus hatte gunta gehofft, in seine meisterhaus-wohnung einziehen zu können. dieser wunsch sollte nicht in erfüllung gehen.

sechs wochen nach der geburt der tochter passieren am bauhaus feindlich-heftige auseinandersetzungen zwischen rechten und linken studentengruppen. «vom bauhaus gibt es nur stunk zu erzählen und es scheint, dass sich dort alle möglichen intrigen ausspinnen.»[557]

während des mutterschaftsurlaubs war gunta sharon-stölzl in der bauhausweberei (bis zum 1. november 1929) von anni albers vertreten worden. als sie ihre arbeit wieder aufnahm, fiel es ihr schwer, da sie unter der woche nun auch noch das baby, mit dem sie eine zeitlang im untergeschoss bei schepers wohnte, zu versorgen hatte. ihr mann, der in bernau bei berlin arbeitete, kam nur am wochenende nach dessau.

«wir sind eine glückliche familie! aber was das mit der arbeit am bauhaus werden wird, ist mir noch rätselhaft, zunächst frisst sie mich auf.»[558] erst im herbst 1930 wird die wochenendehe beendet sein – denn sharon kommt aus bernau nach dessau zurück –, doch nun ist er arbeitslos.

und erst sehr viel später habe sie erfahren, «dass der von ihr geschätzte webmeister wanke als nationalsozialist schon früh einige studenten in seinem

---

556 gunta stölzl, 9.12.1928, an ihren bruder erwin; in *gunta stölzl*, 1997, s. 56
557 gunta sharon stölzl, herbst 1929, an benita otte; ebenda, s. 57
558 gunta sharon-stölzl, dessau, 11.11.1929, an ihren bruder erwin; ebenda, s. 56
559 *gunta stölzl*, 1997, s. 57
560 ebenda
561 gunta sharon-stölzl, dessau, 5.7.1930, an ihren bruder erwin; in *gunta stölzl*, 1997, s. 57
562 *gunta stölzl*, 1997, s. 57
563 gunta sharon-stölzl, dessau, 26.6.1930, an ihren bruder erwin; ebenda, s. 56
564 *gunta stölzl*, 1997, s. 58

sinne beeinflusst hatte; sie sah ihn in ihrer gutgläubigen art zu spät als ‹wühlmaus› ihrer werkstatt.» ihre gegner, die «stänker», waren «die studenten herbert von arend, ilse voigt und margaretha reichardt, unterstützt von dem lehrer walter peterhans, die erst verdeckt, dann offen kritik an gunta stölzl, ihrem privatleben und ihrem unterricht übten, ohne einzelheiten zu nennen.»⁵⁵⁹

dem lehrer walter peterhans hatte man übrigens jene stelle für den fotografie-unterricht am bauhaus angeboten, die lucia moholy, trotz grosser verdienste, nie offeriert worden war.

intrigen gegen gunta sharon-stölzl

«ein weiteres schwerwiegendes ereignis war, dass klee das bauhaus verliess. er hatte der werkstatt jahrelang unterricht gegeben … klee stand wie gunta stölzl auf der seite von hannes meyer gegen die wachsenden reaktionären kräfte.»⁵⁶⁰ an ihren bruder erwin schrieb gunta stölzl: «gestern erfuhren wir, dass klee nach düsseldorf geht. das ist ein gewaltiger schlag – einen empfindlicheren und schwerwiegenderen konnten wir gar nicht bekommen … klee ist ein sehr grosser verlust.»⁵⁶¹

vor der grossen krise am bauhaus und in deutschland konnte man jetzt die augen nicht mehr verschliessen. nach der grossen verunsicherung, die klees absicht auslöste, und wegen der politisch drastischen zustände in deutschland und mangelnder arbeitsmöglichkeiten für sharon wälzte das ehepaar sharon-stölz auswanderungspläne. etwas mehr als einen monat vor hannes meyers hinauswurf aus dem bauhaus überlegten gunta und arieh, ob sie nicht in die udssr auswandern sollten.

der schweizer hannes meyer wurde «wegen seiner politischen einstellung» zum 1. august – also ausgerechnet am schweizer nationalfeiertag – 1930 «als direktor fristlos entlassen». «das bauhaus blieb bis zum 21. oktober geschlossen, dann trat mies van der rohe sein amt an, bald gefolgt von seiner freundin lilly reich, die später die textilabteilung übernehmen sollte.»⁵⁶²

sharons arbeitsmöglichkeiten wurden geringer, auch durch seine engen beziehungen zu hannes meyer, der als ‹rot› galt und dessen kontakte nach russland den rechtsradikalen verdächtig waren. sharon hatte kontakte über den bauhäusler scheper, der bereits in russland arbeitete, und erwog auszureisen.
im zuge des direktorenwechsels nahm das mobbing gegen die mit einem juden verheiratete gunta sharon-stölzl zu. zu ihren verteidigerinnen zählen grete leischner, gret preiswerk (guntas spätere mitarbeiterin im exil in zürich) sowie anni albers; diese drei baten ehemalige weberei-studentinnen «um unterstützung für gunta stölzl.»⁵⁶⁴

«es ist alles so unsicher … vielleicht doch russland – aber sag das nicht den eltern. hier krieselt es so weiter …»⁵⁶³

es gab bauhaus-interne intrigen gegen gunta sharon-stölzl, die immerhin als einzige frau am bauhaus karriere gemacht hatte, als einzige ‹meisterin› am bauhaus im kollegium der bauhaus-meister. ihr wurden «unkorrektheiten» vorgeworfen. sie fände, schreibt sie ihrem bruder, den neuen direktor mies

«einer der hauptfeinde gunta stölzls unter den meistern scheint wassily kandinsky gewesen zu sein ... ein grund war sicher die tatsache, dass klee und stölzl sich hinter meyer gestellt hatten ... ganz sicher war kandinsky die rolle gunta stölzls als einziger meisterin am bauhaus ein dorn im auge, denn für ihn waren frauen in jeder hinsicht untergeordnete wesen.»[566]

zwar «sehr sympathisch», doch er sei «nur zwei tage in der woche im haus». sie selber habe einen «schweren stand. 1. wegen sharon – h. meyer. 2. weil ich zu kameradschaftlich mit meiner werkstatt stehe. 3. weil 6 alte fortgegangen sind und die jungen aufgehetzt werden durch bestimmte leute, die dazu noch von meistern unterstützt werden ...»[565]

wer diese bauhaus-meister sind, die sich an der hetzjagd beteiligen, erwähnt gunta allerdings nicht.

drei studentinnen aus guntas werkstatt hatten die intrige gegen sie angezettelt und sich beim neuen direktor mies van der rohe über sie beschwert. nach unhaltbaren denunziationen voller sexueller anspielungen und nachdem man ihr schon ein hakenkreuz an die tür gemalt hatte, musste gunta realistisch erkennen, dass nun nur noch joost schmidt und arndt auf ihrer seite standen. es gab nicht genügend solidarität für gunta. sie reichte selber die kündigung ein, da ihr kein anderer ausweg blieb.

«ich habe recht behalten», informierte sie ihren bruder erwin; der vater einer ihrer werkstattstudentinnen habe «sich aber nicht beruhigt» und bei der regierung eine beschwerde gegen sie eingereicht, die vor allem «mich in meinem privatleben angreift ... der oberbürgermeister will die beschwerde nicht behandeln, weil die sache wieder den staub um das bauhaus aufwirbele und das bauhaus sowieso sehr auf der kippe steht, er will mir kündigen ... nun raten mir mies und klee usw., dass ich kündigen soll, da es dann leichter wäre für mein weiteres fortkommen etwas zu tun. mies ist jedenfalls nicht aktiv, er will mich nicht halten.»[567]

an ihre freundin benita otte schreibt gunta sharon-stölzl: «ich habe gekündigt – von den ganzen schweinereien gegen mich weisst du ja, es ist aber noch dicker und noch intriganter als ich ahnte. wa ka [wassily kandinsky] steckt auch dahinter, und wenn der fuchs beisst. da lohnt es sich nicht zu wehren – er beisst weil er furcht hat vor meinem bolschewistischen mann, der die studenten verhetzt, und albers glaubt das auch, er behauptet sogar, sharon hat schmidtchen [joost schmidt] geputscht und mies legt schliesslich keinen wert auf so ein mitglied, wenn die mächtigen so denken. pe ha [walter peterhans] schürte natürlich am eifrigsten ...»[568]

«ich habe gekündigt ... das bauhaus steht innerlich und äusserlich auf so schwachem fundament ...»[569]

doch einige linke studentinnen und studenten wehrten sich weiterhin für gunta und gegen die intrige: «zwei der hetzer gegen mich sind durch die studierendenschaft [sic] vom bauhaus ausgeschlossen worden und auf diesen druck hin jetzt auch von der direktion. schmidtchen [joost schmidt] setzt sich sehr für meine sache ein. die studierenden sind in zwei lager gespalten rechts – links. noch sind die linken stärker. im kollegium ist es fast umgekehrt!»[570]

die politische situation kippte nach rechts – die geschichte der entlassung von gunta sharon-stölzl kann als beispiel im kleinen angeführt werden: nachdem die studierenden schliesslich «die drei hetzer» hinausgeschmissen und mies

---

565 gunta sharon-stölzl, 14.12.1930, an ihren bruder erwin; in *gunta stölzl*, 1997, s. 58
566 *gunta stölzl*, 1997, s. 58
567 gunta sharon-stölzl, 19.3.1931, an ihren bruder erwin; ebenda, s. 59
568 gunta sharon-stölzl, dessau, 26.3.1931 an benita otte; ebenda, s. 58
569 gunta sharon-stölzl, 3.4.1931, an ihren bruder erwin; ebenda, s. 57–62 (kapitel «ein aussichtsloser kampf»)
570 gunta sharon-stölzl, 21.5.1931, an ihren bruder erwin; ebenda, s. 57–62
571 gunta sharon-stölzl, 15.6.1931, an ihren bruder erwin; ebenda, s. 57–62
572 ‹m.›, in: *information*, heft 3, august/september 1932, zürich; typografische gestaltung max bill
573 siehe müller 2000, s. 63

van der rohe sich dieser aktion angeschlossen hatte, «… kam der bürgermeister mit einem deutsch-nationalen – und – sie wurden wieder aufgenommen! das ist eben die mächtige politik und ich bin gerade zufällig das opfer geworden … ich fürchte bei dieser politischen lage ist es überall schwer anzukommen.»[571]

die beschwerde gegen gunta sharon-stölzl, die sie «vor allem in ihrem privaten lebensbereich» angriff, war auf verlangen vom vater der bauhaus-studentin ilse voigt «durch einen stadtverordneten bei der regierung eingereicht» worden, wie ihr mies van der rohe mitteilte. diese beschwerde hat gunta nie persönlich zu lesen bekommen.

vom ersten parteitag der nationalsozialisten in nürnberg im august 1927 hatte es adolf hitler im november 1928 bereits bis nach berlin geschafft, wo er im sportpalast eine rede hielt. in der grossstadt berlin gab es am 1. mai 1929 in den bezirken mitte, wedding und neukölln tote und verletzte. erich weinerts, von hanns eisler vertontes stück «der rote wedding» erinnert noch daran.[573] die wahlen im september 1930 werden den nationalsozialisten schon 6,5 millionen stimmen einbringen.

die politische entwicklung am bauhaus, den ‹fall› gunta sharon-stölzl, erlebte max bill nicht mehr vor ort. er hatte das bauhaus dessau offiziell ende 1928 oder – was wahrscheinlicher ist – nach einem oder mehreren weiteren aufenthalt(en) spätestens 1929 definitiv verlassen; mit einer der gründe war, dass ihm die sich zuspitzenden konfrontationen zwischen politisch rechten und linken in keiner weise behagten.

bill gerät sozusagen dennoch zwischen die fronten: einerseits wird er versuchen, auf loyale art zu albers und kandinsky weiter kontakt zu pflegen, auch zu klee; andererseits bleibt er dem von seinen feinden als ‹aufwieglerisch-bolschewistischer jude› bezeichneten architekten arieh sharon freundschaftlich verbunden.

der neue, dritte – und letzte – bauhaus-direktor mies van der rohe sei zwar ein fabelhafter architekt, «aber als mensch und namentlich als direktor sehr reaktionär», beurteilte ein schweizer architektur-student die situation am bauhaus. er veröffentlichte seine einschätzung nur unter dem kürzel «m.», das ihn vor repressalien schützen sollte. «m.» untermauerte seine einschätzung der lage damit, dass mies gegen mitglieder der studentenvertretung, und das waren zumeist kommunisten, «das überfallkommando kommen und die betreffenden leute verhaften» liess.[572]

gunta sharon-stölzl in zürich

im april 1931 besuchte gunta sharon-stölzl in begleitung ihres ehemanns ihre freundin benita koch-otte in prag. arieh sharon reiste anschliessend im mai nach palästina. gunta gelang es mit ihrem palästinensischen pass, 1931 in die schweiz einzureisen und sich eine neue existenz aufzubauen. zusammen mit ihrer ehemaligen dessauer bauhaus-studentin gertrud preiswerk (immatrikula-

max bill wird gunta in zürich wiedersehen und für die vom bauhaus weggemobbte meisterin im schweizer exil visitenkarte und geschäftsbriefpapiere gestalten. andere frauen, die am bauhaus aktiv waren, unter ihnen friedl dicker und otti berger, werden von den nazis ermordet.

otti berger (1898 als tochter jüdischer eltern in vörösmet geboren, 1944 im konzentrationslager auschwitz ermordet) war eine ungarische bauhaus-mitstudentin von max bill, die ab 1927 bei gunta stölzl und anni albers in der textilabteilung tätig war.

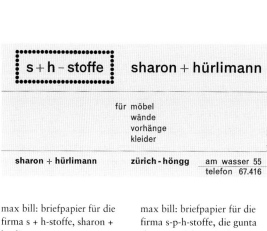

max bill: briefpapier für die firma s + h-stoffe, sharon + hürlimann

max bill: briefpapier für die firma s-p-h-stoffe, die gunta sharon-stölzl, gertrud preiswerk und heinrich-otto hürlimann 1931 gründeten

tionsnummer 128), später gertrud weiss – die sich ihrerseits bestens daran erinnerte, wie beliebt max bill bei seinen bauhaus-mitstudentinnen gewesen war[574] – sowie dem ehemaligen bauhäusler heinrich-otto hürlimann gründete gunta sharon-stölzl im november 1931 in zürich ein kleines stoff-atelier, die handweberei s-p-h-stoffe.

überraschenderweise erhielt sie als ausländerin sogar eine, allerdings auf sechs monate begrenzte, arbeitsbewilligung, die sie jeweils wieder erneuern lassen musste. ihre persönliche situation verschlimmerte sich, als arieh sharon ihr im januar 1932 bei seinem besuch in zürich eröffnete, dass er sich in palästina in eine andere frau verliebt habe.

im frühling 1932 kann gunta ihre arbeiten, die in der handweberei s-p-h-stoffe entstanden sind, im gerade neu eröffneten wohnbedarf-laden miteinbringen, für den max bill die reklame gestaltete (siehe s. 395). zu ihrem leidwesen musste sie die firma s-p-h-stoffe wegen eines verlustgeschäfts mit der wohnbedarf ag schon im sommer 1933 wieder schliessen.

574 so überliefert von egidio marzona, dem früheren verleger und sammler von u.a. bauhaus-objekten
575 stölzl 1987, s. 34
576 gunta sharon-stölzl, zürich, 22.7.1933, an ihren bruder erwin, in: gunta stölzl, 1997, s. 67
577 in: guida della sesta triennale, milano 1936 (ohne werkabbildungen), s. 95; hingegen nicht erwähnt in der kurzbiografie von yael aloni in: gunta stölzl, 1997
578 siehe isaacs 1984

über ostern 1933 reiste gunta sharon-stölzl nach sizilien. das mag erstaunen, dass sie, die emigrantin, sich ins faschistisch regierte italien begab, doch mehrere bauhäusler hatten eine vorliebe für italien; so fuhr max mit binia bill auf der hochzeitsreise im jahr 1931 dorthin, und auch paul klee hatte sich im sommer 1931 in den ferien in sizilien aufgehalten.

nach ihrer rückkehr aus den kurzferien arbeitete gunta sharon-stölzl an einem vorhangstoff für das corso-theater in zürich, für das max bill zeitgleich die – noch heute bestehende – schrift gestaltete (siehe s. 369).

gunta sharon-stölzl fühlte sich im exil, in der neuen umgebung nicht gerade wohl. «ich bin manchmal so deprimiert hier – weil ich so wenig menschen hier kenne – und in der beziehung ist man am bauhaus doch sehr verwöhnt worden.»[575] drei monate später dramatisierte sich für sie, wie für viele andere emigranten aus deutschland, die situation: «ich weiss absolut nicht, wohin ich gehen kann, wenn die schweiz aus ist – frankreich, paris – ist übersättigt mit emigranten, die alle nicht wissen, wovon sie leben sollen.»[576]

im september 1934 erhielt gunta dann in zürich immerhin einen grösseren auftrag für die ausführung der wandbespannung und des bühnenvorhangs für das kino urban. max bill jedenfalls war von der qualität ihrer stoffe überzeugt, von denen er einige als ausstellungsobjekte in dem von ihm eingerichteten schweizer pavillon an der *triennale di milano* im jahr 1936 berücksichtigen wird. im ausstellungskatalog wird gunta sharon-stölzls mit heinrich-otto hürlimann neugegründete firma unter dem firmensignet ‹sharon & hürlimann, stoffe› aufgeführt.[577] als nachnamen gab sie hier noch ‹sharon› an, doch wenige monate nach der *triennale* wurde ihre ehe geschieden und sie befürchtete, staatenlos zu werden.

neben gunta sharon-stölzl sind auch der einstige bauhäusler xanti schawinsky sowie der aus frankreich angereiste surrealistische maler max ernst, der auf der ‹schwarzen liste› der gestapo steht, am corso mit einem auftrag beschäftigt.
handelte es sich hier um ein solidarisch-geprägtes arbeitsbeschaffungsprogramm für von den nazis lebensbedrohte kulturschaffende? die drei genannten persönlichkeiten wurden auf jeden fall nicht nur aus sozialen gründen, sondern vor allem wegen ihrer fachlich hochqualifizierten leistungen engagiert.

arieh sharon, den architekten und ersten ehemann von gunta stölzl, treffen max bill und ich einmal im berliner hotel am zoo am kurfürstendamm, wo er uns erzählt, das hier auch walter gropius jeweils gewohnt habe, wenn er in berlin übernachtete. diese tatsache wird bestätigt vom gropius-biografen reginald r. isaacs, cambridge: 1955 wurde gropius zur teilnahme «an der neugestaltung des hansaviertels» nach berlin eingeladen. im august 1955 wurde er nach der landung auf dem berliner flughafen tempelhof u.a. vom einstigen bauhäusler hinnerk scheper begrüsst. und «walter gropius bezog zimmer im hotel am zoo. es war das umgebaute haus kurfürstendamm 25, in dem er als junge mit den eltern zwischen 1895 und 1902 gelebt hatte. das haus war im krieg nach einem bombentreffer vollständig ausgebrannt, allein die stattliche alte fassade hatte den feuersturm mehr oder minder unversehrt überstanden. während seiner häufigen besuche in berlin in späteren jahren pflegte gropius stets hier abzusteigen, und nach möglichkeit nahm er dabei ein zimmer hinter einem der fenster, die einst zur elterlichen wohnung gehört hatten.»[578]

gunta stölzl wohnte ein halbes jahrhundert lang in küsnacht am zürichsee. sie starb am 22. april 1983. kurz davor traf ich sie in zürich in der kirchgasse, und sie sagte mir, sie wolle «nur noch sterben». im jahr 1987 stellte ich einen ihrer teppiche in der von mir ausgewählten und installierten ausstellung von künstlerinnen *angelica, anna und andere schwestern von gestern* im kunsthaus zürich mit aus.

«photographs are in our lives, as our lives are in them»

lucia moholy wird nach der trennung von lászló in berlin im herbst 1930 leiterin der fotoklasse (bis sommer 1933) an der von johannes itten, dem vormaligen bauhaus-(weimar)-meister, gegründeten ittenschule. itten hatte wegen seiner andersartigen erziehungsmethode im frühjahr 1923 das bauhaus weimar verlassen und war in die schweiz zurückgegangen. in herrliberg bei zürich beschäftigte er sich mit östlicher philosophie und war mitglied der mazdaznan-gemeinschaft. bevor er nach berlin zog, hatte er (bis 1926) viele vortragsreisen im sinn der mazdaznanlehre im ausland absolviert. «in berlin nahm er die verbindung zu herwarth walden wieder auf, der schon 1916 und 1923 in seiner galerie ‹der sturm› zwei einzelausstellungen von ittens bildern gemacht hatte.»[579]

wie so oft gibt es über die daten unterschiedliche angaben: während bei droste steht, lucia moholy habe ab «herbst 1930» an der ittenschule unterrichtet, schreibt hingegen lucias biograf rolf sachsse, ihr unterricht habe bereits im «frühjahr 1930» begonnen: «die bekanntschaft der moholy-nagys mit johannes itten stammte noch aus der zeit, als itten am bauhaus unterrichtete, aber ein direkter, gar freundschaftlicher kontakt bestand zwischen ihnen während der zwanziger jahre nicht – dafür waren charaktere und temperamente zu unterschiedlich, auch die künstlerischen und pädagogischen konzeptionen.»[580]

jedenfalls war die schule zu der zeit, als lucia dort unterrichtete, in einem modernen bau mit flachdach untergebracht, in der konstanzerstrasse 14, berlin-wilmersdorf: «die dachterrasse war für die morgendlichen ‹mazdaznan›-körperübungen gedacht, sie diente aber auch der fotoabteilung.»[581]

lucias neuer lebensgefährte in berlin, theodor neubauer, ein kpd-politiker und anderweitig verheirateter familienvater, der sich im thüringer landtag für das bauhaus eingesetzt hatte, wurde in lucias berliner wohnung 1933 von der gestapo verhaftet. lucia sah sich gezwungen zu emigrieren, wie viele andere in je-

---

579 siehe droste 1984
580 sachsse 1985, s. 49
581 droste 1984, s. 5
582 siehe angela thomas: «unser bild vom bauhaus geprägt» [nachruf auf lucia moholy], in: *tages-anzeiger*, 22.5.1989
583 sachsse 1985, s. 51

nen unmenschlichen zeiten. sie reiste über prag und paris nach london. unterwegs aufgenommene, düstere landschaftsfotografien signierte sie mit «lucia neubauer-moholy», als zeichen, wie sehr sie sich theodor verbunden fühlte. von grossbritannien aus versuchte lucia den geliebten mit hilfe der quäker aus dem kz freizubekommen – vergeblich.

lucia engagierte sich beim britischen geheimdienst gegen die nazis und recherchierte zur geschichte der fotografie. mit einer beachtlichen startauflage von 40 000 exemplaren erschien 1939 ihr buch *a hundred years of photography* (penguin books, london). im nachwort zu diesem standardwerk bringt lucia ihre erfahrung auf den sachlich knappen nenner: «photographs are in our lives, as our lives are in them.»

max bill mit lucia moholy in ihrer wohnung, 1988

zwanzig jahre später lässt sich lucia moholy 1959 in zürich nieder, wo sie eine ausländerin bleibt und von zeit zu zeit max bill wiedersieht – und wo auch ich sie in ihren letzten lebensjahren wiederholt und gerne besuchte. sie starb im alter von 95 jahren in zürich am 17. mai 1989.[582]

sehen lernen

eine von lucias schülerinnen, wenn auch nur für kurze zeit und zwar gleich im sommer oder herbst 1930, ist die junge schweizerin binia mathilde spoerri – die max im januar 1931 heiraten wird. ob sie sich an den morgendlichen mazdaznan-übungen auf der flachdachterrasse beteiligte, ist mir nicht bekannt. «lucia richtete ihren unterricht vorrangig als grundstudium aus ... das bedeutete für sie weniger eine einübung in die praxis und routine phototechnischer prozesse als eine einführung in den gesamtkomplex des sehen-lernens auf der grundlage dieser technik.»[583]

binia sei nicht lange an der ittenschule geblieben und mit der lehrmethode nicht einverstanden gewesen, da für die gesamte fotoklasse bloss eine einzige kamera zur verfügung stand; da sei ihr die geduld gerissen – so stellte es mir bill später mündlich dar.

der agenda binia spoerris ist zu entnehmen, dass sie drei monate an der ittenschule in berlin verbrachte (mitteilung von ihrem 1942 geborenen sohn jakob bill).

im sommer oder im september 1930 lernte binia spoerri in zürich den um vier jahre jüngeren max bill kennen, der den seelenschmetter seiner trennung von nusch (maria benz) zu verarbeiten hatte – von der noch die rede sein wird.

blick zurück nach dessau

dort wurde am 4. april 1928 im dessauer theater die von kurt weill komponierte oper *der zar lässt sich photographieren* aufgeführt. der junge student bill befand sich unter den zuschauern, denn vor dieser einaktigen oper weills wurden die *bilder einer ausstellung* von mussorgski aufgeführt, und zwar in einer avantgardistischen inszenierung von bills professor kandinsky, der auch das bühnenbild entworfen hatte.

die aufführung wurde ein grosses erlebnis, das sowohl paul klee als auch max bill sehr beeindruckte. der komposition lagen «sechzehn bilder, wahrscheinlich realistische aquarelle, zugrunde, die mussorgsky in reine musik, nicht programmusik» umgesetzt hatte. «kandinsky wiederum schafft zu dieser musik bilder, die aus der gleichen wurzel stammen, bildnerische entsprechungen, indem er mit beweglichen farbigen formen und mit lichtspielen der bewegung der musikalischen sätze folgt. nur in zwei bildern treten tänzer auf ... bei dem ersten espressivo werden nur drei lange vertikale streifen in der tiefe sichtbar. sie verschwinden. bei weiterem espressivo kommt von rechts der grosse rote prospekt hinein (doppelte farbe). danach erscheint von links der grüne prospekt. aus der versenkung erscheint die mittlere figur. sie wird intensiv farbig durchleuchtet ...»[585]

während seiner studienzeit am bauhaus fuhr bill auch mal nach berlin; hingegen sei er damals nie in weimar gewesen. doch er wusste, dass in weimar, nach plänen von walter gropius, das *märzgefallenendenkmal* (abgebildet in der *bauhaus*-broschüre vom mai 1922) erbaut worden war. «das *märzgefallenendenkmal* auf dem friedhof in weimar wurde zur erinnerung an die während der märzunruhen 1920 gefallenen arbeiter weimars nach plänen von walter gropius erbaut und am 1. mai 1922 eingeweiht.» (*bauhaus*-broschüre) damals – nach dem ersten weltkrieg noch in weimar – hatte gropius, «als eines der aktivsten mitglieder des revolutionären ‹arbeitsrates für kunst› eine lebhafte tätigkeit für die durchsetzung seiner reformideen» entfaltet.[586]

---

wenige monate darauf, jedoch nicht in dessau, sondern in berlin, ging ende august 1928 übrigens die uraufführung der *dreigroschenoper* über die bühne, zu der weill die musik komponiert hatte. sie wurde ein sensationeller erfolg. «mit einem schlage war kurt weill weltberühmt ... als komponist von bertolt brechts *dreigroschenoper* und *aufstieg und fall der stadt mahagonny* war er nicht nur in deutschland, sondern in der ganzen, am neuen musikschaffen interessierten welt bekannt und geschätzt oder auch wegen des aufruhrs, den diese aktuellen, gesellschaftskritischen werke verursachten, geschmäht.»[584]

eine rekonstruktion der aufführung *bilder einer ausstellung* und des bühnenbildes von wassily kandinsky, vorgenommen von der bühnengruppe ‹der rote kreis› im theaterhaus gessnerallee in zürich, besuchten max bill und ich gemeinsam am 13. märz 1993. sie gefiel uns beiden sehr.

---

584 hahn 1977, s. 62
585 grohmann 1958, s. 203
586 engemann 1977, s. 5
587 nerdinger 1985, ab s. 34
588 max bill, stadelhoferstr. 27, zürich, n.d. [ende oktober 1929], «in sachen fischli» an dr. hans duttweiler, bahnhofstr. 65, zürich 1; bibliothek max bill

es dauerte nicht lange, bis gropius selber zu ruhm gelangte. nachdem er 1910 das büro von peter behrens verlassen und in berlin, mit adolf meyer als mitarbeiter, ein eigenes architekturbüro eröffnet hatte, erhielt er, der damals erst 28-jährige, 1911 den auftrag zur fassadengestaltung der schuhfabrik fagus in alfeld an der leine.

im bürotrakt des fagus-werks habe gropius «eine geniale neuerung, mit der er in die architekturgeschichte einging», eingeführt: nämlich «anstelle der geschlossenen ziegelfassade riss er die wand auf und liess sich leicht verjüngende mauerwerkspfeiler aufrichten, zwischen die, über alle drei geschosse reichend, eine aufgeglaste eisenrahmenkonstruktion frei eingehängt wurde. die stockwerke sind jeweils durch zwei horizontal durchlaufende metallfelder ausgegrenzt.»[587]

ausser den fortschrittlichen kräften gab es in weimar, wie überall, auch einige reaktionäre, die ihr gift gegen gropius verspritzten. und diese negativen meinungen hatten auch ihren weg nach dessau gefunden.

in der kleinen ehemaligen residenzstadt, deren einwohnerzahl inzwischen um die 70000 erreicht hatte, gab es mancherlei rückständige vorstellungen. das machte die übernahme und die durchsetzung der notwendigen beschlüsse im parlament zugunsten des bauhauses nicht leicht.

in seinen ideen angeregt wurde gropius vom architekten, industriedesigner und gebrauchsgrafiker peter behrens, einem der hervorragendsten mitbegründer des deutschen *werkbunds* (1907) und 1907 für die AEG tätig, deren mitarbeiter ausser gropius (1908/10) interessanterweise auch le corbusier und mies van der rohe gewesen waren.

versöhnung mit hanns fischli, block gegen die «abstrakten grossväter»

als max bill ende november 1928 nach dessau kam, musste er sehr erstaunt die mitteilung seines ehemaligen hauswirts zur kenntnis nehmen, dass fischli seine möbel sowie den anderen hausrat verkauft habe. bill war der meinung, fischli müsse für den ihm so entstandenen finanziellen schaden haften, den er mit «fr. 372.–» bezifferte, und er beauftragte in dieser angelegenheit einen rechtsanwalt. doch bald schon wurde er diesem gegenüber ungeduldig.

der rechtsanwalt verlangte wiederholt von bill einen vorschuss, den dieser nicht zu zahlen bereit war, solange die anstrengungen nicht von erfolg gekrönt seien, respektive bis er das ihm zustehende geld von hanns fischli oder dessen vater bezahlt bekommen habe.

schliesslich sah er jedoch von einer anzeige ab und versuchte stattdessen, sich mit fischli wieder zu versöhnen und sich mit ihm gemeinsam auf den weg zu machen, um wichtige kulturpolitische anliegen zu propagieren und durchzusetzen.

«herrn dr. hans duttweiler, rechtsanwalt, zürich 1, bahnhofstr. 65 … in sachen fischli, ihre nachrichten v. 30.9. + 9.10 + 17.10.
ich gestatte mir, ihnen mitzuteilen, dass ihr ganzes manöver, das sie zur auffindung der adresse fischli gemacht haben, vollkommen zwecklos war, da ich ihnen die adresse auf dem büro folgendermassen angegeben habe: fischli wohnt bei seinem vater und ist noch nicht mündig, er arbeitet bei den architekten steiger-crawford … wenn fischli sich nicht angemeldet hat, ist es aus militärischen gründen.»[588]

fischli arbeitete in zürich im architekturbüro von rudolf steiger als bauzeichner mit an der siedlung neubühl – für die bill bald ein plakat gestalten wird (siehe s. 367).

«max bill, zürich, stadelhoferstr. 27, am 28.1.1930
hanns fischli, wenn ich dir heute schreibe, ist es nicht darum, weil ich denke ich sei dir gegenüber im unrecht, sondern weil ich weiss, dass es keinen wert hat in der lage, in welcher man sich hier in zürich befindet, aneinander vorbeizugehen …
vor einigen monaten dachte ich daran, dir einen prozess anzuhängen, aber ich fand, es hätte eigentlich keinen wert, geld in die luft zu werfen, wo schon sowieso nirgends welches da ist. die stellung, die du mir gegenüber eingenommen hast, ist nicht kameradschaftlich gewesen, ich hatte deshalb auch keinen grund, es dir gegenüber zu sein. begraben wir also die dumme geschichte …
und deinem papa kannst sagen, er soll sich wieder anfangen abzuregen.
wie sascha da war, hat sie mir von deinen neuen bildern erzählt, es würde mich wirklich interessieren, was du da treibst, denn in der schweiz wird nun angefangen, moderne kunst zu propagieren, die unter allem hund ist, und es wäre von vorteil, einen block gegen diese abstrakten grossväter (lüthy-welti [vermutlich oscar lüthy und albert welti] und arp, der wohl gut ist, aber kein schweizer) zu bilden.
ich habe nun gelegenheit, in der individualität (verlag in basel) einen aufsatz über mich zu schreiben … jetzt ist es natürlich dumm, wenn man schon die gelegenheit hat, selber zu schreiben, nur über sich zu schreiben, denn im grunde kommt für jeden genau dasselbe heraus, wenn viele sind, und gleichzeitig zwingt man die anderen, den schwanz einzuziehen, weil man mit qualität ihnen den meister zeigen kann. ich glaube, dass du dich daran schon beteiligen wirst und dass du es doch auch kannst, oder haben steigers etwas dagegen, die waren früher so gegen alles, was nicht absolut industriell war?»[589]
in der letzten, etwas derben passage seines briefs sagte bill unverblümt das, was er meinte: er wollte mit qualitätvollen arbeiten jene künstlerkollegen, deren arbeit sich durch keine besondere qualität auszeichnete, ausstechen, disqualifizieren.
nach dem verzicht bills auf das geld aus dem möbelverkauf wurde der umgangston zwischen fischli/bill wieder freundlicher. bill teilte fischli weitere neuigkeiten mit:

---

589 max bill, 28.1.1930, an hanns fischli; archiv sik
590 max bill, 3.2.1930, an hanns fischli; archiv sik
591 richard butz: «auf bartóks und kodálys spuren», in: *die wochenzeitung – woz*, nr. 21, 23.5.2002
592 siehe danuser 1995

«lieber hanns … die liesl träger ist mit steiner verheiratet (zur orientierung) wohnhaft in zürich.» und bezüglich seines eigenen privatlebens fuhr er fort: «ich heirate jedenfalls ende dieses monats, mein vater hat deshalb eine sauwut, aber es wird ihm schon wieder anderst kommen.»
was seine berufliche situation betraf, vermeldete bill im selben brief: «ich mache in reklame und habe jetzt als grossen auftrag die beschriftung, marken und überhaupt die ganze reklame der grössten und modernsten cementfabrik frankreichs [siehe s. 300], deren generaldirektor mein mäzen ist und bilder von mir kauft.»[590]

seltsamerweise erwähnte bill in diesem brief mit keiner zeile mehr über die frau, die er ende februar 1930 zu heiraten gedachte. das emotional herausragendste moment schien für max in dieser phase «die sauwut» zu sein, die sein vater ihm gegenüber hatte. es wird, um im jargon des jungen, in der orthografie nicht ganz sattelfesten bill zu bleiben, «anderst» kommen; jedoch nicht, was die wut des vaters auf den sohn betrifft, sondern in sachen der angekündigten hochzeit: sie wird nicht stattfinden.

exkurs zu béla bartók

die zeit am bauhaus war für bill eine fruchtbare. man setzte sich dort mit den verschiedensten problemen, sozialen und anderen, auseinander. die zusätzlichen veranstaltungsangebote am bauhaus waren vielfältig und hoch interessant.
am 14. oktober 1927 fand ein klavierabend des komponisten und musikethnologen béla bartók statt, der eigene werke sowie kompositionen von zoltan kodály spielte.

so wie bill den namen der frau, die er liebte und mit der er in der stadelhoferstrasse im konkubinat zusammenlebte, in diesem brief nicht erwähnte, gab es fischli gegenüber auch den namen seines mäzens nicht preis.
max bills damaliger mäzen war max wassmer. der einflussreiche geschäftsmann hatte dem jungen, aufstrebenden künstler im april 1929 versprochen, er wolle versuchen, in der kunsthalle bern eine ausstellung zu veranstalten.

als musik-ethnologe hatte bartók «bis zum beginn des ersten weltkrieges gegen 3500 rumänische, rund 3000 slowakische, etwa 2700 ungarische sowie zahlreiche ruthenische, serbische und bulgarische» ländliche weisen gesammelt.[591]

elf jahre später wird max bill in basel am 16. januar 1938 erneut béla bartók spielen hören, begleitet am klavier von bartóks zweiter ehefrau ditta pasztory. darüber hinaus begegnet bill bartók persönlich in basel beim sammlerehepaar annie und oskar müller-widmann. denn der komponist «wohnte während seiner basler aufenthalte oft im müller'schen haus, wo auch das fünfte streichquartett im jahre 1936 seine schweizer erstaufführung» erlebte.[592]

der aus ungarn stammende komponist bartók hatte in der schweiz eine für ihn unglückliche, da unerwiderte liebe zur geigerin stefi geyer, mit der er am 30. januar 1929 erstmals gemeinsam in basel aufgetreten war. die ungarische geigerin hatte 1920 den zürcher komponisten walter schulthess geheiratet. ihre beziehung zu bartók wandelte sich in eine enge freundschaft. ob max bill auch an jenem konzert zugegen war, ist mir nicht bekannt.
beim basler konzert ende januar befand sich auf alle fälle paul sacher, damals 22-jährig, unter den zuhörenden. die musik beeindruckte ihn tief. sacher fragte im frühsommer 1936 bei bartók schriftlich an, ob er bereit sei, für das basler kammerorchester ein orchesterstück für streicher allein oder mit zuzug weniger anderer instrumente zu schreiben. der komponist antwortete, «er

denke an ein werk für saiten- und schlaginstrumente (also ausser streicher noch klavier, celesta, harfe, xylophon und schlagzeug)». und bereits ende august 1936 erfuhr sacher, dass bartók die partitur beinahe fertiggestellt habe.⁵⁹³ die uraufführung dieses werks sollte am 21. januar 1937 in basel stattfinden.

«seine schmale gestalt wirkte zart. der edle kopf mit dem feinen silberhaar und das schöne, ebenmässige gesicht mit grosser intensität drückten ernst und würde aus. er hatte die äussere erscheinung eines feinnervigen gelehrten. sein blick war fragend und forschend. sein wesen atmete licht und helligkeit. er schien unnahbar und war von zurückhaltender höflichkeit. er lebte in einer anderen welt, fern aller geschäftigkeit, kompromisslos, integer und geradezu puritanisch in seinem verantwortungsbewusstsein ...
der komponist, pianist, pädagoge bartók war einer der wenigen grossen musiker unserer zeit. er hat sein brot als klavierlehrer verdient und den grössten teil seiner kraft dem sammeln und sichten von volksliedern und -tänzen geopfert ... zum komponieren diente bartók die freizeit. fast alle werke sind in ferienaufenthalten, oft in der schweiz, entstanden. eine wahrhaft unwahrscheinlich anmutende tatsache, angesichts der bedeutung von bartóks musikalischem schaffen!»⁵⁹⁴

kurz davor traf bartók persönlich ein. er habe ihm einige fragen zur form seines stückes gestellt, und es kam sacher so vor, als ob bartók «besonders stolz auf die fuge im 1. satz» zu sein schien, «die ja auch in der tat ein kompositorisches wunderwerk ist. er wohnte den letzten proben bei. seine anwesenheit wirkte ungemein stimulierend, obwohl er wenig sagte.» die von sacher dirigierte uraufführung «wurde zum triumph für die ausführenden und den komponisten; der letzte satz musste wiederholt werden. seine musik für saiteninstrumente ist als repräsentatives meisterwerk aus der besten schaffenszeit bartóks ins weltrepertoire eingegangen.»⁵⁹⁵

dieser aussergewöhnliche erfolg habe sacher veranlasst, bartók um die komposition eines kammermusikalischen werkes zu bitten, und anfang september 1937 hat der komponist das geplante werk «fast beendet». er meldete seine ankunft in basel «für den 9. januar 1938» und verlangte «hellklingende» klaviere.

der einsatz von zwei klavieren habe sich aus bartóks überzeugung hergeleitet, «dass ein klavier gegen den sehr oft recht scharfen klang der schlaginstrumente keine befriedigende balance ergibt».⁵⁹⁶

die uraufführung der *sonate für zwei klaviere und schlagzeug* durch das ehepaar ditta und béla bartók und die beiden basler schlagzeuger fritz schiesser und philipp rühlig am 16. januar 1938 im konservatoriumssaal, internationale gesellschaft für musik, in basel – an der max bill wie erwähnt zugegen war – «wurde wiederum zum triumphalen erfolg für den ungarischen meister».⁵⁹⁸

«die *sonate für zwei klaviere und schlagzeug* ist in drei sätze gegliedert, die einen weiten bogen spannen von der bohrenden intensität und der perkussiven härte des kopfsatzes zur (ironisch gebrochenen) tänzerischen ausgelassenheit des finale. auch wenn diese drei sätze deutliche merkmale eines sonatenhauptsatzes, einer dreiteiligen liedform und eines (sonaten-)rondos aufweisen, ist bartóks umgang mit den hergebrachten formmodellen gänzlich innovativ.»⁵⁹⁷

---

593 siehe sacher 1995
594 ebenda
595 ebenda
596 in: *national-zeitung,* 13.1.1938
597 siehe meyer 1995
598 siehe sacher 1995
599 siehe danuser 1995
600 siehe sacher 1995

trotz ihrer unglücklichen liebesgeschichte war es die geigerin stefi geyer, die schliesslich bartók und seine frau ditta, «als sie europa für immer in richtung amerika verliessen, am 14. oktober 1940 bis genf begleitete und ihnen, zusammen mit anderen freunden, die reise ins exil ermöglichte».[599] der emigrant verabschiedete sich brieflich von sacher und gab der tiefempfundenen hoffnung ausdruck, «... dass ihr land [die schweiz] vor der niedertrampelung beschützt bleibe».[600]

nicht ganz fünf jahre darauf wird bartók völlig verarmt in new york am 26. september 1945 sterben. die nachricht vom tode bartóks veranlasst den mit ihm befreundeten landsmann moholy-nagy, der seinerseits in chicago wohnt, an einer kleinen werkgruppe über von bartóks musik angeregter themen zu arbeiten. an leukämie erkrankt, starb auch moholy-nagy bald darauf am 24. november 1946 in chicago.

max bill zeigte seine verbundenheit sowohl zu bartók als auch zu seinem ehemaligen bauhaus-meister moholy, als er ein werk aus dieser gruppe erstand.

lászló moholy-nagy: *diary of a fly (dedicated to bartók)*, 1946, angeregt von «aus dem tagebuch einer fliege» (klavierstück nr. 142) aus béla bartóks 1940 in london erschienenem zyklus *mikrokosmos – 153 klavierstücke in fortschreitendem schwierigkeitsgrad,* 1936–1939 von bartók für seine tochter komponiert.

lászló moholy-nagy: *after a bartók theme,* 1946 wasserfarbe, rot, gelb, blau, schwarze tusche auf weissem papier, 44 × 35 cm

kurt schwitters: *mz 258.
fünfrot-neu*, 1921
collage, 17,4 × 14,1 cm

«kurt schwitters wurde berühmt durch seine aktivität in hannover. er gab die zeitschrift *merz* heraus ... schwitters hatte die gabe, aus den unscheinbarsten abfällen und resten kompositionen zu kleben, die trotz ihrer zartheit in erstaunlicher frische die zeit überdauert haben.»[602]

veranstaltungen in dessau

der junge bill hatte in dessau kurt schwitters erlebt, als dieser aus der aktuellen fassung seines lautgedichts ‹ursonate› am bauhaus vortrug. schwitters fand sich auch zu diskussionen mit den studierenden bereit.

als man in späteren jahren darum bemüht war, schwitters' originalstimme auf grammophonplatten zu suchen, bot bill, der von schwitters auftritt am bauhaus sehr angetan war, josef albers seine mithilfe an: «janis hat hier nach schwitters gesucht. es gibt tatsächlich schwitters auf grammophonplatten nach einer ‹rundfunksprache› von ihm selbst. es wäre phantastisch, wenn henriette janis diese platte für circle-records bekommen könnte, um eine neue matritze zu machen. es hätte sicher interessenten dafür. ich kenne den besitzer dieser platten und will ihn fragen, denn er ist ein schüler von mir, dem ich zur zeit ein werkbund-haus projektiere.»[601]

auch in zürich, wo schwitters am 30. oktober 1929 gemeinsam mit arp auftrat, liess sich bill das ereignis ‹schwitters› nicht entgehen. und als max bill anfing, kunst zu sammeln, durfte kurt schwitters in seiner kollektion nicht fehlen.

---

601 max bill, b/p, zürich 15.8.1952, an josef albers, 8 north forest circle, new haven 15, conn., usa; archiv max bill
602 bill 1976, s. 42
603 in: *luise und erich mendelsohn*, 2004, s. 169
604 ebenda, s. 93
605 ebenda

am 23. november 1927 war ein vortrag von prof. dr. finlay freundlich vom einstein-institut wien über «entstehung und alter der welt» am dessauer bauhaus angesagt. der architekt erich mendelsohn hielt im märz 1928 den lichtbilder-vortrag «russland und amerika, ein architektonischer querschnitt».

mit erich mendelsohn gemeinsam hatte max bill eine folgenschwere erfahrung. als mendelsohn seinen vortrag am bauhaus hielt, hatte er nur noch sein rechtes auge. das linke war ihm wegen einer krebserkrankung entfernt und 1921 durch ein glasauge ersetzt worden.

bei max bill wird in den 1970er-jahren eine tumorerkrankung des auges festgestellt, und auch ihm wird das linke auge entfernt; er beklagt sich nicht, als ihm ein glasauge eingepasst wird, und erkundigt sich interessiert, wie viele personen in jenem zeitraum in der schweiz mit einem glas-

auge leben würden. kurz nach der augenoperation zeichnet max bill, noch im krankenhauszimmer des kantonsspitals zürich, die stationen seiner grafischen reihe *7 twins*, die im november 1977 bei marc hostettler, éditions média, neuchâtel, in druck gehen.

mendelsohns architekturbüro, in dem man oft musik von j. s. bach hörte, zählte in jener zeit zu den grössten architekturbüros in europa. für seinen vortrag am bauhaus konnte erich mendelsohn beispiele zitieren, die er aus eigener anschauung kannte.
in den usa hatte sich mendelsohn 1924 mehrere wochen lang aufgehalten und war frank lloyd wright persönlich begegnet; 1925 waren er und seine frau, ein jahr nach lenins tod, nach russland gereist. sie hatten eine einladung des leningrader textiltrusts wahrgenommen, für den erich mendelsohn eine fabrikanlage entwarf. von leningrad aus waren sie nach moskau weitergereist, wo sie im kreml von präsident kalinin und frau kameneva empfangen wurden. frau kameneva war trotzkis schwester und die damalige kultursekretärin der regierung.

«wichtige werke sind einsteinturm in potsdam, mosse-verlagshaus in berlin, hutfabrik luckenwalde, zahlreiche warenhäuser, darunter die schocken-kaufhäuser in nürnberg, stuttgart und chemnitz.»[603]

«leningrad erschien wie eine zurückgelassene schale eines ausgelebten lebens: das fenster nach europa blieb geschlossen ... während moskau vor lebendigkeit vibrierte. die regierung und alle bereiche des intellektuellen lebens verkörperten in überragender weise die revolution und ihre ziele ... die tage in moskau waren mit vielen verpflichtungen angefüllt, mit vorträgen, besichtigungen, endlosen gesprächen, theateraufführungen – jene im meyerhold-theater waren damals sensationell.»[604]

kunst der fuge

erich mendelsohn und seine frau louise, die eine begnadete cello-spielerin war und sich später luise nannte, teilten eine grosse vorliebe für johann sebastian bachs kompositionen. im jahr vor mendelsohns vortrag am bauhaus war das ehepaar eigens nach leipzig gereist, um dort in der thomaskirche die erstaufführung (1927) von bachs letztem, unvollendet gebliebenem werk *kunst der fuge* anzuhören.
bach hatte die partitur ohne hinweis darauf hinterlassen, ob er sie als ein rein theoretisches werk oder zur musikalischen interpretation geschrieben hatte. wolfgang graeser, «ein junger deutscher»,[605] beschäftigte sich seit seinem vier-

im artikel von felix stössinger, den man noch heute mit hochgenuss lesen kann, wurde die uraufführung mit sachkenntnis besprochen. sie sei «in der ganzen presse nur nebenbei erwähnt oder auch gar nicht». «die grosstat graesers ... ist zweifach. graeser hat das werk logisch geordnet und aus den trümmern eine überzeugende einheit gebildet, zweitens hat graeser das werk zum ersten mal gehört, es den geeigneten instrumenten zugewiesen und es dadurch erst spielbar gemacht.»[607]

zehnten lebensjahr intensiv mit diesem werk. er schrieb die partitur für verschiedene instrumente um. die erstaufführung 1927 in der thomaskirche war ein grosses ereignis in der musikwelt.

ob max bill zu jenen zählte, die nach leipzig gereist waren, um sich diese uraufführung anzuhören, entzieht sich meiner kenntnis. obwohl das werk, das bach für sein «allerbedeutendstes» gehalten habe, «aus 18 vollendeten kontrapunktischen stücken besteht, ist es doch ein fragment, wenn auch nur dem 19. stück, aber eben damit dem ganzen, die letzten 150 takte fehlen ... die geschichte dieses druckes gehört nun zum haarsträubendsten in der geschichte des deutschen geistes. bach hatte nur die ersten 11 stücke durchgesehen. die korrekturen von ihm wurden nicht berücksichtigt, die platten der zweiten hälfte des werkes wurden aber vom drucker untereinander vertauscht ... ist das werk tatsächlich in diesem verständnislosen, allmählich erkannten durcheinander immer wieder gedruckt worden! ... erst graeser hat eine wirkliche ordnung hergestellt und die einheit des ganzen gesichert. der erfolg der ersten ausgabe aber war katastrophal. nach 6 jahren waren 30 exemplare verkauft. bachs talentierte söhne hielten ihren vater für eine alte perücke (denn tatsächlich war er gotik und barock und ragte wie ein stück vergangenheit in das neue zeitalter der aufklärung und des heiteren rokoko). auch für sie war die *kunst der fuge* nur eine art lehrbuch, und da es keinen erfolg hatte, verkauften sie die platten als altmetall. so dauerte es 177 jahre, bis dieses werk, eins der erhabensten der musik, als ganzes zur ersten aufführung kam ...

ein grösseres ereignis als dies hat sich seit jahrzehnten im deutschen kunstleben nicht ereignet. wir [*die weltbühne*], die wir an dieser stelle so oft gegen den falschen nationalismus kämpfend fast wie deutschenfeinde auftreten müssen, sind glücklich.»[606]

wenn bill nicht selbst in der thomaskirche war, war ihm das ereignis als aufmerksamem leser der von ihm abonnierten *weltbühne* auf alle fälle nicht entgangen. der junge entdecker wolfgang graeser setzte seinem leben im jahr nach dieser uraufführung, noch nicht 22jährig, ein ende.

606 felix stössinger, «bachs letztes werk», in: *die weltbühne*, wochenschrift für politik, kunst, wirtschaft, XXIII. jg., 2. band, 1927, reprint athenäum verlag, königstein/taunus, 1978, s. 59–62, hier s. 60f.
607 ebenda
608 ebenda
609 siehe dentler 2006

«die harte ordnung dieser erde illuminiert»

bezeugen kann ich hingegen, dass sich bill das bach-werk *kunst der fuge* in seinen späten lebensjahren, interpretiert vom pianisten glenn gould, immer wieder äusserst konzentriert anhörte. das faszinierende an der komposition, auf das felix stössinger schon 1927 hinwies, ist, dass «in dieser aufeinanderfolge von musikstücken, die wie mathematische formeln gebaut und wie von ewigkeit geformte kristalle gegossen sind, von denen mehrere von hinten nach vorn und von vorn nach hinten gespielt werden können (spiegelfugen), die kunst aufhört kunst zu sein. es ist das reden eines andern seins, das die harte ordnung dieser erde illuminiert … die musik ist vollständig zur abstraktion geworden, aber es ist keine abstraktion diesseits, sondern jenseits der musik … zum erstenmal fügt bach in grosser lesbarer schrift seinen namen als thema BACH in seine musik ein … der völlig blinde, sterbende bach diktierte zeile für zeile, von atemnot gequält … seinem schwiegersohn altnikol in die feder … und auf dem manuskript vermerkt eine fremde hand: ‹über dieser fuge ist der verfasser gestorben›.»[608]

in einer neueren studie zu bachs *kunst der fuge* wird die these vertreten, das werk enthalte eine «versteckte pythagoreische tradition».[609]

bill seinerseits wird sich, nach seiner zeit am bauhaus, sowohl mit bach eingehend auseinandersetzen, als auch sich auf pythagoras beziehen, dem er eigens ein monument widmen wird (siehe s. 267).

material farbe und raum – material ton

in einer zeit der nachdenklichkeit, als bill sich die frage stellte, «wie kann man eigentlich ein kunstwerk machen?», wandte er sich bachs kompositionen zu. max, der selber cello und banjo spielte, fing an, bei der bach'schen musik genauer hinzuhören: «ich habe mich auf bach konzentriert und habe gesehen, wie das aufgebaut ist … und ich habe mir gesagt: wir müssen mit dem material farbe und raum gleich vorgehen wie bach vorgegangen ist mit dem material ton.

bach hat dieses material ton geordnet, er hat ganz bestimmte verhältnisse gefunden, hat ganz bestimmte reihen gefunden, die nun miteinander in harmonie kommen und ein ganzes werden …

in der musik sind es also die klänge, ist es die physik, das ist ungefähr das, was wir [maler] im material, in der farbe, auch haben. es ist der raum, das setzt sich weiter fort in die skulptur.

also wenn man diese elemente voneinander trennt in der musik und neu, unabhängig von der musik, verwendet – dann haben wir auf unserem gebiet [malerei und plastik] die geometrie, die mathematik, die ebenfalls in dem rhythmus der musik schon benützt ist; wir haben die geometrie, die dort ebenfalls vorhanden ist, in verhältnissen. wir haben die farben, wir haben den raum, wir haben das material.

dann bin ich eigentlich dazu gekommen, dass ich eben die geometrie verwende.»[610]

des weiteren erläutert bill, dass er meine, wir menschen seien «abhängig davon, was die dinge für verhältnisse haben». ich halte diese aussage für einen schlüsselsatz.

«ich glaube eben, dass die mathematik ein bestandteil unseres denkens ist. wir sind eigentlich abhängig davon, was die dinge für verhältnisse haben – sichtbare oder lebbare verhältnisse. wir rechnen mit distanzen, auch wenn wir fliegen, rechnen wir mit distanzen. es sind einfach dinge, die uns eigen sind, dass wir uns so in unserer welt irgendwie mit geometrien und zahlen einrichten. wir merken es nicht einmal, dass wir es tun.»[611]

bills *denkmal für pythagoras* (1939–1941) ist eine luftig-durchlässige erscheinung, deren flächen ausgespart sind und lediglich durch ihre konturen vorgegaukelt werden. die skulptur erregt optisch auch deshalb erstaunen, weil sie auf nur zwei schmalen konturen, vortrefflich ausbalanciert, zu stehen vermag.

wassily kandinsky als positiver vaterersatz

«kandinsky versuchte, in seiner besorgten art, uns davon zu überzeugen, dass die entwicklung weitergehen müsse.

und was sehr wichtig war: oft wurde in erster linie überhaupt nicht von der malerei gesprochen, sondern von anderen wichtigen fragen, auch von persönlichen anliegen.

kandinsky war ein mensch, der hilfreich die jungen führte. der ihnen nicht die zweifel nahm, sondern der in ihnen die sichere urteilsbildung, die ununterbrochene kritik und selbstkritik wachrief. seine menschlichkeit, zusammen mit seinem feinen gefühl für die situation, und seine väterliche güte waren das geheimnis seines erzieherischen erfolges.»[612]

von kandinsky erfuhr bill eine anteilnahme und sensible aufmerksamkeit, eine bislang entbehrte «väterliche güte», wie sie ihm vom eigenen vater nicht entgegengebracht worden war.

---

mit kandinsky, der vom bauhaus nach paris emigrieren wird, bleibt bill auch später in verbindung. nach kandinskys tod gibt bill dessen schriften im schweizer benteli-verlag heraus; ausserdem die publikation *wassily kandinsky – zehn farbenlichtdrucke nach aquarellen und gouachen, ausgewählt und eingeleitet von max bill,* holbein-verlag, basel 1949.

---

610 max bill im gespräch mit werner krüger; in krüger 1990
611 ebenda
612 siehe bill 1951

max bill: *konstruktion aus drei quadratgrössen – denkmal für pythagoras*, 1939–1941/1978 messing vergoldet, 90 × 90 × 80 cm

einfluss der werke von paul klee

bei paul klee, der mit dem jungen studenten schweizerdeutsch sprach, interessierte bill die thematik, die während einiger monate einen starken einfluss auf ihn und sein eigenes frühwerk ausübte. dabei sei ihm der «theoretische hintergrund», den klee pädagogisch erarbeitet hatte, damals noch nicht einsichtig gewesen, den habe er erst viel später begriffen.

was sich der junge student beispielsweise ganz klar bei klee abschaute, war die art, in der klee vasen malte.

in späteren jahren hielt bill das theoretische werk von klee für ausserordentlich wichtig. wenn man sich daran orientieren würde, könne man daraus das entwickeln konstruktiver konzepte erlernen. er befand, es sei noch für eine ganze generation kommender künstlerinnen und künstler eine wahre fundgrube.

am bauhaus wirkten damals, ausser den bereits erwähnten maler-persönlichkeiten, noch andere wichtige leute. so friedrich koehn, ein hervorragender ma-

zu diesem thema können z. b. paul klees *around the fish*, 1926 (in: *paul klee*, the museum of modern art, new york 1941, kat. nr. 33) und max bills *blumen*, 1929 nr. 47 (tusche über aquarell auf geripptem papier, 41 x 28,2 cm, nachlass max bill an angela thomas, seit 2004 sammlung alioscha klee) verglichen werden.

im heft *bauhaus*, 2/3 1928, das am 1. juli 1928 erschien, wurde darauf hingewiesen, dass mart stam aus rotterdam «monatlich eine woche vorträge über elementare baulehre und städtebau» halte. diese vorträge des linken holländers hörte sich auch max bill mit an.

die zeitangaben, wann welcher gastdozent seine vorlesungen hielt, sind zitiert nach klaus-jürgen winkler: *der architekt hannes meyer. anschauungen und werk*, 1989.

thematiker vom einstein-institut, der am bauhaus in dessau statik- und baukonstruktionskurse gab, die max bill besuchte. ferner sei hingewiesen auf hans wittwer, den mitarbeiter von hannes meyer, der von 1927 bis anfang 1929 ‹entwurfslehre› unterrichtete, und auf den holländischen gastlehrer mart stam, der ab mitte 1928 lehrte.

als schliesslich ab anfang 1929 ludwig hilberseimer ‹baulehre und konstruktives entwerfen› unterrichtete, hatte der junge bill das bauhaus offiziell bereits verlassen. ob und wann bill eventuell ‹inoffiziell› 1929 nochmals dorthin zurückkehrte, ist kaum mehr rekonstruierbar.

rückblick auf die veränderte atmosphäre am bauhaus

erst jahre später beschrieb max bill die für ihn unangenehme situation: «1928 trat der gründer des bauhaus prof. dr. walter gropius von der leitung zurück und an seine stelle trat hannes meyer (basel). die darauf folgende zeit wurde dazu benützt, in unerträglicher weise politische anschauungen zu propagieren und es fehlte nicht an geglückten versuchen, die künstlerischen fragen in misskredit zu bringen und beiseite zu schieben, so dass ausschliesslich soziale momente ausschlaggebend sein sollten ... hatte ich genug von dieser unklaren situation.»[613]

demnach hatte bill nicht für den architekten hannes meyer, wegen dessen bauabteilung und wegen dessen anziehungskraft er eigentlich nach dessau ans bauhaus gekommen war, sondern für die künstler, seine meister klee und kandinsky, partei ergriffen.

welche person am bauhaus was getan hat, gehört in das kapitel der rezeptionsgeschichte des bauhauses. bill scheint darum bemüht gewesen zu sein, das, was tatsächlich geschehen war und welche person daran anteil hatte – im konkreten fall ging es ihm um die von mir bereits erwähnte produktion der bauhaus-tapeten – historisch möglichst korrekt wiederzugeben.

die politischen auseinandersetzungen zwischen rechts und links, nicht nur am bauhaus, sondern auch in der stadt dessau, erlebte max damals als «zu heftig und zu krass ausgetragen» – wie er mir gegenüber erläuterte. es war zu befürchten, dass alles nur noch schlimmer und brutaler würde.

arnold mehl, mit dem bill «am bauhaus ganz besonders eng befreundet»[614] war und den er 1928 in positano besucht hatte, als mehl vom bauhaus beurlaubt

---

613 max bill in einem seiner handschriftlichen lebenslauf-entwürfe
614 max bill, 5.6.1952, an josef albers, 8 north forest circle new haven 15/conn. usa; archiv max bill
615 ebenda
616 josef albers, usa, vor dem 11.5.1952, an max bill; archiv max bill
617 paul klee, bauhaus dessau, n.d. (vermutlich nach november 1928) an max bill; bibliothek max bill

war, kehrte im jahr 1929 ans bauhaus zurück. ausgerechnet dieser freund wandte sich ideologisch den nationalsozialisten zu. das war eine für bill privat und politisch besonders enttäuschende entwicklung.

«ich wollte später deshalb nichts mehr von ihm wissen, weil er ein unheilbarer, romantischer wandervogel geblieben war, der mir im entscheidenden moment schrieb, er sei unter die schriftsteller gegangen und fabriziere unter einem pseudonym nationalsozialistische zukunftsromane, womit ich jede weitere korrespondenz für überflüssig hielt», schreibt bill, seine haltung erläuternd, nach dem zweiten weltkrieg an albers.

abmildernd fügte er dann noch zugunsten seines früheren freundes mehl erwägend hinzu: «doch ist es möglich, dass er den unsinn seines handelns schon früh wieder einsah und heute wieder normal geworden ist.»[615]

ob arnold mehl, der um vier jahre älter als max bill, sich damals der dessauer «gruppe z» angeschlossen hatte, ist mir unbekannt. albers teilte bill die nachkriegsadresse von arnold mehl mit, ludwigsburg württ. seestrasse 65, der ihm «sehr sympathisch» geschrieben habe, und ferner, dass mehl (erneut) «nach italien» wolle.[616]

das alte gesetz

der junge bauhaus-student bill hätte brennend gern ein werk des von ihm hoch geschätzten meisters paul klee besessen. da er aber kein geld hatte, um eins zu kaufen, schlug er dem meister kurzerhand und unbekümmert einen tausch vor. klee blieb freundlich, differenziert – und lehnte erklärend ab. doch bills liebe zu seinen bildern fand er, verständlicherweise, erfreulich.

«was die ausführung und die erfüllung ihres wunsches angeht, so hat das nach irgendeinem alten gesetz seine ganz grossen schwierigkeiten. wir haben das seinerzeit an ihrer stelle so gemacht, dass wir uns an kameraden unserer generation wandten, deren bilder wir liebten, und zwar der ältere an den jüngeren. auf solche weise erhielt ich arbeiten von franz marc, kandinsky etc. auf dem tauschwege.

ich selber werde nach alter erfahrung mich verhalten und ihnen einmal ein tauschangebot machen, wenn sie ihr schönes graziöses talent so weit ausgebaut haben werden, dass die waage in die horizontallage sich begibt, wenn wir hüben und drüben gewicht gegen gewicht setzen werden.

vielleicht taucht ihr stern bald wieder einmal über dem bauhaus-horizont auf, darüber würde sich freuen, ihr klee.»[617]

wahrscheinlich hatte klee diese zeilen zu einem zeitpunkt aufgesetzt, da max sein studium bereits abgebrochen hatte. klee war feinfühlend, poetisch, wenn er vom «stern» schreibt, der vielleicht bald wieder einmal über dem bauhaushorizont auftauche.

max bill: *der eilbote*, 1928
aquarell auf büttenpapier,
30,4 × 23 cm

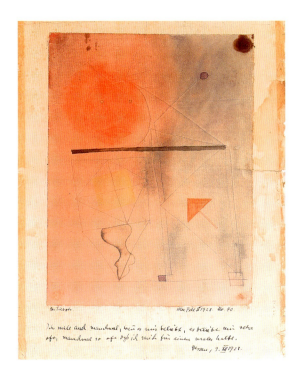

rhythmie herbstlicher bäume,
1920, öl auf gips, 49 × 42 cm ist
s/w abgebildet in: carola giedion-welcker: *paul klee*, rororo bildmonografien, erstveröffentlichung hamburg 1961, 20. auflage 2002, s. 58. carola giedion-welcker vermerkt zu klees absicht, er habe in seinen parallel geschichteten werken, «leicht ondulierenden horizontalfeldern, die oft von vertikalen und kreisen skandiert werden» – wie im bild *rhythmie herbstlicher bäume* –, «nichts festlegen, sondern raum und form offensichtlich fluktuieren lassen» wollen. (ebd., s. 56)

mit der gründung einer familie hat sich bill seinerseits privat nicht «festgelegt», denn sein leben wird weiter «fluktuieren».

618 paul klee, karte abgestempelt in dessau 26.12.1929, an max bill, stadelhoferstrasse 27, zürich; bibliothek max bill

«weich-kräftig und ernst gehalten»

einige der von bill am bauhaus gemalten aquarelle charakterisierte paul klee, sein meister der freien malklasse, stilistisch als «grazil», andere, wie beispielsweise bills arbeit «hermaphrodit» (1929, siehe s. 205) empfand er als «weich-kräftig und ernst gehalten».[618]

bills ausdrucksweise war also nicht im herkömmlich-verstandenen sinne maskulin. das von klee mit einem bindestrich versehene, «weich-kräftige» der arbeiten bills wird in späteren zeiten sich entweder als sanft, fast lyrisch, oder als konstruktiv, hart bis aggressiv, manifestieren. seine liebe zum œuvre von paul klee wird bill beibehalten. nachdem klee im jahr 1933 nach bern zurückkehrte, trat bill mit ihm erneut persönlich in verbindung.

als 1942, nach elf jahren ehe von max und binia bill, ihr einziges kind, der sohn jakob, geboren wird, schenkt max seiner frau zur geburt etwas, zu dem er selber eine starke, innige emotionale beziehung hat: das ölbild *rhythmie herbstlicher bäume* von paul klee aus dem jahr 1920.

binia bill, die junge mutter, reagierte enttäuscht darauf, da sie ein «persönliches» geschenk ihres mannes, nämlich ein werk von ihm erwartet habe, erzählte mir bill.

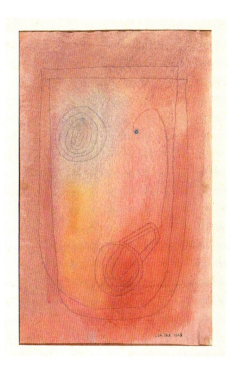

max bill: *tiefer gesang*, 1928
gouache über aquarell
auf geripptem papier,
28,3 × 18,1 cm

«berlin meint über die abstrakte kunst hinaus zu sein»

gemäss der offiziellen austrittsbescheinigung hielt sich max bill bis ende oktober 1928 in dessau auf. doch wegen der geschichte mit dem verkauf seines hausrats und interessanten veranstaltungen kehrte er sicher kurz danach noch einmal zurück. so malt er am 9. dezember 1928 noch ein *der eilbote* betiteltes aquarell.

über weihnachten war max bill dann in der schweiz, schaute sich in zürich eine kunstausstellung der ‹gesellschaft schweizer maler, bildhauer und architekten› (gsmba) an und besuchte seine mutter in winterthur, die sich nach ihrer scheidung im april 1927 wieder marie geiger nannte und weiterhin im haus in der brühlbergstrasse 8 wohnte. vielleicht feierte max mit ihr zusammen am 22. dezember 1928 seinen 20. geburtstag. zu weihnachten schenkte er ihr ein farblich zart-verhaltenes werk. maxens vater war inzwischen mit seiner neuen lebenspartnerin lina wolf in die winterthurer stadthausstrasse 131 umgezogen. erwin bill unterstützte seinen ältesten sohn weiterhin finanziell.

max wollte nicht mehr in seiner geburtsstadt winterthur wohnen und sich der provinziell-engen, direkten sozialen und elterlichen kontrolle entziehen. er suchte sich eine bude in zürich.

unter dem sujet, das vorwiegend geometrisiert und nur noch in einem kopf figurativ ist, lesen wir, von bill, wie sich selbst rechenschaft ablegend, notiert: «ich male auch manchmal, weil es mir beliebt, es beliebt mir sehr oft, manchmal so oft, dass ich mich für einen maler halte. dessau, 9. XII. 1928».

vom 1. februar 1929 datiert ein ‹schuldschein›, dem zu entnehmen ist, dass max bei seinem vater schulden in der höhe von exakt 7525 schweizer franken hatte.

albert braun war am bauhaus im unterricht von klee, kandinsky und schlemmer. «1927 entstehen seine fotografien zu schlemmers reifentanz. nach 1945 modeatelier und hutsalon in stuttgart. nebenher malerei ... †1984 in stuttgart.»[619] was albert braun während des zweiten weltkriegs machte, wo er sich aufhielt, wird nicht erwähnt.

das cover ist abgebildet in: *bauhaus: drucksachen, typografie, reklame*, edition marzona, düsseldorf 1984, s. 194.

bevor sich max bill endgültig in zürich niederlässt, reiste er – wie er mir erzählte – «noch etwas in deutschland» herum.

die *bauhaus*-zeitung vom januar 1929 machte auf seite 24 auf die *ausstellung junger bauhausmaler* im kunstverein in halle an der saale aufmerksam, in der maxens freundin hilde rantzsch und unter anderen clemens röseler, alexander schawinsky und lou scheper wie auch jener albert braun, mit dem max bill im jahr zuvor am bauhaus dessau ausgestellt hatte, ihre werke zeigten.

es ist weder bekannt, warum max bill hier nicht mitausstellte, noch ob er nach halle reiste, um bei der ausstellungseröffnung seiner kommilitonen mitzufeiern.

während der eine bauhaus-freund von max bill, arne mehl, den er 1927 in positano besucht hatte, sich von der nationalsozialistischen ideologie angezogen fühlte, schien sein anderer bauhaus-freund, clemens röseler, links zu stehen – jedenfalls ist dies stark anzunehmen, da die ausstellung in halle von röseler besprochen wird im *bauhaus. organ der kommunistischen studierenden am bauhaus*, 1. jg., nr. 2, juni 1930.

von dessau her war bill der name des kunstkritikers ernst (ernö) kállai vertraut. sein bauhaus-meister moholy-nagy hatte einen umschlag für ein buch von kállai gestaltet, dessen aus einer vierfarbigen klebecollage komponierte typografie bill derart anzog, dass er dieses zeitlebens aufbewahrte.

die kleine, von kállai herausgegebene kunstzeitschrift *der kunstnarr* wurde auch von bill gelesen. der april-nummer 1929 konnte er den erfrischend informativ geschriebenen ausstellungshinweisen neues über seinen verehrten vormaligen meister kandinsky unter der rubrik ‹paris› entnehmen.

«paris. nach dem erfolgreichen einzug paul klees hat jetzt auch kandinsky den weg zur französischen moderne gefunden. die prachtvollen aquarelle, die im vergangenen herbst bei möller [galerie ferdinand möller, berlin] ausgestellt waren, haben dem künstler in der galerie zack einen grossen erfolg gebracht. berlin meint über die abstrakte kunst hinaus zu sein. vielleicht wird es jetzt auf dem umweg über paris zur besseren einsicht bekehrt.»[620]

so bill sich persönlich in berlin umsah, könnte er in zwei von ernst kállai besonders empfohlene ausstellungen, von willi baumeister und max ernst, bei flechtheim, gegangen sein: «neue ausstellungen, auf die besonders hingewiesen sei: bei flechtheim (natürlich, wo denn sonst?!) max ernst, der begabteste pariser surrealist.»[621] es ist auffallend, dass kállai max ernst, den gebürtigen

---

619 *experiment bauhaus*, 1988, s. 417
620 in: *der kunstnarr*, 1. april 1929, s. 38
621 ebenda, s. 40

lászló moholy-nagy: entwurf für einen buchumschlag für ernst kállai: *neue malerei in ungarn*, leipzig 1925 vierfarbige klebecollage, 24,7 × 18,3 cm

deutschen, hier als einen «pariser» künstler hervorhebt, und noch dazu als den begabtesten im kreise der pariser surrealisten.

bill weilte in dieser zeit eventuell in berlin. jedenfalls gab er in der in berlin erscheinenden freiwirtschafter-zeitschrift *letzte politik* annoncen auf. dabei handelte es sich um anzeigen in eigener sache, die im märz und april 1929 – und im weiteren verlauf des jahres dann noch eine je im august und september – erschienen.

es ist auffallend, dass bill sein inserat in der zweiten märz-hälfte 1929 ausschliesslich unter der ortsangabe «dessau», jedoch ohne nähere angaben zur adresse, aufgab. hatte er in jener stadt, die er eigentlich gegen ende 1928 bereits hinter sich gelassen hatte, noch stets eine (eigene) unterkunft, oder eine postadresse bei freunden? so er sich (weiterhin) in dessau aufhielt, besuchte er wohl gastvorträge am bauhaus.

in den nummern der *letzten politik* des jahres 1929 werden der einführung und propagierung von «wära» (1 wära = 100 cent = 1 reichsmark) viele zeilen eingeräumt. die artikel in der freiwirtschafter-zeitung sind trocken bis langweilig geschrieben. von einigem interesse sind eher die hinweise auf neuerschienene bücher aus dem linken umfeld. so wurden wiederholt anzeigen zu sexualaufklärerischen schriften publiziert, und auf die *frau als künstlerin* von professor dr. hans hildebrandt wurde in einer anzeige hingewiesen.

nur ein paar jahre später wird der von der gestapo gesuchte max ernst in den 30er-jahren zu gast bei max bill in der schweiz sein.

dieses unter «dessau» lancierte inserat für aufträge aus dessau und umgebung belegt, nebenbei bemerkt, dass seine eigenen angaben, er sei «bis ins jahr 1929» am bauhaus gewesen, nicht aus der luft gegriffen sind.

derselbe hans hildebrandt hatte das buch *kommende baukunst* (deutsche verlagsanstalt, stuttgart 1926) von le corbusier aus dem französischen übersetzt und herausgegeben. hildebrandt wird in stuttgart im juli 1948 eine ausstellung von max bill mit dessen älteren künstlerkollegen josef albers und jean arp mit einer ansprache eröffnen.

einem weiteren hinweis auf neuerscheinungen ist zu entnehmen, dass *der revolutionär kurt eisner* von felix fechenbach in berlin bei dietz (64 seiten, 1929) herausgekommen sei, zum verkaufspreis von einer mark zwanzig, das heisst zu einem auch für junge leser durchaus erschwinglichen ladenpreis.

der sozialdemokratische, jüdische journalist und schriftsteller felix fechenbach war im alter von 24 jahren der sekretär kurt eisners geworden.

mit dem scheitern der münchner räterepublik begann die verfolgung, verfemung und schliesslich

die ermordung eisners, dessen wichtigste politische vorstellung von der idee einer dynamischen, ständig mit dem volk in verbindung bleibenden ‹basisdemokratie› ausgegangen war. «die verschiedensten berufsstände sollten auf allen politischen ebenen ihre räte wählen. neben

der wahrung der macht und der rechte der bevölkerung sollten sie vor allem einer permanenten geistigen und politischen bildung dienen. nur eine politisch aufgeklärte bevölkerung würde [so eisner] in der lage sein, demokratie zu gestalten.»[622]

autor felix fechenbach, der zum widerstand gegen die menschenverachtung der nazis aufrief, wird im august 1933 eines ihrer ersten opfer. auf dem weg in das konzentrationslager dachau wird er, wie die offizielle darstellung lautete, «auf der flucht erschossen», ermordet.

jobsuche in dessau und in zürich

die zwei inserate bills sind unter den ortsangaben ‹dessau› und ‹zürich› zu finden in: *letzte politik*, «wära»-beilage, berlin, april 1929

weiterhin auf der suche nach arbeit, pries bill seine diversen fähigkeiten in der zweiten monatshälfte april 1929 in *letzte politik* erneut an, doch tauchte diesmal je eine annonce unter der ortsangabe ‹dessau› und unter ‹zürich› auf. der text war noch nicht, wie alsbald von und für bill üblich, klein geschrieben worden.
«dessau: max bill, formgestalter bauhaus, dessau. entwürfe für architektur, reklame, grafik, innenausbau (metall, malerei, holz, textil) nur ganz modern.»
sein inserat auf derselben zeitungsseite unter «schweiz zürich» wurde alphabetisch an die erste stelle gerückt, da bill schlauerweise mit dem wort «architektur» begann: «architektur: max bill, stadelhoferstr. 27. gestaltung: moderne architektur, reklame, unterricht auf allen modernen gestaltungsgebieten (farbe, form, raum).»
im lead dieser ‹wära›-beilage im april 1929 fallen neben der schrift «werbe mit wära kämpfe mit» rechts und links neben dem wort «wära» platzierte, je drei sich vergrössernde, schwarz-ausgefüllte kreise auf. diese kreise werden hier als grafisches gestaltungsmittel eingesetzt. wer sie schuf, wird nicht erwähnt. war der ungenannte grafiker vielleicht sogar bill, der vom bauhaus her an den all-

622 siehe pohl 1994
623 max bill im gespräch mit angela thomas, 29.8.1975
624 siehe schumann 2002

täglichen umgang mit den grundformen kreis, dreieck, quadrat gewohnt war? oder wenn nicht, liess er sich von dieser ausgefüllten kreisgestaltung anregen zu einem vorschlag für ein qualitätssignet, den von ihm so genannten ‹blauen punkt›, der eigentlich ein blau ausgefüllter kreis war, den zürcher geschäfte später am schaufenster für sich werben liessen?

der ‹blaue punkt› an zürcher schaufenstern

gerade vom bauhaus in die schweiz zurückgekehrt, kaufte bill, der jahrelang überzeugter vegetarier war, damals bei egli in zürich ein. und er habe mit dem geschäftsinhaber seinen «ersten schock» erlebt – während max mir dies erzählte, schaute er ganz schüchtern drein, als wäre er nochmals der junge mann von damals. herr egli habe ihn zu einem essen von zürcher geschäftsbesitzern, die auf der suche nach einem gemeinsamen qualitätssignet waren, mitgenommen, wo ‹poulet› (huhn) serviert wurde, welches er nicht anrühren mochte.
bill habe ihnen spontan den vorschlag unterbreitet, «macht doch einen ‹blauen punkt› in die schaufenster», und danach nie wieder etwas von den herren gehört – später dann aber sehr wohl die von ihm angeregten ‹blauen punkte› in den zürcher schaufenstern gesehen.
ohne erlaubnis habe man also seine idee aufgegriffen und angewendet. der «schock» war, dass es den herren gar nicht in den sinn kam, ihn für seine idee zu bezahlen.[623]

vagabundentreffen

zu pfingsten 1929 trafen sich in stuttgart zu einem legendär gewordenen ‹vagabundentreffen› um die 500 betroffene, «aber auch sympathisanten, nämlich schriftsteller und künstler, um auf die not der nichtsesshaften, der sogenannten fahrenden aufmerksam zu machen». während dieses kongresses fand eine kunstausstellung statt, bei der unter anderen jo mihaly mit eigenen arbeiten vertreten war. da nun bill sich in deutschland, nach eigenem bekunden politisch «radikalisiert» hatte, ist es möglich, dass auch er nach stuttgart reiste.
das ehepaar steckel-mihaly war nach der flucht nach zürich von grosser bedeutung für das hiesige kulturleben und verkehrte in denselben kreisen, zu denen auch max bill enge ideologische kontakte haben wird. jo mihaly übernahm «von 1934 bis 1938 die leitung des sozialdemokratischen arbeiter- und

jo mihaly wohnte in jener zeit zusammen mit ihrem ehemann, dem schauspieler und regisseur leonard steckel, in berlin in der künstlerkolonie am breitenbachplatz. «nach dem machtantritt der nationalsozialisten musste der jude steckel als ‹rassisch› gefährdeter deutschland sofort verlassen. bei einem illegalen aufenthalt konnte er im juli 1933 seine frau und die kurz zuvor geborene tochter anja aus berlin ins exil nach zürich bringen ... verglichen mit der not und den schwierigkeiten vieler anderer emigranten, ging es dem ehepaar mihaly-steckel einigermassen erträglich im exil. denn leonard steckel wurde vom ebenfalls emigrierten dramaturgen kurt hirschfeld ins später berühmt gewordene, wesentlich von deutschen emigranten (schauspielern wie regisseuren) getragene ensemble des zürcher schauspielhauses berufen.»[624]

die jahre in leipzig beschreibt hans mayer selber in seiner ergreifenden lebensgeschichte *der turm zu babel. erinnerung an eine deutsche demokratische republik*, suhrkamp, frankurt am main 1991.

der hochintelligente hans mayer war – wie auch max bill – mitglied der akademie der künste in west-berlin, wo sich beide immer wieder begegneten. diese akademie gab zu mayers 70. geburtstag ein buch heraus. den sonst allesamt schriftlichen hommagen ist eine hans mayer gewidmete serigraphie von max bill vorangestellt (in: *hans mayer zu ehren*, suhrkamp, frankfurt am main 1977).

jugendchores ‹der neue chor›. dabei war es von vorteil, dass der chor hauptsächlich aus schweizern bestand, weil dadurch in den aufführungen aktuelle politische und soziale fragen kritisch behandelt werden konnten, womit emigranten alleine unweigerlich ihre ausweisung riskiert hätten.»[625]

in den 40er-jahren wird jo mihaly in der schweiz zusammen mit dem ebenfalls emigrierten hans mayer die exilzeitschrift *über die grenzen – von flüchtlingen für flüchtlinge* redigieren. hans mayer, der sich in seinen schweizer emigrationsjahren vor allem mit georg büchner und walter benjamin beschäftigte, wird 1948 nach leipzig/ddr berufen, wo er als professor bis 1963 lehrt. unter seinen studenten befinden sich die später bekannt gewordenen christa wolf und uwe johnson.

nach dem fall der mauer werden max bill und hans mayer ideologisch eine gemeinsame position beziehen: mit beharrlicher argumentation versuchen sie die integration einstiger kollegen aus dem osten deutschlands in die akademie der künste zu erleichtern. dagegen sprechen sich einige reaktionäre künstler wie heinz mack oder gotthard graubner aus, die dies zu boykottieren suchten.

wenige jahre vor seinem tod besuchte hans mayer bill und mich in zumikon. er habe, so erzählte uns der langsam erblindende, für sich beschlossen, keine öffentlichen reden mehr zu halten, um nicht «unter sein eigenes niveau zu sinken». seinen lebensabend beschliesst hans mayer wie ein vierteljahrhundert vor ihm auch der mit ihm befreundete ernst bloch in tübingen.

für den fotoband *jüdische portraits*, in das sie auch eine fotografie des literaturwissenschaftlers hans mayer aufnahm, ging die fotografin herlinde koelbl der frage nach, wen die deutschen eigentlich vertrieben und was sie damit verloren haben. von den porträtierten äusserte sich hans mayer, der den antisemitismus in deutschland wieder aufflammen sah, am pessimistischsten. er fragte sich, ob es nicht ein fehler gewesen sei, aus der emigration zurückzukehren in dieses land, in dem virtuell noch immer alles da sei.[626]

hans mayer war, wie er selber es formulierte, aus dem exil «zurückgekehrt in die deutsche fremde». der titel seiner zweibändigen erinnerungen lautete denn auch *ein deutscher auf widerruf* (erinnerungen, suhrkamp, frankfurt am main, 2 bände, 1982 und 1984).

«es war ein montag, montag, der 28. mai 2001, sowohl der suhrkamp-verlag in seiner ausführlichen traueranzeige als auch die akademie der künste hatten bekanntgegeben, dass hans mayer um 11 uhr auf dem dorotheenstädtischen friedhof beigesetzt würde … auf dem friedhof traf ich zuerst adolf muschg, der aus zürich hergekommen war. grass war da … irina hermlin hatte von stephan hermlins grab, das ja neben dem von hans mayer liegt, eine pfingstrose abgeschnitten. volker braun war da, christoph hein, inge und walter jens und ihr

625 siehe schumann 2002
626 siehe koelbl 1989
627 christa wolf: «am grab», in: *neue zürcher zeitung*, feuilleton, 3.10.2006

sohn tilman, rainer kirsch, natürlich siegfried unseld, die oberbürgermeister von leipzig und köln – etwa 200 menschen, davon wohl 70 prozent aus dem osten. georg girardet, der kulturdezernent von leipzig, muss die ehrenbürgerwürde für hans mayer nun posthum vorbereiten … wie gut wäre es gewesen, wenn mayer diesen akt der wiedergutmachung noch hätte erleben können. ich nahm eine rose aus dem strauss für hans mayer und legte sie auf das grab von anna seghers …»[627]

wider die überlegenheit des geldes gegenüber der ware

was die ideologischen inhalte der fysiokraten in deutschland anging, so erwähnte max mir gegenüber, dass sie «radikalere ideen» vertraten als jene freunde, die ihn zuvor in der schweiz in die freiwirtschaftlichen ideen eingeführt hatten. und er habe sich in deutschland, im umfeld der fysiokraten, «mitradikalisiert».

das von den jungen radikalen in deutschland und dann auch in der schweiz eingeführte tauschmittel «wära» musste begrifflich erst noch erklärt und dann im realen leben an privatpersonen und geschäftsinhaber vermittelt werden. ein *letzte politik*-beitrag von ‹batalauto› mit der überschrift «wära, ein radikales mittel» versuchte das thema dem lesepublikum näher zu bringen: «geh den dingen immer an die wurzel. und den dingen an die wurzel gehen, das heisst ‹radikal› sein. radikal sei ein lob … wer nur oberflächliche kuren liebt, wer etwas nur verhüllen und vertuschen will, wer nur für heute und nicht für immer etwas beseitigen will, wer nur die wirkungen, die erscheinungen bekämpft, der ist nicht radikal. der wird auch über uns radikale schimpfen …

freuen wir uns auch darüber, dass unser eigenes geld, unsere wära, ein radikales mittel ist, das unter garantie den zins beseitigt.

denn unsere wära ändert die natur des geldes: bisher behielt das geld seinen wert, wenn wir es im schrank verwahrten. wenn wir aber brot, milch und kartoffeln ein jahr aufbewahrten, so wurden sie schlecht, verloren ihren wert. alle waren nehmen eben dauernd an wert ab, werden faul, schlecht, rosten … geld war also seiner natur nach allen waren überlegen, weil es seinen vollen wert behielt, während die waren ihren wert verminderten.

und diese natur des geldes haben wir geändert: unsere wära ist z.b. heute 100 mark wert und in einem jahr später nur noch 95 mark, sie nimmt also jährlich um 5 % ab, schwindet dahin, ist ein schwundgeld.

der erste satz «geh den dingen immer an die wurzel» dürfte max bill geläufig sein, denn das war die von josef albers am bauhaus seinen schülern empfohlene vorgehensweise.

wir beseitigen die ursache des zinses: die überlegenheit des geldes gegenüber der ware, eben dadurch, dass wir das geld gleich der ware abnehmen lassen.»[628]

die «wära»-einführung in der schweiz geschah im selben jahr, 1929, und zwar sogar gegen den willen von fritz schwarz vom bundesvorstand der freiwirtschafter in bern. der ersten nummer der *letzten politik* des jahres 1929 war zu entnehmen, dass es nun auch in der schweiz annahmestellen von wära gebe: «die schweizer wära ist da!»[629]

es wurden drei wära-wechselstellen eingerichtet, in basel, bern und zürich. die «hauptwechselstelle zürich» war zentral gelegen, am münsterhof 18 bei fritz engelhardt. unter dem aufmüpfigen jungen fysiokraten-volk in zürich befand sich auch eine lori de rigo, die in *letzte politik* für ihren handbuchbindereibetrieb in der weierstrasse 50 inserierte, wie dies beispielsweise auch das zürcher «reformhaus wohlfahrt müller & co. oetenbachgasse 26 und dito, vollwertigen nahrungsmittel untere kirchgasse 4» tat.

ebenfalls in der unteren kirchgasse in zürich traf sich die ‹revolutionäre fysiokratische jugend› im restaurant karl der grosse beim grossmünster.

die frauen scheinen in diesen kreisen recht aktiv gewesen zu sein, so waren am sogenannten ‹bundestag der fysiokraten in der schweiz›, der am 3. februar 1929 in zürich stattgefunden hatte, gewählt worden: geschäftsleitung: lori de rigo, und revisor: lilli hinterreiter.

die jungen freiwirtschafter in zürich trafen sich seit juni 1929 jeden montagabend in der stadelhoferstrasse nummer 34, nur wenige hausnummern von bills mietwohnung entfernt.

bei den von den freiwirtschaftern herausgegebenen schriften fällt auf, dass deren typografie nicht eben modern gestaltet war; und die artikelinhalte waren bei weitem nicht so intellektuell-anregend wie in der von max bill ebenfalls gelesenen *weltbühne*.

hat bill hier nicht gestalterisch-verbessernd eingreifen wollen, hat er, der ja einen job suchte, seine gestalterisch-tätige mitarbeit nicht eigens angeboten – oder wollte man seine dienste nicht in anspruch nehmen?

kaum hatte ich mir diese frage gestellt, als ich im oktober 2006 einen telefonanruf von ruth binde, der in zürich lebenden tochter des schweizer freiwirtschafters fritz schwarz, erhielt. sie habe im nachlass ihres vaters briefe von max bill gefunden.

---

die kirchgasse war in maxens bewusstsein bereits positiv besetzt, da er dort in der buchhandlung girsberger die ihm wichtigen publikationen vorgefunden hatte, die ihn zum schritt in richtung bauhaus dessau bewogen und bestärkt hatten.

lilli hinterreiter war die schwester von max bills winterthurer jugendfreund hans hinterreiter, mit dem max nach seiner rückkehr aus dessau die ostwald'sche farbtheorie in der abgelegenen alphütte diskutiert hatte. hans und lilli hatten max dereinst in die freiwirtschaftlichen ideen eingeführt.

---

628 ‹batalauto›: in: *letzte politik*, nr. 6, zweite februar-nummer 1929
629 *letzte politik*, nr. 1, erste januar-nummer 1929
630 max bill, 3.9.30, an die geschäftsstelle des schweizerischen freiwirtschaftsbundes bern, fritz schwarz; privatarchiv fritz und elly schwarz
631 in: *letzte politik*, vierte juli-nummer 1929

in einem dieser briefe kommt max bill genau auf diesen wunden punkt zu sprechen: «lieber fritz schwarz, in der letzten f-z lese ich, dass der s.f.b. sich für die beteiligung an der hyspa angemeldet hat und dort ausstellen will. ich weiss, dass dafür wenig geld zur verfügung sein kann und dass es deshalb unbedingt notwendig ist, die sache möglichst eindrucksvoll und auffällig zu machen, ausserdem sehr sachlich und einleuchtend.

jedenfalls stelle ich mir vor, dass es wesentlich sein wird, die sache modern aufzuziehen und damit die leute, welche heute modern eingestellt sind, zu gewinnen, da die andern bei zeit und gelegenheit ohnehin zwangsläufig aussterben müssen.

ich möchte gerne diesen stand des s-f-b übernehmen zur ausführung ...»[630]

bill hatte es also in der tat, hier zwar etwas grossspurig oder, um es milder zu formulieren, mit einer gewissen jugendlich-vorwärtsstürmenden chuzpe versucht («da die andern bei zeit und gelegenheit ohnehin zwangsläufig aussterben müssen») – indes vergeblich. im september 1932 wird er in einem weiteren brief an fritz schwarz einen erneuten anlauf in dieser hinsicht starten, denn er war weiterhin auf arbeitssuche.

die jungen waren gegen den staat und anarchistisch-individuell für die freie liebe, für nacktbaden, für lebensgenuss und geistige nahrung. bill las jack london, dessen bücher immer wieder in *letzte politik* empfohlen wurden, joseph conrad und upton sinclair.

max bill: träumender mann, 1929
tusche über aquarell auf geripptem papier, 41 × 28 cm

ein lied, das die fysiokraten in deutschland sangen, zeigt den lebenshunger und die aufbruchsstimmung der damaligen zeit: «junge fysiokraten stürmen voran, jauchzen der freiheit entgegen ... wir wollen frei sein, frei ohne staat, ohne gesetz, ungebunden ...»[631]

vitamin b

die abstinenten feierten ab und zu bei ernst geiger in dessen ligerzer ‹hof›. diese gartenfeste, an denen max gelegentlich teilnahm, zogen auch jugendliche aus brugg an, der heimatstadt von bills mutter marie geiger. aus anlass dieser nächtlichen feste hängte ernst geiger «... knapp einmeterlange, säulenartige, farbig leuchtende lampions auf. er formte sie vorher rohrförmig aus wellkarton ... er schnitt zufallsformen in den karton, welche er mit farbigem papier überklebte.»⁶³²

der onkel, der max schon immer künstlerisch gefördert und unterstützt hatte, veröffentlichte 1929 einen text, der ausschliesslich von drei radierungen max bills aus den jahren 1927 und 1929 begleitet wurde (*selbstbildnis*, 1927, *das mädchen mit den schönen augen – kattja*, 1927, und *zwiegespräch*, 1929), die ihm max möglicherweise persönlich nach ligerz gebracht hatte.

geiger versuchte offensichtlich dank seiner vielen beziehungen und seines renommees, in der in genf erscheinenden kunstzeitschrift seinem neffen den weg in die öffentliche wahrnehmung zu ebnen – so wie einst ferdinand hodler ernst geiger protegiert hatte.

«da die radierung ausdrucksmittel von künstlern ist, die sonst auf ganz anderen gebieten schaffen, haben wir werke eines jungen zürchers gewählt, max bill, der als gestalter der verschiedensten kunstgebiete vereinigt. erst silberschmied, dann plakatkünstler und maler, bauhäusler in dessau, jetzt architekt und reklamekünstler in zürich.»⁶³³

nusch, die erste grosse liebe und lebensgefährtin

als bill im monat august und september 1929 erneut in *letzte politik* inseriert, erscheint nun nur noch seine anschrift in zürich. die pläne für «dessau und umgebung» scheint er endgültig aufgegeben zu haben.

das inserat in der zweiten september-nummer war das letzte, das er auf der suche nach arbeit aufgab.

«durch einen merkwürdigen zufall» – den er mir gegenüber nie weiter ausführte – lernte max bill wohl ungefähr im juli 1929 eine fragile, kapriziöse frau kennen. traf er sie vielleicht im café odéon, wo er regelmässig verkehrte? maria benz war die erste frau, mit der bill zusammenlebte, «ein halbes jahr» lang, im damals noch von den behörden verbotenen «konkubinat».

«schweiz. zürich. architektur: max bill, stadelhoferstrasse 27. gestaltung: moderne architektur, reklame, unterricht auf allen modernen gestaltungsgebieten (farbe, form, raum)» *(letzte politik*, zweite august-nummer 1929, berlin)
in der zweiten september-nummer änderte bill den wortlaut nur geringfügig; unter der rubrik «zürich» steht zu lesen: «max bill, 27 stadelhoferstr., gestaltung: mod. architektur, reklame, unterricht auf allen mod. gestaltungsgebieten (farbe, form, raum)» *(letzte politik*, zweite september-nummer 1929, berlin)

maria benz, die max zärtlich ‹nusch› nennt, zog zu ihm in die wohnung in der stadelhoferstrasse 27. hier hatte sich bill sein erstes eigenes ‹reklamebüro› eingerichtet.

die in mulhouse geborene nusch konnte nicht nur dank ihrer französischkenntnisse zwischen bill und seinen auftraggebern in frankreich und in der westschweiz vermitteln, sondern es war vor allem ihr charme, der sich bei der akquisition der reklameaufträge für bill besonders vorteilhaft auswirkte. ausserdem arbeitete sie zeitweise als modell für die wohlbetuchte kundschaft des zürcher modehauses grieder. sie verstand es, sich äusserst anmutig zu bewegen. doch ihre soziale situation war gefährdet, da sie sich als ausländerin ohne arbeitsbewilligung in der schweiz aufhielt.

---

632 mitteilung 2007 von christoph geiger
633 ernst geiger: «die radierung», in: *die kunst in der schweiz*, illustrierte monatsschrift, verlag von sonor, genf, juli 1929, s. 153-155; archiv christoph geiger

im herbst 1929 könnte max – mit nusch? – in paris gewesen sein, denn das heft nr. 7 der kunstzeitschrift *cahiers d'art*, von bill auf dem cover oben rechts mit seinem namen bezeichnet und «29» datiert, befindet sich in seiner bibliothek. eine darin enthaltene ganzseitige annonce der «galerie jeanne bucher 5, rue du cherche-midi, paris 6è», in der unter anderem auf «éditions des gravures modernes», darunter *«histoires naturelles de max ernst»* hingewiesen wird, ist von bedeutung. max bill hat, wenn nicht im herbst 1929, so sicher im mai 1930 die galerie der jeanne bucher aufgesucht.

im heft nr. 7 der *cahiers d'art* (1929, s. 17) gibt es eine besprechung der ausstellung *abstrakte und surrealistische malerei und plastik,* die im kunsthaus zürich vom 6. oktober bis 3. november 1929 stattfand – an der bill zu seinem grossen bedauern nicht als ausstellender hatte teilnehmen können.

die ausstellungskritik ist positiv, lobend: «zurich exposition d'art abstrait et surréaliste (kunsthaus) … que nous avons eu le plaisir de voir … doit être considérée comme la plus importante des expositions dont le ‹kunsthaus› ait jamais été honoré … l'allemagne était représentée notamment par kandinsky, dont les œuvres exposées se trouvent par hasard reproduites dans ce *cahier.* klee occupe une petite salle … à signaler les papiers collés de kurt schwitters composés avec un sens profond de l'équilibre et avec goût exquis … au néoplasticism on a fait une place d'importance où mondrian domine de toute sa noble tenacité … des constructivistes, à citer des beaux papiers collés de lissitzky et les constructions de pevsner.»

ferner ist in dieser nummer ein artikel von will grohmann zu wassily kandinsky enthalten (ins französische übersetzt, s. 322–329, mit zahlreichen s/w abbildungen).

die allererste abbildung im ausstellungskatalog *abstrakte und surrealistische malerei und plastik* (kunsthaus zürich, 1. oktober – 3. november 1929) zeigt, entgegen der logik der alphabetischen reihenfolge, eine skulptur aus dem jahr 1924 von georges vantongerloo (tafel I) – den bill mitte der 1930er-jahre in paris kennenlernen wird –, gefolgt von der abbildung einer *torso*-skulptur von brancusi (tafel II).

max bill: *mädchen im café,* 1929
tusche über aquarell auf japan-papier, 42,2 × 31,1 cm

«was nützte liebknechts märtyrertum?»

die freiwirtschafter in zürich und ihre freunde trafen sich ab november 1929 nicht mehr in der stadelhoferstrasse, sondern an einem neuen treffpunkt. «die zusammenkünfte mit den freiwirtschaftern sind von nun an jeden montag, abends 8 uhr, bahnhofplatz 2, II. stock in den räumen der tess-a.g.»[634]

und in der darauffolgenden nummer von *letzte politik* wird ergänzend erwähnt: «leitung: prof. bernoulli».

das wird ein paar monate lang so beibehalten. bis im mai 1930 der ort und der wochentag der zusammenkünfte erneut wechselt: «zürich. regelmässige zusammenkünfte finden von nun an jeden 1. dienstag im monat im alkoholfreien restaurant ‹karl der grosse›, kirchgasse 14, um 20 uhr statt.»[635]

ob bill diese treffen regelmässig oder unregelmässig frequentierte, ist mir nicht bekannt. dass sie aber alsbald unter der leitung des architekten hans bernoulli stattfinden, dürfte durchaus ein zusätzlicher grund für ihn gewesen sein, daran teilzunehmen. und er wird sich die gelegenheit nicht entgehen lassen haben, seine kameraden an eine von ihm selber zusammengestellte ausstellung eigener werke einzuladen.

---

der aus einer basler gelehrtenfamilie stammende hans bernoulli ist noch heute in zürich ein begriff; er baute 1914–1929 die nach ihm benannten «bernoullihäuser» an der hardturmstrasse. doch nur noch wenigen ist bekannt, dass professor bernoulli explizit wegen seines engagements in der freiwirtschafter-bewegung und der damit verbundenen öffentlich geäusserten kritik (seine gegner bezeichneten diese haltung als «angriffe gegen verantwortlichste bundesstellen») im jahr 1938 genötigt wird, seine lehrtätigkeit an der eth zürich aufzugeben.

der genaue wortlaut des vom präsidenten des schweizerischen schulrats unterzeichneten briefs vom 23.12.1938 mit dem eth-berufsverbot für «herrn titularprofessor h. bernoulli, riehen-basel, bettingerweg 22» ist abgedruckt in: werner schmid: *hans bernoulli städtebauer politiker weltbürger,* verlag peter meili & co., schaffhausen 1974, s. 43f.

«bernoulli, basel» hatte im herbst 1928, wie auch «wiemken», ein surrealistischer künstler aus basel, oder «otto morach, zürich», die von ernst geiger im ligerzer ‹hof› organisierte *herbstausstellung* besucht. dieselbe ausstellung haben sich auch bills vater erwin bill und seine frischangetraute zweite ehefrau lina bill angesehen – wie die einträge in den besucherbüchern von ernst geiger belegen. dem freiwirtschafter bernoulli scheint das ambiente des ‹hofs› zugesagt zu haben. 1930 stellt geiger sein anwesen der delegiertenversammlung des schweizer freiwirtschaftsbundes zur verfügung, und als erstunterzeichner im gästebuch steht der name von «hans bernoulli, basel»; nach ihm haben sich u.a. «magda kümmerly, bern» (von der firma kümmerly & frey) sowie – ausnahmsweise – maxens bruder «hugo bill, winterthur» wie auch die in ligerz wohnende taeuber-schülerin «elsi giauque, festi» eingetragen.

demnach hat auch maxens jüngerer bruder zumindest zeitweise mit der freiwirtschaftlichen idee geliebäugelt. max bill nahm an dieser sitzung im ‹hof› nicht teil, zumindest hat er sich im zusammenhang mit dieser tagung nicht ins gästebuch seines onkels eingeschrieben.

---

schon anfang des jahres 1929 war im lead von *letzte politik* ein hinweis darauf erschienen, dass die zeiten rauer geworden seien und «bei nichterscheinen infolge höherer gewalt, betriebsstörung, streiks oder verbotes» «kein anspruch auf nachlieferung» bestehe. auch bill erzählte, er habe in deutschland beobachten können, dass die politischen kämpfe zwischen rechts und links immer gewaltsamer ausgetragen wurden, was ihn letztendlich dazu veranlasst habe, dessau endgültig hinter sich zu lassen und in die schweiz zurückzukehren.

---

634 in: *letzte politik,* erste november-nummer 1929
635 in: *letzte politik,* dritte mai-nummer 1930
636 arthur bohn, in: *letzte politik,* nr. 14, zweite april-nummer 1929
637 ebenda
638 geiger 1969, s. 23f.
639 arthur bohn, in: *letzte politik,* nr. 14, zweite april-nummer 1929

auf der titelseite der *letzten politik* vom april 1929 reflektierte der leitartikelschreiber arthur bohn über ideologische unterschiede zwischen kommunisten und «fysiokraten»: «was nützte liebknechts märtyrertum? hätte er seinen feind, den damaligen staat, mit dessen tausendfach überlegener übermacht nüchtern im vorbedacht seiner wirksamkeit eingeschätzt, dann wäre eine grosse kraft nicht unnütz verpufft worden …»[636]

vertiefen wir uns in die lektüre jenes im april 1929 erschienenen zeitungsartikels: bohn charakterisiert einen fysiokraten als gegner des gegenwärtigen staates. doch der fysiokrat, «als staatsgegner an sich», benütze «im notwendigen augenblick auch den staat zu seinen zwecken … der fysiokrat ist nicht verbittert, beunruhigt über die heutigen grauenhaften zustände und versucht auch nicht, hie und da helfend einzugreifen, er kennt keine fürsorge- und wohlfahrtsanstalten, weil er weiss, dass diese flickarbeit die zustände nur verewigt, indem sie den ursachen dieser erscheinungen gegenüber blind macht.» ein fysiokrat sei kein umstürzler, sondern er trage «die grundmauer ab, damit eines tages der umsturz sich von selbst vollzieht.»
die arbeit des fysiokraten sei «darum die eigentlich gefährlichste, obgleich die unscheinbarste, stillste und von feinden im allgemeinen am wenigsten beachtete». jedenfalls will er dadurch, dass er «neue zustände» mittels «freigeld und freiland» schafft, die «ursachen der gegenwärtigen zustände vernichten». die fysiokraten würden sich von fanatikern abgrenzen. sie verstehen sich als mit den «daseinsgesetzen rechnende wissenschaftliche techniker».[637]

auffallend an der terminologie in arthur bohns leitartikel, die wir wegen bills weiterer entwicklung nicht ausser acht lassen wollen, ist, dass dieser sich im jahr darauf mit dem ansonsten wohl eher ungewöhnlichen begriff «reklametechniker» bewerben wird. er empfiehlt sich, wie wir gesehen haben, in einem an mart stam geschriebenen brief zur mitarbeit in der ‹brigade ernst may› in der udssr – übrigens ohne russisch zu können.
bohn spricht im weiteren von den fysiokraten als den zukünftigen «weltgestaltern», von denen ein training erwartet werde, «das dem eines boxers ähnlich» sei, «nur dass dieses die geistige beherrschung a l l e r machtmittel, nicht nur des körpers, sondern auch der gedanklichen, der seelischen und geistigen kräfte bezweckt … dieses ‹es geht nichts ü b e r m i c h› muss fleisch und blut werden.»[639]

was maxens hang zu einem aufenthalt in russland (udssr) anging, so war ihm sein onkel ernst geiger mit diesem positivbesetzten wunschtraum vorausgeeilt. geiger hatte – wie berichtet – nicht nur in zürich, sondern auch in paris intensive kontakte zu russischen studenten unterhalten, weswegen er auch polizeilich beschattet worden war. ausserdem hatte onkel ernst, im gegensatz zu max, «ernsthaft» russisch gelernt … und versucht, im kaukasus eine försterstelle zu bekommen …» doch auch er konnte diesen plan nicht in die tat umsetzen.[638]

frankfurter riesensiedlungen

ob max bill in der zweiten jahreshälfte 1929 nochmals nach dessau reist, um sich dort im oktober und november zum beispiel die gastvorlesungen der aus russland stammenden pioniere der avantgardekunst el lissitzky und naum

er selber erwähnte in späteren jahren immerhin unter den geladenen persönlichkeiten, die «von aussen» ans bauhaus kamen, um dort für alle zugängliche gastvorträge zu halten, nach denen diskussionen stattfanden, namentlich die beiden russischen künstler el lissitzky und naum gabo sowie ferner die marxistische kunsthistorikerin lu märten; unterlässt aber, darüber zu informieren, ob er persönlich diesen vorträgen beigewohnt hatte.[640]

den bruder des russischen konstruktiven künstlers naum gabo, antoine pevsner, wird max bill im jahr 1937 in basel anlässlich der ausstellung *konstruktivisten* persönlich kennenlernen, und er wird gemeinsam mit pevsner und georges vantongerloo 1949 im kunsthaus zürich ausstellen.

gabo anzuhören, ist nicht mehr eindeutig festzustellen. vor allem weil – wie bereits erwähnt – gerade was das jahr 1929 angeht, es in seiner biografie seltsame lücken gibt.

das interesse an der in der sowjetunion entstandenen konstruktiven kunst nahm jedenfalls bei bill gegen ende der 1920er-jahre deutlich zu. lissitzkys «zwanglose aussprache über fragen der modernen architektur und werkarbeit mit besonderem hinblick auf das bauhaus und das staatliche russische institut ‹wchutein›, moskau» fand am 1. oktober 1929 statt, und naum gabo wird vom 2. bis 9. november 1929 eine ganze vortragsreihe halten; am ersten abend sollen die zuhörer «mit den konstruktivistischen plastiken von n. gabo, ihren grundlagen und zielen» bekannt gemacht werden.

auch der dessauer bauhaus-meister joost schmidt pflegte kontakte mit el lissitzky. «schmidtchen» hatte nach dem weggang oskar schlemmers, der einem ruf an die akademie in breslau folgte, den für alle studierenden obligatorischen unterricht im aktzeichnen übernommen – und er richtete wiederholt ausstellungsstände ein. so für die ausstellung *gas und wasser* in berlin 1929 einen stand der dessauer firma junkers – ob max bill sich diese ausstellung in berlin ansah, ist mir nicht bekannt. und für die 1930 in dresden stattfindende *internationale hygiene-ausstellung* entwirft joost schmidt den stand für die konservenindustrie, «der unter seiner leitung von den werkstätten des bauhauses ausgeführt wird».[641]

an der letztgenannten ausstellung trifft ‹schmidtchen› auf lissitzky, der auf dem ausstellungsgelände in dresden «den grossen russischen pavillon aufbaut. im gegensatz zum bauhaus stehen ihm sehr viele hilfskräfte, die ausgebildete fachleute sind, zur seite; keine schüler wie sie für den bauhaus-stand zur verfügung stehen».[642] auch in diesem falle ist es mir nicht bekannt, ob bill die dresdner ausstellung 1930 eventuell angeschaut haben könnte.

---

640 bill 1979 [b], s. 66
641 nonne-schmidt 1984 [a], s. 116
642 nonne-schmidt 1984 [c], s. 95
643 ebenda
644 lissitzky-küppers, 1976, s. 87
645 bill 1987, s. 34
646 ernst kállai, in: *der kunstnarr*, april 1929, s. 40
647 max bill, 15.9.1930, an erwin bill; archiv max bill
648 mitteilungen von dr. robert dünki, stadtarchiv zürich, 13.12.2007
649 max bill, zürich, 1. 8.1929: zusammenstellung zuhanden des rechtsanwalts dr. hans duttweiler, bahnhofstr. 65, zürich 1; bibliothek max bill

schmidt «meldet sich bei gropius an, um ihm zu sagen, dass er sein im februar 1928 gegebenes wort, am bauhaus zu bleiben, zurücknehmen und zum nächsten termin kündigen werde, wegen der ständigen überforderung durch aufträge und der dadurch bedingten beschränkung der lehre. wieder wird er gebeten zu bleiben, da es einen zweiten wechsel in der leitung des bauhauses geben wird. gropius wird aufgefordert, wieder nach dessau zurückzukommen, was er ablehnt. nachdem gropius mit werkbund-leuten konferiert hat, wird mies van der rohe vorgeschlagen, der auch bereit ist [ab august 1930], nach dessau zu gehen.»[643]
el lissitzky richtete für die *internationale hygiene-ausstellung* in dresden 1930 die grosse sowjethalle ein. seine frau berichtet: «... als ich in unsere halle kam und nach unserem jungen gehilfen fragte, musste ich erfahren, dass er in der nacht von faschisten mit einem an einer schnur befestigten gewicht erschlagen worden war.»[644]

laut schmidts ehefrau helene nonne-schmidt setzten el lissitzky und ihr mann nach der begegnung in dresden das gespräch im meisterhaus-atelier in dessau fort, «bei einem kurzen besuch lissitzkys im bauhaus», und diese unterhaltung habe «joost schmidts absicht zu kündigen noch bekräftigt».

höchstwahrscheinlich hatte sich max, der ja architekt werden wollte, auch deshalb noch in deutschland umgeschaut, um seine kenntnisse über die moderne architektur auf den aktuellsten stand zu bringen. bereits zwei jahre zuvor war er zu diesem zweck auf reisen gegangen: von dessau aus «besuchte ich dann 1927 die weissenhofsiedlung in stuttgart, in der neben den bekanntesten pionieren des ‹neuen bauens› auch le corbusier mit zwei wohnungen vertreten war. diese waren von meinem späteren freund alfred roth an ort und stelle selbständig realisiert worden.»[645]

in einem 1930 geschriebenen brief lässt max dem vater gegenüber etwas von seiner neuerworbenen sachkenntnis anklingen. er bezieht sich, ausser auf seine dessauer zeit, auch auf eine «riesensiedlung» in frankfurt – hingegen nicht auf die bauten am weissenhof in stuttgart. «in deutschland stehen riesensiedlungen (in frankfurt vielleicht 1200 häuser) in dessau ca 400 etc., es ist schon fast nicht mehr wert über die form zu diskutieren, die praxis hat ergeben, dass sie schön und zweckmässig ist, und durchaus nicht verrückt, der staat hat die woba finanziert und damit die richtung anerkannt.»[647] ob bill die erwähnte frankfurter «riesensiedlung» aus eigener ansicht oder lediglich aus abbildungen kennt, ist nicht erwähnt. es darf dagegen vermutet werden, dass der aus deutschland zurückgekehrte sich auch die *bauhaus*-ausstellung in basel 1929 nicht entgehen liess.

bis max schliesslich seine erste eigene wohnung in der schweiz fand, übernachtete er noch gelegentlich beim vater – dem er gemäss scheidungsurteil ja zugeteilt worden war – in winterthur. mir persönlich erzählte bill, er habe nach seiner rückkehr vom bauhaus in zürich «zuerst in einer bude in der mühlegasse nr. 5, über dem kino radium, zur untermiete gewohnt», danach in der stadelhoferstrasse.

im november/dezember 1928 hatte er dem bauhaus noch einmal einen besuch abgestattet und dabei die sache mit den von hanns fischli nicht beglichenen rechnungen festgestellt. ob er auch von der zürcher stadelhoferstrasse aus noch einmal nach dessau oder nach berlin pendelte, bleibt indes im verborgenen.

«stuttgart gibt sich alle mühe! nachdem es vor zwei jahren die grosse moderne bauausstellung der weissenhofsiedlung zustande gebracht hat, wird es in diesem frühjahr der schauplatz einer internationalen fotoausstellung und filmwoche (deutscher werkbund) sein. auch diese ausstellung verspricht bedeutendes.»[646]

eine offizielle anmeldung bills an der mühlegasse 5 liegt nicht vor, ist «nicht aktenkundig». das sei jedoch nicht weiter verwunderlich, denn «kulturschaffende sind der offiziellen ‹meldepflicht› des öfteren nicht nachgekommen». doch an seinem nächsten wohnsitz meldete sich der kulturschaffende «architekt, kunstmaler und grafiker» in der «stadelhoferstrasse 27» dann offiziell an, und zwar laut eintragung «am 2. februar 1929». dem eintrag ist zudem zu entnehmen, dass bill damals wie sein vater und sein onkel ernst «konfessionslos» war. er wird hier bis zum 10. märz 1931 wohnen bleiben.[648]

zuhanden seines anwalts verfasste bill im sommer 1929 ein maschinengeschriebenes memorandum: «… 40.– mk. zur bezahlung einer kohlerechnung … der betrag an die kohlenverkaufsstelle steht heute noch offen, und wurde mir, als ich im nov.–dez. 28 dessau besuchte, mitgeteilt.» bills résumée lautet: «endbehauptung: hanns fischli hat meinen hausrat und möbel ohne mein wissen und ohne entschädigung an mich verkauft und haftet deshalb für den mir entstandenen schaden.»[649]

in derselben strasse war übrigens der maler fritz glarner am 20. juli 1899 geboren worden, der in bills weiterem leben auch noch eine rolle spielen wird. bill wird glarner 1932 in zürich kennenlernen und später werke des konkreten malers zusammen mit solchen von albers und vordemberge-gildewart 1956 im zürcher kunsthaus ausstellen; und bill bemühte sich auch – leider vergeblich –, die behörden der stadt zürich dazu anzuregen, am haus obere mühlegasse 31 eine gedenkplakette für fritz glarner anbringen zu lassen.

in einer aktuellen publikation von jakob bill steht zu lesen, dass es max bill gewesen sei, der «die fassadenmalerei des kinos radium anbrachte».[650] auf meine rückfrage, ob er dafür belege habe, verneinte er. es handle sich dabei um eine mündliche aussage von max bill ihm gegenüber. in einem protokoll des stadtrats von zürich steht anderslautend vermerkt, dass die heute noch an der aussenfassade des hauses zu sehende ornamentale bemalung mit geometrischen mustern von einem kunstmaler namens «e. morf» stamme und «1928» ausgeführt worden war.[651]

über den verbleib der von max bill gestalteten filmplakate ist mir nichts bekannt.

---

650 jakob bill 2008, s. 171
651 in: «auszug aus dem protokoll des stadtrates von zürich», baugeschichtliches archiv der stadt zürich
652 mebold 2008, s. 206
653 erwin bill, winterthur, den 27.5.1929, an max bill, zürich; archiv max bill

das haus zur schwarzen stege

in zürich hatte max, wie er mir erzählte, im niederdorf an der mühlegasse 5, oberhalb des kinos radium, welches das erste ständige lichtspielhaus zürichs gewesen war, seine erste, karge bleibe gefunden. das dürfte etwa im januar 1929 gewesen sein, wann genau, wissen wir nicht, da er sich, wie erwähnt, dort nicht offiziell anmeldete.

die mühlegasse hatte ursprünglich als schmale verbindung von der niederdorfstrasse zu den mühlen am oberen mühlesteg geführt. in der folge des oetenbachdurchbruchs und mit dem bau der rudolf brun-brücke wurde 1912 die mühlegasse grossstädtisch erweitert und zum seilergraben weitergeführt.

erhalten hat sich das haus zur schwarzen stege an der mühlegasse 5. dass es sich um ehemals zwei selbständige bauten handelt, ist vor allem im dachbereich unschwer zu erkennen. die giebel sind voneinander abgesetzt, und in der tradition früherer jahrhunderte gegen den fluss gerichtet. die struktur des baukörpers mühlegasse 5 geht auf das 16. und 17. jahrhundert zurück.

1907 wurden die stallungen der müllereipferde im erdgeschoss zum kino radium umgebaut. bedingt durch die neue nutzung, mussten die fenster des 1. geschosses zugemauert und die fassade neu gestaltet werden. 1928 war das zugemauerte obergeschoss mit einer durchgehenden ornamentalen bemalung versehen worden.

wegen der zugemauerten fenster hatte bill in dieser wohnung jedenfalls von der mühlegassenseite her kein tageslicht. für die von ihm geschuldete miete gestaltete bill, wie er mir erzählte, in guter freiwirtschaftlicher manier «als tausch» für das kino radium, über dem er hauste, filmplakate.

immer noch auf der suche nach arbeit

kurze zeit später zog max bill zur untermiete in die unweit der oper und des sees gelegene stadelhoferstrasse 27 um. er meldete sich dort ordnungsgemäss am 2. februar 1929 an. um aus seinem finanzloch herauszukommen, hatte max sich schon im januar und erneut anfang april 1929 brieflich an den winterthurer mäzen georg reinhart gewandt und ihm einige seiner arbeiten zugesandt. die rücksendung dieser leichten werke erfolgt «kommentarlos».[652]

unterdessen verkehrte max bill in zürich erneut in seiner lieblingsbuchhandlung girsberger in der kirchgasse, die nicht weit von seinem neuen wohnort entfernt gelegen ist. dort kaufte er, um seine weiterbildung bemüht und selbstredend weil es ihn inhaltlich anregte, im jahr 1929 das von el lissitzky und hans arp herausgegebene buch *kunst-ismen 1914–1924*.

«dass du nicht arbeitest und in zürich herumlungerst»

ein vorwurfsvoller brief seines vaters erreichte max im mai 1929. der nicht ganz unbelesene erwin bill begann den brief an den sohn mit der beanstandung der max'schen orthografiefehler und fuhr mit seiner schonungslosen kritik weiter:

«man kann doch kein zutrauen zu dir haben, so lange du dich sichtlich nicht bemühst, die elementarsten anstandsformen zu wahren. solange du dich nicht seriöser benimmst, diesen vorhalt habe ich dir schon seit jahren gemacht, solange wird aus dir nichts rechtes werden. erhaben über alles gegensätzliche, grossmaulig, redensarten mit höchst ungebildeten kraftausdrücken … das alles hast du nicht von deinen eltern gelernt. bei allen deinen arbeiten verschwendest du viel zu viel material, den kleidern trägst du ebenfalls keine sorge. und öfters kommst du in einem aufzuge daher, mit dem du ganz genau weisst, dass du mich ärgerst …

ich verkenne bei alledem deine talente nicht und setzte immer wieder neues vertrauen in dich, trotzdem du innerhalb 5/4 jahren das kapital durchgebracht hast, mit dem du 3 jahre hättest studieren sollen und auch bei anständiger lebensweise hättest studieren können … musst du aber in erster linie ‹mann werden› … entschliesse dich nun einmal definitiv zu einem bestimmten berufe … man macht mir vorwürfe, weil ich dich immer noch erhalte, und macht mich darauf aufmerksam, dass du nicht arbeitest und in zürich herumlungerst … ich habe von dir noch nie eine ernsthafte und fertige arbeit gesehen. flüchtig, liederlich, alle tage kommst du mit mindestens einem neuen, oberflächlich überlegten projekt … sobald du geld in den händen hast, so wird es zu unnützen zwecken verprasst. … wünsche ich von dir zu erfahren, wie lange meine hülfe noch andauern soll und in welcher höhe du diese bedarfst.

ich will ganz bestimmte angaben. alles, was dir in dieser zeit an anderweitigen einnahmen zufliesst, soll in meine verwaltung übergehen. bei zuwiderhandlungen deinerseits, oder wirst du unseriöser lebensweise oder nicht ernsthafter arbeit überwiesen, so wird dir meine unterstützung sofort entzogen … herzliche grüsse dein vater.»[653]

wie von mir weiter vorne geschildert, hörte georg reinharts interesse für neuere kunstwerke bei und mit den werken ernst ludwig kirchners auf. unter anderm deshalb ging er wohl auf bills «bitte um mäzenatisches engagement» überhaupt nicht ein.

max bill konnte sich in der jugendzeit aus dem bücherbestand seines vaters z.b. zwei von lessing geschriebene werke zum lesen ausleihen: darin enthalten das berühmte drama *nathan der weise; lessings werke,* auswahl in zwei bänden, leipzig buchhandlung gustav fock gmbh, gekauft in der winterthurer buchhandlung vogel, mit vorn eingeklebtem «ex libris alfred erwin bill», gestaltet von «mg» (monogramm von marie geiger, siehe s. 43). diese bände wird max bill nach dem tod des vaters erben.

in dieser familiär sehr angespannten situation musste der junge heisssporn handeln und noch ernsthafter nach verdienstmöglichkeiten suchen. wo könnte er seine bildwerke in einer ausstellung unterbringen? max wandte sich diesbezüglich an dr. wartmann, den direktor des zürcher kunsthauses. vermutlich traf er bei diesem gespräch nicht ganz den richtigen ton; dies gilt auch für einen brief an sigfried giedion, in dem er sogar dessen namen falsch schrieb – was sich sicher nicht gerade vorteilhaft ausgewirkt haben dürfte:

«sehr geehrter herr doktor, wie ich vernommen habe, liegt die organisation der surrealistischen ausstellung, im kunsthaus zürich, in ihren händen.

da ich mich für einen surrealistischen maler halte und sonst in der schweiz schwerlich zum ausstellen kommen kann, sie aber von meinen arbeiten noch nichts kennen, möchte ich sie bitten, mich vielleicht bald in meinem atelier aufzusuchen, wo man die sache dann besprechen könnte. wenn sie diesbezüglich meiner arbeiten vorher etwas wissen wollen, so ist es möglich, dass ihnen walter kern etwas sagen kann, er hat mir auch gesagt, dass sie die ausstellung bearbeiten, nachdem ich einen versuch gemacht hatte, mit dr. wartmann die sache ins klare zu bringen, aber er versteht ja von der ganzen sache nichts ... wenn sie mich besuchen wollen, ist es sicherer, wenn sie mir vorher eine karte schreiben, dass ich dann zu hause bin. in der hoffnung, dass etwas zu machen ist, begrüsst sie hochachtungsvoll, ihr bill.»[654]

max bill ging wohl davon aus, wenn ihn schon sein alter meister kandinsky in dessau persönlich in seiner studentenbude aufgesucht hatte, um ein im format etwas grösseres bild von bill anzuschauen, so werde sich auch der kunsthistoriker sigfried giedion umstandslos zu ihm in die atelierwohnung in der stadelhoferstrasse 27 bemühen.

in einem rückblick auf jenes jahr resümierte bill seine damalige situation so: «1929 kam ich vom bauhaus nach zürich zurück. ich musste nun sehen, mir einen unterhalt zu verschaffen. mit meinen architekturprojekten konnte ich nicht viel anfangen, denn eine stelle wollte ich nicht annehmen. so kam ich dazu, mir mit grafischen aufträgen mein brot zu verdienen.

mit den modernen architekten hatte ich mich befreundet und machte nun für sie schriften an ihre häuser, arbeitete an ihren ausstellungen mit, machte farbangaben für raumbemalungen etc. bis ich schliesslich dazu kam, auch plakate, prospekte, inserate für viele firmen zu machen ... dadurch konnte ich unabhängig vom broterwerb meine künstlerischen ideen pflegen.»[655]

654 max bill, zürich I, stadelhoferstrasse 27, 18.6.29, an sigfried gidion [sic], zürich 7, dolderstrasse 7; gta archiv
655 max bill, lebenslauf, 26.2.1942
656 walter kern: «atelierausstellung max bill zürich», in: *werk*, heft 11, november 1929, s. XV
657 in franz blei: *vermischte schriften*, bd. 4: *das schwere herz. zwiesprachen und gedichte*, georg müller, münchen/leipzig 1911, s. 149–176
658 ebenda, s. 160

das «erleben der kunst»

der stil im brief des jungen, von seinem vater unter druck gesetzten max bill scheint auf dr. sigfried giedion nicht gerade einladend gewirkt zu haben. bills ansinnen, 1929 bei der ausstellung *surrealistische und abstrakte malerei und plastik* im zürcher kunsthaus mitausgestellt zu werden, wurde jedenfalls nicht berücksichtigt.

wenige monate nach dieser erneut enttäuschenden erfahrung konnte der aufstrebende künstler bill als kleines trostpflaster für sein angekratztes selbstwertgefühl immerhin eine kritik abheften, die der von bill im brief an sigfried giedion erwähnte kunstkritiker walter kern über bills ausstellung *malerei und grafik* verfasst hatte: kern bezeichnete seine bilder nicht wie dieser selber als «surreale», sondern er nannte sie stattdessen «groteske» bilder; in ihnen sei, wie der kritiker völlig zutreffend bemerkt, «das erleben der kunst» viel mehr als das erleben der natur zu spüren.[656]

der gott des verlangens

oskar schlemmer, dem madame de mandrot auf schloss la sarraz den kosenamen ‹le délicieux› verliehen hatte, erzählte seiner bauhaus-bühnentruppe einmal voller heiterkeit von seinem grossvater väterlicherseits, einem konditor in mainz, der ein marzipanrelief der schlacht bei waterloo geschaffen hatte, das man lange in der familie aufbewahrte.

vielleicht kam max bill über seinen bauhaus-meister schlemmer auch auf den kosenamen ‹nusch›, den er für seine freundin maria benz ausgesucht hatte. denn schlemmer hatte einige jahre zuvor, 1921, in stuttgart das bühnenbild und die kostüme für die uraufführung der hindemith'schen kurzoper *nusch-nuschi* entworfen, die auf einem 1911 veröffentlichten text von franz blei[657] basiert.

möglicherweise hatte schlemmer diese episode 1928 erwähnt, als bill bei ihm an der bauhaus-bühne studierte. auch möglich, dass bill das *nusch-nuschi* von blei, der anfang des 20. jahrhunderts ein vielbeachteter autor war, selber gelesen hatte.

die geschichte um das ‹nusch-nuschi› ist eine anarchisch-erotische. sie bringt aufrührerisches wissen des schriftstellers um die macht der triebe ans tageslicht, zeitgleich mit der dritten auflage von sigmund freuds *traumdeutung*, die in wien im frühjahr 1911 erschien. das ‹nusch-nuschi›, von dem der text seinen titel ableitet, tritt nur ein einziges mal auf. es ist ein tier, «halb grosse ratte, halb kaiman, kriecht langsam her und schnauft. auf ihm sitzt lächelnd kamadewa, der gott des verlangens».[658]

ein zitat aus franz bleis *nusch-nuschi* könnte auch als motto dienen für den fortgang der liebesgeschichte zwischen max bill und maria benz, aus nuschs perspektive erzählt: «nichts sonst lässt du mir als diese kleine perle schweisses zwischen meinen brüsten. komm.»

im zusammensein mit der fragilen nusch erlebte max bill seine erste wirklich grosse liebe, wie er es mit dem nackten liebespaar in der zeichnung *violette nacht* (siehe s. 166) zart-verhalten andeutet.

«und es fehlt mir auch dieser mut»

nach einigen monaten des zusammenlebens mit nusch berichtete max bill seinem vater mit der anschrift «turnussekretär des schweiz. kunstverein»: «nusch hat die letzte zeit für mich gearbeitet, zuerst in frankreich, für die ‹zika›, und jetzt in zürich ...

es sind augenblicklich soviele sachen schwebend bei mir, dass ich jemanden brauche, der für mich schaut und mir arbeiten abnimmt ... ich kann mit den geschäftleuten nicht verkehren und es fehlt mir auch dieser mut, einfach in ein geschäft zu gehen und etwas vorzuschlagen. ich kann fabelhafte entwürfe machen, sie nützen nichts, wenn nicht jemand anders sie für mich vertritt ... alle leute, wo nusch hinkommt, haben sie gern und das ist doch die hauptsache, wenn man geschäfte machen will.»[659]

doch sein vater lehnte maria benz ab, ohne ihr je persönlich begegnet zu sein. der geschiedene mann, der selber mit lina wolf im – damals verbotenen – konkubinat gelebt hatte, machte seinem sohn max in bezug auf dessen freie lebensweise und besonders in bezug auf die ihm unbekannte lebenspartnerin schwere moralische vorhaltungen.

maria benz, genannt nusch, um 1930

659 max bill, zürich, 3.2.1930, an erwin bill; archiv max bill
660 max bill im gespräch mit angela thomas am 30.1.1977

was bill hier dem vater anvertraut, nämlich dass er selber im verkehr mit «geschäftleuten» nicht gerade talentiert war, davon zeugt auch sein bereits erwähnter vorschlag an die zürcher geschäftsherren, einen ‹blauen punkt› als qualitätslogo in ihre schaufenster zu kleben, und sein schock darüber, als er die blauen punkte tatsächlich an den schaufenstern sah, aber keinem der herren in den sinn kam, ihn für seine idee zu bezahlen.
nun, auch max bill lernte dazu, und schliesslich erhielt er einen offiziellen auftrag, nämlich den reklamestand für das geschäft egli & co auszuführen: «kraft und frische durch gesunde ernährung». die realisierung dieses auftrags geschah dann allerdings bereits zu einem zeitpunkt, als nusch mit ihrer charmanten art im umgang mit auftraggebern max schon nicht mehr beistehen konnte.

als bill und ich uns ende januar 1977 gemeinsam das *album éluard* (éditions gallimard, paris 1968) anschauen, zeigt er mir darin mehrere fotos von nusch, die paul éluards zweite ehefrau wurde. die bildlegende zu einer dieser abbildungen lautet: «nusch ... jouant en allemagne une pièce de strindberg»; bill meint dazu: «das ist unwahr, sie hat nie in einem theaterstück von strindberg gespielt, sondern sie hat bei ihrem vater mitgearbeitet, der ein zirkus-schausteller war.»[660] den kosenamen ‹nusch›, den max ihr gab, wird maria benz, die später in paris leben wird, zeitlebens nicht mehr ablegen. er erscheint selbst noch in ihrer von paul éluard aufgesetzten todesanzeige 1946.

die mechanismen von geldvermehrung und -verminderung
anfang september 1929 bemühte sich max – wie bereits erwähnt – um den auftrag des schweizerischen freiwirtschaftsbundes (s.f.b.) für den stand an der hyspa. er formulierte seine ideen ausführlich im brief an fritz schwarz, den leiter der geschäftsstelle:
«ich möchte gerne diesen stand des s.f.b. übernehmen zur ausführung, müsste jedoch bald angaben darüber bekommen, da ich ihn in der zeit, wo ich sonst nicht viel zu tun habe, machen könnte. an der hyspa werde ich eine ganze anzahl arbeiten zu machen haben und es könnte mir in diesem falle zusammengehen, ich vermute, dass tabellen gemacht werden müssten, die auch eventuell später wieder für ähnliche zwecke verwendet werden könnten, wenn die arbeit schon gemacht wird. ich kann mir denken, dass wenig oder fast kein geld

die idee von fritz schwarz, das publikum selber aktiv «die hebel» in bewegung versetzen zu lassen, erinnert mich daran, dass max bill in späteren jahren vor dem hauptgebäude der deutschen bank in frankfurt am main eine «millionensäule» vorsah; er wollte die augen der betrachter in bewegung setzen und eine million sichtbar machen – «niemand kann sich eigentlich so richtig eine million vorstellen» – in form einer säule mit farbigen emaillplättchen, die zusammen die anzahl von einer million ergeben sollten. die bank zog es dann aber vor, stattdessen eine version von bills *kontinuität* in granit aufzustellen.

zur verfügung steht und würde die arbeit auch unter sonst als schlecht zu bezeichnenden bedingungen machen, wenn ich im übrigen freiheit haben könnte. wenn mein vorschlag interessieren sollte, könnte man nochmals genauer auf détails zurückkommen, inzwischen erwarte ich gerne irgendeine nachricht und grüsse bestens bill.»[661]

in seinem antwortschreiben erbat sich fritz schwarz von max bill nur «vorschläge», ohne ihm einen direkten auftrag zu erteilen:

«werter herr bill, meinen besten dank für ihren brief. wir planen folgendes: wir möchten einige apparate erstellen lassen, die den mechanismus der geldvermehrung und geldverminderung und die wirkungen des erhöhten und vertieften zinsfusses darstellen. man soll also auf einer skala den zinsfuss von 5 auf 4 bis auf 0 % durch einen hebel ansetzen können. darauf verändern sich dann durch das hebelwerk die höhe der mietzinse usw. … wir haben hier einen genialen uhrmacher, der mir wahrscheinlich helfen wird. wenn sie in dieser beziehung vorschläge haben, bin ich natürlich sehr dankbar.»[662]

hanns r. welti und ‹die augen›

«aus dem ausland hatte man nicht nur die pioniere zur ausstellung gebeten, diese war durch solche der zweiten generation auf 40 teilnehmer aufgerundet. die schweiz war durch meyer-amden nicht gerade dem programm entsprechend vertreten. uns wollte man nicht.»[663]

später wurde an stelle des klosters st. urban das hotel urban gebaut und noch später wieder abgerissen.

661 max bill, 3.9.1930, an die geschäftsstelle des schweizerischen freiwirtschaftsbundes bern, fritz schwarz; privatarchiv fritz und elly schwarz
662 fritz schwarz, bern, 11.9.1930, an max bill, stadelhoferstr. 27, zürich 1; ebenda
663 bill 1971, o.p.
664 ebenda
665 in typografie-nachlass max bill an angela thomas

während im zürcher kunsthaus die ausstellung *abstrakte und surrealistische malerei und plastik* vorbereitet wurde, machte max im zürcher café odéon im herbst 1929 die bekanntschaft des künstlers hanns welti. beide fühlten sich vom kunsthaus übergangen, weil man sie nicht zur teilnahme an dieser ausstellung aufgefordert hatte.

nach der polizeistunde gingen welti, der «blond, lang und wortgewaltig» war, und bill vom café odéon am bellevue-platz in bills nahe gelegene wohnung in der stadelhoferstrasse, im alten zürcher sitz des klosters st. urban.

welti war nicht nur künstler, sondern auch rechtsanwalt. «so sassen wir eines nachts zusammen und gründeten einen verein», ‹die augen›.

«es waren meiner erinnerung nach 6 mitglieder, von denen ich sicher noch weiss, ausser hanns welti und mir: willi eidenbenz, heiri steiner und einer, der von hanns welti als ‹schwarz› benannt wurde, weil er als deutscher in zürich lebend mit dem für einen schweizerverein zu fernen namen anton stankowski behaftet war (und auch noch immer ist).»[664]

den neuen freund hanns welti, den max bill 1929 kennengelernt hatte, musste er schon bald betrauern, denn welti stirbt jung, im alter von nur vierzig jahren, im jahr 1934.

max bill: *der kleine jammer könig*, 1929
tusche über aquarell auf japanpapier, 33,2 × 35 cm

zum vergleich: ein «könig» mit einer zackenkrone findet sich auch in einem 1926 entstandenen werk von paul klee. ob bill einmal im dessauer atelier von paul klee gelegenheit hatte, dieses kleine «animal terror»-temperabild auf leinwand zu sehen? es befindet sich heute in den usa, im philadelphia museum of art, in der louise & walter arensberg collection.

für willi eidenbenz, einen offensichtlich auf mehreren gebieten qualifizierten, umtriebigen kollegen, fertigte bill ein als geschäftsunterlage wie auch für notizen geeignetes blatt mit dem aufdruck «atelier hermann reinhold willi eidenbenz, auberg 1 (an der heuwage), basel, telefon 3 04 64, für schrift werbegrafik ausstellungen werbeaktionen reklamefotos industrieaufnahmen architekturaufnahmen reproduktionen portraits reportagen» an.[665]
diese von max bill für willi eidenbenz vermutlich in den 1930er-jahren (eidenbenz wohnte ab 1933 in basel) gestaltete geschäftsdrucksache findet keine erwähnung im buch über max bills typografie (niggli, 1999).

hanns r. welti: ohne titel [surrealistische komposition mit siebenarmigem leuchter], n.d.
öl auf leinwand, 66 × 72 cm

aus hanns weltis œuvre wurde posthum in der ausstellung *zeitprobleme in der schweizer malerei und plastik* im kunsthaus zürich 1936 lediglich eine steinplastik (1931) gezeigt. viele jahre später, 1960, stellte bill weltis relief *umschnürtes holz* (ca. 1928–1930) in der von ihm organisierten ausstellung *konkrete kunst 50 jahre entwicklung* im helmhaus zürich aus; dieses relief ging nach max bills tod aus seinem nachlass an seinen sohn jakob bill.

willi eidenbenz habe, laut mitteilung seines sohns florian eidenbenz im jahr 2008, von diesem von max bill gestalteten notizblatt jedoch keinen gebrauch gemacht, da er als grafiker in der lage war, dies selber zu entwerfen.

heiri steiner war der ehemann von bills einstiger bauhaus-kommilitonin liesel träger.

max bill schrieb ihren vornamen manchmal auch ‹liesl›.

anton stankowski ‹schwarz› erinnerte sich in einem interview an diese gründung der neuen gruppe: «wir haben damals eine ausstellung geplant mit bill und sechs, sieben anderen leuten, die eine art künstlergruppe machen wollten. ich war mitglied, aber nicht als stankowski, sondern ich hiess braun, weil das schweizer künstler waren. wir nannten uns ‹das auge›. erst später entstanden daraus die konkreten.»[666]

gemäss max bill nannte sich die gruppe nicht ‹das auge›, sondern ‹die augen›; und gemäss einer anderen quelle wurde anton stankowskis pseudonym erst ein bisschen später, anfang der 30er-jahre in ‹brun› geändert.

mit den ‹augen›, die aus protest gegen die nichtberücksichtigung an der ausstellung *abstrakte und surrealistische malerei und plastik* gegründet worden waren, «wollten wir also die verschlossene zürcher kulturwand durchbohren. aber ohne erfolg. es zeigte sich bald, dass unsere tendenzen zu heterogen und unsere macht zu gering war. so blieb es bei der gründungssitzung.»[667]

wenige monate, bevor hanns welti im herbst 1929 den mit nusch liierten max bill kennenlernte, hatte er von einer jungen frau namens binia spoerri im märz desselben jahres ein tuschporträt gezeichnet.

hanns r. welti: ohne titel
[porträt binia spoerri], 1929
tusche auf papier

dieses tuschporträt (datiert «III 29.») ist auch abgebildet in: *hanns r. welti,* 1971. es war bill, der mich 1975 darauf aufmerksam machte, dass das von welti porträtierte mädchen binia spoerri sei, denn die zeichnung ist nicht betitelt.

666 roth 1991, s. 29
667 bill 1971, o.p.
668 borchardt-hume 2006, s. 68
669 giedion-welcker 1958, s. 16

binia war sehr gut befreundet mit lucie welti, der schwester von hanns. lucie war an der zürcher kunstgewerbeschule eine der schülerinnen von sophie taeuber gewesen – und sie wird später die ehefrau des anarchistischen schriftstellers adrien turel, der sich vor den nazis aus berlin im sommer 1934 in die schweiz retten kann.

ob der in nusch heftig verliebte bill im laufe des jahres 1929 vielleicht binia im atelier seines neuen freundes welti einmal antraf? max erinnerte sich mir gegenüber lediglich daran, dass ihm ein paar monate nach seiner trennung von nusch «binia erstmals im sommer 1930 richtig auffiel», und zwar als sie im publikum der kleinkunstbühne *der krater* sass, in dem er selber seit märz 1930 aktiv mitwirkte.

bill wird adrien turel später auch kennenlernen.
der vater von hanns und lucie welti war während mehrerer jahre zürcher stadtrat.

abstrakte und surrealistische malerei und plastik

im gegensatz zu welti und bill gehörten schwitters und arp, ferner unter anderen vantongerloo, vordemberge-gildewart, j. torrès garcia, picasso, pevsner, mondrian, moholy-nagy, malewitsch, lissitzky, léger, klee, kandinsky, otto freundlich, max ernst, theo van doesburg, brancusi und josef albers zu den vierzig ausgewählten, die bei *abstrakte und surrealistische malerei und plastik* im kunsthaus zürich ausstellen konnten. obwohl bill zu seinem leidwesen noch nicht teilnehmen konnte, dürfte er sich diese ausstellung dennoch angeschaut haben.

von constantin brancusi, dem bäurisch-rauen, in paris lebenden rumänischen bildhauer sind in zürich 1929 laut carola giedion-welcker insgesamt drei werke, darunter die aufs elementarste reduzierte, in polierter bronze geglättete plastik *torse d'un jeune homme* aus dem jahr 1925, zu sehen gewesen. die zeitzeugin giedion-welcker erinnert daran, dass einige schweizer bildhauerkollegen dieses werk brancusis als «ofenröhrenzauber» verhöhnten.[669]

ob sich bill hingegen angezogen fühlte? liess er sich vom material der polierten, spiegelnden bronze und dem auf eine zylindrische form reduzierten thema – vielleicht ihm selber noch unbewusst – anregen zum späteren gebrauch ebenfalls spiegelnder materialien, wie erstmals wenige jahre darauf in seiner aus poliertem messing gefertigten *konstruktion mit schwebenden kubus* (1935/36)?

aus anlass dieser ausstellung luden die beiden ‹gestandenen› künstler schwitters und arp, die sich indes alles andere als würdevoll aufführten, am 30. ok-

möglicherweise wusste bill um die abneigung, die albers gegenüber den werken des in zürich 1929 mitausstellenden holländischen de-stijl-gründers theo van doesburg hegte, die er als ‹mechanische dekorationen› ablehnte. diese ablehnung gründete zeitlich in jener weimarer epoche, als van doesburg ein atelier bezogen und sich in opposition zum bauhaus geäussert hatte. seinerzeit gab es einen zusammenstoss zwischen van doesburg und albers, der befand: «van doesburg wanted to see himself up as the anti-christ. we had right away a clash … that cruel insistence on just straight lines and right angles. it was for me just mechanical decoration.»[668]

schon bald nach dieser ausstellung in zürich wird theo van doesburg während eines kuraufenthaltes in davos anfang 1931 jung versterben.

die plastik *torse d'un jeune homme* ist abgebildet in: carola giedion-welcker: *constantin brancusi*, benno schwabe & co verlag, basel/stuttgart, 1958, abb. 36, s. 95

tober 1929 gemeinsam zu einer ‹soirée› im zürcher kunsthaus, die sich max nicht entgehen lässt. schwitters trug einige takte seiner formidablen ‹ursonate› vor; arp rezitierte eigene gedichte. zudem lief an jenem abend sensationellerweise *un chien andalou*, der film von luis buñuel und salvador dalí. schwitters bezeichnete diese werkschau anerkennend als «die erste grosse und vollkommenste ausstellung».

bei seinen besuchen in der schweiz war kurt schwitters ein gerngesehener gast bei der familie von carola giedion-welcker und sigfried giedion im doldertal in zürich.

«an der oberen tischseite sitzend, kreiert er für die jüngeren familienmitglieder varianten der ursonate oder repariert das fragile *huthbild* [eines seiner werke, das die giedions nach der ausstellung im zürcher kunsthaus gekauft hatten] kurzerhand auf dem esszimmertisch.»[670]

die 1893 geborene carola welcker stammte aus köln. sie hatte noch während des studiums beim kunsthistoriker heinrich wölfflin in münchen den 1888 in prag geborenen maschineningenieur sigfried giedion geheiratet. beide promovierten bei wölfflin, zuerst carola über das gar nicht zeitgemässe thema ‹bayrische rokokoplastik›; sigfried giedion, der sich 1915 entschlossen hatte, auch kunstgeschichte zu studieren, einige monate nach ihr mit seiner arbeit *spätbarocker und romantischer klassizismus*. beide arbeiten erschienen 1922 im buchhandel.[671]

der nach hannover zurückgekehrte schwitters bedankte sich bei den giedions für das ihm gewährte gastrecht: «es ist schade, dass wir so weit auseinander wohnen. es gibt nur einen einzigen giedion in der welt, und der wohnt 14 stunden mit dem d-zug entfernt. in ganz deutschland gibt es keinen menschen, der merz ein solches verständnis, gepaart mit gleicher liebe und gleicher initiative entgegenbringt, wie giedion. ist das nicht erstaunlich bei einem 60-millionenvolk? … es war in zürich die erste grosse und vollkommenste ausstellung, die zeigt, was wichtiges in der welt so an kunst wächst.»[672]

wir erinnern uns, dass derselbe wölfflin an der münchner universität die zeitgenössische schrift von max raphael *von monet zu picasso* nicht als dissertation anerkannt hatte. die schrift war jedoch in buchform verlegt worden, und moholy-nagy hatte am dessauer bauhaus dem jungen bill in rapheals buch abbildungen von picasso-werken gezeigt und ihn bei dieser gelegenheit darauf aufmerksam gemacht, dass er nicht einfach eigene zeichnungen in ein grösseres format übertragen und dann so malen könne; er solle sich die massstäbe in picassos bildern ansehen und daraus lernen.

mit den giedions, die in zürich im doldertal 7 wohnen, wird bill in späteren jahren immer wieder einmal zu tun haben, wenn auch nur am rande – denn die giedions, die 1937 schweizer staatsbürger werden, bewegen sich in völlig anderen gesellschaftlichen kreisen.

---

670 bruderer-oswald 2004, s. 24
671 siehe klaus völker: «zürich, wo kein frischer wind weht … carola giedion-welcker und die gelebte historie» in: *gazzetta prolitteris*, zürich, 2, 2003
672 bruderer-oswald 2004, s. 25
673 hilde rantzsch, dessau, n.d. (november oder dezember 1929), an max bill; bibliothek max bill

«vielleicht, wenn die persönliche freiheit einst da sein wird, wird jedermann sein eigener künstler sein»

in seinen gemieteten privaträumen in der stadelhoferstrasse in zürich zeigte der bald 21-jährige max bill im november 1929 einen monat lang eigene werke. dies geschah jedoch seltsamerweise ohne die mitpräsentation von werken von hanns

max bill: einladungskarte zur ausstellung *malerei und grafik*, 1929

welti, mit dem gemeinsam er sich doch noch vor kurzem darüber empörte, dass sie beide nicht zur teilnahme an der ausstellung *abstrakte und surrealistische malerei und plastik* im kunsthaus zürich aufgefordert worden waren.
max bill folgte mit seiner künstlerischen selbsthilfeaktion wieder einmal dem beispiel seines onkels ernst geiger und anderer künstler, die traditionellerweise ins eigene atelier einluden.

bills erste atelierausstellung *malerei und grafik* in der stadelhoferstrasse 27, zürich, dauerte vom 1. november bis zum 1. dezember 1929, täglich 10-12 und 14-16 uhr.

max, dem am bauhaus aufgegangen war, welch wichtige funktion dem licht, der lichtquelle zukommt, zeigte seine arbeiten klugerweise bei tageslicht. das auf der einladungskarte grau gedruckte sujet zeigt einen frauenkopf mit nackenlangen haaren.
eine jener von ihm selber zu dieser, seiner allerersten einzelausstellung in der schweiz, in eigenwilliger typografie gestalteten einladungskarten sandte bill an seine frühere bauhaus-kommilitonin hilde rantzsch, die mitglied der zuvor von ihm mit fischli in dessau gegründeten ‹gruppe z› war.
hilde bedankte sich mit einem mit mehreren farbstiften geschriebenen, acht seiten langen brief: «deine ausstellungskarte ist gut aufgemacht. hast du erfolg?»[673] traf hildes brief, die mit «salue h.» unterzeichnete, vielleicht zu maxens 21. geburtstag ein, den er am 22. dezember 1929 feierte?
hilde, die dringend arbeit suchte, fragte im weiteren an, ob ihr max nicht eine anstellung wisse. ferner stellte sie ihm eigene bilder in aussicht und hielt ihn auf dem laufenden, was sie selber und ihre freundin myriam manuckiam betraf, wie auch über aktuelle aktivitäten einiger mitglieder der dessauer ‹gruppe z› – wodurch wir schliesslich auch näheres darüber erfahren, wer bei der gruppe, der keinerlei finanzielle erfolge vergönnt waren, eigentlich dabei war. «bill, ich war ein viertel jahr mit manoukian [sic] in der schweiz im valais. wir haben gehaust wie wilde. manoukian ist jetzt zu palukka [sic] …

bei der im brief erwähnten begleitperson manoukian handelt es sich um myriam manuckiam. es existiert eine fotografie von grit kallin-fischer, die hilde und myriam kopf an kopf in grosser nähe zueinander um 1927 zeigt (original im bauhausarchiv berlin; abgebildet in: jeannine fiedler, peter feierabend (hrsg.): *bauhaus*, könemann, köln 1999, s. 518).

hilde rantzsch belegte im jahr 1929 am dessauer bauhaus in der weberei das wintersemester und beteiligte sich gemeinsam mit anderen webereischülerinnen an der grossen ausstellung für moderne bildwirkerinnen unter der leitung von dr. ludwig grote.

möglicherweise hatte bill die informationen erbeten im hinblick auf eine ausstellung, die er organisieren wollte. wer mit janosch und sepp gemeint ist, entzieht sich meiner kenntnis.

weder im bauhaus-archiv berlin noch im bauhaus-archiv in dessau finden sich weitere angaben zu hilde rantzsch.
jahre später erkundigte sich bill in meinem beisein während eines besuchs 1988 in leipzig, der geburtsstadt von hilde rantzsch, ob sie den zweiten weltkrieg überlebt habe. aber auch hier konnte man ihm keinerlei auskunft erteilen. hingegen konnte er während desselben aufenthalts anlässlich der ausstellung seiner *grafischen reihen* im august 1988 im museum leipzig kontakt zur nun ebenfalls alt gewordenen tänzerin gret palucca aufnehmen, mit der er dann hocherfreut am telefon plauderte.

---

674 hilde rantzsch, dessau, n.d. (november oder dezember 1929), an max bill; bibliothek max bill
675 die karte befindet sich im typografie-nachlass max bill an angela thomas
676 peter bürger: «verfremdung des schreckens – wie félix vallotton vom detailversessenen realisten zum boshaften kritiker der bürgerlichen welt wurde», in: *neue zürcher zeitung*, 12./13.4.2008
677 walter kern: «atelierausstellung max bill zürich», in: *werk*, heft 11, november 1929, s. XV
678 in: *hugo ball briefe*, 2003, s. 462

ich ging nach dem bauhaus zurück. da hat man mich inzwischen abgebaut. ich habe berge von neuen bildern in zwei schöne gobelines gearbeitet und lebe von der mildtätigkeit der anderen … ich hab in der juryfreien berlin ausgestellt u. kein schwein kauft. merde …

bill, ich werde dir bilder schicken, anfang januar. bis dahin habe ich sie von einer verkaufsausstellung in nürnberg zurück. reflektierst du auch auf ölbilder? verschiedene aquarelle habe ich auf kunstgewerbliche entwürfe frisiert zu firmen geschickt, wo ich noch naiv genug bin zu glauben, sie werden mich engagieren. neue zu malen, dazu komme ich nicht, weil ich mich nur noch mit stellungssuche, gestickten abendtäschchen und ähnlichem nippes befasse. mich täglich 3 mal kotzen ist das mindeste, was ich aufbringe. so eine nuttige einstellung wie in diesem institut [das bauhaus], wos laut prospekt so menschlich zugehen soll und so sozial. merde …»

hilde berichtete – wie bereits weiter vorne auszugsweise zitert – in diesem brief auch ausführlich über die unterschiedlichen werdegänge einiger mitstudenten: «janosch macht in stuttgart entwürfe für abend-toiletten. adresse: stuttgartkannstadt, olgastrasse 37 … schawinsky sitzt in berlin und lernt filmregisseur … sepp lässt dich grüssen. es geht ihm wieder mal mies, weil er glaubt auf kommunismus garnieren zu müssen. dies was die gruppe z angeht.» und sie fordert bill auf: «lass es an betriebsamkeit nicht fehlen. auf meine bilder kannst du rechnen. wann kommt der [willi] eidenbenz nach dessau?»[674]

nach ihrer «wilden» zeit im wallis wird hilde rantzsch, die verzweifelt eine arbeit suchte, ob auf vermittlung bills oder nachdem sie mit ihrer einstigen bauhaus-meisterin direkt kontakt aufnahm, 1933/34 bei gunta stölzl in deren zürcher atelier mitarbeiten. danach verliert sich ihre spur.

gegen jahresende 1929 war max bill künstlerisch noch keineswegs so grossartig, wie er es in seinem wunschdenken vermeint, und er konnte es in tat und wahrheit noch nicht wirklich aufnehmen mit den werken der ‹grossen›, im kunsthaus zürich ausgestellten ‹abstrakten und surrealen›.
im freundeskreis scheint er sich in jener epoche als surrealist bezeichnet zu haben. im brief an sigfried giedion hatte er sich, möglicherweise etwas opportunistisch, «für einen surrealistischen maler» ausgegeben, und auch in der mitteilung einer besucherin von seiner privaten ausstellung in der stadelhoferstrasse wird das wort ‹surrealistisch› erwähnt.

«lieber bill, also deine ausstellung ist schön, und du bist auch nett. wenn dein herz nie so surrealistisch wie deine bilder wird, werde ich dich immer so gut mögen wie jetzt. viele grüsse …».
die mit bleistift rückseitig auf bills einladungskarte geschriebene unterschrift ist leider unleserlich.[675]

vielleicht spornte bill seine protesthaltung wegen der nichtberücksichtigung in der kunsthaus-ausstellung zur beschleunigung seines reifungsprozesses an, um bald künstlerisch ‹dazuzugehören› – und sich dann endlich auch der internationalen konkurrenz zu stellen.
walter kern beschrieb in der kritik von bills ausstellung *malerei und grafik* in der zeitschrift *werk* seine eindrücke von bills inspirationen: «wesentliche anregungen empfing er von klee und arp. eine nüchterne phantastik, ohne rücksicht auf das naturbild, wird zeichenhaft niedergeschrieben.» und kern zitiert eine erstaunliche aussage des jungen bill: «er sagt selbst: ‹vielleicht, wenn die persönliche freiheit einst da sein wird, wird jedermann sein eigener künstler sein.›»[677]
nachdem max bill die zeit am bauhaus mit der suche nach ‹klarheit› verbracht hatte, erlebte er hier – auch auf sich selbst bezogen – einen gedankenblitz. und er formulierte eine überlegung, die vier jahrzehnte später joseph beuys in seinen thesen zur ‹sozialen plastik› ganz ähnlich formulieren wird.
was bills eigenen kampf um die eigene persönliche freiheit – vor allem gegenüber dem vater – angeht, so werden die kommenden monate gerade davon besonders geprägt sein. nach dem heftig ausgetragenen konflikt wird max tatsächlich und konsequenterweise den weg in seine ganz eigene kunst finden.

«so ist das leben» – der mäzen max wassmer

in jenen monaten war max bill auch max wassmer beggegnet, der im schloss bremgarten bei bern wohnte. derselbe wassmer gehörte, nebenbei bemerkt, zum kleinen, ausgewählten kreis, der am 2. juli 1927 den geburtstag des schriftstellers hermann hesse in montagnola zusammen mit emmy ball-hennings und hugo ball hätte mitfeiern sollen. das geht aus einem brief hervor, den hugo ball aus dem tessin an seine frau in deutschland schrieb.
hugo ball hatte kurz zuvor die lebensgeschichte hesses aufgearbeitet und mit abbildungen veröffentlicht. hesse und ball waren gut miteinander befreundet

die waschechten surrealisten bezogen sich bei den von ihnen in szene gesetzten werken der «zufälligen begegnung zweier möglichst weit auseinanderliegender gegenstände an einem unwahrscheinlichen ort» in ihrer ästhetik auf die prosagedichte *chants de maldoror* (1869) von lautréamont.
es ist mir nicht bekannt, ob bill dieses buch je gesehen hat. félix vallotton, an dessen werken sich bill bald in einer ausstellung messen können wird, die am 15. juni 1930 in der berner kunsthalle eröffnet, habe es hingegen belegtermassen gelesen.
der über weite strecken seines lebens depressive vallotton sei von seinem um zehn jahre älteren freund und mentor charles maurin auf das buch aufmerksam gemacht worden und habe den *chants de maldoror* die «sicht auf das bürgerliche interieur als ort des schreckens» entnommen.
diese meinung vertritt der literaturwissenschaftler peter bürger, der wie er selber schreibt, «die intuition» hatte, vallotton als «protosurrealistischen künstler» anzusehen.[676]

«agnuzzo, 11.6.1927, emmy, mein liebling, … hesse ist ja ein wenig besorgt, das muss ich dir sagen, ob du wohl zu seinem geburtstag zurücksein wirst, und du weisst ja, wie er ist. also emmy darf nicht fehlen. er will nur einen ganz kleinen kreis um sich haben. frau dolbin kommt … es sind ja nur noch drei wochen, und auch schwester adele kommt. ausserdem vielleicht nur noch wassmers aus schloss bremgarten. er, hesse, spricht öfters jetzt von einem neuen buch, dessen beide helden goldmund und narziss heissen sollen. er will den legendären zeithintergrund des byzantinischen wählen …»[678]

ob max bill eventuell über seinen mäzen wassmer seinerseits hermann hesse kennenlernte? kennengelernt haben sich der schriftsteller und bill jedenfalls. bill erzählte mir einmal, dass ihn hermann hesse um rat gefragt habe, welche ausbildung er seinem sohn heiner hesse angedeihen lassen solle. zu heiner hesse hielt bill in späteren jahren den kontakt aufrecht, als sich beide als sponsoren für die kooperative ‹longo mai› in der französischen provence fördernd einsetzten.

die in aussicht gestellte ausstellung in der kunsthalle bern wird tatsächlich stattfinden, jedoch erst im jahr darauf, vom 15. juni bis 13. juli 1930. bill wird für eine privat von ihm für diese ausstellung verschickte einladung dasselbe sujet (einen grau gedruckten frauenkopf), das er für seine einzelausstellung in der stadelhoferstrasse gebrauchte, nochmals verwenden, jedoch diesmal grün gedruckt.

max bill: «l'usine marche. sa des ciments portland de lorraine, strasbourg», 1929 prospekt für eine französische zementfabrik, 13,8 × 20,8 cm (offen)

679 max wassmer, 15.4.1929, an max bill, zürich; bibliothek max bill
680 max bill, zürich, 31.1.1930, an erwin bill, winterthur; archiv max bill
681 hans schmidt, artaria & schmidt architekten basel, bureau grenzacherstr. 32, 17.1.1930 an max bill, zürich, stadelhoferstrasse; bibliothek max bill

und duzten sich – während vergleichsweise zwischen ball und seinem einstigen dada-kollegen hans arp im gleichen zeitraum die distanz des sie gewahrt blieb. hugo ball selber konnte dann, da er erkrankte und in zürich im krankenhaus lag, hesses geburtstag nicht mitfeiern – bald darauf verstarb er.

im april 1929 versprach wassmer dem jungen bill, für ihn eine ausstellungsmöglichkeit zu suchen. er wollte sich dafür zuerst an die kunsthalle bern wenden und «wenn ich eine solche zusammenbringe, müssen sie natürlich herkommen & erwarten wir sie selbstverständlich bei uns». und er tröstete den jungen, ungeduldigen künstler: «so ist das leben: einen tag ideales bauhaus, eine nacht fröhlichen maskenball & viele wochen ringen nach seinen idealen einerseits & nach dem täglichen brot ... und grüsse sie herzlich ihr max wassmer.»[679]

max wassmer, bills erster veritabler mäzen, ist nicht nur kunstsammler, sondern auch generaldirektor der grössten und modernsten zementfabrik frankreichs. im typografie-nachlass von max bill erhalten geblieben ist eine reklame für die bauphase der zementfabrik in héming (frankreich), mit deren errichtung man ende 1928 begonnen hatte und deren zustand auf einem foto vom november 1929 gezeigt wird.

unter dem foto der fabrik lautet der französische text: «partie de l'usine à héming en construction (novembre 1929)», «la marque est admise aux travaux des: ville de paris, chemin de fer, ponts et chaussés etc.»; «l'usine marche»; «sa des ciments portland de lorraine, strasbourg».

da bill für das akquirieren von reklameaufträgen auf die mitarbeit seiner freundin nusch, auf ihren charme im umgang mit auftraggebern zählen kann; da sie ferner für ihn die übersetzungen ins französische übernimmt, so im november 1929 für die im elsass gelegene fabrik in héming, ist anzunehmen, dass auch nusch bills grossen mäzen wassmer kennenlernt. auf alle fälle verfolgte das ehepaar wassmer bills turbulente liebesgeschichte.

ernst geiger:
dame im wald, 1913
öl auf leinwand,
46 × 38 cm

max bill:
gruppe von drei farbsäulen, 1987–1989
email und chromstahl auf stahlkern montiert, höhe 32 m

max bill:
skizze zu *farbsäule*, 1982
farbstift auf papier,
59,5 × 26 cm

durch die allmählich ins rollen kommende reklamearbeit war max bill etwas optimistischer gestimmt, wie sich aus einem brief an seinen vater von ende januar 1930 ablesen lässt: «durch die arbeit für wassmer fühle ich mich jetzt in der lage, bald selbständig zu sein, wenn ich durch ‹nusch›, wie ich meine zukünftige frau getauft habe, unterstützt werde, wird die sache auch bald anderswo zum klappen kommen, abgesehen davon dass man zu zweit billiger lebt wie allein.»[680]

onkel ernst geiger setzt sich abermals ein

ausser max wassmer, seinem mäzen, setzte sich auch onkel ernst geiger für bill ein. nach der rückkehr des mittlerweile erwachsen gewordenen neffen von der ausbildungsstätte bauhaus wählte ernst geiger im juli 1929 zu seinem text für *die kunst in der schweiz. die radierung* – wie bereits erwähnt – ausschliesslich drei radierungen von max bill.
vielleicht wollte geiger hiermit dem neffen die rückkehr in die geografisch enge schweiz und die aufnahme in die hiesige ‹gesellschaft› erleichtern. bill wird solch liebevoll-wohlmeinende gesten bald nicht mehr nötig haben; wie es sich

à-propos «billiger leben»: max erhielt anfang 1930 einen ironisch-scherzenden brief vom architekten hans schmidt aus basel, der vielleicht um seine finanzielle misere wusste: «lieber max bill, berühmt (und evt. reich) wird man heute nur durch bücher. also ergreifen sie folgende gelegenheit: die ihnen vielleicht bekannten stuttgarter architekten brüder rasch, paulinenstr. 3, stuttgart, geben ein buch heraus über moderne typografie … falls sie etwas haben, so senden sie es bitte direkt an die obengenannte adresse … angabe über ungefähres alter (!) … ihr hans schmidt.»[681]

301

zeigen wird, übertraf sein künstlerisches talent bei weitem das des von ihm geschätzten onkels.

ernst geiger hatte in seiner ersten schaffensperiode die stämme der von ihm gemalten bäume vielfarbig nuanciert gestaltet. möglicherweise schuf bill – bewusst oder unbewusst auf solche bilddetails seines onkels zurückgreifend – eine paraphrase. wenn wir im geiste einen von geiger polychrom gemalten baumstamm fragmentieren, erhalten wir ein räumliches objekt mit farbauftragungen, das nicht weit entfernt, sondern durchaus im doppelten sinn des wortes ‹verwandt› wäre mit einer von max bill mehrfarbig bemalten *bild-säule*.

«zwecks baldiger verehelichung»

behördliche verfügungen, die sich überstürzten, setzten den jungen bill anfang 1930 privat unter zugzwang und unter moralischen druck. es wurde von ihm gefordert, schnell zu reagieren und verantwortungsbewusst zu handeln.

am 31. januar 1930 erhielt seine freundin maria benz von der kantonalen fremdenpolizei (verfügung vom 27. januar 1930) eine vorladung, «dringend», die sie zum «abholen des passes, ausreise bis 3. febr. 1930» aufforderte; als begründung für die ausweisung wird angeführt, «fräulein maria benz» könne sich «über einen einwandfreien zweck ihres aufenthaltes» nicht ausweisen. «zudem kann das ungesetzliche verhältnis, in dem sie in zürich lebt, nicht geduldet werden.»

noch am selben tag legten max bill und maria benz gemeinsam einen schriftlichen rekurs gegen die verfügte aufenthaltsverweigerung ein: «an den tit. regierungsrat des kanton zürich, sitz zürich», mit kopie an die «tit. kantonale fremdenpolizei»: «begründung: maria benz befindet sich zwecks baldiger verehelichung mit dem mitunterzeichneten max bill, wohnhaft in zürich, stadelhoferstr. 27, bei demselben zu besuch, und die zur verehelichung nötigen papiere werden in den nächsten tagen an der hierzu zuständigen stelle eingeliefert.»[682]

in jenen zeiten und auch noch viele jahre danach war es in zürich gesetzlich verboten, im konkubinat zu leben.

in den amtlichen papieren des polizeirichteramts steht, maria benz, «schauspielerin», wohne «seit dezember 1929» bei max bill in der stadelhoferstrasse 27 in zürich 1. da sie sich nicht sogleich «vorschriftsmässig», sondern erst im januar 1930 im zuständigen kreisbüro angemeldet und dort ihre papiere deponiert habe, wird die junge ausländerin «verzeigt» und erhält vom polizeirichteramt die verfügung, sie habe eine busse von «franken zwanzig» zu bezahlen: «welche im falle der unerhältlichkeit in 2 tage gefängnis umgewandelt wird.»[683] auf der vom kreisbüro 1 der stadt zürich gestempelten einzugsanzeige hatte die junge frau als beruf «artiste» angegeben.

682 schreiben vom 31.1.1930 an den tit. regierungsrat des kanton zürich, handschriftlich unterzeichnet von bill und maria benz; bibliothek max bill
683 das polizeirichteramt der stadt zürich, 27.1.1930
684 max bill, zürich, 31.1.1930, an erwin bill, winterthur; archiv max bill
685 erwin bill, winterthur, 4.2.1930, an max bill, zürich; archiv max bill

maria benz,
genannt nusch

bill und die am 21. juni 1906 in mulhouse geborene maria benz wollten also heiraten. an ebendiesem 31. januar beeilte sich max, dem vater seinen baldigen besuch anzukündigen: «lieber vater, ich werde am sonntag mit meiner braut euch in winterthur besuchen und hoffe, dass ihr nicht allzu überrascht seid … da wir uns nun schon ein halbes jahr kennen [demnach hatten sich nusch und bill ende juli/anfang august 1929 kennengelernt] und immer sehr gut miteinander ausgekommen sind …. auch hat sie für mich gearbeitet und wird es in der schweiz erst wieder können, wenn sie schweizerin ist.»[684]

nusch würde als ausländerin erst nach der heirat mit einem schweizer staatsbürger den schweizer pass und eine arbeitserlaubnis erhalten.

vater bill dreht dem sohn den geldhahn zu

in die hektik zwischen behördendeutsch und allzu kurzen fristen traf nun das antwortschreiben, das der gestrenge erwin bill am 4. februar 1930 seinem ältesten sohn schickte und in dem er ihm die charakterschwäche der mutter vorhielt: «an deiner mutter hättest du dir ein abschreckendes beispiel nehmen können, wie man es nicht machen muss, um sich nicht mit der ganzen welt zu überwerfen.» und er hörte nicht auf, den sohn zu tadeln: «in deinen beiden briefen bemerkst du mit keiner silbe, wie deine auserwählte heisst, was sie ist, woher sie stammt, alter etc., wie es sich eben gebührt! darauf kannst du dich verlassen, dass ich deine frau beim richtigen namen und nicht als ‹nusch› benennen werde.»[685]

zum schluss dieses harten briefs kam vater bill auch auf die delikate finanzielle situation zu sprechen: «... als ich mich im letzten jahr nochmals verleiten liess, dir bis zum märz laufenden jahres in einem ausmass finanziell noch einmal beizustehen, hoffte ich, du werdest dir dadurch doch eine gute existenz gründen können & wenn du sparsam und solid seiest, mir das kapital zurückzuzahlen vermögen. diejenigen, die mich gewarnt hatten, behielten wieder recht. ich kann mir nicht vorstellen, dass die sache mit deiner heirat etc. gut herauskommt. das gibt eine bedauernswerte und armselige geschichte ... dass du auch absolut in keiner weise haushälterisch umgehen kannst, beweist die neueste rechnung von gebr. scholl. ich habe heute den kredit daselbst gesperrt & werde ihn evt. erst wieder öffnen, nachdem ich von dir befriedigende auskunft erhalten habe.»[686]

die geschichte von nuschs ausweisung klingt ganz danach, als sei das paar denunziert worden. die dinge überstürzten sich:

als erwin bills brief eintraf, war nusch offenbar bereits nicht mehr in der schweiz. der amtlichen «auszugsanzeige» ist zu entnehmen, «benz, maria, artistin» sei weggezogen – und zwar am 3. 2. 1930 nach «strasbourg».

sie scheint tatsächlich abgereist zu sein, wie auch max seinem erzürnten vater, dem er umgehend antwortet, bestätigt:

«lieber vater ... da du nusch bevor wir heiraten nicht mehr sehen kannst, weil sie von der fremdenpolizei ausgewiesen wurde, weil sie für mich gearbeitet hat ... lege ich dir hier eine fotografie bei. sie sieht allerdings auf dem foto etwas jünger aus, weil sie lacht und von der künstlichen beleuchtung, denn das foto ist für die grieder-reklame gemacht worden ...»[687]

seltsamerweise bezeichnet er in demselben brief den beruf von nusch mit «krankenpflegerin»; zudem erzählt er, dass er möglicherweise kommende woche «wegen dem cement» in strassburg sei – und, so können wir hinzufügen, dort nusch wiedersieht. er sei sich heute «sicher», dass seine «pläne geraten»: «weil wassmer vollständig zu mir steht. wir essen regelmässig hier in zürich zusammen zu mittag, wenn er kommt, und sind auf du und du, obschon er ziemlich über die vierzig ist, jedenfalls schätze ich ihn ungefähr so ...

... ich habe auch die ansicht, dass ich dir das kapital, das du mir immer zur verfügung gestellt hast, zurückgeben kann und zurückgeben will, aber nicht das erste geld, das ich in die hand bekomme, damit würde ich mir den boden zum vergrössern abgraben, denn nur dort gibt es geld, wo es schon welches hat, aber ich werde es dir bis dahin gerne verzinsen ... es würde mir die arbeit

---

[686] erwin bill, winterthur, 4.2.1930, an max bill, zürich; archiv max bill
[687] max bill, zürich, 4.2.1930, an erwin bill, winterthur; archiv max bill
[688] ebenda
[689] erwin bill, winterthur, 16.3.1930, an max bill, zürich; archiv max bill
[690] ebenda

sehr erleichtern, wenn du mir das ‹scholl›-konto und das wohnungsgeld noch bis märz geben könntest …»[688]

doch die verzwickte situation eskaliert weiter:

«lieber max, du hast mich also glücklich wieder auf eine elende art hinters licht geführt und betrogen. dafür wäre auch die gemeinste bezeichnung für dich nicht stark genug. du bringst mich noch zur verzweiflung und frühzeitig ins grab. … das photo der soubrette und strassendirne maria benz, die du dir zu deiner frau auserkoren hattest, folgt hiermit zurück. ich begreife nun, dass du, natürlich absichtlich, versuchtest, mir den namen zu verheimlichen. … wäre ich zum mindesten berechtigt, dich als ganz ordinären lumpen anzusprechen und dir zu verbieten, dich nochmals in meinen augen sehen zu lassen.»[689]

sollte er, erwin bill, dennoch für den sohn nochmals «einspringen», dann nur zu den nachfolgenden «bedingungen»: «du gibst deine wohnung sofort auf und mietest wieder ein zimmer, nicht über 60–65 franken monatlich … wird deine bude von mir oder jemand anderem in unordentlichem zustande angetroffen, so hast du das schlimmste zu gewärtigen. du sollst nur noch in ganz ausserordentlichen fällen in wirtschaften und im odéon in zürich überhaupt nicht mehr verkehren.»[690]

erwin bill hatte offensichtlich erkundigungen über maxens braut maria benz eingeholt und reagierte auch nachdem einige zeit vergangen war noch überaus aggressiv. was fällt einem mann, der eine frau diffamieren möchte, schon anderes als das schimpfwort ‹strassendirne› ein?

zu bills beträchtlichen finanziellen sorgen kam also ein akuter streit mit dem vater. max war blutjung, charakterlich noch nicht gefestigt, und er stand vor der frage, ob er nun heiraten solle oder nicht. und nicht nur der vater war gegen eine eheschliessung mit nusch, sondern auch maxens bezugsperson und auftraggeber max wassmer.

treffen mit nusch im café aubette

zusammen mit max wassmer, für dessen firma er ein «zement»-signet entwarf, reiste max bill im märz 1930 nach strassburg. max besuchte dort die räume der aubette, an deren innengestaltung sophie taeuber-arp und ihr mann von januar 1927 bis januar 1929 gearbeitet hatten.

doch bill musste entsetzt feststellen, dass die räume bereits so kurz nach der eröffnung verwahrlost aussahen: die von jean arp im ‹dancing-cabaret› auf die wände gemalten stilisierten figuren hatten zuzug bekommen von auf papier gemalten kitschigen dekorationen; und das ‹ciné-dancing›, der von theo van doesburg gestaltete grosse saal, war schon nicht mehr in gebrauch.

die arps hatten inzwischen die französische staatsbürgerschaft erhalten, und arp nannte sich deswegen neuerdings jean.

in diesem noch vor kurzem avantgardistischen und nun so deprimierenden ambiente trafen sich bill und nusch wieder. von einer heirat wurde hier schliesslich abstand genommen, und max übergab nusch in der aubette eine «wassmer'sche geldsumme als abfindung».

nusch, für die die stadt zürich moralisch zu engherzig war, wird nach paris ziehen und dort von namhaften künstlerinnen und künstlern porträtiert und so für die nachwelt verewigt werden. dora maar, mit der sich nusch in paris anfreundet, wie auch man ray, fotografieren sie; sie sitzt modell bei greta knutson-tzara, der schwedischen ehefrau des ehemaligen dadaisten tristan tzara; und auch pablo picasso, der von nusch sehr angetan sein wird, porträtiert sie mehrmals (siehe s. 330).

«das plagieren und grossmaulige wesen sollst du unverzüglich und gründlich ablegen»

vater bill übergab jetzt das geld nicht mehr direkt seinem sohn, sondern er liess es für max in zürich verwalten – von gotthard schuh, einem in zürich wohnenden sprössling aus einer der aargauer gründerfamilien der firma sprecher & schuh.

erwin bill könnte gotthard schuh über einen schwager, ernst geiger oder adolf weibel, kennengelernt haben. denn schuh war in jenen jahren selber mitglied der gsmba-sektion aarau, und er hatte «von 1925–30 zu wiederholten malen in aarau ausgestellt», da er anfänglich als maler tätig war und erst «nachher zum bedeutenden schweizerfotografen werden sollte». heiny widmer beschreibt die gemälde gotthard schuhs als «dunkeltonige interieurs und figuren in stark flächenhafter manier».[691]

maxens neubestallter ‹finanzverwalter› schuh habe damals vor allem gemalt und noch nicht so viel fotografiert, sagte mir bill, und er erzählte freimütig, schuh habe ihn «stilistisch beeinflusst, allerdings nur während einer kurzen zeitspanne».

«für das zimmer und die bei sparsamem verbrauche notwendigen arbeitsmaterialien, die du inskünftig nur noch nach einverständnis von herrn schuh und nachträglicher kontrolle der rechnungen durch ihn, beziehen darfst, werde ich vorläufig noch aufkommen.»

vater bill stellte seinen sohn somit quasi unter eine finanzielle vormundschaft und überhäufte ihn weiterhin mit vorwürfen: «am abend sollst du beizeiten ins bett gehen und morgens wieder rechtzeitig aufstehen, um dann fleissig und angestrengt mindestens 8 stunden täglich zu arbeiten. gebricht es dir hierzu an aufträgen, so hast du an deiner selbsterziehung arbeit genug. du sollst überhaupt wieder ein anständiger mann werden, auch in der bekleidung nicht auffallen. von verkehr mit zweifelhaftem weibervolk will ich von dir nichts mehr hören.

---

691 widmer 1974, s. 123
692 erwin bill, winterthur, 16.3.1930, an max bill; archiv max bill
693 siehe thomas 1983, s. 40
694 erwin bill, winterthur, 18.3.1930, an max bill, zürich; archiv max bill
695 max bill, zürich, 21.3.1930, an erwin bill, winterthur; archiv max bill
696 erwin bill, winterthur, 26.3.1930, an max bill, zürich; archiv max bill

das plagieren und grossmaulige wesen sollst du unverzüglich und gründlich ablegen sowohl in privater wie geschäftlicher beziehung.»[692]

eine ähnliche geschichte zum finanzgebaren eines künstlervaters findet sich in der familie schwitters. 1923 verbrachte die familie von kurt schwitters die sommerferien auf der ostseeinsel rügen, dazu gesellten sich sophie taeuber-arp und hans arp, die im oktober 1922 in pura im tessin geheiratet hatten, sowie die berliner dada-künstlerin hannah höch. sophie war sehr angetan vom grossen, phantastischen «merz-schwitters», der den wald nach pilzen durchraste und seine lautgedichte wie ein meeresungeheuer herausbrüllte. der alte herr schwitters habe die lebensmittel besorgt, «so dass wir sehr sparsam sein müssen», schreibt sophie an ihre schwester. der vater des künstlers sei recht autoritär und habe von allen das geld an sich genommen, weil er fand, künstler könnten nicht mit geld umgehen. selbst hans arp habe sich dieser entmündigung gefügt, wahrscheinlich aus solidarität zum «merz-schwitters».[693]

wenigstens in detailfragen versuchte sich max, der sich gedemütigt vorkommen musste, gegen den vater aufzulehnen, doch dieser liess nicht mit sich verhandeln und wiederholte seine forderung klar und deutlich: «lieber max! ich dulde absolut keinerlei einwendungen. im odéon sollst du nicht mehr verkehren und damit basta.»[694]

der aufenthalt im café odéon galt bereits seit dem ersten weltkrieg für politische emigranten und kulturschaffende, die sich in zürich aufhielten, als soziales ‹must›. ausser einer konditorei und sechs ‹präzisionsbillards› im ersten stock gab es im odéon über den rand der in- und ausländischen zeitschriften, die dort lesefreundlich auflagen, vielversprechende aussicht auf die schönsten frauen der stadt. das odéon war von einem flair umgeben, wie man es sonst nur von einer metropole wie paris her kannte.

da max finanziell am kürzeren hebel sass, gab er zerknirscht nach und verfasste eine liste, auf der er dem vater, wie gewünscht, dessen forderungen bestätigte, darunter «3. unterlassung der odéon-besuche» und «4. vorlage eines kassabuches zur kontrolle an gotthard schuh».[695]

doch die vorwürfe und drohungen des vaters rissen nicht ab: «wenn du nicht endlich mit deinen alten gepflogenheiten, deinem flüchtigen, unzuverlässigen wesen, deiner schutzgatterei [in etwa: dein unüberlegtes handeln] und gelegentlicher faulenzerei gründlich und nachhaltig brichst … so muss ich es einfach heute noch ablehnen, deine vielen schulden zu übernehmen.» ausserdem findet es maxens vater «zum verzweifeln», «wie flüchtig und liederlich» sein sohn arbeitet: «was macht es wohl auf einen seriösen geschäftsmann für einen eindruck, wenn du derart fehlerhafte briefe schreibst?»[696]

trotz der heftigen bevormundung durch den vater und der emotionalen belastung wegen der erzwungenen trennung von seiner freundin konnte max durchaus auch erfolgsmomente verzeichnen. gotthard schuh ist seit einigen wochen mitglied bei ‹rot-blau›, und nach ihm wird auch max bill in diese basler künstlervereinigung aufgenommen, wie er dem vater gegenüber verlauten liess.

«ich bin vorgestern offiziell in ‹rot-blau› aufgenommen worden (schuh einige wochen früher) und habe dadurch nun einige ausstellungsmöglichkeiten, die für mich sehr günstig sind, zum beispiel bin ich mitglied des *salon des surindépendants* in paris und kann dort juryfrei ausstellen.

ich arbeite augenblicklich an dem ausstellungsstand für handelsförderung und an einem buchdeckel für das schweiz. exportadressbuch in 4 sprachen. es ist eine schöne arbeit …

herzliche grüsse, auch an tante lina»[697]

ferner erzählte mir max, er sei mehrmals bei gotthard schuh zu hause zum mittagessen eingeladen worden. auch habe ihn schuh oft hinten auf seinem motorrad auf fahrten durch die schweiz mitgenommen. und alsbald waren die beiden auch auf der bühne des kleinkunsttheaters ‹der krater› in zürich auszumachen. schuh und bill nahmen es offensichtlich ziemlich locker, waren lebenslustig und vergnügt. zur von vater erwin bill erwarteten disziplinierung seines sohns max trug dies wohl nicht in der gewünschten weise bei.

die schulden wachsen

max bill scheint in jener zeit doch einen beträchtlich grossen schuldenberg gehabt zu haben, denn er wurde gepfändet. trotz seines grolls auf den sohn suchte erwin bill wieder nach einem ausweg: «die sachen, die dir gepfändet waren und alles andere, das man dir pfänden könnte, auch die schreibmaschine, musst du mir schriftlich als eigentum zuschreiben … damit man diese nicht neuerdings pfänden könnte … für die franken 50.–, die dir tante lina beim einlösen der gegenstände aus der kunstgewerbeschule vorgestreckt hat, möchte sie die messingkanne [von max bill gefertigt] als eigentum oder wenn du diese nicht mehr hast, die kupferkanne. mache du die angelegenheit bei deinem nächsten besuche mit tante lina in ordnung.

ich hoffe, du werdest nun immer fleissig arbeiten und in jeder beziehung deinen mann stellen, auch wenn schuh nicht da ist. wenn du kommst, so bringe

697 max bill, zürich, 21.3.1930, an erwin bill, winterthur; archiv max bill
698 erwin bill, winterthur, 12.4.1930, an max bill, zürich; ebenda
699 erwin bill, winterthur, 15.5.1930, an max bill, zürich; ebenda
700 erwin bill, winterthur, 23.5.1930, an max bill, zürich; ebenda
701 hausenstein 1921, s. 83, 88

das kassabuch mit. herzl. grüsse tante lina & d. vater.»⁶⁹⁸ und max erhielt über seinen vater, den bahnbeamten, auch weiterhin gratis zugfahrscheine für das schweizerische bahnnetz.

mitte mai 1930 schrieb ihm vater erwin, «der schuldschein datiert vom 1. februar 1929, im betrage von franken 7525»⁶⁹⁹ werde ungültig. in maxens handschrift steht daneben notiert: «jetzt: 11 455.– fr.». sein vater hatte ihm demnach mit einer insgesamt beträchtlichen summe unter die arme gegriffen. trotz der grossen auseinandersetzungen schien man max noch in winterthur sehen zu wollen; doch der unterliess es, hinzufahren, wie einem weiteren brief des vaters zu entnehmen ist: «seit einem vierteljahre hast du keine zeit gefunden hierher zu kommen.»⁷⁰⁰

obwohl die finanziellen nöte gross waren, erstand bill 1930 das bereits 1921 erschienene buch von wilhelm hausenstein *kairuan oder eine geschichte vom maler klee und von der kunst dieses zeitalters* (kurt-wolff-verlag, münchen).

kairuan (tunesien) war «im jahr 670 von okba ibn nafi gegründet worden. kairuan galt den muselmännern als eine der vier pforten zum paradies. europäern war es je und je verboten, die stadt zu betreten: bis sie im jahre 1881 von französischen conquistadoren mit dem üblen recht der eroberung betreten wurde. seitdem flattert über den zinnen von kairuan die immerhin rassigste der europäischen fahnen: die trikolore in blau, weiss und rot. der maler klee hat sie gemalt, wie sie, zwischen rostrot und falbem senfgelb scharf leuchtend, in die unendlichkeit des morgenlandes schlägt.»

paul klee hatte die legendär gewordene reise nach tunesien 1914 zusammen mit seinen malenden kollegen louis moilliet und august macke unternommen. «im märz des jahres 1916 fiel marc, der maler. eine woche später wurde klee zu den soldaten geholt. man machte ihn, der von kairuan kam, zum rekruten der infanterie.»⁷⁰¹

der krasse kulturschock, der paul klee widerfuhr vom erlebnis des lichts in tunesien zu seiner rückkehr in das ‹dunkle› deutschland des ersten weltkriegs mit all den leiden der verwundeten, lässt sich kaum wirklich nachvollziehen. max bill strich sich beim lesen dieses buchs die nachfolgend zitierte stelle an: «dass ein malerzeichner, dem die musik der alten im blut ist, auch nur eine sekunde der form entbehre, möge ihm zehnmal das gestaltlose, ja das nichts als objekt gegeben sein, ist undenkbar. triumphe der form sind ihm von vornherein gewiss.»

wie sein vorbild, der «malerzeichner» und geigenspieler klee, war auch bill, der cello- und banjospieler, ein bewunderer von j. s. bach und händel.

auf der zürcher kleinkunstbühne ‹der krater›

das kabarett ‹der krater› war 1928 gegründet worden. zu seinen aktivisten zählten unter anderen das architektenehepaar ernst f. burckhardt und elsa burckhardt-blum sowie elsas zwillingsbruder, der musiker robert blum. ‹der krater›, der in max bills worten ein «halb-politisches programm» hatte, war ein vorläufer der kabaretts ‹pfeffermühle› und ‹cornichon›.

‹der krater› war eine mischung aus kabarett und einakterbühne. die zielvorstellung und spiellust hatte einen idealistischen touch: «kommerziell veranlagt war er ganz und gar nicht. geld verdient hat man mit kleinkunstbühnen erst vom ‹cornichon› an; beim ‹krater› hat man nur geld verloren. nicht nur dass er die hauptmitwirkenden nicht bezahlte; er mutete ihnen sogar namhafte finanzielle opfer zu. er war eben eine bewusst avantgardistische versuchsbühne, die munter von einem gewagten experiment zum andern schritt.»[702]

ob auch max bill bei dieser ersten vorstellung des ‹kraters› vorbeischaute, ist unbekannt. vom zeitpunkt her wäre es durchaus möglich gewesen. vor kurzem hatte er dem bauhaus den rücken gekehrt. und erst «gegen ende november 1928», reiste bill nochmals nach dessau, wo er bis dezember 1928 blieb und wo es offene rechnungen zu begleichen galt.

die allererste ‹krater›-vorstellung konnte am 3. november 1928 in zürich-hottingen in einem dachatelier der freiestrasse 56 besucht werden.

an dieser ersten vorstellung wirkte der komponist robert blum mit, der gemeinsam mit dem musiker wladimir vogel in berlin bei busoni studiert hatte, sowie die tänzerin suzanne perrottet, eine gänzlich unbürgerliche, moderne frau, die zur zürcher dada-zeit bereits im ‹cabaret voltaire› aufgetreten war, ferner unter anderen der schauspieler emil hegetschweiler.

suzanne perrottet berichtet, sie sei von robert blum, dem komponisten, angefragt worden, ob sie lust hätte, in einem kabarettprogramm mitzuwirken. «sie waren im begriff, ein kleintheater zu gründen, und sie wollten mich für den künstlerischen beirat wählen, ich sollte aber auch im programm mitwirken. es waren leute dabei, die sind später bekannt geworden, vor allem der schauspieler und kabarettist emil hegetschweiler, der schriftsteller jakob bührer und die trudi schoop. sie hatte eine begabung für pantomime.

am 3. november war die erste aufführung, ich musste in dieser nummer, sie hiess ‹die bar›, eine dirne darstellen, nur mit mimik und tanz. ich hatte zwei tänze zu tanzen …

beim zweiten tanz musste ich einen freier umwerben, dabei musste ich zartes, körperliches erregen simulieren, um ihn zu locken, umschmeicheln und ihn nie aus den augen lassen, um ihn zu fangen. ich komme immer mehr in trance, ich steigere alles immer mehr, bis er aufsteht. in wilder lust pralle ich auf ihn mit den krallen. vor allem dieser zweite tanz hatte grossen erfolg.»[703]

die kritik im *tages-anzeiger* beurteilte das ‹krater›-erlebnis als eine «gesellschaftlich gefärbte produktion».[704]

jean-paul samson, der in zürich lebende französische schriftsteller und mitglied beim *krater*, zu dem bill in den folgenden jahren engere bande knüpfen wird, da die beiden politisch auf derselben seite stehen, stellte im sommer 1929 an einem ‹krater›-abend «quelques poètes non officiels de la langue française» vor. die kritiker reagierten positiv.

bill, der zum ensemble dazustiess und mitte märz 1930 offiziell aufgenommen wurde, konnte beim ‹krater› seine an der bauhaus-bühne erworbenen fähig-

---

702 paul lang: «die kleinkunstbühne ‹der krater› (zürich 1928–30)», 1.12.1955; schweizerisches cabaret-, chanson- und pantomimen-archiv
703 perrottet [1989/90], s. 203
704 tages-anzeiger, 8.11.1928
705 eh. in: tages-anzeiger, 27.6.1929
706 neue zürcher zeitung, 4.7.1929
707 schreiben an die mitglieder der programmkommission, unterzeichnet von dr. paul lang (kraterpräsident), 16.3.1930; nachlass ernst f. burckhardt
708 siehe anm. 702

«als berufener vermittler französischer lyrik ist j. p. samson bekannt, und so fand sich denn auch zu seinem vortragsabend im ‹krater› ein kleines, aber recht aufmerksames publikum ein … eine auf den feinen ton gestimmte musikalische umrahmung erhielt die intime veranstaltung durch das vornehme klavierspiel von milly schweizer, die ihre kunst in den dienst von ravel, debussy und honegger stellte.»[705] «samsons vorlesung war durch völlige einfachheit und dichterischen ton ergreifend und eindrücklich.»[706]

jean-paul samson war bereits während des ersten weltkriegs in die schweiz emigriert und anfangs in zürich beim hier weilenden berliner dadaisten hans richter untergekommen. andré breton, der heute weiterum bekannte surrealist, war ein schulfreund samsons. die beiden kannten sich seit der gemeinsam in frankreich, in chaptal 1911–1912 verbrachten schulzeit. breton bezeugte samsons politische aufrichtigkeit und moralisch einwandfreie haltung: «je connais de très longue date jean-paul samson … j'honore grandement sa droiture: un des très rares» (zitat von andré breton auf dem rückseitigen umschlag der buchausgabe jean-paul samson: *journal de l'an quarante,* genf und montreuil-sous-bois, 1967).

keiten einbringen. er fertigte bühnenbild-dekorationen und liess sich zeitweise als mitwirkender auf der bühne sehen.

neben anderen kabarett-mitwirkenden, deren teilnahme durchaus fluktuieren konnte, wurde max bill am 16. märz 1930 in einem schreiben, das an die mitglieder der programmkommission verschickt wurde, erwähnt unter anderen als «kooptierte mitglieder der programmkommission» tituliert.[707]

dass man beim ‹krater› kein geld verdienen konnte, dürfte bei papa bill, bei dem sohn max in der kreide stand, unmut erregt haben. max hingegen packte da, wo man sich «leidenschaftlich» bemühte, «form-probleme» auf dem wege zum «kabarettistischen gesamtkunstwerk»[708] zu lösen, begeistert mit an.

dasselbe rundschreiben enthält darüberhinaus den hinweis, dass die zweite sitzung der programmkommission am mittwoch, den 19. märz, im büro burckhardt abgehalten wird. bill als frischgebackenes «kooptiertes» mitglied ist damit implizit zur teilnahme an dem treffen aufgefordert, an dem ernst f. burckhardt sein programm für die ‹krater›-veranstaltung am 3. mai 1930 vorstellen soll.

für das architekturbüro von burckhardts besorgte max bill in jener zeit auch die gestaltung des briefpapiers. ein weiterer auftrag für ein briefpapier wird dem jungen bill vom architektur- und ingenieurbüro c. hubacher und r. steiger, die ihr büro im ‹zett-haus› beziehen werden, 1932 erteilt. bill nahm die typografische gestaltung in beiden fällen in konsequenter kleinschreibung vor – und die modern gesinnten architekten akzeptieren seine vorschläge.

in jenem rundschreiben wird bill nach den in den vorstand gewählten, und nach den «gewählten mitgliedern der programmkommission» (das sind: elsa burckhardt, ernst f.burckhardt, emil hegetschweiler, dr. arthur mojonnier und egidius streiff), als einer von insgesamt fünf «kooptierten» mitgliedern der programmkommission an erster stelle aufgeführt: 1. max bill, stadelhoferstr. 27, 2. paul jecklin, 3. dr. w. lesch, 4. maria münch, 5. j.p. samson, seilergraben 31.

«sie werden hiermit zur zweiten sitzung der programmkommission auf mittwoch, 19. märz 1930 abends 8 uhr ins büro burckhardt, münsterhof 12 (neben waag) eingeladen. vorlegung des programms für 3. mai durch programmleiter burckhardt. lektüre u. besprechung folgender werke: vaucher ...»

max bill: briefpapier «karl a. burckhardt ernst f. burckhardt, architekten bsa zürich», 1930

max bill: briefpapier «c. hubacher ingenieur / r. steiger architekt», 1932

ausser dem vom architekten ernst f. burckhardt im rundschreiben erwähnten schriftsteller c. f. vaucher wird auch die mit sophie taeuber-arp seit der zürcher dada-zeit eng befreundete tänzerin katja wulff gelegentlich auf der kleinkunstbühne ‹der krater› auftreten.

katja wulff kam wie sophie taeuber, die ihrerseits nicht nur als bildende künstlerin, sondern auch als tänzerin ein beachtliches potenzial aufbieten konnte, aus der rudolf-von-laban-schule. katja und sophie, mutige frauen, waren etliche jahre zuvor, als max bill noch die schulbank in winterthur drückte, in zürich 1917 an dada-veranstaltungen aufgetreten: katja wulff trug für ihre dada-performance – wie sie mir bei einem besuch bei ihr zuhause in basel erzählte – «ein röhrenkostüm», aus dem heraus sie lediglich auf den boden zu ihren füssen schauen konnte, wo sie sich mit kreide ihre choreografischen bewegungslinien vorgezeichnet hatte.

das ‹tanzstudio wulff› in basel hatte um 1928/29 drei ballette eingeübt, wie vaucher berichtet: *parade* von jean cocteau zu musik von erik satie, *relâche* von francis picabia, ebenfalls zu musik von satie, und *ariadne*-ballett von marietta von meyenburg (siehe s. 354). mit diesen aufführungen erzielte das ‹tanzstudio wulff› den durchbruch.

«wann genau sich vaucher und katja wulff begegnet sind, ist nicht bekannt. für ein jahrzehnt bildeten sie eine enge lebens- und arbeitsgemeinschaft ... im nachlass von katja wulff, der im tanzarchiv köln liegt, gibt es leider keine persönlichen aufzeichnungen aus dieser zeit. c.f. vaucher war ende der 1920er-jahre der tanzgruppe von katja wulff beigetreten ... und in erster ehe mit der um elfeinhalb jahre älteren, am 31. august 1890 in hamburg geborenen katja verheiratet.»[709]

katja wulff bemühte sich 1976 auf anfrage rückblickend, ehemalige mitwirkende beim ‹krater› zu benennen: «die ‹ehemaligen› sind mme suzanne perrotet ... marie-eve kreis ... beim ‹krater› war auch dabei marietta von meyenburg ... vom ‹krater› gab es ein sehr gutes programm; entwurf vermutlich von max bill ...»[710] was katja wulff hier in ihrem schreiben vermutet, dass das programm grafisch von max bill gestaltet wurde, ist zutreffend. in seinem typografie-nachlass finden sich entsprechende belege.

der aus bratislava stammende rudolf von laban hatte im jahr 1913 eine sommerfiliale seiner münchner schule des freien ausdruckstanzes gegründet, und zwar auf dem monte verità im tessin. während und wegen des ersten weltkriegs hatte von laban seine schule von münchen nach zürich verlegt. «katja wulff stiess im oktober 1916 dazu und geriet sogleich in den unmittelbaren kreis der dada-szene. die dadakünstlerin sophie taeuber nahm bei laban unterricht, hans arp entwarf ‹briefköpfe und plakate für die schule›, wie katja wulff in einem nachruf auf laban festhielt, und die männlichen dadaisten – ‹ich weiss nicht mehr, wovon ich mehr angezogen wurde, von der schönheit der mädchen oder der neuheit des tanzes› (richard huelsenbeck) – waren leidenschaftlich gern gäste bei den hausfesten an der seegartenstrasse 2, die laban mit seinen mitarbeiterinnen mary wigman und suzanne perrottet organisierte: ‹der laban und die wigman und wir alle haben gern gefestet; und so haben wir die dadaisten dazu eingeladen›, betonte katja wulff ... nach ende des ersten weltkrieges kehrte laban nach deutschland zurück, und suzanne perrottet und katja wulff übernahmen die laban schule in zürich.»

mary wigman ging nach dresden und katja wulff gründete schliesslich im oktober 1923 in basel ihre eigene laban-schule. mit ihrer meisterschülerin marietta von meyenburg, «welche die choreographie besorgte», trat katja wulff seit 1926 «auch mit aufführungen an die öffentlichkeit. 1927 folgte die aufführung des *barrabau* von vittorio rieti. die musikalische leitung hatte paul sacher mit dem basler kammerorchester. ‹der erfolg war ein durchschlagender›».[711]

---

709 peter kamber in vaucher 1996, s. 223, s. 109
710 katja wulff, augustinergasse 3, 4051 basel, 1.6.1976, an h.-u. von allmen, gwatt/thun; schweizerisches cabaret-, chanson- und pantomimen-archiv
711 vaucher 1996, s. 110f.
712 e.b.: «aufführung im ‹krater›, in: *neue zürcher zeitung*, 9.4.1930
713 r.: «das krater-kabarett», in: *neue zürcher zeitung*, 10.4.1930
714 e.br.: «die ‹krater›-bühne in zürich», in: *der bund*, 10.4.1930; nachlass ernst f. burckhardt in schweizerisches cabaret-, chanson- und pantomimen-archiv

‹der krater› zieht ins pianohaus jecklin

nach der anfangsphase im dachatelier fand ‹der krater› eine neue unterkunft in einem saal, den das musikhaus jecklin im jahr 1930 vorübergehend zur verfügung stellte.

bill, der sich begeistert in die neue aufgabe stürzte und den programmzettel für die erste veranstaltung der neuen saison im april 1930 gestaltete sowie, wie dem flyer zu entnehmen ist, die «dekorationen: bill», wird für letzteres sogar alsbald in zwei kritiken in der *neuen zürcher zeitung* lobend erwähnt.

«… in einem saale des pianohauses jecklin konnte für hundert zuschauer platz geschaffen werden; der brillante super-jazz der varsity-boys schuf für drei stunden eine angeregte gesellige stimmung … die amüsante bilderfolge ‹generaldirektor suter›, als deren autor ein junger architekt [ernst f. burckhardt] auf das podium trat, bot vergnügliche dialektunterhaltung.

ein herold im altertümlichen tschako verlas mit nachtwächterrufen moralischer entrüstung die kalifornischen abenteuer des draufgängers j. suter, während auf der bühne die geschäftskarriere des untadeligen hans suter aus bünzlikon skizziert wurde. emil hegetschweiler spielte den wackern kaufmann ohne alle auf der mundartbühne üblichen drücker …

max bill unterstützte im dekorativen die surrealistische atmosphäre des abends … das programm bot auch zwei surrealistische filme, die das auge durch optische nachdenklichkeiten erfrischten.»[712]

eine zweite kritik, die einen tag darauf erschien, lautete: «der behagliche estrich-saal an der freien strasse wurde nun mit einem eleganten saale im pianohaus jecklin beim pfauen vertauscht, so dass die zweite spielzeit … mit frischem mut einsetzen konnte.

emil hegetschweiler streute die lieblichsten witzblüten in seine conférence … man genoss vor allem die geistvolle bühnenstimmung zweier originell inszenierter einakter (mit guten dekorationen von max bill), die, wie die meisten stücke dieser bühne, als uraufführung geboten wurden.»[713]

das erste der uraufgeführten stücke, nämlich *generaldirektor sutter*, war von bills neuem freund burckhardt geschrieben worden, der sich auf dem programmzettel lediglich als «e. f.» zu erkennen gab. von daher ist es nicht weiter verwunderlich, dass er in einer kritik nur als «ein junger architekt» erwähnung findet: «ein junger architekt hat unter dem titel *generaldirektor sutter* das kalifornische abenteuerdrama von der tragik des goldes ins bürolistisch korrekte

einer der in der zitierten kritik erwähnten «surrealistischen» filme war, wie dem programmzettel zu entnehmen, «*rien ne va plus*, film von 2 burckhardt's», das heisst von elsa und ernst f. burckhardt gemeinsam konzipiert.

derselbe kritiker mit dem kürzel «e.br.» kann auch im berner *bund* noch einige zeilen über die «amüsante bilderfolge» *generaldirektor suter* unterbringen. sie wirke «sehr witzig durch die gegenüberstellung heterogener welten: ein altertümlicher herold liest mit bourgeoiser entrüstung die kalifornischen abenteuer john august suters herunter, während nebenan, blitzlichtartig beleuchtet, die untadelige bureau-karriere eines hans suter vorüberzieht. – surrealistische filme, deren es noch nicht viele gibt, brillante jazzmusik, conférence und französische vorträge füllten das originell formulierte programm aus.»[714]

diese arbeit dürfte im umfeld oder sogar im direkten zusammenhang mit bills bühnendekorationen für die kleinkunstbühne ‹der krater› stehen; möglicherweise bedeutet die anmerkung «1.k. 30», dass dies bills erste arbeit für «k», den ‹krater› war; da er in der typografie für den programmzettel als signet gleichfalls nur ein vom buchstaben k abstrahiertes symbol aus einem hohen vertikalen strichbalken gebrauchte, neben dem, nach einer ausgesparten lücke, rechts davon zwei ausgefüllte dreiecke gesetzt sind (siehe s. 340).

max bill: œuvre / 1.k.30, 1930
collage auf karton, 50,2 × 70,5 cm

umgeschrieben und in einer knappen bilderfolge die karriere eines wackeren hans suter geschildert, der nobel und mit steigender prosperität bis zu den blumenstöcken allgemeiner verehrung vordringt, während ein altmodischer herold die buntbewegte laufbahn j. suters als schauermäre herunterliest. diese kontraste sind so frisch und leicht gezeichnet, dass der autor die plumpe bourgeois-satire, die schon so oft herhalten musste, gar nicht braucht.»[715]

das zweite an jenem abend uraufgeführte stück war ebenfalls von einem basler verfasst worden und auf dem programmzettel wie folgt angekündigt: *gretchen oder vive la france von goldschmied-basel*. auch darauf reagierte die presse positiv: «ein stück von entschieden literarischer prägung ist der sketch *gretchen* von goldschmied (basel) … es blitzen allerlei krause wahrheiten in diesen dialogen auf. die autoren [ernst f. burckhart und goldschmied] der beiden frisch formulierten stücke durften inmitten des von max bill geschaffenen surrealistischen rahmens den genuss der hervorrufe auskosten.»[716]

was genau seine reiche basler familie für geschäfte tätigte, findet im nachruf auf burckhardt keine erwähnung. dort heisst es nur, mit etwas understatement, dass burckhardt «verschiedene bauten für die väterliche firma» ausgeführt habe.[717]

der von seinen freunden ‹e.f.› genannte ernst friedrich burckhardt wurde zwar in zürich geboren und wuchs dort auch auf, aber er entstammte «einer bedeutenden basler familie». im alltäglichen zürcher sprachgebrauch signalisiert ‹ck-dt›, abgeleitet von ‹burckhardt›: aus basel stammend und reich.

ernst f. burckhardt hatte seit 1924, nachdem er ein architekturstudium in london abgeschlossen hatte, ein eigenes architekturbüro in zürich. er war ein neffe des bekannten schweizer bildhauers carl burckhardt.

---

715 e.br.: «theaterrundschau. das ‹krater›-kabarett in zürich», in: *national zeitung*, april 1930 (datum nicht näher überliefert); nachlass ernst f. burckhardt in schweizerisches cabaret-, chanson- und pantomimen-archiv

716 ebenda

717 hans marti, «nekrolog ernst f. burckhardt», gta archiv

eigentlich hätten unter der von ernst f. burckhardt zu verantwortenden programmleitung am 3. und 4. mai 1930 zwei *krater*-vorstellungen in zürich stattfinden sollen. diese wurden jedoch auf den 24. und 25. mai verschoben. dadurch wurde es möglich, noch surrealistische filme zu zeigen, die e.f. und max in paris holen sollten. sie hätten nach der sitzung vom 26. april abreisen und sich demnach in der periode vom 27. april bis etwa zum 16. mai 1930 in paris aufhalten können.

diese zeitspanne ist auch kunsthistorisch insofern von bedeutung, da in paris eine ausstellung der künstlergruppierung ‹cercle et carré› bis zum 1. mai 1930 stattfindet (siehe s. 319). auf alle fälle verweilt max mehrere tage lang, vielleicht sogar zwei bis drei wochen, in paris.

ernst f. und max werden, so vermute ich, vor dem 16. mai wieder aus paris abreisen. denn auf den 16. mai 1930 hatte der ‹krater›-präsident dr. paul lang einen internen leseabend im zürcher helmhaus «für mitglieder und kooptierte» angesetzt. da max bill ein «kooptierter» krater ist, wurde seine anwesenheit demnach erwartet. gelesen werden sollte aus eingereichten werken, unter andern von albert ehrismann, für dessen lyrik-band *lächeln auf dem asphalt* max bill im gleichen jahr den schutzumschlag gestaltet; anschliessend war die vorstandssitzung anberaumt.

und zwei tage nach dem leseabend war die nächste öffentliche veranstaltung, eine matinée mit dem schriftsteller albin zollinger, angesagt. burckhardt und

dank seiner ‹basler connection› kann max bill 1936 im auftrag des verkehrsvereins basel einen tourismusprospekt für die stadt basel gestalten; er wird darin eine abbildung der skulptur *amazone* von carl burckhardt mitaufnehmen (max bill: *basel*, parallelfalzblatt, zehn seiten, 1936, typografie-nachlass max bill an angela thomas).
auf dieselbe skulptur *amazone* greift bill jahrzehnte später abermals zurück, als er im auftrag der schweizer post 1974 zwei europa-sonderbriefmarken gestaltet. als zweites sujet für die sonderbriefmarken wählt bill eine abbildung seiner eigenen plastik *kontinuität*.

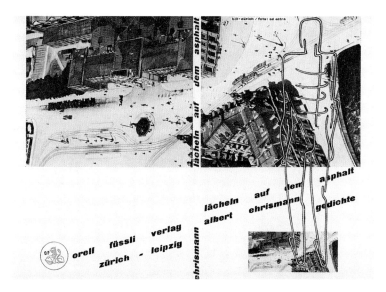

max bill: buchumschlag für albert ehrismanns gedichtband *lächeln auf dem asphalt*, 1930

bill werden sich, als belustigte, doch verantwortung tragende ‹krater›-leute dafür wohl wieder in zürich eingefunden haben.

für den von mir hier angenommenen zeitraum des aufenthalts in paris zwischen dem 29. april bis ungefähr zum 16. mai 1930 spricht auch der verärgerte brief, den erwin bill seinem sohn am 23. mai schickte:

«lieber max!

dass du die eingegangenen bedingungen, die vorbedingung meiner weiteren unterstützung waren, fast alle übertreten hast, werde ich dir wohl nicht vor augen führen müssen. dass ich wegen abbezahlung deiner schulden selber in geldverlegenheit kommen musste, war dir bekannt, trotzdem bist du nach paris, wo sich auch die dirne maria benz aufhält, und hast, da dein vater sozusagen ein leeres portemonnaie hat, ganz zu schweigen von deinem bruder und deiner mutter, hunderte von franken unnötig verbraucht und viel zeit verbummelt.»[721]

die in paris gesuchten filmkopien werden max und ernst f. nicht wie vorgesehen persönlich mit in die schweiz bringen; sie werden dem ‹krater› von der ‹société parisienne d'exploitations cinématographiques› auf dem postwege zugeschickt.

inspiration in paris

burckhardt und bill besuchten in paris filmpaläste und nutzten ihren aufenthalt unter anderm dafür, nach ideen für die ‹krater›-veranstaltungen in der schweiz zu suchen und materialien zu sichten. sie wollten filme der französischen regisseurin germaine dulac ausleihen, und zwar *la coquille et le clergyman* (1928), *étude cinégraphique sur une arabesque* (1929), *thème et variations* (1928).

im sommer 1930 wurde auf einladung frankreichs an der jahresausstellung der ‹société des artistes décorateurs› (vereinigung der französischen inneneinrichter) im pariser grand palais eine ausstellung des deutschen ‹werkbunds› veranstaltet, die vom 14. mai bis zum 13. juli 1930 dauerte.

ob max bill und ernst f. burckhardt gelegenheit hatten, diese ausstellung während ihres paris-aufenthalts zu besuchen? oder waren sie vor eröffnung der ausstellung, an der auch moholy-nagys heute berühmter *licht-raum-modulator* (1930) gezeigt wurde, bereits wieder in die schweiz zurückgekehrt? fraglich ist auch, ob ernst f. burckhardt in paris noch am 17. mai an den sitzungen der vorbereitenden kommission zum 3. ciam-kongress teilnahm. anscheinend eher nicht, denn im gta archiv der eth zürich findet sich ernst f. burckhardts name nicht in den diesbezüglichen pariser sitzungsprotokollen vermerkt.

---

dafür waren vorgesehen: «tänze von mitgliedern des tanzstudios wulff-basel, suite für kleines orchester, komponiert von robert blum und gespielt von einem badener ensemble. uraufführung des schauspiels *man kann doch nicht einfach mutter sagen* von c.f. vaucher.»[718]

«das nächste programm ist auf 24./25. mai verschoben. tänze von mitgliedern des wulff studios, komposition blum, surrealistische filme, die in paris geholt werden …»[719]

anhand der nachlassmaterialien von ernst f. burckhardt im gta-archiv der eth zürich lasse sich nicht abklären, wann genau sich burckhardt und bill in paris aufhielten, denn es seien dort weder tagebücher noch agenden burckhardts vorhanden.[720]

die filme von germaine dulac wurden auf einladung vom ‹krater› in zürich am 31. mai und 1. juni 1930 vorgeführt. eine korrespondenz über die leihgebühr für die filmkopien zwischen der ‹société parisienne d'exploitations cinématographiques›, paris, 23.5.1930, und e. burckhardt, münsterhof 12, zürich, findet sich im schweizerischen cabaret-, chanson- und pantomimen-archiv.

---

718 ‹krater›-mitteilung, 2. saison 1930, der präsident, dr. paul lang, 25.3.1930; schweizerisches cabaret-, chanson- und pantomimen-archiv

719 dr. paul lang, kilchberg, präsidialmitteilung nr. 3; ebenda

720 mitteilung von alex winiger, gta archiv, 2004

721 erwin bill, winterthur, 23.5.1930 an max bill, zürich; archiv max bill

722 posener 1990, s. 204f.

der deutsche architekt julius posener kritisierte diese *werkbund*-ausstellung, «…welche walter gropius und andere architekten der – nennen wir es einmal – bauhaus-richtung im ‹salon des arts décoratifs› in eben diesem jahr 1930 aufgebaut hatten». «das war ein sehr interessanter moderner raum, welcher bis in jede einzelheit im sinne des bauhauses durchgebildet» worden war. posener reagierte ambivalent, denn einerseits fand er den raum «modern» und «interessant», anderseits stiess ihn dessen angeblich «doktrinäre art» ab. er rezipierte die darbietung als aus der «deutsch-modernen provinz» herkommend, es werde dort «auf einen eingepredigt», was ihm insbesondere auf den keks ging – wie man heute umgangssprachlich sagen würde; posener formulierte, was ihm «unerträglich» war: «da standen ganze seiten, die mit dem einen satz bedruckt waren: ‹wir schreiben alles klein, denn wir sparen zeit.
wir schreiben alles klein, denn wir sparen zeit.
wir schreiben alles klein, denn wir sparen zeit.
wir schreiben alles klein, denn wir sparen zeit.
wir schreiben alles klein, denn wir …›».[722]

erwin bill machte – wie bereits erwähnt – max nach dieser reise schwere vorhaltungen, denn er interpretierte das verhalten seines ältesten sohns als ausreissen – was es in gewisser weise vielleicht auch war. für den jungen bill bedeutete der aufenthalt in paris jedoch ‹geistiges wiederauftanken› und einen aufbruch in eine für ihn vielversprechende zukunft.
burckhardt und bill besuchten in paris einige galerien. max sah zum ersten mal originale von pablo picasso, grossformatige gemälde, und des nachts besuchten ernst f. und er selbstverständlich diverse pariser nachtclubs. als sie wieder nüchtern waren, sahen sich die beiden freunde – wie max mir erzählte – «werke von max ernst» an, vermutlich in der galerie jeanne bucher.

in den zahlreichen büchern, die bill im laufe der jahre zu max ernst zusammentrug, musste ich lange suchen, bis ich endlich einen hinweis auf max ernsts ausstellungstätigkeit im jahr 1930 fand, in einem vom museum of modern art herausgegebenen buch: max ernst habe 1930 (ohne angabe des monats) in zwei pariser galerien ausgestellt, und zwar in der galerie jeanne bucher sowie in einer galerie vignon *(fantastic art, dada, surrealism*, new york 1936, s. 18).

eine max-ernst-ausstellung in der pariser galerie vignon im jahr 1930 wird auch erwähnt im ausstellungskatalog *arte abstracto arte concreto. cercle et carré, paris 1930,* ivam centre julio gonzalez, valencia 1990, s. 329, jedoch ebenfalls ohne angabe des monats.

im jahr 1938 kaufte bill ein von der amerikanischen, in paris lebenden kunstsammlerin und schriftstellerin gertrude stein geschriebenes buch zu picasso: *anciens et modernes picasso par gertrude stein. 63 reproductions dont 8 en couleurs,* librairie floury, paris 1938, mit handschriftlichem bleistift-eintrag von max bill: «bill 1938». seine büchersammlung zu picasso wird im laufe der zeit anwachsen und ungefähr so umfangreich wie jene zu den einzelnen bauhausmeistern in seiner bibliothek.

étude cinégraphique sur une arabesque (1929), an dessen drehbuch der surrealist antonin artaud mitschrieb, begründete germaine dulacs ruf als avant-garde-cinéastin der 1920er-jahre. ob bill und burckhardt die 1882 in amiens geborene feministische regisseurin in paris persönlich getroffen haben, entzieht sich meiner kenntnis.

die kritik poseners, die dazumal im fachblatt *baugilde* veröffentlicht wurde, war natürlich in der gebräuchlich-konventionellen gross-/kleinschreibung verfasst. das bauhaus-archiv widmete der damaligen ausstellung in paris jüngst eine erneute ausstellung in berlin: *werkbund-ausstellung paris 1930 – leben im hochhaus / werkbund-exhibition paris 1930 – living in a high-rise,* mit kleiner begleitpublikation, bauhaus-archiv berlin, november 2007– april 2008.

max ernsts wandbild *pétales et jardin de la nymphe ancolie* (blütenblätter und garten der nymphe akelei), 1934, öl auf putz, übertragen auf holzplatten, 415 x 531 cm, wurde später im corso abgetragen und befindet sich seitdem im kunsthaus zürich. es wurde 2007/08 vorübergehend ausgeliehen und ausgestellt im museum tinguely basel. dazu erschien die empfehlenswerte publikation: werner spies und annja müller-alsbach: *max ernst im garten der nymphe ancolie,* hrsg. vom museum tinguely, hatje cantz, ostfildernruit 2007

1930 erschienen in paris von max ernst *rêve d'une petite fille qui voulut entrer au carmel* in den editions du carrefour. die werke von max ernst hatten es – wie bill mir berichtete – während des aufenthaltes in paris seinem freund burckhardt ganz besonders angetan.

wenige jahre darauf wird ernst f. burckhardt (zusammen mit karl knell) in zürich das corso-theater umbauen. die kunsthistorikerin carola giedion-welcker beruft sich in einem ihrer artikel darauf, dass ohne intervention ihres ehemanns sigfried giedion, der aktionär des corso-theaters und beim umbau als berater tätig war, «… das wandbild von max ernst in der corso-bar nicht zustande gekommen» und an seiner stelle eine von ernst f. burckhardt vorgeschlagene fotomontage ausgeführt worden wäre.[723]

die ausstellung *cercle et carré*

max bill, dessen dekorationen für den ‹krater› in zürich von der presse als surreal bezeichnet worden waren, geriet in paris in ein kunstideologisches spannungsfeld – er nahm kontakt auf zu künstlern, die sich als opposition zu den surrealen verstanden. bills mitreisender freund mit viel witz, ernst f. burckhardt, hatte seinerseits selber schon einen surrealen film, den er mit seiner frau elsa aufgenommen hatte, bei einer ‹krater›-veranstaltung gezeigt.

e.f. sei ein grosszügiger, vielseitiger, belesener mann gewesen, heisst es in seinem nachruf. er habe «ein weites herz» gehabt – und damit verbunden auch viele frauengeschichten, die im nachruf nicht vorkommen, die mir gegenüber aber elsa burckhardt-blums neffe in zumikon erwähnte. patentanwalt rudolf blum gönnte es seiner tante herzlich und froh auflachend, als er erfuhr, dass sie, sozusagen zum ausgleich, eine affäre mit max bill hatte. e.f. habe «unerbittlich gegen das mittelmass und gegen faule kompromisse» gekämpft.[724]

auch nusch, die max in paris wiedersah, verkehrte in surrealistischen kreisen. der harte kern von ‹cercle et carré›, der künstlerischen formation, die sich gegen die surrealistische bewegung stellte, umfasste circa ein dutzend personen, unter ihnen piet mondrian, florence henri, georges vantongerloo, sophie taeuber-arp mit ihrem ehemann jean arp, sowie antoine pevsner, «le plus idéaliste des constructivistes russes»[725]. die gruppe organisierte unter ihrem namen eine ausstellung, die just in der zweiten april-hälfte 1930, zur zeit von bills parisbesuch, offenstand. das plakat dafür hatte georges vantongerloo gestaltet, der auch zu den ausstellenden zählte.

[723] carola giedion-welcker; zit. in bignens 1985, s. 61
[724] hans marti, «nekrolog ernst f. burckhardt»; gta archiv
[725] prat 1980, s. 213

die ausstellung *cercle et carré* war vom 17. april bis zum 1. mai 1930 in der galerie 23, 23, rue de la boëtie, paris, zu sehen. trotz des hinweises «1ère exposition internationale du groupe ○ et □, peinture sculpture architecture théâtre» auf dem plakat fanden später keine weiteren ausstellungen der gruppierung statt.

der 1886 in antwerpen geborene flämische künstler georges vantongerloo lebte seit wenigen jahren in paris. er war um eine generation jünger als der berühmt gewordene henry van de velde, mit dem max bill seinerseits in späteren jahren persönliche bekanntschaft schliessen wird. während des ersten weltkriegs hatte sich vantongerloo vorerst ins exil in die niederlande retten können, wo er um 1917 ein eigenständiges konzept für malerei und plastik erarbeitete. seine reflexionen wurden ab 1918 in der zeitschrift *de stijl* publiziert. er stürzte sich in ein gedankliches abenteuer, eine ein-mann-expedition, die sein ganzes leben andauern und seine kunst prägen wird.
für bill wird das œuvre des zeitlebens beständig weiter recherchierenden vantongerloo grosse bedeutung gewinnen.

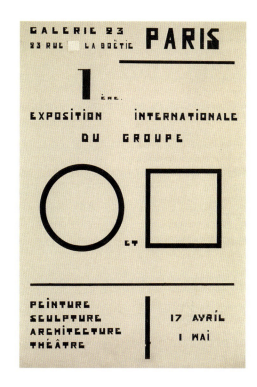

georges vantongerloo: plakat zur ausstellung *cercle et carré*, 1930

bei diesem besuch in paris im jahr 1930, den ihm sein vater so arg verübelt, wird etwas für die weiteren lebensstationen des jungen max bill wichtiges kreativ in die wege geleitet. denn der von ihm in paris empfangene impuls leitet eine umorientierung ein: bill wird sich von seiner kurzen ‹surrealen› phase verabschieden. die in paris bei *cercle et carré* empfangenen einsichten bewirken eine neuperspektivierung und geleiten bill hin zum selbstständigen eigenen werk, zu neuen, rationaleren resultaten, für die er wenige jahre nach diesem impulsgebenden aufenthalt in paris die theoretischen begriffe ‹konkrete gestaltung›, ‹konkrete kunst› (1936) benützen wird.

mit zwei künstlern der älteren generation, die bei *cercle et carré* 1930 ausgestellt hatten, wird bill in noch etwas fernerer zukunft, 1949, dank seiner eigenen tatkräftigen initiative im kunsthaus zürich gemeinsam ausstellen. dann wird es ihm gelingen, an den werken der älteren kollegen seine eigene kreative potenz zu messen sowie seine konzepte und die bis dahin entstandenen eigenen ‹konkreten› werke vergleichend unter beweis zu stellen. bills arbeiten sind im kunsthaus neben skulpturen des russischen künstlers antoine pevsner und werken des flämischen künstlers georges vantongerloo – mit dem bill zu diesem zeitpunkt schon eng befreundet sein wird – zu sehen. den vorschlag für diese ausstellung an die zürcher kunstkommission, das ausstellungsplakat, die kataloggestaltung und die gesamte ausstellungseinrichtung wird max bill selbst verantworten (siehe den katalog *antoine pevsner, georges vantongerloo, max bill,* kunsthaus zürich, 15. oktober bis 13. november 1949).

von den drei flughafen-objekten, die vantongerloo präsentierte, befindet sich heute eines in der sammlung des wilhelm lehmbruck museums in duisburg, ein anderes in meiner sammlung.

das sollte ihm noch in einer jahrzehnte später an der pariser sorbonne eingereichten dissertation von der kunsthistorikerin marie-aline prat als mathematisches delirium («délire mathématique») angekreidet werden. was einer aus meiner sicht ungerechtfertigten abstempelung des künstlers als wirrkopf gleichkommt.

bei der *cercle et carré*-ausstellung in paris waren zwei werke von hanns welti mitausgestellt.

während seine künstlerkollegen in der *cercle et carré*-ausstellung zumeist gemälde präsentierten, zeigte georges vantongerloo urbane projekte, modelle für flughäfen im zwischenbereich von architektur und skulptur – archiskulptur nennt man das heutzutage – von hoher ästhetischer präzision, die jedoch nie realisiert wurden.

vantongerloo war damit nicht nur auf der höhe der zeit, sondern seiner zeit und damit auch seinen künstlerkolleginnen und -kollegen bei ‹cercle et carré› weit voraus. letztere scheinen vantongerloo denn auch damals kaum verstanden zu haben. ihn beschäftigten mathematische fragestellungen, mit denen er sich jahrelang autodidaktisch auseinandergesetzt hatte. seine überlegungen liess er oft in die gespräche beziehungsweise – da ihm niemand folgen konnte oder wollte – monologe einfliessen.

die ursprüngliche idee für die gündung von ‹cercle et carré› sei von joaquín torrès garcia ausgegangen, auf den ihn sein zürcher künstlerkollege hanns welti aufmerksam gemacht hatte – wie bill mir erzählte.

der maler jean hélion hatte 1928 in der pariser galerie marck eine ausstellung von fünf künstlern organisiert, bei der werke von ihm sowie von torrès garcia gezeigt wurden. bei diesem ‹événement› begegneten sich theo van doesburg und torrès garcia. laut marie-aline prat habe torrès van doesburg vorgeschlagen, gemeinsam etwas «contre le surréalisme» zu unternehmen. torrès wurde in van doesburgs atelier eingeladen und schrieb darauf zwei artikel über dessen œuvre. dann jedoch entschied sich torrès anstatt für ein zusammengehen mit van doesburg für michel seuphor – bei letztgenanntem sei er «à la fin de 1929» in vannes vorbeigekommen.[726]

georges vantongerloo:
aéroport type a, série a, paris 1928
metall, 22 × 45 × 100 cm, geplant für eine länge von 370 m

726 prat 1980, s. 32, 34
727 schipper 1974

bill suchte den aus montevideo stammenden künstler torrès garcia im mai 1930 in dessen pariser atelier auf dem montmartre, in der rue marcel sembat, auf. torrès garcia hatte dieses im jahr zuvor bezogen und empfing dort künstlerkollegen, «pour y tenir des conversations».[727] auf fotos aus jener zeit wirkt er eher düster; ihn plagten – wie viele andere künstlerinnen und künstler –

finanzielle sorgen.

von torrès garcia vernahm bill, dass es bei ‹cercle et carré› weder ein gruppenmanifest noch irgendwelche statuten gab. man entrichtete lediglich einen beitrag von 25.– französischen francs. der gemeinsame ideologische nenner lautete: «anti-sur», das heisst, man wollte sich stilistisch von den surrealistischen künstlern abgrenzen. ansonsten bezeichnete man sich bei ‹cercle et carré› als international.

zu den gästen, die torrès garcias atelier auf dem montmartre frequentierten, zählten auch georges vantongerloo, sophie taeuber-arp und ihr gatte jean arp, antoine pevsner und piet mondrian.

am 15. märz 1930 erschien die erste nummer des journals *cercle et carré*. van doesburg reagierte beleidigt und schrieb an seuphor: «vous comprendrez donc bien que ce journal sorti d'un ésprit vulgaire me forçera d'agir et j'en suis sûr de trouver chez quelques amis de ‹l'autre côté› une même intention». dieser brief wurde in der zweiten nummer des journals *cercle et carré* veröffentlicht, die am 15. april 1930, also wenige tage vor bills eintreffen in paris, herauskam – und die torrès garcia ihm wohl kaum vorenthielt.

jeanne bucher, eine bedeutende galeristin

die meisten der kunstschaffenden, die bei ‹cercle et carré› aktiv mitmachten, waren ausländerinnen und ausländer. und das «pariser klima» sei für sie besonders unfreundlich, gar feindselig gewesen. von daher hatte die gruppe sowohl eine künstlerische wie auch eine soziale funktion: «... aussi un soutien

georges vantongerloo:
aéroport type b, série a,
paris 1928, metall,
6,5 × 20 × 37,5 cm

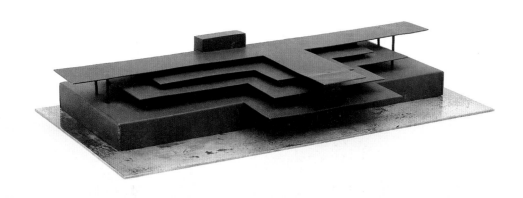

im september 1932 brach «das unheil» über das bauhaus herein: es wurde «durch die anhaltische regierung geschlossen, in der inzwischen die nazis die majorität erlangt haben ... kandinsky entschliesst sich angesichts der politischen entwicklung, deutschland zu verlassen; ein letzter versuch, das bauhaus in berlin zu erhalten, war gescheitert, denn die naziregierung schritt auch hier ein.» hier muss ergänzend erwähnt werden, dass es einige monate dauerte, bis sich kandinsky zur definitiven abreise aus deutschland entschloss. «weihnachten 1933 ist er in paris, nachdem er den oktober in dieser stadt verbracht hatte, um zu sondieren, ob er hier würde leben und arbeiten können.»[729]

gorin und freundlich werden wir in der später in paris gegründeten künstlervereinigung ‹abstraction-création› wiederbegegnen, bei der auch max bill, als er fünfundzwanzig jahre alt wird, ab dezember 1933 mitmachen wird.

moral au sens très large du terme: on y venait pour se rencontrer, pour dîner ensemble».[728] die zusammenkünfte der gruppe fanden im café voltaire, place de l'odéon, am frühen abend in einem ruhigen saal der ersten etage statt.

wassily kandinsky, der im märz 1928 für sich und seine frau nina einen deutsche pass erhalten hatte, beteiligte sich mit zwei werken an der ausstellung *cercle et carré*.

auffallend war, dass bei ‹cercle et carré› kommunistische und antikommunistische haltungen koexistierten: zu den anti-kommunisten zählten torrès garcia und michel seuphor; als kommunisten aktiv waren otto freundlich und jean gorin.

auch piet mondrian stellte bei *cercle et carré* aus, während sich van doesburg von dieser gruppierung fernhielt. die beiden einstigen *de-stijl*-protagonisten

daran erinnert jan brzekowski, der gemeinsam mit nadia grabowska, der schülerin und zukünftigen frau von fernand léger, im april 1929 die zeitschrift *l'art contemporain* gegründet hatte: «mondrian et doesburg fréquentaient tous les deux le dôme. ce n'était pas sans poser parfois de petits problèmes diplomatiques à leurs amis communs: doesburg étant placé près de la porte d'entrée ou à la terrasse et mondrian toujours au fond: il fallait saluer d'abord doesburg avant de rejoindre le groupe mondrian/seuphor.»[730]

konnte man im pariser restaurant le dôme antreffen, jedoch sass jeder für sich. wenige tage nach der zweiten nummer des journals der gruppe *cercle et carré* wird die von theo van doesburg brandneu herausgegebene nummer *ac* (art concret) im april 1930 in paris erscheinen, die max bill während seines aufenthalts mit e.f. burckhardt «zufällig» vorfindet und liest.

cercle et carré und *ac* vergleichend meint die kunsthistorikerin marie-aline prat, die zweitere habe eine radikalere linke position verfochten. die einführungsnummer blieb dann aber die einzige ausgabe. sie wirkte sich auf max bills intellektuelle weiterentwicklung aus und zeitigte auswirkungen im hinblick auf seine sich entfaltende eigene theoretische begriffsbildung einer ‹konkreten kunst›.

ausgerechnet die von seinem vater als «verbummelt» kritisierte zeit in paris sollte sich demnach ausgesprochen fördernd auf bills künftige theoretische und praktische produktion auswirken. er war zur rechten zeit am rechten ort. die auseinandersetzung mit den künstlerischen impulsen, die in paris im spannungsfeld zwischen surreal und rational vibrierten, hätte max damals in keiner anderen stadt so intensiv erfahren und für sich kreativ verarbeiten können.

---

728 prat 1980, s. 54
729 grohmann 1958, s. 202
730 jan brzekowski; zit. in prat 1980, s. 42

hier war max bill im mai 1930 eben auch die in *cahiers d'art* publizierte annonce der galerie jeanne bucher aufgefallen, die seit 1925 die avantgarde ausstellte. er beschloss, madame bucher aufzusuchen. da sie eine gebürtige elsässerin war, konnten jene besucher, die im französischen nicht so bewandert waren, mit ihr deutsch sprechen. sie war eine hervorragende galeristin mit einer ausgeprägten spürnase für kunst, die sie nicht nur verkaufte, sondern auch

in ihren allerersten ausstellungen 1925 hatte jeanne bucher skulpturen von lipchitz und arbeiten auf papier von picasso ausgestellt und 1926 von max ernst *36 dessins pour une histoire naturelle*. 1927 veranstaltete sie eine doppelausstellung mit werken von lipchitz und picasso, und gegen jahresende 1927 hatte wiederum max ernst, diesmal in einer gemeinsamen ausstellung mit hans arp, die ehre. jeanne bucher hatte die reihe ihrer avantgardistischen veranstaltungen im mai 1928 mit einer gruppenausstellung fortgesetzt, in der sie u.a. arbeiten von braque, léger und wiederum von ernst und picasso zeigte. sie war damit in kennerkreisen bestens eingeführt.

im märz 1929 war sie umgezogen von ihrer ersten galerie (in der nummer 3, rue du cherche-midi) in ihre zweite galerie (ancienne librairie sacre du printemps) in derselben strasse, nummer 5. dort zeigte sie von april bis mai 1929, also ein jahr bevor max bill und burckhardt in paris ankamen, neben ihren stammkünstlern picasso, léger, lipchitz, braque, gris und ernst neu auch arbeiten von joan miró und paul klee.

liebte.

im dezember 1929 hatte max ernst erneut bei jeanne bucher eine einzelausstellung. ich vermute, dass von dieser ausstellung her noch einige seiner werke in der galerie verblieben, die burckhardt und bill im mai 1930 anschauen konnten.

bill hatte eine beachtliche anzahl seiner aquarelle nach paris mitgenommen, die er während seiner studienzeit in dessau (1927/28), während der bauhausferien und danach in zürich (1929/bis anfang 1930) erarbeitet hatte; denn er wollte diese blätter gerne in einer pariser galerie unterbringen. er machte sich mit diesem stapel auf den weg zu jeanne bucher.

nachdem am 1. mai 1930 in paris die finissage der *cercle et carré*-ausstellung stattgefunden hatte, eröffnete zwei tage darauf bucher in ihrer galerie eine einzelausstellung des jungen schweizer künstlers serge brignoni (3.–17. mai 1930). als bill die galerie besuchte, lernte er dort neben dem ausstellenden künstler die ebenfalls anwesenden joan miró und jacques lipchitz kennen.

kykladische idole im louvre

brignoni stellte sich max bill bei dieser gelegenheit als «suisse-italien» vor. er war drei jahre älter als bill und in san simone/chiasso auf die welt gekommen. nach

einer von ihnen, andré breton, bezeichnete brignonis stil als «vicérale» (eingeweideartig) und «animal-végétal» (tierisch-pflanzlich).[731]

einem studienaufenthalt in berlin lebte brignoni nun schon seit einigen jahren in paris, wo er bereits vier jahre vor diesem zufälligen zusammentreffen mit bill mit joan miró bei odette luce ausgestellt hatte. miró hatte damals, 1926, gerade von einer realistischen in eine surrealistische malphase gewechselt.

der «suisse-italien» las die zeitschrift *la révolution surréaliste* und verkehrte mit surrealisten. doch brignoni wurde kein «partisan», er war lediglich ein «sympathisant» der surrealisten, die sich in den 30er-jahren der französischen kommunistischen partei (pcf) näherten.

mit dem in paris lebenden schweizer bildhauer alberto giacometti erkundete brignoni die kunstschätze des louvre. er selber berichtete davon: «alberto giacometti und ich entdeckten auf unseren streifzügen die kykladen-plastik in abgelegenen, verstaubten vitrinen des louvre. ihre abstraktheit, ihre zeichenhaftigkeit, die so gar nicht mit dem griechisch-klassischen zu vergleichen ist, hat uns fasziniert.»[732]

auch max bill werden die zumeist weiblichen kykladischen figuren begeistern; später beginnt er sie zu sammeln. klar schätzt bill das elementare an diesen «vorbildlich» gestalteten idolen, doch sie üben auf bills spätere, eigene skulpturen-konzepte keinen direkten einfluss aus. während hingegen giacometti nach seiner entdeckung der kykladischen objekte plötzlich einen flachen kopf schuf (vgl. alberto giacometti: *tête qui regarde*, marmor, 1927–1929).

als max mich kennenlernte, sagte er zu mir: «… deine figur erinnert mich an ein kykladisches idol.»

der ‹schwarze freitag› vom oktober 1929 an der wallstreet wirkte im frühjahr 1930 noch nach und hatte auch viele künstler betroffen, weil galeristen ihre verträge mit ihnen aufkündigten.

die modern eingestellten menschen, die sich bei jeanne bucher trafen, werden sich schon bald der bevorstehenden bedrohungen durch die nazis, denen sie auch persönlich ausgesetzt sein werden, bewusst, da eines der erklärten politischen ziele der nazis lautete, die ‹modernen› und ihre werke zu vernichten.

---

731 andré breton; zit. in billeter 1997, s. 25
732 serge brignoni; zit. ebenda, s. 24
733 ebenda, s. 19
734 ebenda, s. 21f.
735 in: *cahiers d'art*, no. 2, 1928, s. 94
736 serge brignoni; zit. in billeter 1997, s. 22
737 siehe *jeanne bucher*, 1994, s. 56
738 lipchitz 1972, s. 230
739 françoise gilot, zit. in klepsch 2007, s. 181

«als eine der wenigen galeristen hielt jeanne bucher durch, und ich hatte das glück, dass ich bei ihr ausstellen konnte.»[733]

die beiden schweizer bill und brignoni werden wenige jahre nach diesem ersten treffen bei der internationalen künstlervereinigung ‹abstraction-création› in paris mitmachen. bill stellt dort drei jahre später, ab dezember 1933, mit aus. und beide werden in der schweiz gegen ende der 1930er-jahre zu den mitgliedern der im vergleich mit ‹abstraction-création› nicht ganz so bedeutenden, 1937 gegründeten, künstler- und künstlerinnengruppe ‹allianz› zählen, in der sich brignoni immer mehr verloren fühlen wird; er selber bezeichnet sich wörtlich als einen «verlierer».

in der galerie jeanne bucher verkehrte auch piet mondrian. serge brignoni überlieferte folgende anekdote: «ich erinnere mich, dass ich bei jeanne bucher einen hageren, hochaufgeschossenen menschen traf, korrekt, aber ärmlich gekleidet.» jeanne bucher habe ihm bezüglich dieses mannes anvertraut: «seine würde, sein anstand rührt mich, er hat kaum genug zu essen. aus mitgefühl nehme ich ihm jedes mal, wenn er vorbeikommt, ein bild ab, gebe ihm 500 französische francs. der keller ist voll von seinen bildern, ich habe bis jetzt kein einziges verkaufen können.» und brignoni ergänzt: «dieser höfliche herr war piet mondrian.»[734]

hier kann man mitverfolgen, wie legenden kreiert werden. denn jeanne bucher dürfte keineswegs nur «aus mitgefühl» so gehandelt haben, hatte sie doch bereits zwei jahre zuvor *des peintures de piet mondrian* präsentiert. zu dieser ausstellung war in *cahiers d'art* eine positive besprechung erschienen: «... le néo-plasticisme et son chef [mondrian] jouissent, parmi les éléments avancés de hollande, d'un grand prestige. j.j. oud, le chef de l'école architecturale de rotterdam, considère mondrian comme le peintre le plus remarquable de la génération actuelle en europe.»[735]

der holländische architekt j.j.p. oud vertrat in seiner beurteilung von mondrians wichtigkeit eine ähnliche position wie der einstige bauhaus-meister moholy-nagy, der den jungen max am bauhaus auf mondrian als den aktuell «reinsten» maler, also auf mondrian als puristen, aufmerksam gemacht hatte. diese beurteilung bezog sich nicht auf eine moralische, sondern auf eine stilistische reinheit.

und es war ebenfalls moholy-nagy der die typografie und den umschlag für piet mondrians schrift *neue gestaltung neoplastizismus nieuwe beelding* besorgt hatte; diese publikation war in der reihe der bauhausbücher, band nr. 5, erschienen, verlag albert langen, münchen (ohne jahreszahl) – und max bill hatte sich davon ein exemplar besorgt, das von ihm innen mit bleistift mit «bill» angeschrieben wurde.

es gab pro- und antimondrianisten, zu letzteren bekannte sich brignoni, der noch dazu einen bösartigen spruch picassos kolportierte.

die tüchtig-umsichtige galeristin madame bucher war bei max bills besuch damit beschäftigt, von lipchitz, dessen werke seit 1925 schon wiederholt in ihrer galerie zu sehen waren, eine einzelausstellung vorzubereiten, die sie ab dem 13. juni 1930 unter ihrem namen, aber in gemieteten räumen in der nummer 11, rue royale, paris, mit einer auswahl von immerhin hundert lipchitz-skulpturen veranstaltete.[737] dieses wichtige ereignis wurde auch von lipchitz selber hervorgehoben: seine erste grosse retrospektive habe 1930 in der «galerie de la renaissance» (jeanne bucher) stattgefunden.[738]

«über mondrian war eine jener tödlichen bemerkungen von picasso im umlauf: ‹comme ce type doit s'ennuyer, il peint pendant toute sa vie le même tableau›. ein urteil übrigens, dem ich mich anschliessen konnte.»[736]

der in littauen 1891 geborenene chaim jacob lipchitz war 1909 nach paris gekommen. er nannte sich auf französisch neu jacques lipchitz. ab 1913 verkehrte er mit picasso und anderen damals kubistisch arbeitenden künstlern. ihm wird 1940 die flucht aus frankreich vor den nazis gelingen. er findet in new york einen neuen wohnsitz. obwohl dies den nazis durchaus bekannt war, werden sie seinen namen während der okkupation von paris als vorwand benützen, um bei picasso hausdurchsuchungen vorzunehmen, wie die erzählungen von picassos gefährtin françoise gilot zeigen: «ungefähr alle ein bis zwei wochen kam eine gruppe von uniformierten deutschen, die mit drohender miene fragten: ‹hier wohnt doch monsieur lipchitz, nicht wahr?› – ‹nein, hier wohnt monsieur picasso.›»[739] die schilderungen der lebensbedrohlichen vorkommnisse jener zeit wurden in der jüngeren sachbuchliteratur aufgegriffen. sie dazu besonders das lesenswerte buch von michael carlo klepsch: *picasso und der nationalsozialismus,* patmos, düsseldorf 2007.

bill brachte mit dem namen des bildhauers lipchitz wohl zumindest zweierlei in verbindung: er war diesem in einer reproduktion begegnet, und zwar in dem von el lissitzky gemeinsam mit hans arp zusammengestellten übersichtswerk *kunst-ismen 1914–1924*, das bill sich erst vor kurzem gekauft hatte – dort war unter der stilrichtung ‹cubisme› eine reduziert-schlicht gehaltene skulptur von lipchitz aus dem jahr 1916 abgebildet (s. 41, abb. 39). ferner, so erzählte mir bill, wenn ich mich richtig erinnere, hatte le corbusier in seinem *pavillon de l'esprit nouveau*, den bill im jahr 1925 in paris besichtigen konnte, neben gemälden von fernand léger auch skulpturen von lipchitz integriert.

jacques lipschitz: *le chant des voyelles*, 1931–1932

nach plänen desselben von bill so besonders bewunderten le corbusier war für lipchitz in boulogne-sur-seine ein haus entworfen und gebaut worden, das lipchitz im jahr 1925 (also fünf jahre bevor er und max bill sich bei jeanne bucher begegneten) bezogen hatte.
ebenfalls in frankreich plante le corbusier für hélène de mandrot – in deren schloss la sarraz in der schweiz der ciam gegründet worden war – in le pradet, in der nähe von toulon, eine villa, die den namen ‹l'artaude› erhielt. zudem empfahl le corbusier der mäzenin, für den aussenbereich der villa bei lipchitz zwei skulpturen in auftrag zu geben. die beiden lipchitz-skulpturen *femme couchée à la guitarre* (1928) und *chant des voyelles* (1931/32), werden dann auch 1932 in le pradet im garten platziert. sie gelten als hauptwerke des bildhauers.[740] lipchitzs *chant des voyelles* ist seit ende der 1950er-jahre als donation von hélène de mandrot vor dem kunsthaus zürich aufgestellt.

werke von joan miró, genauso wie werke von bills einstigem bauhaus-lehrer paul klee, werden von den nazis dreizehn jahre nach dem zusammentreffen bills mit miró, lipchitz und brignoni bei jeanne bucher in frankreich zerstört. «die kampagne gegen führende exponenten der ‹entarteten kunst› in frankreich nahm 1943 immer gnadenlosere konsequenzen an. im märz 1943 fielen im garten des jeu de paume insgesamt sechshundert gemälde und zeichnungen von vertretern der modernen kunst der vernichtung anheim. ausser werken von picasso befanden sich darunter auch arbeiten von paul klee, joan miró und max ernst.»[741]

---

740 siehe baudin 1998, s. 317f.
741 r. vallard: *le front de l'art, défense des collections françaises 1939-1945* (paris 1997); zit. von klepsch 2007, s. 180, anm. 217
742 horst wernicke: «‹einen blitz bewohnen›, zum 100. geburtstag des französischen dichters rené char», in: *neue zürcher zeitung*, 14.6.2007
743 dora maar; zit. in avril 2002, s. 13
744 siehe hörner 1996, s. 142ff.

«nous aimons tous paul klee»

jeanne bucher gab bill den ihr vorgelegten stapel seiner aquarelle zurück mit den worten: «nous aimons tous paul klee» – wir alle lieben das werk von paul klee. «commencez à travailler indépendamment, et dans un an je vous exposerai» – sie forderte ihn auf, da er doch ein wohlgeratener, talentierter junger mann sei, solle er sich von klees stil befreien und etwas neues, eigenes erarbeiten; dann möge er in einem jahr erneut bei ihr vorbeischauen und sie werde ihn ausstellen.

diese worte, die bill im moment sehr gekränkt haben dürften und die wie ein tritt in den hintern auf ihn wirkten, denn er war ja voller hoffnungen über die türschwelle in die galerie gekommen, waren bei näherem nachdenken darüber genau der richtige, gezielte ratschlag einer erfahrenen galeristin an einen jungen künstler. nach diesem lehrreichen schock fand bill in der tat sehr bald seinen weg mit unabhängigen arbeiten, die den anfang seines unverkennbar eigenen œuvres markieren.

nicht nur von der galeristin, die ihm zu recht und aus gutem grund vorhielt, er solle sich nicht weiterhin an paul klee orientieren, erhielt er einen korb, auch nusch wies ihn ab. als er die frau, die er fast geheiratet hätte, in paris aufsuchte, hatte sie wohl gerade den dichter paul éluard, ihren neuen lebensgefährten und zukünftigen ehemann, kennengelernt.
max konnte sich nicht erinnern, ob nusch ihn in ihre wohnung hineingelassen habe oder nicht, noch was er in jener nacht überhaupt getan habe, denn er sei völlig betrunken gewesen.

> dies ist das einzige mal, dass bill mir gegenüber erwähnte, er, der von seinem onkel ernst geiger ideologisch als progressiver antialkoholiker geprägte, sei überhaupt einmal betrunken gewesen.

paul éluard und nusch

eines abends im mai 1930 begegnete paul éluard, in begleitung von rené char und louis aragon, zum ersten mal nusch. rené char, der grossgewachsene junge dichter, führte mit seinen surrealistischen freunden in paris ein überschäumend übermütiges leben.
und zwar trafen éluard, char und aragon die «jolie petite figurante» nusch, die damals im ‹grand guignol› auftrat, auf dem bürgersteig vor dem pariser kaufhaus galeries lafayette. so jedenfalls wird diese begegnung überliefert von der mit éluard gut befreundeten fotografin dora maar, die mit ihm einer revolutionären surrealistischen gruppe angehörte. da sich dora maar in der folge auch mit nusch eng anfreundete, halte ich die von ihr überlieferte version für glaubwürdig.
die schriftstellerin unda hörner schreibt – nicht gerade zimperlich in ihrer wortwahl –, éluard habe nusch während eines gemeinsamen streifzugs mit seinem freund rené char, «aufgegabelt».[744] überein stimmt in beiden zitierten büchern der hinweis, dass éluard von rené char begleitet worden sei; ferner, dass nusch damals im mai 1930 im ‹grand guignol› aufgetreten sei.

> ab 1941 wird rené char in seiner heimat im bewaffneten widerstand gegen die deutschen besetzer kämpfen. «als sogleich anerkannter und verehrter ‹capitaine alexandre› an der spitze einer widerstandsgruppe im vaucluse ... im verborgenen entstehen als herausragendes und bleibendes zeugnis seine *aufzeichnungen aus dem maquis, die feuillets d'hypnos*. albert camus gibt 1946 den *hypnos* heraus und wird chars freund; paul celan übersetzt dieses buch ins deutsche, das neu editiert vorliegt.»[742]

> «un soir de mai 1930, sur le trottoir des galeries lafayette, paul déambulait en compagnie de louis aragon et de rené char. nusch, la jolie petite figurante du grand-guignol avait été effrayée par les trois compères. il avait fallu prendre du temps de l'apprivoiser ...»[743]

das theater ‹grand guignol› ist nach seinem gründer monsieur guignol benannt. es war im 18. jahrhundert gegründet worden. dazumal, in lyon, sei man mit der ganzen familie ins «grand guignol» gegangen. die auftretenden hätten rollen von grosser, anrührender naivität gespielt, weswegen man die kinder unbedenklich mitnehmen konnte («grand guignol, d'origine lyonnaise ... en lutte contre les agents d'autorité», in: *petit larousse illustré,* librairie larousse, paris 1979, s. 1387).

das pariser ‹grand guignol› existierte seit 1897 (bis 1962); dort wurden nicht mehr naive, sondern dramatische stücke aufgeführt. wenn nun nusch auf dem weg von oder zur arbeit, mit ihrer rolle beschäftigt, unverhofft diesen drei männern begegnete, von denen der breitschultrige char überragend gross war, ist es nicht verwunderlich, dass sie erschrak und es einige zeit dauerte, bis es den männern gelang, sie zu beschwichtigen. die beziehung, die sich zwischen nusch und éluard entwickelte, bezeichnet die autorin unda hörner als «eine art gegenseitiger abhängigkeit».

«als sie aufeinandertrafen, suchten beide nach einem rückhalt: nusch, als kind einer artistenfamilie in mulhouse geboren, hatte eine zeitlang in berlin für nostalgiepostkarten posiert und war dann in paris darstellerin im ‹grand guignol›, dem sensationstheater der vorstädte. an armut und ein unstetes leben gewöhnt, fand sie in éluard, der durch den tod seines vaters im jahr 1927 zu einem kleinen vermögen gekommen war, einen versorger und einen partner, der sie auf händen trug.

éluard wiederum schien in nusch [die den kosenamen beibehielt, den max bill ihr gegeben hatte] eine hingebungsvolle, sanfte begleiterin gefunden zu haben, die – so wie die gala der frühen briefe – tat, was er von ihr verlangte. auch waren ihr die künstlerkreise durch ihre vorgeschichte nicht ganz fremd; sie wurde zu einem beliebten modell man rays, beteiligte sich an surrealistischen aktivitäten ... gala, die schliesslich nur noch zusammen mit ihrem neuen partner (dem surrealistischen künstler salvador dalí) zu besuch kam, stellte keine direkte konkurrenz für sie dar.»[745]

paul und nusch éluard

---
745 siehe hörner 1996
746 paul éluard, 21.10.1930, an gala; in éluard 1987, s. 120
747 paul éluard; zit. nach hörner 1996, s. 143
748 paul éluard, paris, [februar 1931], an gala; in éluard 1987, s. 135

auch ohne max bill – der in den vorliegenden publikationen zu nusch und paul éluard keinerlei erwähnung findet mit ausnahme der indirekt ironischen tatsache, dass nusch ihren hund ‹billy› taufte – war der neuanfang für nusch in paris kompliziert genug. sie kam vom regen in die traufe, in den sog neuer turbulenzen.

nuschs neuer geliebter éluard war mit gala verheiratet, die ihrerseits allerdings vorbehaltlos mit salvador dalí zusammenlebte. kaum war éluard nusch begegnet, erwähnte er ihren namen bereits anfang juli 1930 erstmals in einem brief an seine noch-ehefrau, als er sich bei ihr erkundigte, ob es sich einrichten lasse, dass er für ein paar tage mit nusch gemeinsam zu gala, oder zumindest in die nähe von cadaqués, wo gala und dalí lebten, kommen könne.

gala und paul éluard kamen im herbst 1930 überein, sich scheiden zu lassen. gala und dalí werden 1933 heiraten. ein knappes jahr danach wird éluard, der sich im oktober 1930 gar nicht vorstellen konnte, mit irgendeiner frau zusammenzuleben, wie er es jedenfalls gala gegenüber dargestellt hatte, im august 1934 nusch heiraten.

obwohl gala für nusch im jahr 1930, wie hörner meint, «keine direkte konkurrenz» gewesen sei, musste sie doch die gefühle ihres geliebten mit ihrer vorgängerin teilen. éluard schrieb (1930) an nusch, sein «liebes kindchen»: «meine liebe kleine … ich werde spätestens am dienstag, den 8. zurücksein und dich wieder in meinen armen halten, zart und rein. ich hoffe, es geht dir gut, dass du artig auf mich wartest, dass du meiner liebe sicher bist, mein liebes kindchen, meine schöne nusch.» und tags darauf schrieb er an seine von ihm zur allmächtigen, allumfassenden traumfrau überhöhte gala: «ich denke nur an dich, ich bete dein geschlecht an, deine augen, deine brüste, deine hände, deine füsse, deinen mund und deine gedanken, all meine gala.»[747]

auch nach seiner verehelichung mit nusch wird éluard, sich weiterhin nach gala verzehrend, briefe voller obsessiver erotischer und sexueller fantasien an seine erste ehefrau senden. «warum hast du von diesen nacktfotos von dir keine abzüge gemacht? ich hätte auch gern welche, auf denen du liebe machst. und ich werde mit dir liebe machen vor nusch, und sie wird sich dabei nur streicheln – was du möchtest.»[748]

nusch, eine ausländerin ohne offizielle arbeitserlaubnis, hatte während jener zeit, als sie in zürich mit max bill zusammenlebte, als modell für das modehaus grieder gearbeitet. wie war es wohl nun in paris um nuschs selbstwertge-

man sieht die protagonisten der emotionalen spannungen dann tatsächlich 1930 auf einem foto vereint in cadaqués (spanien): gala, neben ihr ihr ehemann éluard, hinter den beiden der dichter rené char und unterhalb von éluards bauchnabel, in einem liegestuhl, seine geliebte, die fragile nusch (abgebildet in: unda hörner: *die realen frauen der surrealisten,* bollman verlag, mannheim 1996, s. 142). auf dem cover der ersten taschenbuchausgabe dieses buches (suhrkamp taschenbuch, 1998) ist übrigens nusch auf einer fotografie von man ray zu sehen – auch wenn im buch fälschlicherweise angegeben wird, es handle sich um gala.

zwar suchte éluard halt bei nusch, doch liess er seine gala wissen, er glaube weder mit nusch noch mit irgendeiner anderen frau leben zu können. «dass ich nusch bei mir hatte, als wir die entscheidung trafen, uns scheiden zu lassen, hat mich in diesem moment daran gehindert, klar zu sehen, wie allein ich künftig sein werde. denn ich glaube nicht, dass ich jemals wieder mit einem anderen menschen leben könnte, weder mit nusch noch mit einem anderen.»[746]

pablo picasso:
portrait de nusch éluard, 1938
öl auf leinwand, 55 × 46 cm

sexuelle experimente waren paul éluard nicht unwillkommen; so hatte er mit seiner ersten ehefrau gala und max ernst eine zeitlang in einer turbulenten dreierbeziehung zusammengelebt.

fühl bestellt, nachdem max bill, der sie ja liebte und hatte heiraten wollen, sie nach der heftig ablehnenden einmischung seitens seines vaters, von dem er finanziell abhängig war, hatte fallen lassen?

nusch wirkte auch hier nach wie vor hübsch, zierlich-anziehend, aber auch verletzlich und zerbrechlich. wegen dieser speziellen ausstrahlung wurde sie von vielen künstlern fotografiert und porträtiert: man ray fotografierte nusch, auch unbekleidet, so dass wir heute noch wissen, wie die silhouette ihres körpers aussah; auch der mit ihr befreundeten picasso-gefährtin dora maar oder der hinreissend schönen lee miller stand nusch immer wieder modell; die schwedische künstlerin greta knutson-tzara malte sie wie auch pablo picasso, der nusch mehrmals porträtierte und sich vorübergehend auf eine affäre mit ihr einliess, an der ihr ehemann paul éluard keinerlei anstoss nahm. im gegenteil, die liaison wurde von éluard durchaus gebilligt. er war nachgerade stolz darauf, fühlte sich geschmeichelt, dass seine zweite ehefrau auch bei picasso anklang fand.

max bill hatte hier in sehr jungen jahren einen emotionalen verrat begangen, als er nusch, seine liebe, im stich liess. ob es nusch danach gelang, selbstbestimmt zu leben? oder wurde sie zum erotischen spielball der männer éluard und picasso degradiert?

749 caws 2002, s. 185

zum vergleich: aus der biografie der psychoanalytikerin sabina spielrein, einer frau zwischen zwei «grossen» männern, ist bekannt, dass sie als ‹objekt› zwischen den interessenkonflikten von c.g. jung und sigmund freud verhandelt, zerrieben, ‹geopfert› wurde.

bill sagte mir in späteren jahren, dass nusch es mit éluard sicher «gut gehabt» habe – aber vielleicht war das nur ein ‹frommer wunsch› seinerseits, zur kompensation seiner allenfalls vorhandenen schuldgefühle. nusch litt unter psychosomatischen störungen, unter schlaflosigkeit, weshalb sie auf rat eines therapeuten hin anfing, collagen herzustellen, wenn sie nicht einschlafen konnte. es liegt mir jedoch fern, nusch, für die ich grosse sympathie empfinde, obwohl ich sie nie persönlich kennenlernte, nur als «opfer» zu sehen. sie war später in der réstistance aktiv und transportierte geheime nachrichten in bonbongläsern durch die stadt paris.

nach ende des zweiten weltkriegs besuchten nusch und paul éluard max bill, wie dieser mir erzählte, einmal in zürich. nicht lange danach brach nusch im november 1946 nach einem telefongespräch mit ihrer freundin dora maar, mit der sie sich zum essen verabreden wollte, zusammen. nusch starb ganz alleine und völlig unerwartet an einer gehirnblutung im alter von nur vierzig jahren, zuhause in ihrer wohnung in paris – während sich ihr mann paul éluard gerade in der schweiz aufhielt.[749]

eine dieser collagen von nusch éluard wurde jüngst (2007) in der ausstellung *1937* in der kunsthalle bielefeld mitausgestellt. (nusch éluard: *ohne titel*, ca. 1936, fotomontage, 13,7 x 8,6 cm, sammlung karen amiel baum. abgebildet in: *1937. perfektion und zerstörung*, herausgegeben von thomas kellein, kunsthalle bielefeld, wasmuth verlag, tübingen 2007, s. 419.)

albin zollinger im ‹krater›

nach bills und burckhardts rückkehr aus paris war, laut einer wohl von max bill selber gestalteten einladung, der nächste ‹krater›-event auf sonntag, den 18. mai 1930, «präzis 11 uhr» angesetzt. der schriftsteller albin zollinger, verfasser von *der halbe mensch,* las an dieser matinée in zürich in der galerie aktuaryus, bahnhofstrasse 16, aus seinen noch unveröffentlichten gedichten und prosa. die pianistin irma schaichet spielte kompositionen von kodály und scrjábin.

ernst f. burckhardt äusserte sich in einem brief an ein «geehrtes fräulein forrer» über seinen aufenthalt mit max in paris. vermutlich hatten die beiden b's das «fräulein forrer» in paris angetroffen – und womöglich hatte sie bei der gelegenheit dem jungen bill aquarelle abgekauft: «geehrtes fräulein forrer, … haben sie immer noch freude an ihren bill. wir haben sehr freude gehabt an unserem pariser aufenthalt und werden noch lange davon zehren. haben sie

anita forrer lernte im april 1938 annemarie schwarzenbach kennen, die sich «hals über kopf» in sie verliebte. «da die schriftstellerin 1938 in eine der schwersten drogenkrisen ihres lebens geriet, klammerte sie sich ‹vom ersten tag an, als ich dich in sils neben deinem blauen wagen stehen sah› an die neue freundin, denn mit ihrer hilfe hoffte sie, sich vom morphium zu befreien. über 160 briefe, fast alle von annemarie schwarzenbach an anita forrer, beleuchten ihre aussergewöhnlich intensive, von vielen tief- und rückschlägen belastete beziehung. sie begann als leidenschaftliche liebe, wandelte sich – durch annemarie schwarzenbachs vergebliches ringen mit dem morphium erheblich belastet – in eine freundschaft und endete schliesslich in einer trennung, als annemarie schwarzenbach im juni 1939 mit ella maillart nach afghanistan aufbrach.»[752]

---

750 ernst f. burckhardt, zürich, münsterhof 12, am 20.5.1930, an «fräulein forrer» [anschrift nicht angegeben]; schweizerisches cabaret-, chanson- und pantomimen-archiv
751 alexis schwarzenbach, *annemarie schwarzenbach und anita forrer*, broschüre zur gleichnamigen ausstellung in der biblioteca engiadinaisa, 7.7.–31.10.2008, sils 2008
752 ebenda
753 bj.: «matinée des ‹kraters›», in: *neue zürcher zeitung*, 20.5.1930; schweizerisches cabaret-, chanson- und pantomimen-archiv
754 em.: «matinée des ‹kraters›», in: *tages-anzeiger*, 21.5.1930; ebenda

unseren max ernst bei rosenberg gesehen? kommen sie bei uns vorbei, sobald sie in zürich sind. mit bestem gruss.»[750]

«fräulein forrer» war, wie max einmal erwähnte, eine seiner ersten sammlerinnen. höchstwahrscheinlich ist sie dieselbe person wie die von max bill in späteren jahren in ausstellungskatalogen als seine sammlerin angegebene anita hug-forrer, st. gallen.

als er und ich einmal in sils-baselgia im hotel margna übernachteten, erwähnte bill, dass es schräg gegenüber des hotels eine bibliothek gebe, die frau forrer jetzt im alter leite. er hätte sie dort gerne aufgesucht, aber es ergab sich nicht. die 1962 eröffnete biblioteca engiadinaisa in sils geht, wie in einer broschüre der bibliothek zu lesen ist, «auf eine stiftung von anita forrers freundin louise silverberg» zurück; «anita forrer, die das grundstück für den bibliotheksbau zur verfügung» gestellt hatte, besass «in den oberen räumen des hauses … eine ferienwohnung, in der sie bis ins hohe alter die sommermonate verbrachte».[751]

nach den vorangegangenen, durchwegs positiven pressestimmen zu ‹krater›-veranstaltungen waren die kritiker nach der matinée mit dem schriftsteller albin zollinger nicht mehr einhellig zustimmender meinung.

am wochenende vom 31. mai/1. juni 1930 präsentierte der ‹krater› ein umfangreiches, von ernst f. burckhardt zusammengestelltes programm. an den zwei abenden, beginn jeweils abends um 20.45 h bei jecklin am pfauen, wurden unter anderm jene drei filme von germaine dulac vorgeführt, für deren beschaffung sich max bill und burckhardt, vom ‹krater› beauftragt, eigens nach paris begeben hatten.

«albin zollinger, der verfasser des problematischen romans *der halbe mensch*, las eine novelle, die fragmentarisch das leben eines verlegers abhandelt … in der wirkung unorganisch und zerrissen durch das missverhältnis zwischen handlung und motivierung. der lebendige atem reicht irgendwie nicht aus, um die problematik des geschehens glaubhaft zu gestalten …»[753], schrieb die *neue zürcher zeitung*.

im liberaleren *tages-anzeiger* liest es sich ganz anders und poetisch vermittelt: «manchmal aber blaut der himmel wunderstill über der krateröffnung. dann mag ein stiller am rande stehen und von dingen reden, die über den abgrund hinaustragen. albin zollinger ist keiner von den lauten im lande; er las an der ersten diesjährigen ‹krater›-matinée aus eigener dichtung. zollinger sieht in die dinge hinein und braucht daher nicht die äussere form ihres lärmes. er tupft gleichsam die menschen an und durch die berührung seines fingers öffnen sie ihre seelen. man mochte zuerst meinen, seine novelle *halberstein* sei die psychologische zerteilung eines menschen, und das beglückende an der geschichte wurde, als man merkte, dass zollinger sich nicht verlor in seelischen analysen … etwas wie die schlichte nüchternheit eines bergklaren herbsttages witterte um die gestalt und den weg des menschen halberstein, der aus zufall und gelegenheit verleger geworden …»[754]

die regisseurin wurde auf dem programmzettel wie folgt angekündigt: «germaine dulac gilt als die führerin der kleinen gruppe von avant-garde regisseuren in paris. die beiden ersten filme *arabesque, thème et variations* sind kurze versuche, interessante spielereien mit den technischen mitteln des films.
la coquille et le clergyman will dagegen mehr sein als ein optisches experiment. er beschäftigt sich mit den unbewussten gedanken und träumen des menschlichen geistes und erinnert an den im herbst im kunsthaus gezeigten surrealistischen film *chien andalou* …»[755]
die surrealistische regisseurin dulac selber bezeichne ihre filme als «augenmusik» (musique visuelle), und sie habe damit, so ist es einer pressekritik zu entnehmen, «den richtigen ausdruck für ihre kinematographischen experimente getroffen; denn über bezaubernd photographierte bildeindrücke und schnell zerfliessende stimmungsfetzen geht ihre wirkung kaum hinaus.»[756]
auch eine in der *neuen zürcher zeitung* publizierte kritik widmete sich den filmvorführungen und kam zum schluss, dass dulac nicht an buñuels film *un chien andalou* heranreiche.

der film *un chien andalou* von luis buñuel und salvador dalí war – wie bereits erwähnt – anlässlich der ausstellung *abstrakte und surrealistische malerei und plastik* während einer soirée mit kurt schwitters und hans arp am 30. oktober 1929 im zürcher kunsthaus vorgeführt worden.

«… neu sind vor allem die surrealistischen filme, die einstweilen in keinem kinoprogramm platz haben … die beiden kurzen bildspielereien von germaine dulac zeigen die neue intensität des photographischen; doch sind sie allzu bewusst, als dass sie als ‹musique visuelle› wirken könnten. so erscheint beispielsweise das pedantische gegenüberstellen von bewegungsmotiven einer spitzentänzerin mit ähnlichen bewegungen von präzisionsmaschinen als krampfhaft gesuchte assoziationsmache. der breiter angelegte, unwirklich-suggestive film *la coquille et le clergyman* strebt nach der intensität wirrer angstträume; doch besitzt er nicht die phantasiekraft und varietät des vor jahresfrist gezeigten *chien andalou*.»[757]

ausführlicher und gefälliger berichtete die basler *national-zeitung*, gewissermassen ein bisschen unter dem ‹pro domo›-aspekt, da die filme von burckhardt, der aus einer basler familie stammt, beschafft worden waren. die assistentenrolle von burckhardts jungem, «kooptierten» nicht-basler bill bleibt in der kritik verständlicherweise unerwähnt.

«besonders gespannt war man auf die drei filme von germaine dulac, die sich der programmleiter, ernst f. burckhardt, aus paris verschrieben hatte. es waren versuche, den wandelnden photographien stille, besinnliche, an die ausdruckskraft inkohärenter träume erinnernde wirkungen abzugewinnen. man empfand manches als geheimnisvoll erlauscht und erfühlt … das zauberhaft-abgründige solcher rätselhaften bilderspiele muss einer sehr aktiven künstlerphantasie entspringen, wenn es nachdrücklich wirken soll.»[758]

---

755 schweizerisches cabaret-, chanson- und pantomimen-archiv
756 carl seelig: «premiere im ‹krater›», in: *tages-anzeiger*, 5.6.1930; ebenda
757 eb.: «aufführung im ‹krater›», in: *neue zürcher zeitung*, 2.6.30; ebenda
758 e.br.: «theaterrundschau», in: *national-zeitung*, 3.6.1930; ebenda

«... traten drei schlanke basler tänzerinnen auf: katja wulff in einem versuch der parodie auf ein schlagerlied aus dem *blauen engel* und marietta v. meyenburg und marie-eve kreis als gelehrige schülerinnen in ähnlichen persiflagen auf allerlei zeitgenössisches.»[759]

«in den tänzen von katja wulff, m. von meyenburg und m.e. kreis, die dankbaren beifall fanden, kann man etwas vom stimmungston der zeit erlauschen ...»[760]

«eine lebendige wirkung ging vor allem von den tänzen aus, die katja wulff, marietta von meyenburg und marie-eve kreis boten. man hatte schon einmal gelegenheit, die zukunftsfrohe arbeit, die in dem basler tanzstudio von katja wulff geleitet wird, kennen zu lernen. diesmal erlebte man neue, feine nuancen.»[761]

die suite kleiner stücke wurde «sozusagen auf das ganze programm verteilt; es war ein erfrischender genuss, die einzelnen sätze dieses ‹divertimento› zu hören, in dem die krause sonorität von trompete, saxophon, harmonium und klavier eine pikante klangfarbenstimmung weckt.»[763]

---

759 carl seelig: «premiere im ‹krater›», in: *tages-anzeiger*, 5.6.1930; schweizerisches cabaret-, chanson- und pantomimen-archiv

760 eb.: «aufführung im ‹krater›», in: *neue zürcher zeitung*, 2.6.1930; ebenda

761 e.br.: «theaterrundschau» in: *national-zeitung*, 3.6.1930; ebenda

762 siehe anm. 759

763 siehe anm. 760

764 spies 2008, s. 10, abb. 1

765 siehe anm. 760

766 h.s.s.: «‹krater›-soirée», in: *zürcher volkszeitung*, 12.6.1930; ebenda

767 fischer 1969, s. 69

nach den filmen der germaine dulac war beim ‹krater› ein auftritt von zwei tänzerinnen «aus dem katja wulff-studio in basel», marietta von meyenburg und marie-eve kreis, im zürcher jecklin-saal vorgesehen. tatsächlich waren es dann, wie der presse zu entnehmen ist, nicht zwei, sondern drei tänzerinnen, denn die leiterin der schule trat anscheinend spontan selber mit auf. auf diese darbietungen der «schlanken tänzerinnen» reagierte die kritik in der konservativen *neuen zürcher zeitung* positiv, und das ereignis wird auch in der basler *national-zeitung* stolz kommentiert.

elsa burckhardt-blums bruder robert blum hatte speziell für diesen abend eine *suite kleiner stücke* komponiert. dem programmzettel ist zu entnehmen, dass «der liebenswürdige künstler» selbst am klavier sitzt. er habe mit «seinen von dissonanzen und zeitgemässen rhythmen befeuerten musikstücken» die stimmung im ‹krater› «aufgepulvert».[762] und die «neue komposition von robert blum» fand auch beim kritiker der *neuen zürcher zeitung* anerkennung.

die presse begegnete dem ‹krater› auch in der zweiten saison durchaus mit wohlwollen. nach der vorstellung trafen sich die ‹krater›-freunde jeweils im jecklin-keller.

sakrileg und provokation

in einer eben erschienenen publikation über max ernst begegnet einem als allererste abbildung ausgerechnet ein filmstill aus *la coquille et le clergyman* mit entsprechender textpassage: «filme wie *le chien andalou* oder *l'âge d'or* von luis buñuel, in dem max ernst selbst eine rolle übernommen hatte, *la coquille et le clergyman* (1927) von antonin artaud und germaine dulac belegen, wie nachhaltig sakrileg und provokation die phantasmen des surrealismus prägten.»[764]

ein filmstill aus *la coquille et le clergyman* ist kürzlich im folgenden katalog abgebildet worden:	*max ernst. une semaine de bonté,* herausgegeben von werner spies, albertina, wien,	max ernst museum brühl, hamburger kunsthalle, dumont, 2008, s.10, abb.1.

binia und max lernen sich im ‹krater› kennen

während einer dieser unkonventionellen ‹krater›-veranstaltungen, über denen «der hauch surrealistischer zeitstimmung»[765] schwebte, fiel max bill – wie er mir erzählte – «erstmals im sommer 1930» eine frau auf, nach der er sich umgehend erkundigte. elsa burckhardt-blum – die architektin und ehefrau seines freundes ernst f. burckhardt und zwillingsschwester des ‹krater›-komponisten robert blum – konnte bill darüber aufklären, wer die frau, deren anblick es ihm angetan hatte, war, denn sie war mit binia spoerri befreundet.

an einem der ‹krater›-events, bei denen «eine wahrhafte kratertemperatur herrschte … fröhliche bereitschaft, lebhafter gedankenaustausch und ‹heftige begrüssungsmusik› der flott abrollenden grammoplatte ventilierten die atmosphäre …»[766], waren sich binia spoerri und max bill also nähergekommen – ob im mai, im juni oder erst im september 1930 ist nicht mehr zu klären. die junge, weltgewandte zürcherin, am 18. august 1904 in zürich-fluntern geboren, war vier jahre älter als max.

nach den vorstellungen vom 31. mai und 1. juni fanden am 14. und 15. juni zwei weitere öffentliche ‹krater›-vorstellungen statt. ferner ende juni ein schlussball mit kabaretistischer einlage in «geschlossenem kreis», laut mitteilung des präsidenten paul lang. an dieser internen feier konnten ausser den mitgliedern auch die «kraterfreunde» teilnehmen (auf der liste ist der name von binia spoerri nicht vermerkt); man durfte pro person «maximal zwei eingeführte gäste» mitbringen. der nächste ‹krater›- event ging dann erst am 27. september 1930 über die bühne.

binia spoerri jedenfalls fotografierte max bill während dessen arbeit an der dekoration für den «novemberball» im kunstmuseum winterthur 1930 (abgebildet in: *max bill: aspekte seines werkes,* hrsg. von kunstmuseum winterthur und gewerbemuseum winterthur, niggli, sulgen/zürich 2008, s. 208)

verlässliche freunde – destruktive feinde

max ernst hatte einige «surreale» und unsichere jahre in paris hinter sich. zu den reibereien innerhalb der surrealistengruppe kam ein «äusseres» problem hinzu: max ernst floh, nachdem ihn die französische polizei «verhört» hatte – das brutale verhalten der polizei bei derartigen «verhören» ist bekannt.

max ernsts leidenschaftlich-begehrliche lebensart war oft von tragik überschattet. von seiner ersten ehefrau trennte er sich 1922. seit dem jahr vor dieser trennung war er einerseits mit paul éluard befreundet, der ihn finanziell

«anfeindungen, intrigen und missverständnisse hatten innerhalb der surrealistischen gruppe um sich gegriffen. unklar war geblieben, welche rolle die malerei spielen sollte … der marokkanische krieg, gegen den die surrealisten ein manifest verfasst hatten, zwang ernst dazu, die flucht vor der polizei zu ergreifen. das manifest hatte grosses aufsehen erregt, ernst war verhört worden und kam zusammen mit seinen freunden auf die schwarze liste. daher fuhr er mit einem falschen pass und unter falschem namen in die bretagne, ans meer …»[767]

«mit einem geldbetrag, den er für seinen vater bei einer bank einzahlen sollte», hatte éluard sich eine überfahrt nach indochina verschafft. nachdem er aus saigon telegrafiert hatte, reisten gala und max ernst ihm hinterher, um ihn zu bewegen, nach paris zurückzukehren. «als max ernst und gala den geflohenen in saigon wiedertrafen, war paul éluard bereits zu der überzeugung gelangt, dass es besser sei, den versuchten ausbruch aus dem alten lebenskreis als irrtum anzusehen und nach paris zurückzukehren. max ernst begleitete den freund nicht, sondern kehrte erst nach einer dreimonatigen reise mit gala über marseille nach frankreich zurück.»[769]

genaueres zu den vandalenakten wurde recherchiert von jürgen pech: «kurz nach der uraufführung ende 1930 im pariser *studio 28,* einem der ersten nichtkommerziellen programmkinos, stürmten die rechtsradikalen ‹camelots du roi› und die ‹ligue antijuive› die vorführung, demolierten das mobiliar und zerstörten die bilder von salvador dalí, max ernst, joan miró, man ray und yves tanguy, die im foyer ausgestellt waren. der film selbst wurde verboten.»[772]

lange zeit unterstützte, hatte aber andererseits gleichzeitig eine heftige liaison mit pauls erster ehefrau gala. eines tages «verschwand» paul, war unauffindbar. deprimiert hatte er europa verlassen.

im anschluss an diese geschichte, die weiterum als «skandal» beurteilt wurde, mietete ernst 1925 sein erstes atelier im montmartre. die folgende geschichte, die schliesslich zu seiner zweiten eheschliessung führen sollte, verlief nicht weniger tumultuös.

jean aurenche, ein bekannter filmregisseur, erzählte max ernst von seiner jüngeren schwester marie-berthe aurenche, «die in einem strengen mädchenpensionat auf einer insel erzogen» worden war und nach paris zurückkehren sollte, um «dem wunsch der eltern entsprechend einen rechtsanwalt [zu] heiraten.»[768] und max ernst forderte den freund auf, «die schwester bei einem treffen der surrealisten vorzustellen». sogleich bei ihrer ersten begegnung gerieten max ernst und marie-berthe in einen verzückten zustand und beschlossen, zusammenzuleben. sie wollten mit dem nachtzug paris verlassen. doch als sie kurz vor abfahrt noch mit paul éluard in einem lokal zusammensassen, erschien marie-berthes tyrannischer vater in polizeibegleitung, «um den deutschen entführer seiner tochter» aufzuspüren.

dem liebespaar gelang es, sich zu verstecken, «und éluard – er hatte schon einmal mit seinem pass dem freund illegal über die französische grenze geholfen – sagte, er sei max ernst und liess sich festnehmen. als der irrtum entdeckt wurde, war es dem paar bereits geglückt, paris zu verlassen.»[770]

die damaligen politischen reaktionen auf den zweiten surrealistischen film luis buñuels, *l'age d'or,* an dem max ernst 1930 neben salvador dalí mitgearbeitet hatte und in dem er auch selber mitspielte, sind heute schon fast in vergessenheit geraten.

«die aufführung im avantgardistischen filmtheater studio 28 in paris löste heftiges für und wider aus. vom 12. november bis 3. dezember wurde *l'age d'or* gezeigt, dann verwüsteten angehörige einer rechtsradikalen jugendorganisation das mobiliar. die polizei schritt ein und untersagte weitere aufführungen.»[771]

---

768 fischer 1969, s. 83
769 ebenda, s. 67
770 ebenda, s. 83
771 ebenda, s. 131
772 pech 1991, s. 73

genaueres zu den vandalenakten wurde recherchiert von jürgen pech: «kurz nach der uraufführung ende 1930 im pariser *studio 28,* einem der ersten nichtkommerziellen programmkinos, stürmten die rechtsradikalen ‹camelots du roi› und die ‹ligue antijuive› die vorführung, demolierten das mobiliar und zerstörten die bilder von salvador dalí, max ernst, joan miró, man ray und yves tanguy, die im foyer ausgestellt waren. der film selbst wurde verboten.»[772]

max ernst, der mehrfach von der französischen polizei belästigte künstler wird 1933 auf die schwarze liste der nazis («liste des proscrits du régime nazi») gesetzt. im jahr darauf wird er bei max und binia bill in zürich-höngg wohnen.

dieser aufenthalt von max ernst im haus des ehepaares bill 1934 fand in der bildmonografie von lothar fischer (1969) zu max ernst keine erwähnung.

«oder hat ihre liebe wieder aufgeflammt?»

dem ehepaar wassmer war, wie auch bills vater, zu ohren gekommen, dass max bill im april/mai 1930 in paris gewesen war. max wassmer hatte dem mit schulden belasteten jungen künstler, was das tägliche brot anging, unter die arme gegriffen mit den reklameaufträgen seiner zementfirma und darüber hinaus mit dem ankauf von zwei aquarellen aus dem jahr 1928: *filosof* [sic] und *mondanbellender hund*.

frau wassmer lud den jungen künstler privat ins schloss nach bremgarten bei bern ein. sie setzte voraus, dass bill bereits vor eröffnung der ausstellung in der berner kunsthalle, an der er dank wassmers vermittelndem eingreifen teilnehmen durfte, nach bern reisen werde: «sie kommen dann natürlich zu uns nach bremgarten und bleiben sie dann nun gleich einige zeit … nehmen sie vielleicht etwas material mit zum arbeiten … der turm wird für sie frei sein.» wassmers waren auch neugierig, wie bills wiedersehen mit nusch in paris verlaufen war

max bill: *rauchbläser,* 1929
öl auf hartfaserplatte,
30 × 42 cm

und was es bei max emotional ausgelöst hatte: «... dass sie in paris ihre nusch gesehen haben, war sicher gut für sie! oder hat ihre liebe wieder aufgeflammt? doch davon können wir ja reden, wenn sie kommen.»[773]

bill und sein mäzen max wassmer scheinen einander an verschiedenen orten und anlässen gesehen zu haben. so findet sich wassmers name auf der besucherliste der kleinkunstbühne ‹der krater› eingetragen.

wenige monate nach maxens mitteilung an hanns fischli, dass er einen mäzen habe, wurde die dem jungen max bill von max wassmer in aussicht gestellte ausstellung in der kunsthalle bern tatsächlich eröffnet, und zwar am 15. juni 1930.

aus dem privatbesitz des sammlers wassmer wurden zwei arbeiten, bills *tanzendes mädchen* (1927/28) und *sitzende* (1929) ausgestellt. zwei weitere, die damals ausgestellt wurden, nämlich *rauchbläser* (1929, siehe s. 337) und *hermaphrodit* (1929, siehe s. 205) befinden sich, nachgelassen von max bill, heute in meiner privatsammlung. die horizontal-vertikal betonten strukturen im ölbild *rauchbläser* erinnern von ferne an die um 1925 in dessau entstandene arbeit *tectonische gruppe* (siehe s. 118) seines einstigen bauhaus-grundkurs-meisters josef albers.

das neue gütezeichen: bill

quasi in eigenem auftrag prägte max in seiner funktion als reklamegestalter in jener zeit sein eigenes signet: das gütezeichen «bill». der newcomer grenzte sich derart auch von seinen vier in der berner kunsthalle mitausstellenden künstlerkollegen ab, von denen je vor und nachnamen erwähnt wurden: jakob probst, leo steck, walo von may und félix vallotton.

werke von félix vallotton, seine frauenakte, die manchmal recht ‹schräg› aussahen, sowie seine farblich-stilistisch unverkennbaren landschaften, waren max bill von kindheit und jugend an vertraut. bald nachdem vallotton im dezember 1925 verstorben und auf dem pariser friedhof montparnasse beerdigt worden war, stellten schweizer kunstsammler um die hundert valloton-bilder leihweise für eine valloton-gedenkausstellung zur verfügung, die das kunstmuseum winterthur im mai 1926 veranstaltete. da max in dieser zeit, zwar als silberschmiedlehrling an der zürcher kunstgewerbeschule tätig, jedoch noch weiterhin in winterthur bei seinen eltern wohnte, ist anzunehmen, dass er sich diese wichtige ausstellung in seiner heimatstadt nicht entgehen liess.

«wassmer, max a. schloss bremgarten bei bern», findet sich unter der listennummer 87 aufgeführt in einem verzeichnis der «mitglieder der besucherorganisation kraterfreunde, abgeschlossen 12. sept. 1930»; auf derselben liste der kraterfreunde ist auch, unter der nummer 39, der name des schriftstellers «humm, r. j. adlisbergstr. 88, zürich» aufgeführt, der hier an anderer stelle wieder auftauchen wird.[774]

---

773 frau wassmer, schloss bremgarten bei bern, n.d. (um mai/juni) 1930, an max bill; bibliothek max bill

774 nachlass ernst f. burckhardt über die vereinigung für kleinkunst ‹der krater›, in: schweizerisches cabaret-, chanson- und pantomimenarchiv

775 max bill im gespräch mit angela thomas am 23.6.1975

776 bj.: «veranstaltung des ‹kraters›» in: neue zürcher zeitung, 17.6. 1930; schweizerisches cabaret-, chanson- und pantomimenarchiv

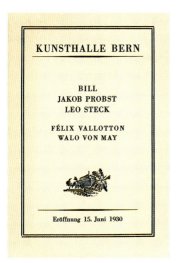

programmheft der kunsthalle bern zur ausstellung *bill, jakob probst, leo steck, félix vallotton, walo von may,* die am 15. juni 1930 eröffnet wurde

programmheftseite mit den in bern ausgestellten werken bills und den dazugehörigen preisen

in der berner kunsthalle im juni 1930 dürfte er sich nun geehrt gefühlt haben, seine eigenen kleinen anfangswerke neben den werken des verstorbenen félix vallotton, der seinen kinderblick im kunstmuseum winterthur mitgeprägt hatte, ausstellen zu dürfen.

ob bill am tag vor seiner vernissage aus bremgarten oder bern noch nach zürich reiste? im ‹krater› fanden jedenfalls am samstag, 14. juni, und am sonntag, 15. juni 1930, je ab 20.30 h aufführungen statt, die wie üblich ihr echo in der presse fanden. die eine uraufführung, das spiel *langlois* wurde von j. p. samson und r. wolfsohn verantwortet. des weiteren wurde eine vom ‹krater›-präsidenten paul lang verfasste groteske aufgeführt, *mensch zwischen rad und wad* betitelt; parallel dazu lief ein von gotthard schuh aufgenommener «filmischer verkehrsrummel». letzteres wurde, ohne erwähnung von schuhs name, in der *neuen zürcher zeitung* berichtet.

«in satirischer extase schwingt sich paul lang auf zu seinem satirischen weltbild ... der autoteufel hat sich auf den thron gesetzt und der unzeitgemäss spintisierende fussgänger wird glatt erledigt. parallel läuft filmischer verkehrsrummel. wir bekommen eine ahnung von einer neuen epoche ...» der kritiker bj. meinte noch, dass von samsons geschichte im publikum niemand etwas verstanden habe, und monierte die art des programmzettels: «da steht nämlich unter regie: der regisseur. unglaublich aufschlussreich.»[776]

in späteren jahren wird bill, für den vallotton eine erinnerung aus der kinder- und jugendzeit ist, für den ankauf des vallotton-gemäldes *le bain au soir d'été* (1892) kämpfen, das sich jetzt im kunsthaus zürich befindet.[775] und am 2. november 1975 brachte er mir den katalog einer aktuellen vallotton-ausstellung der zürcher galerie nathan mit. ihn faszinierte darin das bild *les feux* (1911); mir gefiel *dôme de l'hôpital aux andelys* (1924). und bill wies mich auf den farbverlauf am wegrand hin, wie das gelb in grün übergeht (ausstell.-kat. *exposition félix vallotton, gemälde und zeichnungen,* galerie nathan, zürich, 26.9.–13.12. 1975, abb. 9 und abb. 25).

der erwähnte rosa programmzettel liegt mir im typografie-nachlass von max bill nicht vor.

die humoreske des linken, in zürich ansässigen französischen schriftstellers samson, die der nzz-kritiker überhaupt nicht verstanden hatte, wird in der basler *national-zeitung* gnädiger bewertet: «die humoreske *langlois* von j. p. samson und r. wolfsohn hat dr. paul lang, der geistige leiter der kraterbühne, sehr hübsch übersetzt; die geschmeidigkeit des französischen dialoges ging nicht verloren ... die originellste aufmachung zeigte zweifellos die von gotthard schuh inszenierte groteske *mensch zwischen rad und wad* von paul lang. zwei filmapparate warfen gleichzeitig bilder vom heutigen strassenverkehr auf die wandflächen, vor denen im halbdunkel der prozess gegen einen fussgänger abgewickelt wurde. der stimmungsmensch suchte vergeblich den lyrismus des passanten gegen die tyrannei des autoverkehrs zu verteidigen. hermann gerig (basel) setzte dem dialog frische akzente auf.»[779]

derselbe gag scheint einen anderen kritiker überhaupt nicht gestört zu haben: «... dass der ‹krater› in recht lebhafter tätigkeit, konnte man an dieser vorstellung kräftig verspüren ... das rosa programm mit dem (erloschenen!) mondkrater hatte zahlreiche kraterfreunde angelockt ... alles ist auf die aktuelleste note gestimmt: heiter-groteske kurzstücke, sketches, kabarettmässig zugestutzt, kleine intermezzi ... harmlos fröhliche satire, epigrammhaft zugeschnittene chansons, viel anonyme bescheidenheit, viel heitere arbeitsgemeinschaft, mondän parfümierte kollektivität, geistig geniesserische freude und – unterhaltsamkeit.»[777]

auch albert ehrismann, seines zeichens schriftsteller, tummelte sich im publikum und schwang sich zu einer kritik auf: «paul lang schreibt ein stück: *mensch zwischen rad und wad,* nennt es eine groteske und kämpft darin rechtschaffen und mit beschwingter sprache gegen die allmacht auto. und er trifft sie tatsächlich; er lässt lichter aufblitzen, die gekonnt, dichterisch und kühn zugleich sind. und darum ist sein stück echte ‹krater›-komik, neu, versuch, und macht sich ausgezeichnet auf dem rohen brettergerüst dieser kleinkunstbühne. inszenierung: gotthard schuh, der dazu einen famosen hintergrundfilm mit auto rädern und weissen polizistenhandschuhen gedreht hat und das spiel à la piscator loskurbelt ... und last not least: emil hegetschweiler in einer mimischen studie als mitternächtiger patentloser fischer auf der quaibrücke. w i e er das machte. – das hätten sie sehen sollen! bravo, hegi!»[778]

selbst wenn bill es nicht geschafft hätte, am vorabend seiner berner vernissage nach zürich zur ‹krater›-veranstaltung zu kommen, so hat er den unangepasst-aufmüpfigen schriftsteller albert ehrismann auf jeden fall persönlich gekannt. ausserdem war nur wenige tage nach der vernissage in bern eine interne ‹kra-

max bill: einladungskarte für eine soirée der kleinkunstbühne ‹der krater› vom 5. und 6. april 1930, 1930

777 h.s.s.: «‹krater›-soirée», in: *zürcher volkszeitung,* 18.6.1930; schweizerisches cabaret-, chanson- und pantomimen-archiv
778 albert ehrismann, «der ‹krater›» in: *tages-anzeiger,* 18.6.1930; ebenda

ter›-sitzung angesagt, während der man sich der «lektüre von manuskripten von ehrismann» widmen wollte.

diese sitzung, an der auch max bill teilnehmen sollte, ist (laut präsidialmitteilung, dr. paul lang, vom 22. juni 1930) auf mittwoch, den 25. juni 1930, angesetzt. die sitzung fand statt in der privatwohnung von maria münch, böcklinstrasse 17, zürich. maria münch entwarf wie max bill gelegentlich bühnenbilder für den ‹krater›. derselben mitteilung ist zu entnehmen, dass die letzte ‹krater›-programmkommission «als ihr mitglied gotthard schuh» – den von erwin bill zum kontrolleur der finanzen seines sohns max bill eingesetzten – «gewählt hat».

bill selber war beim ‹krater› äusserst eifrig dabei. sein vorschlag, im februar einen ganzen abend in eigenregie zu verantworten, wurde im juni 1930 von seinen mitaktivisten «gutgeheissen».

«im juni» beschloss der ‹krater› «ein generalprogramm», das je drei «aufführungen im november (lang), im januar (burckhardt), im februar (bill) und im märz (schuh) vorsah». doch weil dafür (bis anfang oktober) noch kein neues veranstaltungslokal gefunden worden war, «sind die aussichten unsicher»; und der bisherige ‹krater›-präsident dr. paul lang demissionierte «erschöpft» anfang oktober 1930. seine aufgaben werden an ernst f. burckhardt überantwortet.[780]

binia besucht bill im atelier

am 9. august 1930 schrieb der zivilstandsbeamte der stadt zürich an «herrn max bill, architekt», stadelhoferstr. 27: «von ihrem rücktritt vom ehevorhaben mit maria benz in strassburg haben wir kenntnis genommen. wir übermachen ihnen wunschgemäss ihren geburtsschein sowie den schriftenempfangsschein.»

nach der schmerzvollen trennung von nusch zog es bill in die fremde, gen osten. er wollte der schweiz und damit auch seinem vater den rücken kehren.

max bill erkundigte sich bei mart stam, ob es für ihn nicht einen job in der udssr, wenn nicht als architekt, so vielleicht zumindest als beschrifter, als «reklame-techniker» gebe und ob er nicht mit der gruppe um den frankfurter stadtbaumeister ernst may und mart stam dort hinreisen und arbeiten könne. seine hoffnungsvolle absichtserklärung wurde ihm jedoch – wie bereits erwähnt – von mart stam aus frankfurt am main am 5. august 1930 abschlägig beantwortet.

möglicherweise nahm bill erst nachdem sein auswanderungsplan gescheitert war, binia spoerri richtig wahr und näherte sich ihr während des «ballversuchs» am 27. september 1930. oder war er ihr doch bereits im juni im ‹krater› begegnet und hatte die sich aus diesem zusammentreffen ergebenden folgen wegen seiner reisepläne in die udssr (noch) nicht allzu ernst genommen? welche der beiden varianten zutrifft, ist nicht mehr zu klären.

---

779 e.br. «theaterrundschau. die ‹krater›-bühne in zürich», in: *nationalzeitung*, 21.6.1930; ebenda

780 in: «der krater», jahresbericht saison 1930, dr. paul lang, 4.10.1930; ebenda

max bill: annonce «der krater lädt sie zu seinem ball-versuch höflich ein», 1930

«... mitwirkende sind altendorf. beck. bill. blum. fontol. grau. guggenheim. hegetschweiler. pfister. proquit. schuh. silander. wolfensberger. leitung des abends beck. dekorationen bill.»

auf alle fälle hat binia spoerri ihn – wie mir bill weiter erzählte – im anschluss an ihre erste begegnung im ‹krater› im herbst 1930 in seinem atelier in der stadelhoferstrasse aufgesucht.

der ‹krater› lud am 20. september 1930 höflich zu einem «ball-versuch» ins belvoir, zürich, ein. nachdem bill die annonce gestaltet hatte, malte er die dekorationen und trat selber als mitwirkender der «13 minuten kabarette» auf. ausser robert blum, dem komponisten, befand sich unter den in der annonce aufgezählten mitwirkenden auch gotthard schuh.

dieser annonce wird mit dem hinweis «verschoben» eine zweite von bill gefertigte nachgeschoben. mit witzigen zeilen wehrte sich bill hier gegen das calvinistische gehabe der zürcher polizei und setzte dem ein ‹es wird noch viel schöner werden› entgegen.

«der krater-ball-versuch ist auf samstag, 27. sept., abends 21 uhr verschoben, da die polizeibewilligung wegen dem darauffolgenden bettag / an welchem schon vom morgen an gebetet (und nicht getanzt) werden soll / nicht erhalten werden konnte. also wird es wegen der vielen zeit, die jetzt vor uns liegt, noch viel schöner werden. der vorverkauf bei blumenstump, bleicherweg 6 hat eingesetzt» (in typografie-nachlass).

binia spoerri stammte, wie man damals zu sagen pflegte, aus gutem hause. sie war die jüngste von drei töchtern des ferdinand jakob spoerri und der ida elise spoerri-gross. binia hatte, bevor sie bill begegnete, in paris an der ‹école normale de musique› ein studium bei stutschewsky, diran alexanian und pablo casals 1926 mit einem diplom als konzertcellistin abgeschlossen.

max bill: *binia bill-spoerri*, um 1931

781 in: *letzte politik*, nr. 14, zweite april-nummer 1929
782 in: zum *andenken an egidius streiff*, [1952?]

sie war gerade aus berlin zurückgekommen, wo sie an der von johannes itten gegründeten gestaltungsschule, der sogenannten «itten-schule» in der potsdamerstrasse 75, bei lucia moholy ein fotografiestudium begonnen hatte. laut bill habe sich binia vom besuch in seinem atelier erhofft, von ihm «über aktuelle kunst und typografie informiert zu werden».

schon bald nach binias besuch bei bill im atelier begannen die beiden eine gestalterische zusammenarbeit für verschiedene auftraggeber. nebenher blieb bill weiterhin aktiv beim kabarett ‹der krater›.

für die nächste generalversammlung traf man sich diesmal ab 20.30h im noblen hotel baur en ville in zürich. der schriftsteller paul lang demissionierte, und an seiner stelle wurde ernst f. burckhardt zum neuen ‹krater›-präsidenten gewählt. unter den anwesenden zehn stimmberechtigten befanden sich ausser dem abtretenden der neugewählte präsident samt ehefrau elsa, max bill und dessen ‹finanz-beauftragter› schuh. sie bestimmten gemeinsam den architekten egidius streiff zum kassier.

mit egidius streiff, diesem elf jahre älteren kollegen aus der munteren kabarett-zeit, wird max bill in späteren jahren immer wieder mal zu tun haben, unter anderem weil streiff 1931 die geschäftsleitung des ‹schweizerischen werkbunds› übernimmt und somit in die beschickung des schweizer pavillons an den triennalen in mailand involviert sein wird.

bill wird zudem unter seinem namen 1949 im verlag karl werner, basel, den dokumentarischen überblick *moderne schweizer architektur (1925–1945)* gestalten und ausführen, zu dessen herausgebern egidius streiff zählen wird (neben professor dr. linus birchler, dr. giedion, ing. werner jegher, arch. peter meyer und dr. georg schmidt). drei jahre nach erscheinen dieser umfangreichen dokumentation, in der nebenbei bemerkt kein von streiff verantwortetes bauwerk vorkommt, hingegen u. a. bauten bernoullis, bills und fischlis, stirbt egidius streiff in seinem fünfundfünfzigsten lebensjahr. er wird im märz 1952 in zürich kremiert.

im protokoll der generalversammlung findet sich max bill unter der rubrik der «kooptierten programmkommissions-mitglieder» (weiterhin) an erster stelle bestätigt: «1. max bill, gestalter, stadelhoferstrasse 27; 2. robert blum, musikdirektor, staadhof, baden, aargau; 3. frau maria münch, boecklinstr. 17; 4. j. p. samson, seilergraben 21»; während elsa burckhardt-blum und gotthard schuh in die programm-kommission gewählt werden.

bills kabarett-kolleginnen und -kollegen waren im oktober 1930 in dieser reihenfolge detailliert aufgelistet: h. r. beck, architekt; max bühler, drucker; e. f. burckhardt, architekt; karl egender, architekt; dr. g. guggenheim, rechtsan-

---

diese bill'sche darstellungsweise entspricht inhaltlich in etwa dem selbstinserat, mit dem er seine fähigkeiten im april 1929 in einer zeitungsannonce angepriesen hatte: «schweiz zürich. architektur: max bill, stadelhoferstrasse 27. gestaltung: moderne architektur, reklame, unterricht auf allen modernen gestaltungsgebieten (farbe, form, raum).»[781]

streiff hatte an der eth bei professor moser, den er verehrte, studiert. er war 1897 in glarus geboren und hatte als kind seine mutter veloren; sein vater, fabrikant der glarner tücherfabrik trümpy & co., war darüber hinaus auch noch zeitweise regierungsrat.

obwohl egidius als «glarner, glarner und noch einmal glarner» geschildert wird – von herrn prof. dr. h.c. hans hofmann, mit dem er in freier bürogemeinschaft verschiedene bebauungspläne bearbeitete – nahm er eine stelle in wädenswil im kanton zürich an, beim architekten hans streuli, und übersiedelte nach zürichenge. «seine wohlhabenheit behütete er beinahe ängstlich, wie ein geheimnis.»[782]

343

konrad falke war wesentlich älter als max bill. er hatte drei jahre nach bills geburt den text *kainz als hamlet, ein abend im theater* (verlag von rascher & cie., zürich/leipzig, 1911) zu ehren des schauspielers josef kainz, den er am neuen schauspielhaus in berlin zu jahresbeginn 1900 in der rolle des hamlet gesehen hatte, veröffentlicht. kainz war am 20. september 1910 in wien an einem krebsleiden verstorben.

walt; isaak guggenheim, kaufmann; emil hegetschweiler, pat.; paul hürlimann, kfm.; dr. paul lang, schriftsteller; emil mauser, kfm; dr. arthur mojonnier; gotthard schuh, maler; egidius streiff, architekt; konrad falke, schriftsteller.[783]
der architekt karl egender war über seine kontakte zum schauspieler emil hegetschweiler zum ‹krater› gelangt. auch kannte er den literaten albert ehrismann, mit dem er sich gerne unterhielt.

karl egender wurde 1890 in burzwiler im elsass geboren. in seinem achten lebensjahr zog die familie nach zürich, wo sein vater ein gipsgeschäft eröffnete. egender machte eine hochbauzeichnerlehre im architekturbüro der gebrüder wassmer in zürich, ab 1921 eröffnete er ein eigenes architekturbüro in zürich. 1930–1939 war bruno giacometti, der bruder des künstlers alberto, ein wichtiger mitarbeiter des büros. später wurde zeitweise ernst f. burckhardt einer seiner mitarbeiter.
karl egender wurde mitglied des bsa, des sia, des ciam und der gsmba (präsident der sektion zürich 1950–1956). auszugsweise seien an dieser stelle noch folgende egender-bauten erwähnt: das terrassenrestaurant und die modeabteilung an der schweizerischen landesausstellung in zürich 1939, das hallenstadion zürich-oerlikon 1939, der saalbau stadthof 11 in zürich-oerlikon 1956–59, sein letztes grosses werk, das warenhaus globus an der bahnhofstrasse zürich, wurde 1969 eröffnet.[784]

egender hatte in jener zeit einen umfangreichen, prestigeträchtigen bauauftrag erhalten, nämlich die pläne für die kunstgewerbeschule und den neubau des kunstgewerbemuseums der stadt zürich zu entwerfen. an diesem gebäudekomplex wurde seit 1930 gearbeitet (er wird 1933 fertiggestellt); zudem wurde just sein strandbad in küsnacht am zürichsee eröffnet. er selbst war ein begeisterter schwimmer und radrennfan und beauftragte seinen kabarett-kollegen max bill mit der beschriftung des küsnachter schwimmbads – max, der noch so gerne selber gebaut hätte, musste sich mit kleinen beschriftungsaufträgen begnügen.
ebenfalls 1930 heiraten egender und die malerin trudy wintsch. für *kleine reise ins elsass* (girsberger, zürich 1937) von trudy egender-wintsch wird max bill die gestaltung des schutzumschlags übernehmen.

‹der krater› an der eth

von der eidgenössischen technischen hochschule (eth) in zürich war eine anfrage eingetroffen, ob die gruppe an einem eth-fest mitwirken wolle. man beschloss, diese anfrage positiv zu beantworten, und bill meldete sich zur mitarbeit in der vorbereitenden gruppe neben samson, burckhardt, maria münch und gotthard schuh. der protokollführer verabschiedete sich vom «ekligen protokollbuch» im oktober 1930.

---

783 «der krater», mitgliederbestand oktober 1930; nachlass ernst f. burckhardt über die vereinigung für kleinkunst ‹der krater›; in: schweizerisches cabaret-, chanson- und pantomimen-archiv
784 siehe dosch 1979/80
785 in: «max bill: the early years. an interview by angela thomas», in: *swiss theme issue*, the journal of decorative and propaganda arts, nr. 19, 1993
786 max bill, lebenslauf, 26.2.1942

die einladung zum eth-fest, das zum abschluss der feiern zum fünfundsiebzigjährigen bestehen der hochschule stattfand, «veranstaltet vom verbande der studierenden an der eth», dürfte eventuell von max bill gestaltet sein. zwar befindet sich davon kein belegexemplar in seinem typografienachlass, doch für bill als gestalter spricht, dass die einladung kleingeschrieben und originell ist.

unter den «mitwirkenden vereinigungen» am eth-fest ist dann tatsächlich und noch dazu an allererster stelle die «künstlerbühne ‹der krater›» erwähnt. hingegen wurde nicht namentlich bekanntgegeben, wer von den aktivistinnen und aktivisten dort am 8. november 1930 auftrat.

im zusammenhang mit diesen festvorbereitungen erfuhr max bill, dass es in der eth ein fotolabor gab. nach binia spoerris besuch bei ihm im atelier in der stadelhoferstrasse habe sie dann, auf seinen rat hin, im fotolabor der eth experimentiert.

der name des damals für das fotolabor zuständigen professors war max entfallen. binia sei dort aber mehrere monate, ungefähr ein jahr lang geblieben. es habe an der eth damals keine eigentliche fotoabteilung gegeben, sondern eben nur ein fotolabor.

«anfang 1931 verheiratete ich mich mit binia spoerri von zürich. sie hatte bei stutschewsky, alexanian und casals cello studiert, aber nach beendigung des studiums dieses mit dem fotografieberuf, den sie am eidg. politechnikum lernte, vertauscht.»[786]

max bill [vermutlich]: einladung «e.t.h. fest in den räumen d. eidg. technischen hochschule. akadem. fest mit ball. am 8. november beginn 21h», 1930

«bill specified: there was no photographic department; binia stayed in the photographic laboratory of the eth, experimenting, doing photographic-technical research with a professor in charge (whose name bill couldn't recall). she stayed there for a couple of months, for about one year.»[785]

«verbesserung der lebensqualität»

das bedürfnis der schreibenden kulturschaffenden, ihre werke im ‹krater› uraufgeführt zu erleben, war gross. «um die 60 manuskripte» trafen im oktober 1930 ein. unter den freiwilligen, die sich um eine durchsicht dieser texte und die daran anschliessende bühnenkompatible auswahl bemühen wollten, meldeten sich elsa burckhardt-blum, samson und schuh – jedoch nicht bill, denn er las gerade privat anthroposophische schriften.

ob bill von allein darauf kam, sich mit anthroposophischen büchern zu beschäftigen, oder ob ihn jemand, vielleicht binia spoerri, zur lektüre anregte?

oder handelte es sich vielleicht um den nachhall einer erinnerung an empfehlungen, die wassily kandinsky während des unterrichts am bauhaus geäussert haben könnte?

in jener zeit habe er – wie mir max bill erzählte – einiges für die eigene weiterbildung gelesen. ihn hätte speziell die grundlagenforschung interessiert. man lebte zwar in der epoche «nach einstein», aber die auswirkungen der erkenntnisse albert einsteins auf andere gebiete seien damals noch nicht so publiziert gewesen. ferner habe er, nach seiner studienzeit am bauhaus, einige von anthroposophen geschriebene bücher gelesen, beispielsweise von paul schatz und hermann baravalle von brackenburg, was für ihn «ideologisch durchaus wichtig» gewesen sei.

es ist sehr wahrscheinlich, dass max sich im zeitraum um 1930 bücher eher auslieh, als sie zu kaufen. wie bekannt, hatte er bei seinem vater weiterhin schulden anstehen.

hermann baravalle von brackenburg wird max bill dann in seiner funktion als rektor der hochschule für gestaltung (hfg) in ulm in den 1950er-jahren wie auch den ebenfalls anthropsophischen paul schatz als lehrkräfte an die hfg nach ulm holen – und das habe wiederum andere dozenten, beispielsweise tomas maldonado, «wütend» auf ihn gemacht.

in texten von max bill muss lange und geduldig gesucht werden, bis sich ein hinweis findet, der aufschluss über seine persönliche einschätzung und haltung der anthroposophischen ideologie gegenüber gibt. hielt er sich vielleicht absichtlich zu diesem thema bedeckt? schliesslich werde ich in einer von bill verfassten ausstellungskritik fündig: er bewertete die anthroposophische ideologie positiv, in einem atemzug zusammen mit der «bauhaus»-ideologie, als in jene richtung gehend, die auf eine «verbesserung der lebensqualität» ziele.

wie schon beispielsweise hans arp «wahrscheinlich» von kandinsky in die ideen der theosophen eingeführt worden war (in: ausst.-kat. *das auge des eros, kandinsky, klee, arp, miró, calder*, haus der kunst münchen, 1994, s. 537).

ein von max bill erst jahre später gekauftes exemplar von hermann baravalle von brackenburgs *das reich geometrischer formen* (verlag freie waldorfschule g.m.b.h., stuttgart, kanonenweg 44, 1935) liegt in seiner bibliothek vor. laut seinem handschriftlichen eintrag im buch hat er es 1941 gelesen.

max bill erzählte mir dies nach einer gemeinsamen paris-reise am 31.3.1993 in zumikon, nachdem er in einem artikel in der *neuen zürcher zeitung* einen hinweis auf den künstler joseph beuys im zusammenhang mit rudolf steiner gesehen hatte. prof. dr. hermann baravalle von brackenburg unterrichtete 1954–1959 an der hfg in ulm als gastdozent der grundlehre «für konstr. geometrie»; ingenieur paul schatz kam 1955 als gastdozent für konstruktive geometrie an die hfg (hartmut seeling: *geschichte der hochschule für gestaltung ulm 1953–1968*, dissertation, köln 1985, s. 689, s. 709; bibliothek max bill).

dieses zitat ist einem text von max bill über die im kunsthaus zürich gezeigte, von harald szeemann konzipierte ausstellung *der hang zum gesamtkunstwerk* entnommen. bill kritisiert das aus seiner sicht in szeemanns konzept «willkürliche»: «die ausstellung zeigt bei weitem nicht nur fixe ideen à la richard wagner oder gabriele d'annunzio, sondern diese werden ganz willkürlich mit tendenzen, die auf verbesserung der lebensqualität zielen, vermischt, wie zum beispiel mit der anthroposophie oder mit der bauhaus-bewegung; oder mit dem kräftemodell der kirche von antoni gaudí».[787]

787 max bill: «der gesamtkunstwerk-kreuzweg», in: *züriwoche*, 24.3.1983, s. 49
788 giedion 2007, s. 392
789 erwin bill auf winterthurer briefpapier, ort gestrichen und ersetzt durch «gyrenbad b. turbenthal», [13.?]9.1930, an max bill; archiv max bill

im spätherbst 1930 machte sich die mit binia und max befreundete elsa burckhardt-blum gemeinsam mit der kunsthistorikerin carola giedion-welcker auf den weg über berlin nach moskau. letztere hatte schon während ihrer studien-

zeit in münchen mit der münchner räterepublik sympathisiert, und sowohl ihre als auch ihres mannes «politische linksorientierung» habe «zeitlebens» angehalten, wie der sohn des ehepaars giedion festhält; dies trotz der einsicht seiner mutter in politisch ‹katastrophale entwicklungen› in der udssr, die carola giedion-welcker gerade während jener moskaureise wahrgenommen habe.
seine mutter habe im auftrag ihres mannes vor ort in moskau abklären sollen, ob «die durchführung eines ciam-kongresses möglich wäre». deswegen nahm sie in moskau «kontakt mit dem architektenteam unter leitung des deutschen architekten ernst may auf. sie versucht auch mart stam und el lissitzky zu erreichen.» ihrem mann, dem ciam-sekretär sigfried giedion, empfiehlt sie, dass er am besten selber «im mai» (1931) nach moskau reisen solle und dort «unbedingt ins grandhôtel, wo may wohnt».[788]

neues rollenverhalten

nach der lang anhaltenden streitphase zwischen vater und sohn, versuchte sich der junge bill gegenüber dem vater auf einmal in gewandelter form zu behaupten. er argumentierte im september 1930 «in eigener sache», denn er wollte unbedingt ein haus entwerfen und bauen und trat erwin bill gegenüber neuerdings als sachlich-kompetenter architekturkenner und berater des neuen bauens auf.
max legte dem vater ein bauprojekt vor, für dessen eintreffen sich dieser mitte september bei seinem sohn bedankt.[789]

vater erwin bill in sbb-uniform
fotomontage aus erich schmids film *bill – das absolute augenmass*, 2008

der vater hätte für einen hausbau 28 000.– franken ausgeben können; max, der selbstverständlich liebend gerne vom vater einen bauauftrag erhalten würde, veranschlagte stattdessen eine summe von 35 000.– und er, der so lange seine schulden nicht in den griff bekam, rechnete nun dem vater plötzlich vor, um ihn von der grösseren ausgabe und vom grösseren bauvolumen zu überzeugen. einen derart wohlüberlegten brief hatte der vater bis anhin noch nie von max bekommen.

«lieber vater,
… ich lege dir hier eine broschüre, die statuten der kobag bei. wenn du die ansicht hast, dass der bau nur 28 000 fr. kosten dürfe, glaube ich, dass das nicht richtig ist, wenn du ihn tatsächlich wohnlich und gut ausgebaut haben willst; es handelt sich in diesem falle lediglich um die finanzierung der höheren baukosten. ich weiss ja nicht, wieviel geld du ohne hypotheken zur verfügung hast für den bau … gesetzt der fall, du baust bei der kobag ein haus, bezahlst du 35 000.– franken … und dazu monatlich … jetzt wird der kredit eröffnet … aus dieser zusammenstellung [hier nicht wiedergegeben] siehst du, dass es dir möglich sein kann, das haus grösser und besser zu bauen, als du es gedacht hattest, mit deinen dir zur verfügung stehenden mitteln und dass es sich gleichzeitig automatisch amortisiert … dann wegen der bauart … das haus passt deshalb so gut in die gegend, weil es ohne pomp und aufsehenerregende aufbauten, was ein dach immer ist, gebaut ist …»

max versuchte nicht, seinen vater zu überreden, sondern mit fakten zu überzeugen, mit einem lob aufs flachdach, auf die heutigen, neuen möglichkeiten: «wir bauen mit anderen mitteln, wir haben eisenskelettbau, betonbau, die das holz als tragendes konstruktionselement für die kombination mit stein überflüssig machen (anderst ist es beim ganzholzhaus). fensterrahmen macht man aus einem material, welches zuverlässig ist, welches nicht bei regen verschwillt, risse bekommt etc. und das nicht dunkel macht im raum und einem die schöne aussicht versperrt … jede epoche hat nach ihrer art gebaut. wir haben unsere art … in zürich werden im augenblick 3 siedlungen im ganzen mit über 400 wohnungen in dieser art gebaut, einige villen sind im bau, andere fertig in der umgebung von zürich, strandhäuser am zürichsee, ebenfalls in mürren, montana … in zürich wird jetzt eine synagoge, die gewerbeschule, jedenfalls das kantonsspital … so gebaut. professor moser hat in basel eine kir-

---

an dieser stelle möchte ich gerne einen vergleichenden hinweis einfügen in bezug auf die beiden hier im briefwechsel erwähnten bausummen: wenige jahre zuvor planten le corbusier und pierre jeanneret zwei wohnhäuser «am weissenhof» (1927) in stuttgart, für die alfred roth die bauausführung übernahm. «an reinen baukosten für das doppelhaus waren vorgesehen 28 800 dm für das kleinere und 33 600 dm für das grössere … ich erinnere mich daran, dass die für unsere bauten vorgesehenen beträge stark überschritten wurden.»[790]

790 roth 1977, o.p.
791 max bill, 15.9.1930 an erwin bill; archiv max bill
792 ebenda

che in beton gebaut und der heimatschutz bezweifelt schon lange nicht mehr, dass es besser sei moderne häuser zu bauen, wie alte style nachzumachen und damit die oberfläche der schweizer landschaft zu tapezieren …

dann noch etwas. du glaubst deine möbel gehen nicht in dieses haus. mein hausprojekt ist … grösser in den räumen wie deines, also haben sie platz … du hast einen empiretisch, ebenfalls eine solche kommode und tischchen, einen schrank, der auch zu empire gerechnet werden kann. dann hast du barockstabellen, die stellst du um den empiretisch herum und es stört dich nicht …»

und max bill argumentierte des weiteren, indem er kandinskys wohnung im dessauer meisterhaus als beispiel zitiert: «kandinsky hat in dessau seine wohnung mit hauptsächlich russischem barock eingerichtet … gute sachen aus einer anderen zeit werden immer mit guten sachen wiederum einer anderen zeit zusammengehen … passen tut es sicher, es muss nur platz da sein, denn überladene wohnungen sind unangenehm, um darin zu sein.»[791]

von diesem grundsatz, dass «überladene wohnungen unangenehm» sind, rückte bill auch in späteren jahren nicht ab, so z.b. als er sein eigenes wohn- und atelierhaus (1967/68) in zumikon baut. er baut grosszügig im volumen – füllen (nicht zu verwechseln mit überladen) könne man das volumen immer noch.

«irgendmal muss ich doch mein erstes haus machen»

«es würde mich freuen, wenn dir das projekt gefallen würde, oder wenn du dich entschliessen könntest, es durch mich bauen zu lassen. irgendmal muss ich doch mein erstes haus machen, wenn ich andere zu machen bekommen will … herzliche grüsse, auch an tante lina.»[792]

wahrscheinlich dachte sein vater schon in jener zeit daran, definitiv aus winterthur wegzuziehen – und vielleicht schlug max ihm auch deswegen den bau eines eigenen hauses vor.

erwin bill wird mit seiner zweiten ehefrau schliesslich am 31. dezember 1931 nach ligerz am bielersee umziehen. auf dem einwohnermeldeamt am neuen wohnort trug er sich als «privatier» ein; er arbeitete nicht mehr für die sbb und wird sich, nach eigenen plänen, das haus ‹in der baume› bauen lassen.

schon wenige tage nach dem umzugstermin trat erwin bill in ligerz am 9. januar 1932 das amt des gemeindeschreibers an. zudem ist erwin bill beim ‹schweizerischen kunstverein› *turnus*-sekretär. in dieser funktion nahm er schriftliche anmeldungen für die turnusausstellung 1932 entgegen, die *exposition de la société suisse des beaux-arts 1932*.

erwin bills soziales prestige ist im steigen begriffen, und am 18. dezember 1937 wählte man den zugezogenen zum gemeindepräsidenten von ligerz. dieses amt bekleidete der vater von max bill bis anfang mai 1943.

das nach den väterlichen plänen erstellte haus habe «seinem sohn max nicht gefallen», wie mir dora nyfeler, gemeindeschreiberin von ligerz, 2008 mitteilte. nach dem tode seines vaters habe max bill dieses haus «eigentlich abreissen lassen» wollen. aber, «weil er dann an gleicher stelle kein neues hätte aufstellen können», habe er es dann «anfangs der 1960er-jahre verkauft».

das anmeldeformular «ist bis zum 15. märz 1932 an herrn erwin bill, turnussekretär, ligerz, einzusenden. *veuillez réexpédier ce bulletin à m. erwin bill, secrétaire du turnus, à glérasse, d'ici au 15 mars 1932*». und die von den künstlern angemeldeten werke sollen bis spätestens 2. april 1932 in zürich eintreffen. die kopie eines solchen anmeldeformulars wurde mir freundlicherweise im jahr 2007 von christoph geiger zugeschickt.

der kritiker der *neuen zürcher zeitung* war gar nicht angetan von dieser ausstellung, ebenso wenig wie von der 1929 im zürcher kunsthaus gezeigten *abstrakte und surrealistische malerei und plastik*: «dass gerade eintagsfliegen sich ... zu eternalisieren suchen und dass schliesslich das abstrakte sich leicht ins flaue und langweilige entleert, hat man schon in der letztjährigen zürcher ausstellung der surrealisten im kunsthaus zürich beobachten und befürchten dürfen.»[794]
arp meinte zu diesem verriss, in dem noch weiteres unangenehmes zu lesen stand: «es ist natürlich langweilig, wenn dinge, die anderswo ausser frage stehen, in der schweiz mit blutunterlaufenen augen angegrunzt werden.»[795]

eine *erste* «gruppe z» hatte es – wie erwähnt – ende der 1920er-jahre in dessau gegeben. ihr hatten neben max bill, der das sekretariat der gruppe verantwortete, unter andern hilde rantzsch, annemarie hennings und hanns fischli angehört.

---

[793] jean arp, 25.10.1930, an carola giedion-welcker; in bruderer-oswald 2007, s. 68f.
[794] «produktion paris», in: *neue zürcher zeitung*, 31.10.1930, abendausgabe
[795] jean arp, 14.11.1930, an sigfried giedion; in bruderer-oswald 2007, s. 69
[796] in: schweizerisches cabaret-, chanson- und pantomimenarchiv
[797] gründungsprotokoll der «gruppe z», zürich; bibliothek max bill

gruppe z, zürich

von bills neuem freund hanns welti waren im frühling 1930 in paris bei *cercle et carré* – in jener ausstellung, die bill während seines aufenthalts mit ernst f. burckhardt in paris gesehen haben könnte – zwei werke mitausgestellt. im herbst desselben jahres machte sich jean arp daran, für eine in zürich geplante ausstellung, der man den titel *produktion paris 1930* gab, werke in pariser ateliers auszusuchen. die ausstellung kam zustande und wurde im kunstsalon wolfsberg mit einer rede von carola giedion-welcker, deren mann die einleitung zum katalog schrieb, eröffnet.

auch hier wurde der schweizer künstler hanns welti mitberücksichtigt, der demnach wohl damals nicht nur in zürich, sondern auch in paris ein atelier unterhielt. gezeigt wurden ferner unter anderen werke von max ernst, léger, doesburg, mondrian und vantongerloo sowie werke der ehepaare arp und delaunay. da es eine verkaufsausstellung war, schlug arp einen «einheitssalamander-preis von 5000 französischen franken für die werke von mondrian, arp und vantongerloo vor, da es im grunde allen ziemlich gleich dreckig geht».[793]

«bei burckhardt, münsterhof» in zürich traf man sich am 9. dezember 1930 zur letzten ‹krater›-programmsitzung des jahres – doch bill liess sich diesmal dort nicht blicken. hingegen waren laut anwesenheitsprotokoll e. f. burckhardt, schuh und samson erschienen: «es wurde beschlossen, dass alle den *prométhée mal enchainé* von andré gide lesen, wegen verarbeitung zu einem abendfüllenden programm unter der oberleitung von g. schuh».[796] ob bill der leseempfehlung nachkam, ist nicht bekannt. er machte sich zusammen mit hanns welti daran, eine neue «gruppe z», diesmal in zürich, zu gründen.

bills beziehung zu hanns fischli, die vorübergehend schrammen abbekommen hatte, war inzwischen geflickt, ausgebessert und erneut tragfähig, und die beiden freunde, die schon der ersten dessauer «gruppe z» angehört hatten, unterzeichneten nun im dezember 1930 wieder friedlich nebeneinander sitzend «das zürcher gründungs- und satzungsprotokoll der ‹gruppe z malerei und plastik›».

«die gruppe z ist ein zusammenschluss von gestaltern, zum zwecke der gemeinsamen förderung ihrer interessen. – geplante tätigkeit – die gruppe z veranstaltet ausstellungen in zürich, in der schweiz und im ausland ...

als mitglieder der gruppe z unterzeichnen diese satzungen, begründen damit die gruppe z dezember 1930 zürich – bill fischli leuppi steiner welti».⁷⁹⁷ ferner steht schreibmaschinengetippt der name ‹schwarz›, durchgestrichen und handschriftlich ergänzt, unterzeichnet mit ‹brun›.

«weil der bill vermutlich kein geld hat»

parallel zu dem, was ihn auf dem gebiete der musik und der anthroposophie interessierte, las max anfang der 30er-jahre das buch eines professor niggli über kristallstrukturen sowie die publikation eines mathematikers namens speiser über *die mathematische denkweise*.
nach all der lektüre und nicht zuletzt auch dank der eindringlichen empfehlung der pariser galeristin jeanne bucher, künstlerisch abstand zu nehmen vom verehrten vorbild paul klee, gelangte bill um 1931 schliesslich zu einem neuen, eigenen konzept.

am 22. dezember 1930 war bill gerade mal zweiundzwanzig jahre alt geworden; einen monat darauf, am 22. januar 1931, heirateten er und binia spoerri einander standesamtlich. elsa burckhardt-blum war die trauzeugin.
ausser elsa begleitete binia und max nur noch ein trauzeuge beim gang zum standesamt in zürich. weder maxens mutter oder vater noch binias eltern waren beim akt der amtlichen unterzeichnung zugegen. binias mutter, frau ida elise spoerri, geborene gross, hatte dem jungen paar «20.– schweizer franken» zukommen lassen, «weil der bill vermutlich kein geld hat, um ein hochzeitsessen zu bezahlen» – wie max mir erzählte. dann habe binia von ihren eltern schliesslich noch eintausend schweizer franken zur hochzeit geschenkt bekommen.
der vater von binia bill, ferdinand jakob spoerri, sei ein bauernjunge aus dem tösstal gewesen. als erwachsener habe er die firma gebrüder volkart in japan vertreten; das familienunternehmen der gebrüder volkart handelte weltweit mit baumwolle und kaffee. binias onkel, ein bruder ihres vaters, sei ein bauer geblieben, der häufig beim kartenspiel, beim ‹jassen›, verlor und schulden gemacht habe, die, gelegentlich, von binias vater beglichen wurden.
ein anderer onkel, ein bruder von binias mutter, namens henry d. gross, musste sich, wie er frei heraus bekannte, erst von dem schrecken erholen, die ihm die nachricht der eheschliessung seiner nichte mit max bill bereitete. doch dann habe er dem jungen ehepaar kurzerhand geld aufs postkonto geschickt.

man hatte offensichtlich das ursprüngliche pseudonym von anton stankowski von «schwarz» in der zürcher «gruppe z» in (frz.) «brun» geändert.
die vernissage der gedächtnisausstellung *hans fischli* (1909–1989) im ortsmuseum meilen besuchten max bill und ich 1990 gemeinsam. die ausstellungskritik von ingrid isermann «wer nur musik versteht, versteht auch davon nichts – werke von hans fischli im ortsmuseum meilen» findet sich in: *tages-anzeiger*, 1.10.1990.

ob er den titel von speisers buch *die mathematische denkweise* (rascher verlag, zürich 1932) für seinen eigenen text «über die mathematische denkweise» (*werk*, heft 3, märz 1949) bewusst entlehnt habe oder nicht, wusste max bill später nicht mehr zu sagen.

nach einem volontariat beim architekten karl egender hatte die mit binia und max befreundete elsa burckhardt-blum ihr studium der kunstgeschichte abgebrochen, um sich in zürich ganz der architektur zu widmen. elsa war acht jahre älter als max bill, mit dem sie ausser freundschaftlichen gefühlen auch eine vorübergehende liaison verband. dies hat max bill mir ungefragt erzählt. wann genau diese liaison war, ob vor oder nach seiner eheschliessung mit binia spoerri, liess er unerwähnt.

von ihrer mutter ida spoerri nimmt binia bill ein porträtfoto auf, dessen entstehungsjahr unbekannt ist. das gesicht ihrer mutter ist von sorgen geprägt (abgebildet in: *binia bill – fotografien*, aargauer kunsthaus, scheidegger & spiess, zürich 2004, s. 77).

im hause von anna baumann-kienast in lugano hatte annemarie hennings, im jahr bevor sie als studentin ans bauhaus nach dessau kam – wo sich max bill in sie «verschaut» hatte –, den *könig david*-fries gemalt. und binia hatte das von rudolf baumann geschriebene buch *der tropenspiegel* (orell füssli verlag, zürich, 1925) gelesen und es max empfohlen.

der autor rudolf baumann hatte nach seiner hochzeit mit anna angefangen, über die jahre, die er als junggeselle und äusserst strenger kaffeeplantagenleiter auf sumatra verbracht hatte, zu schreiben. in seinem autobiografischen buch *der tropenspiegel*, beschreibt er sehr genau einen waffenfetischisten, der auch als opiumdealer auftritt. gegen streikende chinesische tabakkulis geht dieser mit einer mit einem bleikopf bestückten reitpeitsche vor.

obwohl binia und bill ideologisch gegen den gesellschaftlichen umgang, den binias eltern pflegten, eingestellt waren, gingen sie doch manchmal an eine einladung zu den spoerris. aus diesen kontakten habe sich jedoch niemals ein auftrag für ihn ergeben. so vergab ein freund von maxens schwiegervater, der, einst waisenkind, sich «erstaunlich emporgearbeitet» und «eine grosse japan-sammlung in der schweiz vorzuweisen hatte», einen architekturauftrag schliesslich nicht an bill, wie dieser sich insgeheim erhofft hatte, sondern an karl egender, mit dem bill im jahr 1930 beim ‹krater› aktiv war. ob dieser bau tatsächlich realisiert wurde, ist mir nicht bekannt. obwohl egender in seinem architekturbüro wechselnde mitarbeiter hatte, wurde max bill von ihm offensichtlich nie beigezogen.

in einem unserer gespräche fiel max plötzlich wieder ein, dass er anna und rudolf baumann-kienast zusammen mit binia während eines essens bei seinen schwiegereltern getroffen hatte.

dieses essen mit den baumanns habe, so überlegte max, wohl anfang der 30er-jahre stattgefunden – also vermutlich bevor die seidenfirma baumann vollständig liquidiert wurde, was in der ersten hälfte der 30er-jahre geschah; denn rückblickend konnte max sich nicht vorstellen, dass sein schwiegervater jemanden aus dem näheren umkreis einer firma, die gerade aufgelöst wurde, (noch) eingeladen hätte.

binia war vier jahre älter als max und hatte dadurch einen vorsprung an lebenserfahrung aufzuweisen, der in jungen jahren besonders zählt.

hochzeitsreise

bills dritte italienreise, quer durch sizilien, fand im februar 1931 statt. zugleich war es seine und binias hochzeitsreise.

das reiseziel mag erstaunen, da italien ja in jenen jahren faschistisch beherrscht wurde. binia hatte sich bereits früher in sizilien, einmal auf einer reise mit ihren eltern und ein anderes mal mit der gruppe der tänzerin suzanne perrottet, die bill seinerseits vom ‹krater› kannte, aufgehalten – wie max bill mir erzählte.

das junge ehepaar logierte in einem hotel, und bill schlug dem hotelier ganz im sinne der freiwirtschafter einen tausch vor: anstatt die anstehende hotelrechnung bar zu begleichen, wollten die frisch vermählten ihm einen fotoprospekt als reklame für sein hotel gestalten.

798 andrea camilleri: «der bummelzug», in: *du*, heft 771, november 2006, s. 28

im süden der insel besuchten binia und max in agrigent die tempelanlagen. der eindruck, der bill vom concordia-tempel («tempio della concordia») blieb, war der eines monuments, das in seiner technischen konzeption und architektonischen konsequenz hervorragend gebaut war. danach begaben sich die bills in das gleich neben den tempelanlagen gelegene porto empedocle.

in diesem kleinen städtchen wurde der sizilianische autor andrea camilleri geboren. heutzutage ist porto empedocle unter dem fiktiven namen ‹vigàta› aus den dort angesiedelten kriminalromanen des schriftstellers andrea camilleri mitsamt dem eigenbrötlerischen kommissar montalbano millionen von lesern weltweit bekannt. durch den mund der kunstfigur montalbano lässt der autor seine scharf formulierte kritik an der mafia, an den politischen zuständen in sizilien fliessen (siehe saverio lodato: *andrea camilleri – mein leben*, aus dem italienischen von monika lustig, piper, münchen 2005).

«eine winzige tenderlokomotive mitsamt stolzer schwarzer rauchfahne ... zwei kleine waggons kuppelten sich an, ein jeder mit einer hübschen schmiedeeisernen freiluftplattform bestückt, wo orangefarbene vorhänge im wind flatterten und die reisenden vor sonne und regen schützten. jeder waggon hatte zwei abteilungen: die erste klasse mit roten samtpolstern und die dritte mit holzbänken. eine zweite klasse ... war nicht vorgesehen. auf der strecke porto empedocle-castelvetrano waren die menschen entweder reich oder arm. und da sich, ob aus bescheidenheit oder weil man nie wissen konnte oder weil immer und überall der steuereintreiber lauerte, natürlich niemand öffentlich als reich bekennen wollte, sass in der ersten klasse nie jemand ... an der hafenmole herrschte immer hochbetrieb, die arbeiter schrien durcheinander, die pferde zogen wiehernd die karren mit dem schwefel und den salzsteinen, die aus den waggons abgeladen worden waren. sie brachten ihre fracht zu den grossen lagerstätten unter freiem himmel, riesige schwefelgelbe und salzweisse flecken, und kehrten wieder zum hafenbahnhof zurück.»[798]

der klang des wortes porto empedocle gefiel bill dermassen, dass er nur schon deswegen gerne dort gelebt hätte. von der hafenmole mit den schwefel- und salzsteinlagern war er restlos begeistert. das gelb des schwefels war ein sehr spezielles, leuchtendes und hat bills retina sicherlich erfreut. doch es waren wieder einmal gewisse architektonische details, die ihn besonders anzogen.
so empfand er es damals als ausgesprochen «erstaunlich und nützlich, dass die hafenmole von porto empedocle aus den säulenstücken und mauerteilen näher liegender tempel erbaut worden war, die damit einem praktischen zweck dienen konnten». er lobte sich das unzimperliche ‹recycling›, wie man heute sagen würde.

arbeitsalltag

zurückgekehrt nach zürich, arbeiteten binia und max gemeinsam an aufträgen für werbegrafik, vor allem mit werbe- und buchtypografien, für die binia bill oft fotos beisteuerte und bill die typografische gestaltung übernahm, etwa für den europa verlag.
bill las auch weiterhin in von freiwirtschaftern herausgegebenen broschüren, so in einem von fritz schwarz verfassten text *kampf der absatzkrise und der*

buchumschlag *vorwärts zur festen kaufkraft des geldes und zur zinsbefreiten wirtschaft!*, 1931

wie im tanzstudio wulff getanzt werde, das könne man am besten mit «surrealismus» bezeichnen. in einer kritik der basler *nationalzeitung* liest man zum ballett *mercure* von erik satie, dass hier «die verschiedenen begabungen des wulff-studios drastisch gemixt» wurden. «die sache beginnt ganz antikisch und endigt zwischen schwarzlackierten palmenständern und plüschsofas. prosperina aber wird auf dem motorrad geraubt.»[799] die fotos zu diesem artikel in der *information* sind vom fotografen gotthard schuh; die typografie dieser hefte besorgte max bill.

bill war und blieb zeitlebens ein begeisterter satie-anhänger; so hörte er sich noch in späteren jahren mit mir gemeinsam in zürich ein satie-klavier-konzert des pianisten werner bärtschi an.

---

799 «neuer tanz und neues theater in basel, tanzstudio wulff», in: *information*, heft 7, zürich, januar 1933
800 siehe viazzi 1945
801 max bill im interview mit peter kamber; laut handschriftlichen notizen, die mir der autor freundlicherweise zur verfügung stellte

arbeitslosigkeit! (pestalozzi-fellenberg-haus (p.f.h.), 1.–10. tausend, bern 1931). die kleine publikation *vorwärts zur festen kaufkraft des geldes und zur zinsbefreiten wirtschaft!* von fritz schwarz, geschäftsführer des schweizer freiwirtschaftsbundes (mit einer einführung von dr. fr. kordac, erzbischof von prag, genossenschaft verlag freiwirtschaftlicher schriften, bern 1931) schrieb er auf dem cover eigens mit «bill» an. vielleicht hatte er es selber gestaltet? im buch findet sich kein hinweis auf einen grafiker.

im auftrag von katja wulff, die wie bill am zürcher kabarett ‹der krater› mitwirkte, hatte bill 1930 für die von ihr in basel geleitete schule für ausdruckstanz nach der lehre von rudolf von laban einen programmzettel gestaltet für den «3. dezember im blauen saal der mustermesse, 20.15», ferner eine werbedrucksache für das «tanzstudio wulff», braun auf hellgrünem papier und nun, im frühjahr 1932, ein plakat zu einer veranstaltung im stadttheater am 19. april.

max bill lässt sich dafür etwas ganz spezielles einfallen, nämlich ein mehrfarbiges plakat, hergestellt im sogenannten irisdruck-verfahren in den farben rot, orange, gelb, hellgrün, grün, blau, violett und schwarz auf weissem grund. dieser auftrag zeigt, dass bills kontakte nach basel weiter bestehen. katja wulff war für ihn eine gute kollegin aus dem ‹krater›; und binia fotografierte die tänzerin katja wulff «um 1931» (abgebildet in: *binia bill – fotografien*, aargauer kunsthaus, scheidegger & spiess, zürich 2004, s. 75).

die veranstaltung des tanzstudio wulff liess sich max bill wohl nicht entgehen, da sie ihn auch inhaltlich interessierte. *relâche* war in paris im november 1924 von einem schwedischen ballett uraufgeführt worden; es war ein «ballet instantanéiste en deux acts et un entr'acte cinématographique de rené clair».[800]

max bill: plakat «stadttheater, tanzstudio wulff basel, 19. april 20 uhr», 1932

auch 1933 führte bill wieder einen auftrag für katja wulff aus, diesmal gestaltete er einen sechs seiten umfassenden prospekt «wulff schule labanschule, staatlich anerkannt».

als ich max bill 1983 von meinem besuch bei katja wulff, die ich wegen ihrer freundschaft mit sophie taeuber interviewte, erzählte, machte er mich darauf aufmerksam, dass katja, die er bestens kannte, mit «einem kommunisten» namens c. f. vaucher, den er «fauchi» nannte, verheiratet gewesen sei. als ich frau wulff erneut aufsuchte und sie darauf ansprach, dass sie das gar nicht erwähnt habe und dass es doch in der schweiz eher eine ausnahme gewesen sei, mit einem kommunisten verheiratet gewesen zu sein, antwortete sie mir: «ach wissen sie, wenn man so alt wird wie ich, dann erlebt man so viel!»

sie wurde noch einige jahre älter und starb erst kurz vor ihrem 102. geburtstag im juni 1992 in basel.

«ein bis zwei mitwirkende des ‹krater›», deren namen bill nicht ausdrücklich nennt, wechselten später politisch zu den ‹frontisten› über – mit ‹frontisten› sind im schweizer sprachgebrauch personen gemeint, die die ideologie der nazis übernahmen. wegen dieser abspaltung habe man dann anfang der 30er-jahre das kabarett ‹der krater› aufgelöst».[801]

während die zahl der arbeitslosen, nicht nur in deutschland, sondern auch in der schweiz beelendende ausmasse annahm, setzte sich bill wie stets mit den brennenden politischen fragestellungen theoretisch auseinander. er las in der broschüre «die ausbeutung, ihre ursachen und ihre bekämpfung», einer gegenüberstellung von silvio gesells kapitaltheorie und derjenigen von karl marx. das war der text eines vortrags, den gesell, und zwar schon 1922 in dresden, «in der sozialistischen vereinigung zur gegenseitigen weiterbildung» gehalten hatte, der aber erst zehn jahre später, 1932, im pestalozzi-fellenberg haus in bern zu beziehen war.

beruflich übernahmen binia und max bill im oktober 1932 einen werbeauftrag zu einem plakatentwurf für harry riquers ‹soirée et thé dansant› im miami-dancing in genf. mit einer von binia aufgenommenen schwarzweissfotografie, bei der nachträglich die konturen der bandmusiker mit einer schere ausgeschnitten wurden, fertigte max bill einen entwurf, der mittels der farbe orange optimismus verbreiten sollte.

nicht nur in genf, auch in zürich wird harry riquer mit seinem modern orchestra auftreten, nämlich im von ernst f. burckhardt umgebauten corso, das am 1. august 1934 neueröffnet wird. hier «… spielten verschiedene unterhal-

---

auch die tänzerin marie-eve kreis aus katja wulffs basler «tanz-studio wulff» wurde von binia porträtiert. diese aufnahme ist indes im buch zur ausstellung im aargauer kunsthaus, *binia bill – fotografien*, 2004, nicht enthalten. sondern den hinweis entnehme ich dem ausstellungskatalog der *werkbund-ausstellung ortsgruppe bern swb,* kunsthalle bern, 24.8.-22.9.1935. in dieser verkaufsausstellung war «bill, binia, swb, zürich 10, limmattalstrasse 253» mit sieben fotografien dabei, darunter ihr «portrait marie-eve», «15.- fr.», kat. nr. 78.

bills anhaltendes interesse lässt sich weiterverfolgen. er ersteht das in italien erschienene buch *rené clair, entr'acte* (a cura di glauco viazzi, poligono società editrice, milano 1945) über diese arbeit des filmemachers rené clair. aufgenommen von max bill in seine bibliothek, im buchinnern von ihm mit bleistift «bill» vermerkt.

max bill: plakatentwurf
«harry riquer's, miami-
dancing, genève», 1932
collage und fotografie auf
papier, 28,7 × 20,5 cm

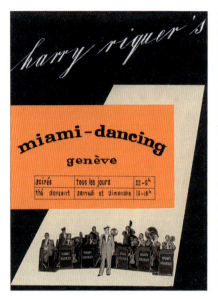 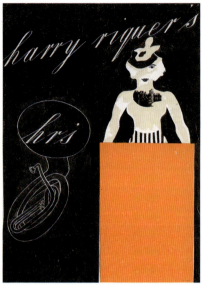

max bill: plakatentwurf
«harry riquer's hrs», 1932
collage und tempera auf
papier, 129 × 95 cm

tungsorchester, aber auch jazzbands. max und binia bill haben sich die gelegenheit nicht entgehen lassen, mit diesen auch geschäftliche beziehungen einzugehen. so hat bill für das im corso spielende harry riquer's modern orchestra das briefblatt sowie aushängetafeln und notentische gestaltet ... somit war das corso in zürich im leben von max und binia bill ein temporärer auftraggeber und lebensmittelpunkt.»[802]

freiwirtschafter, fysiokraten und «verwandte bewegungen» hatten am 1. und 2. november 1930 ein treffen in dessau zum thema ‹bodenreform› veranstaltet; auf dem programm stand unter anderem «besichtigungen: bauhaus, junkerswerke und andere dessauer sehenswürdigkeiten». hatte sich bill, dem in dessau ja alle sehenswürdigkeiten bestens vertraut waren, entschlossen, zu diesem treffen noch mal nach dessau zu reisen?
der geplante besuch des bauhauses war letztlich sowieso nicht durchführbar, da das haus für die anreisenden «gesperrt» blieb. so ist es jedenfalls im «bericht vom dessauer treffen» dargestellt: «das bauhaus war leider für nähere innenbesichtigung gesperrt; was wir gesprächsweise von der jetzigen arbeit erfuhren, war wenig erfreulich, hiess rückzug zum alten lehrbetrieb.»[803]
ob der in binia, die bill zärtlich ‹biggi› und ‹biggerli› nennt, verliebte, weiterhin regelmässig an den aktivitäten der freiwirtschafter teilnahm?

802 jakob bill 2008, s. 174
803 l.h.h.: «aus der bewegung», in: *letzte politik,* nr. 43, zweite-november-nummer 1930
804 in: *letzte politik,* nr. 45, vierte november-nummer 1930
805 ebenda
806 posener 1990, s. 209f.
807 ebenda, s. 214

über weihnachten planen die schweizer fysiokraten im nicht dicht besiedelten kanton appenzell ski zu fahren und gemeinsam in einer skihütte zu übernachten: «schweiz: zürich. über weihnachten haben die schweizer fysiokraten eine skihütte in den bergen appenzells gmietet. auskunft: geschäftsstelle hans forrer, zürich, im sydefädeli 20.»[805]

anfang dezember, am 1. und am 8. dezember 1930, hält der architekt hans bernoulli in zürich, «in der waag», zwei vorträge, deren titel nicht erwähnt wurden, und für den 15. dezember ist eine zusammenkunft im restaurant karl der grosse in der kirchgasse angekündigt.[804]

julius posener arbeitete 1931 – im jahr, nachdem seine kritik an der *werkbund*-ausstellung im grand palais in paris, die walter gropius sehr wütend gemacht hatte und publiziert worden war – unbezahlt in erich mendelsohns berliner büro; und dann «als hilfsbauführer auf der baustelle columbushaus am potsdamer platz».

das columbushaus wurde als stahlskelettbau errichtet. posener, der als jüdisch-deutscher vorerst noch in berlin verblieb, bemerkte, wie sich ab sommer 1931 die lebensbedingungen in deutschland «rapide verschlechterten», es «herrschte die diktatur des kanzlers brüning, welcher mittels ‹notverordnungen› regierte. die zahl der arbeitslosen kletterte in die millionen und kam schliesslich ende 1932 bei sieben millionen an. die stimmung im büro war entsprechend hoffnungslos. jeder wusste, dass mit einem bau dieses ausmasses nicht mehr zu rechnen war.»[806]

obwohl posener später vom horror der folterungen gehört hatte, konnte er es nicht glauben: «die begründeten erzählungen von folterungen im keller des columbushauses (jawohl, des hauses, an dem ich bauführer gewesen war, mendelsohns columbushaus, das nun ein sa-haus geworden war), diese erzählungen glaubte ich nicht.»[807]

1933 gelang es posener, in paris eine stelle als architekturkritiker bei *l'architecture d'aujourd'hui* zu bekommen. derart konnte er sein leben im exil vergleichsweise angenehm gestalten; angenehmer auf jeden fall, als das jener zahlreichen, mittlerweile aus deutschland eingetroffenen emigranten, die sich in frankreich ohne arbeit durch den alltag mühen mussten. posener traf sich in paris mit mendelsohn, der seinerseits berlin hatte verlassen müssen und nun gleichzeitig in london und in jerusalem arbeitete. dieser bot posener eine stelle in seinem jerusalemer büro an – und so gelangte posener von frankreich aus in sein zweites auswanderungsland, nach palästina. mendelsohns büro befand sich in der jerusalemer vorstadt rehaviah, in einer windmühle.

ab 1941 diente julius posener freiwillig in der britischen armee und kam nach kriegsende als britischer offizier nach deutschland zurück, wo er sich als mit-

mit max bill zusammen habe ich in späteren jahren julius posener, den verfasser der gegen gropius gerichteten kritik an der *werkbund*-ausstellung von 1930 in paris, in der (west-)berliner akademie der künste angetroffen, wo sowohl posener als auch bill mitglied waren.

357

max bill: schriften-gestaltung der schweizer abteilung an der *internationalen ausstellung für verkehr & touristik* in poznan/polen 1930 (architekt e. f. burckhardt) in typografie-nachlass max bill, bildtafeln 10 und 11.

glied der ‹political intelligence› wachsam umtat. danach ging er nach jerusalem zurück und kehrte erst 1961 nach berlin zurück.

poznan, polen

im selben jahr, in dem bill erstmals in der berner kunsthalle eigene kunstwerke zeigen konnte, erteilte ihm, dem «reklametechniker» – wie sich max selber bezeichnete –, sein freund e. f. 1930 einen auftrag zur schriftengestaltung der schweizer abteilung für die internationale ausstellung für verkehr und touristik in poznan, polen, wo bill unter anderem den ausstellungsstand der schweizer firma saurer beschriftete. ob bill persönlich mit nach poznan reiste oder nur die tafeln lieferte?

im nachruf auf ernst f. burckhardt heisst es: «ausstellungen zu schaffen, war seine leidenschaft, er hat viele zusammengestellt ... wie kein zweiter verstand er es, wesentliches kurz und prägnant auszusagen, und was er sagte, war klar und einleuchtend, obwohl er von ideen und anregungen nur so sprudelte. er stellte an seine partner grosse anforderungen.»[808]

burckhardt war mit der bill'schen reklamegestaltung zufrieden und vermittelte ihm im jahr 1931 einen neuen auftrag, für die *deutsche bauausstellung berlin 1931 – internationale ausstellung für städtebau und wohnungswesen.* hier konnte bill für die ‹abteilung schweiz› den katalog gestalten.

während ernst f. burckhardt die gesamte anlage der ausstellung der ‹abteilung schweiz› sowie ihre anordnung in berlin besorgte, steuerte max bill, seinerseits dort vor ort, anfang mai 1931 die beschriftung bei. nur wenige monate nach

max bill: katalog für die ‹abteilung schweiz› an der *deutschen bauausstellung* in berlin, 1931

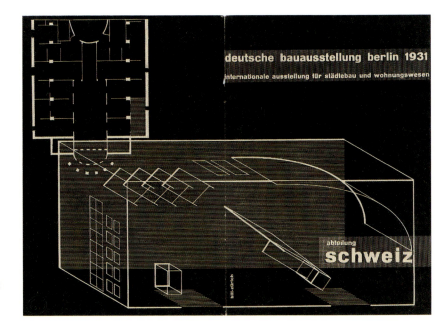

808 hans marti: «nekrolog ernst f. burckhardt»; gta archiv
809 max bill, berlin, 9.5.1931, an binia bill, zürich; archiv max bill
810 maasberg/prinz 2004, s. 78
811 gatje 2000, s. 17

der eheschliessung war bill erstaunlicherweise ohne seine frau nach berlin gereist und hatte im hotel am knie in berlin-charlottenburg eingecheckt. dies obwohl binia, wie erwähnt, als sie an der itten-schule lucia moholys fotoklasse besuchte, während einiger zeit in berlin wohnte und sich demnach in der weltstadt ausgekannt haben dürfte.

für diese bauausstellung konnten weitere ehemalige bauhäusler aufträge ausführen. moholy-nagy wurde in zusammenarbeit mit walter gropius und herbert bayer tätig.

«... am montag abend ist hier ein vortrag von ozenfant und da gehen all die leute hin und dann gibt es noch etwas mit moholy.»[809]

ein foto, das den stand von moholy-nagy, gropius und bayer dokumentiert («exhibition of building worker's unions, berlin, 1931 in collaboration with walter gropius and moholy-nagy»), ist abgebildet in alexander dorner: *the way beyond ‹art› – the work of herbert bayer*, wittenborn, schultz inc., new york 1947, s. 204). und ein architekturentwurf, den der frühere bauhaus-direktor walter gropius für die d*eutsche bauausstellung 1931* ausführen konnte, ist abgebildet in: g. c. argan: *walter gropius e la bauhaus*, giulio einaudi editore, mailand 1951, abb. 100–103.

auf dem berliner messegelände traf bill unter den bauhäuslern neben moholy-nagy und herbert bayer auch kandinsky wieder, der für diese ausstellung eine ‹wandgestaltung in keramik› entworfen hatte. auf einem foto ist kandinsky bei der besichtigung des von ihm gestalteten ‹musikraums› an der bauausstellung gemeinsam mit seiner auftraggeberin, frau körting, zu sehen.

auch katt both, die bill wenige jahre davor in dessau im doppelporträt mit hilde rantzsch zusammen gezeichnet hatte *(zwei freundinnen*, 1927, siehe s. 125), bewegte sich als aktive frau vom fach auf der messe in berlin. both war, als erste weibliche mitarbeiterin neben elf männern, seit 1929 im architekturbüro von otto haesler in celle tätig. für die bauausstellung 1931 hatten haesler und both «die ausgestellten wohnungstypen für die ‹familie eines werkarbeiters› und eine doppelgeschossige etagenwohnung für die ‹familie eines kopfarbeiters› mit grosszügigen waschanlagen und ankleideräumen» komfortabel ausgestattet.[810]

ob bill auf der aufstellung in berlin unter den alten bauhäuslern auch marcel breuer wiedersah?

die wandgestaltung ist abgebildet in will grohmann: *wassily kandinsky*, m. dumont schauberg, köln 1958, s. 202; der musikraum in: eckhard neumann (hrsg.), *bauhaus und bauhäusler, erinnerungen und bekenntnisse*, dumont taschenbücher, köln 1985, s. 62, abb. 51; eine rekonstruktion davon sah ich 2006 ausgestellt im museum für zeitgenössische kunst in strasbourg.

nach dem zweiten weltkrieg werden sich max bill und katt both an der gedenkfeier für oskar schlemmer am 6. september 1958 wiedersehen.

marcel (eigentlich lajko) breuer hatte während seiner studienzeit am weimarer bauhaus, von gropius dazu auserwählt, die innenraumgestaltung des «haus-am-horn»-bauhaus-musterhauses übernommen, für die allererste bauhaus-ausstellung im jahr 1923 in weimar. danach wohnte er von 1924 bis 1925 in paris. gropius berief ihn 1926 als meister ans neu eröffnete bauhaus nach dessau, wo sich breuer, zu der zeit, da bill dort studierte, weiterhin aufhielt, bis er 1928 im zusammenhang mit dem abgang von walter gropius nach berlin ging, um dort, in seiner absicht bestärkt und aktiv unterstützt von gropius, ein eigenes architekturbüro zu eröffnen; breuer hatte das bauhaus (wie auch bill) ohne architektur-diplom verlassen. «several key members of the faculty had left the bauhaus with gropius in 1928, or shortly thereafter, and breuer decided it was time to open his own architectural office in berlin. gropius again lent a hand in the attempt which was ultimately successful, to persuade the authorities of the german association of architects to admit lajko as a member despite his absent diploma.»[811]

359

robert f. gatje fragt sich, ob mies wohl auf breuer eifersüchtig gewesen sei, da dieser, obgleich ungar, auf einladung von gropius in paris 1930 an der ausstellung des deutschen ‹werkbunds› hatte teilnehmen können, während mies, ein gebürtiger deutscher, dazu nicht aufgefordert worden war. für die 1931 in berlin stattfindende ausstellung habe mies erst im letzten augenblick noch breuer eingeladen.[812]

walter gropius hatte sich bereits in den 20er-jahren dafür eingesetzt, dass breuer, der von mies van der rohe bei der vergabe der bauaufträge für die stuttgarter ‹weissenhof-siedlung› (1927) nicht berücksichtigt worden war, dennoch dort zum zuge kam, nämlich für das design der innenbereiche der von gropius selbst und von mart stam gebauten häuser.

noch im selben jahr, 1931, musste marcel breuer wegen fehlender aufträge sein architekturbüro in berlin schliessen – er hatte nicht vor, in deutschland zu bleiben.

nachdem walter gropius 1933 deutschland verlassen hatte und 1934 nach england kam, bezog er im norden londons, im vorort hampstead, ein ‹flat› in der lawn road, in einem modernen, soeben fertiggestellten bau des architekten wells coates. marcel breuer und moholy-nagy emigrierten ebenfalls nach london und gesellten sich bald in die lawn road flats zu gropius. die drei emigranten arbeiteten kurz darauf für die firma isokon. breuers schichtholz-version seines ‹long chair› wurde in serienproduktion hergestellt. gropius, der die leitung für design übernommen hatte, blieb bis 1937 in den lawn road flats wohnen, bis zu seiner abreise in die usa nach harvard.

die wohnbedarf ag

der laden befindet sich seit 1933 und auf grösserer fläche an der talstrasse 11, in unmittelbarer nähe des alten standorts.

im ausstellungskatalog um 1930 in zürich – *neues denken, neues wohnen, neues bauen* (1977) ist eine aussenansicht des ersten wohnbedarf-ladens mit der beschriftung von bill abgebildet (s. 187).

bills freund ernst f. burckhardt richtete den ersten, noch eher bescheidenen laden der firma wohnbedarf ag in der zürcher claridenstrasse ein. max bill wurde für die gestaltung des firmensignets herangezogen.

«ich machte die aussenbeschriftung so, dass man sie von der seite in der starken verkürzung gut lesen könne.» noch heute dient diese, damals speziell entwickelte schrift, als firmensignet. der für die wohnbedarf-schrift neu entwickelte buchstabe o, schreibt bill weiter, habe ihm so ausnehmend gut gefallen, «dass ich ihn im gleichen jahr als plakat verwendete für die ausstellung *negerkunst* im kunstgewerbemuseum zürich».[813]

die ausstellung *negerkunst, prähistorische felsbilder südafrikas* fand vom 2. bis 30. august 1931 im kunstgewerbemuseum zürich statt. «beim herstellen der metallbuchstaben bestellte ich ausserdem ein relief aus wellblech, das die o-form exzentrisch abwandelte. dieses war für die damalige zeit so extrem, dass es keinerlei resonanz fand.»[814] heutzutage gilt dieses *wellrelief* (1931/32) als eines der ganz wichtigen standardwerke bills. man kann es als vorbildlichen vorläufer der minimal art ansehen.

---

812 gatje 2000, s. 17
813 bill 1977 [b], s. 186f.
814 ebenda
815 max bill; in schmidt 1983

max bill: plakat zur ausstellung
negerkunst, prähistorische felsbilder südafrikas im kunstgewerbemuseum zürich, 1931
buchdruck, linolschnitt und satz, 128 × 90,5 cm

«suche nach dem ausweg»

da bill sich des öfteren in basel aufhielt, in jener grenzstadt, die man heute mit dem auto von zürich aus in einer stunde erreicht, ist anzunehmen, dass er sich die von dr. georg schmidt eingerichtete, sehr beeindruckende jean-arp-ausstellung im jahr 1932 (siehe s. 363) nicht entgehen liess.
arp sei es auch gewesen, der ihn, den jüngeren künstlerkollegen, aufforderte, der in paris gegründeten internationalen künstlervereinigung *abstraction-création* beizutreten: «… das war so, es gab in zürich eine kunstausstellung, zu der wir jungen nicht zugelassen waren. wir haben uns dann darüber geärgert. aber ich bin eigentlich durch diese sache dann mit arp in kontakt gekommen, den ich eigentlich schon früher gekannt hatte von einem besuch in paris, und seine frau war in der kunstgewerbeschule, während dem ich da meine silberschmiedlehre absolviert habe, war sie ja lehrerin, und arp hat dann eigentlich sofort vorgeschlagen, dass ich mit ‹abstraction-création› zusammen ausstellen solle und mitglied werden soll. das war ende 1931, glaube ich schon.»[815]

die ausstellung, auf die sich bill hier im interview von doris schmidt bezieht, an der er zu seinem grossen bedauern nicht hatte mitausstellen können, hiess *abstrakte und surrealistische malerei und plastik* und fand vom 6.10.–3.11.1929 im kunsthaus zürich statt.
dass er arp «eigentlich schon früher gekannt hatte von einem besuch in paris» her, damit ist bills besuch in paris 1925 gemeint, als dort objekte des jungen silberschmiedlehrlings, juriert von sophie taeuber-arp, an der *exposition international des arts décoratifs* ausgestellt worden waren.

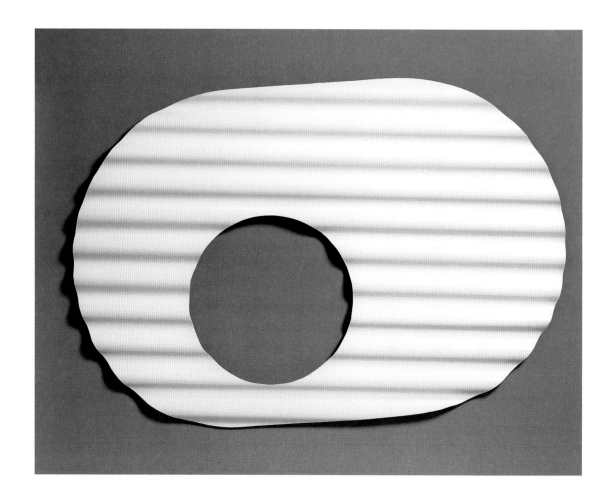

max bill: *wellrelief*, 1931/32
eisenblech, weiss bemalt,
80 × 120 cm

als begründung, weswegen er nicht bereits ende 1931 zur gruppe ‹abstraction-création› stösst, sondern erst im dezember 1933 den vorschlag arps befolgen wird, erklärte bill im selben fernsehporträt, er habe erst noch für sich daran arbeiten müssen, die einflüsse seiner bauhaus-lehrer zu überwinden; er nannte das seine «suche nach dem ausweg»:

«ich kam ja eigentlich so von klee und kandinsky und bis schlemmer, moholy her, und das war bei mir noch in den ersten jahren, 1930, 1931 so ein ziemliches gemisch, und ich musste mich da selbst auch irgendwie finden … es war ein ganzes konglomerat von lehrern, die ich hinter mir hatte – und bei denen mich irgendetwas interessiert hat, und ich musste zuerst irgendwie einen ausweg finden.

816 schmidt 1983

den habe ich dann verhältnismässig rasch gefunden.

das war auch der grund, weshalb arp auf mich aufmerksam wurde, und dann bin ich zu dieser ‹abstraction-création› eingeladen worden, und dort habe ich dann nicht eigentlich neue dinge entdeckt, sondern es waren eigentlich dinge, die ich schon als selbstverständlich angesehen habe.»[816]

nachdem er den «ausweg» gefunden hatte und sich damit ein akzeptabler, neuer weg in seine eigenständige kunstproduktion für ihn auftat, als er ‹eigenes› vorzuweisen hatte, ging bill voll neuem tatendrang ende 1933 tatsächlich auf den vorschlag des von ihm vor noch nicht allzu langer zeit – im brief an fischli – despektierlich als «abstrakten grossvater» geschmähten arp ein und trat der künstlergruppe ‹abstraction-création› bei.

von arp wurde bill in paris bei piet mondrian, der seinerseits der gruppe angehörte, eingeführt. arp nimmt ihn, im zusammenhang mit den vorbereitungsarbeiten für eine ausstellung von einigen der ‹abstraction-création›-mitglieder, zu einem besuch in mondrians pariser atelier mit. die ausstellung der gruppe, die bill mitbeschicken durfte, sollte dann am 22. dezember 1933, an bills 25. geburtstag, eröffnet werden. der besuch bei mondrian fand noch vor der vernissage statt. «es kamen dann die auseinandersetzungen mit vantongerloo, mondrian in dieser zeit ... das hat nicht zu direkten ähnlichkeiten geführt, damals, sondern zu völlig anderen dingen. aber es hat gewisse einflüsse gehabt.

blick in die einzelausstellung
hans arp, kunsthalle basel
1932

zum beispiel würde ich sagen, dass die weisse fläche damit bei mir aufgetreten ist. eigentlich etwas sehr typisches, das aus dieser zeit heraus entstanden ist. diese weisse fläche bestand vorher noch nicht. und sie hat sich nachher wieder verflüchtigt. aber eine zeitlang war das weiss für mich doch die grundlage von allem, was ich dann gemacht habe. und das kommt sehr weitgehend daher, von diesen zusammenhängen. nur ganz bedingt zum beispiel von den zeichnungen bei klee. oder bei kandinsky.»[817]

in den dreissigerjahren gestaltete max bill zeitungsanzeigen, unter anderen für egli & co., einen reklamestand (1931) für dieselbe firma – in kleinschreibung – sowie einen propagandastand «schweizer baukatalog» (1932) – im original mit traditioneller gross-/kleinschreibung.

> die beiden letztgenannten auftragsarbeiten sind dokumentiert auf s/w-fotos im typografie-nachlass max bill, tafel nr. 11.

darauf folgte unter anderem der ausstellungsstand «schweizer wein» für die landwirtschaftliche produktionsmesse zürich 1934.

binia bill fand unterdessen in interessierten fachkreisen anerkennung als avantgarde-fotografin. sie fotografierte (bis anfang der 40er-jahre) auch die mehrzahl der kunstwerke von max bill.

erstes eigenes atelierhaus

nach plänen von max bill wurde von oktober 1932 bis märz 1933 für ihn und seine ehefrau binia ausserhalb der stadt zürich, am äusseren dorfrand von höngg, ein atelierhaus gebaut, das zur hauptsache aus einem zweistöckigen atelier-wohn-schlafraum besteht.

> da einzelheiten zu diesem haus wiederholt publiziert wurden, verweise ich an dieser stelle nur auf die entsprechenden quellen: max bill: «vom bauhaus bis ulm», in: *du*, heft 424, juli 1976, s. 12–24, speziell s. 14; eva bechstein: «die häuser von max bill in zürich-höngg und zumikon», in: *künstlerhäuser von der renaissance bis zur gegenwart*, hrsg. von eduard hüttinger, waser verlag, zürich 1985, s. 255–267; *das atelierhaus max bill 1932/33. ein wohn-und atelierhaus in zürich-höngg von max bill und robert winkler*, hrsg. von arthur rüegg, niggli baumonografie, sulgen 1997. das haus in höngg wurde per 1. januar 1979 jakob bill überschrieben.

die trauzeugin und freundin des ehepaars bill, elsa burkhardt-blum, konnte als architektin im jahr 1933 ihrerseits ein erstes haus realisieren, und zwar für gotthard schuh. elsas auftraggeber gotthard schuh war derselbe, der auf verlangen von erwin bill eine zeitlang die finanzen für seinen sohn max verwaltet hatte. max, der noch vor elsa sein erstes gebautes haus vorweisen konnte, hätte diesen auftrag des ihm bestens bekannten gotthard schuh, der ja auch im

---

817 max bill; in schmidt 1983
818 max bill im gespräch mit peter kamber; in kamber 1990, s. 92
819 max bill im gespräch mit angela thomas am 25.8.1975

kabarett ‹der krater› mitgewirkt hatte, sicherlich gerne selber übernommen. elsa burckhardt-blum wird zusammen mit ihrem mann ernst f. burckhardt das zürcher schwimmbad oberer letten bauen und einige jahre nach max bill, gegen ende der 40er-jahre, künstlerisch-konkret tätig werden. ihre bilder, die in der zürcher galerie suzanne bollag ausgestellt wurden, signierte sie mit ‹e.b.b.›. ernst f. burckhardt wird sich 1958 bei einem autounfall, bei dem elsa als mitfahrerin dabei war, in england das genick brechen. sie hörte das entsetzliche geräusch und überlebte mit 63 knochenbrüchen. nach diesem unfall habe sich binia bill sehr um seine mutter gekümmert, erzählte mir professor christoph burckhardt, der sohn von elsa und ernst burckhardt.

binia und max bill blieben elsa burckhardt-blum verbunden. bill wird elsa, auf die ihm eigene weise, wie wenigen auserwählten personen, die ihm wichtig waren – und das waren ansonsten vor allem männer –, sozusagen die treue halten und sie in einem nachruf in der *neuen zürcher zeitung* (8. april 1974) ehren, in derselben zeitung, in der er auch seine nachrufe auf die ehemaligen bauhaus-meister paul klee, wassily kandinsky und josef albers veröffentlichte.

elsa burckhardt-blum: atelierhaus gotthard schuh, zollikon, erbaut 1933, abgebrochen in den 70er-jahren. «während in max bills atelierhaus die decken auf verlangen der baupolizei betoniert werden mussten, wurde das gebäude von gotthard schuh in reiner plankenbauweise erstellt» (zitat und abb. in: *das atelierhaus max bill 1932/33. ein wohn-und atelierhaus in zürich-höngg von max bill und robert winkler*, hrsg. von arthur rüegg, niggli baumonografie, sulgen 1997, s. 68).

der kreis um wladimir rosenbaum und aline valangin

in jener zeit kam bill auch mit wladimir ‹ro› rosenbaum und aline valangin in kontakt. der zürcher anwalt rosenbaum hatte eine ‹genossenschaft für literarische publikationen› gegründet, die die *information* herausgab, zu deren redaktion ernst f. burckhardt gehörte. in diesem zusammenhang lernte der junge bill den engagierten kulturfreundlichen linken anwalt kennen, von dem er vermutete, dass es dieser persönlich war, der auch noch das nötige geld für das zustandekommen der *information* beigesteuert habe.[818] mir gegenüber sagte bill dazu in einem gespräch: «die *information* ist nur in einer auflage von 500 exemplaren erschienen. rosenbaum und der bruder von georg schmidt haben die geldmittel bereitgestellt.»[819]

max bill: zeitschriftengestaltung für *information*, juli 1932, heft 2

rosenbaum war mit der schriftstellerin aline valangin verheiratet. zum engeren kreis um rosenbaum und valangin, die in der zürcher stadelhoferstrasse 26 in einem stattlichen, gastfreundlichen haus, dem ‹baumwollhof› wohnten, gehörte sophie taeuber-arp. auch das ehepaar bill war ab anfang der 30er-jahre ab und zu dort eingeladen. bis zu seinem umzug mit binia an die goldbrunnenstrasse hatte max ebenfalls in der stadelhoferstrasse gewohnt, ganz in der nähe von rosenbaum und valangin.

aline valangin, rosenbaums erste ehefrau, kannte sophie taeuber-arp bereits seit der zeit des ersten weltkriegs. mit ihr habe sie, meinte valangin rückblickend, einen stets freundschaftlichen umgang gepflegt.

«nous nous sommes connues pendant la première guerre mondiale à zurich et sommes restées toujours en rapport amical, soit dans les années 20 à zurich, soit dans les années 30 à paris.» doch sei sophie nie in aline valagins haus «la barca» im val onsernone, nahe der italienischen grenze, eingeladen worden – für das max bill einen prospekt gestalten wird.⁸²⁰

aus sophies sicht liest es sich hingegen völlig anders. aline sei «in einer ganz primitiven weise» auf sie eifersüchtig gewesen. die kommunikation zwischen sophie und ihrem ehemann arp war in den 20er-jahren nicht gerade fliessend und für sophie alles andere als befriedigend. im mai 1926 resümierte sophie den zustand und schickte einen brief aus zürich an ihren gatten hans arp: «… es hat etwas lange gedauert, bis ich wieder schreibe. ich weiss auch nicht recht, ob ich dir eigentlich schreiben soll wie es mir geht und was ich mache. du bist ja nicht dafür, dass man sich zu viel von einander sagt, aber was bleibt da noch von der ehe übrig.»⁸²¹

sie sei in apathie versunken, doch dann sei rosenbaum bei ihr erschienen; das bedeutete balsam für ihre seele: «gestern war rosenbaum hier. er hat etwas in seinem herzen, was mich stark anzieht. er frägt nach dir und was du gesagt hättest, dass wir die autofahrt gemacht haben vor ostern.» sogleich versuchte sophie jedoch ihren mann zu beschwichtigen: «beunruhige dich nicht, ich sehe ihn kaum, aber meine beziehung zu ihm ist auch eine art, dem leben ein wenig näher zu kommen …

hingegangen bin ich nicht, da seine frau in einer ganz primitiven weise eifersüchtig ist und ich mich nicht wieder will schlecht behandeln lassen, aber das wird bald vorbei sein. deine mutter ist übrigens sehr gut auf ihn eingestellt …»⁸²³

über die faszinierenden persönlichkeiten und das wirken von aline valangin und wladimir rosenbaum sowie über den kreis, der sie umgab, hat peter kamber das äusserst empfehlenswerte, sehr gut recherchierte buch *geschichte zweier leben. wladimir rosenbaum und aline valangin* geschrieben (limmat verlag, zürich 1990, ergänzte neuauflage 2000).

«… ich habe immer solche mühe zu leben … morgen wird bei rosenbaums getanzt, vielleicht gehe ich hin. es ist nur schade, dass du nicht da bist …»⁸²²

820 aline valangin, la villerna, via signore in croce 24, ascona, 1.10.1981, an monsieur beretta, ascona; freundlicherweise zur verfügung gestellt von ra efrem beretta, ascona
821 sophie taeuber-arp, 22.5.1926, an hans arp; in dossier «lettres de sophie»; stiftung hans arp und sophie taeuber-arp
822 sophie taeuber-arp, n.d., an hans arp; ebenda
823 siehe anm. 821

neues bauen

der brillante rosenbaum stand den architekten des neuen bauens in rechtsfragen als anwalt zur seite; so bei dem bau der ‹werkbund›-siedlung neubühl (zürich 1930/32), dem bedeutendsten schweizer projekt jener zeit. max bill gestaltete dazu ein plakat.

es ist klar, bill hätte am liebsten selber als architekt bauaufträge entgegengenommen. aber halten wir uns vor augen: er war immer noch sehr jung – und es kamen vorerst keine aufträge herein. doch waren die architekten vom neuen

max bill: plakat für die *wohn-ausstellung neubühl*, 1931
buchdruck, linolschnitt und satz, 128 × 90,5 cm

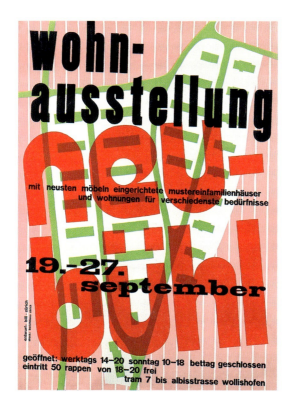

bauen, die älter waren als er, nett genug, ihn für die gestaltung von schriften heranzuziehen, so für bauten in zürich wie das zett-haus (1931/32). bill entwarf die schriftzüge ‹zett-restaurant› und ‹roxy-bar› (siehe s. 368), die akzeptiert und ausgeführt wurden, sowie das geschäftsbriefpapier für den architekten rudolf steiger und dessen partner, ingenieur carl hubacher.

zum ‹zett-haus› zürich existiert eine neuere publikation, in der auch der anteil flora steiger-crawfords als mitarbeiterin recheriert wurde: rudolf steiger war seit 1924 verheiratet mit flora steiger-crawford, die als erste frau an der eth zürich 1923 das diplom als architektin erlangte. laut evelyne lang jakob war das büro bis etwa 1928 «hauptsächlich» von flora geführt worden, danach übernahm rudolf die leitung. «während dieser zeit entstand das gemeinsame frühwerk: die ausführung der ersten etappe der siedlung neubühl und die planung des zett-hauses in zürich. zu einem ersten bruch in der arbeitsgemeinschaft kam es 1931, als die dreiköpfige familie steiger in den gerade fertiggestellten teil der siedlung neubühl umzog … nach der fertigstellung des zett-hauses verlegten rudolf und flora steiger-crawford ihr büro in dieses gebäude …

max bill: schriftengestaltung ‹zett-restaurant› und ‹roxy-bar›, 1932
foto: binia bill

ausgewählte bauten, die flora steiger-crawford massgeblich mitprägte: eckbau des zett-hauses, zürich 1930–1932, rebgasse/müllergasse. das zett-haus, ein avantgardistisches bürogebäude mit wohnungen, unterirdischer garage und kino mit schiebedach, konnten rudolf und flora steiger-crawford in zusammenarbeit mit dem ingenieur carl hubacher dank hubachers vater bauen, der das grundstück in aussersihl besass. im rahmen dieses prestigeträchtigen auftrages hat flora steiger-crawford den rückwärtig gelegenen eckbau bearbeitet, der einen seitlichen abschluss des hauptbaus bildet ... das gebäude sollte im erdgeschoss ein restaurant und im hinteren teil ein kleines gartenrestaurant aufnehmen. in den oberen geschossen entstanden kleine, äusserst zweckmässige, moderne stadt- und atelierwohnungen. aus der not machte die architektin eine tugend: das restaurant wurde auf drei höhenlagen verteilt, und die eckwohnungen, trotz kleinstflächen, vermitteln aufgrund ihrer gekurvten fensterfront einen eindruck von weite ... das zett-haus gilt als eines der ersten und reinsten beispiele des neuen bauens in zürich. peter meyer würdigte im *werk* den gekonnten umgang mit der eckparzelle, allerdings ohne die mitarbeit von flora steiger-crawford zu erwähnen.»[824]

im nachruf auf ernst f. burckhardt wird angeführt, dass es ihm zu verdanken sei, die eigenwillige jugendstilfassade des vielseitig verwendbaren corso-theaters «gerettet» zu haben.[825]

die einstige bauhaus-meisterin gunta sharon-stölzl begann nach ostern 1933 an einem vorhangstoff für das von ernst f. burckhardt (zusammen mit karl knell) umgebaute corso-theater in zürich zu arbeiten, für das max bill die schriften gestaltete.

noch eine weitere person, die sowohl gunta sharon-stölzl als auch max bill von ihrer zeit am bauhaus dessau her kennen, nämlich ‹der schwarzmähnige tiger› alexander ‹xanti› schawinsky, wird für das in der nähe des bellevue-platzes und dem bahnhof stadelhofen gelegene theater arbeiten und für die corso-bühne dekorationen entwerfen.[826]

xanti und bill kannten sich von ihren aktivitäten an der bauhaus-bühne und in der bauhaus-kapelle. schawinsky wiederum war von seiner berliner zeit her seinerseits bestens mit karola piotrkowska, der gefährtin (und späteren dritten ehefrau) des philosophen ernst bloch, bekannt. nachdem bloch als emigrant in die schweiz gekommen war, suchte er das ehepaar bill in höngg – vielleicht auf xantis empfehlung hin? – auf.

824 lang jakob 2003, s. 111 und s. 122
825 hans marti, «nekrolog ernst f. burckhardt»; gta archiv
826 siehe bignens 1985, s. 36
827 ebenda

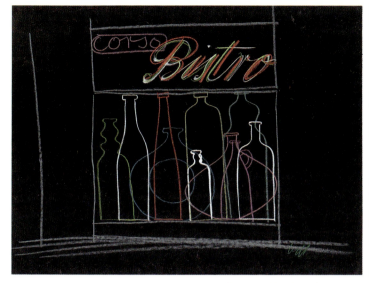

max bill: entwurf für den schriftzug ‹corso bistro›, um 1934 farbstift auf schwarzem papier

max bill: schriftzug ‹corso› auf dem corso-haus in zürich, aktueller zustand, 2007

auf zusammenhänge zwischen den beiden zürcher theaterbauten roxy und corso und der damaligen theaterreformbewegung hat christoph bignens hingewiesen: «hans curjel, der kunsthistoriker und freund von sigfried giedion, war als regisseur an der berliner kroll-oper an den dortigen experimenten massgeblich beteiligt. nach seiner emigration in die schweiz wird curjel 1934 regisseur und programmleiter am neu eröffneten corso. die kroll-oper in berlin hatte dr. hans curjel zusammen mit otto klemperer geleitet. curjel war es zu verdanken, dass damals an schlemmer und moholy-nagy aufträge für bühnengestaltungen an der kroll-oper erteilt wurden. im exil in zürich setzte sich curjel sehr engagiert für die corso-bühne ein, wo ihm max bill, als er die schrift für das corso entwarf und ausführte, begegnete. alexander ‹xanti› schawinsky, ein ehemaliger bauhäusler, wird für die corso-bühne dekorationen entwerfen.»[827]

gastfreundschaft

der in dessau geborene roman clemens war als ausgebildeter elektriker ans bauhaus gekommen mit dem auftrag, in den neubauten die leitungen zu legen; er war derart begeistert von gropius' bauwerk, dass er sich dort sogleich als student einschrieb.

am bauhaus hatte clemens – wie bill – die freien malklassen bei klee und kandinsky besucht. ‹clemi› spielte – wie bill – banjo und er war – wie bill – bei schlemmer in der bühnenwerkstatt dabei gewesen.

roman clemens, sohn eines dessauer uhrmachers, war bühnenbildner und konkreter maler. er kam nach seinem studium am bauhaus, als «ein bisschen verrückt, aber auch sehr fähig» empfohlen, 1932 aus deutschland in die schweiz. clemens war 1932–1943 erster bühnenbildner und ausstattungsleiter am stadttheater zürich und schuf bühnenbilder zu rund zweihundert inszenierungen; er erhielt mit dem architekten werner frey 1948/49 den auftrag zur innengestaltung und -ausstattung des heute noch existierenden kinos studio 4 in zürich, in dem heute das kommunale kino filmpodium untergebracht ist (siehe marianne herold: «roman clemens», abc-verlag, zürich 1991).

«die bühnenklasse war eine kleine, konstante gruppe, der namentlich xanti schawinsky, den roman clemens wegen seiner sprühenden phantasie besonders schätzte, lux feininger, fritz winter, georg hartmann, hermann röseler, andor weininger, albert mentzel und zeitweise auch max bill angehörten. es gab faktisch keine gliederung nach semestern, ebenso wenig einen systematisch fixierten lehrplan ... innerhalb des kleinen teams herrschte meist ein gutes einvernehmen; der enthusiasmus für die gemeinsame arbeit ... sowie die kollegiale haltung schlemmers förderten die gegenseitige inspiration. es wurde tage- und nächtelang furchtbar viel diskutiert und immer wieder gefragt: ‹wie kann man es anders machen?›»[828]

in der goldbrunnenstrasse 141 wohnten binia und max bill vom 10. märz 1931 bis april 1933. im april 1933 zogen sie um nach höngg, in das von max bill entworfene atelierhaus, limmattalstrasse 253; höngg wurde 1934 in die stadt zürich eingemeindet und die hausnummer 1953 umnummeriert in limmattalstrasse 383 (mitteilung von dr. robert dünki, stadtarchiv zürich, 13.12.2007).

roman clemens wird 1932 aus deutschland in die schweiz emigrieren, wo er bei seiner ankunft in zürich von binia und max bill aufgenommen wird, obwohl das junge ehepaar in der goldbrunnenstrasse 141 nur eine zweizimmerwohnung, die als vorübergehende bleibe diente, gemietet hatte.

in zürich funktionierte das netzwerk der progressiv gestimmten. und so lernte die tänzerin suzanne perrottet, mit der binia vor ihrer heirat bereits einmal nach sizilien gereist war, über die bills roman clemens kennen, der ans zürcher stattheater als bühnenbildner engagiert worden war.

suzanne war eine anhängerin der vorstellung von ‹freier liebe›. sie hatte mit dem von ihr geliebten tänzer rudolf von laban einen gemeinsamen – damals sagten bürgerliche kreise, die sich daran stiessen, noch ‹unehelich geborenen› – sohn. für diesen bemühte sie sich, eine geeignete ausbildungsstätte zu finden und wandte sich an clemens: «mach du aus ihm einen bühnenbildner!»

so begann andré perrottet – wie seine frau julia überlieferte – «anfang 1934 bei roman clemens zu arbeiten. er schaute bei allem, was sein lehrmeister tat, zu und baute modelle der einzelnen szenerien nach den entwürfen von clemens. für den teich im palastgarten in der *entführung aus dem serail* wollte clemens echte seerosen haben. sie fragten beim stadtgärtner roland von wyss an, ob er so etwas liefern könne. dieser fand die idee originell und sagte, im teich im belvoir-park könnten sie seerosen abschneiden, soviel sie nötig hätten! die seerosen wurden also mit meterlangen stielen von clemens und andré eigenhändig geschnitten und per dreirad ins theater transportiert. sie haben sich bei äusserst sorgfältiger pflege über einen monat gehalten und in jeder vorstellung erfolgreich ‹mitgespielt.»[829]

---

828 herold 1991, s. 22
829 julia perrottet, in: perrottet [1989/90], s. 233
830 bruns 2007, s. 179
831 postkarte; will grohmann, dresden, regerstr. 31, poststempel st. blasien, unleserlich [6.3.1931–1933], an herrn max bill, zürich 3, goldbrunnenstr. 141; bibliothek max bill
832 bill 1977 [b], s. 187

einige jahre nach seiner ankunft bei den bills im schweizer exil wurde roman clemens, der trotz seiner verdienste in der emigrationsliteratur kaum erwähnung findet, dann allerdings «von mai bis august 1945» in lyss interniert.[830]

der kunsthistoriker dr. will grohmann erkundigte sich in jener zeit, nachdem es ihn einige mühe gekostet hatte, seine adresse ausfindig zu machen, bei bill in der goldbrunnenstrasse, ob er ihm zwei fotos seiner arbeiten für ein «sonderheft über die jungen europäischen maler» im *neuen frankfurt* senden könne, sowie ob bill ihm mitteilen könne, «wer von den früheren bauhausleuten schweizer ist? mit besten empfehlungen ihr will grohmann».[831]
obwohl bill das bauhaus und deutschland schon länger hinter sich gelassen hatte, erinnerte sich der in dresden lebende kunsthistoriker grohmann, der gewichtiges über bills lehrer kandinsky und klee publizierte, an den jungen bill, denn dieser zählte für ihn offenbar bereits zu den «jungen europäischen» malern.

max bill als gestalter der *information*

die ehemaligen ‹krater›-aktivisten burckhardt, bill und samson suchten und fanden eine neue plattform, zusammen mit anderen engagierten, darunter georg schmidt, max raphael und dem sich besonders zeitintensiv für diese aufgabe einsetzenden ignazio silone. mit der zeitschrift *information* – einer antifaschistischen heftreihe «zu wirtschaft, wissenschaft, erziehung, technik, kunst» (oprecht & helbling ag verlag zürich, redaktion ignazio silone, typografie max bill) – die ab juni 1932 erschien, versuchten sie, die öffentlichkeit mit aufklärend-analysierenden texten zu erreichen und aufzurütteln.

bill nahm also die gestaltung der *information* in die hände. die kleinformatige zeitschrift, deren erklärte absicht lautete, eine antifaschistische bewegung ins leben zu rufen – was indes nicht gelingen sollte –, war inhaltlich anspruchsvoll, richtete sich gegen den monopolkapitalismus und gegen die in der schweiz so genannten ‹fröntler›, die die verbreitung von hitlers unheilbringenden gedanken unterstützten

«während jener zeit war der plan gereift, eine kritische zeitschrift herauszugeben mit titel und inhalt *information*. die leitung hatte ignazio silone. der kreis der links-intellektuellen verschmolz sich hier mit den ciam-leuten. ich wurde mit der visuellen gestaltung betraut.»[832] (siehe s. 365)

max bill und ignazio silone im hof des einstigen zürcher hauses von rosenbaum und valangin, 1970er-jahre

und auch in der schweiz bejubelt wurden. die zeitschrift kam zwar bei oprecht heraus, jedoch – laut max bill – «ohne dass oprecht sehr viel dafür getan hätte. sie war ihm zu links.»

im februar 1934 erschien die letzte nummer der *information*, weil die anzahl der abonnenten gegenüber dem ersten jahrgang um mehr als die hälfte zurückgegangen war.

jean-paul samson unterhielt in zürich zum bekannten anarchistischen armenarzt fritz brupbacher enge persönliche kontakte. so übersetzte und redigierte er dessen textsammlung *socialisme et liberté, avec une étude de françois bondy* (la baconnière, neuchâtel 1955).

brupbacher, dessen politische analysen sich maxens onkel ernst geiger schon vor dekaden während seiner studienzeit in zürich im ‹literarischen und diskutier-kränzchen› angehört hatte, und dessen dritte ehefrau paula, genannt ‹paulette›, die auch für die *information* schrieb, lernt max bill ebenfalls im linken umfeld kennen.

das gästebuch für jene, die das ehepaar brupbacher besuchten, beginnt mit den zeilen: «ein gar seltsames freundenbuch der übernationalen genie-pension brupbacher-raygrodski»; und der mit max bill befreundete schriftsteller jean-paul samson hatte an brupbacher eine ganz spezielle neugierde ausgemacht: die «curiosité pour les gens hors série».

paula brupbacher-raygrodski, die ärztin mit praxis in der kasernenstrasse 17, die besonders den zürich-aussersihler arbeiterfrauen beistand, war zentralpräsidentin der kp-organisation ‹rote hilfe› und setzte sich auch sehr engagiert für emigranten ein.

«in den dreissiger jahren gab es in ihrer privatwohnung am zürichberg regelmässig zusammenkünfte von schweizern und flüchtlingen. zu ihren ‹übernationalen genie›-gästen zählten die schriftsteller-emigranten ignazio silone und hans sahl; paulette, die aus einem kultivierten, russisch-jüdischen elternhaus in pinsk stammte, war selber als ausländerin in die schweiz gekommen. weil sie als jüdin unter dem zarenregime nicht studieren durfte, gehörte sie zu jenen russinnen, welche die schweiz «mit charme und intelligenz überfielen».[833]

das ehepaar habe keine rollenteilung akzeptiert, und fritz brupbacher wird deswegen nachgerade als ausnahmemann präsentiert: «in der praxis lebten die meisten revolutionäre höchst bürgerlich mit aufopferungsvollen frauen im hintergrund ... prominente ausnahme unter den pascha-revolutionären in der

---

bills bekannschaft mit françois bondy ist in zürich bekannt. das verhältnis zwischen bill und dem ehepaar bondy war auch in späteren jahren noch derart vertrauensvoll, dass die bondys bill auch persönlichste dinge erzählten.

da paulette in bern philosophie und (vermutlich später) in genf medizin studiert hatte, gehörte diese direkte und sehr temperamentvolle person, die «deutsch mit französischem akzent»[834] sprach, vielleicht auch zum kreis jener russinnen, zu dem ernst geiger schon in frühen jahren kontakt aufgenommen hatte.

---

833 nachruf auf paula brupbacher, in: *volksrecht*, 24.1.1968
834 verena thalmann: «an ihrem schicksal hat sich mein mitleid entzündet – die zürcher armenärztin paulette brupbacher (1880–1967) und die aussersihler arbeiterfrauen, in: *tages-anzeiger*, 30.7.1988, s. 9
835 siehe frei 1987

schweiz war das arbeiter-/ärzteehepaar paulette und fritz brupbacher, das auch im privatleben weder geschlechtscharakter noch rollenteilung akzeptierte.»[835]

fritz brupbacher starb 1945. nach seinem tode schrieb paulette ihre erfahrungen mit den aussersihler arbeiterinnen in den krisenjahren auf (paulette brupbacher: *meine patientinnen: aus dem sprechzimmer einer frauenärztin*, büchergilde gutenberg, zürich 1953). sie, die so viel solidarische arbeit geleistet hatte, verstarb vereinsamt mit 87 jahren in einem heim in unterengstringen am 31. dezember 1967.

«alles in allem moderne menschen»

auch in jenen jahren suchte max bill weiterhin den kontakt zu den freiwirtschaftern und schrieb an deren geschäftsleiter in bern, fritz schwarz, briefe voll detaillierter analysen und neuen ideen, so etwa im september 1932:
«durch meine allgemeine einstellung in fragen der kunst, architektur, des rechts etc. halten mich ein grossteil der leute, mit denen ich verkehre, als einen kommunisten. dagegen habe ich nichts einzuwenden, da der kommunismus ebenfalls eine oppositionsbewegung ist (in europa). durch meine tägliche arbeit (ich mache prospekte, inserate, hausbeschriftungen, werbefeldzüge) komme ich ständig mit leuten in berührung, mit architekten und kaufleuten, welche eine einstellung haben, welche auch vielfach nicht ausgesprochen kommunistisch, so doch weitgehend tolerierend ist. was typisch ist bei diesen leuten: sie verfügen alle über teilweise sogar recht grosse mittel, haben eine hohe intellektuelle bildung und sind alles in allem moderne menschen.

ich weiss, dass das geschwafel von kollektivität und kommunismus gerade bei solchen leuten besonders gut anschlägt, dass sie in einem gewissen sinne das bedürfnis haben, nachdem sie das christentum aufgegeben haben, eine neue religion ‹kommunismus› zu haben. dies ist nur nebensache.
hauptsache wäre, wie können wir auf diese leute einen einfluss ausüben, wie bringen wir sie dazu, überhaupt über unsere forderungen nachzudenken.
wir haben nun die dritte nummer einer zeitschrift herausgegeben, *information*, durch meine verbindung mit diesen leuten bin ich verpflichtet mitzumachen, indem ich meine arbeitskraft in den dienst dieser zeitung stelle, welche

ich im inhalt nicht unterschreiben kann, die wohl in vielem richtig ist, mir kein honorar zahlen kann, aber mir volle freiheit lässt in der formgebung. das reizt mich, jede aufgabe muss einen reizen, welche frei gestellt ist.

ich habe nun zwei sachen an dich: schau diese zeitung an. wenn du zeit hast, schreib einen artikel über ‹fascismus und wirtschaft› oder etwas derartiges, die sozialdemokratie kann leicht kritisiert werden dabei (honorar gibt es keines). den artikel möchte ich jedoch gerne vor einsendung lesen, dass irgendwelche sachen, welche ihn im vornherein unmöglich machen könnten, weggelassen werden könnten. dann beziehst du dich auf die zeitung, die du gelesen hast, und schickst ihn der redaktionskommission. wenn er abgelehnt wird, will ich zu erfahren suchen weshalb. ich persönlich möchte mich mit diesen leuten, die ziemlich gut fundiert sind, noch nicht ins politisieren einlassen, deshalb mache ich noch nichts.

ein artikel über ‹krise und morgan› könnte auch interessieren, wenn viel quellenmaterial (wie in dissertationen) angegeben werden kann, möglichst wissenschaftlich, möglichst wenig tendenz in bezug auf freiwirtschaft, das kommt dann später.

ich glaube, dass es möglich wäre, auf diese art einen teil jener leute zu erreichen, welche für uns wichtig werden können.

wir können auch, wenn es zeit wird, das adressenmaterial der information bekommen und dann irgendwelche broschüre an diese leute versenden …

das zweite wäre: eine kritik über verschiedene punkte bei der herausgabe freiwirtschaftlicher literatur.

ich habe das gefühl, dass ihr nicht eingesehen habt, dass eine broschüre oder ein buch von einem modernen inhalt, wie die unsrigen, nicht umschlaggestaltungen haben dürfen, welche von evangelischen vereinsnachrichten oder traktätchen ohne schwierigkeiten noch schöner gemacht werden können. jedesmal wenn ich eine neue schrift bekomme, bemerke ich mit dem jedesmal sich wiederholenden schreck, dass sich das umschlagbild nicht verbessert hat.

‹morgan›, ein heft, welches alle möglichkeiten hätte, wenn es in der aufmachung richtig wäre, vielleicht natürlich auch wenn es nicht heissen würde: verl. freiwirtsch. [verlag der freiwirtschafter] ist geradewegs unmöglich, um jemandem in die finger zu geben, welcher ein modernes gefühl hat. ich glaube nicht, dass das absicht sein kann, und deshalb mache ich einen vorschlag.

meine parteiarbeit, mein beitrag zur entwicklung unserer ideen wäre: die herstellung der einbände, die entwürfe für flugblätter, plakate etc.

836 max bill, goldbrunnenstrasse, zürich 18.9.1932, an fritz schwarz, schwarztorstrasse 76, bern; privatarchiv fritz und elly schwarz
837 max bill, zürich 3, goldbrunnenstrasse 141, 26.11.1932, an fritz schwarz, bern, schwarztorstrasse 76; ebenda

nicht dass ich zu wenig zu tun habe, wenn jemand nicht unter arbeitslosigkeit leidet, bin ich es, aber es muss sein, unsere schriften müssen gekauft und gelesen werden … natürlich gratis mit ausnahme direkter unkosten.

dann noch etwas persönliches:
ist das herausstellen einer religion so wichtig, wie es letzte zeit in der f-z gemacht wird, wie es aus allen schriften herausguckt? ist das ‹angreifen› der sowjetunion so dringend notwendig, wenn man es auch anders sagen kann? wir müssen uns bewusst sein, dass vielleicht in zürich grössere teile der intellektuellen kommunisten sind, und dass die bearbeitung dieser leute ebenso wichtig ist wie die bearbeitung der bergbauern zu einer revolution, und einem streik der zinszahlung.
… mit bestem gruss bill»[836]

dieser brief gewährt uns einen einblick in bills tatsächliche politische vorstellungen, die mit der hoffnung auf eine revolution besonderer art verbunden waren, nämlich auf eine revolution im sinne der freiwirtschafter.
der ansonsten nicht gerade zurückhaltende bill hält sich in der ideologischen auseinandersetzung bislang bedeckt. doch im november 1932 traut er sich dann doch, «gegenüber einer anzahl kommunisten» zu politisieren, seinen freiwirschaftlichen standpunkt zu verteidigen – vielleicht sind mit diesen «kommunisten» einige mitarbeiter der *information* gemeint.

«betrifft f.z. no. 46
in oben angeführter nummer der f.z. steht unter ‹die arbeiterschaft und ihre führer› ein passus über das russische geldwesen. ich habe mich verstiegen, gegenüber einer anzahl kommunisten in der diskussion diesen passus frei zu erzählen und darüber zu polemisieren.
selbstverständlich wurde die ganze sache als eine freie erfindung aufgenommen und als absolut ausgeschlossen erklärt. ich stellte mich zur verfügung, vorläufig zu versuchen, das bestmögliche beweismaterial zu erhalten, worauf die kommunisten an ihre ‹auskunftszentrale› nach berlin auch noch schreiben wollen (wo sie dann vielleicht wohlweislich das gegenteil erfahren werden). ich wäre ihnen also dankbar, wenn ich die notwendigen unterlagen bekommen könnte.
… mit bestem gruss bill»[837]

> max raphael und ignazio silone werden 1936 in zürich gemeinsam im haus des mäzens und sammlers marcel fleischmann wohnen, der mehrere picasso-werke sein eigen nennt.[838]

texte und bilder in der *information*

das zustandekommen und knapp zwei jahre anhaltende bestehen der *information* war vornehmlich ignazio silone zu verdanken, der 1931 wegen «trotzkistischer verschwörung» aus der italienischen pci ausgeschlossen worden war. als emigrant war er dringend auf geld angewiesen und darum der einzige beteiligte, der für seine publizistische arbeit etwas bezahlt bekam.

zu den anderen unentgeltlich publizierenden, meist männlichen autoren zählten unter anderen sigfried giedion, jean-paul samson, dr. georg schmidt, max raphael, die architekten hans schmidt, rudolf steiger und die schweizer schriftsteller rudolf jakob humm und jakob bührer.

> jakob bührer, der engagiert schrieb, mit einem pathos, das vielleicht anna seghers' vergleichbar ist – einer seiner buchtitel lautet *im roten feld, roman von der geburt einer nation* (3 bände, büchergilde gutenberg, zürich 1938–1951), schätzte bill durchaus. und mit bührers tochter, der sp-politikerin selma gessner-bührer, wird er in späteren jahren zu tun haben. bührer schrieb auch ein nachrufgedicht auf otto meyer-amden (heft 8, märz 1933), jenen mit bills vormaligem bauhaus-meister oskar schlemmer eng befreundeten künstler.

> mühlestein beschäftigte sich auch mit hodler, zu dessen leben und werk er nach seinem 1914 erschienenen buch *ferdinand hodler. ein deutungsversuch* gemeinsam mit georg schmidt, einem anderen mitarbeiter der *information*, das buch *ferdinand hodler 1853–1918* (rentsch verlag, zürich 1942) verfassen wird, das im selben verlag erscheint, in dem lissitzky und arp die berühmt gewordene publikation *kunst-ismen 1914–1924* herausgebracht hatten.

gelegentlich schickte auch hans mühlestein – bei dem bill 1934 im engadin den philosophen ernst bloch vor dessen ausweisung aus der schweiz trifft – beiträge, z.b. «vae victis!» und «die neue hure babylon».

an abbildungen von werken bildender kunst erschien in der *information* einzig unter dem titel «proletarische kunst» ein holzschnitt von carl meffert, aus dessen gleichnamiger holzschnittmappe, die georg schmidt im selben heft 8 besprach.

carl meffert war der sohn eines deutschen beamten. nachdem er fürsorgeanstalten und gefängnisse als insasse kennen und fürchten gelernt hatte, hatte er sich vor seiner flucht in die schweiz, wo er ein psyeudonym wählen musste und sich fortan clément moreau nennen wird, in berlin in intellektuellen- und kpd-kreisen bewegt.

da meffert/moreau und der aus italien emigrierte secondo tranquilli, der das pseudonym ignazio silone angenommen hatte, unter den ersten emigranten waren, die in der schweiz eintrafen, galten sie als vorzeigemigranten. sie wurden mancherorts gehätschelt wie maskottchen.

jene, die nach ihnen, nach der machtübernahme der nazis anfang 1933, im stark anschwellenden flüchtlingsstrom eintrafen, konnten nicht mehr mit einer wohlwollenden aufnahme rechnen. weshalb eigens wege für gezielte solidaritätsmassnahmen eröffnet und geebnet werden mussten.

---

838 françois bondy: «silone in der schweiz», in: *neue zürcher zeitung*, 5.11.1987
839 magnaguagno 1980
840 ebenda

moreau und silone hatten sich 1930, schon vor ihrer arbeit für die *information*, im tessin in der landwirtschaftlichen kommune fontana martina kennengelernt, in die moreau eingetreten war.

als sich silone und moreau dann 1932 in zürich wieder trafen, arbeiteten sie nicht nur für die *information*, sondern sie setzten sich darüber hinaus aktiv «vom zett-haus aus, zusammen mit den gewerkschaften, dem verleger emil oprecht und bürgerlichen familien für die deutschen emigranten ein. das verbot politischer aktivitäten konnte sie auch nicht hindern, im kampf gegen den lohnabbau eine flugblattkampagne für die bauern zu starten.»[840]
in zürich verkehrte silone u. a. im haus des seinerseits vor mussolini aus italien geflüchteten fernando schiavetti, dessen tochter annarella rotter-schiavetti mir erzählte, dass silones spitzname familienintern ‹cavallo di cartone› (pappferd) gelautet habe.
in der loseblattmappe clément moreau/carl meffert: *linolschnitte zu ignazio silone*, litpol verlagsgesellschaft, berlin 1980, ist auch eine bleistiftzeichnung von clément moreau aus dem jahr 1933 abgebildet: *portrait ignazio silone*.
max bill hat diesem kampf seinerseits ein plakat gegen den lohnabbau beigesteuert, und für die *information* (heft nr. 5, november 1932, s. 29) lieferte er einmal eine karikatur zum thema «sittlichkeitsschnüffler an der arbeit», gezeichnet: «bill-zürich». in dasselbe heft 5 ist ein nur mit monogramm gezeichneter text «proletarisches theater in basel» aufgenommen, verfasst von «v.c.f.» (s. 27). der autor dürfte höchstwahrscheinlich charles ferdinand vaucher gewesen sein.

der nachname vaucher sollte eigentlich französisch ausgesprochen werden, doch seine freunde in basel nannten ihn ‹faucher› («mit emene greftige f und ganz ruchem ch») oder ‹fauchi›. auch max bill in zürich nannte ihn ‹fauchi›, im ersten teil des wortes, wie das fauchen einer katze, betont.

«fauchi», ein mutiger mann, holte ab 1933 in seinem auto flüchtlinge über die grenze in die schweiz hinein. er war in erster ehe mit der tänzerin katja wulff verheiratet, die ihrerseits im kurzlebigen zürcher kabarett *der krater* neben max bill sowie unter anderen marie-eve kreis und der ausdruckstänzerin trudi schoop mitgewirkt hatte (siehe auch die

abb. in c.f. vaucher: «aus meiner linken schublade», erzählungen eines lebens, mit zwischentexten von peter kamber, rotpunktverlag, 1996, im bildteil, ohne seitenangabe, «c. f. vaucher und katja wulff» und «tanzstudio wulff» im stadttheater zürich, 13. april 1932, die aufführenden katja wulff, marie-eve kreis und c. f. vaucher).

bill platzierte in der *information* auch reklame, so für die firma wohnbedarf, sowie hinweise auf neuerscheinungen im «verlag dr. oprecht & helbling ag, zürich rämistrasse 1», z. b.: «demnächst erscheint: elisabeth thommen: ‹blitzfahrt durch sowjetrussland›» mit dem knappen text: «elisabeth thommen. die in der schweizerischen frauenbewegung bekannte publizistin ist soeben von

silone, der sohn eines tagelöhners aus den abruzzen, habe «illegale flugblätter» aus dem tessin nach italien geschmuggelt; und mit derselben handpresse, auf der man diese flugblätter druckte, fertigte moreau seine linolschnitte für fritz jordis zeitschrift *fontana martina*.[839]

an dieser stelle sei kurz daran erinnert, dass max bill als junger mann, gegen ende der 1920er jahre, seinen onkel ernst geiger im tessin auf einer wanderung begleitete, während der sie – noch vor silones und mefferts anwesenheit – in die kommune fontana martina gelangten. geiger und bill waren darauf erpicht, sich selber ein bild von der in der kommune ausprobierten alternativen lebensweise zu machen. sie verweilten, und geiger hielt den blick von *fontana martina* richtung italien auf einem gemälde fest.

elisabeth thommen war zeitweise mit dem schriftsteller jakob bührer verheiratet und somit auch vorübergehend die stiefmutter von selma bührer; siehe hierzu: «fräulein, sie sind vielseitig, die lebensgeschichte der selma gessner-bührer», realutopia, zürich 1993).

einer reise durch russland zurückgekehrt. sie schildert ihre erlebnisse und eindrücke in lebendiger knapper form. preis kartoniert ca. fr. 2» (in: information heft 5, november 1932). was in dieser annonce unerwähnt blieb: es ist wiederum max bill, der die *blitzfahrt durch sowjetrussland* typografisch gestaltet hatte.

einer der informativsten texte in der *information* wurde von dr. alfred kantorowicz verfasst: ein ausführlicher hinweis auf «das braunbuch» (in: information heft 2, september 1933). wer diesen artikel gelesen hat, konnte nicht mehr sagen, er habe von allem, was die nazis in deutschland und später in der ganzen welt anrichteten, «nichts gewusst».

die *information* situierte sich unabhängig von der sozialdemokratischen partei wie auch von der kommunistischen partei der schweiz. man war gegen stalins paranoia, jedoch nicht feindlich gegen die udssr eingestellt.

wunderbar, der schiefe boden

auf von ihm selber gestaltetem briefpapier schrieb bill aus der goldbrunnenstrasse 141 in zürich an den ihm vom bauhaus her bekannten arieh sharon, den er freundschaftlich duzte, nach tel aviv. mit parallel abgehender post sandte er ihm auch materialien für die gestaltung und bestückung einer ‹schweizer abteilung›, die im für ausländische erzeugnisse vorgesehenen pavillon, dem sogenannten general foreign pavilion der *levant fair* in tel aviv 1932 integriert werden sollte.

1932 war sharon 32 jahre alt. er hatte in tel aviv ein eigenes architekturbüro aufgemacht. 1934 wurde beschlossen, für die *levant fair* permanente pavillons zu bauen, und sharon hatte den ersten wettbewerbspreis der ‹histadrut› gewonnen. seine erste grössere in palästina ausgeführte auftragsarbeit charakterisierte sharon als «ersten avantgardistischen bau» in tel aviv.

jahre später sollte sharon rückblickend die pavillons als die für ihn «erfolgreichsten und wichtigsten bauten» bezeichnen: «diese arbeit war der stolz meines lebens. zusammen mit den verschiedenen abteilungen der histadrut, die damals noch idealistisch und glaubwürdig war …, bauten wir vier pavillons, die an das bauhaus erinnerten. als ich 1926 ans bauhaus kam, machten die 3 fahnen in den grundfarben rot, blau, gelb einen grossen eindruck auf mich, für die vierte fahne fand man keine farbe, also liess man sie in weiss, vielleicht als friedensfahne gedacht. die vier pavillons waren aus modularen elementen er-

841 davidi kuna 2001, s. 108f.

richtet in verschiedener grösse. das dach war mit jute bespannt, rot für den gewerkschaftspavillon, blau für den pavillon der kooperativen, grün für den pavillon der landwirtschaft und der kleinste pavillon, orangefarben, wie die orange, für die union der zitrusfrüchte.

im unterschied zu den anderen, als geschlossene einheiten konzipierten bauten der messe waren die histadrutpavillons nach allen seiten offen. die ausstellungsflächen waren schon von weitem sichtbar und verkündeten offenheit und leichtigkeit. alle hatten sie die gleiche breite, nur ihre höhe war unterschiedlich. weil das dach eine starke neigung aufwies, öffnete sich das modul mit der höhe (länge) des dachs. trotz der strukturellen gleichheit gab die verschiedenheit der proportionen und farben jedem pavillon und seinen ausstellungen eine eigene identität.»[841]

bill schrieb in seinem brief: «lieber sharon, ... habe unter grossem schwitzen deine wünsche bestmöglichst erfüllt ... mit gleicher post erhältst du ... eine anzahl papierstücke, welche dir hoffentlich zweckdienlich sein werden. erstens 2 alfabethe [sic], 1 grossbuchstaben, ein kleines, sie gehören proportional zusammen. ich habe sie so gezeichnet, dass sie mit einigermassen nicht zu dummen handlangern beliebig vergrössert oder verkleinert werden können. das proportionsschema ist bei grossen und kleinen buchstaben gleich und ist auf dem grossbuchstaben ‹S› angegeben. es muss in der schweizerabteilung mit grossen anfangsbuchstaben beschriftet werden.

... ich dachte mir gegenüber des eingangs eine art plakatwand. auf der anderen anstossenden wand ‹switzerland› so gross es geht, dass man es noch lesen kann ... eventuell mit verkehrswerbeplakaten eine schmale wand von boden bis decke reichend machen, welche den raum ein wenig gliedert. information ein tisch mit einigen stühlen ...

ich finde es wunderbar, dass der boden schief ist, denn da wird alles schief, die pumpen stehen schief, alles, das gibt eine gute wirkung. die senkrechte bretterwand mit verkehrswerbung könnte auch noch auf die andere seite schief gestellt werden. zu deiner verwendung im gegebenen augenblick sende ich dir auch noch die proportion des schweizerkreuzes (weiss auf rotem grund zu verwenden) es sieht immer ganz gut aus, ist dekorativ und man kann es sehr gross machen, z.b. über information an die wand ...»

es folgen ein paar technische details, und abschliessend erwähnt bill, woran er und binia aktuell arbeiten: «wir haben schrecklich viel zu tun. ich mache nächste woche auch einen ausstellungsstand an der basler mustermesse, für

sharons tochter yael aloni sandte mir bills originalbrief samt begleitschreiben, in dem sie die rahmenfaktoren erläuterte. yael aloni recherchierte, dass ihr vater, nachdem er das bauhaus 1931 verlassen hatte, in tel aviv 1932 «seinen ersten auftrag» zur teilnahme an der *levant fair* erhalten habe. «das zweite mal 1934. an beiden ausstellungen handelt es sich um die pavillons der ‹histadrut›. die ‹histadrut› war ein allgemeiner gewerkschaftsbund»; ergänzend erwähnte yael aloni, im buch von arieh sharon *kibbutz + bauhaus* (krämer verlag, stuttgart 1976) fänden sich auf den seiten 52 und 53 abbildungen der pavillons, jedoch sei die datierung «1933» dort unkorrekt.

den *bund schweizer architekten* den baukatalog, eine ganz lustige arbeit. sonst arbeite ich für den wohnbedarf … man schlägt sich rum. dir wünschen wir alles gute. bill»[842]

in seinem brief an arieh sharon vom 25. märz vertippte sich bill bei der jahreszahl und korrigierte «34» dann in «32». es fanden sowohl im jahr 1932 als auch 1934 je eine *levant*-messe in tel aviv statt. der brief wurde jedoch mit grösster wahrscheinlichkeit im jahr 1932 geschrieben, denn die absenderadresse lautete goldbrunnenstrasse 141 – im jahr 1934 hingegen wohnten max und binia bill bereits im eigenen haus in höngg. dieses argument gilt allerdings nur, wenn bill nicht in höngg noch veraltetes briefpapier aus der goldbrunnenstrasse aufgebraucht hat – was ich jedoch für unwahrscheinlich halte, da er als grafiker und typograf stets selber seine jeweils neuen briefbögen mit den aktuellen anschriften gestaltete.

bills vorschläge waren also höchstwahrscheinlich für die messe im jahr 1932 gedacht. ob seine postsendungen beizeiten in tel aviv eintrafen und ob damit tatsächlich ein stand für die ‹schweizer abteilung› nach bill'schen vorschlägen und entwürfen realisiert werden konnte, ist noch nicht geklärt. sigal davidi kuna, eine architektin, die ihren master über die *levant fair* 1934 schrieb, wird in bezug auf die messe im jahr 1932 nachforschen.

«ein antifaschist der heftigsten sorte»

der inhalt der zeitschrift *information*, die von juni 1932 bis februar 1934 erschien, wurde – wie bereits erwähnt – massgeblich mitgeprägt von dem aus dem faschistischen italien in die schweiz emigrierten ignazio silone (pseudonym für secondo tranquilli), der damals bei wladimir rosenbaum und aline valangin im gästezimmer des ‹baumwollhofs› und beim basler kunsthistoriker georg schmidt wohnte.

ausser bei rosenbaums kam silone auch vorübergehend bei bills freund ernst f. burckhardt unter; und dieser habe, wie einem brief georg schmidts zu entnehmen ist, «als verbindungsmann» zwischen silone und bill gewirkt, die miteinander die genossenschaftsdruckerei in aarau aufsuchten, wo die *information* gedruckt werden sollte. in erich schmids film *bill – das absolute augenmass* ist eine bewegender dokumentarfilmausschnitt übernommen, der ein wiedersehen von silone und bill festhält (siehe s. 371). die beiden erinnern sich darin an ihre reise zur genossenschaftsdruckerei nach aarau.

«tranquilli ist de facto chefredaktor, d.h. er besorgt die geistig wichtigste arbeit: die beschaffung der artikel. das involviert weitgehend die bestimmung über den charakter der zeitschrift. auch waren wir uns ja hierüber weitgehend immer im entscheidenden einig, d.h., e. f. [burckhardt] und ich haben tranquillis vorschläge ohne weiteres akzeptiert.

e. f.'s tätigkeit war, solange tr. [silone] bei ihm wohnte, den verbindungsmann zu spielen. bei der bildbeschaffung zu helfen, den verkehr mit bill (zum teil) herzustellen etc.

silone und aline valangin verband eine liebesbeziehung, die von 1931 bis anfang 1933 dauerte; siehe dazu peter kamber: geschichte zweier leben. wladimir rosenbaum und aline valangin (limmat verlag, zürich 1990, ergänzte neuauflage 2000) sowie in romanhafter form eveline hasler: aline und die erfindung der liebe (nagel & kimche, zürich 2000).

842 max bill, zürich 3, goldbrunnenstrasse 141, 25.3.34 [jahreszahl korrigiert in «32»], an arieh sharon, tel aviv, palestine, yarkanstreet 78; bibliothek max bill

meine tätigkeit bestand in der sorge für den schweizerischen kleinkram, im redigieren aller artikel, im lesen der korrekturen und des umbruchs.

hat sich diese arbeitsteilung, vorausgesetzt, sie habe funktioniert, bewährt oder nicht? es ist meine meinung, sie habe sich durchaus bewährt, denn sie entspricht ganz einfach den vorhandenen kräften und möglichkeiten…»[843]

die historikerin deborah holmes hat ein buch über silones exiljahre in der schweiz geschrieben, in denen sie auch die arbeit an der *information* und die persönlichen kontakte thematisiert. neu aus deutschland eintreffende emigranten hätten zusammen mit «six swiss» (die von holmes nicht namentlich genannt werden) eine neue wochenzeitung geplant. «in an attempt to prevent silone from gaining as much influence over a new journal as he has over *information*, the leader of the swiss communist party humbert-droz tries to bias humm against him by elaborating on the official version of his expulsion from the pci for trotskyite conspiracy. humm has however already been sufficiently impressed by silone's contribution to *information* to be inured to party gossip to an extent he particularly stresses *information*'s status as opinion-leader rather than opinion-led.»[844]

mehr noch als die absicht von jules humbert-droz, dem mitbegründer und starken mann der kommunistischen partei der schweiz, ignazio silone kaltzustellen, erstaunen die haarsträubenden vorurteile, die humm überliefert: humbert-droz «dit que tous les italiens sont comme ça».

die situation wurde noch verkompliziert durch den umstand, dass r. j. humm seinerseits eine affäre mit aline valangin begann, und diejenige zwischen ihr und silone zu ende ging. «another contributing factor to the crisis [die *information* befand sich in einer vorübergehenden krise], of which humm, understandably, seems to have been entirely ignorant, was the traumatic end of silone's relationship with aline valangin, motivated in part by the beginning of her affair with the very same humm. at this point, as their correspondence shows, silone and humm were already, if not friends, then good acquaintances at the very least.»[846]

«silone was particularly horrified by what he presented in a bitter letter to valangin as her evil seduction of ‹cet homme envers lequel j'ai toujours le même sentiment de sympathie et envers lequel je m'étudierai d'être dans l'avenir plus cordial que dans le passé›.»[847]

nach dem emotionalen schock, den das ende der affäre für ihn bedeutete, beendete silone formell alle beziehungen zu valangin und ihrem ehemann rosen-

r. j. humm schrieb an aline valangin: «il parait qu'il faut être indulgent avec tranquilli. son penchant à l'intrigue est connu dans les milieux officiels du parti, c'est pour une affaire de ce genre qu'il à été éliminé du parti italien. hd [humbert-droz] dit que tous les italiens sont comme ça et qu'il suffit de le savoir. le dernier article de tranquilli dans inf. [*information*] est très bien …›»[845]

---

[843] georg schmidt, 9. märz 1933, an secondo tranquilli und ernst f. burckhardt, eine kopie davon sendet ignazio silone, 12. märz 1933, an r. j. humm; zentralbibliothek zürich/nachlass r. j. humm; zit. in holmes 2005, s. 77f. und s. 90, anm. 75

[844] holmes 2005, s. 79

[845] r. j. humm, 26.4.1933, an aline valangin; bcl/fondo aline valangin; zit. in ebenda

[846] holmes 2005, s. 79

[847] ignazio silone, 3.4.1933, an aline valangin; schweizer. sozialarchiv; zit. in ebenda, s. 79f.

der von silone angeschriebene bernard von brentano war ein aus deutschland in die schweiz emigrierter schriftsteller-kollege. zuvor hatte er in deutschland der redaktion der *frankfurter zeitung* angehört, für die er neben bernhard diebold filmkritiken schrieb. diese beiden alteingesessenen kritiker hatten «bei der *frau im mond*, dem *blauen engel* [mit marlene dietrich], bei *metropolis, faust* und den *nibelungen* gleichsam das recht der ersten nacht.»[849]

bernard von brentanos roman *theodor chindler* wird 1936 in emil oprechts emigrantenverlag erscheinen, der insgesamt über hundert titel publiziert, darunter von arthur koestler ein *spanisches testament* (1938) und willy brandts *krieg in norwegen* (1942).

baum, wie ein brief vom 6. april 1933 zeigt, der «liquidation des résidus» betitelt ist. holmes folgert, dies habe auch für den betrieb und die finanzierung der kooperative, welche die *information* herausgab, schwerwiegende auswirkungen gehabt. trotzdem sei silones redaktionsarbeit weitergegangen. an den autor bernard von brentano schrieb er am 12. juli 1933: «dans l'organisation d'*information* il y a plusieurs nouveautés: burckhardt sort de la rédaction et on changera aussi le vorstand de la cooperative.»[848]

viele der silone zugeschriebenen texte aus der *information* finden sich später auch in seinem buch *der fascismus* wieder. er zeichnete die artikel manchmal mit «silone», manchmal erschienen von ihm auch – französisch geschriebene und von andern ins deutsche übertragene – artikel unter anderen psyeudonymen, so beispielsweise unter dem pen-namen «marsus» die «einführung in eine diskussion über den fascismus».

«fascism, even in its specific italian incarnation, has already mutated many times and can have no single definition. the truth is to be found in an analysis of all its elements ‹im kontradiktorischen rhythmus ihrer wechselseitigen beziehungen›.» und silone fuhr, laut holmes, fort in seiner argumentation «was ist fascismus? versuch einer definition», «writing that fascism is not nationally specific, nor even specific to economically underdeveloped countries. he believes that it menaces any country where capitalism rules and proletarian revolution is seen as a threat, and is therefore also possible in switzerland. the only sure defence is to take the wind out of fascism's sails by refuting capitalism.»[850]

der grössere teil in der *information* vom mai 1933 war der analyse der situation in deutschland vorbehalten; silone seinerseits zeigt im artikel «die erste phase einer fascistischen diktatur» parallelen zu italien auf: «he emphasises the regimes' connections to capitalist high finance in a manner typical for *information* where economic concerns outweigh psychological or cultural considerations.»

deborah holmes konstatiert in bezug auf die dritte und letzte phase der *information* den versuch der gruppe, erneut eine offensive der linken in der schweiz zu lancieren, mit dem ziel, einen «keil in die sich fascisierende mittelschicht» zu treiben. die *information* versteht sich in jener zeit als «die einzige linksradikale zeitschrift der schweiz».[851]

zu den inhalten dieser undogmatisch linken zeitschrift bekennt sich bill durch sein mitwirken nicht ganz vorbehaltlos. er übernimmt danach auch die grafische gestaltung für silones buch *der fascismus, seine entstehung und seine entwicklung*, das 1934 im europa-verlag zürich erscheint.

---
848 holmes 2005, s. 80
849 hendrick feindt: «die filmkritik und das nichts der oberflächen» in: *neue zürcher zeitung*, 7./8. august 2004
850 holmes 2005, s. 69
851 siehe holmes 2005, s. 84f.
852 kamber 1990, s. 125
853 siehe vogel 1977

zu den beziehungen, die aline valangin neben jener zu ihrem ehemann rosenbaum zeitweilig unterhielt, äusserte sich bill gegenüber peter kamber: «aline war eine sehr attraktive frau, eine intelligente frau. sie machte sich einfach an die leute heran, wenn sie sich für das, was diese leute machten, interessierte. und dass daraus beziehungen entstanden sind, habe ich im grunde genommen immer als normal angesehen. ich fand immer, gut, der rosenbaum wird sich wahrscheinlich irgend auf eine weise schadlos halten, aber auf alle fälle hatte ich immer das gefühl, die beiden kommen sehr gut miteinander aus … das war kein durcheinander, sondern es handelte sich einfach um gewisse temporäre annäherungen, die sich irgendwie wieder lösten.»[852]

nebenbei bemerkt wandte sich hans bolliger, der in zürich lebende dada-spezialist, in meinem beisein einmal an bill mit der frage, ob nicht auch er damals ein verhältnis mit aline valangin gehabt habe, denn der schriftsteller rudolf jakob humm, der sich nach silone in aline verschaut hatte, sei seinerzeit auf bill eifersüchtig gewesen. bill verneinte. später, als wir wieder unter uns waren, sagte er mir abschliessend zum thema aline valangin: er habe wirklich keine affäre mit ihr gehabt.

der komponist wladimir vogel

im juni 1934 trat ein neuer mann in aline valangins leben, der deutschrussische musiker wladimir vogel; sein vater war deutscher und seine mutter russin. er hatte in berlin bei busoni studiert und war nach einem aufenthalt in strassburg nach zürich emigriert.

«max bill gehört zu den ersten intellektuellen und künstlern unseres landes, die mit dem 1933 aus deutschland in die schweiz eingewanderten komponisten in freundschaftlichen kontakt traten. im auftrag von hermann scherchen schuf max bill in jener zeit einen standardumschlag für die [vierteljahresmusikzeitung] *musica viva* … max bill, der immer ein reges interesse für zeitgenössische musik bekundet hatte, erteilte [zwei jahrzehnte später] als rektor der von ihm mitbegründeten hochschule für gestaltung in ulm dem musiker einen kompositionsauftrag, der darin bestand, für die feierliche einweihung dieses von bill erbauten hochschulkomplexes fanfarenartige blechbläsersätze zu schreiben, die schliesslich in die *turmmusik I–IV* eingingen.»[853]

max bill wird nach der noch in strassburg entstandenen komposition von wladimir vogel, *tripartita* (1933/34, siehe s. 403), die dieser einer madame marise mathis widmete, auch für die 1977 im verlag eulenburg, adliswil, erschienene partitur *dai tempi più remoti, tre pezzi per pianoforte* einen umschlag gestalten, der vogel «sehr ergötzte» (abgebildet auch in: *max bill: typografie, reklame, buchgestaltung*, niggli, sulgen/zürich 1999, s. 286). vogel widmete bill darauf ein *graphique* genanntes werk, für das sich bill im märz 1978 auf witzige art bedankt: «lieber wladimir vogel, … die ehre, die sie mir antun mit der

wie gegenüber silone wahrte bill auch gegenüber vogel die höflichkeitsform; sie duzten sich nicht.

widmung ihres werkes *graphique,* weiss ich wohl zu schätzen und beeile ich mich nun, ihnen dafür herzlich zu danken. dies besonders auch, weil ich inzwischen gelernt habe, dass beethoven bei seiner es-dur symphonie no 3 die widmung ‹intitolata bonaparte› wieder auskratzte, nachdem er offensichtlich mit dem bedachten nicht mehr einverstanden war. wohingegen ich ähnliches vermeiden möchte! ... mit freundlichen grüssen ihr bill»[854]

vogel war «freiwillig, rechtzeitig und regelrecht», also legal aus deutschland ausgereist, weswegen er in der schweiz niemals in ein internierungslager genötigt werden konnte. «aber nach den damaligen, für die schweiz nicht eben ruhmvollen fremdenpolizeilichen bestimmungen konnte vogel weder eine niederlassung noch eine arbeitsbewilligung erhalten ... alle drei monate hatte er zudem die schweiz, wenn auch nur für kurze zeit, zu verlassen.»[855]

er wohnte anfangs je eine hälfte der woche bei den müller-widmanns in basel und die andere hälfte bei rosenbaum und valangin in zürich, wo er mit wissen seiner gastgeber «heimlich» einen musikkurs gab, um etwas geld zu verdienen, denn als er in der schweiz ankam, befand sich seine ganze habe in nur einem einzigen koffer.

canetti und vogel hatten beide an der von scherchen organisierten arbeitstagung für moderne musik 1933 in strassburg teilgenommen. ob an jenem abend auch max bill zugegen war, entzieht sich meiner kenntnis. auf alle fälle lieh er mir in späteren jahren sein exemplar von canettis *blendung* aus.

«da ihm offensichtlich in basel besondere schwierigkeiten erwuchsen, zog er schon im selben jahr 1935 nach zürich, wo er, empfohlen durch den architekten erich mendelsohn, im hause des rechtsanwaltes w. rosenbaum, der sich stets tatkräftig aller arten von emigranten annahm und dauernd klienten aus emigrantenkreisen gegenüber der fremdenpolizei mit erfolg vertrat, freundliche aufnahme fand. in dieser sehr bewegten zeit gingen im hause rosenbaums viele bedeutende menschen aus und ein: toller, tucholsky, von brentano, tranquilli-silone, das ehepaar hans curjel, erich mendelsohn mit frau, j.p. samson ... dazu kam eine schar von ansässigen künstlern wie hermann haller, gregor rabinovitch ...»[856]

hier bleibt hinzuzufügen, dass unter den schweizer einheimischen, die im hause rosenbaum verkehrten, von zeit zu zeit auch binia und max bill anzutreffen waren.

über vogel lernten wladimir rosenbaum und aline valangin den schriftsteller elias canetti kennen. bei den rosenbaums in der stadelhoferstrasse konnte canetti vor exquisitem publikum ein kapitel aus seinem roman, der später *die blendung* hiess, vorlesen. unter den sachverständigen zuhörern befand sich auch james joyce.

854 max bill, 28.3.1978, an wladimir vogel, oetlisbergstrasse 7, 8053 zürich; archiv max bill
855 oesch 1967, s. 61
856 ebenda
857 siehe holmes 2005
858 r. j. humm, 28.10.1932, an walter roshardt; zentralbibliothek zürich/ nachlass r. j. humm; zit. in ebenda, s. 90, anm. 70

«representative of the most progressive ideas in swiss society»

rudolf jakob humm war politisch links engagiert und schrieb ebenfalls für die *information*. humm war seit 1923 mit lili crawford, der schwester von flora steiger-crawford, verheiratet und wohnte seit 1931 mit ihr in der musterhaften flachdachsiedlung ‹neubühl›, an deren planung sein schwager rudolf steiger massgeblich beteiligt war. r. j. humm war mitbegründer und sekretär der gesellschaft ‹das neue russland› und hatte 1932 zusammen mit jakob bührer und valentin gitermann ein antikriegskomitee gegründet.

obwohl es in verschiedener hinsicht unterschiedliche politische auffassungen gab, hielt humm, wie deborah holmes festhält, die *information* für das organ der progressivsten ideen in der schweizer gesellschaft jener jahre.[857]

nach der jahresversammlung «das neue russland» habe humm in einem brief an walter roshardt festgehalten: «ich weiss nicht, ob ihnen aufgefallen ist, dass die ganze gruppe ‹information› gestern gefehlt hat. dieses fernbleiben ist nicht ohne bedeutung gewesen … mit dieser gruppe müssen wir aber unbedingt zusammenarbeiten. wir müssen wert darauf legen, ihrer würdig zu sein.»[858]

r. j. humm zog 1934 ins ‹rabenhaus› am hechtplatz in zürich. seine wohnung wurde bald zu einem treffpunkt von künstlern und schriftstellern.

seit 1929 verbrachte aline jeden sommer drei monate in ‹la barca›. in ihrem sommersitz in comologno, im tessin, beriet sie auch humm beim schreiben seines romans *die inseln* (1932–1934), der weihnachten 1935 mit dem copyrightvermerk 1936 im oprecht verlag erschien. ab 1935 übersetzte humm werke ignazio silones und anderer schriftstellerkollegen ins deutsche – hauptsächlich für die büchergilde gutenberg in zürich. ein foto zeigt humm vor ‹la barca› (rudolf jakob humm mit zigarette in der hand, zusammen mit jakob, 30er-jahre, abgebildet in: rudolf jakob humm: *die inseln*, roman, suhrkamp weisses programm schweiz, 1990, s. 197).

bernd kroeber: *wladimir rosenbaum auf dem dach der casa serodine in ascona sitzend*, 1964
linolschnitt

wladimir rosenbaum und aline valangin liessen sich am 12. oktober 1940 einvernehmlich scheiden – und blieben gute freunde. rosenbaum heiratete in zweiter ehe anne de montet, mit der er später zwei töchter hatte; und aline tat sich eng mit dem komponisten wladimir vogel zusammen. sie hielt sich selber und ihren gefährten, trotz magerer honorierung, mit ihren texten gerade noch «über wasser»; für vogel galt weiterhin das arbeitsverbot in der schweiz. alines anhaltende verbindung zu rosenbaum kam in ihrem wunsch zum ausdruck, mit ihm zusammen und seiner vierten und letzten ehefrau gemeinsam begraben zu werden. diesem wunsche wurde stattgegeben. die abdankungsrede für rosenbaum in ascona wurde im herbst 1984 von max bill gehalten, und ich war bei rosenbaums beerdigung auch zugegen.

max raphael gegen c. g. jung

für die *information* lieferte auch der marxistische kulturtheoretiker max raphael artikel, dessen buch *von monet zu picasso* moholy-nagy wenige jahre zuvor am bauhaus dem jungen bill gezeigt hatte. im rahmen der picasso-ausstellung im zürcher kunsthaus vom 11. september bis 30. oktober 1932 hielt max raphael, als spezialist, der den künstler schon früh in paris aufgesucht hatte, im oktober 1932 den vortrag «picasso als soziologisches problem»; und bald darauf erschien in der *information* eine stellungnahme von raphael zu einem von c. g. jung in der *neuen zürcher zeitung* veröffentlichten artikel, in dem der psychiater behauptete, picasso sei schizophren. raphael seinerseits argumentierte dagegen, mit krass entgegengesetzten klasseninteressen: seitdem die unproduktive kleinbürgerklasse durch die entwicklung des kapitalismus «zum scheinbaren richter über die geistige produktion berufen ist, verteidigt sie die privilegierte ruhe ihrer impotenz immer mit demselben argument – wie es c. g. jung in der ‹nzz› tat –: dem wahnsinn, der krankheit des künstlers.»[859]

raphael doppelte nach und konfrontierte die «zahlungsfähige impotenz» eines c. g. jung mit der «geistigen produktivkraft» picassos. johannes widmer, der kunstmanager und -sammler von max bills onkel, ergriff in einem brief an ernst geiger die seite c. g. jungs gegen picasso: «lieber freund … zürich kotzt immer noch picasso. zum glück hat wenigstens der psychologe jung ihn dahin gewiesen, wo er hingehört.»[860]

---

zu den diversen aufenthalten von max raphael in der schweiz siehe meine recherchen: angela thomas jankowski: «max raphael, genannt machol», in: «wir lassen uns die welt nicht zerbrechen». max raphaels werk in der diskussion, hrsg. von hans-jürgen heinrichs, suhrkamp, frankfurt 1989, s. 219–241.

johannes widmer war verheiratet mit einer tochter des bankhauses wegelin in st. gallen. einer ihrer brüder, dr. robert widmer, besitzt heute noch eine bedeutende sammlung von ernst-geiger-werken.

---

859 max raphael: «c. g. jung vergreift sich an picasso», in: *information*, heft 6, dezember 1932, s. 4–7
860 johannes widmer, genf, 17.11.1932, an ernst geiger, ligerz; archiv christoph geiger
861 siehe bloch 2005, s. 140, anm. 1
862 mercedes daguerre: *architekturführer schweiz, 20. jahrhundert*, birkhäuser, basel 1997, s. 46
863 perrottet [1989/90], s. 227
864 bill 1976 [b], s. 36
865 mitteilung des historikers simon erlanger

das zett-haus wird anlaufstelle für flüchtlinge

georg schmidt gründete nach der sogenannten machtergreifung von adolf hitler in deutschland zusammen mit architekten des neuen bauens ein komitee für flüchtlingshilfe. als anlaufstelle wurde im zett-haus an der badenerstrasse 18, bei der sihlbrücke in zürich, ein büro eröffnet.

hierher wandten sich hilfesuchend der typograf jan tschichold und der philosoph ernst bloch, der im dezember 1932 aus deutschland in die schweiz geflüchtet war und nach aufenthalten in basel, bern, wengen und interlaken nach zürich gelangte.[861] carl meffert alias clément moreau, der frühe emigrant aus deutschland, fand im zett-haus eine bleibe. ein raum von 15 quadratmetern kostete dort monatlich zwischen 30 und 50 franken. und moreau lernte hier nelly guggenbühl, seine spätere frau, kennen, die vielen flüchtlingen unterkünfte vermittelte.

die tänzerin suzanne perrottet eröffnete im zett-haus eine eigene schule und freundete sich an der neuen adresse mit richard p. lohse an.
«1932 zog ich um ins zett-haus. das war gerade neu erbaut worden und war für damals ganz modern ... dort hatte ich auf dem steindach platz, um meine stunden zu geben, es gab auch ein grosses bassin auf dem dach. es war wirklich ideal, zuerst die schulstunde in der sonne und dann ein bad.
von dort aus konnte man direkt auf das dach des kino roxy, das im selben haus war, sehen. dieses dach war beweglich, und wenn es geöffnet war, sah man das publikum im kino drin, aber nicht die leinwand. es war sehr interessant zu beobachten, wie die lachten und dann wieder ernst oder traurig wurden, und man konnte sich einen ganzen film dazu vorstellen.
in diesem zett-haus wohnte auch ein künstler, das war richard p. lohse ... es verband mich etwas ganz besonderes mit ihm.»[863]

immer mehr flüchtlinge aus deutschland trafen in der schweiz ein, darunter auch der einstige bauhaus-meister paul klee, der 1933 fluchtartig nach bern zurückkehrte. max bill trat mit ihm «wieder in engere verbindung».[864] wissenschaftler aus deutschland emigrierten vor allem nach genf, weil dort einige von ihnen, letztendlich jedoch nur wenige, stipendien für forschungsarbeiten erhielten.[865]

das zett-haus war ein mehrzweckgebäude «mit verkaufsläden, grossgarage, restaurant, kinosaal, bürotrakt und zuoberst kleinwohnungen an einem laubengang. das verglaste oberlicht des kinosaales kann geöffnet werden. auf der dachterrrasse ein schwimmbassin. für die konstruktion charakteristisch sind die zwei im innern liegenden stützenreihen (betonummantelte eisenkonstruktion).»[862] (siehe abb. s. 368)

ernst bloch und karola piotrkowska

der philosoph ernst bloch und karola piotrkowska, seine gefährtin und zukünftige dritte ehefrau, besuchten binia und max bill im neuen, 1933 bezogenen atelier- und wohnhaus in zürich-höngg.

nach den für beide lebensbedrohend gewordenen politischen zuständen in deutschland war bloch im dezember 1932 in die schweiz geflüchtet, einige wochen bevor karola, die im auftrag der kommunistischen partei mutig kurierdienste unternahm, schliesslich ihrerseits berlin verliess. er hatte sich in der bergluft etwas regenerieren können, freunde hatten ihm «eine freikarte bis ganz hinauf mit der jungfraubahn, die vom 28. dezember ab wieder geht» besorgt.[866] bloch war derart beeindruckt, dass er einen «landschafts-aufsatz über die alpen» schrieb, «wie ich seit der fahrt auf das jungfraujoch vorhatte».[867]

ein erster brief aus zürich an karola in berlin war von bloch am 30. märz 1933 abgeschickt worden, in diesem teilte er ihr mit, dass er sich bemühe, für sie einen studienplatz in der architekturabteilung der eidgenössischen technischen hochschule (eth) zu finden.

«eine ahnung unserer künftigen freiheit»

vielleicht schwärmte bloch bei bills von seinen eindrücken, die er auf der reise zum jungfraujoch bergaufwärts empfand, und möglicherweise erzählte ihm max daraufhin, dass sein vater ebendort, auf dem unteren streckenabschnitt der jungfraujoch-bahn, einst als ‹bähnler› tätig gewesen sei.

entdeckten ernst bloch und max bill gewisse parallelen ihrer sozialen herkunft? wie bills vater war auch blochs vater, allerdings in deutschland, für die eisenbahn tätig und «verkörperte in einem durchaus negativen sinn die typisch deutsche beamtenseele»: «der eisenbahn-revisor max bloch hatte nichts besseres vor, als den unglücklichen schüler ernst nach der ‹matura› als lehrling in einer eisenwarenhandlung unterzubringen.» ernst blochs mutter hingegen war im gegensatz zum steifen, autoritär auftretenden vater verständnisvoller, und dank ihr konnte bloch schliesslich philosophie studieren.[868]

die herrschende, weitverbreitete ‹erziehungs›-form, die bloch in seiner kindheit und jugendzeit widerfuhr, war autoritär und repressiv, und diese ihn prägenden erlebnisse spornten den in bescheidenem wohlstand in der jüdischen mittelklasse aufgewachsenen zu seiner alsbald stattfindenden revolte gegen die bürgerliche gesellschaft an.

---

dieser artikel trägt den titel «alpen ohne photographie» und ist in ernst bloch: *literarische aufsätze*, gesamtausgabe band 9, suhrkamp, frankfurt am main 1965 erschienen.

866 ernst bloch, wengen, hotel silberhorn, 26.12.1932, an karola piotrkowska; in: bloch 2005, s. 149
867 ernst bloch, interlaken, hotel weisses kreuz, 15.3.1933, an karola piotrkowska; in: ebenda, s. 175 und anm. 10
868 münster 2004, s. 29
869 bloch 1965 [a], S. 442f.
870 ebenda
871 münster 2004, s. 143

in diesem sinne dürften sich bill und der einige jahre ältere bloch politisch durchaus einig gewusst und verstanden haben. wo bill als schuljunge mit einer typischen freud'schen fehlleistung aufwartete und, anstatt zu schreiben «wo wir die bahn bestiegen», geschrieben hatte, «wo wir die bahn besiegen», erblickte bloch in der bahn, die zum jungfraujoch hinauffährt, etwas, das «fast nichts von der gewohnten form übrig» lässt.

verständnisstiftend kam hinzu, dass karola piotrkowska und max bill einen gemeinsamen bekannten hatten, nämlich xanti schawinsky. vielleicht war überhaupt er es gewesen, der karola und bloch mit dem ehepaar bill bekannt gemacht hatte.

xanti und bill kannten sich von ihren ausgelassenen zeiten der gemeinsamen experimente und aktivitäten an der bauhaus-bühne und in der bauhaus-kapelle. sie hatten sich 1931 in berlin auch noch einmal an der *internationalen bauausstellung* wiedergesehen, wo beide als ausstellungsgestalter tätig waren, bill – wie bereits erwähnt – für die schweizer abteilung und xanti für die deutsche (siehe: «demonstration at exhibition of architecture, berlin 1931, designed by xanti schawinsky», illustrierte doppelseite, in: xanti schawinsky: «form in advertising», in: *industrial arts,* london, herbst 1936, s. 232–237) schliesslich war der gutaussehende xanti seinerseits in zürich eingetroffen, wo er im jahr 1933 für die corso-bühne dekorationen entwarf. im zusammenhang mit den aufträgen für das corso trafen xanti und bill auch die einstige bauhaus-meisterin gunta stölzl wieder, die für das theater einen vorhang schuf. noch zu einem weiteren alten bauhäusler nahm xanti in der schweiz wieder kontakt auf: wir sehen ihn auf einem foto mit marcel breuer, 1933 beim bocciaspiel in ascona (abgebildet in: hans heinz holz: *xanti schawinsky,* abc-verlag, zürich 1981, s. 31)

bloch hatte «auf dem jungfraujoch» «ein stück wende, das die untere welt überhaupt nicht kennt», ausgemacht. und die erhabenheit des berges liess ihn kant zitieren, der sagte, «alles erhabene ermittelt nur eine ahnung unserer künftigen freiheit».[869]

«aber der weg, der in das gebirge schneidet, gar die bahn, die es rasch zerlegt, lässt fast nichts von der gewohnten form übrig.»[870]

karola stammte aus einer grossbürgerlichen jüdischen familie. ihr vater war direktor und eigentümer einer grossen textilfabrik in lodz und beschäftigte in karolas geburtsjahr 1905 einhundert arbeiter. die arbeiter der lodzer textilindustrie waren dazumal überwiegend jüdisch und gewerkschaftlich im ‹bund›, der jüdischen arbeiterpartei polens, litauens und russlands, organisiert.

ihre privilegierte herkunft erlaubte es karola, «frei von materiellen sorgen studieren zu können.»[871] weil karola in berlin malerei und architektur studieren wollte, zog ihre familie ihr zuliebe nach berlin-charlottenburg um. dort lernte sie in berliner künstlerkreisen auch xanti schawinsky kennen. nach der emigration aus deutschland setzte karola ihre studien an der eidgenössischen technischen hochschule (eth) in zürich fort, wo sie sich zur architektin ausbilden lassen wollte.

ernst bloch hatte die allerersten skizzen zu seinem buch *erbschaft dieser zeit* – zu dem max bill ein buchcover gestalten wird – ab juli 1927 niedergeschrieben.

die jahre von 1928 bis zu ihrer emigration hatten bloch und karola vorwiegend in berlin verbracht, wo sie freundschaftlich mit bertolt brecht, kurt weill und otto klemperer, der die berühmte progressive kroll-oper leitete, verkehrten. sie wohnten beide 1930 einige monate lang im haus von arthur koestler und zogen danach um, in den sogenannten roten block; das war eine speziell für kulturschaffende gegründete siedlung in berlin-wilmersdorf. dort blieben sie bis zu ihrer lebensrettenden flucht.

zu blochs nachbarn zählten unter anderen ernst busch und walter leonhard. die meisten bewohner des ‹roten blocks› waren gewerkschaftlich organisiert, vornehmlich sozialisten und kommunisten, aber auch einige parteilose. als es zu überfällen der nazis auf kommunisten und sozialdemokraten kam, bildete der ‹rote block› agitprop-gruppen, «die in die arbeiterviertel zogen und dort mit den bewohnern diskutierten».[872]

die entstehungsgeschichte des manuskriptes *erbschaft dieser zeit*, «in dem die von den marxistischen parteien im deutschland der weimarer republik begangenen fehler in der epoche des aufstiegs des faschismus ausführlich behandelt werden»[873], war eng verknüpft mit den tragischen politischen ereignissen in deutschland. bloch beobachtete eine mangelerscheinung in der politischen propaganda der linksparteien.

«dann knöpfe ich mir zuerst einmal vier intelligenzbestien vor:
den ossietzky, den tucholsky, den kerr und den mehring»

nach bills abgang vom bauhaus hatte sich im november 1929 an der new yorker börse der berüchtigte ‹schwarze freitag› ereignet. die katastrophalen wirtschaftlichen und politischen auswirkungen betrafen auch deutschland. gar mancher erklärte sich den grossen zuwachs, den die nationalsozialistische deutsche arbeiter-partei (nsdap) im dezember 1929 bei den reichstagswahlen erzielte, als folgeerscheinung der groben verschlechterung der wirtschaftlichen situation. mit den wahlergebnissen vom 14. september 1930 wurde die nsdap nach der spd die zweitstärkste fraktion im reichstag, und die politische situation verschärfte sich abermals. sie war brisant gefährlich. der zusammenhalt der linken im ‹roten block› blieb solidarisch. karola piotrkowska trat 1932 als aktives mitglied der kommunistischen partei deutschlands (kpd) bei.

während dieser berliner jahre von 1930 bis 1933 traf ernst bloch nicht nur mit siegfried kracauer, brecht, helene weigel, adorno und benjamin zusammen,

---

872 siehe münster 2004, s. 159–169
873 ebenda, s. 179–192
874 huonker 1985, s. 151
875 gabriele killert: «stellungsloser teufel – alfred kerr», in: *neue zürcher zeitung*, 23.6.2004
876 kerr 2004
877 siehe anm. 875

sondern auch mit carl von ossietzky, dem mitherausgeber der *weltbühne*, der schon 1932 wegen angeblichen ‹landesverrats› zu einer haftstrafe verurteilt und dann, nach der machtergreifung der nazis, erneut verhaftet und im märz 1933 in ein konzentrationslager eingeliefert wurde.

der nazipropagandist goebbels hatte «auf einer feier an der jahreswende 1932/33 ... hasserfüllt opfer ins auge gefasst: ‹im frühjahr sind wir dran, und dann knöpfe ich mir zuerst einmal vier intelligenzbestien vor: den ossietzky, den tucholsky, den kerr und den mehring.› bei ossietzky gelang das brutale vorhaben, weil dieser sich auch nach dem reichstagsbrand weigerte, zu fliehen. tucholsky lebte zur zeit von goebbels' drohung in zürich in der florhofgasse 1 – er hatte seinen dauerwohnsitz aber schon 1929 nach schweden verlegt. mehring und kerr entkamen ende februar [1933] mit knapper not, jener nach paris, dieser vorerst nach zürich.»[874]

«man lese tucholskys *briefe aus dem schweigen* und dazu seine *q-tagebücher*, das erschütterndste, was dieser grosse kampfgeist geschrieben hat, um zu ermessen, was es heisst, mit visionärem scharfblick das infame bis in seine steigerungspotentiale prophetisch präzise zu analysieren, und dies in völliger einsamkeit und handlungsohnmacht.»[875]

alfred kerr, ein jüdischer intellektueller, war unter den ersten, die erkannten, was geschehen würde. klarsichtig warnte er bereits 1928: «was hitler, der mann des gebrochenen ehrenworts, auch dreist lügen mag – die herrschaft der n.s.d.a.p. bedeutet krieg! letztes elend! deutschlands zerfall!»

da seine karriere von den nazis brüsk abgeschnitten worden war, emigrierte alfred kerr 1933 eiligst, im alter von 65 jahren. er war der bedeutendste und originellste theaterkritiker deutschlands. er zog mit seiner familie nach london, wo er in einem boarding house unterkam und jahrelang an einer novelle mit biografischem hintergrund schrieb.[876]

von london aus belieferte kerr das deutschsprachig erscheinende *pariser tageblatt*. «wie sehr er bei aller dankbarkeit gegenüber den gastgebern unter deren ‹obstruktivem mangel an phantasie› litt, kann man in seinem tagebuch *ich kam nach england* lesen. ab 1940, mit dem deutschen einmarsch in frankreich, ging ihm auch diese letzte publikationsmöglichkeit für pariser (emigranten-)zeitungen verloren.»[877]

als carl von ossietzky 1936 den friedensnobelpreis zugesprochen erhielt, war er bereits im konzentrationslager oranienburg inhaftiert. 1938 starb er an den folgen jahrelanger kz-haft.

während ernst blochs berliner zeit hatte sich von ossietzky entschieden für ihn eingesetzt. «ossietzky war es, der 1931, anlässlich der ‹plagiat-affäre› um ernst bloch, die durch einen artikel im *berliner tageblatt* ausgelöst wurde und wonach bloch von einem gewissen bohdan eine novelle des *börsenkuriers* kopiert haben sollte, entschieden für ernst bloch eintrat und die vorwürfe als ‹absurd›

max bill hatte am bauhaus von ossietzkys *weltbühne* abonniert und sich aus ihr informiert. sie hatte auch für ihn einen hohen stellenwert. bill wies mich einmal in einem hotel in paris auf eine gedenkplakette hin, die zu ehren carl von ossietzkys angebracht war, der einst als gast dort logiert hatte.

zurückwies. dies war gleichzeitig die erste grössere öffentliche würdigung von blochs philosophie und werk.» carl von ossietzky wurde «zum ersten grossen intellektuellen märtyrer der nazis. es besteht nicht der geringste zweifel, dass ernst bloch das gleiche schicksal ereilt hätte, wenn er nicht im märz 1933 fluchtartig deutschland verlassen hätte.»[878]

erbschaft dieser zeit
am 27. februar 1933 brannte der reichtstag in berlin, und die nazis behaupteten, er sei von kommunisten angezündet worden. tags darauf, früh morgens, wurde der ‹rote block› von sa-milizen umstellt und durchsucht. noch bevor sie auftauchten, hatte johannes r. becher die bewohner geweckt und vor der bevorstehenden nazi-aktion gewarnt, sodass karola gerade noch zeit fand, blochs manuskripte in einen koffer zu tun; allerdings blieb ihr aus zeitgründen keine andere möglichkeit mehr, als diesen koffer auf dem dachboden zu verstauen. bloch selber, nach dem sich die sa bei karola ausdrücklich erkundigte, war zu diesem zeitpunkt gerade in süddeutschland. karola sagte, sie wisse nicht, wo sich bloch aufhalte.

während der hausdurchsuchung wühlten die eindringlinge in karolas unterwäsche, fanden dort aber nichts verdächtiges. wie karola weiter berichtet, dachte sie schon, sie sei «über den berg, als der sa-mann sagte: ‹jetzt zeigen sie uns noch ihren dachboden›. die stufen, die ich nach oben stieg, waren wie stufen aufs schaffott. nun werden sie dich verhaften, wenn sie die manuskripte finden. mein gehirn arbeitete konzentriert: wie kannst du dich retten? da fiel mir ein, dass an meinem schlüsselbund auch der schlüssel zum boden von peter huchel hing. wir hatten bei ihm eine mittelalterliche holzplastik, eine madonna mit kind, untergebracht, die auf unserem boden keinen platz mehr gefunden hatte. ruhig öffnete ich das vorhängeschloss an dieser bodentür. ich wusste, dass er, unpolitisch wie er war, nichts verdächtiges bei sich hatte – und die madonna mit dem kind lächelte uns heiter entgegen. die männer verabschiedeten sich sogleich, die manuskripte waren zunächst gerettet, ich auch.»[879]

karola rief ihren lebensgefährten in süddeutschland an, und sagte ihm warnend, er müsse sofort den nächsten zug richtung schweiz besteigen, was er befolgte. sie selber blieb noch bis mitte april in berlin, wo sie unter anderem für die ‹rote hilfe› aktiv war, bevor sie unbehelligt mit blochs versteckten manuskriptseiten am zürcher hauptbahnhof eintraf.

---
[878] münster 2004, s. 162
[879] karola piotrkowska; zit. in ebenda, s. 166f.
[880] münster 2004, s. 168
[881] ebenda, s. 169

in zürich wurde das paar laut blochs biograf arno münster «alles andere als freundlich aufgenommen. binnen kurzer zeit fanden ernst bloch und seine lebensgefährtin karola jedoch in zürich verbündete und den kontakt zu anderen emigranten aus deutschland. zu ihnen zählte theo pinkus, der angesehene buchhändler aus zürich, der 1933 in der zürcher altstadt eine *studienbibliothek der arbeiterbewegung* gegründet hatte, sowie der philosoph und kunstgeschichtler joachim schumacher.»[881] zum kreis der wenigen personen in der schweiz, von denen bloch und karola auf freundliche art eingeladen wurden, zählten auch binia und max bill.

bloch musste allerdings die scharfe diskrepanz zwischen den tragischen ereignissen in berlin und der so ganz anderen situation in zürich erst verarbeiten. er, der mann auf der flucht, sollte nun auf bills ganzen stolz, auf sein zeitgenössisch-modernes, neugebautes wohn- und atelierhaus, auf den bill'schen baustil reagieren. laut bill soll bloch gesagt haben: «hier ist man nicht zuhause, sondern an bord. leider fehlt der ozean.»
bill seinerseits verhielt sich standhaft reserviert gegenüber blochs schreibstil, denn der war ihm «zu expressionistisch». doch er genoss durchaus die diskussionen mit dem philosophen, der ihm dabei auch mal über seinen bürstenhaarschnitt fuhr.

jahre später sagte blochs frau karola bei einem essen zur einweihung von max bills skulptur *monument für ernst bloch* (1989/90) in ludwigshafen am rhein, der geburtsstadt des philosophen, zu bill und mir über den tisch hinüber: «die schweiz ist ein schönes land – ich war da im gefängnis.»

es fällt rückblickend auf, dass max bill die «monumente» fast ausnahmslos persönlichkeiten widmete, die deutschland hatten verlassen müssen. eine ausnahme bildet das *denkmal für pythagoras* (siehe s. 267). doch die anderen plastiken, für georg büchner, albert einstein, ernst bloch, waren exilierten gewidmet – wie auch das bislang unveröffentlichte projekt für eine gedenkstätte für karl marx, zur aufstellung in dessen geburtsort trier vorgesehen, das jedoch nicht ausgeführt wurde (zeichnungen und ein modell hierzu befinden sich im nachlass max bill an angela thomas).

ernst bloch hatte bei seiner überstürzten abreise nach zürich aus versehen sein manuskript *erbschaft dieser zeit* in ludwigshafen zurückgelassen. «dank der mithilfe einer deutschen philosophiestudentin aus heidelberg gelang es ihm, das manuskript zurückzuerhalten. die studentin brachte es unversehrt über die grenze nach zürich.»[880]

nebenbei bemerkt machte mich der erwähnte theo pinkus viele jahre später im sommer 1978 in paris mit arno münster bekannt.

ein von binia bill aufgenommenes porträtfoto zeigt sigfried giedion, allerdings circa 10 jahre später, «um 1944», zu besuch beim ehepaar bill in einem sessel sitzend und einen fuss unter den berberteppich geschoben (abgebildet in: *binia bill – fotografien*, scheidegger & spiess, zürich 2004, s. 103).

robert maillart war ab 1912 in russland tätig gewesen und nach der revolution völlig mittellos in die schweiz zurückgekehrt. seit 1924 gab es eine zweigniederlassung seines ingenieurbüros in zürich, wo bill ihn anfang der 30er-jahre aufsuchte. giedion und der ingenieur-professor rös hatten als erste auf die bauwerke maillarts hingewiesen.

als maillart 1940 starb, fühlte sich bill verpflichtet, eine publikation über ihn zusammenzustellen. doch die kriegszeit erschwerte das sammeln von material; bills buch über robert maillarts brücken und konstruktionen (siehe s. 39) konnte erst 1949 erscheinen.

«cement ist der baustoff unserer zeit»

sigfried giedion – erzählte mir max bill einmal – habe einen text zu betonbauten verfasst, der in der *neuen zürcher zeitung* veröffentlicht werden sollte. im zusammenhang mit diesem artikel war in derselben nzz-ausgabe eine reklameseite der schweizer zement-vereinigung über die anwendung von zement geplant, die bill gestalten sollte.

bill sah für die gestaltung des reklameauftrags als abbildungen unter anderen eine brücke robert maillarts vor, ferner ein foto eines beton-pfeilers, der an die struktur einer aufgeschnittenen pflanze erinnerte. weil er nicht wusste, wer diesen pfeiler entworfen hatte, ging bill in das studio von maillart in der zürcher bärengasse. sigfried giedion hatte bill in diesem zusammenhang an maillart empfohlen, und der junge mann wurde von diesem «besonders freundlich» empfangen.

auf bills frage, ob er diesen pfeiler, der ihm sehr gefiel, konzipiert habe, antwortete maillart: «könnte sein». bill blieb also darüber im ungewissen.

nach dieser persönlichen begegnung habe er «in der folge robert maillart mehrmals getroffen, auch im zusammenhang mit der *schweizerischen landesausstellung 1939*», für die maillart die ‹zementhalle› konzipierte, neben der bill «als mitarbeiter meines freundes, des bedeutenden architekten hans schmidt, die erste schweizerische ausstellung über *städtebau und landesplanung* mitgestalten durfte».[882]

die von «bill-zürich reklame» angefertigte doppelseite «schweizer cement» erschien in der *neuen zürcher zeitung* vom 24. juli 1934. eine der sieben abbildungen zeigte «die kühne brücke, eine spitzenleistung des ingenieurs. sie verbindet in leichtem, edlem bogen zwei talseiten des prättigaus». der ort wurde genannt, indes nicht der name des ingenieurs robert maillart. links davon abgebildet ist ein hochspannungsmast «mit geringstem materialaufwand». diese

---

[882] max bill, manuskript oktober 1990; diese fassung wurde später von ihm noch überarbeitet für eine publikation hrsg. vom kunstgewerbemuseum zürich; bibliothek max bill

max bill berichtete darin in einer kleinen historischen abhandlung «wissenswertes über den cement»: 1824 habe ein mann in leeds ein patent erhalten «auf ein verfahren eines künstlichen steines, den er portlandcement nannte wegen der übereinstimmung in seiner farbe mit einem auf der englischen halbinsel gewonnenen bausteins». «ob dieser bereits einen portlandcement im heutigen sinne darstellte, ist zweifelhaft. die grundlegende wichtigkeit, welche die erhitzung des rohstoffgemisches bis zum beginnenden schmelzen (sinterung) für die erhärtungsfähigkeit spielt, erkannte erst johnson 1844, weshalb dieser vielfach als erfinder des portlandcementes gilt. von da an entwickelte sich die herstellung über alle kulturstaaten und das erzeugnis entwickelte sich rasch zum wichtigsten vertreter aller hydraulischen bindemittel … die verwendung des portlandcements beruht auf seiner fähigkeit, mit wasser angemacht, zu einer steinharten masse zu erhärten. der portlandcement wird allein, mit sand (als mörtel) oder mit sand-kies (als beton) verarbeitet.»

von max bill entworfene annonce war nicht reisserisch-plakativ, sondern im gegenteil: aufklärend, sachlich, informativ gestaltet.

der kritiker simon maurer resümierte später die stilbildende rolle max bills: «‹bill-zürich reklame› – so das logo des einmannbetriebs – spielte in der zürcher werbung der dreissiger- und vierzigerjahre eine führende, stilbildende rolle. beworben hat bill so ziemlich alles, von der architektur des aufsehen erregenden zett-hauses (es steht – stark verunstaltet – immer noch, an der badenerstrasse 18, über sasha-bäbi bis zu shell-motorenöl. klarheit und ‹wirtschaftlichkeit› strebte er als gestalter an – und propagierte diese strengen worte doch mit erstaunlich spielerischen mitteln.

in einem prospekt für die firma wohnbedarf, die modernes mobiliar produzierte und vertrieb, heisst es in obligater kleinschrift, dass der zweck des möbels allein für dessen formgebung massgebend ist. ‹löwenköpfe›, die als schmuckfigur an den kandelabern der quaibrücke angebracht waren, brau-

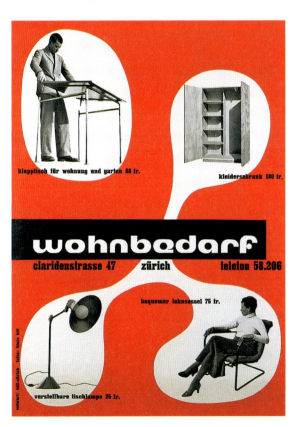

max bill: plakat
«wohnbedarf», 1932
128 × 90,5 cm

chen wir heute nicht mehr, denn die wilden tiere gehören in den zoologischen garten oder in die steppe. für die funktionalität der möbel warb bill aber ausgerechnet mit einem spielerisch überarbeiteten löwenbild ...»[883]

«die nicht begrenzte zukunft»

die reklame-aufträge für beton und zement sicherten max bill in den frühen 1930er-jahren den eigenständigen lebensunterhalt. aus anhaltender dankbarkeit schuf er noch jahrzehnte später eine grafik zum 25. jubiläum des ‹verbands schweizerischer transport-betonwerke› vstb – dies soll als kleines, jedoch beredtes beispiel dafür gelten, wie sich max bill persönlich-emotional verhielt.

bill stellte diese grafik 1992 in einem transportbetonwerk in schlieren bei zürich öffentlich vor und erläuterte ihren inhalt: «die 5 × 5 jahre des vstb bilden als je 5 quadrate ein feld von 25 quadraten. die mittlere reihe von weissen quadraten geht über in ein umfeld, die nicht begrenzte zukunft.»

bei der bildlichen umsetzung des von max bill in seiner ansprache verwendeten begriffs der «nicht begrenzten», unbekannten zukunft, fliesst seine in früheren jahren gemachte gestaltungserfahrung mit ein. beim entwurf für einen buchumschlag für ernst blochs *erbschaft dieser zeit* hatte bill – weil man ja noch nicht wissen konnte, was genau die erbschaft dieser zeit sein würde, wie mir bill viel später in einem gespräch sagte – eine hand mit einer kreisrund ausgesparten handinnenfläche eingesetzt.

in bills grafik für den vstb steht für alles noch nicht zu wissende die noch nicht farblich besetzte reihe mit den offen-gehaltenen weissen quadraten – die sozusagen erst von einer später nachfolgenden, wissenden generation ausgefüllt werden könnten.

an dieser stelle möchte ich an eine szene des films *un chien andalou* erinnern, in der regisseur buñuel aus einem loch in einer hand ameisen hervorkriechen liess. die szene mit den ameisen beruhe auf einem traum, den salvador dalí beim entstehen des films eingebracht habe.

bloch hatte 1932 viele artikel für *die weltbühne* geschrieben, die max bill seit seiner studienzeit am bauhaus las, «und eine reihe von weiteren beiträgen zur analyse des aufstiegs der nazis und ihrer lügenpropaganda, die später in das buch *erbschaft dieser zeit* (erstausgabe 1935) aufgenommen wurden».[884]

le corbusiers architektonisches œuvre

ausserdem gestaltete bill einen ausführlichen, vierseitigen prospekt sowie den attraktiven buchumschlag für band II des werkverzeichnisses des architekten le corbusier, den er sich schon 1926, noch als schüler an der kunstgewerbeschule in zürich, zum vorbild für seine eigene lebensgestaltung ausgewählt hatte.

---

883 simon maurer: «max bill war auch ein gewitzter grafiker. dies zeigt eine ausstellung im zürcher museum für gestaltung», in: *tagesanzeiger*, 15.1.1999
884 siehe münster 2004
885 girsberger 1981, s. 40

ernst f. burckhardt
und le corbusier

le corbusier hatte sich weiter profiliert, als wettbewerbsteilnehmer mit einem entwurf für den völkerbundspalast in genf, als mitbegründer des congrès international d'architecture moderne (ciam) 1928 sowie als massgeblicher mitarbeiter an der ciam-charta von athen. in der charta wurde die ciam-idee einer ‹funktionalen stadt› (trennung der bereiche wohnen, arbeiten, verkehr, freizeit) festgeschrieben.

um den druck des zweiten bandes (1929–1934) von le corbusiers werkverzeichnis überhaupt zu ermöglichen, verzichtete bill, wie sich der verleger dankbar erinnert, auf sein honorar: «zum erscheinen von band 2 wurde ein ausführlicher vierseitiger prospekt sowie der attraktive umschlag von max bill gedruckt. da die ausführung seines fünffarbigen entwurfes für den umschlag der kosten wegen in frage gestellt war, verzichtete max bill auf das honorar, um mir den druck zu ermöglichen.»[885]

marcel breuer, der in jener zeit in der schweiz im exil lebte, wirkte beim durchlesen der abzüge mit, und max ernst besorgte die übersetzung der von sigfried giedion geschriebenen einleitung ins französische.

sigfried giedion hingegen, der aus einer industriellenfamilie stammte, musste sich nie sonderlich um geld kümmern. er hatte 1922 in münchen bei heinrich wölfflin mit der kunsthistorischen arbeit *spätbarocker und romantischer klas-*

der ciam-kongress in athen war übrigens mit der filmkamera von lászló moholy-nagy dokumentiert worden. ob bill diesen film schon damals zu sehen bekam, ist mir nicht bekannt.

sizismus doktoriert. nach einem aufenthalt in weimar schrieb giedion für die zeitschrift *werk* einen artikel über die bauhaus-wochen. nachdem er das buch *vers une architecture* gelesen hatte, reiste er nach paris, um dort le corbusier persönlich aufzusuchen, der ihn zum ciam brachte, dessen erster generalsekretär giedion wurde.

in jenem zeitraum, als der um zwanzig jahre jüngere bill den 1888 in prag geborenen sigfried giedion kennenlernte, lebte dieser in zürich. er war einer der mitbegründer der firma wohnbedarf, deren innenausbau man marcel breuer überantwortet hatte und für die max bill das signet, plakate sowie diverse reklameaufträge gestaltete. giedion sei auch bei der siedlung neubühl in zürich involviert gewesen.[886] ferner beauftragte giedion als bauherr die architekten alfred und emil roth für den bau der doldertal-häuser in zürich, die von den roths gemeinsam mit marcel breuer geplant und gebaut wurden.

die sogenannten doldertal-häuser, deren bau mutmasslich marcel breuer angeregt hatte, um dem ehepaar giedion wegen dessen schwindenden kapitals mit der vermietung der wohnungen zu einem stabilen einkommen zu verhelfen, gehen als frühes beispiel der architektur des neuen bauens in die architekturgeschichte ein.
carloa giedion-welcker will sehr viel später, nämlich anlässlich des 40-jährigen jubiläums der doldertal-häuser, von marcel breuer wissen, was genau eigentlich sein anteil an den architektonischen planungen gewesen sei: «... ich hätte sehr gerne, du würdest mir schreiben, welche prägungen du gegeben hast. roth behauptet, die schrägstellung sei von ihm. ich weiss: die idee der piloti ist von dir und vieles andere ... ich möchte aber deine leistung einmal schwarz auf weiss von dir in ein paar sätzen haben ...»[887] marcel breuer erfüllt ihr diesen wunsch aber nicht, und zwar deshalb, weil er diese art «des dividierens» nicht schätze, er und roth hätten «dieses projekt gemeinsam erarbeitet». «i hope, c.w., that this letter is the last chapter of the doldertal controversy», lautet seine antwort.[888]

giedion und bill, die nicht aus derselben sozialen schicht kamen, hatten bereits im zusammenhang mit ihren beiträgen zur antifaschistischen zeitschrift *information*, die in zürich von juni 1932 bis februar 1934 erschien, miteinander zu tun. und beide werden massgeblich in die vorbereitungsarbeiten zur ausstellung *zeitprobleme in der schweizer malerei und plastik* im kunsthaus zürich (13. juni – 22. juli 1936) involviert sein.

zur teilnahme am ciam wird max bill, obwohl er sein eigenes wohnhaus in höngg gebaut hatte, weder von giedion noch von alfred roth eingeladen, sondern es ist der linke basler architekt hans schmidt, der bill um 1938/39 zur aufnahme in den ciam empfiehlt und ihn dort einführt.

band II von le corbusiers werkverzeichnis erschien ende 1934. darin abgebildet sind materialien zu projekten und bauten aus den jahren 1929 bis 1934,

---

886 benedikt loderer: «zum hundertsten geburtstag von sigfried giedion, architekturschriftsteller und geschichtsschreiber der industrialisierung – vom fortschritt und vom elend der moderne», in: *tages-anzeiger*, 13.4.1988
887 carola giedion-welcker, zürich, 15.3.1976, an marcel breuer; in bruderer-oswald 2007, s. 361f.
888 marcel breuer, 15.4.1976, an carola giedion-welcker; ebenda

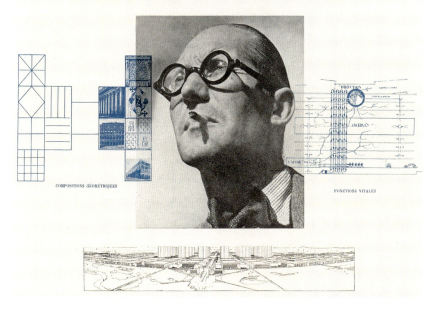

max bill: prospekt zu band II des werkverzeichnisses von le corbusier, vorder- und rückseite, 1934

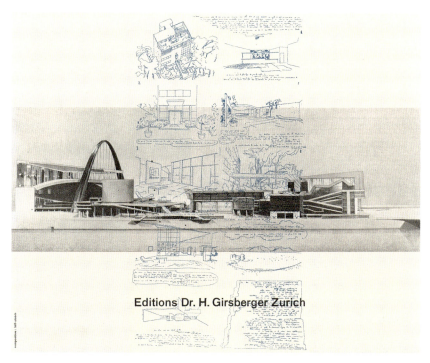

band III zu le corbusiers œuvre (1934–1938) wird max bill bearbeiten, dazu an anderer stelle mehr. wegen der wirtschaftskrise und «durch den ausbruch des zweiten weltkrieges» wurde «der auf export angewiesene vertrieb der corbusier-bände völlig unterbunden».[889]	wie das gebäude des centrosoyus und das projekt für den sowjetpalast in moskau sowie der pavillon suisse der cité universitaire in paris. zur rezeption lässt sich festhalten: während noch wenige jahre zuvor band I von der fachpresse mit begeisterung aufgenommen wurde, wird band II zum œuvre le corbusiers in deutschland mit stillschweigen übergangen – oder als produkt «westlicher dekadenz» abgelehnt.

kulturbolschewismus

einige bürgerliche in der schweiz übernahmen das von nazikreisen in deutschland geprägte schimpfwort kulturbolschewismus. auch die gegner der arbeiten max bills benutzten es alsbald, um seine werke abzuwerten. der bedeutende deutsche typograf paul renner versuchte, dieses maliziöse wort, das rasch verbreitung fand, in aufklärerischer absicht zu analysieren.

das buch kulturbolschewismus? von paul renner (eugen rentsch verlag erlenbach-zürich/münchen/leipzig 1932) befindet sich, mit dem bleistift-vermerk «bill 1932» in max bills bibliothek; es enthält keinen vermerk, von wem die typografische gestaltung stammt.

renners erstes kapitel trägt die überschrift «die antisemitische hetze gegen die moderne kunst». wir lesen darin: «seit einiger zeit wird in flugblättern, broschüren und büchern, in zeitungsaufsätzen und versammlungen zu einem kampf für die deutsche kultur aufgerufen. man sagt, sie sei durch den kulturbolschewismus bedroht.» renner beschreibt die aktuelle situation in deutschland: der kampf dort richte sich besonders heftig «gegen alles, was im verdacht steht, ‹ostisch› zu sein. als vertreter dieses ostischen gilt nicht nur der jude, sondern jeder parteigänger des russischen kommunismus. marx wird zum symbolischen erzfeind, weil er judentum und kommunismus in einer person vertritt.» in deutschland werde verkündet, «... die aufgabe der bildenden kunst sei es, das körperliche leitbild zu formen, nach welchem sich eine rasse bildet: das kunstwerk hätte vorbilder vollkommener rassenreinheit zur anschauung zu bringen ... sie folgern weiter, dass deutsche kunst nur von reinrassigen deutschen gemacht und verstanden werden könnte. artfremden sei dies durch die natur versagt.»[890]

renner dokumentiert auch, wie jene, die noch fragen aufzuwerfen wagen, drastisch unterdrückt werden: «als der junge münchner maler panizza den zwischenruf wagte: ‹wo bleibt die gute moderne kunst?›, wurde er von den schlagringen des nationalsozialistischen saalschutzes zu boden geschlagen und mit stiefeln in den bauch getreten. blutüberströmt, mit verletztem jochbein und zerschlitztem ohr musste er ins krankenhaus gebracht werden.»[891]

---
889 girsberger 1981, s. 43
890 renner 1932, s. 6f.
891 ebenda, s. 9
892 ebenda, s. 10f.
893 ebenda, s. 16
894 ebenda, s. 22
895 ebenda, s. 23
896 ebenda, s. 27
897 fred de diesbach: «le corbusier ou le bolchevisme en architecture», in: *revue anticommuniste*, revue internationale paraissant à genève, editée avec la collaboration du bureau pour la préparation du premier congrès mondial anticommuniste, avril 1938, nr. 3, s. 80f.

das thüringische unterrichtsministerium habe aus den weimarer museen «alle modernen kunstwerke entfernen lassen»; die ausgeschiedenen künstler hätten sich darauf beschränkt, «das ostische darzustellen». ebenso werde in deutschland zurzeit «gegen den bau-bolschewismus der nackten wände» gewettert; «das erste aber, was man nach der übernahme der weimarer kunstschule anordnet, ist die zerstörung der wandbilder von schlemmer.»[892]

wer die bisherige deutsche kunst kenne, schreibt renner, «weiss, wie viel sie den juden verdankt. sie sind nicht nur die eifrigsten kunstsammler, sondern sie können auch sonst allerlei. der jude max liebermann ist der repräsentativste maler berlins …»[893], und er analysiert treffsicher: «jeder versuch, bewusst vaterländische kunst zu machen, hat zu einem provinzialismus geführt, über den die zeit immer bald hinweggegangen ist.»[894]

der zweite teil von renners essay ist mit «die politische hetze gegen das neue bauen» betitelt. hier bemerkt er ironisch: «die junge baukunst steht zwar nicht im verdacht, von jüdischen kunsthändlern aus frankreich eingeführt worden zu sein, wenngleich ihr avantgardist le corbusier, der besonders grimmig gehasste, in paris lebt und arbeitet. aber seine gegner rechnen ihn selbst zu den bolschewisten; und so ist die schlachtfront dieses kulturkampfes nur gegen osten gerichtet. man gibt sich den anschein, als wisse man nicht, dass die neue bauweise erst aus dem westen, durch holländer, schweizer und deutsche nach russland gekommen ist, und dass man sie dort ‹deutschen stil› nennt.»[895] und sein resümee lautet: «es wäre vergebliche mühe, die anwürfe und verleumdungen abzuwehren, mit denen man die modernen architekten persönlich zu treffen sucht. ein guter architekt pflegt keine schwachen nerven zu haben und wird sich seiner haut selbst zu wehren wissen»[896] – dies gilt auch für max bill, der in seiner funktion als architekt wird starke nerven behalten müssen.

wenn renner 1932 berichtete, dass le corbusier von seinen feinden «besonders grimmig gehasst» werde, kulminierte dieser hass sechs jahre später in einem von fred de diesbach, einem jener ergrimmten feinde, geschriebenen artikel mit dem titel «le corbusier ou le bolchevisme en architecture».

1933 nehmen binia und max bill beide an der ausstellung *zürcher werkkunst einst und jetzt* im kunstgewerbemuseum zürich teil, und ausnahmsweise werden beide in derselben ausstellungsbesprechung erwähnt.

in dieser ausstellung, die bis zum 18. juni dauert, werden, wie eine zeitung berichtet, in einer «umfangreichen koje» möbel der wohnbedarf ag gezeigt:

fred de diesbach schrieb: «nous accusons monsieur le corbusier de bolchevisme estétique … et voulons démontrer, qu'outre ses opinions politiques et ses sympathies qui vont à l'extrême-gauche, cet architecte a fait progresser l'esprit marxiste dans le monde»; und er behauptet, dass 1928 am ciam-kongress in la sarraz eine zelle gegründet worden sei: «le 28 juillet 1928 s'ouvrait à la sarraz (canton de vaud, suisse) un congrès d'architecture moderne où fut crée une cellule-mère, l'un de ces organismes qui sont à la révolution communiste ce que furent à la révolution française les ‹sociétés de pensée›.»[897]

de diesbach behauptete auch, dass le corbusier die zivilisation negiere und ein nihilistisches konzept habe. sein œuvre sei völlig marxistisch – «purement marxiste» –, seine architektur simplizistisch und zeige ‹verkehrte› ästhetische werte.

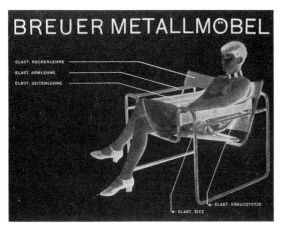 

herbert bayer: «breuer metall-
möbel», katalogcover für
marcel breuers stuhl von
1925/26

max bill: anzeige «moser-
sessel/volkssessel», wohnbedarf
zürich, 1932
13 × 19 cm

der in dieser ausstellungsbesprechung erwähnte «h. steiner» war in den 1920er-jahren zur selben zeit wie max bill schüler an der zürcher kunstgewerbeschule gewesen: es handelt sich um heiri steiner, der mit bills bauhaus-kommilitonin liesl träger verheiratet war (siehe heiri steiner: «erinnerung an ernst keller 1924–27», in: *ernst keller graphiker 1891–1968 gesamtwerk,* ausst.-kat. kunstgewerbemuseum zürich, 2. mai – 13. juni 1976, s. 21f.; ein exemplar ist vorhanden in bibliothek max bill).

«dem menschen so wohl angepasste sitzmöbel», «bewegliche und zusammenlegbare tische … es folgt nun die graphische abteilung, die manchen aussteller zur geltung kommen lässt, der einmal schüler der kunstgewerbeschule gewesen ist. wir treffen hievon heute bekannte namen wie max bill oder walter käch, die ganz ausgezeichnete graphische arbeiten für geschäfts- und reklamezwecke ausstellen. dann eine reihe von photographien, die wir teilweise von der letzten weihnachtsausstellung des schweizerischen werkbunds kennen. wir nennen hier den als lehrer an der schule tätigen hans finsler, ferner h. steiner, max linck, binia bill, gotthard schuh und den auch mit drucksachen vertretenen anton stankowski.» und «das neue bauen, das die häuser dem licht, der sonne, der luft weithin öffnet, kommt ebenfalls zur geltung».[898]

1934

1934 heiratete nusch, bills erste grosse liebe, in frankreich den dichter paul éluard. im selben jahr verlor bill seinen künstlerfreund hanns welti, mit dem er seit 1929 befreundet war und der ihm den zugang zu torrès garcia, dem mitbegründer von ‹cercle et carré›, ermöglicht hatte. der 1894 geborene welti verstarb relativ jung, erst 40-jährig. bill musste diesen verlust verarbeiten.

hermann scherchen beauftragte ihn, für den musikverlag ars viva ein verlagssignet und einen standard-umschlag für partituren zu gestalten. bill präsen-

898 -ss. in: *neue zürcher nachrichten,* 8.5.1933
899 canetti 1985, s. 66 und s. 70

tierte einen modernen, radikal-reduziert schwarz-weissen entwurf, der dem auftraggeber gefiel. er wurde u. a. für die in ars viva publizierte komposition *tripartita* («réalisée à 1933–34 à strasbourg») von wladimir vogel benützt.
in strassburg hatte – wie bereits erwähnt – im juli/august 1933 eine von scherchen organisierte arbeitstagung für moderne musik stattgefunden, an der neben anderen zeitgenössischen komponisten auch der 1896 in moskau geborene deutsch-russe wladimir vogel teilnahm. er hatte mit scherchen bereits nach dem ersten weltkrieg in berlin bekanntschaft geschlossen.

scherchen war in seinen funktionen als dirigent und musik-verleger ein grosser förderer wladimir vogels. so hatte scherchen anfang der 1930er-jahre die uraufführungen von kompositionen vogels dirigiert, 1931 in königsberg *zwei etüden für orchester* und 1932 in berlin die kurz zuvor entstandene *ritmica ostinata* für blasorchester.

ausser den musikern hatte scherchen, der dirigent und organisator der arbeitstagung für moderne musik, auch den schriftsteller elias canetti aufgefordert, nach strassburg zu kommen.
nachdem in deutschland die nazis ihnen nicht genehme bücher verbrannt hatten und «noch von dem krieg bedrückt, der vor fünfzehn jahren geendet hatte», fühlte canetti, dass ihn «nur wenige jahre vom nächsten trennten». der gedanke an büchners *lenz* mag für ihn trost bedeutet haben – wie auch wenige jahre darauf für max bill, der sich für seinen persönlichen lesebedarf büchners buch kaufen wird. trost deshalb, weil die lektüre dieses buches hoffnung gibt, dass die progressiven anteile der literaturgeschichte die schrecklichen zeiten überleben werden.

canetti befand sich damit an einem literaturhistorisch wichtigen ort, denn in stassburg hatte dereinst lenz «seinen abgott goethe getroffen, an dem er zugrunde ging, und hier, sechzig jahre später, war büchner gewesen, sein schüler, der dank ihm das deutsche drama in einem fragment zur vollendung brachte». canetti stieg in den turm des strassburger münsters hinauf. oben angekommen, hatte er den blick auf vogesen und schwarzwald. nach wenigen schritten stand er «vor der tafel, in der goethe und lenz mit ihren freunden ihre namen eingeschrieben hatten.»[899]

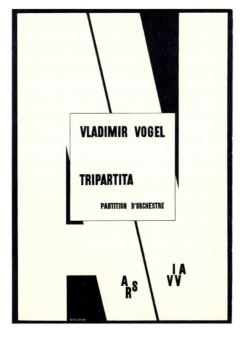

max bill: umschlag für die orchesterpartitur *tripartita* von wladimir vogel, verlag ars viva, 1934

max bill wird sich während des zweiten weltkriegs und in den 1950er-jahren mit büchners gedankenwelt intensiv auseinandersetzen.

während der tagung in strassburg fasste wladimir vogel den entschluss, in die schweiz zu emigrieren. er traf dort 1933 ein, und max bill gehörte zu den ersten, die mit ihm in freundschaftlichen kontakt traten. ob vogel, der in berlin kulturell und politisch interessantes erlebt hatte, dem jüngeren bill einmal erzählt hat, wie sich dort seine beziehung zu hermann scherchen im wahrsten sinn des wortes ‹angebahnt› hatte?

sie fing «in der trambahn» auf der potsdamer strasse an. vogel zeigte scherchen eine partitur, die dieser im gedränge der plattform überflog und mit den worten zurückgab: «begabt, aber noch schlecht!» in trüben gedanken liess scherchen vogel vor dem schaufenster der galerie ‹sturm› stehen. «nicht gerade ermutigend ... doch sollten etwas später meine beziehungen zu scherchen sich vertiefen und zu einer gegenseitigen wertschätzung und freundschaft führen. die *suite für streicher und pauken,* so nannte ich das erwähnte stück, lieferte mir später den stoff für die *tripartita,* die scherchen als eines der ersten werke seines ars-viva-verlages publizierte.»[900]

«klare architektonische formen»

«mendelsohns frau louise, eine musikliebhaberin und ausgezeichnete cellistin, schlug mir sozusagen die erste brücke zwischen musik und architektur.»[901]

wladimir vogel war 1918 in berlin angekommen. er hatte – wie bereits erwähnt – in busonis meisterklasse neben kurt weill und robert blum studiert. da es sich bei robert blum um den zwillingsbruder von elsa burckhardt-blum handelte und beide blums max bill von der gemeinsamen arbeit am zürcher kabarett ‹der krater› her bestens vertraut waren, hatte bill somit einen anknüpfungspunkt, auf den er sich im gespräch mit dem frisch in zürich eingetroffenen emigranten vogel beziehen konnte.

vogel hatte in seiner berliner lebensphase mit den künstlern, die herwarth walden in seiner galerie ‹der sturm› ausstellte, sowie mit dem architekten erich mendelsohn regen umgang gepflegt.

bei einem besuch hatte vogel die partitur seiner «damals gerade von hermann scherchen aus der taufe gehobenen *zwei etüden für orchester*» ins wohnhaus der mendelsohns mitgebracht. «mendelsohn sah sich die partitur mit mir an und war verblüfft, im graphischen bild klare architektonische formen zu erkennen. ich erklärte ihm dann – vom musikalischen her – die funktion der verschiedenen instrumentalgruppen im bau und gefüge des ganzen stückes. von da an beschäftigten mich solche ‹gemeinsamen nenner› in der musik und in der architektur, die ich dann in meiner zürcher zeit weiterentwickelt habe.»[902]

900 vogel 1977, s. 194
901 ebenda
902 ebenda
903 ebenda, s. 192
904 ebenda, s. 179f.
905 ebenda, s. 191

das, was vogel über gemeinsamkeiten zwischen architektur- und musikstrukturen erkundete, dürfte für bill, der selber nach dem ‹gemeinsamen nenner› zwischen musik und bildender kunst suchte, höchst interessant gewesen sein. die beiden hatten daher viele gemeinsame anknüpfungspunkte. sie versuchten sich über johann sebastian bachs fugen sowie über albert einsteins theorien auszutauschen und sie harmonierten in ihrer vorliebe für die persönlichkeit kandinskys und dessen œuvre.

schon ein paar jahre vor bill war vogel seinerzeit durch seinen aufgeschlossenen und fortschrittlichen meister busoni, der – das soll nicht unerwähnt bleiben – seinerseits den deutschen klassiker bach sehr schätzte, in kontakt zum bauhaus weimar und so auch zu kandinsky gekommen.

anlässlich der bauhaus-ausstellung in weimar 1923 hatte man busoni eingeladen, sich als komponist an dieser veranstaltung der modernsten kunstschule europas zu beteiligen. ferruccio busoni lud «eines trüben herbsttages» einige schüler seiner meisterklasse, darunter kurt weill, der bald mit der vertonung von bert brechts *dreigroschenoper* weltberühmt werden sollte, hans hirsch und wladimir vogel ein, mit ihm und auf seine kosten nach weimar zu reisen, wo dieser die kandinskys kennenlernte.

«wir verliessen gemeinsam berlin und trafen voller erwartung in weimar ein, in der stadt, wo busoni vor vielen jahren selber als pädagoge tätig gewesen war. er wurde mit ehren im hotel zum erbprinzen, wir bescheidener im weissen schwan einquartiert.

im weimarer stadttheater fand dann das erste konzert mit modernen werken statt. auf dem programm: *fünf polyphone studien* von busoni; das *marienleben* von paul hindemith; das *concerto grosso* von ernst krenek, und, in der zweiten hälfte, *die geschichte vom soldaten* von ramuz–strawinsky, in der deutschen version von hans reinhart. dort fand eine erste begegnung zwischen busoni und dem ebenfalls eingeladenen strawinsky statt … dem konzert folgte ein festessen im erbprinzen, wo gerda und ferruccio busoni an der tafel neben strawinsky assen, umgeben von kandinsky, klee und anderen.»[904]

während dieses festessens sass wladimir vogel neben wassily und nina kandinsky: «eine spontane sympathie verband uns sofort und wir verstanden uns glänzend. mag es die gemeinsame russische vergangenheit gewesen sein oder die auffassung der abstrakten malerei als einer art von musik? wir fühlten uns jedenfalls verwandt, und diese seelengemeinschaft blieb über viele jahre bis zu seinem tode bestehen.»[905]

wladimir vogel hatte in einem überfüllten hörsaal einen vortrag albert einsteins über die relativitätstheorie gehört: «einstein erläuterte seine relativitätstheorie. die beispiele waren recht verständlich gewählt und ohne disziplin und pedanterie, quasi improvisierend, vorgetragen. ich war betroffen, einen so ‹unwissenschaftlich› vortragenden gelehrten zu hören …»[903]

wladimir vogel und aline valangin in ‹la barca›

in der schweiz wurde wladimir vogel vorerst einer der liebhaber und dann der spätere ehemann der anfang der 30er-jahre noch mit dem berühmten anwalt wladimir rosenbaum verheirateten schriftstellerin aline valangin, für deren bücher max bill zwei cover gestaltete. ferner entwarf bill für aline valangins tessiner haus ‹la barca› einen prospekt, der als faltblatt gedruckt erhalten blieb. die darin verwendeten fotos hatte wahrscheinlich binia bill aufgenommen.

vogels biograf hans oesch schreibt zu ‹la barca›: «frau aline besass im onsernonetal, das sich nordwestlich hinter locarno gegen die italienische grenze hinzieht, ein sommerhaus, la barca, wo vogel monatelang in ruhe leben und arbeiten konnte (abgesehen eben von der moleste, alle drei monate für kurze zeit ins ausland gehen zu müssen). teils lebte er in gesellschaft mit freunden, teils in grosser einsamkeit, die frau aline – auch sie schöpferisch tätig – mit ihm teilte. sie schrieb in jener zeit, neben gedichten in französischer sprache, eine reihe tessiner novellen, die bald in zwei bänden herauskamen … es war im winter 1935/36, als vogel frau annie müller-widmann in basel schreiben konnte: ‹wir sind eingeschneit. jeden morgen schaufle ich fleissig den schnee weg, sodass meine hände ganz rauh werden und dann beim notenschreiben zittern … die partitur indessen macht fortschritte … korrespondenz hält meine beziehung zur aussenwelt aufrecht.›»[906]

«der komponist wladimir vogel wird von den schweizerischen kulturpolitikern gerne als einer der unsrigen reklamiert, wohnte er doch nach seiner flucht aus berlin vorwiegend in der schweiz. der als ‹entarteter künstler› von den nazis verfolgte erhielt indes in unserem land vorerst ein arbeitsverbot. 1954 wurde vogel zwar eingebürgert, bekam aber nach wie vor keine anstellung.»[909]

die erwähnten bände *geschichten vom tal* und *tessiner novellen* vertraute aline den typografischen einfällen max bills an, beide bücher wurden von ihm gestaltet. sie erschienen 1937 beim verleger girsberger, bills ‹altem› buchhändler. dieser schrieb später: «im übrigen sind in diesen jahren nur einige kleinere, schöngeistig-belletristische publikationen erschienen, wie das kleine bändchen von trudy egender *kleine reise ins elsass* und die *tessiner novellen* von aline valangin, beide von max bill gestaltet, sowie die bedeutende publikation von carola giedion-welcker über *moderne plastik,* die in deutscher und einer von morton shand übertragenen englischen ausgabe erschien.»

der verleger war seinem typografischen gestalter zu dank verpflichtet: «der zusammenarbeit mit max bill, der in jenen jahren viele der besten umschläge und prospekte für mich gestaltet hat, ist es weitgehend zu verdanken, dass meine publikationen ihrer besonderen graphischen qualität wegen auf dem internationalen markt eine sonderstellung genossen.»[907]

906 oesch 1967, s. 62
907 girsberger 1970, s. 31
908 oesch 1967, s. 62f.
909 thomas schacher: «bresche für einen verkannten», in: *neue zürcher zeitung,* 7.6.2007

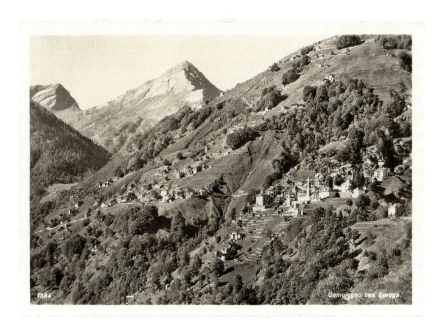

das dorf comologno im onsernonetal, unten rechts das sommerhaus ‹la barca› von aline valangin

«es war auch in der barca, dass vogel, mit einwilligung des kantons tessin, der die fremdenpolizeilichen vorschriften ungern rigoros anwendete, einen sommerkurs über moderne musik organisieren konnte. es nahmen daran u. a. teil der bekannte musikologe manfred bukofzer, … der pianist landerer. die debatten waren belebt. vor allem die einführung willi reichs in die technik der komposition mit zwölf aufeinander bezogenen tönen war äusserst anregend und hielt die freunde halbe nächte wach …

lange zeit bedeutete die barca in comologno ein refugium für eine reihe von menschen, die in der schweiz festsassen. neben den schon genannten waren zugegen: max ernst, der cellist hermann … man sah dort auch max bill, max terpis und viele gelegenheits- und sonntagsbesucher.

nach freundlichen tagen sollte die odyssee wieder eine fortsetzung finden. zufolge eines denunzianten, der aussagte, vogel erteile in zürich unterricht, griff die fremdenpolizei ein. ermüdet von solchen praktiken entschloss sich vogel, nach bruxelles zu ziehen … da die ehe der frau aline sehr fraglich geworden war, zog sie es vor, mit vogel nach bruxelles zu ziehen, teils um das werden der dinge abzuwarten, teils weil sie fand, vogel nützlich sein zu können.»[908]

nach einem winter in brüssel zogen vogel und aline weiter nach paris, wo sie mit dem befreundeten jean arp, der im nahen meudon wohnte, den kontakt auffrischen konnten. die sommermonate verbrachten sie weiterhin stets in der

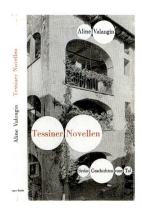

max bill: buchumschlag für aline valangins *tessiner novellen. sechs geschichten vom tal*, 1939
11 × 18,5 cm

vor aline valangins haus ‹la barca›, um 1934/35 von links: max bill, wladimir vogel, der musikwissenschafter manfred bukofzer, wladimir vogels vater (mit kappe), eine unbekannte frau, binia bill-spoerri (halb verdeckt), aline valangin (mit hut), auf der gartenmauer: franziska bosshard, klara bosshard-spoerri (binias schwester), wladimir rosenbaum, zwei unbekannte frauen, georg schmidt, damals direktor des kunstmuseums basel

schweiz, im palazzo ‹la barca›, wo sie im september 1939 vom beginn des zweiten weltkriegs erfuhren. zeitschriften aus zürich erreichten sie mit einem tag verspätung, sie hatten kein radio. da entschlossen sie sich, im tessin zu bleiben, wo ihnen – einige jahre später – max bill ein haus in ascona planen sollte, das von vogels biograf hans oesch jedoch nicht erwähnt wird.

als max bill in den 50er-jahren im hinblick auf die feierliche eröffnung der hochschule für gestaltung in ulm eine komposition in auftrag geben sollte, die beim festakt vor einem internationalen publikum gespielt werden könnte, wählte er wladimir vogel, dem er seit anfang der 30er-jahre freundschaftlich die treue hielt. vogel schrieb ein kammermusikwerk für ein bläserensemble, das zur freude bills, der ein grosser blechbläserfan war und bleiben sollte, in ulm tatsächlich aufgeführt wurde.[910]

max ernsts wandbild im corso

in paris gab es im februar 1934 blutige strassenschlachten. nach diesen geschehnissen näherten sich in frankreich die linken parteien angesichts der wachsenden bedrohung einander politisch an, während im benachbarten deutschland der prozess der nationalsozialistischen machteroberung seinen

910 siehe vogel 1977, s. 284
911 carlepsch 2007, s. 64f.
912 ebenda, s. 76
913 girsberger 1970, s. 26

einstweiligen höhepunkt erreicht hatte. dort waren sämtliche parteien ausser der nsdap nun aufgelöst, verboten und die gewerkschaften zerschlagen.
im jahr 1936 gewann der front populaire der französischen linksparteien sogar die parlamentswahlen. der überwältigende sieg der französischen volksfront brachte frankreich in aufbruchstimmung. der künstler georges vantongerloo zum beispiel, ein freund bills, durchlebte in den jahren der volksfrontregierung die produktivste schaffensphase seines lebens überhaupt.

max ernst, dessen name seit 1933 auf der ‹schwarzen liste› der nazis stand, arbeitete 1934 in zürich an seinem grossformatigen wandbild in der corso-bar. er wohnte während dieser zeit sowohl bei carola und sigfried giedion im doldertal als auch bei binia und max bill in höngg. vielleicht hatten in paris schon paul éluard, der dort mit max ernst engstens befreundet war, und seine frau nusch, die frühere konkubinats-gefährtin max bills, max ernst die anschrift von bill in höngg mitgeteilt.
auf alle fälle begegneten sich max bill und max ernst in zürich beim buchhändler und verleger girsberger während der produktion von band II von le corbusiers werkverzeichnis und auch im zusammenhang mit ihren aufträgen für das corso, und die beiden künstler fanden einander sympathisch.

als kleine zwischenbemerkung über die vernetzung jener menschen, die bill in zürich kennenlernte, möchte ich hier nicht unerwähnt lassen, dass die ehefrau des buchhändlers und verlegers hans girsberger, bei dem bill seine bücher kaufte – und für den er bücher gestaltete – schon vor abschluss ihres jus-studiums «als mitarbeiterin ins büro rosenbaum an der stadelhoferstrasse» eintreten konnte ... später, nach dem plötzlichen, unter merkwürdigen umständen erzwungenen ende dieses seinerzeit in zürich führenden anwaltsbüros, hat sie während jahren eine eigene anwaltspraxis geführt.»[913]

verwaltungsratspräsident der corso-gesellschaft, der das variété-theater mit der jugendstilfassade gehörte, war damals wladimir rosenbaum, der, wann immer er konnte, vom naziregime verfolgten menschen in zürich arbeit verschaffte. er erinnerte sich später:
«das war ein riesiger bauauftrag. im ersten stock hatten wir eine bar vorgesehen, und in dieser bar war eine ganz grosse, freie wand. die herren wussten nicht recht, was sie damit machen sollten. dann habe ich den max ernst gefragt, ob er sich imstande fühle, da ein grosses wandbild zu malen. das bejahte er. ich fragte ihn, was er meine, dafür haben zu müssen. da sagte er, ob tausend franken zu viel seien. da sag ich: ‹wollen schauen›. bei der nächsten ver-

«... ermutigt von der inbesitznahme der politischen macht im nachbarland, unternahmen militante faschistoide verbände in paris den versuch eines staatsstreichs. zwar scheiterte der eigentümlich unorganisiert unternommene marsch der extremen französischen rechten auf das palais bourbon im februar 1934 in tumulthaften szenen, doch die dramatischen begleitumstände ihres aufmarsches und die blutigen strassenschlachten, in deren verlauf über vierzehn tote und mindestens zweitausend verletzte gezählt wurden, liessen die innere gefährdung der französischen demokratie deutlich werden und veränderten damit nachhaltig das gesellschaftliche klima.»[911]

«wie schon einige monate zuvor in spanien war auch in paris eine gemässigte linkskoalition unter der führung léon blums mit dem erklärten ziel angetreten, soziale und gesellschaftliche reformen im lande einzuleiten. programmatisch war der zusammenschluss der sie tragenden parteien erst durch die gefahr des immer stärker aufkommenden faschismus in europa möglich geworden, dem die neue regierung – nicht zuletzt nach den inneren unruhen in den vergangenen jahren – einhalt zu gebieten suchte.»[912]

«sigfried giedion vermittelt ihm den auftrag für ein grosses wandgemälde in der corso-bar in zürich. als mitaktionär des corsos überzeugt er die zuständigen ... carola giedion-welcker erinnert sich: ‹in einem bejahenden telegramm vom 16. juli 1934 meldete max ernst von paris seine ankunft in zürich an. zu einem ferienaufenthalt – wie er es nannte – bei seinen freunden im doldertal [den giedions] ... eingeladen und abschliessend bei bruno séguin zu gast, setzte der künstler unmittelbar nach seiner ankunft mit der arbeit ein. es war eine intensive, auch physisch angespannte, leistung, die sich nun alltäglich während der heissen sommermonate vollzog, wobei jedoch der dem corso gegenüberliegende zürich-see vielfach entspannung bot und der sportlichen exerzitienlust des künstlers zugute kam.›»[915]

waltungsratssitzung habe ich das vorgetragen, und die herren beschimpften mich, dass ich das geld der gesellschaft für so'n blödsinn da zum fenster hinauswerfen wolle. ich habe ihnen dann gesagt: ‹wir wollen kurzen prozess machen: entweder bewilligen sie mir die tausend, oder ich lege mein verwaltungsratsmandat nieder!› da haben mir die herren die tausend bewilligt, und der max ernst hat da ein bild von mehreren metern breite gemalt.»[914]

wer es nun tatsächlich gewesen war, der die idee hatte, max ernst den auftrag zu erteilen, ob rosenbaum oder sigfried giedion, scheint im nachhinein nicht mehr abklärbar; dass sigfried giedion den auftrag «vermittelt» habe, steht in einer neueren publikation.

gotthard schuh, derselbe mann, der noch vor wenigen jahren auf verlangen von maxens vater die finanziellen ausgaben des jungen bill kontrollieren musste,

914 wladimir rosenbaum; in kamber 1990, s. 190
915 carola giedion-welcker: «max ernsts wandbild von 1934 für die corso-bar in zürich» (1966); zit. nach bruderer-oswald 2007, s. 102
916 willy rotzler: «hans curjel und die synthese der künste», in: *neue zürcher zeitung*, 12.1.1974

binia bill: max ernst malt am wandbild für die corso-bar in zürich, 1934
fotografie, 6 × 6 cm

überlieferte der nachwelt in seinen fotos den grossen elan, mit dem max ernst an sein mehr als 4 × 5 meter grosses werk für das dancing im corso ging.

auch binia bill, angetan von der intensiven ausstrahlung max ernsts, nahm mehrere fotos auf. einmal konzentrierte sie sich auf den akt des malens sowie das licht- und schattenspiel auf max ernsts nacktem rücken; ein andermal dokumentierte sie, wie ernst f. burckhardt und hans curjel gemeinsam dem künstler bei der ausführung des wandbilds zuschauen.

hans curjel war ein multitalent. er hatte zur selben zeit wie die aus köln stammende carola welcker und der in prag geborene auslandschweizer sigfried giedion, die 1919 heiraten, kunstgeschichte bei professor wölfflin und ferner noch musikwissenschaft studiert. seit der studienzeit in münchen war hans curjel mit ihnen befreundet. zu diesem freundeskreis gehörten ebenfalls die kommilitonen hans finsler, der später als fotograf berühmt wird, und franz roh, der die nazizeit qualvoll in einem konzentrationslager überleben wird. während der münchner studienjahre hatten sie eindeutig mit der räterepublik sympathisiert. die studierenden hans curjel, sigfried giedion, hans finsler und franz roh bildeten eine kleine, linke fraktion, den block aufbauender studierender (1918/19) am ersten deutschen studentenparlament (asta), und waren zeitlebens politisch links orientiert.

nachdem curjel von 1925 bis 1927 als vizedirektor der karlsruher kunstakademie tätig gewesen war und als kapellmeister am düsseldorfer schauspielhaus gewirkt hatte, zog es ihn nach berlin, in die pulsierende grossstadt. er mischte dort von 1927 bis 1931 an otto klemperers kroll-oper tatkräftig mit, anfangs als dramaturg, dann als mitglied des direktoriums. so gelang es ihm, sowohl moholy-nagy als auch oskar schlemmer nach deren weggang vom bauhaus dessau als bühnengestalter an die kroll-oper zu holen. wegen der aufkommenden politischen widrigkeiten sah er sich gezwungen, deutschland zu verlassen, und emigrierte nach zürich, wo er (bis 1942) das corso-theater als direktor leitete.

in ergänzung zu dem heute im kunsthaus zürich aufbewahrten wandbild ernsts habe hans curjel, wie der kunsthistoriker willi rotzler in seinem nachruf schreibt, bei seiner «schwierigen aufgabe, eine variété-bühne auf höheres niveau zu heben», «den surrealisten max ernst» auch damit beauftragt «das urwalddekor einer dressurnummer» zu malen.[916]

der von der malerei kommende gotthard schuh hatte wenige jahre zuvor, nämlich 1930, das erste von ihm aufgenommene foto publiziert. er selber schrieb rückblickend: «als ich 1930 meine erste fotografische aufnahme publizierte, war dies zufällig ein wichtiges jahr für die entwicklung der fotografie, denn in diesem jahr 1930 griffen, unabhängig voneinander, ein paar leute zum ersten mal zur kamera. es waren dies cartier-bresson, capa, eisenstaedt und brassaï ... alle haben sie eine neue ästhetik, eine neue bildspannung, eine bisher unbekannte neue aussage geschaffen» (in: *arche kalender schweiz, literatur und kunst,* 2008) – in diesem text von schuh wird binia bill, die ja ihrerseits ebenfalls seit 1930 fotografierte, nicht erwähnt.

max bill: covergestaltung «grosser preis der schweiz für automobile, bern», für die revue der schweizerischen verkehrszentrale, 1934 tiefdruck rot und schwarz

max ernst als grossmutter

bill erhielt im jahr 1934 den auftrag, das titelbild der offiziellen reisezeitschrift der schweizerischen verkehrszentrale zu gestalten, zum thema ‹grosser preis der schweiz für automobile, bern›, und er, der autofan, liess die rennautos schon fast im himmel schweben.

auch im fortgeschrittenen alter wird bill sich weiterhin für autorennen interessieren und ausdauernd vor dem fernsehen sitzen, wenn ein rennen übertragen wird.

als binia und max bill im sommer 1934 auf einladung der rosenbaums mit dem auto ins tessin nach comologno fahren wollten, um im haus ‹la barca› die ferien zu verbringen, meinten sie, max ernst würde unterdessen ihr haus in höngg hüten. doch stattdessen stieg dieser kurz vor ihrer abfahrt flink zu ihnen ins auto – «max ernst hat sich uns einfach angehängt», erzählte mir max bill. da sie im offenen wagen fuhren, mummelte sich max ernst in einen schal ein. «passen sie gut auf die grossmutter da hinten auf», habe bill zu einem bauern gesagt, den sie unterwegs mitnahmen.

bill erinnerte sich später: «max ernst war im auto, als wir aline abholten. aline kannte max ernst auch, aber hatte ein wenig distanz zu ihm. dann merkten wir, dass sie keine ahnung davon hatte, dass max ernst auch mitkommt. wir fuhren dann nach meiringen und übernachteten dort. rosenbaum kam von bern her, um aline in meiringen zu treffen und mit ihr nach comologno, in ihr haus ‹la barca›, zu fahren. wir wollten ihnen in meinem wagen folgen.

917 max bill im gespräch mit angela thomas
918 max bill; in kamber 1990, s. 171
919 ebenda, s. 176f.

als wir in meiringen ankamen, sagte ich zu aline: ‹hör mal, wie ist das da mit dem max ernst. er sagt, er käme auch mit.› darauf sagte sie: ‹um himmels willen, da wird der rosenbaum dann schön wütend werden, max ernst schneidet doch aus allen büchern alte stiche heraus und macht collagen draus, das gibt ja eine katastrophe.› danach sagte sie ‹oh jessesgott, wie mach ich das mit diesem max ernst?› und dann machte sie, bevor rosenbaum kam, einen spaziergang mit ihm, und nachher sagte sie, es sei alles in ordnung, und brachte es rosenbaum bei.»[917]

«der rosenbaum war nachher ausserordentlich froh, dass max ernst da war, weil sie den halben tag schach oder ping-pong spielten miteinander.»[918]

die feriengäste in ‹la barca› waren nicht untätig. ernst putzte das schwimmbecken im garten, während bill gleichzeitig am oberen schwimmbeckenrand mit einer sichel das gras mähte.

in peter kambers buch *geschichte zweier leben* sind von binia bill in comologno aufgenommene fotos, darunter max ernst und wladimir rosenbaum beim schachspiel, abgebildet.

einen faschisten teeren und federn

max ernst war 1934 im tessin – vor seiner definitiven flucht vor den nazis, die auch ihn, seine psyche, sein gesicht, den sportlich durchtrainierten, später zeitweise von hunger ausgemergelten körper, seine ganze bedrohte existenz zeichnen wird – ein ausgesprochen attraktiv-verführerischer mensch. im garten von ‹la barca› sah gastgeberin aline den «schlanken, gelenkigen dadamax … allerlei schwierige turnübungen» ausprobieren.[919]

nachdem ihre gäste der zeitung entnommen hatten, dass jakob wilhelm hauer nach ascona kommen werde, kam es max ernst und max bill in den sinn, ein ‹politisches› attentat auf diesen zu verüben. sie wollten ihn – wie mir bill erzählte – gemeinsam «teeren und federn». das vorhaben war von dem starken politischen bedürfnis geprägt, einen anhänger faschistischen gedankenguts beispielhaft lächerlich zu machen und ihn dem (internationalen) spott preiszugeben. die geplante aktion könnte man als künstlerisch-politische performance – avant la lettre – werten oder als politisches attentat. ihre durchaus vorhandenen, verständlichen aggressionen gegen jene, die das wort ‹heil› skandierten und stattdessen nichts als übergrosses unheil mit sich und über generationen brachten, wären auf diese art vom team ernst/bill kreativ-witzig, aber nicht lebensbedrohend umgesetzt worden.

«eine merkwürdige geschichte verband max ernst und mich mit rode. damals gab's in deutschland einen religionsphilosophen oder religionsapostel, der die alte deutsche religion mit der weihe-ehe unter der eiche propagiert hat. wir lasen in der zeitung davon, wir kannten das alle, max ernst auch, und es hiess, er komme nach ascona. er hiess j. w. hauer und wurde von den nazis als die höchste instanz für alte religionen angesehen. der sollte nach ascona kommen, und zwar an die eranos-tagung. er hätte da einen vortrag halten sollen. max ernst und ich hatten davon gelesen und wir beschlossen, das gehe nicht ohne skandal ab. zusammen brüteten wir eine idee aus, was wir machen könnten. wir machten aus, dass wir an den bahnhof gingen, ihn abfangen würden, mit pech anstreichen, federn drüber, und dann würden wir ihn durch ascona führen.

das war also unsere idee gewesen. wir mussten nur die methode noch finden: woher nehmen wir den pech, wie können wir das machen, können wir noch irgendwen finden, der uns hilft, damit uns die polizei nicht abfängt, bevor der voll federn ist?

wir wollten uns mit ihm zusammen fotografieren lassen und das bild sofort an die new york times schicken.»

bill und ernst weihten auch rosenbaum in ihren plan ein, und bei diesem gespräch «abends am kamin» war der österreicher rode auch dabei: «‹das dürft ihr mit diesem mann nicht machen.› – ‹der hauer erzählt so zeugs, und wir sollen das einfach über uns ergehen lassen? und der soll da unten in ascona schwatzen kommen und seinen kohl propagieren? da machen wir nicht mit!› – ‹der ist auf wissenschaftliche weise zu diesen erkenntnissen gekommen, und wenn der nun diese erkenntnisse vertritt, dann ist das eben seine sache, und wir müssen ihn lassen. es wird vielleicht einmal nachgewiesen, dass das nicht stimmt, aber er soll das dürfen.›»[920]

so hielt der laut gastgeberin aline «mit drolligen ausdrücken im wienerton» sprechende, abwiegelnde rechtsanwalt walther rode die beiden künstler und potenziellen attentäter von ihrer tat ab – und die ereignisse nahmen einen anderen, dramatischen verlauf.

nur wenige tage nach diesem hitzig ausgefochtenen gespräch organisierte aline valangin ein tanzfest, «das sie alle jahre mit der dorfjugend feierte». rode, der an diesem tag lange mit rosenbaum schach gespielt hatte, machte sich für den tanzabend, und das war der abend, der sein letzter werden sollte, zurecht. dann tanzte er mit einem schönen tessiner mädchen, das in der tracht erschienen war: «weiter rock, enge taille über einer weissen hemdbluse mit spitzen-

---
920 max bill; in kamber 1990, s. 176f.
921 aline valangin; in kamber 1990, s. 177f.
922 max bill; in kamber 1990, s. 178

krägelchen … sie trug zoccoli, flache holzschuhe, in die leicht zu schlüpfen ist, die man aber auch leicht verliert. unser rode war sofort vernarrt in die liebliche erscheinung.

er neckte sie auf österreichisch galante art, sie werde ihren schuh verlieren, er warte drauf. sie gab vergnügt zurück, das komme niemals in frage, sie halte fest. die hänselei ging hin und her, erfasste die andern, bald wurde darüber gewettet. es war spät geworden, gegen mitternacht.

ich rief in die runde, es sei zeit, den letzten tanz zu schwingen, legte eine platte auf, einen walzer, und wandte mich an einen jungen mann, der mich in die arme nahm. wir tanzten gut zusammen, ich war vergnügt, doch wunderte ich mich bald, dass wir fast allein tanzten … ich blieb stehen und sah, ohne noch zu verstehen, dass rode hingestürzt war. die nachbarin kniete vor ihm und sagt einfach: ‹er ist tot.›

er sei in einer ecke gestanden, ohne selbst zu tanzen, ganz in bewunderung des schönen kindes, das nun wirklich aus seinen zoccoli herausgerutscht und barfuss war. rode habe gejubelt und ausgerufen ‹finalmente, endlich› und sei mit diesen worten zu boden gesunken.»[921]

rode, der rechtsanwalt, der die ‹wissenschaftliche› gedankenfreiheit eines faschisten gegenüber max ernst und max bill verteidigt hatte, starb am 12. august 1934, und zwar sank er gerade neben max bill um. ernst und bill hoben den toten auf einen tisch in der bibliothek von ‹la barca›.

«ich weiss nicht, wohin der rosenbaum verschwunden war, auf jeden fall sind wir in dieser bibliothek gewesen und schauten den mann an. da sagte max ernst: ‹schau dir mal diese füsse an, es ist schon merkürdig, was von einem menschen übrigbleibt, wenn er gestorben ist.›»[922]

meret oppenheim, leidenschaftlich verliebt

statt in ascona den faschisten j. w. hauer abzufangen, machte max ernst in der direkt am lago maggiore gelegenen kleinstadt eine für ihn unvergleichlich erfreulichere begegnung. er traf in ascona auf meret oppenheim und brachte sie mit hinauf ins onsernonetal nach comologno.

«das meretlein», die knapp zwanzigjährige meret oppenheim, max ernsts «mitbringsel», war umwerfend schön und eine augenweide für alle. auch die gastgeberin aline valangin fand sie «hinreissend schön und jung». sie brachte die beiden frisch verliebten «im zweizimmer-appartement im turm» unter

«meret oppenheim äusserte sich 1978 zu ihrer beziehung zu max ernst in form einer schriftlich festgehaltenen richtigstellung», die ausführlich zitiert wird in oppenheim [1978], s. 195f.

ob nun auf diesem wege, der für den sich möglichst ökonomisch organisierenden bill sprechen würde, oder ob bill für dieses letzte treffen auf schweizer boden mit dem zur weiterreise gezwungenen bloch eigens noch einmal von zürich nach maloja gefahren ist – jedenfalls diskutierten bloch und bill in maloja u. a. über den entwurf, den bill für blochs bald in druck gehendes manuskript *erbschaft dieser zeit* als buchcover vorbereitet und mitgebracht hatte, den bloch indes verwarf.

das plakat von max ernst mit sieben händen, deren zeigefinger je auf den namen eines der ausstellenden deutet, wurde jüngst wieder abgebildet in der von julia drost zusammengestellten chronik im kapitel «max ernst in der schweiz» in: werner spies und anja müller-alsbach 2007, s. 198.

«und dort verlebten sie ihre zeit».[923] meret oppenheim und dadamax, das erotisierte paar, fanden fast nicht mehr aus dem gemeinsamen bett heraus.

was damals aus ihrem zusammensein entstand, nannte meret oppenheim, die wesentlich jünger war als max ernst, eine «leidenschaftliche liebe auf beiden seiten».[924] doch nach den ferien im tessin begab sich max ernst, ohne meret, dafür weiterhin in begleitung max bills, im oktober 1934 zurück nach zürich. möglicherweise fuhr bill mit dem auto über das bergell, um dort den philosophen ernst bloch, der ihn zuvor schon mal im höngger-haus aufgesucht hatte, in maloja kurz vor blochs von amtlicher seite beschlossener ausweisung im september 1934 aus der schweiz noch einmal zu treffen.

«was ist surrealismus?»

max ernst hatte den auftrag, für eine ausstellung verkäuflicher und unverkäuflicher werke, die im kunsthaus zürich stattfinden sollte, das plakat zu gestalten. und max bill war ihm dabei behilflich, in einer druckerei in zürich nach bestimmten drucktypen zu suchen.

zur ausstellung *abstrakte malerei und plastik: hans arp, max ernst, alberto giacometti, julio gonzález, joan miró* (kunsthaus zürich, 11. oktober – 4. november 1934) erschien ein unbebilderter katalog zum preis von 50 rappen mit einem von max ernst verfassten text «was ist surrealismus?». darin zitiert ernst zweimal seinen freund, den dichter paul éluard, und er verweist ferner auf andré bretons «surrealistische manifeste». zudem war ernst derjenige unter den ausstellenden, der mit der umfangreichsten werkgruppe, mit über fünfzig, zwischen 1919 bis 1934 entstandenen arbeiten, präsent war.

der ausstellungsliste ist zu entnehmen, dass von «hans arp, meudon val-fleury», zwölf werke gezeigt wurden. das billigste hätte man zum preis von 1000 schweizer franken und das teuerste, die gipsskulptur *concrétion humaine II*, für 1800 schweizer franken kaufen können. von alberto giacometti wurden zwölf werke gezeigt, die preislich mit 300 bis 900 schweizer franken allesamt unterhalb von hans arps preisniveau lagen, während die übrigen ausstellenden, julio gonzález und joan miró, für ihre werke beträge verlangten, die höher als jene von arp angesiedelt waren; gonzález hätte gerne bis zu 2000 schweizer franken erhalten, und joan miró verlangte den höchstpreis von 3400 schweizer franken für das ölbild *table au coq* von 1920.

es ist immer wieder auffallend, wie stark die vernetzung unter den kulturschaffenden damals war. so nahm max ernst, während er bei den bills wohnte und mit den vorbereitungsarbeiten zu dieser ausstellung beschäftigt war, eines

---
923 in kamber 1990, s. 172–176
924 oppenheim [1978] 2007, s. 196
925 bill 1976 [b], s. 36

tages den bildhauer alberto giacometti mit nach höngg, um ihn mit binia und max bill bekannt zu machen.[925]

nahm der 43-jährige ernst während der diskussionen einfluss auf die ideologische entwicklung des 26-jährigen bill? waren die vom politischen umfeld in paris gepägten ernst und giacometti ideologische sparringspartner für bill?

noch wenige jahre zuvor hatte sich bill im brief an sigfried giedion vom juni 1929 ja selber so dargestellt, dass er sich «für einen surrealistischen maler» halte, und von seiner früheren dessauer studienkollegin hilde rantzsch war er gegen jahresende 1929 angefragt worden, ob er ihr nicht erklären könne, was surreal, was surrealismus sei – er galt hilde demnach wohl als kompetenter auskunftgeber.

man kann auch nicht annehmen, dass er sich damals gegenüber giedion nur aus taktischen gründen als «surrealistischer» maler bezeichnete, um in die 1929er-ausstellung im zürcher kunsthaus aufgenommen zu werden; da der titel der ausstellung *abstrakte und surrealistische malerei und plastik* lautete, hätte er sich beim damaligen stand seiner arbeiten durchaus auch unter dem begriff «abstrakter» maler anpreisen können, da er von figürlichen vorgaben (siehe zum beispiel *der rauchbläser* s. 337) tatsächlich abstrahierte.

an diesem kleinen beispiel ist erkennbar, dass bill noch um die klarheit ringen musste, welcher stilrichtung er nun eigentlich angehöre.

liess sich max bill von max ernst zu einer – erneuten – ‹surrealistischen› phase hinreissen? wohl eher nicht, hingegen lassen sich ‹organische› anregungen von jean arp ausmachen.

aus dem jahr 1934 liegt mir eine – hier erstmals reproduzierte – farbige, locker-beschwingte zeichnung von max bill vor, die er mit dem französischen

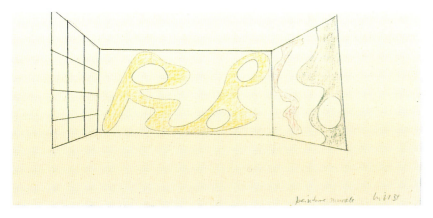

max bill: *peinture murale,* 1934
farbige zeichnung,
13 cm × 29 cm

titel *peinture murale* versah. bills komposition lässt hier einen einfluss erkennen, den organische formen im œuvre von jean arp auf ihn ausübten.
bill hatte sich in der basler kunsthalle 1932 eine von dr. georg schmidt eingerichtete einzelausstellung der werke jean arps sehr eingehend angeschaut (siehe s. 363); und mit jean arp (und weiteren gruppenmitgliedern) stellte max bill bei *abstraction-création*, vom 2. bis 16. märz 1934, in paris aus.
vielleicht entstand diese zeichnung mit den farbigen motiven für eine ‹wandmalerei›, da bill sie im original französisch *peinture murale* betitelte, im zusammenhang mit der märz-ausstellung *abstraction-création*, respektive während bills aufenthalt anlässlich dieser ausstellung 1934 in paris.

weder ein theoretischer oder praktischer ‹surrealistischer› einfluss seitens max ernst noch der vorübergehend aufgetauchte künstlerisch-‹organische› einfluss von arp gewinnt indes schliesslich die kunsthistorisch-ideologische oberhand bei max bill, sondern jener der werke des – von moholy-nagy am bauhaus so genannten – «puren» piet mondrian, dem max bill im dezember 1933 erstmals begegnete.
die bekanntschaft des gerade mal 25 jahre alt gewordenen bill mit dem ‹gestandenen› mondrian wurde bei bills aufenthalt anlässlich seiner ausstellungsbeteiligung bei *abstraction-création* im märz 1934 in paris sicherlich vertieft. jedenfalls geriet bill im laufe jenes jahres definitiv in den bannkreis der werke mondrians, und er beschäftigte sich gedanklich – statt mit den gemälden von max ernst, der ganz nah, unter seinem dach in höngg lebte – vor allem mit den kompositionen mondrians, die er in paris zu sehen bekam. so durchlebte bill in seiner eigenen arbeitswelt eine von ihm selbst so genannte «mondrianphase». aber auch diese phase sollte, wenn auch intensiv in der auseinandersetzung, nur eine vorübergehende sein.

das genaue betrachten von mondrians werken ebnete bill die sicht, verhalf ihm zu der schon seit seiner studienzeit am bauhaus ersehnten ‹klarheit›. seit anfang der 1930er-jahre hatte er nach einem sich für ihn eignenden ‹ausweg› gesucht. spätestens jetzt, im jahr 1934, wählte max bill definitiv den klaren, klarsichtigen weg hin zu seiner eigenen kunstauffassung, die er zwei jahre darauf auch theoretisch bezeichnen wird mit anleihen beim 1931 verstorbenen künstler theo van doesburg, mondrians einstigem holländischen de-stijl-weggefährten, und die er erstmals 1936 im eigenen sinne als konkrete kunstrichtung

926 ernst 1934, s. 4

max bill: ohne titel [zweiteilige konstruktion], 1934 zeichnung auf transparentpapier, farb- und bleistift, 12,7 × 1,5 cm

die abgebildete zeichnung ist eine vorstudie zum ölbild *zweiteilige konstruktion,* 1934, das im katalog *max bill,* catalogo di arturo carlo quintavalle, università di parma, parma 1977, als nr. 41 abgebildet ist.

definieren wird – ganz wie es ihm jener astrologe, den er vor seinen studien am bauhaus konsultierte und an dessen namen sich max im gespräch mit mir nicht mehr erinnern konnte, 1926 vorausgesagt und ermutigend mit auf den lebensweg gegeben hatte: bill werde eine eigene kunstrichtung begründen.

max ernst benutzte seinen text im katalog zur ausstellung *abstrakte malerei und plastik* als plattform, um seine ausführungen zur frage «was ist surrealismus?» zu propagieren. für max bill begann sich dagegen eine meinung beziehungsweise kunsttheorie herauszukristallisieren, die ernsts position genau entgegengesetzt war. zwei jahre später fixierte bill seine eigenen auffassungen schriftlich in den erläuterungen zur konkreten gestaltung, zur konkreten kunst, die er 1936 im katalog *zeitprobleme in der schweizer malerei und plastik* (kunsthaus zürich) erstmals publizierte.

max ernst schrieb: «für maler und bildhauer schien es anfangs nicht leicht … verstand, geschmack und bewussten willen aus dem entstehungsprozess des kunstwerks zu verbannen.»[926] max bill wird hingegen gerade mit «verstand» postulieren, dass die neu zu schaffenden kunstwerke unter bewusstem einsatz der ratio zu gestalten seien.

ernst polemisierte ferner gezielt gegen die künstlerinnen und künstler der vereinigung ‹abstraction-création›, die ihren sitz in paris hatte und die sich als künstlerische konkurrenzbewegung zu den surrealisten in paris verstand. bill war ja erst vor wenigen monaten – im dezember 1933, und zwar, wie bereits erwähnt, auf anraten von jean arp – ebendieser internationalen gruppe beige-

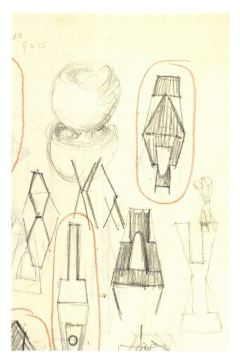

max bill: skizze zu *schwarze plastik*, 1934
bleistift und farbstift auf papier

max bill: *schwarze plastik*, 1934
holz,
25 × 10 × 10 cm

georges vantongerloo charakterisierte arps ideologische abweichung von der haltung der gruppe ‹abstraction-création› mit der pointierten bemerkung: «arp, il se faufile par tout.»

treten; desselben arp, der sich nun seinerseits in der zürcher ausstellung zu den surrealisten gesellte, sozusagen keine ausstellungsgelegenheit ausliess. arp hatte gegenüber seinen in paris surrealistisch arbeitenden künstlerkollegen zu keiner zeit berührungsängste gehabt.

bill geriet durch seinen umgang mit max ernst, dem er als gast unterkunft in seinem haus gewährte, in die ideologische zwickmühle zwischen sich gegenseitig bekämpfenden surrealen und rationalen gedanken und kunstvorstellungen. da er jedoch ein offener, alles andere als kleinkarierter mensch war und max ernst eine anziehende persönlichkeit, dürften die begegnungen der beiden, die sich auf politischer ebene völlig verstanden, bereichernd, lustig und lebensbejahend verlaufen sein.

927 ernst 1934, s. 5f.

unterschiede in der kunstauffassung von max ernst und bill

max ernst beschrieb denn auch eine durchaus differenzierte variante von dem, was surrealismus für ihn bedeutete: «wenn man von den surrealisten sagt, sie seien maler einer stets wandelbaren traumwirklichkeit, so darf das nicht etwa heissen, dass sie ihre träume abmalen (das wäre deskriptiver, naiver naturalismus), oder dass sich ein jeder aus traumelementen seine eigene kleine welt aufbaue, um sich in ihr gütlich oder boshaft zu gebärden (das wäre ‹flucht aus der zeit›), sondern dass sie sich auf dem physikalisch und psychisch durchaus realen (‹surrealen›), wenn auch noch wenig bestimmten grenzgebiet von innen- und aussenwelt frei, kühn und selbstverständlich bewegen, einregistrieren, was sie dort sehen und erleben, und eingreifen, wo ihnen ihre revolutionären instinkte dazu raten.»

an dieser stelle folgt eine fussnote, in der er zur attacke gegen ‹abstraction-création› ausholt: «im gegensatz zum abstraktivismus, der im gegenteil seine möglichkeiten auf die rein ästhetischen wechselwirkungen von farben, flächen, volumen, linien, raum etc. absichtlich beschränkt. anscheinend um dem alten schöpfungsglauben auf die beine zu helfen, wie die gruppenbenennung ‹abstraction-création› zeigt.»[927]

diese attacke gegen die ‹création›, gegen jene künstler, die sich als ‹schöpfer›, als genie verstehen, galt einer vorstellung, die max ernst als überholt, als altmodisch verwarf. er lehnte die rolle oder pose eines künstlers als ‹helden› entschieden ab. in letzterem waren sich bill und max ernst vermutlich einig, denn auch max bill verwahrte sich gegen jegliche ‹verherrlichung› einer person.

und da (laut max ernsts eigener interpretation im katalogtext) auch der surrealismus kein deskriptiver, naiver naturalismus sein sollte (die traumbilder sollten nicht 1:1 wiedergegeben werden), war auch bei seinem anliegen ein kreativer akt des künstlers vonnöten, damit kein naturalistisches, sondern eben ein «surrealistisches» kunstwerk entstehen konnte – wie auch bei bills ansatz der einsatz der ratio, des bewussten gestaltens nicht ausreiche, um ein kunstwerk konkreter art entstehen zu lassen; auch hier musste die schöpferische komponente mit zum zuge kommen. unmissverständlich gesagt: ohne das kreative element konnte weder ein gültiges surreales werk noch ein gültiges konkretes werk entstehen. die qualität eines kunstwerks wurde vom anteil des sensiblen, schöpferischen potenzials massgeblich mitgestaltet, mitgetragen, garantiert.

so lehnte max bill z. b. den personenkult ab, der später um den dirigenten karajan, mit dessen ausdrücklicher zustimmung, getrieben wurde. ferner war bill auch gegen das ausstellen von ‹memorabilia›, z. b. gegen das ausstellen des schmucks, den die schriftstellerin else lasker-schüler einst getragen hatte.

am 12. oktober 1934 setzte max ernst, zu gast im hause von binia und max bill, wie aus der absenderadresse ersichtlich ist, einen brief an seine freundin und zeitweilige geliebte lotte lenya auf:

«liebe lotte, liebste lenya, dass du an mich denkst, freut mich. du spukst viel in mir herum. da die *chaibe-ustellig* [schweizerdeutsch für «blöde ausstellung»] nun endlich morgen aufmacht [laut angabe auf dem plakat hätte sie bereits am 11. oktober eröffnet werden sollen], komme ich bald nach paris. ich freue mich auf dich … ich bin dir furchtbar treu. selbst wenn ich nicht wollte, wäre es so, denn mit meiner schönheit ist es aus. mein linkes auge ist rot u. blau geschwollen u. tut weh. ich weiss nicht, was das bedeutet … ich schicke dir tausend küsse u. … komme wahrscheinlich montag. dein max ernst.»[928]

ernsts satz «ich bin dir furchtbar treu» kurz nach der intensiv ausgekosteten zeit mit meret oppenheim in ‹la barca›, die im brief unerwähnt bleibt, war wohl für die, die ihn näher kannten, als ‹running gag› erkennbar. ausser lotte lenya gab es da ja auch noch die mit max ernst seit 1927 verheiratete marie-berthe aurenche, mit der zusammen er schliesslich aus zürich nach paris abreiste.

max ernst ist «glücklich an der hand von marie-berthe abgereist», berichtete carola giedion-welcker, und fährt fort: «er ging, arp kam an!»[929]

wie sich jimmy, der sohn von max ernst aus dessen erster ehe mit lou strauss-ernst, die aus einem jüdisch-orthodoxen elternhaus stammte, erinnert, «betete marie-berthe max an und führte ihr ungewisses leben als seine frau ohne klage»; und es sei marie-berthe manchmal gelungen «das familieneinkommen aufzubessern, indem sie kleider für elsa schiaparelli strickte oder unter wirklich grässlichen umständen hilfe von ihrer reichen familie, den aurenches, erbat, die sich als konservative katholiken der oberschicht erbittert dagegen gewehrt hatten, dass ihre tochter einen deutschen heiratete, einen abtrünnigen katholiken, geschieden und ohne einen pfennig.»[930]

im drauffolgenden jahr wird sich «das meretlein» oppenheim «im spätsommer oder herbst» 1935 in der rhumerie martiniquaise in paris von max ernst trennen. sie habe ihm dort «aus heiterem himmel» eröffnet: «ich will dich nicht mehr sehen». das habe max ernst «schwer verletzt».[931] doch dem sohn von max ernst war in paris bereits aufgefallen, dass sein vater «jede gutaussehende frau in seinem blickfeld musterte, und er gab sich auch wenig mühe, seine beziehungen zu den vielen frauen zu verbergen, die in der wohnung auftauchten oder sich am späten nachmittag im deux margots zum kaffeetrinken zu uns setzten».[932]

---
928 max ernst, 253, limmattalstrasse zürich (höngg), 12.10.1934, an lotte lenya, paris; in drost 2007, s. 200f.
929 carola giedion-welcker, 17.10.1934, an marcel breuer; in bruderer-oswald 2007, s. 104
930 ernst 1985, s. 79
931 oppenheim [1978] 2007, s. 195–196
932 ernst 1985, s. 79
933 kandinsky 1976, s. 174
934 ernst 1985, s. 79f.

zu den personen, mit denen max ernst in paris verkehrte, gehörten jean arp, alberto giacometti, den er verkürzt ‹giaco› nannte, und weiterhin paul éluard. paul éluard und max ernst waren einander schon jahrelang durch allerlei turbulente zeiten verbunden. éluard wurde nun seit einiger zeit jedoch nicht mehr wie früher von seiner ersten ehefrau gala, die sich von ihm ab- und salvador dalí zugewendet hatte, begleitet, sondern von seiner neuen frau, nusch – deren name jimmy ernst in seinen erinnerungen allerdings, so wie man ihn wohl französisch aussprach, «nuche» schreibt –, ferner taucht auch pablo picasso zeitweise in dieser runde auf.

nina kandinsky erwähnt in ihren memoiren, dass sie mit ihrem mann während eines empfangs bei tristan tzara 1933 dem poeten paul éluard begegnete: «éluard zeigte damals für den kommunismus gewisse sympathien. wir kamen mit ihm ins gespräch … er spürte, dass wir für den kommunismus nicht viel übrig hatten, und war deshalb von uns enttäuscht. abrupt brach er das gespräch ab.»[933]

«während langer zeit galt nun das deux margots als mittelpunkt … diese nachmittage auf dem gehweg gegenüber der kirche von saint-germain-des-prés waren ein ritual … ich entsinne mich eines nachmittags, an dem picasso zu der gruppe stiess … picasso gehörte der surrealistengruppe nicht an, war aber in ihrer mitte stets willkommen … er war ein guter freund éluards und dessen neuer frau nuche. während der unterhaltung … waren seine hände emsig damit beschäftigt, aus leeren streichholzschachteln ein gebilde zu schaffen. als er keine leeren schachteln mehr hatte, bestellte er beim ober neue, kippte die schachteln aus und baute an seinem facettenreichen turm weiter.
niemand schenkte ihm sehr viel aufmerksamkeit, abgesehen von den touristen, die vielleicht giacometti nicht erkannten, oder man ray oder arp, die aber auch in jenen tagen wussten, wer dieser künstler war.
als die zeit des abendessens heranrückte, brach die gesellige runde auf, und wir alle, einschliesslich picasso, machten uns zur brasserie lipp auf den weg.
die leute an den umstehenden tischen sassen auf dem sprung, um sich auf die ‹skulptur› zu stürzen … aber beim hinausgehen blieb picasso auf halbem weg stehen, drehte sich um und kehrte zum tisch zurück. er hob sein werk auf, zerdrückte die schachteln zwischen den händen und stopfte die trümmer in seine manteltasche.»[934]

als alberto giacometti wieder einmal aus paris in richtung seiner heimat schweiz abreiste, benutzte max ernst seinen freund – den er wenige monate zuvor, im herbst 1934, mit den bills in deren haus in höngg bekanntgemacht hatte – als boten. «… giacometti fährt heute abend nach zürich. ich habe ihm folgendes mitgegeben: 1. für sie [carola giedion-welcker] das aquarell für egender; 2. heft 3–5 (complet) de la semaine de bonté für sie [carola giedion-welcker]; 3. heft

5 derselben semaine für die kleine binia. giaco wird das ganze dem egender abgeben ... schön sind ihre nachrichten von herrn rosenbaum!! ... marie-berthe schickt mille tendresses, ebenso ihr ehrbarer sincère max ernst».[935] heft 5 von *une semaine de bonté* geht also «der kleinen binia», wohl binia bill zu, als geschenk von max ernst.

es ist auffallend, dass sich in der bibliothek von max bill alle fünf hefte von max ernsts *une semaine de bonté ou les sept éléments capitaux* befinden. alle fünf hefte («premier cahier ‹le lion de belfort›, deuxième cahier ‹l'eau›, troisième cahier ‹le feu – la cour du dragon›, quatrième cahier ‹le sang – œdipe›, dernier cahier ‹le noir – le rire ou coq l'île de paques, la vue – intérieur de la vue, inconnu – la clé des chants›») stammen aus der auflage «800 exemplaires sur papier navarre numérotés de 13 à 812», erschienen «aux éditions jeanne bucher, paris 1934», und sie sind je handschriftlich nummeriert als exemplar «206».

ursprünglich nannte sich eine hilfsorganisation, die weitverbreitet in den pariser strassen mit grellen plakaten auf sich aufmerksam machte, ‹la semaine de bonté›. «der künstler [max ernst] übernahm die formel, die während schlechter zeiten das menschliche behaupten wollte, und liess unter ihrem leicht abgewandelten titel seinen eigenen vorschlag zur güte drucken – eine serie von collageromanen, die ihr geheimnis bis heute bewahrt haben.»[936]

paul jandl erwähnt in einem kürzlich erschienenen artikel, dass die originale zuvor «erst einmal, vor siebzig jahren», gezeigt wurden. über dem letzten tag von max ernsts «schöpfungsgeschichte einer schreckensreichen gegenwelt» stehe der titel «l'élément inconnu». anlässlich der ausstellung in der wiener albertina ist 2008 ein katalog erschienen: *max ernst. une semaine de bonté. die originalcollagen,* hrsg. von werner spies, dumont, köln 2008.

paul jandl schildert auch seine reaktion auf diese bildergeschichten von max ernst, die für ihn «ein kürzel einer grossen erzählung» sind, «von der niemand wissen muss, was sie bedeutet. eine hermeneutik des unbehagens wird durch sie in gang gesetzt, der man nicht entgeht».[938]

«on le nomme aussi MAMAN par erreur»

die fünf hefte der *semaine de bonté* weisen hauptsächlich max ernsts collagen auf. die textstellen, zu denen auch paul éluard (im heft ‹œdipe› – darunter den schönen satz «on le nomme aussi MAMAN par erreur») beitrug, sind nicht nur surreal, sondern vor allem äusserst knapp gefasst. viele der von max ernst collagierten sujets haben mit sexueller unterordnung und unterdrückung zu tun. für mich als kunsthistorikerin auffallend ist das motiv einer mit nackten brüsten in einem baum hängenden frau, da es eine paraphrase auf die vom maler giovanni segantini in die bäume verbannten, verwünschten *bösen mütter* (1894, siehe s. 65) sein könnte.

«wenn der surrealismus den schrecken mit dem trivialen zusammenspannt, bis das eine wie das andere aussieht, dann auch hier ... das groteske und das infame, den furor des verbrechens und die schillernde rationalität der technik wurden zu einem bild des schreckens verschmolzen, das nicht zuletzt die entstehungszeit des zyklus widerspiegelt.»[937] und der kunsthistoriker werner spies bestätigt, dass max ernst mit diesem 1934 publizierten, aus fünf teillieferungen bestehenden collage-roman «visionär» die faschistische umnachtung europas zum thema erhob.

---

935 max ernst, 30.4.1935, an carola giedion-welcker; in: drost 2007, s. 202
936 paul jandl: «die woche der güte. max ernsts zyklus ‹une semaine de bonté› in der wiener albertina», in: *neue zürcher zeitung,* 18.4.2008
937 ebenda
938 ebenda

nachdem binia ihr geschenk erhalten hatte, gelang es paul éluard, max ernst zu überreden, die collage-bilder auszustellen. sie wurden 1936 in madrid, während einer grossen surrealistischen ausstellung im museo nacional de arte moderna, allerdings zensuriert, gezeigt. dort hielt man «por razones especiales» fünf blätter der *semaine de bonté* unter verschluss.[939]

max ernst habe dem kunsthistoriker werner spies «voller anerkennung» erzählt, «dass ihm seine leihgaben, die paul éluard dem museum in madrid überbracht hatte, trotz der wirrungen des spanischen bürgerkrieges intakt zurückgegeben wurden. dieser respekt für die arbeit eines künstlers in einer zeit, in der es ums überleben ging, berührte ihn.»[940]

den quatorze juillet 1935 hatte max ernst noch begeistert in paris mitgefeiert, die beeindruckenden feierlichkeiten zum französischen nationalfeiertag verleiteten ihn zur hoffnung. seine ehefrau weilte derweil bei ihren eltern in der ardèche.

«... der 14. juillet war ein schönes fest. die demonstration an der bastille war ganz fabelhaft, man hat den eindruck, dass wenigstens hier die faschisten nicht durchdringen werden ... marie-berthe ist bei papa und maman dans l'ardèche. ich selber werde, seitdem ich ein armer schlucker bin, dort nicht mehr zugelassen ... herzlich ihr max ernst».[941]

es war eine moralisch verständliche, jedoch fatale fehleinschätzung ernsts, dass die faschisten in paris «nicht durchdringen werden»; nur wenige jahre später wird er selber in einem lager in frankreich zusammen mit vielen anderen intellektuellen und künstlern interniert und von dort eine karte mit einem verzweifelten s.o.s.-ruf an jeanne bucher, seine galeristin in paris, senden.

im selben sommer nahm ihn sein freund ‹giaco›, alberto giacometti, mit in seine heimat. er brauchte nicht lange, um auch bei max ernst die liebe zum bergell, zu dieser grandiosen landschaft (über die einst schon max bills onkel ernst geiger seine dissertation verfasst hatte), aufblühen zu sehen – noch heute leben im bergell nur wenige menschen, doch darunter viele politisch links orientierte, kulturbewusste, die untereinander einen solidarischen umgang pflegen.

zwei fotos, die alberto giacometti mit seinem gast zeigen, sind mit 1934 datiert; hingegen erinnert sich die schwägerin giacomettis an den besuch von ernst, der nicht 1934, sondern im «sommer 1935» stattgefunden habe.

die fotos sind abgebildet in: *von photographen gesehen: alberto giacometti*, hrsg. vom bündner kunstmuseum chur und dem kunsthaus zürich, stiftung für photographie, chur/zürich 1986, s. 34.

die mit dem architekten bruno giacometti, ‹giacos› bruder, verheiratete odette verbrachte mit max ernst, alberto und diego giacometti im hause ihrer schwiegermutter in maloja eine aufregende zeit. «schon beim frühstück erzählte uns max ernst seine surrealistischen träume. tagsüber waren wir sehr beschäftigt. beim nachbarn hatten wir ein altes zugpferd mit wagen gemietet und suchten im flussbett vom gletscherwasser geformte steine. max ernst bearbeitete und bemalte sie dann – seine hauptbeschäftigung in dieser zeit. da max ernst knapp bei kasse war, musste ich jeden abend seinen durch die steine beschä-

939 paul jandl: «die woche der güte. max ernsts zyklus ‹une semaine de bonté› in der wiener albertina», in: *neue zürcher zeitung*, 18.4.2008
940 spies 2008, s. 11
941 max ernst, 26, rue des plantes, paris, 19.7.1935, an carola giedion-welcker; zit. nach drost 2007, s. 202

im von ernst scheidegger herausgegebenen band *das bergell – heimat der giacometti* finden sich ebenfalls abbildungen von max ernst mit mitgliedern der familie giacometti im bergell sowie einiger der von max ernst bearbeiteten flussgranitsteine (s. 176-179); ferner ist ein foto mit luciano, odette, diego, bianca, ada und alberto giacometti sowie max ernst auf dem fornogletscher 1935 abgebildet in: werner spies und anja müller-alsbach 2007, s. 205.

digten pullover flicken, damit ernst ihn am nächsten tag wieder anziehen konnte.»

gemeinsam mit max ernst machten sie «viele ausflüge auf den fornogletscher. diego war unser bergführer; auch alberto war dabei ... meine schwiegermutter, die gewohnt war, ihren mann giovanni giacometti an schönen tagen im freien malen zu sehen, konnte max ernst nicht verstehen, denn dieser arbeitete nicht im freien, sondern im atelier auf dem schönen tannenboden und machte seine frottagen.»[942]

max ernst liess bill wissen, dass er, wenn er mit seiner mannschaft zur einrichtung der triennale nach mailand im mai 1936 durchs bergell fahre, einen dieser steine als geschenk abholen und nach hause mitnehmen könne. «wir hatten glücklicherweise einen sehr kräftigen zimmermann mit», der beim einladen des unbemalten, von max ernst reliefartig bearbeiteten und *mysteriöses ei* (1935) betitelten, 71 cm hohen granit-fluss-steins zupackend behilflich war.[943]

alberto giacometti wird im jahr 1962 an der biennale in venedig geehrt werden und erscheint an diesem anlass «völlig unberührt und unbelastet von seinem ‹ruhm›», wie carola giedion-welcker in *die weltwoche*, 21.1.1966, beschrieb. im jahr 1966 verstirbt er. zu den trauerfeierlichkeiten wird sich auch max bill ins bergell begeben. in ernst scheideggers film *alberto giacometti* erblickt man bill im eindrücklich langen zug der trauergäste, die dem weltweit berühmt gewordenen schweizer plastiker die letzte ehre erweisen.

das porträt von walter gropius auf dem dachziegel ist abgebildet in: julia drost: «max ernst und die schweiz», in: werner spies und anja müller-alsbach 2007, s. 206.

während jenseits der grenze, im nachbarland deutschland, dem heimatland max ernsts, die politischen zustände sich weiterhin und schrecklicher zuspitzten und verschlimmerten, konnte max ernst in der schweiz dann noch im august 1935, eingeladen von der mäzenin hélène de mandrot, auf schloss la sarraz einige heitere stunden verbringen. er hinterliess dort ein mit schwarzer und roter tusche auf einem dachziegel des schlosses von ihm appliziertes kunstwerk: ein ‹strenges› porträt des walter gropius.

bert brecht, dem autor der *dreigroschenoper*, war am 8. juni 1935 vom reichsinnenministerium der nazis seine deutsche staatsbürgerschaft aberkannt worden, und er sah sich gezwungen zu emigrieren. ein anderer flüchtling aus deutschland wird wenige monate darauf, im herbst 1935, an der wohnungstür

von diesem flüchtling, alfred thomas, und seiner zeit in zürich wird noch ausführlich die rede sein.

des wohn- und atelierhauses von binia und max bill in höngg anklopfen, und das ehepaar wird ihm mehrere monate lang privat asyl gewähren – wofür max bill schliesslich mit einer geldbusse amtlich bestraft wird.

nach la sarraz wird max ernst 1936 erneut eingeladen, eingedenk der von der gastgeberin gestellten bedingung, dass die von ihr eingeladenen künstler ihr als dankesgeste je ein werk übereignen müssen. max ernst habe bei seinen aufenthalten «une vingtaine de pièces» geschaffen, von denen madame de mandrot das gemälde *la ville entière* (1935/36) erhält und später dem kunsthaus zürich schenken wird.[944]

madame de mandrot, die auch eine wohnung in paris ihr eigen nannte, frequentierte ebenfalls die galerie der jeanne bucher, in der max bill im mai 1930 dem bildhauer jacques lipchitz begegnet war. demselben lipchitz hatte die sammlerin im jahr 1931 den auftrag erteilt, zwei grosse skulpturen zu erschaffen, die im aussenbereich der für sie nach plänen von le corbusier (1930/31) erbauten villa in le pradet im departement var, circa zwölf kilometer von toulon entfernt, aufgebaut wurden. diese skulpturen befinden sich heute ebenfalls als schenkung von hélène de mandrot im kunsthaus zürich.[945]

de mandrot, die seit 1920 verwitwete mäzenin, protegierte auch weiterhin max ernst, dessen werke sie gegen jahresende 1936 in ihrem privaten pariser appartement am champ de mars ausstellte. einer der besucher dieser exklusiven ausstellung berichtete darüber: «… un buffet abondant distrayait des œuvres exposées les regards d'une foule d'artistes de toutes galbes et formes de crânes dont max ernst lui-même au beau visage et au cheveux longs …»[946]

wenige jahre darauf werden auch max bill und sein freund georges vantongerloo in den genuss einer einladung der madame de mandrot kommen. sie nehmen die einladung in ihr schloss la sarraz in der schweiz an. und verbringen ihren aufenthalt 1939 dort zusammen mit alfred roth und hans curjel, kurz vor dem beginn des zweiten weltkriegs.

guernica 1937

enge freundschaftliche kontakte zu nusch und paul éluard pflegte max ernst auch weiterhin in der zweiten hälfte der 1930er-jahre. so nahm er die éluards mit in seine private unterkunft, in eines der alten häuser in der rue jacob, in dem er nun mit seiner neuen liebe leonora carrington in paris zusammenlebte, wie sein sohn, der ihn dort überraschend besuchen kam, berichtet: «… bald trudelte max mit paul éluard und dessen neuer frau nuche ein.»[947]

die éluards und max ernst kamen direkt aus dem ‹spanischen pavillon›, wo sie das bild *guernica* von pablo picasso angeschaut hatten, dessen anblick manch einen tränen vergiessen liess, weil es als aufschrei der kultur gegen die barbarei weltweit verstanden wurde.

guernica, die alte baskische hauptstadt, war am 26. april 1937 bombardiert worden. es war ein militärisches, später sogenanntes flächenbombardement: «c'est-à-dire un bombardement massif qui vise la destruction totale de toute

942 giacometti-duperret 1994, s. 177
943 bill 1976 [b], s. 36, abb. s. 37
944 baudin 1998, s. 321f.
945 ebenda, s. 320
946 eric poncy, paris, 14.12.1936, an seine eltern; archives de la maison d'artistes
947 ernst 1985, s. 159

max ernst wollte sich damals – wie viele andere – den internationalen brigaden in spanien anschliessen, um gegen franco zu kämpfen. doch paul éluard und andré malraux hätten ihn davon abgehalten mit dem argument, er sei als künstler wichtiger denn als «durchsiebte leiche».[949]

une ville ou de quelques-uns de ses quartiers: généralement les centres-villes, lieux où l'on trouve les symboles du pouvoir mais où se trouve aussi la plus grande concentration d'habitants. c'est exactement ce qui se passa à guernica, attaquée par la luftwaffe allemande, avec le soutien de l'aviation italienne. mussolini et hitler étaient alliés de franco … le lendemain du raid, franco déclara que guernica avait été détruite et incendiée par les ‹rouges› (les républicains). le mensonge, comme le bombardement, fut le début *ante litteram* de ce qu'on appelle, désormais, ‹la guerre totale›. pour justifier ces guerres injustifiables sont nécessaires non seulement des falsifications, mais des véritables renversements des réalités.»[948]

derselben lügenhaften umkehr der realität, die im zitierten *libération*-artikel in bezug auf das bombardement der stadt guernica beschrieben wird, begegnen wir auch in dem von den nazis geprägten begriff der ‹entarteten kunst›.

la belle jardinière von max ernst ist abgebildet in: jimmy ernst 1985, s. 171.

1937 betrachteten adolf hitler und joseph goebbels in der ausstellung *entartete kunst* in münchen max ernsts gemälde *la belle jardinière* (die schöne gärtnerin), das im ausstellungskatalog als «verhöhnung der deutschen frau» gebrandmarkt wurde.

max bill erstand im selben jahr für seine bibliothek ein schmales büchlein von professor e. kolman: *wissenschaft, religion und marxismus* (universum-bücherei basel, zweite auflage, druck iskra rewoluzii, moskau 1937), das er im innern mit «bill» versieht. in dieser schrift geht es u. a. um «die gelehrten als verbündete des proletariats» und um den «untergang der bürgerlichen wissenschaft».

wassily kandinsky konnte im selben jahr in der berner kunsthalle zwar noch eine retrospektive eigener werke vorbereiten und während dieses aufenthalts an zwei februartagen auch seinen früheren bauhaus-kollegen paul klee – zum letzten mal – wiedersehen; doch in deutschland wurden aus den museen, neben werken anderer künstler, von den nazis auch 57 arbeiten kandinskys beschlagnahmt, von denen einige dann ebenfalls in der wanderausstellung entartete kunst verhöhnt wurden.

948 angelo d'orsi: «le cri de guernica», in: *libération*, 19.10.2007
949 ernst 1985, s. 163
950 breton zitiert hier eine stelle aus albrecht dürers *underweysung der messung*
951 audoin 1970, s. 34f.
952 *paris – paris 1937–1957: malerei, graphik, skulptur, film, theater, literatur, architektur, design, photographie*, hrsg. vom centre georges pompidou, dt. ausgabe. prestel, münchen 1981, s.74

«und ertränkt das ganze land …»

max ernst lieferte 1938 einen beitrag zu einem von andré breton herausgegebenen buch. die surrealisten betrachteten die werke des marquis de sade und des psychoanalytikers sigmund freud als grosse inspirationsquellen. am 30. märz 1938 wurde in paris, «sur les presses g.l.m. 6 rue huyghens», mit limitierter auflage das von andré breton lancierte buch *trajectoire du rêve, documents recueillis par andré breton* gedruckt. für dieses buch widmete max ernst seine zeit der übersetzung eines traums von albrecht dürer aus dem deutschen ins französische – jenes künstlers, den auch bill sehr schätzte, besonders die radierung *melancholie*. breton hatte unter anderen auch den beitrag «je rêve que je ne dors pas» von paul éluard in sein buch aufgenommen.

dürers traum aus dem jahr 1525, den der künstler selber zweifach, nämlich schriftlich und bildlich (*flüchtige aquarellmalerei*, im buch *trajectoire du rêve*, documents recueillis par andré breton schwarz-weiss abgebildet) festhielt, handelte von einem sintflutartigen ereignis: «im schlaf hab ich gesehen wie viel grosser wassern vom himmel fielen und das erste traf das erdreich ungefähr vier meilen von mir mit einer solchen grausamkeit mit einem übergrossen rauschen und erspringen und ertränkt das ganze land …»[950]

in diesem zusammenhang bleibt zu erwähnen, dass max ernst selber, und zwar kurz nach der machtergreifung hitlers, ein bild mit dem titel *europa nach dem regen* (1933) gemalt hatte. es befindet sich heute in der staatlichen kunsthalle karlsruhe; und es ist abgebildet im beitrag von werner spies «die desaster des jahrhunderts», in: max ernst: *une semaine de bonté*, 2008, s. 11.

im selben jahr kam es jedoch aus ideologischen gründen zu einem bruch zwischen breton und éluard. andré breton war vom französischen aussenministerium 1938 in ‹kultureller› mission nach mexiko entsandt worden. dort lernte er den revolutionär leo trotzki, der sich im exil aufhielt, persönlich kennen und schätzen.

nach bretons rückkehr aus mexiko kam es zum irreparablen bruch mit éluard, weil jener in der stalinistisch ausgerichteten revue *commune* gedichte publizierte. nach jahrelanger freundschaft sollten sich breton und éluard nach diesem streit nie mehr wiedersehen. «aus solidarität verlässt max ernst die gruppe [der surrealisten] und zieht nach st. martin d'ardèche.»[952]

in paris fand im januar/februar 1937 die *exposition internationale du surréalisme* in der galerie des beaux-arts statt. kurz bevor das von breton zusammengestellte buch *trajectoire du rêve* in druck gehen sollte, tauchte das erschreckende gerücht auf, sigmund freud sei in wien verhaftet worden. das veranlasste andré breton, umgehend noch ein warnendes vorwort zu schreiben. dann stellte sich aber heraus, dass freud, der grosse alte professor und krebskranke mann, schliesslich gerade noch rechtzeitig aus wien nach london hatte fliehen können.

«les nombreux entretiens qu'il y eut avec trotsky, dont l'intelligence déliée et l'ampleur de vues l'émerveillent, marquent un affermissement de sa pensée qui ne concerne pas seulement l'ordre politique mais aussi celui de la vie. en dépit des réserves qu'il sera par la suite amené à formuler à l'égard du bolchevisme et même du marxisme en général, il demeura fidèle à la mémoire du grand révolutionnaire et gardera des amitiés dans les organisations politiques qui s'en réclament.

c'est en mexique que trotsky, en collaboration avec breton, rédigera *pour un art révolutionnaire indépendant*, libelle dont l'esprit est la négation même du stalinisme ‹culturel›.»[951]

in bretons vorwort heisst es: «à la veille de publier cet ouvrage, nous apprenons dans un grand serrement de cœur l'arrestation à vienne de sigmund freud. ainsi toute une vie de compréhension rayonnante, de dévouement exclusiv à la cause de l'émancipation humaine conçue sous la forme la plus large qui fut jamais, est à peu près sûre de s'achever dans l'infection d'une geôle, dans des humiliations torturantes d'un camp de concentration hitlérien …»
es folgen zwei nachträge: der erste vom 17. märz «on annonce cet après-midi que, contrairement au bruit qui avait couru, le professeur freud, fondateur de la psychanalyse, n'a pas été arrêté. il vit retiré dans son domicile à vienne»; und der zweite nachsatz, notiert von andré breton am 18. märz 1938 «freud n'est pas arrêté mais bien ‹gardé à vue› …»

breton wurde 1939–1940 zum französischen militärdienst eingezogen und es gelang ihm nach seiner demobilisation, die demarkationsgrenze zu überqueren und sich in die sogenannte ‹zone libre› zu begeben. schliesslich stiess er als gast in marseille zum ‹comité de secours américain aux intellectuels›, wo er unter anderen seinem freund max ernst wiederbegegnete.

flucht, internierung, exil

1939 flüchtete max ernst gemeinsam mit seiner gefährtin, der surrealistischen malerin leonora carrington, nach saint-martin d'ardèche in der nähe von avignon. doch sie konnten ihr zusammensein nur kurz geniessen.

gerüchte, befürchtungen und schreckliche wahrheiten verdichteten sich. wie vielen anderen, war auch max ernst bewusst, dass er sich aus politischen gründen in akuter lebensgefahr befand. als ‹resortissant allemand› in frankreich wurde er 1939 interniert, zuerst im lager largentière, dann in les milles. auf einer postkarte aus dem lager sandte er einen herzzerreissenden hilferuf an die galeristin jeanne bucher. auf ernsts karte steht nur: «chère jeanne, s.o.s. max». paul éluard setzte sich nachdrücklich für die sofortige freilassung ernsts ein. und tatsächlich wurde dieser aus les milles entlassen, doch schon bald darauf in saint-martin d'ardèche erneut verhaftet. zwar gelang es ihm, zu fliehen, aber er konnte seine gefährtin leonora nicht mehr finden.

max ernst verlor wegen des naziterrors nicht nur leonora, sondern auch noch seine erste ehefrau lou ernst, die mutter des gemeinsamen sohnes jimmy. lou war ins internierungslager drancy bei paris verbracht worden; sie zu retten, blieb ihm verwehrt. lou ernst wurde von dort ins kz auschwitz transportiert. sie überlebte nicht.

mit auf die flucht vor der gestapo nahm max ernst sein um 1935/36 entstandenes bild *schwarzer pfeil*, das eine durch hitlers drohende eroberungskriege veränderte landschaft anzeigte. «der ‹schwarze pfeil› war die nazideutschlands grenzen verschiebende ‹blutspur›.» so charakterisierte klaus völker das bild, das in die sammlung von carola und sigfried giedion kam, in deren villa in zürich völker es sah.[954] dieses bild des flüchtenden max ernst verstanden südfranzösische und spanische dorfbewohner «auf anhieb zu lesen», und es habe dem maler den weg über die rettende grenze geebnet.

stark abgemagert gelangte max ernst nach gefahrvoller flucht aus frankreich nach amerika, wo er vielen europäischen bekannten, die ihrerseits emigrieren

«libéré pour noël, il regagne saint-martin d'ardèche, où il est arrêté de nouveau. il s'évade. il ne retrouvera pas leonora: devenue folle, elle s'est enfuie en espagne où elle est internée dans un asile d'aliénés.»[953]

---

953 in: «hommage à max ernst», *XXe siècle*, numéro spécial, paris, 1971, letzte seite ‹une vie dans une page›.
954 siehe klaus völker: «in zürich, wo kein frischer wind weht ... carola giedion-welcker und die gelebte historie», in: *gazzetta prolitteris*, zürich, 2, 2003
955 siehe anm. 953
956 max bill im gespräch mit angela thomas

mussten, wiederbegegnen wird. seine ehe mit der sammlerin peggy guggenheim, die er in den staaten heiratet, wird nicht von langer dauer sein. peggy tauscht gelegentlich ein gemälde von max ernst gegen ein malewitsch-bild ein – davon wird an anderer stelle noch die rede sein.

«recherché par la gestapo, max ernst reussit à gagner les états-unis où il arrive, après maintes péripéties, le 14 juillet 1941; il est aussitôt arrêté comme ‹sujet allemand› mais sera libéré trois jours après. mariage avec peggy guggenheim.»[955]

das experimentierende vorgehen max bills

max bill, der selber schon von klein auf cello und dann während seiner studienzeit in der dessauer bauhaus-band banjo spielte, hatte 1931 die cellistin binia geheiratet und pflegte kontakte zu den musikern hermann scherchen und wladimir vogel.

von daher ist es nicht weiter verwunderlich, dass seine künstlerische entwicklung in der ersten hälfte der 1930er-jahre stark von seiner auseinandersetzung mit musik geprägt war, weil er sich sagte, dass man die methode der musikalischen verfolgung eines themas, seiner ausbreitung und entfaltung in der bildenden kunst ebenso anwenden könne. er war auf diese weise «zu gewissen ergebnissen» gekommen, die noch unmathematisch waren, obwohl ihm bereits aufgegangen war, dass die gesetzmässigkeiten der entwicklung in der musik mit dem rechnerischen zu tun hatten.

erst unter dem eindruck der begegnungen mit georges vantongerloo in paris fand in bills bewusstsein eine umschichtung statt. dann befasste er sich um 1935 ziemlich stark mit den problemen der mathematischen körper, ohne aber deswegen im mathematischen aufzugehen. «denn erstens verstehe ich nämlich, wie ich meine, nicht allzuviel davon, und zweitens wollte ich ja auch keineswegs so weit gehen, schliesslich mathematik zu illustrieren.»[956]

1935 hatte bill die idee zu einem objekt, zu einer ‹unendlichen› schleife. maria wetzel befragte ihn 1965 in einem interview, worauf die *unendliche schleife* (siehe s. 433) zurückzuführen sei. bill: «sie hat eine merkwürdige vorgeschichte. mein freund marcel breuer hatte 1935 den auftrag, auf einer londoner ausstellung für die elektrizitätsgesellschaft ein haus zu bauen, in dem anstelle des mit kohle beheizten ein elektrischer kamin vorgesehen war. da nun bei den zu erwartenden ‹gesprächen am kamin› das schauspiel feuer fehlte und nur eine sozusagen anonyme wärme ausgestrahlt wurde, bat mich breuer um einen vorschlag, diesem mangel abzuhelfen.

ich habe mir überlegt, was man machen könnte – etwas, das man ansehen würde, wenn man vor dem kamin sitzt – und kam auf den gedanken, dieses

das russische ehepaar nina und wassily kandinsky hatte am dessauer bauhaus 1928, im selben jahr, als max bill dort kandinskys freien malunterricht besuchte, den erhalt von deutschen pässen gefeiert. elf jahre später hatten die kandinskys nach ihrer umsiedlung in den schicksten vorort von paris, neuilly-sur-seine, das ausgesprochene glück, dass man ihnen 1939 die französische staatsbürgerschaft zuerkannte. die neu erhaltenen französischen pässe schützten sie gerade noch rechtzeitig davor, als deutsche, als die sie noch bis vor kurzem gegolten hatten, in frankreich interniert zu werden.

à propos ‹illustrieren›, hier sei kurz eingeflochten: etwas, was bill tatsächlich einmal gerne illustriert hätte, waren, wie er mir verriet, «die skandalgeschichten der bibel», doch da er zu jener zeit, als ihn diese idee kitzelte, nicht mehr figurativ arbeitete, kam die umsetzung der vorstellung für ihn nicht mehr in frage.

marcel breuer, den bill schon seit der zeit am dessauer bauhaus kannte und der anfang der 1930er-jahre in zürich, wie bill auch, aufträge der firma wohnbedarf ausführte, ging damals nicht auf den vorschlag bills ein, sondern bevorzugte für die chéminée-situation stattdessen eine skulptur des briten henry moore.

gebilde, eben die *unendliche schleife*, über dem kamin aufzuhängen. ich wusste damals nicht – ich verstand zu wenig von mathematik – ich wusste damals nicht, dass das auch ein mathematisches prinzip ist; ich kannte das ‹möbius-band› nicht … es war bei diesem mathematiker und astronomen möbius (er lebte um 1800) ein längeres band, dessen beide schmalseiten nach einer halben drehung zusammengefügt waren, so dass man nicht wie bei einem ring von einer innen- und einer aussenseite, sondern von einer ‹einseitigen fläche› spricht. darauf bin ich durch meine versuche nebenbei gekommen: ich wollte eine bewegte form schaffen. als ich das möbius-band zum ersten mal sah, bin ich zunächst ein bisschen erschrocken. aber dann hat mir die übereinstimmung den weg zu ganz neuen gedanken eröffnet! ich konnte auf diesem wege weitergehen und stiess auf erkenntnisse und möglichkeiten (die mir insgeheim vorgeschwebt hatten), die mir sehr weiterhalfen. im grunde genommen war es ein ganz zufälliger anstoss.»[957]

> es sei dahingestellt, ob max bill tatsächlich vorher nie eine abbildung des möbius-bandes zu gesicht bekommen hatte. was bei der weiterentwicklung der ursprünglich hängenden plastik von interesse ist, ist das experimentierende verhalten von bill, der die gipsform zersägte und anders zusammensetzte.
>
> diese geschichte eines zufalls, die einen wendepunkt in bills kunstproduktion darstellt, und ihre fortsetzung ist faszinierend, da sie einiges über bills vorgehensweise, seinen arbeitsstil kundtut. sie wird von ihm selber jahre nach dem interview, aus dem hier zitiert wird, erneut aufgegriffen – so wichtig war sie ihm für seine eigene entwicklung als künstler.

maria wetzel, der bill für ihn ungewohnt ausführlich antwortete, blieb beim thema und fragte nach, warum max bill das entstehungsdatum der *unendlichen schleife* mit den jahreszahlen «1935–1953» angebe.
«im schweizer pavillon auf der triennale in mailand, 1936, den ich im auftrag der schweizer regierung gestaltete, habe ich drei plastiken verwendet, und eine war die *unendliche schleife*. sie hat danach noch gründlich ihre gestalt geändert. sie wurde grösser gearbeitet, wir haben sie zersägt, kürzer, dann wieder höher gemacht …
weiss der kuckuck, was ich alles unternahm, bis diese letzte form gefunden war. zudem stellte sich die frage nach dem material, in dem das gipsmodell ausgeführt werden sollte. in bronze steht die ‹schleife› im middelheimpark in antwerpen. doch das material, das dem gehalt der gedanken am besten entsprach, war doch stein. ich war entschlossen, die arbeit in diesem richtig vulkanischen gestein, in granit, herauszubringen. es ergab sich dann, dass das ursprünglich gleichmässig dicke band nun auf die kanten spitz zulaufen und zur mitte hin verdickt sein musste, so dass plastisches volumen gewonnen wurde – das dann aber doch wieder nicht als ‹masse› in erscheinung tritt. masse wollte ich überwinden, das stand fest.
es spielt eine rolle, dass diese materie, die als solche ganz klar zu tage tritt, die sich, wie man meinen sollte, für randsteine und dergleichen viel besser eignet, trotz ihrer schwere und trägheit verwandelt wurde …

---

957 max bill; in maria wetzel: «interview mit max bill», in: *diplomatischer kurier*, heft 13, juni 1965, s. 540
958 ebenda

binia bill: max bill bearbeitet seine skulptur *unendliche schleife* im schweizer-pavillon an der *triennale di milano*, 1936

sofort nach fertigstellung habe ich sie nach paris zu einer internationalen plastik-ausstellung geschickt. dort war sie die letzte der skulpturen beim rundgang. bei der eröffnung war andré malraux [damaliger frz. kulturminister] sehr begeistert von diesem werk und setzte trotz ziemlicher schwierigkeiten (finanzieller art) den ankauf [ausführung 1960 in wassener granit] für das musée d'art moderne durch. das war für mich ein ganz schöner erfolg.»[958]

dasselbe thema wird von bill, diesmal nicht in einem interview, sondern in seinem text «idee-konzept-werk: über ein thema» im katalog zur berliner ausstellung 1977, aus dem ich im folgenden zitiere, erneut aufgegriffen.
bill nimmt hier nochmals anlauf zur klärung des sachverhalts: «entgegen den meisten plastiken (und bildern), die ich mache, entstand die idee für die *unendliche schleife* durch die lösung einer bestimmten aufgabe. 1935 war marcel breuer beauftragt mit der projektierung eines ausstellungshauses in london, ausschliesslich elektrisch eingerichtet. auch die traditionelle feuerstelle elektrisch. marcel fragte mich, ob ich ihm bei der belebung des kamins mit einer plastik behilflich sein könnte. eine feuerstelle ohne feuer, um die man herumsitzt, ohne ins feuer sehen zu können, schien uns beiden problematisch.»

im rahmen dieser ausstellung wurden – dies sei nur nebenbei kurz angemerkt – auch werke des englischen bildhauers henry moore, dessen skulptur marcel breuer im jahr 1935 der *unendlichen schleife* max bills vorgezogen hatte, ausgestellt.

max bill: farbige zeichnung der innenraumgestaltung des schweizer pavillons an der *triennale di milano*, 1936
bleistift und farbstift
auf transparentpapier,
22,5 × 40,5 cm

bill analysierte das problem und fand folgendes heraus: wegen des elektrischstatischen ‹feuers›, das nur glimmt, «sieht man keine bewegung». es steigt jedoch warme luft auf; «der luftzug» könnte etwas, wie eine art windrad, in bewegung setzen. seine schlussfolgerung lautete: «den geringsten widerstand gegen die drehbewegung leistet ein aufgehängtes objekt.» aber er verwarf die vorstellungen von windrädchen oder hängender papierspirale. er müsse etwas neues finden, um das feuer zu ersetzen. «mein suchen nach einem flächigen, fast schwerelosen gebilde» führte ihn zu einer elementaren lösung, die er *unendliche schleife* nannte.

«das modell fertigte ich aus verklebten papierschichten. ich schrieb an marcel breuer, ich hätte nun eine idee, etwas ganz neues, schwebendes, um es über dem elektro-kamin aufzuhängen. doch er antwortete … er habe eine plastik von henry moore ausgewählt, um diese auf das heizgerät zu stellen …

zu jener zeit hatte ich den wettbewerb gewonnen, im jahr 1936 die schweizerische abteilung an der triennale in mailand einzurichten. mein konzept war ein raum, in dem ausstellungsobjekte in drei gruppen jeweils durch eine akzentuierende plastik charakterisiert würden. eine dieser plastiken war die von der decke hängende ‹unendliche schleife›, die sich über einer säule im luftzug

959 siehe bill 1977 [a], s. 28–39

drehte. sie wurde nach meinem kleinen modell von handwerkern in gips ausgeführt als band gleichbleibender stärke …

anschliessend konzipierte ich eine grössere fassung, nicht mehr aufgehängt, sondern liegend. auch sollte sie mehr stabilität erhalten, so dass man sie später in stein ausführen könnte. dieses mit den gipsern hergestellte modell von ca. 180 cm länge sägte ich später auseinander und machte daraus die auf 150 cm konzentrierte endgültige fassung, die in der folge [von steinmetzen im auftrag bills] in verschiedene steinarten gehauen wurde.»

beim zersägen und anschliessenden neuzusammensetzen des gipsmodells machte bill eine ihn überraschende entdeckung: «ich stellte fest, als wir das skelett für das gipsmodell bauten, dass man sie immer im rechten winkel misst, wie dies bei parallelen der fall ist.» hier fand bill durch die tätige praxis etwas heraus, was seinem vorbild georges vantongerloo, der die euklidsche geometrie hinter sich gelassen hat, nicht unbekannt war.

«ich hatte also eine linie vor mir, die mit sich selber parallel war! die mir bekannte, euklidsche geometrie, war hier am ende: zwei parallelen schneiden sich in der unendlichkeit. dieser satz hatte mich immer sehr beschäftigt und in seiner kontroversen vorsicht fasziniert. er spukte in meiner vorstellung herum und hier galt er nicht mehr. eine linie war mit sich selber parallel und floss endlos weiter, ohne sich irgendwo schneiden zu können. ich war auf meine entdeckung sehr stolz.»

in diesem text für die ausstellung in der berliner akademie der künste gewährte max bill einblicke in seine gedanken-werkstatt. auch auf möbius kommt er hier nochmals zu sprechen: «eines tages sagte mir jemand, es sei fabelhaft, wie ich das möbius-band zu einer formal vollkommenen plastischen lösung geführt hätte. ein möbius-band kannte ich nicht. im lexikon fand ich august ferdinand möbius, 1790–1868, astronom, mathematiker, professor und direktor der sternwarte, befasst mit analytischer geometrie. später las ich, dass vier jahre vor möbius j. b. listing 1861 die entdeckung dieser doppelfläche gelang.»[959]

«nicht alle wege herab stimmen von vornherein trüb»

ernst bloch und karola piotrkowska erhielten am selben tag, an dem karola von der eth zürich ihr architekturdiplom bekam, von der helvetischen fremdenpolizei die aufforderung, bis spätestens zum 15. september 1934 die

der hodler-biograf hans mühlestein scheint in den 1930er-jahren sowohl in maloja als auch in zürich gewohnt zu haben; so taucht in mühlesteins briefen «von ende 1932 bis mai 1935 stets der wohnort maloja auf, ohne nähere adresse. allerdings ist einem anderen dokument zu entnehmen, dass mühlestein vom 4.4.1933 bis 2.8.1938 (mit einem siebenmonatigen unterbruch 1935) in der stadt zürich wohnsitz hatte.»[961] wie jürg frischknecht des weiteren recherchierte, hat die gemeinde celerina, aus der mühlesteins frau stammte, keine informationen zu mühlestein gefunden.

ignazio silone hatte sein *fontamara*-manuskript während eines sanatoriumsaufenthalts in davos geschrieben. auch max raphael, der marxistische kulturphilosoph und *information*-mitarbeiter, hielt sich eine zeit lang in einem davoser sanatorium auf. der aufenthalt von emigranten in schweizer sanatorien war damals nicht nur aus gesundheitlichen gründen empfehlenswert, denn sie wurden nach dem einchecken nicht der fremdenpolizei gemeldet.

schweiz zu verlassen. dagegen war kein einspruch mehr möglich. da blochs name neben den namen vieler anderer linker intellektueller auf der ‹schwarzen liste› der nazis stand, blieb ihm keine andere möglichkeit, als seine flucht fortzusetzen.

die letzten, ihnen noch knapp gestatteten wochen in der schweiz verbrachten karola und bloch «im engadin in der nähe von st. moritz, in enger nachbarschaft zu dem führenden kpd-mitglied heinz neumann».[960] vor der weiteren emigration des philosophen sah bill ihn, wohl im sommer oder frühherbst 1934, noch einmal, und zwar «in begleitung des kunsthistorikers hans mühlestein, in celerina oder maloja» – wie max mir erzählte.

mühlestein gehörte zum umfeld der von bill gestalteten *information*. er hatte darin textbeiträge veröffentlicht, so unter anderem eine anerkennende kritik zum, ebenfalls von bill gestalteten, buch *fontamara* von ignazio silone.[962]

von silones *fontamara*, der geschichte seines heimatorts pescina unter dem faschismus, waren «zwei italienische ausgaben illegal ins land» gegangen, «bevor 1933 bei oprecht und helbling in zürich eine deutsche übersetzung herauskam. in fünf monaten waren 5000 exemplare verkauft, in kürze war es in elf sprachen übersetzt und zählt heute zur weltliteratur. die ausstattung der deutschen erstausgabe hatte max bill besorgt – für die zweitauflage des gleichen jahres waren illustrationen vorgesehen, aber weil es eilte, musste es auch ohne gehen. moreaus schnitte blieben liegen, bis sie die büchergilde gutenberg mit ihrer ausgabe im jahr 1944 druckte, als moreau längst in seiner nächsten exilstation argentinien lebte.»[963]

der buchhändler und verleger hans girsberger hatte sich damals die gelegenheit entgehen lassen, *fontamara* herauszubringen.

silone war eines tages bei ihm aufgetaucht, «mit dem vorschlag, eine linksorientierte kampfzeitschrift ‹information› in verlag zu nehmen. obwohl von einem unserer jungen architektenfreunde weitgehend finanziert, konnte ich mich trotz der mir wohlbekannten in aussicht genommenen mitarbeiter nicht dazu entschliessen. bei aller aufgeschlossenheit einer kritischen haltung den herrschenden zuständen gegenüber war mir die destruktive grundtendenz, die hemmungslose kritik an allen unseren institutionen, dazu noch vertreten von einem in der emigration lebenden ausländer, im tiefsten zuwider …

so bin ich um den verlag eines bestsellers, des von ihm kurz darauf in einem anderen verlag herausgekommenen romans *fontamara*, gekommen.»[964]

---

960 münster 2004, s. 173
961 mitteilung von jürg frischknecht, 2007
962 hans mühlestein: zu silones «fontamara», in: *information*, heft 9, april 1933
963 magnaguagno 1980
964 girsberger 1970, s. 14f.
965 bloch 1965 [b], s. 499

diese fremden- und *informations*-feindlichen zeilen des intellektuellen girsberger sind besonders erstaunlich, da dieser eine dissertation über den *utopischen sozialismus des 18. jahrhunderts, seine philosophischen und wirtschaftlichen grundlagen* geschrieben hatte. allerdings schimmert in girsbergers rückblickend geschriebener ablehnung auch ein teilaspekt der damals in der schweiz mancherorts drastisch vorkommenden fremdenfeindlichkeit durch, die besonders italienerinnen und italiener der ersten generation der arbeitsimmigranten diffamierend zu spüren bekamen.

nachdem ernst bloch bereits einen text über *alpen ohne photographie* (1930) und darin über die jungfrau, «diese allergrossmächtigste» geschrieben hatte, setzte er sich während seines aufenhalts im engadin auch hier noch mit seiner momentanen näheren umgebung auseinander. *maloja-chiavenna-drift* (1934) beginnt mit dem pragmatisch-abwägenden satz eines emigranten, der eine ungewisse zukunft vor sich hat und sich selber mut machen muss: «nicht alle wege herab stimmen von vornherein trüb.» vom «kleinen, vertrauten maloja … geht die berühmte strasse steil abwärts. kehre um kehre zieht die alte schlucht von maloja herunter ins bergell. diese abfahrt nach italien, die jäheste, dabei die fühlbarste und lebendigste …»[965]

die von bloch beschriebene «jäheste, fühlbarste und lebendigste» malojapass-strasse fuhr in späteren jahren bill, am steuer sitzend, mit mir auch hinab, ins bergell, wo wir im örtchen bondo seinen einstigen schüler ernst scheidegger in dessen ferienhaus besuchten. scheidegger bereitete für uns wunderbar frische, selbstgefischte bach-regenbogen-forellen zu, die ein gaumengenuss und auch zum ansehen ein vergnügen waren.

ernst blochs kritik an der ciam-ideologie

ernst bloch nahm mit karola piotrkowska, die an der eth architektur studierte, auch am architektonischen diskurs jener jahre teil und mischte sich in seinen schriften aktiv ein. so war er auch über diskussionsströmungen beim ciam auf dem laufenden.

es ist anzunehmen, dass bloch und der sich seinerseits für das thema interessierende bill diese diskussion im bergell von angesicht zu angesicht weiter ausgetragen haben.

bill stand ideologisch auf der seite des neuen, rationalen bauens. zwar war er, obwohl er ja schon sein haus in höngg gebaut hatte, selber noch kein eingeschriebenes ciam-mitglied, doch er hatte, nach dem III. ciam-kongress, im frühjahr 1931 den auftrag für die covergestaltung der restauflage des buches *rationelle bebauungsweisen* angenommen.

wer von den ciam-verantwortlichen bill mit dieser gestaltungsaufgabe betraut hatte, ob sigfried giedion, walter gropius oder rudolf steiger, ist aktuell nicht mehr zu ermitteln. denkbar ist immerhin, dass es gropius war, der während der bauausstellung in berlin an bill herangetreten sein könnte, zumal bill für den buchumschlag auf gropius'sche architektur zurückgreift. er zeigt, in gel-

max bill: umschlag für die restauflage des buchs *rationelle bebauungsweisen*, 1931

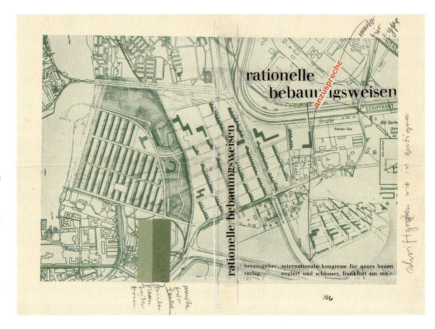

das buch *rationelle bebauungsweisen* zum III. ciam-kongress, der 1930 in brüssel stattgefunden hatte, herausgegeben von der ciam, betreut und mit einer einleitung versehen von sigfried giedion, erschien in einer auflage von 2000 exemplaren im verlag englert & schlosser in frankfurt. dieser verlag ging wenig später in konkurs. die restlichen 1600 exemplare wurden vom verlag hoffmann in stuttgart mit unverändertem copyright übernommen, mit einem neuen umschlag von max bill versehen und ab herbst 1931 wieder ausgeliefert.

bem druck, einen der pläne für zwölfgeschossige wohnhochhäuser, die dieser 1929 für die siedlung berlin-haselhorst ausgearbeitet hatte.

«viel planmaterial kam von gropius, während die redaktion des buches eindeutig bei giedion lag, und für die koordination vieler dinge, so auch beim umschlag, scheint rudolf steiger zuständig gewesen zu sein. ob er bill als gestalter ins spiel gebracht hat, erschliesst sich aus den vorhandenen dokumenten, der korrespondenz rund um die publikation, leider nicht. dafür wird klar, dass man allgemein mit der druckqualität und der farbe des umschlages nicht zufrieden war.»[966]

seine kritik an dem von max bill gestalteten buchumschlag für die restauflage äussert sigfried giedion gegenüber dem holländischen ciam-architekten cornelis van eesteren: «die publikation ist soeben erschienen, ich finde sie bis auf den umschlag und das fehlen eines übersichtlichen inhaltsverzeichnisses des planmaterials ausgezeichnet.»[967]

in *erbschaft dieser zeit* kritisierte ernst bloch «regungen unter der [kapitalistischen] decke» und namentlich die «sozialdemokratische ‹modernität› à la giedion.» dies ist eine grundsätzliche kritik daran, dass die ratio an sich, wie sie zum beispiel von den ciam-architekten propagiert wurde, deren sekretär sigfried giedion war, noch kein «index des wahren» sein könne.

sigfried giedion hatte sich auf einen vortrag von walter gropius gestützt, der sagte, dass der III. ciam-kongress «gegen das übliche drei- oder viergeschossige haus» stellung beziehen solle. giedion habe darauf das stichwort gegeben: «der hochbau setze eine neue, gemeint war: gemeinschaftliche wohnform voraus.[968]

«in diesem sinne wurde das wohnhochhaus von vielen einerseits mit städtebaulichen andererseits mit begründungen vertreten, die sich auf die kollektivierung bestimmter von der familie verrichteter arbeiten und schliesslich auf die ‹vergesellschaftung der familie› bezogen; anders gesagt: die technisch und wirtschaftlich bedingte kollektivierung wurde als eine gesellschaftliche verstanden.»[969]

---

966 mitteilung daniel weiss, gta archiv
967 sigfried giedion, 29.10.1931, an cornelis von eesteren; gta archiv
968 in: *ciam – internationale kongresse für neues bauen*, 1979, s. 87. siehe auch sigfried giedion: «III. internationaler kongress für neues bauen», *frankfurter zeitung*, 16.12.1930
969 in: *ciam – internationale kongresse für neues bauen*, 1979, s. 87
970 bloch 1962, s. 218f., kapitel «sachlichkeit, mittelbar»
971 ebenda

da diese theoretischen überlegungen ernst blochs nicht nur im damaligen historischen kontext wichtig waren, möchte ich sie gerne ausführlicher zitieren:
«indem die ratio freilich nur als eine abgebrochene und abstrakte, nämlich als privatwirtschaftlich begrenzte in der kapitalistischen sachlichkeit vorkommt, indem sie zuletzt gar, in roosevelts amerika, zur planmässigen vernichtung der produktivkräfte im interesse des kapitalistischen systems dient, kurz, zur ‹stabilisierung› der krise: erscheint auch sie keineswegs bereits als voller index des wahren oder als einer, den man nur weiter so zu ende führen, ganz ‹vernünftig› machen müsse, um einer zu werden.

die grundbedingung zum konkreten gebrauch der vielen ‹systematisch aufgezogenen sachen› von heute ist vielmehr die geschehene revolution [in der udsssr]; ohne diese eben ist ratio nur die bekannte – rationalisierung.

daher denn auch die sogenannten regungen unter der decke, nämlich die vielen technisch-kollektiven ‹ansätze› im spätkapitalismus, nirgends bereits unmittelbar als ‹sozialistisch› begrüsst werden können.

gemäss sozialdemokratischer ‹modernität› à la giedion, auch gemäss einer architekten-zuversicht, die überhaupt nicht aus politik, sondern aus technoid fortgeschrittenem können und aus dem willen zu seiner anwendung erwachsen ist, die aber gleichfalls, wenn auch mit anderen worten, eine art ‹friedlichen hineinwachsens des kapitalismus in den sozialismus› proponiert, wenigstens dieses orts.»[970]

bloch greift die ungenannt bleibenden ciam-architekten um sigfried giedion – in dessen umkreis bloch vermutlich auch bill ausmacht, dessen höngger haus er jüngst besuchte – vehement an und wirft ihnen mangelndes politisches bewusstsein vor.

ernst bloch hatte berlin flüchtend verlassen müssen und nahm politisch einschneidende erinnerungen an die für einige seiner genossen bereits todbringenden erfahrungen in das erste exilland schweiz mit. in seiner kritik an der ciam-ideologie wurde er sarkastisch, indem er fortfuhr, dieses friedliche hineinwachsen des kapitalismus in den sozialismus «scheint eine falsche mittelbarkeit, nämlich gar keine; sieht sie [die ciam-ideologie] in jedem schiebefenster schon ein stück zukunftsstaat … sie überschätzt die neutrale sauberkeit, bequemlichkeit des neuen bauens … sie unterschätzt, dass dies ‹gleichmässige hygienische wohnen› noch keineswegs auf eine klassenlose gesellschaft ausgerichtet ist … sie unterschätzt die repräsentation, die sich umgekehrt modernes grosskapital aus seinem ‹funktionalismus› herstellt …»[971]

max bill verhält sich seinerseits gegenüber giedion nicht unkritisch, und das wird auch im laufe der folgenden jahre so bleiben. wie sich bill im gespräch mit bloch zur frage der notwendigen voraussetzung einer revolution verhielt, damit sich die gesellschaftlichen verhältnisse tatsächlich verändern, bleibt unbeantwortet.

blochs buch *erbschaft dieser zeit* erschien 1935 bei oprecht & helbling in zürich. es sei «von der kritik eher kühl aufgenommen» worden und «in den presseorganen der sowjetunion wurde das buch, das übrigens keinerlei huldigung an stalin enthielt, schlicht übergangen.»[972]

bei seinem letzten besuch bei bloch in maloja hatte bill seinen entwurf für den umschlag von *erbschaft dieser zeit* mitgenommen. bills vorschlag war ein signet: eine hand, die im handinnern eine öffnung hat, durch die man hindurchschauen konnte – weil man ja noch nicht wissen konnte, wie die erbschaft dieser zeit dereinst aussehen würde, wie er mir später erklärte.

sein entwurf fand aber bei bloch keinen anklang, und mühlestein hat ihn nicht verteidigt. bloch war die hand mit dem ausgesparten loch in der handfläche «zu avantgardistisch» – wie mir bill in einem gespräch sagte. vielleicht ist diese ablehnung verständlich aus der haltung von blochs soeben zitierter, vehementer kritik an den vorstellungen der ciam-architekten, die laut bloch «in jedem schiebefenster schon ein stück zukunftsstaat» sehen. und sie war vielleicht auch sarkastisch-ironisch gemeint; trotzdem auf freundliche art zum ausdruck gebracht und mit «zu avantgardistisch» zugleich ein klein wenig tröstend für bill gemeint. denn diese bloch'sche wortwahl stellte es bill gleichzeitig anheim, sich die absage als kompliment zu interpretieren, da bill ja durchaus in seiner arbeit avantgardistisch sein wollte. und mit dem kleinen zusatz ‹zu› war bill eben, aus bloch'scher sicht, über die zielvorgabe hinausgeschossen.

max bill: entwurf
für eine reklame, um 1930
collage mit fotografie auf
karton, 23,4 × 15,5 cm

den entwurf, von dem bill mir erzählte, habe ich selber nie gesehen. es existiert aber eine frühere arbeit bills um 1930, die ich in diesem zusammenhang erwähnen möchte, in der das motiv einer hand mit einem ausgesparten kreis bereits aufscheint.

---
972 münster 2004, s. 192
973 bloch 1965 [b], s. 499
974 siehe *neue zürcher zeitung*, 12./13.1.2002
975 maasberg/prinz 2004, s. 28

hans mühlestein und seine aus celerina stammende frau anita pidermann begleiteten karola piotrkowska und ernst bloch zum abschied schweren herzens noch bis an die grenze.

blochs resümee nach der wegweisung aus der schweiz überrascht nicht weiter. er schildert die extreme passabfahrt von maloja in richtung des faschistischen italien: «… schmerzen … die granitspitzen und todeszacken … halt an grenze, durch eine brücke bezeichnet. wie denn der heutige eidgenosse und der faschist auch politisch nicht so sehr getrennt sind.»[973]

diese information stammt von einem herrn pidermann, möglicherweise ein neffe von mühlesteins frau, in: «sein und sollen. aus dem leben und werk des autonomen hans mühlestein», typoskript in der zentralbibliothek zürich; mitteilung von jürg frischknecht, 2007.

friedl dicker und die familie bloch

karola piotrkowska und ernst bloch flüchteten weiter nach wien und heirateten im november 1934, wodurch karola ihre polnische staatsangehörigkeit verlor und als blochs ehefrau neu ausgerechnet die verhasste nazideutsche erhielt. 1937 wurde jan bloch, der gemeinsame sohn von karola und ernst bloch, in prag, im tschechoslowakischen exil, geboren.

karola hatte in ihrer laufbahn als architektin ein volontariat beim bekannten architekten perret in paris als referenz vorzuweisen. in prag begegnete sie friedl dicker, die einst am bauhaus in weimar studiert hatte und sich nun solidarisch für karola einsetzte.

vor karolas ankunft in prag war friedl in wien wegen «kommunistischer umtriebe» 1934 festgenommen worden. doch es war ihr gelungen, von dort nach prag zu emigrieren, wo sich die mutige frau, die ganz klein war, jedoch temperamentvoll und energiegeladen, wiederum und weiterhin an den aktionen einer kommunistischen gruppe beteiligte. friedl dicker verstand den widerstand als einzig mögliches gegengewicht zur wachsenden faschistischen gefahr. politisch wach und sozial engagiert, hatte sie 1936 ihren cousin pavel brandeis geheiratet und war tschechoslowakische staatsbürgerin geworden. friedl ertrug keine lügen, und sie hatte eine ausgeprägte abneigung gegen alles manierierte. dank ihres beziehungsnetzes in prag gelang es ihr, der zugereisten genossin karola bloch arbeit zu verschaffen. karola hatte ihrerseits als kurierin für die kommunistische partei unter lebensgefahr manch waghalsigen auftrag ausgeführt, selbst dann noch, als sie bereits schwanger war.

friedl dicker vermittelte nun der architektin und jungen mutter bloch die ausführung «kleinerer selbständiger arbeiten» und konnte ihr und ihrem ehemann die ungeschützte, unsichere emigrantensituation etwas erleichtern.[975]

friedl dicker war die einstige gefährtin franz singers, den und dessen fähigkeiten als architekt lucia moholy so besonders geschätzt hatte. singer war mittlerweile nach london emigriert wie auch lucia moholy, der es ihrerseits gelungen war, über prag dorthin zu gelangen.

wien galt den nazis als «eine der hauptjudenstädte» (hermann göring) und in nur wenigen monaten nach hitlers einmarsch in österreich sollte «diese ganze geschichte wirklich ausgeräumt sein». 17 000 betriebe sollten arisiert oder liquidiert, tausende wohnungen sollten geräumt und ihr inhalt zu geld gemacht werden. im märz 1938 folgten erste versuche, die enteignung in die effizienz der nationalsozialistischen bürokratie einzubinden. «sachgemässe umleitung der jüdischen wirtschaft» hiess beschönigend das, was das buch von tina walzer und stephan tempel *unser wien. «arisierung» auf österreichisch* (aufbau-verlag, berlin 2001) in allen facetten beschreibt.[974]

schliesslich schaffte es die junge familie, in die usa zu emigrieren. dort wird karola ihren vornamen in carola ändern, den sie in der folge beibehält, auch dann noch, als familie bloch nach dem zweiten weltkrieg nach deutschland, vorerst in die ddr nach leipzig und später in die bundesrepublik nach tübingen zieht.

friedl dicker hingegen entschloss sich, in prag zu bleiben, obwohl sie im besitz eines visums für die auswanderung nach palästina war. nach der deutschen besetzung und der zerschlagung der liberalen tschechoslowakei wurden friedl und ihr mann nach theresienstadt deportiert. dort gab die auch psychoanalytisch gebildete künstlerin jüdischen kindern kunstunterricht, um ihnen die grauenvollen lebensbedingungen im kz ein wenig zu erleichtern.

am 28. september 1944 wurde friedls ehemann pavel brandeis aus theresienstadt nach auschwitz deportiert. er überlebte. friedl dicker-brandeis meldete sich, um in der nähe ihres mannes zu sein, «freiwillig» zum nächstfolgenden transport am 6. oktober 1944. sie wurde drei tage später, am 9. oktober 1944, von den nazis in auschwitz-birkenau durch vergasung ermordet.

über das umfassende grauen hinaus, das über die geschichte des kz auschwitz bekannt geworden ist, und über die grosse trauer darüber ist eine zusätzliche perfidie an den tag getreten: ausgerechnet ein bauhaus-schüler aus dessau, fritz ertl, hat dieses kz gebaut, und zwar «nicht zwangsverpflichtet als häftling, sondern als ‹abteilungsleiter bauen›».[976]

fritz ertl hatte sich im sommersemester 1928 unter der immatrikulationsnummer 259 am bauhaus in dessau eingeschrieben[977], d. h. sowohl max bill als auch hanns fischli dürften ihm in dessau begegnet sein. ertl war als maurer mit einem schulabschluss der mittleren reife ans bauhaus gekommen. er absolvierte, zur selben zeit wie hanns fischli, «ab april 1928 die vorlehre (den grundkurs) und wurde danach von hannes meyer in die bauabteilung aufgenommen; nach längerem urlaubsunterbruch studierte er weiter in der bauabteilung, ab oktober 1930 beim neuen bauhaus-direktor mies van der rohe. im juni 1931 beendete er mit einem diplom sein studium».[978]

2007 wurde ein typoskript, das primo levi 1960 geschrieben hatte und das im dokumentationszentrum yad vashem in israel archiviert war, erstmals in europa, im italienischen wochenblatt *l'espresso*, veröffentlicht. in diesem bislang unbekannten dokument beschreibt der grosse schriftsteller «trocken zusammenfassend seinen leidensweg von italien nach auschwitz und zurück. er hatte das bereits meisterhaft, erschütternd in seinen büchern *ist das ein mensch?* (1947) und *die atempause* (1963) getan, aber auf diesen bisher unbekannten seiten nennt levi viele seiner leidensgenossen erstmals beim namen ... primo levi rekapituliert in diesem dokument die zwei grauenhaften jahre ab dem herbst 1943. er wurde mit seiner partisanengruppe nahe der schweizer grenze gefangen (er nennt auch den namen des verräters) und vor dem transport nach auschwitz ins sammellager fossoli gebracht.»[979]

primo levi hatte nicht das glück, in die schweiz zu gelangen wie ein anderer italienischer partisan, angelo mangiarotti. dieser gehört zu den flüchtlingen, denen max bill in jenen jahren geholfen hat. als ich mich bei mangiarotti telefonisch nach seiner beziehung zu max bill erkundigte, lautete sein allererster satz: «bill gab mir zu essen.»

---

976 mitteilung von dr. ulrike bestgen, weimar, 27.9.2007
977 wingler 1962, s. 534
978 winkler 2003, s. 28f.
979 franz haas: «nach auschwitz und zurück, unbekanntes dokument von primo levi», in: *neue zürcher zeitung*, 28.9.2007
980 max bill, zürich, 18.3.1971, an dr. siegfried salzmann; zit. in: *paul klee und seine malerfreunde*, 1971; im winterthurer katalog derselben ausstellung ist dieser brief nicht wiedergegeben.

zurückkommen auf klees theoretische lehre

parallel zu seinen aktivitäten als werbegestalter und typograf suchte sich max bill seit anfang der 30er-jahre klarheit darüber zu verschaffen, wie er in seiner kunstproduktion radikal weiterkommen könne.

ausser für die *information* gestaltete er auch noch den zeitungskopf der ebenfalls antifaschistischen, im juni 1932 erstmals erschienenen linksliberalen schweizer wochenzeitung *die nation*, die von hans oprecht und einem überparteilichen komitee ins leben gerufen worden und deren chefredaktor peter surava war.

nach der klugen, zu max bill geäusserten bemerkung «wir alle lieben klee» von jeanne bucher rückte bill in seiner künstlerischen thematik von klee ab und besann sich darauf, wo und wie er sonst «anknüpfen» könne. und er erinnerte sich daran, dass er bei albers in der bauhaus-werkstatt gelernt hatte, wie man ein sandgestrahltes glasobjekt herstellt.

max bill: titelkopf der wochenzeitung *die nation*, 1933

der in den 30er-jahren für seine zivilcourage in schweizer haushalten, die *die nation* abonniert hatten, geschätzte peter surava wurde nach dem zweiten weltkrieg politisch und menschlich verfemt. erst 1995 brachte der film *er nannte sich surava* von erich schmid die geschichte des in vergessenheit geratenen kämpfers gegen die nazis ins öffentliche bewusstsein zurück; siehe hierzu auch: *abschied von surava – eine dokumentation*, hrsg. von erich schmid, wolfbach verlag, zürich 1996.

nach eigenen konstruktiven untersuchungen und versuchen wird bill, wie er selber freimütig einräumt, schliesslich auf klees theoretische lehre «zurückkommen», mit betonung auf theoretisch. denn stilistisch wird er sich nicht mehr an klees arbeit orientieren, sich nicht mehr so stark auf dessen bild-motiv-kompositionen beziehen wie in der bauhaus-schaffensperiode zuvor. «erst durch meine eigenen konstruktiven untersuchungen kam ich schliesslich wieder zurück auf klees theoretische lehre. ohne diese vorerst zur kenntnis nehmen zu können [denn bill hatte zugegebenermassen klees theoretischen kurs am bauhaus «nur spärlich» besucht], fand ich nachträglich meine eigenen, durch seine vorangegangenen versuche, bestätigt.»⁹⁸⁰

max bill: *teilung und multiplikation*, 1929 gouache über aquarell auf japanpapier, 16 × 25,7 cm

max bill: *glasbild*,
um 1930/31
kristallglas, einseitig
sandgestrahlt,
60 × 100 cm

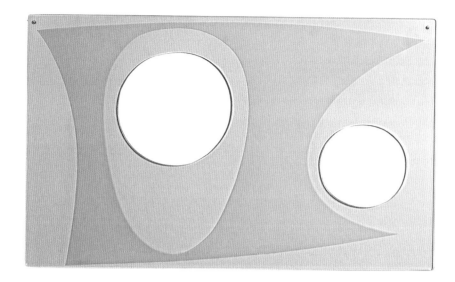

wie albers persönlich diese aufwendige technik handhabe, ist von ihm selber überliefert. die glaswandbilder (siehe zum beispiel *tectonische gruppe* von 1925, s. 118) sind «meist mit dem sandstrahlgebläse hergestellt (ausgenommen die teile, die mit glasmalerfarben oder auch porzellanfarben aufgemalt und gebrannt sind). beim sandstrahl wird die glasplatte zuerst mit einem besonders präparierten papier überzogen. die zeichnung übertrage ich durch lichtpausen (sehr exakte dünne zeichnung!), dann ausschneiden der teile, die weiss werden sollen, ausblasen bis in die grundmasse des glases, durch den farbigen (meist schwarzen) überfang. wenn mattierte (auf schwarz sind das die grauen) stellen vorhanden, ein zweites ausschneiden dieser stellen und abermaliges, aber nur leichtes anblasen. die technik verlangt einige kenntnisse über das material: die art der überfänge, brennbarkeit der verschiedenen farben, auch über spannungen im glas.»[981]

erwin bill zieht zusammen mit seiner zweiten ehefrau lina bill, geborene wolf, nach ligerz an den bielersee, wo er anfang januar 1932 als gemeindeschreiber einen neuen lebensabschnitt beginnen wird.

bill versuchte es um 1930 mit dieser technik. jedoch nicht mit einer horizontal-vertikalen komposition wie albers, sondern mit zwei aus dem glas ausgeschnittenen kreisen. und um 1931 begab sich der inzwischen verheiratete bill auf die suche nach einem völlig neuen konzept für seine kunst.

wenige tage nach seinem dreiundzwanzigsten geburtstag erfuhr max bill mit erleichterung, dass sein vater, der ihm so viele briefe vorwurfsvollen inhalts geschickt hatte, aus der nahegelegenen stadt winterthur wegzog. damit schob sich – zumindest kilometermässig – eine grössere distanz zwischen vater und sohn. max konnte aufatmen.

[981] josef albers, 2.10.1934, an hans hildebrandt; in: *hans hildebrandt und sein kreis*, 1978

dem vom bedrohlichen schatten seines vaters befreiten bill gelangen im bereich der freien kunst neue, gültige werkresultate, so mit seinem *wellrelief* (1931/32, siehe s. 362), das man überdies als vorläufer der minimal art bezeichnen und wertschätzen kann. ferner entstanden in den folgenden jahren bills skulpturen *lange plastik* (1933), *konstruktion mit schwebendem kubus* (1935) sowie die *unendliche schleife* (siehe s. 433). in jenen anfangsjahren pflegte bill – wie er 1942 in seinem lebenslauf-manuskript rückblickend festhält – die hauptarbeiten seiner plastiken in holz und metall noch persönlich auszuführen.

ausserdem nahm er weiterhin auftragsarbeiten entgegen, die ihm und seiner frau den lebensunterhalt sicherten, zum beispiel die schriftgestaltung für das cinema rex 1932.

max bill: entwurf für schriftgestaltung «cinema rex», 1932
gouache und collage auf transparentpapier auf karton, 24 × 31 cm

max bill: *komposition 2*, 1931
öl auf holz, 58 × 48 cm

max bill: *lange plastik*, 1933
eisen und holz, höhe 2 m

erste werkgruppe konkreter kunst in zürich

in zürich fand an der bahnhofstrasse in einem eben fertiggestellten geschäftshaus, dem ‹näfenhaus›, 1932 eine juryfreie kunstausstellung statt, für die sich max bill, hans fischli und alfred willimann gemeinsam eine wand reservieren liessen. schliesslich entdeckte bill, dass der architekt alfred roth eigene bilder konkreter richtung malte, die er mit «aroth» signierte.

«alfred roth hatte damals kontakt zu piet mondrian. währenddem er in paris bei le corbusier mitarbeitete und schon 1927 den bau von dessen häusern in der internationalen weissenhof-siedlung in stuttgart geleitet hatte. in diesem zusammenhang hatte alfred roth schon beziehung zu vielen künstlern und es entstand eine sammlung, deren glanzstück war die *komposition rot-blau und gelb* (1930) von piet mondrian.»[982]

das im text von max bill erwähnte bild mondrians schenkte alfred roth grosszügig dem kunsthaus zürich, als es schon millionenwerte repräsentierte. in jenem zeitraum, als roth für le corbusier arbeitete, habe er übrigens in paris binia spoerri kennengelernt, also noch bevor bill ihr dann im spätsommer oder herbst 1930 in zürich begegnete.

fischli, bill und willimann luden roth ein, mit ihnen bei ‹der juryfreien› auszustellen. bill präsentierte hier erstmals sein *wellrelief* (siehe s. 362). diese eine ausstellungswand sei die gelegenheit für eine – wenn auch anfangs nur ganz kleine – anzahl von künstlern gewesen, erstmals eine werkgruppe konkreter kunst in zürich öffentlich zu zeigen.

zum schaffen des in den 30er-jahren mit max bill befreundeten alfred willimann, der nach dieser kleinen ausstellung im ‹näfenhaus› bald neben dem fotografen hans finsler im 1933 eingeweihten neubau der zürcher kunstgewerbeschule die leitung der fachklasse für fotografie übernehmen wird, erschien der textbeitrag «die entwicklung des ‹guten geschmacks›, alfred willimann als grafiker, künstler, lehrer und mitglied des schweizerischen werkbunds» von christoph bignens.[983]

bill seinerseits wird für eine *tod und leben* betitelte ausstellung, die im herbst 1933 im neubau des kunstgewerbemuseums stattfindet, ein plakat entwerfen. neben der in der westlichen welt für tod und trauer geläufigen farbe schwarz und dem weiss für das leben gibt es im hintergrund von bills plakat einen gespritzten farbverlauf: von unten her ein grünliches gelb, über blautöne hinauf, ‹himmelwärts› zu einem lila.

im hinblick auf diese aufgabe hatte bill ein von ernst fuhrmann geschriebenes buch erstanden: *der grabbau* (verlag georg müller, münchen, im herbst 1922 gedruckt, 1923 erschienen mit 103 s/w abbildungen aus aller welt); von bill mit bleistift innen mit seinem kleingeschriebenen namen «bill» versehen, will sagen für gut befunden, in seine anwachsende bibliothek aufgenommen zu werden.

die ausstellungswand mit konkreten kunstwerken von aroth (alfred roth), alfred willimann, max bill und hans fischli ist abgebildet in: *dreissiger jahre schweiz,* kunsthaus aarau, 1981, s. 16)

---
982 bill 1991
983 bignens 2006

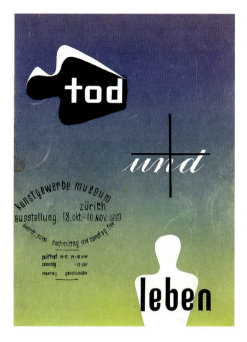

max bill: plakatentwurf für die ausstellung *tod und leben* im kunstgewerbemuseum zürich, 1933
collage, gouache, spritztechnik, 32 × 22,5 cm

die ausstellung war ursprünglich unter dem titel *friedhof und grabmal* geplant worden.

‹abstraction-création›

ausgerechnet jener künstler, den max bill noch vor kurzem im brief an hans fischli vom 3. februar 1930 einen «abstrakten grossvater» genannt hatte, nämlich jean arp, gab bill den rat, sich in eine internationale bewegung zu integrieren, der künstlervereinigung ‹abstraction-création› in paris beizutreten. ein sehr vorteilhafter rat, den sowohl bill wie auch in seinem gefolge hans fischli befolgen werden.

einige der allerneuesten werke bills wurden schon bald im jahrbuch der künstlervereinigung abgebildet, und am tag seines 25. geburtstags, am 22. dezember 1933, brachte er persönlich einige seiner werke zur ausstellung in die gruppeneigene galerie ‹abstraction-création›, 44, avenue de wagram. es war dies bills allererste beteiligung an einer kunstausstellung in paris. in der galerie traf bill auf einen kleinen, älteren mann, der den boden putzte. es stellte sich heraus, dass dies auguste herbin, der präsident der vereinigung war.

‹abstraction-création› war 1931 gegründet worden; einer der mitinitiatoren war der niederländische künstler theo van doesburg. bei ihm trafen sich in meudon bei paris am 24. januar 1931 – nach der kurzlebigkeit der gruppen ‹cercle et carré› und ‹art concret› – einige künstler zu einer diskussion. zugegen waren van doesburgs nachbar jean arp, die maler auguste herbin und jean hé-

werke von max bill finden sich abgebildet in den jahrbüchern nr. 2/1933, nr. 3/1934, nr. 4/1935 und in nr. 5/1936 von *abstraction-création, art non-figuratif,* éditions les tendances nouvelles, paris 1933–1936.
in der gruppenausstellung 1933 war auch die skulptur *construction des rapports des volumes qui émane de l'hyperbole xy = k* (1929) von georges vantongerloo zu sehen. später schenkte vantongerloo diese dem architekten hein salomonson in amsterdam zu dessen hochzeit. während des zweiten weltkriegs wurde die skulptur zerstört.
im jahr 1979 liess max bill sie, als testamentsvollstrecker vantongerloos dazu autorisiert, in anderem material (messing bemalt) und in anderen massen (45 x 45 x 105 cm) rekonstruieren. diese unter der aufsicht von max bill rekonstruierte fassung der skulptur befindet sich im nachlass max bill an angela thomas.

lion, beide kommunisten, und der schweizer alberto giacometti, der sich in der folge jedoch nicht an der neuen künstlervereinigung beteiligen sollte.

zu einer weiterführenden detaildiskussion trafen sich wiederum van doesburg, arp, herbin und hélion, diesmal unter zuzug der künstlerkollegen kupka, tutundijan und valmier. und sie setzten am 4. februar 1931 in van doesburgs atelier die statuten auf. diese statuten wurden am 15. februar 1931 angemeldet, weshalb dieses datum offiziell als gründungstag von ‹abstraction-création› angegeben wird.

während der hoffnungsvollen anfangsphase der gruppe traf die nachricht vom tode theo van doesburgs ein, der am 7. märz 1931 in davos gestorben war. hélion unterrichtete georges vantongerloo von dem todesfall und forderte ihn zur teilnahme auf: «en prenant la peinture ‹hors sujet nature›, de arp à herbin et de pevsner jusqu'à toi on peut constituer une société stable.»[984] und der belgisch-flämische künstler übernahm den platz van doesburgs im vorstand der gruppe.

jan brzekowski, ein aus polen stammender dichter, pflegte in paris als sekretär der ‹vereinigung für kulturellen austausch zwischen polen und frankreich› enge kontakte zu künstlerkreisen. das ehepaar sophie taeuber-arp und jean arp kannte er bereits aus der ‹cercle et carré›-zeit. nun brachte er auch der neugegründeten ‹abstraction-création› grosses interesse entgegen.

mit per post aus polen nach frankreich geschickten clichés für abbildungen in den jahrespublikationen beteiligten sich auch die für die konstruktive kunstrichtung in polen bedeutende tatlinschülerin und innovative plastikerin katarzyna kobro sowie ihr ehemann, der maler wladyslaw strzeminski, ferner ihr mitstreiter henryk stazewski, der zwischen 1929 und 1934 immer wieder mal für ausgedehnte besuche nach paris reiste. kobro, strzeminski und stazewski waren, wie auch der dichter brzekowski, mitglieder der polnischen gruppe ‹artistes révolutionnaires›. brzekowski gelang es, die kompetentesten, innovativsten künstler dazu zu bewegen, dem museum der sozialistischen stadt lodz eigene werke für eine internationale sammlung zu schenken. zu dieser kulturpolitisch grosszügigen, bis heute nachwirkenden geste fanden sich u. a. schwitters, léger, vantongerloo, van doesburg und sophie taeuber-arp bereit.

während seines aufenthalts in paris im dezember 1933 begegnete max bill dem älteren kollegen piet mondrian.

um den internationalen anspruch der gruppe weiter zu verdeutlichen, sei auf die ausstellung ab 19. januar 1934 in der galerie *abstraction-création* hingewiesen, an der sich folgende mitglieder beteiligten: neben sophie taeuber-arp die mit den arps befreundete englische bildhauerin barbara hepworth, des weiteren béothy, closon, fernandez, hélion, power, prampolini, seligmann und valmier. madame arp gestaltete die einladungskarten und hütete zeitweise die

---
984 jean hélion, paris, 10.3.1931, an georges vantongerloo, paris; vantongerloo-archiv
985 bill 1991
986 gallati/oechslin 1995/96, s. 5

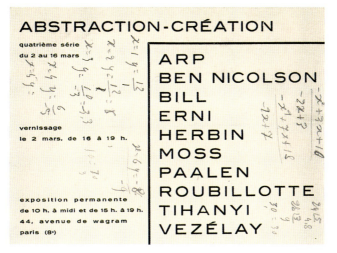

einladungskarte zur ausstellung *abstraction-création* in paris, 2.–16. märz 1934 beschriftet von georges vantongerloo mit mathematischen formeln

galerie. am 26. januar 1934 wurde der vorstand von ‹abstraction-création› neu gewählt. das ‹comité› war nun folgendermassen zusammengesetzt: herbin wurde als präsident bestätigt, arp neu als vize gewählt, vantongerloo übernahm die geschäftsführung. ‹comité membres› wurden: béothy, fernandez, freundlich, gleizes, gorin, hélion, kupka und schliesslich als einzige künstlerin sophie taeuber-arp.

am 2. märz 1934 feierte man eine neue vernissage. es ist anzunehmen, dass bill zu diesem anlass aus zürich angereist kam, denn er zählte zu den ausstellenden. neben bill waren arbeiten der beiden künstlerinnen marlow moss und paule vézelay ausgestellt, sowie werke folgender künstler: arp, ben nicolson, erni, herbin, paalen, roubillotte, tihanyi.

den älteren kollegen in paris schlug bill vor, auch seine schweizer freunde alfred willimann und hans fischli bei ‹abstraction-création› aufzunehmen;[985] sein einstiger kommilitone am bauhaus, hans fischli, machte dann tatsächlich auch mit.

zu besuch bei piet mondrian

im dezember 1933 trafen binia und max bill in paris jean arp, den binia fotografierte.

arp schlug vor, man könnte mondrian besuchen und meldete sie an. zur verabredeten zeit begaben sich die drei gemeinsam in die rue du départ. max verfügte damals nur über einen rudimentären französisch-wortschatz. binia, die schon bevor sie max das erste mal begegnet war, sehr emanzipiert allein in paris gelebt und cello studiert hatte, war hier in der stadt und in den unterhaltungen die gewandtere und weitaus eloquentere.

«mondrian war korrekt angezogen, der raum in vollkommener ordnung, die

das porträt *hans arp, clamart 1933* ist abgebildet in: *binia bill – fotografien*, scheidegger & spiess, zürich 2004, s. 99.

«max bills erste frau binia war die tochter eines kaufmannes, der sich auf geschäfte im fernen osten spezialisiert hatte ... als fotografin und tochter aus reichem haus galt ihr engagement vor allem der aktuellen mode- und kunstszene.»[986]

sitzordnung vorbestimmt, denn in dem verhältnismässig kleinen raum war ordnung die einzige überlebensmöglichkeit. was mich besonders überraschte, war die hauptwand des raumes: diese wand, mit verschieden grossen, weissen tafeln bestückt, war rhythmisch akzentuiert mit farbigen vierecken in rot, blau und gelb. vor ihr standen eine staffelei mit einem bild, zwei weitere bilder am boden.»

mondrians gestaltung der wand habe auf bill «eher befremdend» gewirkt. «die meisten möbelstücke waren von mondrian selbst gefertigte objekte aus brettern und leisten. auch die möbel waren weiss – und mit den drei ‹grundfarben› akzentuiert. auf dem tisch lag das soeben erschienene buch von will grohmann über die sammlung ida bienert.

das buch auf dem tisch zeigte uns mondrian mit zurückhaltendem stolz … das atelier an der rue du départ haben wir, unter weniger formalen umständen, noch mehrmals besucht; bis mondrian, weil seine bleibe abgerissen werden sollte, dann 1936 an den boulevard raspail umzog. sein atelier bekam einen neuen ausdruck.»[987]

laut aussage bills soll mondrian «kaum bücher» um sich herum gehabt haben – bill hingegen wird in den kommenden jahren für seine persönliche bibliothek annähernd lückenlos schriften von und über piet mondrian zusammentragen.

es ist interessant, sich die frage zu stellen, ob mondrian «malgré lui» progressive kunst herstellte. denn dass seine ideologie eine progressive gewesen sei, lässt sich nicht behaupten. mondrian absorbierte viele theosophische ideen. robert p. welsh definiert mondrians ideologie zusammengefasst als «metaphysisch-konservativ».[988] könnten wir also mit dem begriff des philosophen ernst bloch bei mondrian eine «ungleichzeitigkeit» von ideologie und werk feststellen?

vergleichsweise heisst es ja von sigmund freud, er sei mit seinen schriften zur psyche der menschen ein grosser neuerer gewesen, während sein geschichtsverständnis altmodisch bis reaktionär geblieben sei.

in mondrians theoretischen äusserungen finden sich ausgesprochen frauenfeindliche sätze. wir wollen uns an dieser stelle aber nicht länger bei derartigen äusserungen aufhalten.

für mondrian als künstler bedeutete dieser ansatz, dass er sich von den ideologischen voraussetzungen her nicht mit der materie (d. h. dem «alleräusserlichsten» im theosophischen sinn) auseinandersetzen wollte. so war ihm die frage des einsatzes von farbe(n), mit der sich vantongerloo besonders einge-

---

für ida bienert, die schwiegermutter der tänzerin gret palucca, hatte piet mondrian 1926 einen kleinen salon entworfen. dieser salon für «madame b.» wurde anlässlich einer galerieausstellung 1970 erstmals ausgeführt; ferner wurde in der fondation beyeler 2004 eine rekonstruktion des salons ausgestellt.

---

[987] bill 1990 [b], s. 35
[988] siehe welsh 1966
[989] mondrian 1920, s. 3f.
[990] mondrian 1925, s.9f.
[991] piet mondrian, new york, 1943, unveröffentlichter brief; the solomon r. guggenheim museum, new york

mondrian hatte 1920 ein buch mit dem titel *le néo-plasticisme – aux hommes futurs* geschrieben, in dem es u. a. hiess «jusqu'à présent, le plus extérieur domine en tout. le féminin et le matériel régissent la vie et la société et entravent l'expression spirituelle en fonction du masculin. dans un manifeste des futuristes, la proclamation de la haine de la femme (le féminin) est entièrement juste. c'est la femme dans l'homme qui est la cause directe de la domination du tragique dans l'art.»[989]

derselbe text mondrians war, ins deutsche übertragen, unter dem titel «neue gestaltung» auch in der reihe der bauhausbücher erschienen. das zitat hiess übersetzt: «bis jetzt beherrscht das alleräusserlichste fast alles. das feminine und materielle beherrschen leben und gesellschaft und fesseln den spirituellen ausdruck in den männlichen funktionen. die proklamation des hasses gegen die frau, das feminine … ist gänzlich gerechtfertigt.»[990]

hend befasste, weitaus weniger wichtig. mondrian interessierte – wie bill berichtet – nach seiner abstrakt-kubistischen phase die struktur viel mehr als der farbeinsatz.

die kubistische absicht hatte gelautet, vornehmlich volumen auszudrücken. danach hatte mondrian den wunsch, in seinen bildern den dreidimensionalen raum aufzuheben: «so i came to make only lines and brought the color in there.»[991] die linienstruktur in mondrians bildkompositionen entstand gefühlsmässig, und die farben wurden anschliessend zur herstellung des gleichgewichtes eingesetzt.

später erkundete mondrian die linienstruktur für seine bildkompositionen mittels verschiebbarer papierstreifen. und noch später, in den 40er-jahren in new york, arbeitete er zu diesem zweck vorbereitend mit verschiedenen unifarbenen klebebändern.

mondrians werke inspirierten bill bei seinen besuchen im atelier in den 30er-jahren anscheinend, das thema eines auf einer spitze stehenden quadrates aufzugreifen. doch bill ging dieses thema inhaltlich anders an als der um eine generation ältere mondrian. in seiner zeichnung *zweiteilige konstruktion*, die aus dem jahr 1934 stammt (siehe s. 419), überlagern konturen eines auf der spitze stehenden quadrates ein oranges rechteck. diese konturen waren von bill auf der linken seite einschneidend mit gewagt-gezackten dreiecken gestaltet. zudem blicken wir, sowohl innerhalb als auch ausserhalb des orangen rechteckes, auf unterschiedliche ausgesparte dreiecke als hohl- oder negativformen.

die sich einfach gebende *zweiteilige konstruktion* ist in wahrheit eine vertrackt-komplexe komposition.

kollege arp, der zwar bill der gruppe ‹abstraction-création› empfohlen hatte, diese aber seinerseits nach von ihm selber verursachten turbulenzen am 1. juni

1934 verlässt, äusserte seine wertschätzung von mondrians kunst – wie bill erwähnte – folgendermassen: «jeder künstler sollte ein bild von mondrian kaufen.» allerdings hatte bill damals noch kein geld dafür, aber er war von mondrian sehr beeindruckt. immer wieder, wenn binia und max in paris waren, besuchten sie diesen und gingen abends mit ihm in nachtclubs tanzen. mondrian habe, wie bill mir erzählte, mit binia zwar gerne in einer ‹boîte› getanzt, jedoch tat er dies auf eine völlig steife, hölzerne art.

künstlerisches neuland

georges vantongerloo und max bill lernten sich persönlich im dezember 1933 in paris noch nicht kennen. anfangs war der umgangston in den briefen, auch noch im darauffolgenden jahr, formell, da vantongerloo offiziell im namen von ‹abstraction-création› an max bill schreibt – wie die beiden ersten, hier im vollen wortlaut abgedruckten briefe, die bill von vantongerloo erhielt, dokumentieren. ab mitte der 30er-jahre sollten die beiden eine sehr spezielle, freundschaftliche beziehung entwickeln, die bis zu vantongerloos tod im herbst 1965 andauert. vantongerloo wird der freund, der dem um eine generation jüngeren bill zeit seines lebens am nächsten steht.

vantongerloo, dessen muttersprache flämisch war, sprach ein etwas drolliges französisch, das max bill, der als schüler der kunstgewerbeschule zürich noch nicht hinreichend französisch lesen konnte und der von daher auf die deutsche übersetzung von le corbusiers *vers une architecture* angewiesen war, stellenweise von ihm übernehmen wird.

paris, le 7 novembre 1934.
cher camarade,

comme un grand nombre de nos membres n'habitent pas à paris et qu'il leur est impossible d'assister aux assemblées générales, nous vous consultons par voie de réferendum et nous vous serions gré de vouloir répondre, si possible, avant le 15 novembre, aux questions suivantes.
le contract de location nous engage à garder notre salle d'exposition 44 avenue de wagram, jusqu'au 1 avril 1935.
êtes-vous d'avis qu'il faut garder en location la dite salle après le 1 avril 1935 ou faut-il renoncer?
veuillez répondre franchement oui ou non. réponse indispensable car de la décision des membres, l'avenir du local dépend.
en suite:
comme notre contract de location nous engage jusqu'au 1 avril, nous pouvons toujours organiser dans notre local des expositions de nos membres et celà jusqu'au 1 avril 1935.

nous vous demandons donc si vous désirez participer aux expositions organisées par le groupe abstraction-création dans son local. ça serait donc une exposition permanente jusqu'au 1 avril 1935.
pour le cas ou cela vous interesse, veuillez envoyer 44 avenue de wagram paris VIII, quelques-unes de vos œuvres que nous exposerons à tour de rôle c.a.d. tantôt l'une, tantôt l'autre.
pour participer à ces expositions, nous vous demandons:
1) d'acquitter une cotisation de 150 fr.
2) de faire les expéditions aller et retour à vos frais.
vous n'ignorez pas que notre association organise également des expositions personnelles de ses membres pour lesquelles nous pouvons convenir.
les réponses sur les questions doivent être adressées au siège social 7, impasse du rouet – paris XIV.
                                    cordialement à vous
                                    g. vantongerloo

abstraction-création
art non-figuratif. siège social:
~~herbin, 26 boulevard masséna,~~ paris (XIIIe)
g. vantongerloo 7, impasse du rouet – paris XIV

paris, le 15 janvier 1935

monsieur bill
limmattalstrasse 253
zurich suisse

cher camarade,
merci infiniment pour votre lettre du 14-1-35.
elle me montre un esprit de solidarité qu'aujourd'hui, plus que jamais, est nécessaire. pas que nous avons à desespérer, au contraire, la marche de notre mouvement nous permet d'avoir grande confiance et le cahier no 4 sera, à ce sujet, significatif.
je m'empresse également à vous dire que le montant de la participation aux frais du cahier no 4 est de 162 frs. vous avez sans doute dû lire dans mon avis 112 frs. au lieu de 162 frs. je vous serais donc très obligé de me faire parvenir encore 50 frs. en même temps que deux photos de vos œuvres que j'attends avec impatience vu que nos pourparlers avec l'imprimeur ont commencés.

vous voudriez en avertir le camarade fischli et lui présenter mes salutations confraternelles.

chaleureusement à vous
g. vantongerloo

georges vantongerloos eigene künstlerische suche war weder exotisch, noch wollte er das *herz der finsternis* – titel eines von josef conrad geschriebenen, von max bill gelesenen buches – aufspüren. die gedanklichen abenteuer, in die sich vantongerloo begab, konnten zwar mitunter im positiven sinn als naiv gedeutet werden, doch waren sie stets auf der suche nach einem philosophisch–ästhetischen sinn. seine gedanken umkreisen themen wie raum und helligkeit. in seinen späteren jahren wird sich vantongerloo gedanklich und in seiner kunstproduktion ‹dem unbegrenzten raum› widmen. und es gelingt ihm, sich zu erstaunlichen werkresultaten durchzuarbeiten, zu klarheit und leichtigkeit. vantongerloo kann man heute in einem atemzug mit anderen pionieren der moderne, mit qualifizierten künstlern wie brancusi, kupka und mondrian nennen. der hauptinhalt von vantongerloos leben war zugleich der hauptinhalt seiner kunst. er suchte beharrlich nach einer innovativ-ästhetischen balance. doch obwohl der geborene belgier schliesslich die längste zeit seines lebens in frankreich zubringt, wo er in seinem pariser atelier nach einem sturz im oktober 1965 im alter von 79 jahren stirbt, kam es jahrzehntelang keinem namhaften französischen museum in den sinn, eine retrospektive seines beachtlichen werks zu veranstalten.

«immer über die im augenblick zulässig scheinende grenze der ästhetischen existenz hinaus»

den bald von ihm hoch geschätzten vantongerloo suchte bill nach jahren ihrer freundschaft vergleichend zu situieren – er tat dies im vergleich zu den holländischen künstlern bart van der leck, piet mondrian und theo van doesburg: als theo van doesburg 1917 in leiden die zeitschrift *de stijl* gründete, «malte piet mondrian seine ‹plus-minus›-bilder und hatte soeben begonnen, unter dem einfluss von bart van der leck, sich mit farbigen flächenkompositionen unter verwendung von primärfarben zu befassen.

theo van doesburg starb 1931, 48-jährig, in davos. piet mondrian, der älteste, starb 1944, 72-jährig, in new york. van der leck hat sich anderen malerischen aussagen zugewandt …

der jüngste, georges vantongerloo, war seit beginn der radikalste … in seinen beiden schriften *l'art et son avenir* (geschrieben 1919/21 in menton, erschienen 1924 in antwerpen) und *problems of contemporary art: paintings, sculptures, reflections* (new york 1948) sind seine wesentlichen überlegungen zusammengefasst. doch diese schriften würden nicht genügen, um seine künstlerische existenz zu rechtfertigen. das tun seine bilder und plastiken, in denen er kühn in künstlerisches neuland vorstösst.

er treibt seine experimente immer über die im augenblick zulässig scheinende grenze der ästhetischen existenz hinaus, und erst jahre nachher werden diese ganz verstanden.»

bills schlussfolgerung in diesem im jahr 1956 geschriebenen artikel lautete: gerade in diesen «ästhetischen prozessen» liege der schlüssel «für ihre wirksamkeit».[992]

marlow moss – unüberbietbare sauberkeit und harmonie

der auftritt der künstlerin mit dem männlich klingenden pseudonym marlow moss, eigentlich marjorie jewell moss, an einer ‹abstraction-création›-vernissage am 22. dezember 1933 – bills 25. geburtstag – in paris beeindruckte max bill besonders.

wie sich bill erinnerte, schaute er sich im ausstellungsraum die verschiedenen werke, die bereits da waren, an. dann kamen zwei damen, jede mit einem paket. sie packten aus und stellten zwei bilder auf. «die eine war ganz klein, ganz dünn und schmal, mit einem schmalen gesicht und lebhaften augen, die andere war kräftig und gross. beide waren genau gleich angezogen und trugen flache, breitkrempige hüte.» er betrachtete die von den beiden neu angelieferten bilder und sagte: «es freut mich, dass endlich diese schönen werke von mondrian angekommen sind.» dann wurde es ein wenig eisig, und die kleinere der beiden frauen, das war marlow moss, sagte: «diese bilder sind von mir.»[993]

marlow moss stammte aus einer sehr wohlhabenden englischen familie und lebte seit 1927 in paris. ihre leitfiguren in der kunst waren rembrandt, van gogh und mondrian. nachdem sie bereits zwei jahre in paris gelebt hatte, begegnete sie letzterem erst im jahr 1929 persönlich. sie wird ihn bis zu seinem wegzug aus paris im jahr 1938 regelmässig treffen; und es war mondrian, der ihr vorschlug, der gruppe ‹abstraction-création› beizutreten. marlow wurde schülerin von fernand léger.

992 max bill: «georges vantongerloo», in: *neue zürcher zeitung*, 29.11.1956
993 bill 1973
994 ebenda

die grosse frau hiess nettie nijhoff; sie war eine holländerin und die lebensgefährtin der künstlerin marlow moss.

bill lag mit seinem faux-pas nicht gänzlich daneben, denn diese bilder hatte marlow moss gemalt, als sie zu mondrian intensive kontakte pflegte und auch dessen gestaltungsweise sehr nahe kam.

im ausstellungsraum von ‹abstraction-création› entspann sich zwischen moss und bill eine kleine kontroverse. moss behauptete, sie sei die erfinderin «der doppellinie»; tatsächlich begann mondrian erst nach ihr in den 30er-jahren seinerseits «doppellinien» in seinen bildkompositionen zu verwenden.

doch bill gab moss zu bedenken, dass mondrian in anderer anordnung dies schon vorher, bereits in den frühen zwanzigerjahren, getan habe, allerdings «mit anderen intentionen». die kontroverse wurde schliesslich beigelegt, und bill sogar von den beiden damen in ihr schlösschen, das château d'evreux bei paris, eingeladen. sie empfingen ihn dort bei seinem ersten besuch bereits am hoftor, marlow in elegantem reitdress.

im schlösschen bekam bill marlows grosses atelier von unüberbietbarer sauberkeit und harmonie zu sehen, mit werken von marlow moss und solchen von piet mondrian. «ebenso wie die perfekten bilder» erfüllten «die spielerischen tischdekorationen und das auserlesene essen ihre funktion. alles war hell, frisch, transparent.»[994] während des essens brachten kapuzinerblüten auf dem salat bill in verlegenheit, denn er wusste damals noch nicht, dass diese durchaus essbar waren.

das château d'evreux wird 1944 mitsamt einem grossen teil des frühwerks von marlow moss durch bombardierung zerstört.

in der bibliothek max bill befindet sich ein exemplar der anspruchsvollen kunstzeitschrift *cahiers d'art* (directeur christian zervos, éditions cahiers d'art, 14, rue du dragon, paris VIè arrondissement) aus dem ersten quartal des jahres 1934, in dem gegen heftende, teils mit besprechungen, auf ausstellungen in paris hingewiesen wird:

so zeigte die galerie jeanne bucher, bei der bill selber gerne ausgestellt hätte, aktuell werke der künstlerin paule vézelay, die seit einiger zeit zu ‹abstraction-création› gehörte, jedoch ohne deren «dogmatismus» verfallen zu sein, wie der kritiker hervorhebt. sie sei «näher bei arp» als bei den leitfiguren («promoteurs») der gruppe, die hier nicht namentlich genannt werden.

es ist auffallend, dass in der gruppeneigenen galerie selbst von keiner einzigen der namhaften künstlerinnen, die der künstlergruppe angehörten, je eine einzelausstellung veranstaltet wurde.

«elle à évité l'écueil de la plupart des membres du groupe ‹abstraction-création› avec lequel elle s'est liée depuis quelque temps, en ne donnant pas leur dogmatisme qui appelle l'exécution irrévocable du sujet. plus près d'arp que des promoteurs de ce groupe, vézelay prend toujours l'objet ...»[995]

der name der künstlerin paule vézelay ist ein pseudonym, sie hiess ursprünglich marjorie agnes watson-williams und stammte aus clifton, bristol. von 1929 bis 1932 lebte sie vier jahre lang mit andré masson zusammen. als sie sich in ihn verliebte, war sie eine gestandene frau im alter von sechsunddreissig jahren, er war drei jahre jünger, bereits verheiratet und hatte ein kind. paule und der surrealist masson malten «side by side». masson liess sich scheiden und wollte im april 1932 paule heiraten, aber sie wollte plötzlich nicht mehr und liess mit ihrer trennung von masson in ihrer eigenen kunst auch alles ‹surrealistische› hinter sich. «the most important influence on her from this time onwards was jean arp, whom she seems to have met about 1933. she soon became close friends

als ich arps zweite ehefrau, marguerite arp-hagenbach, 1983 in locarno-solduno besuchte, erwähnte sie, beim gemeinsamen betrachten dieses fotos von paule vézelay mit arp: «arp stand auf frauen mit dicken oberschenkeln.»

für weitere informationen über paule vézelays leben und ihre arbeit siehe den katalog ihrer späten retrospektive *paule vézelay* in der tate gallery, london 1983. die künstlerin durfte im hohen alter diese ausstellung noch miterleben. sie starb neun monate danach, im märz 1984.

paule vézelay war 1934 ‹abstraction-création› beigetreten, und jean arp stand paule tatsächlich nahe. es gibt ein foto, auf dem paule vézelay im badeanzug in südfrankreich neben dem noch angezogenen jean arp zu sehen ist.[997]

zwei monate nach dem beginn des zweiten weltkriegs wird die künstlerin frankreich verlassen und in ihr heimatland england zurückkehren. die meiste zeit während des kriegs, von 1939 bis 1944, bleibt sie in bristol, «where her work included some drawings of bomb damage».[998]

derselben nummer der *cahiers d'art* ist ein hinweis auf werke des verstorbenen künstlers theo van doesburg zu entnehmen, ohne angabe der ausstellungsdauer: «theo van doesburg (galerie abstraction-création). les œuvres que les amis de cet artiste, mort relativement jeune, ont exposées, nous reportent à l'époque des premières tentatives de réaction contre le sujet en faveur de la non-figuration qui a fait depuis école. van doesburg, mondrian, vantongerloo et quelques autres, ont été les chefs de cette école.»[999]

dies ist einer der seltenen hinweise, in dem der kunsthistorische rang vantongerloos als «chef», als pionier erkannt und neben van doesburg und mondrian gewürdigt wird.

---

995 in: *cahiers d'art* 1-4, 9e année, 1934
996 alley 1987
997 ebenda
998 ebenda
999 siehe anm. 995
1000 zit. nach christian zervos: «réflexions sur brancusi à propos de son exposition à new york», in: *cahiers d'art* 1-4, 9e année, 1934
1001 ebenda

einladungskarte zur ausstellung *théo van doesburg* in der galerie von ‹abstraction-création›, 1934

die einladungskarte ist ausnahmsweise schwarz-rot gestaltet, während alle anderen karten zu ‹abstraction-création›-ausstellungen ausschliesslich in schwarzer schrift gedruckt existieren. die postume einzelausstellung theo van doesburgs dauerte vom 16. bis 30. märz 1934.

im anschluss an diese einzelausstellung wurde eine schau mit acht lebenden angehörigen der gruppe, darunter freundlich, gleizes und gorin, veranstaltet, bei der abermals auch arbeiten des verstorbenen gruppenmitbegründers theo van doesburg gezeigt werden (30. märz bis 12. april 1934).

dem überblick über die aktivitäten in paris in *cahiers d'art* kann man ferner entnehmen, dass die ‹association des écrivains et artistes révolutionnaires› (a.e.a.r.) im januar und februar 1935 eine ausstellung im palais des expositions organisieren wollte. den hier mitpublizierten aufruf dieser gruppe, die die kunstschaffenden dazu motivieren wollte, sich an die seite der «kommenden» klasse zu stellen, beziehungsweise sich in diese klasse – gemeint ist die proletarische – «zu integrieren», wird u. a. mitunterzeichnet von herbin, der zugleich präsident der gruppe ‹abstraction-création› ist, von laurens, lurçat, ozenfant und signac («... c'est de l'intégrer à la classe qui ‹monte›, elle seule peut restituer sa vraie fonction sociale ...»).

und nochmals im selben heft von *cahiers d'art* machte sich der chefredakteur christian zervos gedanken zu brancusi, dessen werke bis zum 13. januar 1934 in new york ausgestellt waren; und, last not least, erschien hier auch ein von sigfried giedion geschriebener text über den brückenbauer robert maillart («nouveaux ponts de maillart»).

zu robert maillart wird max bill in späteren jahren ein buch verfassen.

zervos' zeilen verdeutlichen eine unter den zumeist linken künstlern verbreitete hoffnung auf die ‹kommende› klasse, das proletariat. so wollte auch brancusi durch seine kunst dem volk momente des glücks bescheren. es war eine einseitige liebesgeschichte, die vom ‹volk› nicht erwidert wurde; darin lag eine grosse tragik. statt der befreiung der ausgebeuteten erlebten sie, wie sich der faschismus immer verheerender ausbreitete.

im katalog der new yorker brancusi-ausstellung (brummer gallery 1933/34) findet sich die knappe, vom künstler handschriftlich beigefügte aussage: «n'y cherchez pas de formules obscures ou de mystère. c'est de la joie pure que je vous donne.»[1000]

zervos unterstrich in seinen gedanken zur brancusi-ausstellung: «... et son œuvre est réalisée à l'intention des masses pour lesquelles il aurait travaillé, si les conditions sociales et l'état d'esprit qu'elles ont formé ne l'en avaient empêché.» die grosse sehnsucht der künstlergeneration, die nicht mehr gezwungen ist, aufträge von fürsten oder kirchen entgegenzunehmen, richtet sich auf den «citoyen». «brancusi travaille avec le vif désir de partager sa joie de créer ... c'est pourquoi ses sculptures ne sauraient être considérées que comme des maquettes d'œuvres à exécuter à grande échelle, pour le plaisir de tous les citoyens de la ville qui voudraient les fixer sur ses places publiques.»[1001]

mit demselben anspruch wird bald auch max bill auftreten. er ist hiermit ein legitimer nachfolger brancusis.

machtkämpfe im ‹comité›

im ‹comité› von ‹abstraction-création› kam es bald schon, im frühjahr 1934, zu machtkämpfen. es ging um folgendes: ein demokratisch erfolgter beschluss sah vor, alle mitglieder der gruppe in den von ihnen selbst herausgegebenen, jährlich erscheinenden heften mit abbildungen von einheitlicher grösse und anzahl darzustellen. dieser beschluss sollte im april 1934 umgangen werden. die befürworter argumentierten: die «besseren» sollten bevorzugt mit grossen abbildungen repräsentiert werden. vantongerloo sprach sich gegen die undemokratische neuerung aus.

in *abstraction-création*, nr. 3/1934, präsentierte das ‹comité› in erster linie sich selbst. hintangesetzt wurden mit kleinformatigen abbildungen acht künstlerinnen, darunter barbara hepworth und marlow moss, sowie die im ausland lebenden mitglieder, die sich nicht so schnell und direkt in paris zur wehr setzen konnten, etwa der in die usa emigrierte josef albers oder der in der schweiz wohnende max bill.

die nennung dieser kunsthistorisch wichtigen persönlichkeiten unter anderen gibt zu erkennen, dass das argument, die «besseren» besser zu illustrieren, eine finte war – eben der ausdruck eines realen machtkampfs, der bald einen teil der gruppe wegsprengen wird.

robert delaunay schrieb einen protestbrief an das ‹comité›, in dem er sich gegen bevorzugende und diskriminierende clichégrössen aussprach, sich erneut für einheitliche abbildungsformate in der publikationsreihe einsetzte und damit auch vantongerloos standpunkt unterstützte.

am 1. juni 1934 demissionierten jean arp, sophie taeuber-arp, fernandez und hélion. ihr angriffiger entschluss richtete sich namentlich gegen auguste herbin, den präsidenten der gruppe. vantongerloo ging zum schriftlichen gegenangriff gegen jean arp über, in dem er delaunays protest zitierte: «c'est précisément toi [arp] et hélion qui ont voulu éliminer et juger lequel des membres aura un grand ou un petit cliché.»[1002]

maxens einstiger meister am bauhaus, lászló moholy-nagy, befand sich unter jenen, die eine äusserst ungewisse zukunft vor sich hatten. er wird bald aus nazideutschland emigrieren. vorher hatte er noch die chance, seine werke in paris auszustellen, denn ‹abstraction-création›, der er angehörte, ermöglichte ihm eine einzelausstellung, die am 15. juni 1934 – gerade in der zeit der grossen auseinandersetzung innerhalb der gruppe – in der galerie an der avenue de wagram eröffnet wurde und bis monatsende dauern sollte.

---

je ein grosses cliché erhielten: arp, béothy, calder, domela, freundlich, fernandez, gleizes, gorin, hélion, herbin, kupka, moholy-nagy, mondrian, power, seligmann, schwitters, taeuber-arp (als einzige frau), valmier, kandinsky, brancusi, gonzález, vordemberge-gildewart und vantongerloo (obwohl letztgenannter gegen diesen beschluss war).

robert delaunay, ein langjähriger freund der arps, erzählte vantongerloo von demissionsabsichten des ehepaars. es ist anzunehmen, dass jean arp dabei die treibende kraft war.

1002 georges vantongerloo, paris, 6.6.1934, an jean arp, meudon; vantongerloo-archiv
1003 moholy-nagy 1950, s. 113
1004 oppenheim [1978] 2007, s. 195f.
1005 siehe sophie arp taeuber, meudon, 23.1.35, an georges vantongerloo; vantongerloo-archiv
1006 oppenheim [1978] 2007, s. 196

einladungskarte zur *exposition moholy-nagy* in der galerie von ‹abstraction-création›, 1934

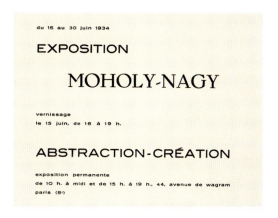

moholy-nagy reiste zusammen mit seiner neuen lebensgefährtin sibyl nach paris, die sich rückblickend nicht mehr an die dauer des aufenthalts, dafür jedoch um so intensiver an die künstlerpersönlichkeiten, die sie in paris besuchten, erinnert: «i don't remember how long we stayed. all minor impressions have been erased by the men we visited – brancusi, vantongerloo, arp, mondrian. they were paris to me.»[1003]

während sich der streit bei ‹abstraction-création› zuspitzte, wurde anderswo gefeiert. auf einem dieser feste, bei den in paris lebenden schweizer künstlern hans schiess und kurt seligmann, traf meret oppenheim auch sophie und jean arp an.[1004]

sophie taeuber-arp, schiess und seligmann hatten auch grund zum feiern, erschien doch just im mai 1934 das buch *h. erni, h. schiess, k. seligmann, s. h. taeuber-arp, g. vulliamy* von anatole jakovsky, und zwar ironischerweise gerade bei den ‹éditions abstraction-création›, also bei jener künstlervereinigung, der sophie und ihr mann gerade den rücken kehrten.

der hier erwähnte schweizer künstler kurt seligmann hielt sich nicht nur in paris auf, er hatte auch ein atelier in basel. in seinem basler atelier wird meret oppenheim nach eigenem bericht «im spätherbst 1934» max ernst kennenlernen. aus dieser begegnung sollte eine «leidenschaftliche liebe auf beiden seiten» entstehen,[1006] die hier bereits an anderer stelle im zusammenhang mit einem gemeinsamen besuch von max bill und max ernst in ‹la barca› im tessiner onsernonetal erwähnung fand.

jean arp veranlasste das britische künstlerehepaar barbara hepworth und ben nicholson, ‹abstraction-création› ebenfalls zu verlassen. ob auch er piet mondrian zum austritt anstiftete, ist ungeklärt, wurde ihm indes von vantongerloo

die gestaltung des buches stammt von sophie taeuber-arp, wie nicht den angaben im buch, sondern einem brief von sohie taeuber-arp an georges vantongerloo zu entnehmen ist.[1005]

kupkas austrittsschreiben (an vantongerloo, der in herbins abwesenheit die laufenden geschäfte betreute) lautete: «mon cher président, mon état de santé ne me permettant nulle fatigue et ne voyant pas la possibilité de collaborer utilement à ‹abstraction-création› – je vous prie donc de bien vouloir accepter ma démission de membre de comité comme aussi celle de sociétaire. kupka.»[1007]

max bill hatte kupka in jenen jahren nicht kennengelernt, die beiden werden sich erst nach dem ende des zweiten weltkriegs, im oktober/november 1945 in paris, begegnen.

das archiv otto freundlichs konnte von jeanne (hannah) kosnick-kloss, die den zweiten weltkrieg überlebte, gerettet werden. ihre stiftung jeanne & otto freundlich ist seit 1969 im musée pontoise (frankreich) untergebracht.

mit leihgaben aus dem musée de pontoise fand 1988 im musée départementale rochechouart, limoges, eine ausstellung mit gemälden otto freundlichs statt. dazu erschien die erste monografie in französischer sprache *otto freundlich* von alain bonfand et al. bei den éditions de la différence, paris.

1007 kupka, 7 rue lemaitre, puteaux, seine, 14.9.1934, abstraction-création; vantongerloo-archiv
1008 otto freundlich, 38 rue denfert-rochereau, paris Ve, 22.11.1934, an georges vantongerloo, paris; vantongerloo-archiv
1009 susanne beyer: «abschied vom beton-brecht», in: *der spiegel*, 11.2.2008, s. 142
1010 ernst scheidegger; in schmid 2008

unterstellt, der den austritt mondrians zu recht für einen empfindlichen verlust hielt. auch césar domela (caesar domela nieuwenhuis) und der schweizer hans erni gingen; františek (frank) kupka verliess die gruppe dann im september 1934.

herbin, der präsident von ‹abstraction-création›, hatte seinerseits nicht mehr genügend finanzielle mittel, um in der stadt zu leben, er verliess paris und ging aufs land, in die landwirtschaft.

otto freundlich wollte an der seite des revolutionären proletariats kämpfen, er demissionierte im november 1934, und mit ihm verliess seine lebensgefährtin jeanne (hannah) kosnick-kloss die gruppe. freundlich und kosnick-kloss lebten seit 1930 in paris zusammen. jeanne war nicht nur malerin, sondern auch pianistin. jahre zuvor hatte sie am bauhaus konzerte gegeben.

«… cher van tongerloo, parceque dans ces temps décisifs la place d'un artiste révolutionnaire doit être uniquement à côté du prolétariat révolutionnaire et parceque j'ai repris cette place mon évolution artistique est liée à l'évolution de la révolution même et je n'ai pas d'autres intérêts. je souhaite à votre groupe une bonne chance. avec mes salutations cordiales otto freundlich.»[1008] die nazis werden vierzehn werke otto freundlichs aus museen in deutschland ‹entfernen› und einige seiner arbeiten 1937 in der ausstellung *entartete kunst* in münchen öffentlich verdammen.

in frankreich wurde freundlich im september 1939 interniert, jedoch – unter anderem weil sich pablo picasso und sophie taeuber-arp für ihn einsetzten, im februar 1940 aus dem internierungslager freigelassen. es gelang ihm, in die östlichen pyrenäen, nach st. paul-de-fenouillet, zu fliehen. doch am 23. märz 1943 wurde er dort verhaftet und kurz darauf aus dem sammellager degostinet bei paris nach polen deportiert. er wurde 1943 im konzentrationslager lublin-maidanek ermordet.

auto- und jazzfan bill

im august 1931 hatte bill, als er mit binia noch in der zürcher stadtwohnung an der goldbrunnenstrasse 141 lebte, einen erskine gekauft; das darauffolgende auto war ein steyr, erstanden zum jahresbeginn 1932.

nicht nur bill, auch bert brecht war ein bekennender steyr-fan. die texte brechts, der marxistisch-dialektisch dachte, sprachen auch bill an, er sang gerne solche texte. bertolt brecht geriet immer mehr in das fadenkreuz der na-

binia bill: max bill mit jazzmusikern im steyr auf der gepflästerten garageneinfahrt in höngg

die namen der jazzmusiker sind nicht genannt, und das foto ist nicht datiert. da der auszug von binia und max bill aus der zürcher mietwohnung in der golbrunnenstrasse am 1. april 1933 erfolgt war und der bezug des von bill neugebauten hauses in höngg im april 1933 vor sich ging, kann das foto nicht vor april 1933 aufgenommen worden sein.

zis. er wurde im juli 1935 ‹ausgebürgert› und sah sich gezwungen, über skandinavien und die udssr in die usa zu emigrieren.

1944/45 nahm max bill einen lehrauftrag für ‹formlehre› an derselben schule in zürich an, aus der er einst als schüler herausgeflogen war. johannes itten, der direktor der kunstgewerbeschule, hatte ihn berufen. ernst scheidegger, einer der damaligen schüler, berichtet: «... vorher hat man über bill gesprochen. man ist da vor dem kunstgewerbeschulhaus gestanden und da kam er mit seinem adler, so ein altmodisches auto, so wie eine schreibmaschine ... und dann ist er immer hier vorbeigefahren – es war eben geheimnsivoll. und dann waren wir natürlich alle sehr begeistert, dass wir zu ihm in den vorkurs gehen durften.»[1010]

«es ist bekannt – und gilt in der brecht-gemeinde als kaum verzeihliche peinlichkeit –, dass brecht für einen autokonzern ein lobgedicht auf eine nobelkarosse, auf den steyr-wagen, verfasste und daraufhin vom konzern einen solchen steyr geschenkt bekam. die vorarbeiten für das autogedicht finden sich im notizbuch (‹jedes hinterrad schwingt geteilt für sich›).»[1009]

einige der brecht-texte fasste max bill in einem kleinen büchlein zusammen, dessen cover er mit in schreibmaschinenschrift gewollt ‹undiszipliniert› hingetippten bb-buchstaben-kolonnen versah, die sich horizontal und vertikal angeordnet kreuzten (aus nachlass max bill an angela thomas).

jakob ist linkshänder, und er wird als erwachsener, dann, wenn die lichtverhältnisse vorteilhaft sind, selber malen. beim malen unterscheiden sich die beiden nicht nur in ihrer technischen vorgehensweise. max bill erzählte mir: «jakob firnisst seine bilder sehr sorgfältig, nach monaten – er wartet so lange wie möglich, bis die farbe wirklich getrocknet ist, im gegenteil zu mir.» und letzteres halte ihm jakob kritisierend auch stets vor.

«le petit est chez mon père en vacances.»[1011] ausnahmsweise erwähnt max bill hier sogar seinen vater im briefwechsel mit seinem engen freund vantongerloo.

«une semaine avant la fin de l'exposition j'ai détruit ma voiture et depuis je suis devenu piéton. c'est commode et très sûr en même temps.»[1012]

der kauf des bentley ist datiert von jakob bill in: «persönliche notizen zur geschichte des hauses bill in höngg», in: *das atelierhaus max bill* 1932/33, 1997, s. 96.

über seinen 1942 geborenen sohn jakob ‹joggi› bill, der «liberal, jedoch nicht anti-autoritär erzogen» worden sei, hat max bill mir gegenüber nur selten gesprochen.

nur manchmal berichtete max erinnerungen an seinen sohn, so zum beispiel: «als der jakob klein war, hat er, wenn er von einer mücke gestochen wurde, eine hand auf die stirn gelegt und gesagt: ‹ich hab kopfweh!›» im november 1946 schickten binia und max ihren jakob zu maxens vater erwin bill nach ligerz an den bielersee in die ferien.

danach nahm bill seinen aus den ferien zurückgekehrten sohn mit, um günstige angebote eines automarkts, sogenannte auto-occasionen, zu begutachten. im dezember 1946 kaufte er einen lancia augusta, denn eine woche bevor die für bill besonders wichtige ausstellung *pevsner vantongerloo bill* am 13. november 1949 im kunsthaus zürich zu ende ging, habe er – der stets ziemlich schnell fuhr – sein auto kaputt gefahren, wie er seinem freund vantongerloo anvertraute.

die nächste, wörtlich grössere anschaffung eines autos passiert 1951: als max bill mit dem grossen preis für plastik, der ihm an der biennale in são paolo verliehen wurde, auch ein beträchtliches preisgeld erhielt, konnte er sich einen traum erfüllen und sich einen bentley mark VI erstehen.

in noch späteren jahren wird bill einen rolls royce silvercloud kaufen, eine ‹occasion›, ein schnäppchen, für «nur 30 000.– schweizer franken», wie er mir sagte. das auto hatte das steuerrad auf der rechten seite, war silbergrau mit einem feinen lila streifen, und bill steuerte diesen wagen, als ob dieser «jolls joyce» ein von ihm vorübergehend domestiziertes raubtier sei, das jederzeit unverhofft mit voller kraft zum sprung ansetzen könnte. in den vier garagen, die zum 1967/68 von ihm in zumikon gebauten wohn- und atelierhaus gehörten, waren der rolls royce, ferner ein audi sowie ein roter bmw, den binia fuhr, parkiert.

bill war und blieb zudem ein jazzfan, und eines tages brachte er, unkonventionell wie er sich nun einmal verhielt, fünf schwarze jazzmusiker in seinem aussergewöhnlichen auto mit nach hause. bei deren ankunft in höngg fotografierte binia die erwartungsvoll lachenden musiker mit max bill am steuer seines steyr (siehe s. 461).

im vollbesetzten zürcher tonhallesaal gaben louis amstrong und band im november 1934 ein konzert. das publikum jubelte. im dezember 1935 gastierte der weltberühmte jazzsaxofonist coleman hawkins in zürich.

1011 max bill, 11.11.1946, an georges vantongerloo, paris; vantongerloo-archiv

1012 max bill, zürich, 23.11.1949, an georges vantongerloo, paris; ebenda

«chaleureusement à vous»

bill sandte im januar 1935 ein cliché seiner plastik für das *abstraction-création*-heft nr. 4 an vantongerloo.

bill-zürich
bill zürich 10 limmattalstrasse 253 telefon 67.567
postcheck VIII 18.442

abstraction-création m. g. vantongerloo
paris XIV – france
7 impasse du rouet
tag
14.1.35
betrifft cahier no 4

cher camarade,
avec cette lettre vous recevez la somme de 150.– frs. 110.– frs. sont ma cotisation pour le cahier no 4, 40.– frs. sont la cotisation du membre. En 3 jours vous recevrez 1 cliché d'une plastique de moi et un d'un dessin de mon ami fischli. Sa cotisation, il vous l'envoit lui-même.
veuillez agréer, cher camarade, mes salutations distinguées.

bill
150 frs. français

vantongerloo antwortete umwendend und «chaleureusement à vous» am 15. januar (siehe s. 453). und wenige tage darauf traf bereits wieder ein brief vantongerloos bei bill ein, in dem er auch auf die streitigkeiten und die demission einiger ‹comité›-mitglieder bezug nahm.

g. vantongerloo 7, impasse du rouet – paris XIV
monsieur bill
limmattalstrasse 253   19 janvier 1935
zurich suisse

cher camarade,
j'ai bien reçu deux reproductions, une à vous et une autre du camarade fischli.
je n'ai pas compris la signification de cet envoi vu qu'il s'agissait de deux photos de vos œuvres et non d'une reproduction de vous et de fischli.
aujourd'hui, je reçois un avis de la douane. je m'y suis présenté et vous voyez la complication de recevoir deux clichés neufs.
d'autre part, nous ne pouvons pas nous servir de ces clichés pour diverses raisons. la raison principale est celle-ci: «les membres d'*abstraction-création* doivent tous être traités sur un pied d'égalité.» cela a été revoté par la dernière assemblée générale. chacun a droit à 2 reproductions moyenne grandeur et est placé par ordre alphabétique. évidemment, vous avez jugé d'après le cahier no 3. mais vous ignorez peut-être que certains membres, et encore des membres du comité, ne voyaient qu'un intérêt personnel et commercial, voulant mettre le cahier et tout *abstraction-création* à leur service. ils étaient quatre et sont depuis démissionnaires car le comité a le devoir de maintenir les statuts qui défendent l'intérêt de tous les membres et non de quelques uns. pensez aux ennuis que cela aurait pu nous causer car ces messieurs voulaient éliminer du cahier plusieurs membres et sont parvenus par intrigue à ne publier qu'une petite reproduction de membres qui cependant avaient acquittés les frais de leur publication, alors que les quatre démissionnaires nous doivent ensemble près de 1000 frs.
un membre qui a payé les frais de publication et qui se voit frustré, peut porter plainte d'escroquerie contre abstraction-création. je suis heureux de pouvoir vous affirmer que pareil abus n'est plus possible aujourd'hui et que la plus grande loyauté règne à abstraction-création.
je vous demanderais donc de vouloir m'envoyer, comme je vous le demandais par ma lettre du 15 janvier, deux photos et permettez-moi de vous rappeler que vous nous devez encore 50 frs. comme frais du cahier no 4.
je voudrais également vous demander de vouloir désigner vous même un expéditeur qui se chargerait de la réexpédition de vos clichés. je suis dans l'obligation absolue à vous demander cela. je suis premièrement encombré par les matériaux d'abstraction-création. 2° seul pour toute l'administration, 3° nous n'avons aucun budget sur quoi nous pouvons prélever des frais de ce genre alors que la douane nous a réclamé déjà des frais d'écriture, 4° chaque visite à la douane demande, au moins, une ½ journée, plus les ennuis. je vous serais donc obligé de vouloir comprendre le bien fondé de ma demande.
vous voudriez aussi transmettre ma demande et excuses à notre camarade fischli et croire en ma sincérité.

cordialement à vous.
g. vantongerloo

am 28. januar 1935 schrieb bill auf deutsch zurück, da er sich leider auf französisch «nur ungenau ausdrücken» könne. er brachte hier auch eine leise kritik an der grafischen gestaltung der *abstraction-création*-hefte an.

bill-zürich
bill zürich 10 limmattalstrasse 253 telefon 67.567
postcheck VIII 18.442

m. g. vantongerloo abstraction-création
paris XIV
7 impasse du rouet

28.1.35
betrifft cahier no 4

lieber vantongerloo,
entschuldigen sie bitte, dass ich ihnen deutsch schreibe, leider kann ich mich französisch nur ungenau ausdrücken und möchte nicht, dass missverständnisse aufkommen könnten. ich begreife ihre stellungnahme gut, schade dass wir von diesem generalversammlungsbeschluss nichts wussten, sonst hätten wir natürlich nicht nach dem heft no. 3 disponiert. wir hatten angenommen, dass jedem mitglied eine seite zur verfügung stehe und eine bestimmte klischeegrösse, da wir annahmen, dass ihnen die klischees, welche wir wünschten, zu teuer zu stehen kämen, liessen wir diese hier auf unsere kosten herstellen und ihnen mit freipass zustellen, sodass ihnen die zollauslagen bei der rücksendung voll vergütet worden wären. ich wusste nicht, dass das in paris solche mühe macht und bitte sie deshalb vielmals um entschuldigung, es war in keiner weise unsere absicht.
ich bin der ansicht, dass kunstwerke im vornherein zu einer schlechten wirkung verurteilt sind durch die grafische reproduktion, deshalb glaube ich, dass an stelle der grösseren anzahl (2 stück) die grössere abbildung (1 stück) treten sollte, wenn das betreffende mitglied das wünscht, eine ergänzung des generalversammlungsbeschlusses in dieser richtung sollte in erwägung gezogen werden.
ich sende ihnen beiliegend 2 fotos von derselben plastik, in der absicht, beide zu zeigen, um ein umfassenderes bild davon zu geben. meine letzten bilder haben leider solche feinheiten, dass sie in der reproduktion vollkommen falsch erscheinen würden, was bei fischli im allgemeinen auch so zutrifft. die restierenden frs. 50.– lege ich ihnen gleichzeitig bei.
ich danke ihnen noch vielmals für ihre bemühungen und bitte sie die verschiedenen missgeschicke entschuldigen zu wollen.
    ich bin mit den besten grüssen
    ihr bill

beilagen: 2 klischeevorlagen / frs. 50 in noten

auch diesen brief beantwortete vantongerloo, der sein engagement für die künstlergruppe ‹abstraction-création› ernst nahm, wiederum postwendend und gab bei dieser gelegenheit seiner hoffnung ausdruck, bill endlich persönlich kennenzulernen.

g. vantongerloo 7, impasse du rouet – paris XIV

monsieur bill
limmattalstrasse 253
zurich suisse

30 janvier 1935

mon cher bill,
merci infiniment pour votre lettre du 28-1-35 contenant 2 photos (même objet) plus 50 fr. reliquat de votre contribution à notre mouvement et expansion d'art abstrait.
il m'a été agréable de voir que vous partagez mes remarques et je m'excuse d'avoir été obligé de vous les adresser car vous avez agi en bon confrère.
bien que je ne connais pas l'allemand, je le comprends, et j'ai donc pu déchiffrer votre lettre.
je suis d'accord avec vous qu'une œuvre, quelle qu'elle soit, ne rend jamais par reproduction. mais votre idée de reproduire deux phases d'une même œuvre est une amélioration d'un pis aller. je dois vous dire que votre travail m'intéresse beaucoup et il me sera agréable de vous connaître un jour personnellement.
je n'ai pas encore reçu des nouvelles de fischli. vous seriez bien aimable de lui rappeler nos pourparlers avancés avec l'imprimeur et que nous attendons avec impatience sa participation.
je vous tiendrai au courant de toutes nouvelles qui pourraient vous intéresser et en attendant, recevez, cher bill,
    mes meilleures sentiments.
    g. vantongerloo

von den streitigkeiten bei ‹abstraction-création› hatte in der ferne auch moholy-nagy erfahren. und er versuchte, sich mit mondrian darüber zu verständigen.

«lieber vantongerloo, … ich schrieb seinerzeit mondrian, dass ich es unendlich bedaure, dass viele kameraden so kurzsichtig in der angelegenheit der mitgliedschaft verfahren und in der zeit grösster gefährdung aller ergebnisse a-c beinahe zerschlagen. worauf auch mondrian sehr diesen zustand bedauerte und meinte, dass dies in paris leider auf die uneinigkeit der kameraden zurückzuführen wäre. was ist jetzt die situation? mit sehr herzlichen grüssen ihr l. moholy-nagy»[1014]

«in london hörte ich über a.c. streitigkeiten deprimierendes, und es tut mir unendlich leid, dass die mitglieder selbst ihr wesentliches instrument, das ihnen nach aussen halt und kraft zu verleihen imstande ist, zerbrechen wollen.»[1013]

weltausstellung in brüssel

anfang 1935 zog der architekt ernst f. burckhardt max bill wieder einmal zu einer zusammenarbeit heran. es ging um die ausstellung *land- und ferienhaus* in basel. bill entwarf ein wandbild im masstab 1:100. es ist kleingeschrieben mit dem slogan ‹besucht das berner oberland› beschriftet.

zudem bekam bill den auftrag für die beschriftung des vom architekten hans hofmann an der weltausstellung in brüssel gebauten schweizer pavillons, und er gestaltete, beauftragt von der schweizerischen verkehrszentrale, dort auch ein bild mit schweizer bergen.

dieser zweiteilige, farbige entwurf für die innenwände der halle V, von max bill signiert und datiert 28.3.1935, befindet sich im nachlass von ernst f. burckhardt im gta archiv der eth zürich. er wurde meines wissens bislang noch nie abgebildet.

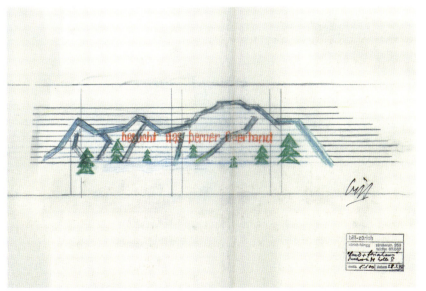

max bill: entwurf für die basler ausstellung *land- und ferienhaus* (innenwände für halle V), 1935

1013 lászló moholy-nagy [schreibmaschine, deutsch], 12.2.1935, an georges vantongerloo, paris; vantongerloo-archiv
1014 lászló moholy-nagy [handschriftlich, deutsch], 7, farm walk, gb-london n.w.11, 28.8.1935, an georges vantongerloo, paris; ebenda

«verena erinnerte sich gerne an die arztbesuche mit dem vater auf abgelegenen höfen und an die ländliche atmosphäre, die sie jedoch ambivalent erlebte: sie liebte die landschaft und die natur, verabscheute die schule mit ihren harten erzieherischen methoden ... ihr elternhaus galt als kulturell interessiert, wenn auch mit einem eher konservativen kunst-, literatur- und musikverständnis.»[1015]
verena, nach deren geburt ihre mutter ihr medizinstudium abbrach, war die älteste von vier geschwistern. zu ihrem 1914 geborenen bruder dieter, der seinerseits arzt werden sollte, pflegte bill später auch kontakte.

mit dem ehepaar bill reisten im frühjahr 1935 verena (vreni) loewensberg und ihr mann hans coray gemeinsam nach belgien. die 1912 in zürich geborene verena loewensberg stammte aus einer aus deutschland eingewanderten jüdischen getreidehändlerfamilie. vrenis vater war in der zeit nach dem ersten weltkrieg in sissach (baselland) als landarzt tätig.

in zürich lernte verena loewensberg zwei jahre lang bei der tänzerin trudi schoop, war jedoch nicht besonders talentiert. sie heiratete 1932 mit zwanzig jahren den romanisten dr. phil. hans coray, den sohn des kunsthändlers han coray, der sich früh mit fragen des designs auseinandersetzte. die frischvermählten verbrachten das jahr 1933 in ascona. danach wohnten sie 1934 in zürich, in der kirchgasse.

das corso-haus an der theaterstrasse beim bellevue wurde 1934/35 umgebaut, und «verena loewensberg und hans coray gehörten zu den ersten mietern. in dieser kleinen wohnung habe verena einen ‹grossen arbeitstisch› gehabt, an dem sie zu malen angefangen habe und mit – unter dem technischen einfluss von hans fischli entstandenen – kolorierten ‹zeichnungen auf gipsplatten›[1016] experimentierte. da das ehepaar loewensberg-coray kaum geld hatte, arbeitete verena in einem fotolabor. im corso habe verena auch die bills kennengelernt. «sehr früh kam ich in kontakt mit max bill und binia bill. bei diesen freunden erlebte ich die atmosphäre, die mich anzog. bill machte grafik, binia fotografie. es waren die ersten menschen mit echtem kunstverstand, die ich traf.»[1017]

auffallend an dieser aussage ist einerseits, dass bill von verena loewensberg als grafiker erwähnt wird, was zwar korrekt ist – so hatte er ja gerade für das corso den schriftzug gestaltet –, andererseits die in diesem statement klaffende lücke, nämlich ihn nicht auch als künstler zu erwähnen, der immerhin bereits für die konkrete kunst so wegweisende werke wie das *wellrelief* (1931/32) und die *lange plastik* (1933) geschaffen und letztere bereits im dezember 1933 in paris bei abstraction-création ausgestellt hatte. hier geht es womöglich auch um das gerangel, wer wann zuerst konkrete werke schuf. verena loewensberg wird, nach einem aufenthalt in paris und nach besuchen im atelier von georges vantongerloo, um 1936 anfangen, konkrete bilder zu malen.

verena loewensberg, die sich stets äusserst geschmackvoll kleidete und bevorzugt kaschmirpullover trug, gehörte zeitlebens zum engeren freundeskreis der bills. doch trotz aller freundschaftlichen gefühle suchte sie zugleich distanz zu wahren. mit vorliebe umgab sie sich – laut max bill – mit einer «geheimnisvollen» aura, so auch wenn sie für binia modell sass.

im anschluss an die reise nach belgien ging vreni loewensberg für einen kürzeren studienaufenthalt nach paris an die – von der aus st. gallen stammenden edwige schlaepfer gegründete – académie moderne. edwige schlaepfer selber

---
1015 bucher 1992, s. 10
1016 bucher 1992, s. 11
1017 verena loewensberg zit. nach margrit staber, in: bucher 1992, s. 13, anm. 14
1018 auguste herbin, 1.9.1935, an georges vantongerloo; vantongerloo-archiv

binia bill: *verena loewensberg, halbportrait mit hut und walrosszahnschmuck*, 1934
fotografie, 6 × 6 cm

unterrichtete dort ‹gravure, eau-forte, aquatinte› und war mitglied bei ‹abstraction-création› ebenso wie zwei der von ihr engagierten lehrkräfte, nämlich auguste herbin und georges vantongerloo.

verena loewensberg, die – soweit mir bekannt – keine skulpturen schuf, studierte bei herbin, doch es beeindruckten sie auch durchaus vantongerloos ästhetische anregungen. sie schätzte seine arbeit so sehr, dass sie sein gemälde *lignes et intervalles* (1937) erwerben wird.

sie hatte muscheln, organische gebilde gemalt und gezeichnet, bis sie dann, in den späten dreissigerjahren, nach max bills (1935 begonnenen) *fünfzehn variationen über ein thema* und zeitlich auch nach den ersten von hans hinterreiter systematisch entwickelten bildern, die nächsten werke konkreter kunst in der schweiz schuf. zeitlich kurz nach bill war sie eine echte pionierin und trat 1937 der schweizer künstlervereinigung ‹allianz› bei, zu der sich auch max bill gesellte, obwohl ihn der dort zusammentreffende stilpluralismus surrealer, kubistischer und konkreter tendenzen eher störte.

es war vantongerloo, an der académie zuständig für ‹sculpture & mathématique›, der seinem kollegen herbin die stelle für malerei- und freskounterricht vermittelt hatte. das stellenangebot ermöglichte es dem unter finanzieller not leidenden kommunisten herbin aus der provinz nach paris zurückzukehren und dort auch seine arbeit als präsident von ‹abstraction-création› vor ort wieder aufzunehmen, bei der ihn vantongerloo, als vizepräsident, unterdessen vertreten hatte. «nous allons reprendre avec joie le bon travail et le bon combat à paris.»[1018]

1937 gründete leo leuppi in zürich die ‹allianz› als vereinigung moderner schweizer künstler. im vorstand sassen leuppi als präsident, richard paul lohse als vize-präsident, das gründungsmitglied bodmer (basel), ferner hans erni (luzern).

bill erzählte mir, er habe die satzung der ‹allianz› erst dann unterzeichnet, nachdem der passus «der verein ist politisch und religiös neutral» auf seinen hinweis an die kollegen, dass es politische neutralität im jahr 1937 überhaupt nicht mehr geben könne, gestrichen worden sei.

die ‹allianz› war aus max bills sicht – wie er mir rückblickend 1975 mitteilte – «in erster linie ein zusammenschluss, um ausstellungen durchzusetzen, und der ideologische zusammenhalt gegen den faschismus.» von ihren gegnern wurde die ‹allianz› als «bolschewistisch» verschrien und angegriffen.

max bill hatte für seine schwägerin eine adresskarte gestaltet: «klara bosshard bruxelles 38 avenue emile duray telf. 488514» (in typografie-nachlass max bill). diese adresskarte, 10,5 × 4 cm, findet erwähnung in: *max bill, typografie reklame buchgestaltung*, niggli, sulgen/zürich 1999, s. 272; sie wurde dort mit 1933 datiert.

mit dem architekten und jungen unternehmer alex bosshard, seinem schwager, wird max bill im zusammenhang mit dem «vielversprechenden neuen» baumaterial durisol, dessen produktionsverlagerung von belgien in die schweiz wegen des beginnenden zweiten weltkriegs vorgenommen wird, weiterhin zu tun haben; so u. a. wegen des von bill im jahr 1942 erbauten haus villiger in bremgarten (schweiz). alex bosshard «... at the beginning of the 1930s had been involved in belgium in the development of a building system that used the promising new material.»[1024]

1019 bill 1969 [a]
1020 max bill im gespräch mit angela thomas am 22. februar 1976
1021 richard paul lohse im gespräch mit angela thomas am 23. februar 1976
1022 siehe deleroy/culot/van loo 1979
1023 bill 1980 [a]
1024 arthur rüegg: «concrete construction? three examples», in: *2G, international architecture review (max bill arquitecto / architect)*, nr. 29/30, 2004 (span./engl.), s. 50f.
1025 siehe pauli/wünsche 1986
1026 oesch 1967, s. 62

die beiden anderen heute noch bekannten konkreten künstler, nämlich camille graeser und richard paul lohse, die in der schweiz malten, vertieften sich erst «in den frühen 40er-jahren» in die probleme systematischer bildkonstruktionen.[1019]

bill erinnerte sich an seinen «ersten besuch bei lohse im ‹zett-haus›: an den wänden hingen ‹braque›-artige dunkle bilder» – wie er mir erzählte.[1020] und lohse selber erwähnte mir gegenüber seine anfangszeit rückblickend: er habe zum geldverdienen unter anderem «präservative» verpackt. seine «schuhsohlen waren aus pappe», und wenn es regnete «quietschten sie» derart – er machte mir das geräusch vor –, dass er «nur durch den hintereingang» ins zürcher nobelrestaurant baur au lac hineingehen konnte.[1021] er verkehrte ansonsten nicht gerade in nobelrestaurants, sondern in dem von linken frequentierten restaurant eintracht im kreis um den armenarzt fritz brupbacher.

‹la cambre› in brüssel

in brüssel besuchte das ehepaar bill im frühjahr 1935 binias ältere schwester klara und deren mann alex bosshard. zu dieser schwester hatte binia einen guten kontakt. schon vor ihrer heirat mit bill, als binia noch cello in paris studierte, war sie des öfteren per bahn zwischen paris und brüssel hin- und hergependelt und übernachtete dann stets bei klara und alex, vis-à-vis von der ‹cambre› in einem von bosshard gebauten hochhaus.

binia bills schwester klara bosshard hatte in zürich die kunstgewerbeschule abgeschlossen und ging, nochmals als schülerin, in brüssel an die ‹cambre›, ein ‹institut supérieur des arts décoratifs›. die cambre war eine mischung von architekturschule und lehrstätte für künstlerische berufe.[1022]

die vorgeschichte des ‹cambre›-gründers henry van de velde war bill bestens bekannt: van de velde war bis in den ersten weltkrieg hinein in weimar tätig gewesen. da er mitsamt seiner professur in weimar auch einen deutschen pass erhalten hatte, sollte er in der deutschen armee kämpfen, was für ihn als pazifisten und sozialisten nicht in frage kam. mithilfe des pychiaters ludwig binswanger fand er unterschlupf in einem sanatorium und konnte in die schweiz ausweichen.

acht jahre nach dem ende des ersten weltkriegs hatte van de velde 1926 die einladung erhalten «... nach belgien zurückzukehren, um eine professur für geschichte der architektur an der universität gent und eine neue schule, das ‹institut supérieur des arts décoratifs›, in brüssel zu übernehmen. damit war es van de velde möglich, ein neues programm zu etablieren. für die neue schule standen die gebäude des alten klosters ‹la cambre› in brüssel zur verfügung. unter den jungen dozenten finden wir hier auch den architekten victor bourgeois, der 1897 geboren wurde … van de velde leitete die ‹cambre› bis 1935 und emeritierte in gent das drauffolgende jahr.

er baute dort noch den bibliotheksturm und das kunstgeschichtliche institut der universität, plante mit seinen jüngeren kollegen der ‹cambre› eggerix und verwilghen den belgischen pavillon an der expo 1937 in paris, zusammen mit victor bourgeois und seinem nachfolger an der ‹cambre›, leon stijnen den belgischen pavillon an der weltausstellung in new york.

1947 übersiedelte van de velde aus gesundheitlichen gründen nach der schweiz, wo er sich noch aktiv an der tätigkeit des ‹schweizerischen werkbunds› beteiligte, wie auch die gründung der hochschule für gestaltung in ulm unterstützte.»[1023]

vor seinem wegzug aus deutschland hatte van de velde ausdrücklich den wunsch geäussert, dass walter gropius sein werk in weimar sinnvoll weiterentwickeln solle. dieser wunsch wurde in die tat umgesetzt, und gropius übernahm die verantwortungsvolle aufgabe als erster direktor am neugegründeten bauhaus in weimar (und danach in dessau).

den um zwei generationen älteren van de velde, der keinen einzigen der von ihm entwickelten gebrauchsgegenstände industriell erzeugen liess, dessen objekte eine reiche ornamentik aufwiesen, wobei das ornament wie eine körperlich übertragene geste, als kraftlinie wirkte, wird bill erst ende der 40er-jahre, nach van de veldes zweiter übersiedlung in die schweiz nach dem zweiten weltkrieg, persönlich kennenlernen und ihm freundschaftlich verbunden bleiben.

bills früherer bauhaus-meister moholy-nagy befand sich im frühjahr 1935 ebenfalls in brüssel, denn er konnte an der weltausstellung einen auftrag erledigen. der von den politischen verhältnissen umhergetriebene moholy-nagy war eigentlich auf dem weg nach england, wo ihn die ihm nahestehenden bereits besorgt erwarteten, da er keine nachrichten mehr geschickt hatte.

und hermann scherchen dirigierte in brüssel wladimir vogels *wagadus untergang durch die eitelkeit* für soli, chor und fünf saxofone. in diesem von vogel bereits 1930 vollendeten oratorium hatte der komponist «erstmals dem aus der arbeitermusikbewegung übernommenen sprechchor» eine tragende funktion zugewiesen.[1025]

die publikation *wagadus untergang durch die eitelkeit* mitsamt einer dazugehörenden schallplatte (tschudy-verlag, die quadratbücher 18, hrsg. von hans rudolf hilty, st. gallen 1961) befindet sich noch heute in der von bill hinterlassenen bibliothek; darin enthalten sind die vom ethnologen leo frobenius aufgezeichneten «spielmannsgeschichten der alten berber»,

wladimir vogels oratoriums-libretto, sowie fotos. das buch erschien anlässlich des 65. geburtstags von wladimir vogel, dem am 29. februar 1896 geborenen.

aline valangin, die gattin des anwalts wladimir rosenbaum, war als pianistin ausgebildet worden, aber eine verletzung der hand verunmöglichte ihr, diesen beruf

auszuüben. aline, «hilfsbereit für alle, sorgte mit besonderem interesse für den musiker vogel, half mit ganzem einsatz mit, die aufführung von *wagadu*, die für die brüsseler weltausstellung geplant war, zu ermöglichen.»[1026]

der schriftsteller jean-paul samson, bills ehemaliger mit-kabarettist am kurzlebigen halbpolitischen zürcher kabarett ‹der krater› und bald darauf mitarbeiter an der antifaschistischen vollpolitischen *information* war also bei dieser gelegenheit erneut tätig geworden.

ursprünglich habe scherchen das werk mit dem chor des palais des beaux-arts von bruxelles aufführen wollen, aber es gab schwierigkeiten. «harry goldschmidt, zu jener zeit als journalist an der basler *national-zeitung* tätig, knüpfte die verbindung mit dem sterkschen privatchor in basel an, der sich bereit erklärte, das werk zu studieren.» im keller des basler sammlerehepaares müller-widmann wurde der französische text des werks «von stellenlosen» – der damaligen zeit gemäss vermutlich von emigranten ohne amtliche arbeitsbewilligung – übertragen, «den frau aline in zürich mit j. p. samson und dem komponisten bearbeitet und an die musik angepasst hatte – in die gesangspartien eingeschrieben.»[1027]

in hermann scherchens musikverlag ars viva, neuerdings mit der stadt brüssel als erscheinungsort, wird mit dem von bill geschaffenen standardcover 1937 – wie bereits erwähnt – eine neue publikation, «joh. seb. bach, musikalisches opfer, version roger vuataz, partition», erscheinen; und bill bleibt weiterhin mit scherchen in kontakt und wird ihm bald darauf in gstaad wieder begegnen.

in basel wurde während der dauer von drei monaten am *wagadu* geprobt, und an der weltausstellung in brüssel kam das werk dann (laut vogels biograf hans oesch) «zu einer glänzenden aufführung». ob bill und seine begleiter diese miterlebten? es ist anzunehmen, da bill zum mitreissenden dirigenten hermann scherchen in engem arbeitskontakt stand.

in belgien kaufte die kleine reisegruppe der bills und loewensberg-corays während der weltausstellung 1935 mehrere chou-chou-hunde, die, von ihren neuen besitzern im hotelzimmer allein gelassen, alsbald für die erste überraschung sorgten: sie kauten mehrere kissen an und liessen daraufhin die federn fliegen.

«laissons ça, et travaillons!»
nach seiner rückkehr aus brüssel liess bill vantongerloo wissen, dass er an der weltausstellung gearbeitet habe. in diesem eingeschrieben und express gesandten brief vom 9. mai 1935 äusserte sich bill besorgt, dass er von vielen der besten künstler, namentlich von mondrian, hélion, calder, arp und vordemberge im *abstraction-création*-heft nr. 4 keine werkabbildungen mehr vorgefunden habe, stattdessen reproduktionen der werke unexakt arbeitender epigonen (hier nennt er keine namen). bill fand das völlig unakzeptabel, und nahm wohl an, dass vantongerloo seine meinung teile, gerade in der gegenwärtig so reaktionären zeit sei es vonnöten, «tous les abstraits», alle abstrakt arbeitenden künstler (hier spricht er noch nicht von konkreten), zusammenzuhalten.

[1027] oesch 1967, s. 62

bill-zürich
bill zürich 10 limmattalstrasse 253 telefon 67.567 postcheck VIII 18.442
recommandé / express
m. g. vantongerloo
paris XIV
7 impasse du rouet

ihre nachricht   7.5.35
tag   9.5.35

betrifft
art mural

cher vantongerloo,
curieusement je n'ai pas reçu votre lettre sur l'exposition de l'art mural. je crois qu'elle s'est perdue en route pendant mon absence à bruxelles ou j'avais travaillé dans l'exposition universelle. naturellement je m'intéresse bien pour cette exposition et j'ai aussi parlé avec camarade fischli. il vous envoie son bulletin de souscription directement.
si je comprends bien, je peux participer avec une peinture et avec une sculpture? et il me faut vous envoyer les participations et le bulletin de souscription. comme je ne sais pas si la participation quand on expose 2 œuvres est au lieu de 50 frs., le double, je vous ajoute ici frs. 100.– et de mon ami fischli frs. 50.–. sur le bulletin j'inscris tous les deux œuvres. en cas que je pourrais exposer qu'une seule œuvre, je vous écrirai encore laquelle des deux.
du cahier no 4 nous ne sommes pas enchantés. fischli n'est pas placé comme vous avez écrit dans votre lettre que chaque membre aurait une page entière par soi. cette irrégularité n'est pas sympathique, mais il est possible qu'elle résulte d'une question technique.
une autre question c'est pourquoi beaucoup des meilleurs membres ont disparu. je ne trouve pas mondrian, hélion, calder, arp, vordemberge etc. il est resté un grand nombre de cubistes, des inexactes et des imitateurs. je suis sûr que cette situation vous ne plaît non plus et que vous êtes d'accord avec moi qu'il faudra rassembler dans un temps réactionnaire comme le nôtre tous les abstraits qui content. c'est la qualité qui fait entendre et fixer un mouvement et dans l'art abstrait je crois c'est toujours une minorité, pas une grande masse, qui porte l'idée.
en attendant votre réponse, recevez cher camarade mes

meilleurs salutations
bill . zurich
n.b. veuillez avoir la bonté de me donner un double du bulletin de l'art mural

vantongerloo beantwortete am 11. des monats, wie immer gleich nach erhalt, bills brief, dessen offenheit ihn sehr berührt habe. er versuchte, möglichst loyal stellung zu nehmen und zu erklären, warum fischlis werk im heft nr. 4 nicht abgebildet wurde. des weitern erwähnte er die akuten finanziellen schwierigkeiten und listete detailliert die beträge der schuldner auf. zudem präzisierte jetzt auch er, dass es piet mondrian sei, der marlow moss kopiere und nicht umgekehrt.

paris, le 11 mai 1935

mon cher bill,
merci pour votre lettre recommandée du 9.5.35, contenant votre participation ainsi que celle de fischli, à l'art mural. je m'empresse à la répondre. elle m'a beaucoup touchée par sa franchise et je crois de mon devoir de la répondre loyalement.
je vous parlerai tout d'abord de l'art mural.
j'ai exposé votre désir à la commission de l'art mural et comme vous le désirez, vous participerez avec une sculpture (elle peut être grande) et une peinture. je joins un bulletin (notice) pour le camarade fischli.
quant au cahier no 4 je dois dire que de tout part, il me vient des félicitations et croyez à ma surprise de recevoir votre mécontentement. pour ce qui concerne fischli, nous avons été dans l'obligation, ainsi que pour certains autres membres, de placer sur sa page l'œuvre d'un autre membre. c'est une question technique, de texte, et si nous n'aurions pas opéré ainsi, cela aurait fait une différence de 1000 frs. dans le prix du cahier. mais le comité tient note de ces considérations et dans le prochain no, les camarades qui ont du supporter ces inconvénients, seront pris en considération.
quant à votre dernier paragraphe, je dois dire qu'il est très désagréable de remarquer, comme toujours, que l'intrigue et

l'arrivisme de certain manigance, accusent de leur propre erreur ceux qui marchent droit. vous m'obligez de vous dire l'attitude d'abstraction-création. je ne vous parlerai pas des intrigues du cahier no 3. j'ai déjà été obligé de vous en dire un mot dans ma lettre du 19 janvier que je vous prierais de relire.

mais voici quelques indications:
en octobre 1934, abstraction-création avait 700 frs. de dette. cela parce que nous accordions confiance à nos membres, qui, non seulement en abusaient mais s'en servaient pour nous détruire. aussi nous avons du, pour cette raison, quitter le local, 44 av. de wagram. voyant le but de nos destructeurs, j'ai pris des dispositions et deux mois après, notre dette était payée. aujourd'hui, le cahier no 4 est payé et nous avons 1000 frs. en caisse. voilà ce que c'est marcher droit. c'est pour cela que le cahier no 4 est très significatif, historiquement, car ceux qui n'y figurent pas portent ainsi le signe de destructeur. sauf quelques-uns qui, pour une raison financière ou d'influence, n'ont pas participé.

voici quelques données qui vous renseigneront sur la valeur des artistes:

arp	doit à	abstraction-création			400 frs.
calder	"	"	"	"	350 frs.
hélion	"	"	"	"	645 frs.
mondrian	"	"	"	"	335 frs.
vordemberge	"	"	"	"	432 frs.

je ne fais que la relevée des dettes des génies que vous me citez dans votre lettre. il y en a d'autres, mais le plus fort c'est hélion qui est parvenu à toucher 500 frs. au lieu de payer. je joins une copie de la note que nous lui avons envoyé (sans résultat évidemment).

il y a une autre erreur dans votre lettre mais qui n'est pas de votre faute, car on a tant crié «grandeur» que nous sommes tous trompés. c'est de la politique artistique. vous dites «des imitateurs sont restés». eh bien, non. c'est mondrian qui imite miss moss, «la double ligne» et non miss moss qui copie mondrian. cela aussi doit vous épater.
je résume donc:
comme vous le dites très bien dans votre lettre, cette situation ne me plaît pas et je suis d'accord avec vous. aussi, je le montre et nous ne comptons pour le moment que des vrais participants à l'art abstrait et à l'évolution. plus des faux frères, marcher droit.

arp, qui a senti son erreur, regrette et il veut revenir à abstraction-création. il a reconnu que mondrian et hélion ne sont pas des camarades.

maintenant, j'espère avoir un jour l'avantage de vous voir à paris et de vous connaître personnellement. je vous montrerai alors les procès verbaux d'abstraction-création par où vous vous rendrez compte de ce que je suis, malheureusement, obligé à vous écrire. je n'ai pas le droit de vous laisser dans l'ignorance car vous aurez un faux jugement. fischli également semble ignorer ces ignomies. je ne peux cependant pas l'afficher. veuillez voir notre avis imprimé du décembre 1934. vous y verrez notre attitude. je le joins à la présente.

il y aurait trop encore à vous raconter. ceci suffit, je suppose, pour voir que les individus que vous signalez dans votre lettre ne sont pas des artistes mais des arrivistes et pas dignes d'abstraction-création. il y a dans le cahier no 4 d'autres artistes de valeur: picasso et kandinsky.
comme vous n'avez pas reçu ma première lettre de l'art mural veuillez me dire si vous avez reçu celle-ci, car elle a une importance pour abstraction-création.

je suis encore très heureux de ce que vous m'avez dit loyalement votre pensée. je vous en félicite. cela crée de la clarté.

        chaleureusement à vous et à fischli
        g. vantongerloo

die aufstellung der schulden der ‹grossen› künstler mondrian, hélion, calder, arp und vordemberge schien bill offensichtlich nicht besonders zu interessieren, er hatte kein interesse an weiteren auseinandersetzungen. «laissons ça, et travaillons!», teilte er vantongerloo am 21. mai 1935 in knappen worten mit; er freue sich vielmehr, vantongerloo, den er noch stets siezte, bei seinem nächsten besuch in paris persönlich zu begegnen.

bill-zürich
bill zürich 10 limmattalstrasse 253 telefon 67.567
postcheck VIII 18.442

m. g. vantongerloo
paris XIV
7 impasse du rouet

| ihre nachricht | 11.5.35 |
| tag | 21.5.35 |

mon cher vantongerloo,
je vous remercie de votre lettre du 11 mai. je vous rends ici votre lettre à hélion. naturellement on pourrait écrire un livre sur tous les choses autour d'abstraction-création. laissons ça, et travaillons!
je serais heureux de vous voir personnellement, si je viens à paris, mais pas pour faire des recherches dans les archives d'abstraction-création.

recevez cher camarade mes meilleurs salutations
bill. zurich

nach den im mai 1935 geschriebenen briefen wurden monatelang keine weiteren briefe zwischen den beiden ausgetauscht. erst zum jahresende wird sich vantongerloo am 30. dezember 1935 wieder brieflich an bill wenden.

‹werkbund-ausstellung› in bern

bei der ausstellung des ‹schweizerischen werkbunds› (swb) 1935 in der kunsthalle bern stellte «bill, binia, swb, zürich 10, limmattalsstrasse 253» gemeinsam mit ihrem ehemann aus. sie zeigte sieben fotografien, darunter ihr porträt der tänzerin *marie-eve*; weitere titel lauteten *katze, frau mit schleier und nelke, puppen, pingpongbälle*.

«bill, max» war mit zehn werken vertreten, mit zwei plakaten, *koffer-duss* (lithografie, 1930) und *negerkunst* (1931, siehe s. 361) sowie vor allem mit prospekten, unter anderen für die zürcher siedlung ‹neubühl› (1931) und für das oberhalb von bonaduz in graubünden in lawinensicherer gegend gelegene, neuerbaute berghotel scardanal (1935).

das ehepaar bill konnte in der berner kunsthalle wohl dank des im kanton bern gelegenen bürgerorts moosseedorf von max bill mitausstellen. egidius streiff, den bill von der gemeinsamen zeit bei der kleinkunstbühne ‹der krater› her kannte, hatte seit 1931 die geschäftsführung des swb inne. *werkbundausstellung ortsgruppe bern swb*, ausst.-kat. kunsthalle bern, 24.8.– 22.9. 1935, ohne abbildungen

max bill: faltprospekt «berghotel scardanal ob bonaduz/graubünden/schweiz», 1935 im herbst desselben jahres 1935 reisten binia und bill – wie max mir erzählte – via italien nach frankreich. in st. tropez habe binia die französische schriftstellerin colette fotografiert, jedoch nur auf einige distanz. colette habe dort gerade eine boutique eröffnet, und binia habe die leute, die mit ihr vor dem laden standen, aufgenommen.

wer war alfred thomas?

die bills nahmen in der zweiten jahreshälfte 1935, wohl ab oktober, einen aus deutschland geflüchteten, politisch aktiven antifaschisten in ihrem haus in höngg auf. er hiess alfred thomas und macht auf den noch heute im bundesarchiv bern aufbewahrten fotos einen lauteren, offenen und sympathischen eindruck. thomas konnte sich einige monate lang unbehelligt in der stadt und im haus bill aufhalten, bis er im frühjahr 1936 nach einer schriftlich und anonym bei der stadtzürcher polizei eingetroffenen denunziation am 9. mai 1936 plötzlich bei freunden am zeltweg verhaftet wird.

alfred thomas, der ab und zu den decknamen ‹max› benutzte, war zweieinhalb jahre älter als sein logisgeber bill. ob bills ihn unentgeltlich wohnen liessen oder ob thomas eine kleine miete zahlte, ist nicht belegt. anfang des jahres 1936 befand sich bill – wie aus einem brief an vantongerloo hervorgeht – in finanziellen schwierigkeiten. von daher wäre es vorstellbar, dass er einen mietzins verlangte.

von herbst 1935 bis frühling 1936 fand der politische flüchtling alfred thomas bei max bill in zürich-höngg unterschlupf. geboren worden war thomas am 2. Juni 1906 in kühschmalz, preussen. thomas arbeitete für die rundschau-nachrichten-agentur runa, einen kommunistischen pressedienst.

fotografie von alfred thomas aus einem bilddossier der stadtpolizei zürich, das verschiedene emigranten zeigt

1028 emil paryla im verhör der stadtpolizei zürich, 11.5.1936, 08.10 uhr, in: ‹fiche› max bill [staatsschutzakten], (315:0)815; bundesarchiv, bern
1029 lauterbach [1958]
1030 schlemmer 1958, s. 346
1031 schlemmer 1958, s. 340
1032 lauterbach [1958]

emil paryla, ein österreichischer schauspieler mit dem künstlernamen ‹stöhr›, der am zeltweg 44 bei von fischers wohnte, kannte alfred thomas schon aus breslau, aus der zeit, bevor er im september 1933 ans zürcher schauspielhaus engagiert wurde. «man kam in breslau im künstlercafé farich zusammen. thomas verkehrte dort mit schauspielern. er erzählte mir damals, dass er den beruf des schlossers erlernt habe. dann ist er redakteur geworden.»[1028]

ebenfalls in breslau lebte von 1929 bis 1932 auch max bills einstiger bauhausbühnenmeister oskar schlemmer. er war nach seinem weggang vom dessauer bauhaus an der breslauer kunstakademie tätig.

schlemmers nachbar in breslau, der architekt heinrich lauterbach, erinnerte sich: «schlemmer und ich sahen uns nicht nur oft in der akademie, sondern fast täglich zu hause. wir wohnten wand an wand in zwei reihenhäusern, die ich für die breslauer *werkbundsiedlung* 1928/29 gebaut hatte. oft wurde schon am frühen morgen das erste gespräch über den gartenzaun geführt. unsere kinder gingen in die kleine waldorfschule gegenüber ... tut schlemmer hat mir versichert, es wäre die schönste, erfüllteste und sorgenfreieste zeit ihres lebens mit oskar schlemmer gewesen.»[1029] in dieser für die familie schlemmer als harmonisch und erfüllt erlebten zeitspanne malte schlemmer übrigens sein heute international berühmtes, oft reproduziertes gemälde *bauhaustreppe* (1930).

ferner hielten sich zu jener zeit der architekt hans scharoun, nach dessen plänen in späteren jahren die westberliner philharmonie gebaut wird, sowie der maler georg muche in breslau auf, jener ehemalige bauhäusler, nach dessen plänen das ‹haus am horn› in weimar gebaut worden war – das max bill mit mir zusammen im jahr 1988 besichtigen wird.

als im jahr 1932 die breslauer kunstakademie geschlossen wurde, war die sorglose zeit für die schlemmer-familie wie für millionen andere, darunter den von breslau via amsterdam und paris nach zürich emigrierten alfred thomas definitiv vorbei.

ausser der entlassung in breslau erlitt schlemmer einen weiteren schweren schlag: im januar 1933 erhielt er die nachricht vom tod seines engsten freundes otto meyer-amden. «ich habe niemanden mehr», notierte er an dessen dritten todestag im tagebuch, «dem ich das geheimste im künstlerischen und menschlichen darlegen könnte, mit der gewissheit der richtigen aufnahme und antwort.»[1030] 1935, im selben jahr, als alfred thomas sich, von binia und max bill in zürich aufgenommen, in relativer sicherheit weiss, klagte der vereinsamte, in seinem heimatland deutschland verbleibende oskar schlemmer verzweifelt: «es ist verbrecherisch, im künstler die schaffensfreude und künstlerische freiheit zu ertöten.»[1031]

oskar schlemmer wird das ende des zweiten weltkriegs nicht miterleben. verarmt stirbt er 1943.

«arm, unwirsch empfangen, von wenigen geliebt, trat er ins leben. arm, geächtet, von wenigen geliebt, schied er aus dem leben.»[1032]

max bill wird zu der damals nur kleinen anzahl von personen gehören, die oskar schlemmer, der sich gezwungenermassen in nazideutschland in die sogenannte innere emigration zurückzog, ein ehrendes andenken bewahren; so u. a. in einem artikel «oskar schlemmer 1888–1943» in der *neuen zürcher zeitung*, 6./7.9.1980.

da alfred thomas offenbar mit paryla zusammengewohnt hatte, ist es möglich, dass es dieser war, der thomas zu max bill brachte. bill hatte mir im gespräch gegenüber nur erwähnt, der emigrant sei «über leute vom schauspielhaus» zu ihm gekommen – und paryla gehörte ja dem ensemble des zürcher schauspielhauses an.

im bundesarchiv in bern ist ein foto von paryla mit thomas archiviert

1033 verhör von der stadtpolizei zürich, 11.5.1936, 08.10 uhr, in: ‹fiche› max bill [staatsschutzakten], (315:0)815; bundesarchiv, bern
1034 lászló moholy-nagy [handschriftlich, deutsch], 7, farm walk, gb-london n.w.11, 28.8.1935, an georges vantongerloo, paris; vantongerloo-archiv
1035 georges vantongerloo, paris, 2.9.1935, an lászló moholy-nagy, london; ebenda
1036 lászló moholy-nagy, london, 8.9.1935, an georges vantongerloo, paris; ebenda
1037 lászló moholy-nagy, london, 19.12.1935, an georges vantongerloo, paris; ebenda

die zürcher stadtpolizei, die das ehepaar paryla am 11. mai 1936 verhörte, wollte wissen, wann der schauspieler emil paryla den verhafteten alfred thomas «zum ersten mal in zürich» getroffen habe.

emil paryla: «so viel ich weiss, ist er kurz nach beginn des dritten reichs fort von breslau und ich glaube nach holland, nach amsterdam. von dort schrieb er mir einen brief … von amsterdam ist thomas nach paris gefahren. aus paris bekam ich einen zweiten brief und schrieb ihm dann, dass ich nächstes jahr, da ich für zürich an das schauspielhaus abgeschlossen hätte, da sei. thomas hat mir nämlich in breslau geld geliehen, es waren ungefähr 1400 mark. das muss auch irgendwo in den fremdenpolizeiakten erwähnt sein, denn man hat sich seinerzeit bei mir erkundigt.»

stadtpolizei: «sie selbst haben mit thomas zusammengewohnt?»

emil paryla: «ja, das war an der anwandstrasse. thomas war bereits einen monat in zürich und holte mich am bahnhof ab. ich hatte kein zimmer und kannte mich in zürich nicht aus. so kam ich mit ihm in sein zimmer zu wohnen. ich wohnte einen monat mit ihm zusammen.»

stadtpolizei: «hat thomas 1934 gesagt, dass er aus der schweiz fortmüsse, weil er keine aufenthaltsbewilligung mehr bekomme?»

emil paryla: «er hat mir gesagt, dass er keine aufenthaltsbewilligung mehr bekomme …»

stadtpolizei: «wissen sie, wann thomas die schweiz verlassen hat?»

emil paryla: «im sommer 1935. da bekam ich einen brief mit photos aus italien, das grab von alexander moissi … wie lange er in italien war, weiss ich nicht, denn ich war, da kein theater war, in österreich. als ich wieder nach zürich kam, war er wieder da.»

stadtpolizei: «thomas hat sehr häufig bei ihnen verkehrt?»

emil paryla: «in letzter zeit habe ich ihm sogar das mittagessen gegeben, die letzten zwei, drei monate war das, in der woche etwa fünf mal, er ist eben ein armer hund.»

des weiteren musste paryla über die politische einstellung und die arbeit von alfred thomas auskunft geben. emil paryla: «thomas ist links eingestellt. er musste aus deutschland fort, er ist kein jude.» er brachte «in einer mappe immer einen haufen ausländische zeitungen» mit. «die zeitungen hat er gelesen und gewisse sachen angestrichen. manchmal frug er mich, ob er auf meiner schreibmaschine schreiben dürfe.»

stadtpolizei: «wo wohnt thomas?»

emil paryla: «bei bill an der limmattalstrasse in einer nummer über 200.»
stadtpolizei: «waren sie schon bei ihm zu hause?»
emil paryla: «ja, zwei mal. er hat mich einmal eingeladen. da war die familie bill anwesend. da wurde über theater gesprochen. diesen winter [1935/36] fand der erste besuch statt. wie lange thomas schon dort wohnte, weiss ich nicht, ich vermute ungefähr ein halbes jahr …»[1033]

abstraction-création, heft nr. 5

lászló moholy-nagy, bills früherer bauhaus-meister in der metallwerkstatt, teilte im august 1935 vantongerloo seine neue adresse im londoner exil mit und erkundigte sich nach dem befinden der gruppe ‹abstraction-création›.
«lieber vantongerloo, dr. giedion sagt mir, ich soll ihnen sofort meine adresse mitteilen … ich lebe jetzt in london, oben ist meine ständige adresse …, ich würde mich freuen zu hören, wie es ihnen und a-c geht? … was ist jetzt die situation? mit sehr herzlichen grüssen, ihr l. moholy-nagy»[1034]

vantongerloo antwortete auf französisch: «… votre esprit constructif me fait toujours grand plaisir. oui, il est regrettable que certains artistes même considérés comme de grand talent, aient une notion très vulgaire de la communauté et croient qu'ils peuvent monopoliser la conception de l'art …»[1035]

moholy-nagy liess darauf in einer postkarte, die er aus london abschickte, im subtext mitschwingen: wenn sie schon nicht politisch aktiv tätig sein könnten, dann sollten sie sich zumindest an ausstellungsveranstaltungen beteiligen. das sei nötiger denn je.
moholy-nagy blieb bei seiner loyalen haltung, bewahrte seine treue zur künstlergruppe und kündigte im dezember 1935 die sendung von fotografien zweier seiner arbeiten neueren entstehungsdatums als beitrag an die geplante publikation von *abstraction-création* nr. 5 an.
und ende dezember 1935 mahnte vantongerloo auch bill freundlich an – offensichtlich hatte bill anderes und ihm derzeit wichtigeres um die ohren –, in sachen nr. 5 stehe seine antwort auf die offiziell verschickte anfrage vom 16. november noch aus, und fragte nochmals kurz nach, ob bill nun eine werkabbildung in dem betreffenden heft wünsche.

«… ich bin sehr gern bereit wieder mitzutun. ich finde es sogar jetzt nötiger als je, dass wir aktiv – wenigstens in ausstellungsveranstaltungen – sind. alles gute! beste grüsse auch den kameraden. ihr l. moholy-nagy»[1036]

«mein lieber vantongerloo, ich danke ihnen sehr für die aufforderung zu heft 5 von *abstraction-création*. ich werde mich selbstverständlich gern mit zwei arbeiten beteiligen, bin nur durch sehr anstrengende filmarbeit noch nicht zum fotografieren meiner letzten arbeiten gekommen.»[1037]

g. vantongerloo
7, impasse du rouet – paris XIV

monsieur bill
zurcherstrasse [sic] 253
zurich hongg

30 décembre 1935

mon cher bill,
n'ayant pas encore reçu la réponse à ma lettre du 16 novembre concernant le cahier no 5 je me permets de vous la rappeler et de vous dire qu'il me sera très agréable de recevoir votre réponse.
la publication du cahier no 5 ayant été retardée, je serais heureux d'enregistrer votre participation.
cordialement à vous,
g. vantongerloo

es wurden dann in der tat zwei arbeiten moholy-nagys, mit dem namen des künstlers und der jahreszahl 1936 versehen, aber ohne angabe der titel, in heft nr. 5 auf seite 19 reproduziert. hingegen wird in dieser ausgabe der zeitschrift kein text von ihm publiziert, wie es sich moholy in einem weiteren, diesmal in der landessprache seines exillandes geschriebenen brief (1937) wünschte, denn er kam mit seinem vorschlag zu spät; das heft war unterdessen bereits erschienen.

«dear vantongerloo, it seems to me that you are very busy just as i am, because you did not answer to my last letter in which i sent telehor and the catalogue of london gallery … as text for a-c. i suggest the french text from page II of the *telehor, minimum d'exigeances* …»[1038]

«mon chèr moholy, … oui, j'ai reçu *telehor* qui m'a beaucoup intéressé. quant à la lettre, je ne crois pas de l'avoir reçue. pour ce qui concerne abstraction-création et l'exposition 1937 c'est herbin qui se charge entièrement de ces questions maintenant. et comment cela va-t-il à londres? y a-t-il là quelque activité artistique?

ici, tout est concentré sur l'exposition 1937 [weltausstellung in paris]. comme les étrangers habitant paris sont exclus de ses opérations, nous nous occupons en dehors d'elle. je travaille beaucoup à mes propres choses et je ne me sens pas malheureux … avec mes bons souvenirs à madame, ma femme se joint à moi pour vous adresser ses meilleurs sentiments»[1039]

was in bezug auf max bill – dessen zwei werkabbildungen dank seines alphabetischen ‹vorsprungs› auf moholy-nagy in heft nr. 5 schon auf seite 4 erscheinen – von interesse ist, ist folgendes: es fällt auf, dass das von ihm auf der unteren seitenhälfte abgebildete, liegende, schattenwerfende objekt, ein kubus, aus dem dreieckformen herausgeschnitten sind, eine vorfassung («bill 1935») seiner bald darauf *konstruktion mit schwebendem kubus* (1935/36) genannten skulptur ist, in der der kubus in einem weiss angemalten und somit neutralisierten gestänge aufgehängt ist, sich also ‹schwebend› bewegt. so werden wir hier gewissermassen zeuge des experiments, eines ‹work in progress›.

vielleicht war ihm auch kandinskys bauhaus-buch *punkt und linie zu fläche* wieder untergekommen, in dem sich die abbildung (fig. 70) mit dem blick in einen raum der konstruktivisten-ausstellung in moskau 1921 befindet: zuvor-

---

[1038] lászló moholy-nagy [englisch], london, 12.4.1937, an georges vantongerloo, paris; vantongerloo-archiv
[1039] georges vantongerloo, paris, 16.4.1937, an moholy-nagy, london; ebenda

derst steht ein objekttragendes gestänge, das eine dreieckige grundfläche vorweist. auch bill wählte für seine halterungskonstruktion mit den weissen metallstangen eine ausgesparte fläche, deren kanten von einer dreieckskontur definiert sind.

finanzielle schwierigkeiten

zu beginn des jahres 1936 antwortete bill endlich auf die beiden letzten briefe von georges vantongerloo. er habe leider weder geld noch fotografien seiner werke bereit gehabt, aber er bitte darum, das foto, das er nun mitschicke, zu publizieren. er werde seinen beitrag bezahlen, sobald er wieder geld habe.

über das experimentieren mit der lage, der situation im raum, berichtete bill selber von seiner vorgehensweise beim hantieren mit der gipsversion seiner *unendlichen schleife* (siehe s. 433), die anfangs hängt, später zersägt und umgeformt, schliesslich in liegender position weiter ausgeführt wird. es war die im bauhaus trainierte vorgehensweise des ‹learning by doing›, die bill hier wieder anwandte.

bill-zürich
bill zürich 10 limmattalstrasse 253 telefon 67.567
postcheck VIII 18.442

monsieur g. vantongerloo
abstraction-création
7 impasse du rouet
paris XIV

ihre zeichen
tag
24.1.36

16. nov.
30. dez. 1935

mon cher vantongerloo,
excusez-moi, je ne vous ai pas écrit, parce que je n'avais ni d'argent ni de photographie de mes œuvres récentes. alors j'ai une photo, mais pas de l'argent, mais si vous voulez le risquer, publiez la photo et je vous assure que je veux vous envoyer ma participation quand je l'aurai. heureusement, le 9.5.35 je vous ai envoyé 50 frs. de plus pour mon ami fischli, et il a payé sa cotisation lui-même. il me reste encore 150 frs. à payer.
recevez cher camarade mes meilleures salutations
votre bill. zurich
nb. veuillez noter mon adresse exacte à la tête de cette lettre.

vantongerloo reagierte verständnisvoll und zeigte sich bereit, bill kredit zu geben und seine werke in heft 5 von *abstraction-création* abzubilden.

g. vantongerloo 7, impasse du rouet – paris XIV

monsieur bill
limmattalstrasse 253
zurich 10
25 janvier 1936

mon cher bill,
c'est avec grand plaisir que je reçevais de vos nouvelles.
oui, les temps sont difficiles et bien qu'abstraction-création

ne soit pas riche, nous vous ferons très volontier du crédit. je tâcherai de m'entendre avec l'éditeur.
j'ai vérifié la correspondance de l'époque de l'art mural et en effet, vous avez payé alors 50 frs. en trop. comme l'argent de l'art mural allait vers cet organisme, je ne le trouve évidemment pas dans la caisse d'abstraction-création. soit:
c'est donc entendu et je compte sur vous pour, dès que vous le pourrez, régler votre note.
chaleureusement à vous.
g. vantongerloo

anfang februar 1936 sandte bill darauf eine zweite fotografie und unterbreitete vantongerloo einen vorschlag zur layoutgestaltung für die seite, auf der eine seiner skulpturen reproduziert werden sollte.

10.2.36

cher vantongerloo,
aussi vite que possible je vous envoie ici une deuxième photo.
je crois que la reproduction de la sculpture soit trop petite pour la reconnaître, on ne pourrait pas la prendre sur deux colonnes? je pense que c'est possible de changer un système qui est fait pour des tableaux plus haut que large, et de faire des reproductions sur deux colonnes si ça sera mieux. vous ne pensez pas?
j'espère que vous comprenez ce que je veux dire, et qu'il ne donne pas des malentendus.

cordialement à vous
bill. zurich

die beiden reproduktionen der bill-skulptur werden wie vorgesehen in heft nr. 5 erscheinen, doch diesmal steht bills zahlung noch aus, nun schuldete auch er der gruppe ‹abstraction-création› seinen beitrag wie vor ihm bereits die künstler mondrian, herbin, arp etc. auf vantongerloos brief mit der zahlungserinnerung – «je suis obligé de vous rappeler que vous restez toujours devable de 150 frs. je sais que vous avez en ce moment des difficultés» – und dem entgegenkommenden vorschlag, bill könne den ausstand auch tranchenweise bezahlen, antwortete bill vorerst nicht.

g. vantongerloo 7, impasse du rouet – paris XIV

27 février 1936

mon cher bill,
le cahier no 5 est composé et sera bientôt sous presse. vos deux reproductions y figureront.
comme nous n'avons pas la somme totale que coûtera le cahier et que nous devons passer au payement de son impression, je suis obligé de vous rappeler que vous restez toujours devable de 150 frs. je sais que vous avez en ce moment des difficultés. mais j'aimerais pouvoir donner à l'imprimeur une certaine certitude de date et si vous pourriez m'envoyer, par exemple, déjà 75 frs. et me fixer une date à laquelle vous m'enverrez les autres 75 frs., vous serez bien aimable …

à vous lire, cher camarade et cordialement à vous.
g. vantongerloo

g. vantongerloo 7, impasse du rouet – paris XIV

monsieur bill
limmattalstrasse 253
zurich 10

18 mars 1936

cher bill,
je suis surpris de ne pas avoir reçu de vous une réponse à ma lettre du 27 février. je vous ai accordé un délai pour le payement de la participation au cahier no 5 et vous gardez le silence.
vous n'ignorez pas que je dois payer la publication du cahier no 5 et cela à la livraison. je dois d'autre part rendre des comptes à l'assemblée générale prochaine des dépenses et des recettes.
vous voudriez bien m'excuser de vous rappeler nos conventions. j'y suis obligé.
j'espère recevoir par retour du courier un mot de vous et

veuillez accepter mes salutations les plus cordiales.
g. vantongerloo

erst ende märz meldete sich bill wieder bei vantongerloo. er habe mit der planung der einrichtung des schweizer pavillons an der *triennale* in mailand viel zu tun und hätte deutlich geschrieben, dass seine werke in nr. 5 von *abstraction-création* nur reproduziert werden sollten, wenn er seinen beitrag länger schuldig bleiben könne. darum sei er etwas erstaunt, dass vantongerloo jetzt so auf einer sofortigen bezahlung bestehe. da er aber grad bei kasse sei, würde er ihm hiermit 150 schweizer franken beilegen.

bill-zürich
bill zürich 10 limmattalstrasse 253 telefon 67.567
postcheck VIII 18.442

recommandé/express

monsieur g. vantongerloo
7 impasse du rouet
paris XIV

tag   1.3.36

mon cher vantongerloo,
je remercie vos lettres, excusez-moi que je n'avais pas donné une réponse. j'ai beaucoup à travailler, parce que j'arrange la salle de la section suisse à la triennale de milan qui ouvre en mai, ça donne beaucoup de travail parce que je dois chercher les œuvres exposées moi-même et je suis toujours un peu en voyage pour cette chose.

je vous avais écrit que vous ne pouvez pas publier mes travaux s'il vous faut d'avoir de l'argent prochainement, parce que je ne l'avais pas et je suis surpris que vous insistez en cette forme. au moment j'ai un peu d'argent et je vous envoie ici les frs. 150.– (40.– membre + 160.– cahier – 50.– art mural).

vous voyez alors que je vis encore, et recevez mes salutations les plus cordiales
votre bill

beilage: fr. 150 français

umgehend antwortete vantongerloo, dass sie sich wohl missverstanden hätten und ihm dies sehr leid tue. unerschütterlich in seinem engagement für ‹abstraction-création› unterstrich er in diesem kurzen brief wieder einmal die kulturpolitische bedeutung der hefte: «notre cahier est en somme une pièce historique qui aura son utilité dans l'avenir.»

paris, le 24 mars 1936

mon cher bill,
je vous remercie infiniment de votre réponse à mon appel. je constate qu'il y a un malentendu dans notre correspondance et j'en suis très navré. je suis cependant heureux que votre œuvre figure dans le cahier car plus que jamais il est nécessaire d'occuper la place pour laquelle nous faisons des sacrifices et à laquelle nous avons droit. notre cahier est en somme une pièce historique qui aura son utilité dans l'avenir.

en hâte et encore merci, très chaleureusement à vous.
g. vantongerloo

anonyme denunziation

für max und binia bill war es in jener zeit selbstverständlich, bedrohte emigranten bei sich in höngg aufzunehmen. auch solche, die sich von der schweiz aus weiterhin, und das hiess damals: verbotenerweise, kämpferisch wehrten, waren im haus in höngg wiederholt zu gast. und einige von ihnen konnten hier vorübergehend, oder längere zeit wie alfred thomas, wohnen bleiben.

diese emigranten fanden in den akten, welche die politische polizei über die observierten und ihr zugetragenen aktivitäten bills anlegte, in den sogenannten ‹fichen›, erwähnung: u. a. habe auch ein grafiker aus südtirol namens steiner, der später beim konkreten künstler und grafiker max huber mitarbeitete, kontakte zu bill unterhalten. auch wohnte eine emigrantin aus österreich namens rosa trude wiedner beim ehepaar bill.

> dieser emigrant sei «über leute vom schauspielhaus zürich», zu ihm gekommen – wie max bill mir einmal erzählte –, er habe sich «unvorsichtigerweise öffentlich sehen lassen» und sei daraufhin denunziert worden.
>
> damals hatte ich nicht nachgefragt, wer im einzelnen «diese leute vom schauspielhaus» waren, aber im jahr 2005 begaben sich erich schmid und ich gemeinsam nach bern, um im bundesarchiv näheres zu dieser geschichte zu recherchieren.

max bill bereitete im frühjahr 1936 die gestaltung des schweizer pavillons für die *triennale di milano* vor. als er nach mailand abreisen wollte, verhaftete die schweizer polizei den bei ihm wohnenden, untergetauchten deutschen antifaschisten alfred thomas.

nicht unerwähnt lassen möchte ich in diesem zusammenhang, dass emil oprecht, in dessen verlag die von bill gestaltete *information* erschien, im schauspielhaus als präsident des verwaltungsrats und als kaufmännischer direktor der neuen schauspiel ag amtierte und dort auch über büroräume an der ecke pfauen/zeltweg verfügte. da der von bill in seinem haus untergebrachte emigrant alfred thomas indes kommunist war, kommt oprecht nicht unbedingt als vermittler in frage, denn dieser hatte sich schon mehrere jahre zuvor vom kommunismus abgewandt. er war seit februar 1926 wieder mitglied der sozialdemokratischen partei der schweiz (sps) in zürich 3 und plädierte für einen demokratischen sozialismus.[1040]

1040 siehe stahlberger 1970, s. 95
1041 ebenda, s. 97f.
1042 polizeiinspektorat basel, der chef des spezialdienstes an die bundesanwaltschaft, bern, 11.7.1951; bundesarchiv, bern

aus diesem sachverhalt, oprechts sps-mitgliedschaft, erhellt sich, nebenbei bemerkt, rückblickend auch die oft gelesene behauptung, oprecht habe die in der *information* ausgetragenen marxistischen argumente nicht mehr akzeptieren mögen: «diese monatsschrift wurde herausgegeben von einer gruppe junger, politisch und künstlerisch aufgeschlossener intellektueller, unter ihnen auch der in basel lebende schweizer dr. georg schmidt. sie waren weder von einer partei noch von einer interessengruppe oder vom verleger abhängig und stellten sich zur aufgabe, alles stagnierende und alles rückwärtsgewandte zu bekämpfen und auf allen gebieten des lebens den sinn für geschichte, entwicklung, leben, kampf lebendig zu machen ... die *information* kämpfte auf extremer, vom verleger oft schon nicht mehr geteilter marxistischer grundlage gegen das bürgertum, die bestehende kapitalistische wirtschaftsordnung und gegen jede nationale spielart des faschismus.»[1041]

max bill: ohne titel [skizze mit rotem stern, hammer und sichel], undatiert
farbstift auf transparentpapier, 11,5 × 25,5 cm

die politische polizei beobachtete jahrelang solche aktivitäten. zu georg schmidt, dem nachmaligen direktor des basler kunstmuseums, findet sich im bundesarchiv in bern in den ‹fichen› beispielsweise folgende notiz: «schmidt-hohl, georg, dr. phil., geboren 17.3.1896, dessen liebäugeln mit linksextremen kreisen bekannt ist.»[1042] zu jenen, die sich in denselben kreisen wie georg schmidt bewegten und von der bundespolizei als «linksextrem» eingestuft wurden, gehörte ganz unmissverständlich und selbstverständlich auch max bill.

das denunziationsschreiben, aufgrund dessen alfred thomas verhaftet und das ehepaar paryla verhört wurde, wurde von einem, wie er sich selbst bezeichnete, «ausländer, aber eine ehrlichere haut», geschrieben und am 23. april 1936 anonym an die fremdenpolizei der stadt zürich geschickt.

«es wäre endlich an der zeit, den emigranten alfred thomas, auch da und dort herr max genannt ... unter die lupe zu nehmen ... er [ist ein] blinder einwohner, meldet sich nicht an, dreht der polizei schon längst ein schnippchen ... habe ihn endlich wieder entdeckt, obschon er sich vermummt, mit brille, schnurrbart, fortwährend andere kleidungen etc. er verkehrt täglich bei schauspieler stöhr rsp. paryla, zeltweg 44, 3. stock ... thomas verschickt seine hetzliteratur hauptsächlich nach spanien. per velo spediert er die sachen zwischen 6–7 uhr zur post. dieses verrostete, alte extra unansehnliche rad steht stundenlang an der hausmauer abends ... dieser freche kerl verdient die gleiche behandlung wie die 2 ausländer laut beiliegendem zeitungsausschnitt. n.b. es muss rasch gehandelt werden, denn die schauspieler verlassen ev. schon am 15. mai zürich und kehren im herbst zurück.»

dieses schreiben an die «hochverehrte fremdenpolizei!» liegt heute noch im bundesarchiv bern.

der denunziant wünschte alfred thomas «die gleiche behandlung» wie im von ihm im brief an die fremdenpolizei beigelegten, nicht näher bestimmten zeitungsausschnitt, der ebenfalls im bundesarchiv archiviert wurde: «ausweisung kommunistischer agitatoren. ag. der bundesrat hat zwei ausländer, die schriftenlos und unter umgehung der grenzkontrolle in die schweiz eingereist waren und hier insbesondere durch vertrieb von parteiliteratur kommunistisch agitierten, die ferner kommunistische literatur zum einschmuggeln nach einem nachbarstaat übernahmen, in anwendung von art. 70 der bundesverfassung aus der schweiz ausgewiesen.»

bereits wenige tage nach dem eintreffen des anonymen schreibens wurde alfred thomas in zürich am zeltweg 44 verhaftet und von der polizei auf die hauptwache mitgenommen. die stadtpolizei zürich setzte am 9. mai 1936 ein protokoll auf, in dem zu lesen steht, dass «angeblicher thomas, alfred, ill. [illegitimer sohn] der marie thomas kommunistischer deckname ‹max› 2. juni 1906 kühschmalz, oberschlesien, preussen, deutscher reichsangehöriger, ledig, redakteur», sich weigerte, seinen zürcherischen aufenthaltsort zu nennen – thomas konnte, im unterschied zu emil und selma paryla, schweigen; möglicherweise hatte er bereits übung im umgang mit der polizei; jedenfalls gab er den namen bill nicht preis.

die verfügung der behörden lautete: «arrest via städtische fremdenpolizei.» man warf dem verhafteten folgende vergehen vor: «unerlaubter grenzübertritt und erwerbstätigkeit, kommunistische propaganda; übertretung des bg über aufenthalt und niederlassung der ausländer.»

die stadtpolizei zürich, der alfred thomas die auskunft über seinen wohnort verweigerte, lud das schaupielerehepaar paryla am 11. mai 1936 frühmorgens zum verhör vor.

das verhör von «frau paryla, geb. schmidt, genannt frau stöhr, selma (selly) sybilla, früher deutsche, nun von wien, geb. den 4. märz 1909 in breslau ... verheiratet seit august 1935 mit paryla, genannt stöhr (künstlername), emil, schauspielerin, wohnhaft zeltweg 44», begann um 8 uhr 10.

eine der fragen lautete: sind sie kommunistin? darauf anwortete selma paryla, dass sie keine kommunistin sei, sie sei nur gegen hitler.

stadtpolizei: «kennen sie herrn thomas?»

selma paryla: «ja, aus breslau noch. vor 5 oder 6 jahren habe ich ihn dort kennengelernt. es war nach einer theatervorstellung, als er mir vorgestellt wurde.»

stadtpolizei: «wussten sie, was thomas damals arbeitete?»

selma paryla: «nein ... erst später habe ich einmal erfahren, dass thomas bei einer zeitung sein soll. wie diese zeitung hiess, bzw. heisst, weiss ich nicht.»

stadtpolizei: «wann ist thomas erstmals zu ihnen nach zürich gekommen?»

selma paryla: «er war vor uns hier.»

stadtpolizei: «wann sind denn sie mit ihrem mann nach zürich gekommen?»

selma paryla: «mein mann hält sich nun das dritte jahr in zürich auf. er ist schauspieler am schauspielhaus ... während des monats april 1935 kam ich besuchsweise nach zürich. ich war dann hier bis anfang juni 1935. dann fuhr ich mit herrn paryla, den ich schon aus breslau kannte, nach wien. dort haben wir geheiratet. schon im jahr 1934 wohnte mein jetziger ehegatte mit thomas zusammen in einem zimmer … an der anwandstrasse. jetzt erinnere ich mich. die beiden wohnten schon während der schauspielsaison 1933/34 zusammen … was aber thomas damals in zürich getrieben hat, weiss ich nicht.»

stadtpolizei: «sind sie mit thomas während ihres ersten aufenthalts in zürich zusammengekommen?»

selma paryla: «ja. da wohnte paryla schon im hause zeltweg 44.»

stadtpolizei: «wohnte damals thomas bei ihrem ehegatten?»

selma paryla: «nein. wo er wohnte, weiss ich nicht. er war aber beständig in zürich.»

stadtpolizei: «wann sind sie mit ihrem ehegatten von österreich nach zürich gekommen?»

selma paryla: «… ich selbst bin erst im oktober 1935 wieder nach zürich gekommen.»

stadtpolizei: «was trieb thomas während der zeit, da sie besuchsweise in zürich waren und mit ihm zusammenkamen?»

selma paryla: «damals lag die braut des thomas, tony [antonie] martin, hier sehr krank im spital. thomas beschäftigte sich in der hauptsache mit seiner braut.»

stadtpolizei: «seit wann verkehrt thomas im hause zeltweg 44?»

selma paryla: «schon seit frühjahr 1935.»

stadtpolizei: «seit oktober 1935 verkehrte thomas doch täglich bei ihnen?»

selma paryla: «ob täglich, weiss ich nicht. immerhin kam er oft nach dem mittagessen zu uns. er verkehrt erst seit anfangs 1936 täglich bei uns, mit ausnahme von wenigen tagen.»

stadtpolizei: «thomas blieb doch immer den ganzen nachmittag bei ihnen?»

selma paryla: «ja. manchmal ging er aber auch zwischendurch etwas erledigen. was er erledigen musste, weiss ich nicht.»

stadtpolizei: «was schrieb denn thomas jeweilen, wenn er bei ihnen war?»

selma paryla: «er hat bisweilen auf unserer schreibmaschine geschrieben. was, weiss ich nicht.»

stadtpolizei: «für welche zeitschrift schreibt thomas?»

selma paryla: «ich habe dies erstmals am sonnabend von ihnen gehört.»

stadtpolizei: «sie wussten also bis sonnabend nicht, dass thomas für die *rundschau* schreibt und immer geschrieben hat?»

selma paryla: «nein.»

die polizei bezog sich hier auf eine passage im brief des denunzianten: «... frau stöhr besorgt ihm die maschinenarbeiten.»

stadtpolizei: «es ist uns aber mitgeteilt worden, dass sie dem thomas immer bei seiner schriftstellerischen arbeit geholfen haben.»

selma paryla: «das ist nicht wahr.»

stadtpolizei: «wo wohnt thomas?»

selma paryla: «draussen in höngg, bei einer familie bill. wenn wir ihn besuchten, das geschah zweimal, fuhren wir mit dem tram bis zur endstation. dann mussten wir noch 5 bis 7 minuten die gleiche strasse weiter hinausgehen. das erste mal besuchten wir ihn vor einigen monaten, das zweite mal war es vorige woche.»

stadtpolizei: «sie wussten, dass thomas unangemeldet hier wohnte?»

selma paryla: «ja.»

stadtpolizei: «theo [sic] otto hat aber hin und wieder dem thomas bei dessen arbeit geholfen?»

selma paryla: theo [sic] kam bisweilen zu uns auf besuch. ob zwischen thomas und theo [sic] eine freundschaft besteht, weiss ich nicht.»[1043]

warum waren emil und selma paryla gegenüber der polizei im verhör so gesprächig? dem protokoll ist über die finanziellen verhältnisse des schauspielers zu entnehmen, dass paryla «eine gage von 700 franken» bezog und die spielzeit am schauspielhaus «9 monate» dauere. in bezug auf ihre eigene ideologie hatten beide parylas verneint, kommunisten zu sein. vermutlich befürchteten sie selber, und nicht von ungefähr, repressionen, schlimmstenfalls ihre ausweisung aus der schweiz. so empfahl die stadtpolizei am 18. mai tatsächlich dem polizeiinspektorat zürich, «... dass gegenüber den eheleuten paryla und theo [sic] otto strenge fremdenpolizeiliche massnahmen ergriffen werden sollten.»

wo alfred thomas wohne, nämlich bei den bills in höngg, gestanden laut polizeiprotokoll im verhör sowohl die schauspielerin paryla als auch – wie bereits erwähnt – ihr getrennt von ihr verhörter ehemann. emil paryla sagte im folgenden aus: «auch vorige woche war ich einmal draussen. da wurden mir drei leute vorgestellt, es waren zwei schweizer und eine frau, einen moment, es waren thomas, ein schweizerisches ehepaar und eine weitere frau, eine ausländerin.»

wegen dieser aussage versuchte die stadtpolizei auch noch herauszubekommen, wer denn die bei bill anfang mai 1936 anwesende «ausländerin» gewesen sei. sie fanden heraus, dass es sich um rosa trude wiedner, geboren 7. juni 1900 in freidorf, österreich, schneiderin, ledig, handelte. «... über die wiedner ist bereits die einreisesperre verhängt worden.»[1044]

einem jahre später vom spanienkämpfer hans teubner geschriebenen buch ist zu entnehmen, dass sowohl paryla, als auch der im verhör von selma sybille paryla erwähnte teo otto zusammen mit anderen emigranten durchaus in der sehr aktiven kommunistischen parteigruppe am zürcher schauspielhaus mitwirkten.[1045]

hans otto, nicht mit teo otto verwandt, war in berlin im november 1933 ermordet worden. diesem von der sa brutal gefolterten schauspieler, der aus dem fenster geworfen wurde, weil er nichts verriet, gedachten die kolleginnen und kollegen am zürcher schauspielhaus jedes jahr mit einer gedenkfeier.

1043 verhör von der stadtpolizei zürich, 11.5.1936, 08.10 uhr, in: ‹fiche› max bill [staatsschutzakten], (315:0)815; bundesarchiv, bern

1044 protokoll der stadtpolizei zürich zu handen der schweiz. bundesanwaltschaft in bern, 29.5.1936; ebenda

1045 teubner 1975, s. 177f.

vor seiner ermordung hatte hans otto in berlin mit dem schauspieler wolfgang heinz zusammengewohnt. beide bereiteten sich gemeinsam auf die illegalität vor und waren in der ‹revolutionären gewerkschaftsopposition, sektion bühne und film› aktiv.

da max bill mir gesagt hatte, der emigrant aus deutschland sei «über leute vom schauspielhaus» zu ihm gekommen, wäre es denkbar, dass es die aus berlin eingetroffenen wolfgang heinz oder teo otto waren, die den flüchtling, der sich alfred thomas nannte, von dem wir aber nicht wissen, ob er vielleicht gefälschte papiere auf sich trug, an max bill vermittelten.

wolfgang heinz, wolfgang langhoff, erwin parker verbrachten bis zum ‹anschluss› österreichs mit den schauspielhaus-kollegen karl paryla, der damals schon berühmte bruder von emil, und teo otto ihre arbeitsfreien sommermonate in wien, also bis 1938. «offenbar dienten diese sommeraufenthalte zur kontaktaufnahme mit genossen u. a. in prag.»

als sie im august 1936, wenige monate nach der verhaftung und nach der vom bundesrat verfügten ausweisung von alfred thomas, in die schweiz zurückreisen wollten, machte man ihnen, wie von der schweizer fremdenpolizei während der verhöre bereits angedroht, auf einmal schwierigkeiten. doch theaterdirektor rieser gelang es, «eine weitere toleranzbewilligung für seine schauspieler» zu erhalten.[1047]

«wolfgang heinz kam nach der ermordung seines genossen nach zürich. er spielte in der saison 1934/35 am zürcher schauspielhaus in verschiedenen shakespeare-stücken, u.a. *hamlet* und *othello*, und führte 1935 auch regie ... heinz gehörte dem engeren kreis der kommunistischen schauspielerzelle um wolfgang langhoff an, die zu widerstandskreisen in europa kontakt hielt, u.a. zum deutschen widerstand der ‹schulze-boysen-gruppe›.»[1046]

karl paryla und teo otto werden beide gegen ende des zweiten weltkriegs, im jahr 1943, in der schweiz zu den vorbereitern für die gründung eines ‹nationalkomitees freies deutschland› (nkfd) gehören.

«das anliegen der leitung der kpd-organisation in der schweiz bestand jetzt darin, in den arbeitslagern und unter den nichtinternierten emigranten in den städten die ideen des nkfd zu verbreiten ... weil die günstigsten bedingungen dafür am schauspielhaus in zürich bestehen, ergriff dort die von wolfgang langhoff geführte parteigruppe auf vorschlag der parteileitung im lager gordola die initiative zur gründung der ersten gruppe des ‹freien deutschland›. zu den gründern dieser ersten gruppe zählten die kommunistischen und parteilosen mitglieder des ensembles teo otto, wolfgang heinz, karl paryla, mathilde danegger, erwin parker, jo mihaly und andere antifaschisten in zürich ... obwohl die gründung von gruppen in der ‹neutralen› schweiz illegal geschehen musste ...»[1048]

karl paryla wird im zürcher schauspielhaus u.a. bei der uraufführung von bert brechts *mutter courage* auftreten und nach dem zweiten weltkrieg definitiv nach wien zurückkehren, wo er 1996 im alter von 90 jahren stirbt.

ein originalbühnenbildentwurf von teo otto zur *mutter courage* befindet sich in der sammlung peter petrej, zürich. der bühnenbildner teo otto wird im jahr 1966 mit dem ‹kunstpreis der stadt zürich› gewürdigt.

«alfred thomas wurde am samstag, den 9. mai 1936, 18.10 uhr ... in der wohnung des schauspielers emil parila [sic], genannt stöhr, wohnhaft zeltweg 44, zürich verhaftet. neben parila [sic] war noch dessen ehefrau und der bühnenbildner theo [sic] otto, deutscher staatsangehöriger ... in der wohnung anwesend ...

1046 bruns 2007, s. 77
1047 ebenda
1048 teubner 1975, s. 177f.

die verhaftung erfolgte aufgrund einer anonymen denunziation des thomas, der als kommunist hingestellt wurde ... thomas, der auch max genannt werde, wechsle beständig die kleidung ... nach der verhaftung weigerte sich thomas auf der kreiswache 7 die personalien anzugeben ... seinen wohnort, den wir später auf anderen wegen feststellen konnten, gab thomas nach bewährter kommunistischer art nicht an ...

am jetzigen wohnort limmattalstrasse 253 wohnte thomas nach den angaben seines logisgebers max bill, graphiker, geb. 1908, seit anfangs januar 1936. nach persönlichen aufzeichnungen von thomas wohnt er aber schon seit oktober 1935 dort ... thomas ist redakteur bei der ‹rundschau-nachrichtenagentur› (runa) in zürich, ein kommunistisches unternehmen, das beständig ohne bewilligung unter speziellen vorsichts- und tarnungsmassnahmen ausländer beschäftigt. thomas gibt über seine tätigkeit keine auskunft ...

thomas hatte fr. 47.51 auf sich. davon werden ihm 40 franken als depositum für das velofahren ohne versicherungsausweis und für die unerlaubte erwerbstätigkeit abgenommen.»[1049]

dem bericht «haftsache alfred thomas, dringlich», von der stadtpolizei zürich, 12. mai 1936, zuhanden der bundesanwaltschaft in bern, entnehmen wir weitere details:

«... betraten die detektive stier, bachmann 3 und ich ohne zu läuten die wohnung der frau von fischer und ich klopfte an der türe und betrat sofort das zimmer. anwesend waren thomas, paryla und frau und otto. thomas, der sich nicht ausweisen konnte und auch seinen namen nicht angab ... dem bühnenbildner otto musterte ich den inhalt seiner taschen ... in den beiden zimmern, die die eheleute paryla bewohnen, fanden wir eine nummer der basler ‹rundschau› und 2 broschüren vom VII. weltkongress der kommunistischen internationale mit dem referat von dimitrow ‹arbeiterklasse gegen faschismus›. sowohl über otto, der in einem antifaschistischen, richtig aber kommunistischen halstuch erscheint; als auch über die eheleute paryla-schmidt wird noch separat bericht erstattet werden. auch bei otto wurde eine hausdurchsuchung vorgenommen ...»[1050]

mehr über die durchsuchung des zimmers, das thomas bei bills bewohnte, lesen wir in einem anderen protokoll: «als wir am 11. mai im verlaufe des vormittags im haus limmattalstr. 253, bzw. in dem von thomas bewohnten zimmer daselbst hausdurchsuchung vornehmen wollten, war die haustüre ge-

---

[1049] stadtpolizei zürich, das kriminalkommissariat zürich, 11.5.1936; bundesarchiv bern
[1050] bericht «haftsache alfred thomas», stadtpolizei zürich 12. mai 1936
[1051] ebenda
[1052] stadtpolizei zürich, 23.5.1936 an die schweizerische bundesanwaltschaft in bern; bundesarchiv bern
[1053] ebenda
[1054] die direktion der polizei des kantons zürich 12.5.1936 an die schweizerische bundesanwaltschaft bern; bundesarchiv bern

schlossen. auf mehrmaliges läuten wurde nicht geöffnet. im moment, da wir mit dem auf thomas vorgefundenen schlüssel selbst öffneten, erschien ein frauenzimmer, namens wiedner, rosa trude … zuständig nach eichberg, oesterreich, geb. den 7. juni 1900 in freidorf, oesterreich, schneiderin, ledig.
auf befragen, warum sie uns nicht aufgemacht habe, erklärte dieselbe, sie habe befehl von frau bill, niemandem die türe aufzumachen.
es stellte sich in der folge heraus, dass auch diese wiedner die längste zeit unangemeldet bei bill gewohnt und auch dort gearbeitet hatte. diesbezügliche verzeigung [anzeige] ist auch da erfolgt. über die wiedner ist bereits die einreisesperre verhängt worden.»[1052]

ausser den briefen seien im zimmer von thomas bei den bills «rund 170 nummern» der runa gefunden worden. erstaunlich ist auch die vielzahl der in thomas' zimmer von der polizei beschlagnahmten ausländischen zeitschriften.

«in der mappe von thomas fanden sich eine oder mehrere der neuesten nummern von new york herald tribune, le peuple, bruxelles, daily herald, daily worker, new york, the daily worker, london, westdeutscher beobachter, köln, deutsche bergwerkszeitung, d'haagsche post, nieuwe rotterdamsche, courant populaire, paris, l'œuvre, paris, le temps, paris, le soir, bruxelles, de tribune, het volk, amsterdam, pester lloyd, die weltwoche, zürich, neuer vorwärts, prag, oesterreichische woche, das neue tagebuch, amsterdam-paris, youth news service, wisconsin, broschüre ‹die tat›, leipzig, 2 nummern ‹die neue weltbühne›, broschüre ‹kommunistische internationale› heft 4 vom 30.4. 1936.»[1053]

«durch die stadtpolizei zürich werden ihnen bezüglich des deutschen kommunisten alfred thomas, z.zt. in haft bei der bezirksanwaltschaft zürich, akten zugehen zur prüfung der ausweisung des thomas gemäss artikel 70 der bv. sofern wider erwarten das aktenmaterial zur ausweisung durch den bundesrat nicht ausreichen sollte, wollen sie uns bericht geben, da wir alsdann thomas gestützt auf das bundesgesetz über aufenthalt und niederlassung der ausländer vom 26. märz 1931 ausweisen werden.»[1054]

«bill, max betreffend komm. umtriebe»

wenige tage, nachdem die polizei das zimmer von alfred thomas durchsucht und daran anschliessend seine ausweisung gefordert hatte, wurde schliesslich

«beilage 10 ist ein ganz wichtiges schriftstück. es ist datiert vom 12. oktober 1935 und unterzeichnet von stefan, welcher name ihnen aus den frühern runa-akten bekannt ist. hier treffen sie den decknamen ‹max› und die adresse des deutschen mitarbeiters, der laufend die kurzberichte über deutschland schickt. es handelt sich um annemarie jokl, prag III, zamecka 200. max, richtig thomas, musste diese mitarbeiterin also instrumentieren …
beilage 14 ist ein schreiben des ‹comité international pour la liberation de thaelmann›, gerichtet an ‹runa›, schliessfach 17626, zürich, datiert paris, 2. märz 1936.»[1051]

ob thomas während der monate, die er in höngg wohnte, von oktober 1935 bis zu seiner verhaftung im mai 1936, bill die möglichkeit gewährt hatte, diese zeitungen auszuleihen? falls ja, dürfte nicht nur thomas, sondern auch bill in diesem zeitraum hervorragend informiert gewesen sein. selbst wenn bill die zeitschriften nicht persönlich einsah, dürfte thomas für ihn und seine frau ein bestens informierter, anregender gesprächspartner gewesen sein.

auch noch max bill am 17. mai verhört. ein det. korp. [detektiv korporal] stier schrieb das verhörprotokoll, das einen nachsatz zur internen information enthält: «unseres wissens beherbergte der verzeigte [angezeigte] schon öfters ausländer, ohne sie anzumelden. wir halten die ausfällung einer gesalzenen busse von nicht unter fr. 20.– wegen übertretung des bg über a. & n. [aufenthalt und niederlassung] der ausländer ... am platz.»

wie wir aus einem brief an vantongerloo aber wissen, verfügte bill anfang 1936 nicht über hinreichend finanzielle mittel, die ‹gesalzene› busse dürfte ihn daher empfindlich getroffen haben.

max bill erzählte mir, er habe damals der stadtpolizei zürich seinen vom eidgenössischen departement des innern in bern ausgestellten *triennale*-auftrag vorgewiesen und auf seiner sofortigen abreise nach italien bestanden.

dieser auftrag war bill aufgrund eines wettbewerbs erteilt worden, und er hatte für den schweizer pavillon der *triennale* in mailand in der ganzen schweiz die exponate zusammengesucht. er wollte in dem von ihm gestalteten raum verschiedenartigste produkte des modernen schweizer kunstgewerbes mit werken der modernen malerei, plastik und architektur zusammenbringen.

die stadtpolizei zürich sandte nach bills erfolgter abreise am 23. mai 1936 einen hinweis über seinen aktuellen aufenthaltsort an die schweizerische bundesanwaltschaft in bern: «rein informatorisch teilen wir ihnen ... mit, dass hr bill sich zur zeit im auftrage des eidg. departement des innern in mailand aufhält, um dort an der ausstellung ‹trienali [sic] di milano› mitzuwirken.»[1055]

die stadtpolizei zürich leitete auch ihre bemerkungen zu «bill, max betreffend komm. [kommunistische] umtriebe» an die schweizerische bundesanwaltschaft in bern:
«unterm 12. mai a.c. rapportierte det. hüni zu ihren händen, dass es der stadtpolizei zürich gelungen sei, einen runa-agenten, thomas, alfred franz ... zu verhaften. in den akten wurde erwähnt, dass dieser thomas unangemeldet gewohnt habe bei bill, max, von moosseedorf, kt. bern, geb. den 22. dezember 1908 in winterthur, sohn des erwin und der marie, geb. geiger, verheiratet mit binia, geb. spoerri, keine kinder, graphiker, wohnhaft limmattalstrasse nr. 253, zürich 10.
wie wir in erfahrung bringen konnten, hatte thomas schon im oktober 1935 bei diesem bill unterschlupf gefunden. er hat dann auch bis zu seiner verhaftung illegal dort gewohnt. bill ist in der folge wegen übertretung fremdenpolizeilicher vorschriften verzeigt worden ... über dessen tätigkeit sei er nicht genau orientiert gewesen. er habe aber angenommen, thomas schreibe ein buch.
diese ‹annahme› ist eine faule ausrede von bill. richtig ist, das letzterer den ‹max› (thomas alfred) kannte und demzufolge auch gewusst hat, was dieser in zürich arbeitete. gerade aus diesem grunde hat er ihn ja nicht angemeldet. dieser bill ist nämlich bei den kommunisten keine unbekannte persönlichkeit. die tatsache, dass wir seinerzeit bei der verhaftung des ihnen bereits bekannten kommunisten heinz neumann, alias bieler, karl, eine visitenkarte lautend: bill in dessen effekten fanden, dürfte dies bestätigen ...»[1056]

am tag nach bills verhör hatte der schweizerische bundesrat eine sitzung, in der auf antrag des justiz- und polizeidepartements die «ausweisung thomas» verhandelt und beschlossen wurde.

1055 ‹fiche› max bill [staatsschutzakten], (315:0)815, in: bundesarchiv, bern
1056 ebenda
1057 protokoll (auszug) der sitzung des schweizerischen bundesrates, 19.5.1936; bundesarchiv, bern

«dienstag, 19. mai 1936 ... der schweizerische bundesrat ... nach kenntnisnahme eines berichts der schweiz. bundesanwaltschaft, wonach sich ergibt, dass thomas, alfred franz ... z. zt. in zürich in haft, in der schweiz kommunistisch agitierte, indem er an leitender stelle einer internationalen nachrichtenagentur mit kommunistischem charakter stand, für die er sich organisatorisch und journalistisch durch sammeln und verfassen tendenziöser meldungen aus fremden staaten betätigte, welche geeignet sind, der schweiz internationale schwierigkeiten zu bereiten, in erwägung, dass diese tätgkeit die äussere sicherheit des landes gefährdet ... beschliesst: 1.) thomas alfred franz wird aus der schweiz ausgewiesen ... die bundesanwaltschaft wird mit dem vollzug betreut.»[1057]

beim lesen des passus, die aktivitäten von thomas könnten der schweiz «internationale schwierigkeiten» bereiten, kann eingrenzend bemerkt werden, dass der bundesrat wohl kaum solche zu gewärtigen hatte, sondern so handelte, um einer eventuellen reklamation seitens nazideutschlands vorzubeugen.

erich schmid, der an seinem film zu max bill arbeitete, und ich bemühten uns des weiteren herauszufinden, wie es alfred thomas nach seiner ausweisung erging und ob er den zweiten weltkrieg überlebte. schliesslich beauftragten wir zwei historikerinnen mit weiteren recherchen. was sie herausfinden konnten, war, dass die gestapo alfred thomas international zur verhaftung ausgeschrieben hatte, ihn aber wohl nicht fand, weil ansonsten sein name auf der liste gestrichen worden wäre, was nicht der fall ist.

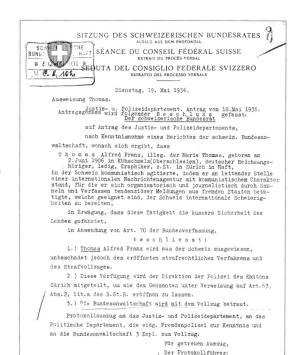

ausweisungsbeschluss gegen den flüchtling alfred thomas vom 19. mai 1936
bundesarchiv bern, dossier max bill

der verhaftete thomas wurde dann tatsächlich, dem beschluss des bundesrates folge leistend, aus der schweiz ausgewiesen. thomas wurde immerhin nicht nach nazideutschland, sondern nach frankreich ausgeschafft.

triennale di milano 1936

bills offizielles aufgabengebiet wurde im katalog *guida della sesta triennale*, milano 1936 (ohne werk-abbildungen), auf italienisch wie folgt umrissen: «max bill, zurigo», zuständig für «progetto e allestimento»; für den bereich «arte applicata e industriale, tessile» hatte er arbeiten von elsi giauque (ligerz) – mit der er zeit ihres lebens freundschaftlich verbunden war und die er mit mir gemeinsam noch kurz vor ihrem tod besuchte – ausgewählt sowie unter anderen werke der einstigen bauhaus-meisterin gunta sharon-stölzl, die im katalog nur mit dem firmensignet «sharon & hürlimann, stoffe» aufgelistet erscheint.

neben einer auswahl von keramiken und glas («ceramica e vetri») konnte man sich schweizer schmuck («gioielli») anschauen. für diese präsentation hatte bill von seiner in brüssel lebenden schwägerin klara bosshard gestalteten schmuck ausgewählt. neben einigen uhren («orologi»), neben mode, holz («legni») wurde selbst ein marionettentheater präsentiert: die marionettenkomödie hiess *kasane*, die figurinen waren von carlo (carl) fischer gestaltet, bills einstigem lehrer an der zürcher kunstgewerbeschule, und für die «scenografia» war otto morach verantwortlich.

man bewegte sich im freundeskreis, um nicht zu sagen ‹en famille› – denn bei den ebenfalls ausgestellten fotografischen werken findet sich, alphabetisch an erster stelle genannt, binia bill, gefolgt von unter anderen hans finsler, gotthard schuh und heinrich steiner. auch bei den architekturbeispielen treffen wir auf einige uns aus bills bisheriger biografie geläufige namen: so unter anderen auf ernst f. burckhardt, hans fischli und alfred roth. der für die bildenden künste verbleibende raum war eher spärlich ausgestattet. hans erni aus luzern, während der 30er-jahre seinerseits mitglied der gruppe ‹abstraction-création›, und alfred williman figurieren im *triennale*-katalog unter «pittura murale» (wandmalerei), und an plastiken platzierte bill im schweizer pavillon ausschliesslich drei seiner eigenen werke – was zu missgunst einiger bildhauerkollegen beigetragen haben dürfte.

> das genaue datum der eröffnung ist im katalog nicht genannt.

bill hielt sich, begleitet von binia und seinen mitarbeitern, ungefähr acht tage lang in mailand auf. die eröffnung fand im mai 1936 statt.

es existiert ein text von max bill: «die schweizer abteilung an der triennale di milano 1936» in: *dreissiger jahre schweiz. 1936 – eine konfrontation*, ausst.-kat. aargauer kunsthaus, aarau 1981, s. 95.

in italien war seit jahren ein diktatorisch-faschistisches regime an der macht, und dieses führte zu jener zeit krieg gegen abessinien. das wäre ein hinreichender grund gewesen, den schweizer pavillon in mailand nicht einzurichten. handkehrum war es eine möglichkeit, gerade im faschistischen italien eine auswahl antifaschistischer literatur, geschrieben von dem in der schweiz lebenden italienischen emigranten ignazio silone, mitauszustellen. bill entschied sich für letzteres.

in einem sozusagen subversiven akt konnte er silones bücher in die *triennale* hineinschmuggeln, denn es wurden im bereich «arte del libro» des schweizer pavillons für den triennale-katalog nicht die namen der autoren aufgeführt,

1058 paul l. walser: «ignazio silone und der ort, wo er geboren und begraben wurde», in: *tages-anzeiger*, 19.5.1979
1059 einwohner aus silones heimatort, zit. nach paul l. walser; ebenda
1060 hans mühlestein in: *information*, heft 9, april 1933

sondern die der buchgestalter – so eben unter anderen wiederum max bill, der den umschlag von silones *fontamara*, erschienen bei oprecht und helbling im april 1933, wie auch von *der fascismus, seine entstehung und seine entwicklung* (europa verlag, zürich 1933) gestaltet hatte.

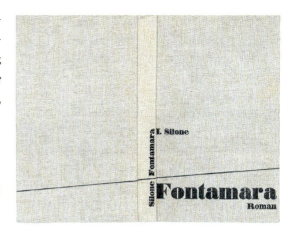

ignazio silone, der eigentlich secondo tranquilli hiess, hatte im kampf für die junge kommunistische partei italiens (kpi) «in den zwanzigerjahren gefährliche missionen im in- und ausland» geleitet; «faschistische polizei- und justizbehörden fahndeten nach ihm als einem der meistgesuchten köpfe in ganz europa.» eine dokumentation aus archivbeständen gibt aufschluss über die verfolgung silones und zeigt auch «einen konkreten fall, wo schweizerische stellen dem mussolini-reich helferdienste leisteten.»[1058]

zu diesem konkreten fall wird vom journalisten paul l. walser leider nichts näheres mitgeteilt. silone war 1930 im schweizer exil aus der kpi ausgeschlossen worden und deshalb ein mensch ohne parteiausweis. «am anfang hatte er ärger mit seiner familie und den nachbarn, weil er ein aktiver kommunist war und von den faschisten gesucht wurde. und nachher, als er mit der kpi brach, hatte er ärger mit seiner neuen ‹familie›, den ehemaligen genossen – eine wirkliche versöhnung gab es nie. die leute blieben misstrauisch, zumal silone ja seinen namen als schriftsteller weit weg, im ausland, gemacht hat.»[1059]

sein geburtsort pescina dei marsi, um die hundert kilometer östlich von rom in der provinz l'aquila in den abruzzen gelegen, wurde während des zweiten weltkriegs von hitlers luftwaffe bombardiert.

max bill: bucheinband zu iganzio silones roman *fontamara*, 1933

wir entnehmen einer anerkennenden kritik von hans mühlestein über silones *fontamara*, einem roman über das faschistische italien, dieses sei «das erschütterndste und zugleich das dichterisch geformteste document humain, das mir seit vielen jahren unter die augen gekommen ist. das schicksal eines elenden abruzzendorfes ist darin durch unerhörte objektivierende gestaltungskraft in einem masse zum gültigen symbol für das elend der enterbten und vergewaltigten der ganzen menschheit erhoben, wie das nur wirklichen meisterwerken gelingt. es geht darum von diesem werk eine seelische sprengkraft aus, die uns – jenseits von aller politik, elementarer als alle literatur – die sichere zuversicht gibt, dass die geistige kraft, die unsere kultur geschaffen hat, selbst mitten in dem geknechtetsten europa noch lebendig ist.»[1060]
ein anderer, der sich in der schweiz für silones literatur begeisterte, war der jüdische kaufmann und weltbürger bernhard mayer, der in ascona und in zürich dem von ihm hochgeschätzten schriftsteller mehrmals persönlich begegnete.

«in ascona machte ich die bekanntschaft ignazio silones durch die übersetzerin seiner ersten bücher, nettie sutro. ich war schon beim ersten zusammentreffen gefesselt und reihte ihn gleich in die reihe der ganz grossen, wie kropotkin und landauer, ein. bald nach unserer ersten begegnung erschien sein erster roman *fontamara*, der grosses aufsehen erregte. er schenkte mir das buch mit einer ganzseitigen widmung, über die ich mich sehr freute …
silone war ein durchaus politischer mensch. er war in seiner jugend kommunistischer jugendführer in italien, war mehrmals in moskau, konnte jedoch mit moskau nicht lange zusammenarbeiten, da man dort keine selbständig denkenden menschen gebrauchen konnte. es kam zum bruch. silone nahm seinen wohnsitz in zürich, wo ich ihn häufig sah …
sein zweites buch hiess *fascismus*. dann kam *brot und wein*, sein nächster roman nach *fontamara*, 1943 *der same unter dem schnee*, das auch in amerika erschien. jedes dieser bücher ist eine reifere fortsetzung der früher erschienenen. alle beschäftigen sich mit den allerärmsten und haben sein geburtsdorf in den abruzzen als ausgangspunkt. so wie zola uns unbekannte gebiete in frankreich entdecken half, so hat uns silone menschen gezeigt, von deren existenz wir keine ahnung hatten.»[1061]

informationen über räumliche organisation, technische durchbildung, ästhetischen aufbau in: max bill: «section suisse d'exposition triennale di milano / schweizer ausstellung an der triennale di milano / the swiss exhibition at the triennale di milano», (mai–oktober) 1936, in: alfred roth, *die neue architektur / the new architecture / la nouvelle architecture* 1930–1940, verlag für architektur artemis, zürich/münchen 1939; neuausgabe edition girsberger, zürich 1975, s. 173–178.
die gesamtherstellungskosten inklusive reisen, hotel und löhne betrugen 15 000 schweizer franken.

für den schweizer pavillon der *triennale di milano* versuchte max bill die bestrebungen von charles rennie mackintosh, henry van de velde und walter gropius kritisch und gegenwartsbezogen umzusetzen. es ist wesentlich für bill, dass er probleme analysierte, indem er ihre durchführungsmöglichkeiten sowohl im technischen als auch im ökonomischen und ökologischen zu beachten suchte. er beschritt bei der gestaltung einen sehr klaren weg, suchte nach dem sich aus dem auftrag ergebenden grund und betrachtete seine tätigkeiten als beitrag für die problemlösungen der umweltgestaltung. dieses methodische vorgehen war ihm am bauhaus im vorkurs von josef albers beigebracht worden.

die mailänder ausstellung wurde bis hin nach japan publiziert, und bill konnte sich des eindrucks nicht erwehren, dass seine arbeit im ausland auf grössere resonanz stiess als in der schweiz.

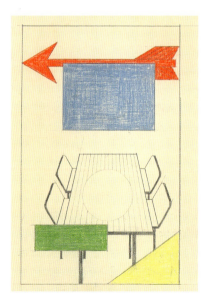

max bill: entwurf für schaufenstergestaltung der firma spindel in zürich, 1936
farbstift und bleistift auf papier, 39,7 × 29 cm

1061 mayer 1998, s. 104
1062 thomas 1991 [a], s. 18

ein jeder gegenstand in den vitrinen, jedes buch, jede fotografie, jedes plakat, jedes architekturbeispiel war von ihm unter dem gleichbleibend anspruchsvollen aspekt der suche nach gültigen kriterien im hinblick auf die gestaltung der umwelt ausgewählt worden. diese beispielhaften werke waren, fast ausschliesslich, von mitgliedern des ‹schweizerischen werkbunds› geschaffen, dem auch bill seit 1930 angehörte.

was er schon damals anstrebte, führte max bill in seinen späteren tätigkeiten bei ausstellungen oder in der pädagogik weiter aus.

für die ungewohnte anwendung von plastischen raumelementen im von bill verantworteten schweizer pavillon wurde aber nicht er persönlich mit dem ‹grand prix› ausgezeichnet, sondern sozusagen anonym die schweizer abteilung.

so geschehen aufgrund einer intervention des französischen jury-mitglieds auguste perret, der gegen die namentliche nennung des gestalters max bill war.

im italienischen teil der *triennale* präsentierte «lucio fontana his monumental sculpture ‹victory› in the ‹sala della vittoria›». zur *triennale*-eröffnung erschien der max bill von seiner mitgliedschaft bei ‹abstraction-création› her bekannte italienische künstler luigi veronesi «in a complete fascist uniform», wie überhaupt sehr viele besucher faschistische ‹schwarzhemden› trugen: «interesting was the reaction of my italian collegues, who grasped the meaning of my gesture. all of them being blackshirts ...»[1062]

wenn es um die herstellung von kunst ging, war max bill in der lage, sich das problem selbst zu stellen, das material und den vorgang selbst zu bestimmen. er bezeichnete seine malerei und plastik als «gegenstände für den geistigen gebrauch».

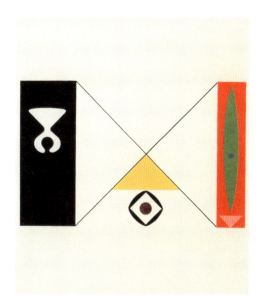

max bill: *3 variationen*, 1935
öl auf sperrholz, 60 × 50 cm

bei all seinen vielseitigen aktivitäten begann bill stets an der wurzel einer jeden problemstellung.

über seine beziehungen zu italien unterhielt ich mich mit max bill ende der 80er-jahre lange, im zusammenhang mit einem text, in dem auch von seinem engagement bei der gestaltung des schweizer pavillons an der *triennale di milano* die rede ist.

«for years now italy had been under a fascist dictatorship and at that time it was at war with abyssinia. this in itself was reason enough for me not to participate in the exhibition; on the other hand, it was also a reason for taking part, with the greatest possible coherence in the selection of the material to put on display.» deshalb traf bill die bewusste entscheidung, in den schweizer pavillon in mailand antifaschistische themen einzuschmuggeln.
«thus, as an examplification of a very modern typographical style, i chose a few antifascist publications written by ignazio silone (pseudonym for secondo tranquilli in italy on the most-wanted list; silone was one of the first refugees to arrive in switzerland. since 1931 bill had been collaborating with the writer. silone was the editor of the antifascist review *information*, published in zurich; bill was a contributor). and this, together with a rather unusual application of plastic spatial elements was enough to attract the attention of a great many visitors.»[1063]

ernesto nathan rogers

einige jahre nach der mailänder *triennale* 1936 werden belgiojoso und banfi in mailand verhaftet. die faschistischen machthaber werfen ihnen konspirative tätigkeiten vor. rogers wird es im spätherbst 1943 gelingen, sich aus italien in die schweiz zu retten.

während dieses kurzen arbeitsaufenthalts sah bill mit eigenen augen nicht nur die schwarzhemden, sondern er traf sich in mailand mit den progressiven italienischen architekten der gruppe bbpr.

«ernesto nathan rogers hatte gute kameraden, die sich in einem vorbildlichen team ergänzten, im studio bbpr: gian luigi banfi, lodovico di belgiojoso und enrico peressutti. seit ihrer studienzeit, die sie gleichzeitig 1932 abschlossen, waren die vier freunde eine unzertrennliche arbeitsgemeinschaft geworden.»[1064]

wenige wochen nach ihrer rückkehr aus italien, dem land mit faschistischer diktatur, gab es in binias familie einen trauerfall. binias vater ferdinand jakob spoerri – der in japan im auftrag der firma gebrüder volkart geschäfte getätigt hatte, jener firma, die von georg reinhart, der nebenher auch noch einer der massgebenden winterthurer kunstsammler war, geleitet wurde – verstarb am 20. juli 1936 im alter von 71 jahren.

die todesanzeige setzte bill in konventioneller gross-kleinschrift auf. binias familie erwartete zudem von max bill, dass er auch eine inschrift für den grabstein seines schwiegervaters gestaltete. diese aufgabe übernahm er zugestandenermassen «äusserst ungern».

1063 thomas 1991 [a], s. 18
1064 max bill im gespräch mit angela thomas für den text thomas 1991 [a]
1065 laut ernst scheidegger im interview mit angela thomas 2008

die hinterbliebenen des verstorbenen ferdinand jakob spoerri waren neben seiner am zürichsee in goldbach-küsnacht wohnenden witwe ida spoerri-gross die gemeinsamen drei töchter (mit ihren ehemännern und kindern): elsbeth hodel-spoerri in riehen-basel, klara bosshard-spoerri in brüssel, sowie binia bill-spoerri in zürich.

ferdinand jakob spoerri wurde kremiert und auf dem hinter der hohen promenade in zürich gelegenen friedhof der wohlhabenden beigesetzt. der von max bill gestaltete grabstein ist dort heute nicht mehr vorhanden.

zeitprobleme in der schweizer malerei und plastik

dem zürcher publikum war bereits einige jahre lang gelegenheit geboten worden, einblick in qualitativ hochstehendes, zeitgenössisches kunstschaffen zu nehmen: in diversen modernen ausstellungen, die im kunsthaus veranstaltet wurden. liest man heute rückblickend die namen der künstler, die öffentlich gezeigt wurden, kann man von treffsicherem gespür der verantwortlichen reden und sagen, das publikum sei damals geradezu verwöhnt, vorbildlich informiert worden.

1929 hatte die ausstellung *abstrakte und surrealistische malerei und plastik*, an der max bill zu seinem ärger noch nicht ausstellen durfte, stattgefunden, die vierzig künstler der internationalen bewegung präsentierte. darauf folgten im jahr 1931 sonderausstellungen mit werken von kandinsky und schlemmer und im jahr 1932 die grossen schauen mit werken von picasso, gris, léger.

1934 konnte man in einer gruppenausstellung, die ausgerechnet *neue deutsche malerei* betitelt war, auch werke von bills einstigem bauhaus-meister lászló moholy-nagy, dem gebürtigen ungarn, antreffen. und im oktober 1934 hatten im zürcher kunsthaus max ernst, hans arp, alberto giacometti, julio gonzález und joan miró ausgestellt.

anfang 1936 bereiteten sigfried giedion und leo leuppi in zürich die ausstellung *zeitprobleme in der schweizer malerei und plastik* vor. sie trafen sich bei leuppi, der in einem alten zweiteiligen riegelbau wohnte, der ursprünglich als sbb-station zürich-enge gedient hatte.

in dieser räumlich-beengten situation sichteten leuppi und giedion bilder für die moderne ausstellung, die vom 13. juni bis 22. juli im kunsthaus stattfinden sollte.

es sei übrigens bills freund hanns welti gewesen, der die erste picasso-ausstellung 1932 nach zürich gebracht habe.[1065]

moholys kunstpraxis wird jahrzehnte später treffend charakterisiert von achim borchardt-hume, dem kurator einer grossen übersichtsausstellung, die in der tate modern (2006) begann und für die er aufs sorgfältigste werke der beiden bauhaus-meister albers und moholy ausgewählt hatte.

«obschon der bahnhof-neubau seit 1924–1926 mehrere jahre fertig war, blieb der holz-mauerbau im chalet-stil inmitten einer wildgewachsenen wiese, in der noch die alte schienenführung lag, stehen. der besuch bei leuppi musste über eine steile treppe bewerkstelligt werden. die situation erinnerte an die einöde in einem william s. hart-film der 20er jahre.»[1066]

gemäss richard paul lohse habe giedion an seinen bildern bemängelt, sie seien «zu wenig präzis gemalt».[1067] trotz der giedion'schen kritik wurde dann lohses beitrag dennoch für die ausstellung berücksichtigt, nämlich zwei gemälde aus dem aktuellen jahr, *vogelbild I* und *vogelbild II*, die jedoch im katalog nicht abgebildet wurden (siehe *zeitprobleme in der schweizer malerei und plastik*, ausst.-kat. kunsthaus zürich, 13. juni – 22. juli 1936, s. 32, kat. nr. 114 und 115).

obwohl bill nie speziell zugang zum kreis um sigfried giedion und dessen frau carola findet, weil irgendwelche animositäten in der luft schwirren, war er es, der den auftrag für die plakat- und kataloggestaltung erhielt.
vierzehn fotos, mehr als die hälfte der insgesamt für den katalog benötigten einundzwanzig abbildungen, wurden von binia bill fotografiert. die arbeitsgemeinschaft max & binia bill scheint zu funktionieren. binia bill wird von dem für die typografie verantwortlichen max im fotonachweis korrekt, also namentlich erwähnt.

über die ambitionen und ideologischen vorstellungen leuppis findet sich in einem text von richard paul lohse folgendes: «das thema, das leuppi dauernd beschäftigte, war der zusammenschluss der modernen schweizer künstler zu einer organisation, die fähig sein sollte, der gsmba eine neue künstlerische kraft entgegenzustellen, selbständig aktionen und ausstellungen zu machen … für leuppi war die geometrisierende kunst ‹l'art abstrait›, wie sie von der französischen kunstkritik bezeichnet wurde, die damit alles meinte, was nicht traditionalistisch im sinne von darstellung der optischen wahrnehmung war. abstraktion war für ihn ausdruck eines modernen pantheistischen lebensgefühls, ein universum, in dem laotse ebenso wie beethovens ‹seid umschlungen millionen› raum finden konnte.
dieses breite spektrum der weltanschauung leuppis erklärte seine tolerante grundhaltung allen künstlerischen ausdrucksformen gegenüber und seine fähigkeit zur zusammenarbeit, ein jahr vor gründung der ‹allianz›.»[1068]

die *zeitprobleme*-ausstellung war übrigens eine verkaufsausstellung, die man am sonntagnachmittag auch ohne eintrittsgeld, also für alle bevölkerungsschichten frei, besuchen konnte. im katalog bedankte sich kunsthaus-direktor wartmann bei den in die vorbereitungen involvierten personen:
«in paris waren es der mit der schweiz und mit zürich durch enge und langjährige beziehungen verbundene hans arp, in zürich max bill und leo leuppi, die sich als helfer bemühten. neben den künstlern steht als ihr freund und freund des kunsthauses herr dr. s. giedion, der neben seiner ausgedehnten organisatorischen arbeit, breite und tiefe der bewegung und des werkes ihrer schweizerischen vertreter wägend und messend, für die ausstellung auch die dem katalog vorangesetzte einleitung schrieb … die herren le corbusier und max bill liessen sich bereit finden, zur weiteren einführung in die ausstellung und in die kunst unserer zeit ihre persönliche überzeugung und einsicht als künstler zu formulieren …»[1069]

1066 lohse 1981, s. 100-101
1067 ebenda
1068 ebenda
1069 w. [wartmann] 1936, s. 2

bills einführungstext «konkrete gestaltung»

ausser einem allgemein gehaltenen text von sigfried giedion ist im katalog ein persönlicher von le corbusier abgedruckt. und max bill veröffentlichte hier seinen ersten theoretischen, im juni 1936 geschriebenen text, den er «konkrete gestaltung» betitelt. er beruft sich darin auf jene vor wenigen jahren in paris erschienene, von theo van doesburg kurz vor dessen tod herausgegebene broschüre *ac* (art concret). da van doesburg, wie bill meinte, «etwas unklar» dargestellt hatte, was er unter «konkreter kunst» verstand, suchte er in seinem einführungstext in die *zeitprobleme*-ausstellung «konkrete kunst» als standardbegriff genauer zu erfassen, zu definieren.

giedions knappen erläuternden feststellungen entnehmen wir einerseits soziologisches: «die in zürich lebenden maler und plastiker leben fast alle ohne näheren gegenseitigen zusammenschluss»; ferner über «den elsässer arp», der lange «bei uns» (soll heissen in der schweiz) gelebt habe, erstaunlicherweise, dass dieser seine jahre in zürich «sehr einsam» verbracht habe. doch arp habe in zürich «tiefe spuren hinterlassen».

warum lässt giedion hier unerwähnt, dass arp mit sophie taeuber, anfangs im konkubinat und später mit ihr verheiratet, zusammenlebte?

max bill: *konstruktion,* 1934
öl auf pressholz, 50 × 60 cm

diese beobachtung zu hans erni kann bill nur unterstreichen, denn er ist in jener zeit der meinung, erni male «eleganter» als er selber.

was giedion auf künstlerischem gebiet unter anderen von erni, bill, fischli, glarner, leuppi, sophie taeuber-arp, paul klee, hans arp und le corbusier hält, ist im folgenden seinem text zu entnehmen: hans erni «scheinen die formen aus der hand zu fliessen».

und weiter zu bill, fischli und glarner: «vorsichtig in der dosierung der effekte, dann aber rasch und entschlossen zupackend, gleichzeitig in die plastik, die raumdurchbildung und die gebrauchsgraphik übergreifend … hans fischli, meilen: auf der einen seite architekt, erbauer robust-moderner holzhäuser, andererseits, in der zeichnung, der lyriker unter den schweizer malern. er löst die haut behutsam von den dingen … fritz glarner lebte lange in paris … er malt vor der natur, die sich ihm zu malerischen zeichen vereinfacht …

leo leuppi gehe «von der grundlage des farbigen kubismus aus, um ein eigenes versuchsfeld zu finden … sophie arp-taeuber (paris) gehört seit 1917 der bewegung an. ihre bewusst stets einfacher werdenden gestaltungsmittel erreichen ein sensibles gleichgewicht von farbe und form.»[1070]

wohl bald nach der eröffnung der ausstellung schickte bill ein exemplar des ausstellungskatalogs *zeitprobleme in der schweizer malerei und plastik* an vantongerloo nach paris, der sich in seinem brief vom 2. juli 1936 für den schönen katalog bedankte und gleichzeitig bedauerte, dass «unser freund und genosse» ‹abstraction-création›-mitglied kurt seligmann, ein aus der schweiz stammender surrealistischer künstler, nicht mitausgestellt worden sei.

paris, le 2 juillet 1936

mon cher bill,
mille fois merci pour le beau catalogue que vous m'avez fait parvenir.
il y a seulement 10 jours que j'ai connaissance de cette exposition et je regrette beaucoup que l'on ne m'a pas demandé les œuvres de notre camarade seligmann. j'avais une procuration et j'aurais pu être utile à l'exposition et à notre ami seligmann qui n'est pas représenté dans cette manifestation artistique suisse comme il serait désirable bien que l'œuvre qui figure dans le catalogue soit très intéressante.
veuillez présenter mes amitiés à tous mes camarades suisses et avec mes hommages à madame bill, je vous adresse ma

sympathie cordiale.
g. vantongerloo

anfang juni 1936, während bill noch mit den vorbereitungsarbeiten der *zeitprobleme*-ausstellung zu tun hatte, begann sich die französische sûreté géné-

---

1070 giedion 1936, s. 6
1071 in: bundesarchiv bern
1072 recherche der historikerin katharina morawietz, universität basel, mitgeteilt per e-mail am 23.6.2003 an angela thomas und erich schmid

rale für den aus der schweiz ausgewiesenen deutschen kommunisten alfred thomas zu interessieren. das commissariat spécial d'annemasse wandte sich am 11. juni 1936 mit der bitte um umfassende aufklärung «dieser affäre» an den schweizer generalstaatsanwalt.[1071]

die schweizer kamen dem wunsch der französischen sûreté générale nach und antworteten ausführlich auf französisch. ausser den bereits zuvor auf deutsch zitierten protokollstellen ist diesem bericht («confident. c.8. 102, 23.6.36) eine vorher nicht aufgetauchte detailinformation zu entnehmen: «thomas donnait des instructions pour la rédaction de rapports sur les mouvements d'opposition du régime politique de l'allemagne». demnach war thomas ein wichtiger mann im gefüge des widerstands gegen nazideutschland.

nach seiner ausweisung aus der schweiz soll alfred thomas 1936 nach paris gereist sein und «mit alpári zusammengearbeitet» haben.[1072] gyula alpári (auch julius alpári), geboren 1882, war gründungsmitglied der ungarischen kommunistischen partei und publizist. von 1921 bis 1939, also auch zu der zeit, als alfred thomas in paris eintraf, war er redakteur der komintern-publikationen *inprekorr* (internationale pressekorrespondenz) und *rundschau*. wie lange alfred thomas in paris verblieb und für wie lange er mit alpári zusammenarbeitete, der 1940 von der gestapo verhaftet und am 17. juli 1944 im kz sachsenhausen ermordet wurde, war bislang nicht herauszufinden.

ob sich zwischen max bill und dem emigranten alfred thomas in jenen monaten, als ihm bills in der schweiz «illegal» unterkunft gewährten, eine nähere beziehung entwickelte und ob sich die beiden je in paris wiedersahen? seine absicht, mal wieder nach paris zu reisen, bekundete bill im hinblick auf das frühjahr 1937. er schrieb am 24. februar 1937 an vantongerloo: «je suis très heureux de vous voir en printemps avec votre femme à paris.»

bills gestaltende logik als weiterführung von klees bildnerischem denken

1981 schrieb max bill: «für die entwicklung der konstruktiven kunst in der schweiz spielte das bauhaus dessau ... eine rolle.

obschon keine kunsthochschule, lehrten dort wassily kandinsky, lászló moholy-nagy und oskar schlemmer. bei aller unterschiedlichkeit war ihnen gemeinsam, dass sie ihren bildnerischen gestaltungen konstruktive prinzipien zu grunde legten ... kandinsky wie klee formulierten bildnerische lehren, die in ihrer konstruktiven logik sich aufs beste ergänzten. insbesondere die theoretischen untersuchungen von klee sind in der fülle ihrer ideen von unschätzbarem wert, vor allem auch für die entwicklung der konstruktiven kunst.»[1073]

ich möchte an dieser stelle auf eine äusserung bills aus einem bereits erwähnten brief an dr. salzmann zurückkommen und sie, was seine weitere ideologische entwicklung betrifft, ergänzen.

«erst durch meine eigenen konstruktiven untersuchungen kam ich schliesslich wieder zurück auf klee's theoretische lehre. ohne diese vorerst zur kenntnis nehmen zu können, fand ich nachträglich meine eigenen, durch seine vorangegangenen versuche, bestätigt.

das soweit, dass ich noch heute der auffassung bin, dass die ‹gestaltende logik›, die ich anwende, die direkte weiterführung dessen sei, was klee unter der bezeichnung ‹bildnerisches denken› begriff. das heisst eingeschränkt auf die strukturalen, rhythmischen und rein ausdrucksmittel-bezogenen probleme einer konstruktiven kunst, wie ich eine solche verstehe.»[1074]

max bill baute seine kunsthistorische ideologie also auf den von theo van doesburg und paul klee gelegten theoretischen strängen bzw. fundamenten auf. in der wichtigen ausstellung *zeitprobleme in der schweizer malerei und plastik* im kunsthaus zürich 1936 waren bills experimente der frühen 30er-jahre, seine logisch einsichtig entwickelten werkresultate der radikalste beitrag. er gestaltete werke, die den betrachtenden als nicht augenfällig erklärbar vorkommen, die bill jedoch erklären konnte. sein künstlerischer einfluss war im wachsen begriffen.

blick in die ausstellung *zeitprobleme in der schweizer malerei und plastik* im kunsthaus zürich, 1936, «saal der abstrakten» mit werken von max bill, sophie taeuber-arp und clara friedrich
foto: binia bill

1073 bill 1981 [a], s. 24
1074 max bill, zürich, 18.3.1971, an dr. siegfried salzmann; zit. in: *paul klee und seine malerfreunde*, 1971, s. 124
1075 suter 1993, s. 143f.

als sammler der ausgestellten werke bills sind im ausstellungskatalog namentlich folgende personen aufgeführt: «max wassmer, bern, anita hug-forrer, st. gallen, e. f. burckhardt, küsnacht, robert blum, zürich, f. hodel, basel».
an erster stelle erscheint «zement»-wassmer, der mäzen, mit dem bill wenige jahre zuvor in strassburg gewesen war; an dritter stelle wird bills freund, der architekt ernst f. burckhardt, genannt, mit dem gemeinsam er 1930 nach paris gereist war. in paris hatte übrigens die an zweiter stelle genannte sammlerin anita forrer eine arbeit von bill angekauft, höchstwahrscheinlich in der galerie der gruppe ‹abstraction-création›. ferner stossen wir auf den namen des musikers robert blum, des schwagers von ernst f. burckhardt, und zu guter letzt auf den mit elsbeth, einer schwester von binia bill, verheirateten fritz hodel.

‹rassemblement universel pour la paix›

bald nach der ausstellung *zeitprobleme in der schweizer malerei und plastik* sollte in genf im sitz des völkerbunds der erste kongress des ‹rassemblement universel pour la paix› (rup) stattfinden, doch der bundesrat verweigerte die bewilligung mit verweis auf die schweizer neutralität. deshalb wurde der kongress nach brüssel verlegt.

«es ist der grösste kongress, den die welt je gesehen hat: fünfzigtausend delegierte von vierzig internationalen organisationen, die zusammen mehrere millionen menschen repräsentieren, sowie delegierte von siebenhundertfünfzig nationalen organisationen beraten darüber, wie die drohende kriegsgefahr abgewendet und der völkerbund gestärkt werden könne. ungewollt erhält der kongress erschreckende aktualität durch die neuesten nachrichten aus spanien, wo ein blutiger bürgerkrieg ausgebrochen ist: der fachistische general franco ist soeben zum regierungschef ernannt worden, nachdem er erfolgreich gegen die erst kürzlich gewählte linke republik geputscht hat. auf den spanischen schlachtfeldern, wo erbittert gekämpft wird, stehen sich nicht nur faschisten und linke gegenüber, der krieg mutet wie die generalprobe zum bevorstehenden nächsten weltkrieg an: während franco von deutschland, italien und portugal unterstützt wird, erhält die volksfront hilfe von frankreich und der sowjetunion, tausende von freiwilligen ziehen als internationale brigaden in den krieg, um die demokratie zu verteidigen. so bekommen die spanischen delegierten am friedenskongress den grössten applaus. der auftritt der berühmten spanischen anarchistin dolores ibarruri, besser bekannt unter dem

für diesen schwager hatte bill 1934 ein «gewächshaus mit gärtner-einzimmer-wohnhäuschen» entworfen, das dann auch tatsächlich 1936 in riehen bei basel gebaut wurde. es wurde allerdings in den 1970er-jahren abgerissen.
das wohnhaus für fritz hodel-spoerri und seine frau war von hans schmidt entworfen worden. es wurde 1924/25 in der sonnenbühlstrasse 40 in riehen gebaut und sei weitgehend im originalzustand erhalten. es macht von aussen einen eher konventionellen eindruck und hat kein flachdach; doch schmidt habe sich hier «erstmals in richtung einer industrialisierung des bauens» bewegt: «in zusammenarbeit mit der basler betonfirma o. christen entwickelte er vorfabrizierte einteilige betonrahmenprofile für fenster und türen – für diese zargen warb er später in *abc*.»[1075]

namen la pasionara, bringt die bürgerlichen kongressabgeordneten regelrecht ins schwitzen, denn die menge verlangt nun lauthals: ‹flugzeuge für spanien! kanonen für spanien!› und stimmt die internationale an. doch die singenden werden schnell zur ruhe gemahnt, da das tagungsreglement ausdrücklich das absingen dieser linken kampfeshymne untersagt.»[1076]

der in zürich sehr erfolgreiche rechtsanwalt wladimir rosenbaum versuchte bei der vermittlung von waffen für die spanischen republikaner und deren kampf gegen die franco-faschisten behilflich zu sein. er wurde dafür in der schweiz angezeigt, angeklagt und vor gericht verurteilt. von fünf richtern befürworteten drei eine verurteilung rosenbaums. mitte november 1938 musste wladimir rosenbaum im bezirksgefängnis pfäffikon seine haft antreten.

eine gewichtige rolle in der entwicklung, die zu dieser haftstrafe führte, hatte jean-paul samson inne, der in heikler, geheimer mission zugunsten der im spanischen bürgerkrieg gegen den faschismus kämpfenden spanischen republikaner beim anwalt wladimir rosenbaum vorstellig wurde; derselbe j. p. samson, der in ebendiesem november 1938 bills text zur epochemachenden grafikmappe *fünfzehn variationen über ein thema* aus dem deutschen ins französische übertrug.

der franzose jean-paul samson verkehrte regelmässig bei r. j. humm im rabenhaus am limmatquai, wo sich neben ihm die emigrierten schriftsteller ignazio silone und bernhard von bretano einfanden. auch der zürcher armenarzt fritz brupbacher zählte zu diesem freundeskreis.[1077] samson hatte sieben von ignazio silone geschriebene bücher übersetzt.

von der geschichte, die zu rosenbaums verurteilung führte, habe dessen frau aline laut eigener aussage «wenig» mitbekommen. ihr damaliger «hausgenosse» jean-paul samson habe 1936 mit ‹ro› «zu tuscheln» begonnen: «samson war links, war oft bei den brupbachers und verkehrte mit leuten, mit denen wir selbst nicht zusammenkamen …

der krieg in spanien war das tagesgespräch. man war auf der seite der katalanen. ihnen wollte man helfen … wie ich später erfuhr, hatten sich zürcher kommunisten, mit denen samson damals sympathisierte, an ihn gewandt, er möge einen schweizer finden, der, als mittelsmann zwischen den russen und der spanischen regierung, dieser aus der schweiz waffen verschaffen könnte. er dachte an ro. es ging darum, mit einer schweizer waffenfabrik zu verhandeln. natürlich war ro in seiner euphorischen hilfsbereitschaft bereit einzuspringen und nahm mit dem waffenfabrikanten bührle kontakt auf, und zwar ohne jeden vorteil für sich selbst, denn es galt ja, der guten sache zu dienen … und gleichzeitig auch gegen die im nachbarland aufgekommene gewaltherrschaft hitlers zu wirken. die schweiz verbot in jener zeit aber bei hoher strafe jedes

---
1076 bochsler 2004, s. 383f.
1077 siehe lang 1975 s. 309
1078 aline valangin; in kamber 1990, s. 189
1079 kamber 1990, s. 205f.
1080 aline valangin; in kamber 1990, s. 236
1081 ebenda, s. 238
1082 handschriftliche notizen von max bill zu seiner abdankungsrede auf wladimir rosenbaum

waffengeschäft mit spanien. man hatte in der schweiz eine furchtbare angst, die deutschen zu verstimmen.»[1078]

als sich wladimir rosenbaum am 15. november 1938 ins bezirksgefängnis pfäffikon in den haftaufenthalt begab, brachte ihn aline mit dem auto dorthin. privat war ihre liaison mit dem schriftsteller humm beendet. sie war mittlerweile mit dem komponisten wladimir vogel liiert. sie blieb noch für ein paar tage wenigstens geografisch in rosenbaums reichweite und weilte derweil als gast beim ehepaar bill, solange, bis ‹ro› sich im gefängnis zurechtgefunden habe. danach reiste sie nach brüssel ab, zurück zu vogel, jedoch «mit dem versprechen, weihnachten in zürich zu verbringen. meine freunde max bill und seine frau binia luden mich ein, bei ihnen zu wohnen. am weihnachtsabend begaben samson und ich uns zur feier ins gefängnis nach pfäffikon. eine seltsame weihnachtsfeier ...»[1080]

rosenbaum wurde im gefängnis auch von max bill besucht, der ihn – wie er mir erzählte –, im gegensatz zu manch anderen aus dem früheren freundeskreis nicht fallenliess und ihm ‹pâtisserie› mitbrachte.

aline und vogel zogen von brüssel, wo vogel wiederum wie zuvor schon in der schweiz, keine arbeitserlaubnis erhalten hatte, weiter nach paris und nahmen wieder kontakt zu sophie und hans arp auf, die in meudon bei paris wohnten. als ‹ro› im märz 1939 seine gefängnisstrafe abgesessen hatte, holte ihn aline mit dem auto ebenfalls nach paris. in der schweiz hatte man rosenbaum das anwaltspatent entzogen. in paris wollte er nicht mit aline und vogel zusammenwohnen, er sei «wirklich kaputt» angekommen. «es zog ihn zurück ins tessin, was ja ein glück war, denn wenig später fiel hitler in frankreich ein.»[1081]

max bill wird 1984 für wladimir rosenbaum die abdankungsrede halten, im hof der ‹casa serodine›, ascona. darin zitiert er den verstorbenen freund: «herr obmann, meine herren geschworenen, der staatsanwalt hat mich jeweilen bezeichnet als den herrn rosenbaum aus zürich. meine herren ich bin nicht der herr rosenbaum aus zürich. meine herren, ich bin der jude rosenbaum aus litauen. ich bin der papier-schweizer rosenbaum.»[1082]

der «auswurf einer übersättigten kultur»

bills freund hans hinterreiter und dessen frau mina salm waren 1934 durch spanien gewandert und besonders beeindruckt von maurischen ornamenten in

«von ende september 1936 bis märz 1937 operierte wladimir rosenbaum klandestin als anwalt eines antifaschistischen netzwerks zur verteidigung der demokratischen volksfrontregierung in spanien. am morgen des 11. märz 1937 wurde er verhaftet. die bundesanwaltschaft war ihm durch einen gezielten hinweis der schweizerischen kreditanstalt auf die spur gekommen. der hintergrund für die denunziation bildete ein am 17. februar 1937 in der faschistischen pariser zeitschrift ‹l'insurgé› erschienener artikel ... auf den die [schweizer] bundesanwaltschaft aufmerksam geworden war. im artikel war von 25 millionen die rede, die im hinblick auf waffenkäufe durch die komintern und die kpf bei der schweizerischen kreditanstalt in zürich einbezahlt worden seien, waffen, die nach spanien weitergeschafft werden sollten. die geschichte konnte dem blatt nur von der polizei oder einem geheimdienst zugespielt worden sein.»[1079]

die wiederbegegnung mit hinterreiter datierte bill bisweilen versehentlich auf 1938, u. a. in seinem katalogtext zu *hans hinterreiter*, galerie meile, luzern 1990. diese jahreszahl muss auf 1936 vordatiert werden, denn bill erinnerte sich dann doch noch, dass er vor seinem in der ausstellung *zeitprobleme in der schweizer malerei und plastik* ausgestellten bild *variationen* mit hans hinterreiter diskutiert habe. das erwähnte gemälde von max bill aus dem jahr 1934 ist im ausstellungskatalog *zeitprobleme in der schweizer malerei und plastik*, kunsthaus zürich, 1936, als nr. 18 abgebildet.

die kunsthistorikerin eva frosch hat in ihrem buch über die künstlerin clara friedrich auf diesen nzz-artikel, aus dem sie auszugsweise zitiert, in verdankenswerter weise aufmerksam gemacht. nach der lektüre ihres buchs liess ich mir aus dem archiv der *neuen zürcher zeitung* den inkriminierenden artikel kommen.

manchmal sieht es ganz danach aus, als ob diebolds tirade rezeptionsgeschichtlich nachwirkt und sich in der ablehnenden haltung gewisser bourgeoiser kreise der konkreten kunst gegenüber noch heute spiegelt.

1083 frosch 2004, s. 63
1084 bernhard diebold: «für wen ist das gemalt?», in: *neue zürcher zeitung*, 6.3.1938; zit. nach frosch 2004, s. 40f.
1085 max bill, 3.3.1938, an josef albers; archiv max bill
1086 brief eingelegt im buch *san lazzaro et ses amis* in bibliothek max bill

der alhambra. gegen ende 1935 beschlossen sie, auf die insel ibiza zu ziehen, weil dort die lebensbedingungen günstiger als in der schweiz seien.

willi hess, der gemeinsame freund von hinterreiter und bill aus der winterthurer jugendzeit, besuchte kurz vor ausbruch des spanischen bürgerkriegs das ehepaar hinterreiter auf ibiza und überredete es, in die schweiz zurückzukommen.

in zürich sah sich hinterreiter natürlich die ausstellung *zeitprobleme in der schweizer malerei und plastik* im kunsthaus an, die noch bis zum 22. juli 1936 geöffnet war. ausser den werken von sophie taeuber-arp fielen ihm besonders die neuen konkreten werke von max bill auf, den er in der ausstellung zufällig auch persönlich wiedertraf.

die *zeitprobleme*-ausstellung war trotz negativer pressekritiken erstaunlicherweise ein erfolg. sie verzeichnete, «abgesehen vom publikumserfolg der ausstellung *courbet* im selben jahr – mehr besucher als vorangehende und nachfolgende ausstellungen».[1083]

zwei jahre später, anlässlich einer ausstellung von le corbusier im kunsthaus zürich, kam aber ein kritiker nochmals sehr diffamierend auf die *zeitprobleme*-ausstellung zurück: «was hier [in der ausstellung von le corbusier sowie in *zeitprobleme in der schweizer malerei und plastik*] gemalt ist, hat für niemand wert ... was hier gemalt ist ... bedeutet den abfall und den auswurf einer übersättigten kultur. ... in reaktion zu dieser art von kunstgesinnung entstand nicht nur in deutschland das schlagwort von ‹entarteter kunst›.»[1084]

bernhard diebold, seines zeichens theaterkritiker, bediente sich des von den nazis geprägten ausdrucks ‹entartete kunst› und benutzte ihn in bezug auf le corbusiers malerei sowie auf die *zeitprobleme*-ausstellung – somit auch gegen die dort von max bill gezeigten werke. aus nazideutschland schwappte einiges an unheilvoller ideologie in die schweiz hinüber. nachdem schon anfang der 1930er-jahre der pychologe c. g. jung seinen angriff gegen picasso in der *neuen zürcher zeitung* untergebracht hatte, doppelte nun diebold gegen le corbusier und die konkreten künstler nach, denen er pseudo-pychologisierend eine «chronische kunstneurose» vorwarf sowie «die zähigkeit des bürgerhasses», kurzum: was sie da an werken präsentierten, das sei «entartet».

bill war zwar anfang märz 1938 in der schweiz persönlich nicht gefährdet, seine kunstwerke in einem gewissen sinn aber schon, und er litt unter der vorherrschenden stimmung in seinem heimatland. bereits im lauf des jahres 1936 hatte er begonnen, die auswanderung in die usa zu erwägen, und er lernte für alle fälle schon einmal intensiv englisch. da er aber nicht ‹head over heels›, nicht kopflos ins ungewisse abreisen wollte, wird bill nichts überstürzen.

er befand sich 1938 in einer ambivalenten situation: einerseits hatte er einen «moralischen erfolg» wegen seines beitrags zur basler ausstellung *neue kunst in der schweiz* zu verzeichnen, andererseits würde er, da er bei der schweizer politischen polizei als ‹linksradikaler› fichiert war, umgehend in einem lager interniert, so die nazis in die schweiz einmarschieren würden. er musste die real drohende gefahr abzuschätzen versuchen.

«ich muss sagen, sosehr es mich reizen würde nach usa zu gehen, habe ich doch nicht so recht den mut auf's geratewohl hinüberzufahren. ich versuchte an der new yorker world fair die schweiz darzustellen, aber die bauen jetzt ein schweizer-dörfchen, da kann ich nicht mit.» des weiteren erwähnte er, dass er «im augenblick den auftrag» habe, «eine plastik für die schweizerische landesausstellung 1939 zu entwerfen 12×12×12 meter. ein riesending mit voller freiheit. das ist schon eine feine sache.»[1085] beim erwähnten «riesending» handelt es sich um eine plastik aus gleichen elementen. bill gibt ihr den titel *konstruktion aus 30 gleichen elementen* und sie wird 1939 fertigstellen (siehe s. 526).

max bill reproduzierte zwei ansichten dieser skulptur, die er «in voller freiheit» schuf, als auftakt zu einem von ihm in zürich im märz 1939 geschriebenen text, der auf französisch in der zeitung seines neuen freundes gualtieri di san lazzaro publiziert wurde: «la maîtrise de l'espace», in: *XXe siècle,* IIe année, no. 1 / IInd year, no. 1, paris 1939. zu diesem text reproduzierte bill des weiteren je ein werk von alexander calder *(mobile,* 1936), von georges vantongerloo *(s×$\frac{r}{3}$,* œuvrekatalog nr. 93, 1936) und von alexander pevsner *(construction,* 1937) sowie nochmals ein eigenes werk *(konstruktion in messing,* 1939; eine skulptur von max bill, die sich in der sammlung des zürcher kunsthauses befindet; siehe s. 527).

bill hat sich hier mit drei abbildungen seiner werke in szene gesetzt, die künstlerkollegen mit der anzahl der abbildungen ‹überflügelt›. eine – undemokratische – vorgehensweise, die parallelen zum auseinanderbrechen der internationalen künstlergruppe ‹abstraction-création› aufweist.

im jahr 1959 erwägt bill eine überarbeitung des artikels und bekommt von san lazzaro unterstützung: «cher ami, je viens de recevoir votre lettre et suis tout à fait d'accord pour les notes que vous désirez ajouter à cet article, en considération du fait qu'il a été écrit il y a vingt ans et à l'âge heureux de trente ans! ... bien cordialement à vous, san lazzaro»[1086]

hans hinterreiter

hinterreiter lebte 1936/37 erneut in seiner heimatstadt winterthur und schrieb am ersten manuskript einer theoretischen arbeit, *die kunst der reinen form*. und er verfing sich gegen ende der 30er-jahre in einem wunschtraum, von dem er erst jahre später abstand nehmen sollte.

noch jahre später wird hinterreiter die meinung vertreten, dass das, was er mache, theoretisch gar nicht ins gebiet der malerei falle, «sondern in dasjenige einer ganz neuen, erst entstehenden *optischen* kunst, der das element des zeitlichen ablaufes wesentlich zu eigen sein wird. sie wird zwischen musik und malerei stehen. es ist reiner anachronismus und leidige zeitverschwendung, dass ich noch mit pinsel und zeichenstift arbeiten muss.»[1087]
wir, die wir heute vor hinterreiters eigenhändig gemalten werken stehen, kommen erfreulicherweise in den ungeteilten genuss dieser von ihm seinerzeit als «leidige zeitverschwendung» beklagten produktionsweise.

es schwebte hinterreiter vor, serien in sich gleichbleibender kompositionsraster mit stets anders zusammengestellten farben mittels lichtprojektionen aufeinander folgen zu lassen. sein wunsch war, über das gesetzmässige und ästhetische hinaus eine zeitliche komponente in der abfolge der sich ablösenden lichtprojektionen zu verdeutlichen.

die zeitkomponente, im sinne einer raschen abfolge, der schnelligkeit, blieb hinterreiter auf lange jahre wichtig. erst im alter kam ihm die idee fragwürdig vor. bis in die späten 50er-jahre träumte hinterreiter von einem «farbspiel-apparat», den wir uns heute sofort als computer vorstellen können: «das ideal wäre ein elektronen-apparat, mittels dessen man durch kombinationen von elementarformen, spannungsfeldern und farbnormen bilder so rasch aufbauen kann, wie man auf dem klavier einen akkord anschlägt.»[1088]

den jahresbeginn 1939 feierte hinterreiter mit seiner frau, die guter hoffnung war, wieder einmal in der innerschweiz, hoch oben in seelisberg. doch schon bald darauf fing eine sehr schwierige zeit an. kurz nach der geburt der gemeinsamen tochter liliane starb hinterreiters frau mina ende april 1939 im kantonsspital aarau, und wenige monate darauf begann am 1. september 1939 der zweite weltkrieg. hinterreiter entschloss sich, nicht soldat zu werden, und reiste nach ibiza ab.

anfang 1940 musste er «zur nachmusterung» persönlich in der schweiz erscheinen. er habe dabei gründlich verschwiegen, dass er auch architekt sei, «wohl wissend, dass ich im ernstfall jahrelang zum festungsbau abkommandiert würde; der untersuchende arzt hatte sich darüber lustig gemacht, dass man mit so kurzsichtigen augen maler sei … den weitsichtigen geist konnte er nicht messen.»[1089]

«le rêve d'infini»

im januar 1937 begann in der kunsthalle basel eine ausstellung mit dem titel *konstruktivisten*, angeregt und betreut, eingerichtet und kommentiert von georg schmidt. sie wird ein kulturpolitischer höhepunkt in der schweiz der damaligen zeit.

es war mühsam, leihgaben zu beschaffen, denn europa war schon halb verbarrikadiert. besondere schwierigkeiten gab es bei der beschaffung von werken sowjetischer künstler: tatlin und malewitsch mussten mit reproduktionen

---
1087 hans hinterreiter, tagebuch, 16.7.1959; hinterreiter-archiv
1088 ebenda
1089 ebenda
1090 giedion-welcker 1958, s. 41
1091 max bill, zürich, 5.8.1945, an georges vantongerloo, paris; vantongerloo-archiv
1092 jakovsky [um 1933]

in der ausstellung gezeigt werden, da von diesen künstlern keine originale erhältlich waren – in der udssr unter stalin war die konstruktivistische kunst verpönt bis geächtet.

an der *konstruktivisten*-vernissage traf bill auf seinen aus paris angereisten, engsten freund georges vantongerloo, auf sophie taeuber-arp, die mit der umfangreichsten werkgruppe, mit 24 werken, präsentiert war, sowie auf den niederländer césar domela. und bill macht bekanntschaft mit dem bruder von naum gabo, dem in paris lebenden russischen plastiker antoine pevsner.

carola giedion-welcker berichtete später, dass pevsner die von ihm für seine skulpturen verwendeten metalle «besonders vorpräpariert» habe, und sie vergleicht brancusis und pevsners «dialog mit dem raum». «die integrale, organische kernform brancusis führt ihren intensiven dialog mit dem raum. hier wird durch proportionierung und aktive miteinbeziehung des lichtes ein räumlich-kosmisches leben auf beinah magische weise mit völlig andern mitteln erreicht und entfaltet …

es wäre besonders zu erwähnen, dass auch pevsners plastik dadurch eine direkt kosmische beziehung aufnimmt, dass der einfall des lichtes auf dem besonders vorpräparierten metall wechselnde farbigkeit erzeugt je nach den tagesstunden und jahreszeiten.»[1090]

bill dürfte sich speziell für pevsners umgang mit dem material und für die damit verbundenen auswirkungen interessiert haben. ob ihn dabei auch die von carola giedion-welcker behauptete «kosmische» komponente berührte, sei dahingestellt.

ausser der kunsthistorikerin giedion-welcker setzte sich auch der kunstkritiker anatole jakovsky mit pevsner, der seine werke in bronze, celluloid oder in «himmelblauem» glas herstellte, auseinander und widmete ihm einen essay.

an vantongerloo sollte bill 1945 schreiben: «j'ai bien étudié pevsner et discuté beaucoup avec lui après avoir vu ses constructions dans l'exposition ‹constructiviste› à bâle en '37, car cela m'intéressait comme je faisais aussi des constructions dans cette manière.»[1091]

«pevsner a donc commencé par remplacer la toile par une surface en celluloïd, parce qu'il avait besoin d'une plus grande translucidité, une plus vibrante substance pour créer le rêve d'infini dont il est obsédé … pevsner, lui, renonce pour toujours à la massivité et à l'immobilité sculpturales. dans la matière il introduit la 4e dimension, le temps … c'est l'espace illimité dans lequel les obstacles opaques ou transparents cristallisent comme des îles. c'est pour cela que pevsner, comme son frère gabo, affectionne et le verre et le celluloïd. ces matériaux permettent le passage des rythmes cinématiques.»[1092]

dieses zitat jakovskys stammt aus einer schmalen publikation mit dem titel *arp calder hélion miró pevsner séligmann*. diese erschien, mit einem von arp gestalteten cover, wahrscheinlich im zusammenhang mit der gemeinsamen ausstellung derselben künstler, die im mai 1933 in paris bei pierre loeb in der galerie pierre stattfand.

jakovsky stellte in seinem essay unter anderem fest, dass pevsner das «massige» und die «unbeweglichkeit» habe vermeiden wollen. dies sind bereiche, mit denen sich auch bill als erschaffer von skulpturen auseinanderzusetzen, themen, denen er sich zu stellen hatte. pevsner und bill hatten bei ihrer begegnung in basel sicher hinreichend gesprächsstoff.

nicht lange nachdem diese diskussion stattfand, wird bill die gefahr, dass eine skulptur zu massig erscheinen könnte, dadurch zu vermeiden suchen, dass er lediglich mit konturen, mit stäbchen, mit licht- und luft-«durchlässigen» pseudoflächen arbeitet. die gedachten beziehungsweise ausgesparten flächen werden von ihren konturen in stäbchenform begrenzt wie in *konstruktion aus 30 gleichen elementen* (1938/39, siehe s. 526) aus rostfreiem stahl oder in *konstruktion mit drei quadratgrössen (denkmal für pythagoras, 1939–1941/ 1978, siehe s. 267)*, messing vergoldet. eine dekade nach dem nachhaltigen eindruck der auseinandersetzung mit pevsner wird sich dies auch in bills arbeit *dreiteilige einheit* (1947/48) zeigen, einer späteren komposition, die nicht mehr – wie die vorläufer aus den späten 1930er-jahren – aus rechtwinkligen stäbchenelemtenten (konturen) bestand, sondern eine aus polierten, geschwungenen bändern raffiniert zusammengesetzte komposition aus chromnickelstahl darstellte, mit der bill im jahr 1951 den internationalen preis für plastik an der biennale são paulo gewinnen wird.

in dieser skulptur, die keine einzige sichtbare gerade, sondern nur kurven zeigt, ist ein geheimnis verborgen, das bill in einem späten text 1977 lüftet. «die zentren der drei kreisrunden bänder sind die eckpunkte eines pythagoräischen dreiecks.»[1093]

in den darauffolgenden jahren wird bill versuchen, die massigkeit der von ihm verwendeten granite dadurch aufzuheben oder zu entmaterialisieren, dass er ihre oberflächen polieren lässt, was sie leichter erscheinen lässt, noch dazu, wenn sich die umgebung in ihnen spiegelt.

das ehepaar arp weilte während der *konstruktivisten*-ausstellung 1937 einige wochen lang in basel. hans arps werke, die 1932 wunderbar präsentiert in der basler kunsthalle zu sehen gewesen waren, wurden diesmal nicht mitausgestellt, da der ‹peintre-poète› nicht konstruktiv arbeitete. dafür bedeutete diese ausstellung für sophie taeuber-arp, die mit der umfangreichsten werkgruppe vertreten war, den durchbruch in der schweiz.

1093 bill 1977 [a], s. 32
1094 sophie taeuber-arp, 8.2.1937, an erika schlegel; zit. nach thomas 1983, s. 54
1095 max bill: «sophie taeuber-arp», in: *werk*, heft 6, juni 1943, s. 171

voller freude schrieb sophie taeuber-arp an ihre schwester: «es ist natürlich eine ganz seltene gelegenheit für mich, so viele arbeiten auszustellen. die ausstellung ist wunderbar angeordnet, die führungen ... glänzend.»[1094]

begeistert von den engagierten erläuterungen des kurators georg schmidt während der führungen kaufte die basler sammlerin marguerite hagenbach sophie taeuber-arps bild *cercles mouvementés*.

obwohl max bill 1936 in der zürcher ausstellung *zeitprobleme in der schweizer malerei und plastik* einigen erfolg hatte verzeichnen können und obwohl er durchaus konstruktive ansätze verfolgte (etwa in *tektonische konstruktion*, 1937, oder in *konstruktion auf der formel $a^2 + b^2 = c^2$*, 1937, war sein ruf offenbar noch nicht derart gefestigt, dass man ihn schon zur teilnahme an der ausstellung *konstruktivisten* im jahr darauf in basel aufgefordert hätte. dies bedauerte bill verständlicherweise und es bestärkte ihn wohl in seinem in den jahren 1936–1938 gehegten ansinnen, in die usa auszuwandern.

in meinem buch *sophie taeuber-arp* ist ein foto von sophie taeuber-arp im haus des sammlerehepaars müller-widmann in der basler fringelistrasse abgebildet, an dessen innengestaltung sie mitgewirkt hatte. das bild (s. 54) zeigt sie in gesellschaft der kollegen domela, vantongerloo, pevsner, die ebenfalls in der *konstruktivisten*-ausstellung in der basler kunsthalle 1937 werke zeigten.

die bewegungsverläufe dieses bildes wird max bill im ersten illustrierten text, der nach dem tode von sophie taeuber, die im januar 1943 tragischerweise in bills haus in höngg starb, analysieren.[1095]

sechzehn jahre nach sophies tod werden ihre basler sammlerin marguerite hagenbach und jean arp 1959 heiraten. arp erwirbt in locarno-solduno das anwesen ‹ronco dei fiori›, jetzt sitz der fondazione marguerite arp-hagenbach.

max bill: *konstruktion auf der formel $a^2 + b^2 = c^2$*, 1937
tusche auf karton, 50 × 30 cm

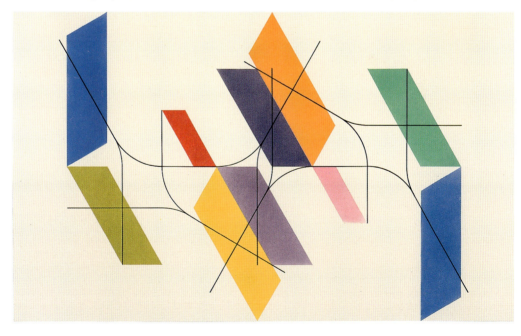

«excusez, il me faut vous écrire en allemand»

im februar 1937 fuhr max bill gemeinsam mit binia ins engadin. sie wohnten im hotel waldhaus in st. moritz-dorf. nach dem wiedersehen an der eröffnung der *konstruktivisten*-ausstellung im januar in basel schrieb bill wenige wochen darauf aus den skiferien auf dem briefpapier des hotels handschriftlich an vantongerloo, dass er sich darauf freue, ihn und seine frau ‹puma› bald im frühjahr in paris wiederzusehen.

st. moritz
24.2.37

mon cher vantongerloo,
je vous remercie bien votre lettre, j'avais beaucoup à travailler et en ce moment nous nous trouvons à st. moritz en vacance de ski. aujourd'hui j'ai reçu une lettre de herbin à cause de abstraction-création. j'espère bien que le nouveau comité (extrêmement composé de membres de nationalité française) sera aussi bien comme dans les années précédentes. que pensez-vous?
pour la composition du cahier il me faudra le contact avec l'imprimeur et pour cela il me faudra aller à paris. je ne sais pas si ça m'est possible en ce moment. en tous cas il me faudra tous les photos pour la grandeur des clichés et la mise-en-page.
j'ai entendu de bâle que vous avez la chance de vendre quelque chose et je suis très heureux pour vous. savez, c'est très difficile de trouver une personne qui a toujours des difficultés comme vous et qui travaille toujours sur son propre chemin, fidèle et heureuse.
j'ai entendu que vous avez eu des différences avec herbin à cause de l'exposition à bâle. je ne comprends pas pourquoi. je suis très heureux de vous voir en printemps avec votre femme à paris et reçevez mon cher ami les meilleures salutations de moi et de ma femme.

votre
bill

im selben monat, in dem die bills im engadin in den skiferien waren, richtete wassily kandinsky persönlich in der kunsthalle bern seine retrospektive ein und begegnete dort zum letzten mal seinem früheren bauhaus-kollegen paul klee. die retrospektive sei für damalige, noch nicht von der quotenfuchtel beherrschte verhältnisse «mit 1250 besuchern gut frequentiert» gewesen.[1096]

bill-zürich
bill zürich 10 limmattalstrasse 253 telefon 67.567
postcheck VIII 18.442

monsieur georges vantongerloo
7 impasse du rouet
paris XIV

ihre nachricht   7.3.37
tag   26.5.37

mon cher vantongerloo,
excusez, il me faut vous écrire en allemand. vielleicht verstehen sie es noch besser, wenn ich deutsch schreibe, als wenn ich in meinem französisch es versuche.
der brief an dr. lichtenhahn hat mich sehr interessiert, ich sende ihn beiligend wieder zurück. ich dachte bisher immer, derartige auseinandersetzungen hätten wenig positiven wert, aber sie können immerhin nachweisen, dass durch bestimmte propagandamethoden und interessen der eine grösser und der andere kleiner wird, obschon in wirklichkeit das verhältnis umgekehrt sein sollte. im augenblick, wo es dann an die existenz geht und an die künstlerische auswirkungsmöglichkeit, ist dies sehr bedenklich, der fall mit den ankäufen in basel beweist es.
von herbin habe ich nie etwas gehört über das cahier no 6. ich nehme an, dass es noch nicht fertig ist, oder nie wird, das wäre schade, denn abstraction-création ist immerhin eine unabhängige plattform, welche schon eine gewisse tradition hat und trotz vielen unzulänglichkeiten doch einiges inter-

esse verspricht. eine wichtige frage, welche abzuklären wäre, und welche vielleicht innerhalb von abstraction-création nicht geht, wäre das verhältnis von konkreter und konstruktivistischer kunst zu architektur, es wäre bestimmt zweckmässig, in dieser richtung möglichst bald einen gemeinsamen vorstoss zu unternehmen von seiten aller zwischen malerei, plastik und architektur stehenden kräfte. vielleicht wäre eine besprechung in paris möglich. wie denken sie darüber? wenn die sache klar gestellt werden könnte, würde ich mit dr. girsberger darüber unterhandeln, ob er den verlag zur verfügung stellt.
nach paris kommen wir gelegentlich, wenn es nicht zu heiss ist dort und die ausstellung endlich fertig wird, wann ist noch nicht bestimmt, auf alle fälle freuen wir uns beide, sie und ihre frau dort zu treffen.

inzwischen senden wir herzliche grüsse
ihr bill

auf das von bill vorgeschlagene buchprojekt über das «verhältnis von konkreter und konstruktivistischer kunst zu architektur» reagiert vantongerloo mit interesse – zumal die zeitschrift *abstraction-création* offensichtlich ins stocken geraten ist.

paris, le 5 juin 1937

mon cher bill,
votre lettre m'a beaucoup intéressé.
je ne sais pas quand abstraction-création paraîtra. herbin m'a dit qu'il n'a pas encore reçu le montant de toutes les participations. le sort d'abstraction-création ne semble pas très encourageant. il sera très utile que nous puissions parler ensemble avec herbin et de lui soumettre vos suggestions. une publication dans le sens que vous proposez me semble avoir un intérêt. il serait intéressant si dr. girsberger serait sensible à cette idée. en tous cas, je suis entièrement à votre disposition pour toute activité. si vous avez un programme explicite, nous pourrions l'étudier ensemble et voir comment le réaliser.
je serais très heureux de vous voir à paris et j'espère que cela sera pour bientôt.
ma femme se joint à moi pour adresser notre grande sympathie à vous deux.

votre,
g. vantongerloo

bill hielt sich auch 1937 wieder in frankreich auf, besuchte in paris die *exposition internationale des arts et techniques dans la vie moderne* (1937) und vertiefte den kontakt zu seinem früheren meister wassily kandinsky und dessen frau nina.

architekturprojekte

wie bereits erwähnt, konnte bill 1934–1936 in riehen bei basel für seinen schwager fritz hodel das gewächshaus mit der kleinen wohneinheit für einen gärtner bauen.[1097] darüberhinaus widmete sich bill in der zweiten hälfte der 30er-jahre an seinem zeichentisch mehreren projekten für öffentlich ausgeschriebene architekturwettbewerbe. vielleicht weil kein einziges davon gebaut wurde, reproduzierte er selber in der folge diese projekte nur äusserst selten, und sie sind deshalb kaum bekannt.

1096 zit. nach frey 1995, s. 89
1097 siehe dazu arthur rüegg: «vivienda del jardinero de la casa hodel, riehen 1934–1936 / hodel gardener house, riehen 1934–1936», in: *2g, revista internacional de arquitectura / international architecture review*, nr. 29/30, barcelona 2004, s. 70–73

im katalog zu seiner genfer retrospektive *max bill* von 1972 (konzeption der ausstellung und des katalogs max bill und valentina anker), die sein bis dahin geschaffenes gesamtœuvre in der westschweiz bekannter machen sollte, sind einige dieser «projets de concours» zu finden, ausschliesslich mit französischen titeln versehen: «hall de congrès et de concert à zurich», 1936; «grand magasin globus, zurich», 1937; «aménagement au bord du lac, zurich», 1937, und «restaurant ‹waid›, zurich», 1937. höhepunkt dieser projektphase ist der «pavillon suisse pour l'exposition universelle de new york», 1938.

diese wettbewerbsprojekte sind abgebildet in: *max bill,* ausst.-kat. musée rath, genf, 6.–30. april 1972, genf 1972.

am 16. januar 1938 befand sich max bill unter den zuhörern eines von der ‹internationalen gesellschaft für neue musik› (ignm) veranstalteten und im auftrag der ortsgruppe basel geschriebenen jubiläumskonzerts mit einer uraufführung der komposition *sonate für zwei klaviere und schlagzeug* von béla bartok im basler konservatoriumssaal, von béla bartok und seiner ehefrau ditta bartok gespielt.

neue kunst in der schweiz

ein schwarz-weiss foto mit georg schmidt, max bill und seiner *konstruktion mit schwebendem kubus* (1935) anlässlich einer diskussion in dieser ausstellung wurde abgebildet in angela thomas: «max bill und seine konzeption von konkreter kunst», in: *tages-anzeiger,* 9.1.1982, s. 41 – und anschliessend vom *tages-anzeiger* trotz seiner reklamation nicht an max bill retourniert.

in der ausstellung *neue kunst in der schweiz* in der kunsthalle basel, die von 9. januar bis 2. februar 1938 dauerte, konnte max bill in einem einzelraum endlich eine ganze werkgruppe zeigen, an der er selbst und der linke kunsthistoriker georg schmidt in öffentlichen führungen stellung nahmen.

nach ende der ausstellung gingen binia und max bill wie im jahr zuvor in die skiferien.

anfang märz 1938 liess bill josef albers wissen, dass übrigens der aus deutschland emigrierte künstler friedrich vordemberge-gildewart «seit einiger zeit» bei ihm in höngg «wohne». im gleichen brief gratulierte er albers zu dessen bevorstehendem 50. geburtstag.[1099]

vordemberge-gildewart wird bald darauf von höngg aus gemeinsam mit seiner frau leda, deren leben als jüdin in deutschland äusserst gefährdet war, aus der schweiz nach holland weiterflüchten, wo das ehepaar in amsterdam eine bleibe findet und vordemberge intensive kontakte zum ebenfalls aus deutschland emigrierten expressionisten max beckmann pflegen wird.

auf die notsituation der menschen, die sich gezwungen sehen, nazideutschland zu verlassen, um ihr leben zu retten, und die sich nach neuen unterkunftsmöglichkeiten umsehen müssen, kommt bill gegenüber albers auch in bezug auf ihre gemeinsame ehemalige bauhaus-familie zu sprechen: «seit ihrem letzten brief ist nun schon das halbe bauhaus selig aus europa abgesiedelt.»[1100]

«der architekt jedoch entfloh nach afri- od- ameriko»

dies sind die schlusszeilen des gedichts «der lattenzaun» von christian morgenstern, das max bill mir gelegentlich auswendig vorsprach.

die polemik gegen konkrete kunst

über die ausstellung *neue kunst in der schweiz* unterrichtete bill seinen einstigen meister josef albers stolz: «ich hatte darin einen saal für mich allein und der moralische erfolg war kein schlechter.»[1101]

doch liess die kritik nicht lange auf sich warten. noch im selben monat lancierte peter meyer in der wichtigsten schweizer kulturzeitschrift *werk* eine heftige polemik gegen «konkrete kunst»: diese sei eine kunst, die weder werte setze noch anerkenne, die werte zertrümmere; sie enthalte «den rausch der entfesselten technik, die sadistische lust an der unterdrückung des individuellen lebens».[1102]

in der *neuen zürcher zeitung* hatte – wie bereits erwähnt – im selben monat märz 1938 der theaterkritiker bernhard diebold den bedrohlichen ausdruck ‹entartete kunst› für die schweiz übernommen.[1103] auf diese ‹grenzüberschreitung› von diebold reagierte manuel gasser in der *weltwoche* umgehend: «diebolds artikel hat unter den schweizerischen kunstfreunden ... ein nicht geringes aufsehen erregt ... sogleich erkannt, dass sich hier etwas für die schweiz erst- und einmaliges ereignet. dass sich nämlich ein ... journalist und eine einflussreiche zeitung offen zu der von hitler und goebbels propagierten kunstauffassung bekennen.»[1104]

gegen peter meyers scharf formulierten, ungerechtfertigt-unhaltbaren angriff, der corbusiers malerei negativ beurteilte, um sich gleich auch noch über die surrealistische und abstrakte kunst – sowie implizit auch gegen die von bill «konkrete» genannte – in einem rundumschlag abschätzig auszulassen, verfasste nun der basler kunstsammler professor oskar müller einen protestbrief. dieser brief wurde von über fünfzig kulturinteressierten mitunterzeichnet, an *das werk* geschickt und in der mai-nummer abgedruckt.
darin hiess es unter anderem: «indem peter meyer diese kunst unterscheidungslos ablehnt und mit moralischen, ja politischen verdächtigungen bekämpft, begibt er sich in die reihe der werte zerstörenden kulturpolitiker.»[1105]

auch bill ging gegen meyers angriff auf die barrikaden, schickte einen rundbrief an sechs ihm wichtige künstlerkollegen und bat sie um ihre aktive mithilfe:

---

die künstlerin anna baumann besuchte diese ausstellung und notierte in ihr notizbuch: «die herrliche messingkugel von max bill. faszinierend.»[1098]

1098 tagebuch anna baumann-kienast, januar 1938; in: archiv angela thomas
1099 max bill, 3.3.1938, an josef albers, black mountain college, north carolina usa; archiv max bill
1100 ebenda
1101 ebenda
1102 peter meyer: «moderne kunst in der schweiz», in: *werk*, heft 3, märz 1938, s. 76
1103 bernhard diebold: «für wen ist das gemalt?», in: *neue zürcher zeitung*, 6.3.1938
1104 manuel gasser: «grundsätzliches. zu bernhard diebolds aufsatz ‹für wen ist das gemalt?›», in: *weltwoche*, 11.3.1938; zit. nach frosch 2004, s. 41
1105 oskar müller in: *werk*, heft 5, mai 1938, s. 159

max bill, zürich

an	naum gabo, london
	wassily kandinsky, paris
	piet mondrian, paris
	antoine pevsner, paris
	georges vantongerloo, paris
	f. vordemberge-gildewart, zürich

über die schweiz geht zurzeit eine welle von angriffen gegen die ‹abstrakte kunst›. die hauptargumente werden von der surrealistischen auffassung abgeleitet, was hier sehr leicht ist, da eine wirklich klare trennung von seiten der kunstfreunde und schriftsteller leider nie gemacht wurde. heute werden die argumente, welche gegen den surrealismus sprechen, auch auf die ‹konkrete kunst› und den konstruktivismus angewandt. ausserdem werden an stelle der authentischen werke zweit- und drittrangige beispiele als die werke der ganzen richtung angesprochen und dazu verwandt, die richtigen und sauberen massstäbe zu verwischen.

ich nahm anlässlich eines soeben erfolgten angriffes im ‹werk› (der führenden schweizer kunstzeitschrift) die gelegenheit wahr, gegen die angewandten darstellungs- und erläuterungs-methoden stellung zu nehmen und erhielt daraufhin von der redaktion den auftrag, eine prinzipielle stellungnahme mit abbildungen zusammenzustellen. das ‹werk› ist heute die einzige unabhängige kunstzeitschrift in deutscher sprache, deshalb ist diese stellungnahme von grosser wichtigkeit.

ich bitte sie nun, mir ein, eventuell zwei fotos, wenn möglich von ihren letzten werken zu senden. wichtig ist dabei, dass die plastik oder das bild möglichst richtig wiedergegeben ist, dass also zum beispiel das weglassen der farbe nicht die wirkung der komposition allzu sehr beeinflusst, oder dass die räumliche wirkung der plastik gut zum ausdruck kommt. bei plastiken wären eventuell vom gleichen werk zwei oder drei verschiedene aufnahmen zweckmässig.

ich beabsichtige zu den abbildungen, welche in grossem format vorgesehen sind, möglichst klare, authentische texte dazuzudrucken. diese texte sollen die abbildung möglichst exakt beschreiben, wie dies bei einer wissenschaftlichen arbeit oder einem bauwerk allgemein üblich ist. es ist wichtig, dass diese texte in mathematisch-exakter sprache und knapper form gegeben sind, um missverständnisse möglichst auszuschliessen. es besteht auch die möglichkeit, zu den texten kleine, prägnante skizzen über farben, kompositionsart etc. zu reproduzieren. diese skizzen müssten möglichst klar sein, dass man sie in der reproduktion stark reduzieren kann.

ob ich in der lage sein werde, ihnen für ihre mühe und arbeit ein bescheidenes honorar überweisen zu lassen, hängt davon ab, ob der verlag ein solches einsetzen wird, was im augenblick noch nicht abgeklärt ist.

ich hoffe gerne, dass sie mich in dieser aktion durch ihre mitarbeit unterstützen werden, und erwarte gerne ihre fotos mit dem begleitenden text und eventuellen skizzen.

20.3.38 bill [1106]

die erste rückmeldung kam von vantongerloo, der, verlässlich wie immer, umgehend antwortete und ein foto sowie zwei skizzen zur begutachtung beilegte.

g. vantongerloo
22 mars 1938

mon cher bill,
merci beaucoup pour votre lettre qui m'a fait grand plaisir. je serais très heureux de vous revoir, soit à amsterdam ou à paris. je pars cette semaine-ci pour la hollande, mais avant de vous revoir, je vous adresse ce petit mot pour vous dire déjà que je suis tout à fait avec vous.

si j'ai bien compris, vous voudriez réunir le matériel nécessaire pour une publication. ci-joint toujours la photo que vous me demandez. je joins deux esquisses des derniers tableaux. lorsque nous nous verrons, nous pourrions parler du genre de texte et sur ce qui vous intéresse d'avoir comme document.

à bientôt donc, mon cher bill, ma femme et moi, nous présentons nos amitiés affectueuses à votre charmante femme et très chaleureusement à vous de nous deux.

g. vantongerloo

[1106] rundschreiben von max bill, zürich 20.3.1938, an naum gabo, wassily kandinsky, piet mondrian, antoine pevsner, georges vantongerloo, f. vordemberge-gildewart; vantongerloo-archiv

[1107] peter meyer in: *werk*, heft 8, august 1938, s. 256

[1108] jaffé 1971, s. 83

georges vantongerloo:
fonction de lignes rouge-vert,
1936
öl auf triplex, 79,4 × 66,1 cm

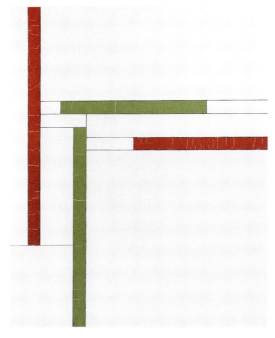

bills ausführlicher text *über konkrete kunst*, seine antwort auf peter meyers polemik, erschien in *werk – architektur, freie kunst, angewandte kunst*, heft 8, august 1938, s. 225. redakteur peter meyer, architekt, rückte am ende von bills artikel eine «redaktionelle anmerkung» ein, in der er sich gegen den von professor müller lancierten «kollektivprotest» verwahrte.

zu diesem text reproduzierte bill je ein werk der von ihm im rundschreiben angeschriebenen künstler gabo, kandinsky, mondrian, pevsner, vantongerloo und vordemberge-gildewart (s. 250–256); ferner ein eigenes werk, nämlich seine 1935 konzipierte, 1937 fertig ausgeführte skulptur *unendliche schleife* (siehe s. 433).

vordemberges *komposition nr. 97* (1935) wird an erster stelle vorgestellt, also äusserst prominent, wie es bill in seinem layout, das vom *werk* übernommen wurde, gestaltet hatte.

die nazis hatten 1937 vordemberges kunst in der ausstellung *entartete kunst* in berlin diffamiert. das ehepaar vordemberge-gildewart emigrierte aus der schweiz, wo sie 1937–1938 «bei freunden» wohnten[1108] nach holland, und zwar nach amsterdam, in die nicolaas maes straat 22.

im bill'schen layout erschien neben vordemberges komposition als weiterer kunsthistorischer höhepunkt mondrians gemälde *rhythmus von linien und*

«im anschluss an die kontroverse über die moderne kunst im ‹werk›-heft 3, 1938, seite 74 und heft 5, seite 159, haben wir gerne einem künstler [max bill] das wort zu einer darlegung der argumente gegeben, die den gegenstand der meinungsverschiedenheiten, nicht diese selbst, betreffen. eine solche bemühung um aufklärung scheint uns bei weitem fruchtbarer als kollektivproteste.»[1107]
immerhin war meyer insoweit fair, als er bill den platz für eine gegendarstellung einräumte.

vordemberge und bill waren seit der zeit bei ‹abstraction-création› kollegen, wobei der ältere, 1899 in osnabrück geborene vordemberge dort bereits ab 1932 engagiert war, max bill aber erst im dezember 1933 zur gruppe stiess.
im von bill verschickten rundschreiben vom märz 1938 ist als aufenthaltsort vordemberge-gildewarts «zürich» angegeben, als vordemberge, wie bill albers wissen liess, vorübergehend beim ehepaar bill in zürich-höngg wohnte.

farbe (1937). bills rundschreiben mit der bitte um abbildungsmaterial hatte mondrian noch in paris erreicht, bevor er nach london emigrierte. von vantongerloo konnte das gemälde *fonction de lignes rouge-vert* (1936, siehe s. 517), wie alle abbildungen im *werk*-heft, damals nicht farbig, sondern nur schwarz-weiss reproduziert werden.

auf die arbeit vantongerloos folgte bills skulptur *unendliche schleife* (1935–1937, siehe s. 433). das foto war von maxens frau aufgenommen worden, was auch völlig korrekt, direkt neben dem werk in der bildlegende, erwähnt wurde: «foto: binia bill, swb, zürich». nach diesem werk bills folgte eine doppelseite mit abbildungen von plastiken der russischen gebrüder naum gabo, *raumkonstruktion* (ohne jahresangabe), und antoine pevsner, *konstruktion* (1937/38).

gabos *raumkonstruktion* ist eine äusserst interessant ausbalancierte konstruktion mit schräg «geschlossenen» flächen, die in eine horizontal-vertikale glaskonstruktion einbezogen sind – die ich visuell vergleichsweise gerne in die nähe von bills konstruktion mit drei gleichen quadratgrössen, *denkmal für pythagoras* (1939–1941/1978, siehe s. 267) gerückt sehen möchte.

für dieses monument führte bill zwei varianten, in geschlossener und offener form, aus, wobei es sich bei der formgestaltung nicht um volumina handelte, sondern um flächen. bei der einen ausführung waren die flächen geschlossen (heute in sammlung jakob bill). bei der «offenen» variation (heute in sammlung angela thomas) liess bill lediglich die konturen eben dieser flächen ausführen, was einen luftigen charakter ergab. die letztgenannte steht auf nur zwei dieser konturen, weshalb sie sehr fragil und doch vorzüglich ausbalanciert wirkt, mit ihrem mathematischen aufbau $a^2 + b^2 = c^2$.

bill war der jüngste unter den grossen, hier allesamt männlichen kollegen, die er kontaktiert hatte. die letzte abbildung zum text ist ein im laufenden jahr entstandenes gemälde von wassily kandinsky, *entassement réglé* (1938). kandinskys wohnort ist mit «neuilly sur seine» bei paris angegeben. denn, wie wir wissen, hatte auch er nazideutschland inzwischen definitiv verlassen.

es fragt sich, warum bill nicht auch künstlerinnen wie beispielsweise sophie taeuber-arp, die noch im jahr zuvor mit ihrer werkgruppe in der *konstruktivisten*-ausstellung in basel erfolge verzeichnen konnte, oder aus seiner eigenen, der jüngeren generation, verena loewensberg, im rundschreiben bzw. im

1109 bill 1938 [a], s. 253
1110 ebenda, s. 250

artikel mitberücksichtigte. denn das œuvre von sophie taeuber-arp liesse sich statt unter dem oberbegriff konstruktivismus zutreffender als konkrete kunst nach der bill'schen begriffsdefinition bezeichnen.

schöpferische konkrete kunst

in seinem beitrag für das *werk* ging es bill gerade um das ‹auseinanderklamüseln› – wie die norddeutschen sagen würden –, um die klärung der kunsthistorischen begriffe. dabei unterlief dem setzer in einem satz über den naturalismus pikanterweise ein sinnentstellender druckfehler: «da jede form von naturalismus ihrem wesen nach *unerschöpflich* ist …» statt «da jede form von naturalismus ihrem wesen nach *unschöpferisch* ist …», wie bill handschriftlich in einem der belegexemplare korrigierte.

der fehlgedruckte satz erschien in folgendem zusammenhang: «naturalismus im weitesten sinne, oder die kombination von naturnachbildenden vorgängen, wie sie z. b. in kubismus, surrealismus, expressionismus etc. bestehen, haben mit dem, was wir unter konkreter kunst verstehen, nicht das geringste zu tun. da jede form von naturalismus ihrem wesen nach *unschöpferisch* ist, keine eigenschöpfung darstellt, schliesst jeder schöpferische kunstausdruck jeden naturalismus aus, d. h., je weiter die entfernung vom naturalismus, desto grösser ist die möglichkeit des reinen ausdrucks.»[1109]

im naturalismus, wie ihn zum beispiel sein einstiger lehrer eduard bick handhabte, sieht bill den völligen gegenpol, den er als «unschöpferisch» ablehnt, zu dem, was er unter dem theoretischen begriff der konkreten kunst selber anstrebt, wie auch zu den reproduzierten werken der von ihm als vorbildliche neuerer präsentierten künstlerkollegen.

mit den möglichkeiten des «reinen» ausdrucks meint bill die ausgewählten abbildungen, die variationsbreite der möglichkeiten der von ihm so genannten konkreten kunst, die man «bisher im allgemeinen fälschlicherweise als ‹abstrakte› kunst bezeichnet» habe.[1110]

was mich beim heutigen lesen des textes *über konkrete kunst* aus dem jahr 1938 aufmerken lässt, ist, dass bill darin – für mich seltsamerweise – von einem «religiös-philosophischen» gehalt spricht. hatte er sich in seinem briefwechsel mit dem freiwirtschafter fritz schwarz doch dagegen verwahrt, eine religiöse komponente der freiwirtschaftlichen idee mitanzuführen.

mich hat folgende passage von bill völlig erstaunt, da ich ihn persönlich als einen menschen kennenlernte, der sich überhaupt nicht als religiös äusserte oder gebärdete. er schrieb in diesem text, der schon fast ein manifest ist: «wir sind überzeugt, dass man zu einer demokratischen kunstauffassung gelangen wird, deren ausgangspunkt nicht persönliche, hierarchische oder staatliche repräsentationssucht ist, deren gehalt, nicht wie in früheren grossen epochen, durch den phantastischen götterglauben der aegypter, den glauben der griechen an menschenähnliche götter und halbgötter, noch die heiligenverehrung des mittelalters, sondern durch den glauben an den realen menschen und an die der natur selbst innewohnende kraft getragen ist. in diesem sinne wird die konkrete kunst einen religiös-philosophischen gehalt haben.»[1111]

für den artikel bedankte sich vantongerloo am 20. august 1938 in einem brief aus paris (der brief trägt zwar das datum des 20. juli 1938, da das darin erwähnte *werk*-heft aber erst im august erschien, dürfte sich vantongerloo um einen monat geirrt haben). mit dem layout des artikels war er zufrieden, doch bemängelte er die ungenaue übersetzung einer wichtigen stelle seines textes und fügte eine längere polemik gegen mondrian an.

paris, le 20 juillet [sic] 1938

mes chers amis,
j'ai bien reçu ‹werk› et je vous en remercie. cela me donne de vos nouvelles indirectement. je suppose donc que tout va bien chez vous.
ueber konkrete kunst est une belle page dans werk. les reproductions sont biens. c'est très soigné.
je dois cependant dire un mot au sujet de mon article. ceci en toute amitié, uniquement pour ne pas laisser subsister des erreurs dans le monde.
je regrette, par exemple, que le deuxième paragraphe de mon article n'a pas été traduit exactement. ce paragraphe a précisément son utilité en ce qu'il attire l'attention sur l'erreur concernant le mot neoplastizismus. je n'ai pas voulu ouvertement dire la raison banale de la naissance du mot néo-plasticisme. j'ai eu tort. une prochaine fois, je me prendrai comme devoir de ne plus laisser les gens dans l'erreur ou plutôt, je ne resterai plus longtemps complice d'une si grande énormité. d'ailleurs, mondrian n'a pas que ça sur sa conscience. tout le monde a couru dans les manœuvres de ce triste personnage. mais comme tout vient en son temps, je dois dire que nombreux sont ceux qui se sont aperçu de ses actes d'imposteur.

enfin, je répète que mon travail ne peut, sous aucune forme, être considéré comme appartenant au néo-plasticisme
1° parce que je travaille indépendamment de tous les ismes.
2° le néo-plasticisme n'est pas un mouvement ni un groupe puisque c'est mondrian tout seul qui a lancé ce mot, mot qui ne vient pas de lui, ‹comme tout ce qu'il fait et dit› ligne droite y comprise, mais vient d'un personnage que je connais et qui le lui a suggéré. c'est le même personnage qui a décrit en français la brochure, ‹le néo-plasticisme mondrian», édité par rosenberg.
l'article de mondrian montre bien qu'il est un imposteur. rien que des mots, faits pour tromper le monde. c'est de la pure réclame sans consistence ou fondement. je suis prêt à le prouver.
si je parle ainsi, c'est que je ne désire plus être complice d'une duplicité et cela du fait de ne pas parler.
maintenant autres choses. j'aimerais savoir comment vous vous portez. quels sont vos projets, le travail et tout espèce de nouvelles vous concernant car je m'intéresse à vous deux. puma est en hollande en ce moment mais moi j'ai préféré travailler à paris.
j'espère avoir bientôt de vos nouvelles et avec un gros baiser pour la pichouna [binia bill] et une bonne poignée de main pour le cher bill.

georges vantongerloo

ernst ludwig kirchner:
drei akte im walde, um 1933
öl auf leinwand, 149 × 195 cm

das bild befindet sich in der sammlung des wilhelm-hack-museums in ludwigshafen am rhein, wo max bill mich, als seine eigene retrospektive dort 1990 im parterre des museums präsentiert wurde, im oberen geschoss eigens auf das kirchner-werk aufmerksam machte.

nach diesem brief ist im vantongerloo-archiv keine weitere korrespondenz aus dem jahr 1938 vorhanden. es findet sich lediglich noch eine visitenkarte max bills, auf der er, offensichtlich zu besuch in paris, für vantongerloo folgende nachricht als bleistiftvermerk hinterliess: «je suis à l'hôtel raspail si vous revenez. salut bill 29.8.38».

tod des künstlers ernst ludwig kirchner

bereits frühzeitig, als jugendlicher im jahr 1924, hatte bill zuhause in winterthur im kunstmuseum das werk von ernst ludwig kirchner, erläutert von georg schmidt, kennengelernt. in späteren jahren beeindruckte ihn besonders dessen um 1933 entstandenes gemälde *drei akte im walde,* das ihn speziell wegen seiner kompositorisch ungewohnt spannenden art des einsatzes von licht als gestaltungsmittel anzog. diese werkpräferenz ist eines der wörtlich einleuchtenden beispiele dafür, wie max bill persönlich seine kunsthistorische auswahl traf bei der zusammenstellung seines eigenen referenzsystems.

ernst ludwig kirchner starb am 15. juni 1938 «unendlich schwer», wie sein schüler christian anton laely aus davos schrieb, der der frage nachzugehen versuchte, «warum sich ernst ludwig kirchner erschossen hat».

1111 bill 1938 [a], s. 250

«das wirkliche motiv zu dieser tat ist bisher nicht bekannt geworden. man hat von einer innern zermürbung und zerreibung gelesen, ebenso von den körperlichen leiden ... ich behaupte nicht, dass all das spurlos an ihm vorbeigegangen sei, aber die diffamierung seiner und seiner jugendfreunde werke im dritten reich hat kirchner empört! man hat in deutschland der modernen kunst vorgeworfen, sie sei ‹verjudet›.»[1112]

ein artikel über ‹den raum›

nach langen monaten des schweigens zwischen bill und vantongerloo wird anfang des jahres 1939 die korrespondenz wieder aufgenommen. bill meldet sich bei seinem freund mit der kurzen bitte um weiteres abbildungsmaterial für einen artikel, den er über ‹den raum› schreiben will.

max bill
limmattalstrasse 253
zürich 10
monsieur g. vantongerloo
7 impasse du rouet
paris XIV   26.1.39

mon cher ami,
j'ai bien reçu votre lettre et la photo, c'était l'an passé, et je vous remercie beaucoup.
pour une publication (un article) que je prépare, je désire avoir de vous un tableau et aussi une sculpture. car j'écris sur l'espace. il est très important d'avoir la construction dans l'espace comme vous la faites.
mais les photos que vous me donnez ne peuvent pas être déjà reproduites une autre fois. j'ai temps jusqu'à la fin de février.
il m'intéresse beaucoup ce que vous travaillez et comme vous et votre très gentille femme allez. nous travaillons beaucoup et nous allons bien.

très cordialement à vous deux, de nous deux
votre
bill

im sommer 1939 werden max bill und georges vantongerloo erstmals im schloss von madame de mandrot zusammen einige ferientage verbringen.

max bill architekt
4-7-39

mon cher vantongerloo,
j'ai bien reçu votre lettre. je vais vous chercher à vallorbe le 15 juillet. écrivez-moi à quelle heure votre train arrivera. les frais du voyage, nous règlerons à la sarraz. j'espère que nous aurons de très jolies vacances là.
je vous envoie nos meilleures salutations aussi à votre chère puma
votre
bill

1112 christian anton laely: «ernst ludwig kirchner †», in: *werk*, heft 8, august 1938, s. 225
1113 max bill im gespräch mit angela thomas
1114 gassner 1994, s. 27

konkrete kunst als «eigentliche demokratische kunstauffassung»

in zürich fand vom 24. februar bis zum 10. märz 1940 im kongresshaus ein ‹salon indépendant›, eine verkaufsausstellung, statt, an dem sich bill mit drei skulpturen und einem gemälde beteiligte. die besucher konnten die ausstellung anschauen, ohne eintritt zu zahlen. im offiziellen ausstellungskatalog *(salon indépendant,* kunstausstellung, ausst.-kat. kongresshaus zürich, 24. februar bis 10. märz 1940, zürich 1940) erscheint bill gleich hinter seinem früheren, naturalistischen bildhauer-lehrer eduard bick, auf seite 11, aufgelistet. inhaltlich und ideologisch hatte bill seinen ehemaligen lehrer der zürcher kunstgewerbeschule, der ihm nie spezielle aufmerksamkeit oder beachtung gewidmet hatte, qualitativ schon lange hinter sich gelassen.

bills knappes statement im ausstellungskatalog lautet: «die konkrete kunst gestaltet form, farbe und raum unabhängig von äusseren naturerscheinungen. die wohlabgewogenen verhältnisse der formen zueinander, harmonie und kontrastierung der farben, die erfindung plastischer raumgebilde, geordnet nach künstlerischen gesetzen, ergeben das, was wir konkrete kunst nennen. als eigentliche demokratische kunstauffassung dient ihr inhalt weder staatlichen, religiösen noch persönlichen repräsentationsgelüsten, sondern allein den ästhetischen bedürfnissen des menschen» (s. 11).

max bills freund hans hinterreiter, der anfang 1940 aus ibiza anreiste, da er – wie erwähnt – aufgefordert worden war, «zur nachmusterung» persönlich in der schweiz zu erscheinen, beschickte den ‹salon indépendant› nicht. der trauernde hatte nach dem tode seiner frau andere sorgen.

man hatte von den ausstellenden kurze statements angefordert. bick berief sich darin auf seinen «instinkt»: «den entscheidenden ausgleich zwischen kunst und natur muss der künstler dem instinkt überlassen, verstand und wille können wohl helfen, aber nicht finden» (s. 11). eduard bick verlangte für einen *frauentorso* in bronze 3000.– schweizer franken, genauso viel wie max bill für seine *konstruktion in messing* (1939, siehe s. 527), so sie verkauft würde, haben wollte. lehrer und schüler veranschlagten die selben verkaufspreise.

gruppen gleicher elemente

der damals bereits arrivierte zürcher künstler richard paul lohse lehnte hans hinterreiters arbeiten glattweg ab. bill wehrte sich für seinen freund gegen lohse: «es kann doch nicht nur horizontal-vertikales geben!»[1113]

die diskussion um das strikt «horizontal-vertikale» war in paris innerhalb der künstlervereinigung ‹abstraction-création›, die von 1932 bis 1937 bestand, schon lange ausgetragen worden. doch lohse hatte diese auseinandersetzungen wohl nicht mitverfolgt, da er kein mitglied der gruppe gewesen war.

bill seinerseits sah sich im gegensatz zu lohse künstlerisch positiv bestärkt und angeregt durch die arbeiten hinterreiters; so in der auffassung, dass man mit gruppen gleicher elemente kompositionen machen solle.

«zahlreiche, zuvor dogmatisch eingestellte konstruktivisten in der gruppe haben zu dieser zeit von den ‹dissidenten› wie arp und hélion, aber auch von kandinsky gelernt und einen mehr oder weniger radikalen paradigmawechsel vom rechten winkel ... zur gebogenen oder frei schwingenden linie vollzogen.»[1114]

max bill: *konstruktion in schwarz*, 1939
schnitt in karton, 30 × 50 cm

max bill hatte zuvor ja schon selber ein thema, das er 1935 gefunden hatte, «von 3-eck bis 8-eck», in fünfzehn ausgewählten variationen 1938 in paris veröffentlicht. in dieser serie waren auch bereits kreisbögen, und zwar exakt geometrisch gesetzte, (aber von lohse abgelehnte) vorgekommen. zudem hatte bill aus gleichen elementen gruppen zusammengesetzt, wie in den skulpturen *konstruktion aus 30 gleichen elementen* (1938/39, siehe s. 526) und *konstruktion in messing* (1939, siehe s. 527) sowie *konstruktion aus drei quadratgrössen (denkmal für pythagoras*, 1939–1941/1978, siehe s. 267), deren konstruktionsidee er 1939 entwickelte.

mit subversivem glanz
bills skulpturen glänzen, und zwar nicht nur, weil er die ursprüngliche messing-materialform gelegentlich, wie beispielsweise beim *denkmal für pythagoras*, vergolden lässt.

bills werke sind zeugen seiner selbstgewählten, nicht entfremdeten arbeit. sie strahlen eine starke autonomie aus und bewahren auch in alltäglicher umgebung ihren subversiven glanz. sie erinnern daran und künden implizit davon, dass der anspruch und die möglichkeit, nicht entfremdet zu arbeiten, sowie

pablo picasso: *sculpture*, 1918

das damit verbundene glücksgefühl jedem menschen zustehen sollte, jedoch bis heute gesellschaftlich bei weitem nicht für alle menschen eingelöst ist. erläuternd zu seiner skulptur *konstruktion aus 30 gleichen elementen* (1938/39) schrieb bill ein paar jahre darauf: das werk «zeigt in räumlich-plastischem ablauf das problem der weiterbewegung ein und derselben form zu einem

max bill: *konstruktion in messing und eisen*, 1937
drei ansichten derselben skulptur

«hans hinterreiter begann 1930 mit systematischen farb- und formuntersuchungen aufgrund der ostwald'schen farbtheorie. er erreichte durch seine methode fortlaufend einander verbundene farb- und formentwicklungen.»[1116]

rhythmischen gebilde. auf der grundzahl sechs aufgebaut, beginnt die konstruktion links mit sechs gleichen teilen, eine nächste sechsergruppe wird von einer vertikalen sechsergruppe überkreuzt, währenddem die erste hälfte der letzten sechsergruppe von sechs weiteren elementen umschlossen ist und ihr zweiter teil, dem anfang gleich, ruhig ausklingt. darunter ist als zell-einheit ein einzelnes element gesetzt.»[1115]

möglich ist, dass zusätzlich zu hans hinterreiters ‹encouragement› auch noch der vor jahren von bill in paris gesehene melnikow-pavillon (1925) mit seinen vertikal aufragenden konstruktionselementen eine unbewusste inspirationsquelle war, eine anregung für die von max bill im jahr 1939 realisierte plastik *konstruktion in messing*.

bill riet hans hinterreiter, statt die kleinformatigen studien für licht-projektionen zu benützen, sie in grössere formate umzusetzen, zu malen, damit man seine bilder ausstellen und in ruhe betrachten könne.

hans hinterreiter wird dann 1942 an der ausstellung der gruppe ‹allianz› im zürcher kunsthaus mitausstellen können, trotz der kunstideologischen differenzen, die zwischen ihm und lohse aufgetreten sind.

max bill: *konstruktion aus 30 gleichen elementen*, 1938/39
rostfreier stahl,
153 × 459 × 76 cm

1115 siehe bill 1942
1116 bill 1976 [b]
1117 josef albers, black mountain, north carolina, usa, 5.1.1937, an max bill, zürich; bibliothek max bill

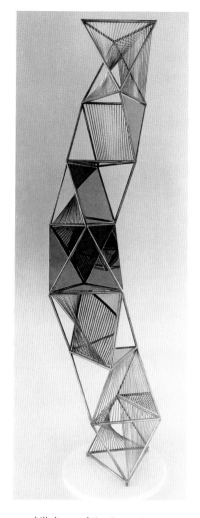

max bill: *konstruktion in messing*, 1939
messing, 142 x 36 x 36 cm

konstantin stepanowitsch melnikows sowjetischer pavillon an der *exposition internationale des arts décoratifs* in paris 1925

rückblick: wunschtraum-land usa

ein anderer bekannter bills, nämlich der ihm vom dessauer bauhaus her vertraute xanti schawinsky, war im januar 1937 kollege von josef albers am black mountain college in north carolina. xanti rührte dort, wie albers überliefert, die reklametrommel für bill: «lieber bill, xanti schawinsky … erzählte mir, dass sie ein wichtiger ausstellungsmacher sind.»[1117]

in der zeit, als sich josef albers zusammen mit seiner frau anni, die halbjüdin war, zu emigrieren entschlossen hatte und sich die beiden 1933 in die usa retten konnten, war es in deutschland «schluss mit abstrakt», wie albers es aufs knappste verkürzt auszudrücken pflegte. nun wandte er sich mit einem brief an bill, ob dieser ihm nicht zu ausstellungsmöglichkeiten in europa verhelfen könne. schawinsky fügte dem schreiben von albers ein paar handgeschriebene zeilen bei: «liebe bills, schnell ein gruss, bis ich mich zu einem richtigen brief aufschwinge. wir schweben in den herrlichsten ferien und wursteln auf amerikanisch miteinander. ahoi! xanti.»

das «auf amerikanisch miteinander wursteln», wie es xanti salopp beschrieb, der im vergleich zu europa deutlich lockerere amerikanische lebensstil, machte es anni und josef vielleicht auch privat leichter, miteinander umzugehen. denn von ihrer herkunft her waren die gegensätze gross.

josef kam aus dem ‹kohlenpott›, aus bottrop im ruhrgebiet, wo sein vater als flachmaler und schreiner redlich malochte. anni (annelies), geborene fleischmann, war eine waschechte berlinerin. ihr vater besass eine möbelfabrik, und mütterlicherseits stammte sie aus der verlegerfamilie ullstein. anni war in berlin-charlottenburg aufgewachsen, von einer englischen nurse und einem butler umhegt. «sie war eine dunkle schönheit mit stolzem charme, vorzüglich erzogen und gesellschaftlich versiert; er, um zehn jahre älter, katholisch und blond, ein ziemlich geselliger typ mit einem pädagogischen tick.»[1118]

wegen ausbleibender erfolge in der schweiz nahm max bill seit dezember 1936 eifrig englischstunden. er war sehr motiviert, denn er hatte einen neuen wunschtraum: es zog ihn nicht mehr wie noch vor wenigen jahren in die udssr, sondern neuerdings in die usa. so antwortete er albers am 24. januar 1937: «meine hiesigen erfolge sind derart, dass ich jetzt seit etwa einem monat eifrig englischstunden nehme und den plan habe, diese unwirtliche gegend inmitten eines nicht gerade erfreulichen europa baldmöglichst mit usa zu vertauschen, um ev. schon an der new-yorker weltausstellung [1938] mitzuarbeiten.»
bezugnehmend auf josef albers' bitte, ihm ausstellungmöglichkeiten zu vermitteln, erklärte bill die situation in der schweiz so: «... ausser den öffentlichen galerien interessieren sich keine privatgalerien um unsere arbeit, denn die aussicht auf finanziellen erfolg ist gering. die öffentlichen galerien sind immer von kollektivausstellungen besetzt.» auch in paris schien die situation keine rosige zu sein, wie bill nach amerika berichtete. kandinsky habe an seiner ausstellung bei jeanne bucher anlässlich seines 70. geburtstages nichts verkauft ...[1119]

1118 ludmila vachtova: «knall mit wetterleuchten. eine künstlervita im zweigespann als fortlaufende erfolgsgeschichte: josef und anni albers», in: *die weltwoche*, 5.11.1998
1119 max bill, zürich, 24.1.1937, an josef albers, black mountain college, black mountain, north carolina, usa; archiv max bill
1120 max bill, 3.3.1938, an josef albers; archiv max bill

während albers am black mountain college lehrte, erhielt walter gropius 1937 einen ruf in die usa, nach cambridge an die harvard university, den er annahm. mittlerweile war also eine ansehnliche anzahl von persönlichkeiten, die bill vom bauhaus her kannte – albers, moholy-nagy, gropius und schawinsky – in die usa emigriert und nun dort tätig, und sie alle hatten positiv auf bills arbeit an der *triennale di milano* 1936 reagiert, die auch in den usa publiziert worden war.

im hinblick auf eine mögliche übersiedlung begann bill nun zusammen mit zwei in amerika etablierten schweizer architekten, deren namen er mir gegenüber nie erwähnen sollte, mit entwurfsarbeiten für den schweizer pavillon an der weltausstellung in new york.

doch das wettbewerbsprojekt von bill und kollegen wurde nicht ausgewählt. unter anderem dies hielt ihn davon ab, in das land der unbegrenzten möglichkeiten auszuwandern. «ich muss sagen, sosehr es mich reizen würde, nach usa zu gehen, habe ich doch nicht so recht den mut, auf's geratewohl hinüberzufahren»,[1120] schrieb er albers im märz 1939. zudem hatte bill 1938 in der basler ausstellung *neue kunst in der schweiz* erfolgreich ausgestellt sowie den auftrag erhalten, für die schweizerische landesausstellung 1939 eine plastik zu entwerfen. max bills zeit der grossen frustration hatte vorübergehend ein ende.

abstracte kunst in amsterdam

nach der beteiligung an der ausstellung *neue kunst in der schweiz* von 9. januar bis 2. februar 1939 in basel, deren harsche besprechung durch peter meyer max bills replik «über konkrete kunst» ausgelöst hatte, konnte bill bald darauf an der ausstellung *abstracte kunst* in amsterdam teilnehmen. sie wurde am 2. april 1938 im stedelijk museum eröffnet; bill hatte seine plastik *konstruktion* (1937, siehe s. 525 und s. 530) und eine weitere arbeit, *vier konstruktionen: variationen über ein thema* (1935–1938), an die ausstellung geschickt.

bill befand sich hier in gesellschaft anderer hochkarätiger künstler. so waren neben vier kompositionen von piet mondrian unter anderem auch drei arbeiten von moholy-nagy zu sehen, der zu jenem zeitpunkt in london im exil lebte, sowie werke von antoine pevsner, für dessen œuvre sich bill im jahr zuvor bereits in basel während der *konstruktivisten*-ausstellung besonders interessiert hatte.

beide werke sind zusammen auf einem foto abgebildet im katalog *tentoonstelling abstracte kunst*, stedelijk museum amsterdam, 2.–24. april 1938, s. 15.
ein mitglied der ausstellungskommission war übrigens mart stam, mit dem max bill vor einigen jahren gerne zum arbeiten in die udssr gereist wäre. stam half auch beim einrichten der ausstellung.

blick in die ausstellung «abstracte kunst» im stedelijk museum, amsterdam, 2.–24. april 1938. prominent in der bildmitte steht max bills *konstruktion in messing und eisen* von 1937

hinter die von wies van moorsel behauptete anwesenheit brancusis an der eröffnung in amsterdam möchte ich ein fragezeichen setzen, da max bill mir gegenüber einmal bedauernd festhielt, dass er brancusi, dessen kunst er verehrte, leider «nie persönlich» begegnet sei.

auch arbeiten von fünf künstlerinnen wurden mitausgestellt. darunter waren die engländerinnen barbara hepworth und (die mit bill befreundete) marlow moss sowie zwei französinnen, die mit vantongerloo eng befreundete paule vézelay und jeanne (hannah) kosnick-kloss, deren ehemann otto freundlich ebenfalls ausgestellt wurde. von den beiträgen der künstlerinnen wurde im katalog jedoch nur ein einziges werk, die zweiteilige skulptur *two forms in plane wood* (1937) von barbara hepworth abgebildet.

von den ausstellenden seien zahlreiche künstler zur eröffnung erschienen, «darunter arp, brancusi, vordemberge-gildewart, kandinsky, pevsner und bill».[1121]

gualtieri di san lazzaro und die zeitschrift *XXe siècle*

max bill hielt sich 1938 längere zeit in paris auf, wo er sich darum kümmerte, dass seine erste systematisch entwickelte grafische reihe, die *fünfzehn variationen über ein thema*, sorgfältigst gedruckt wurde. damals waren max bills werke in paris noch nicht weiterum bekannt. nur jene an avantgardekunst interessierten, die die wechselausstellungen in der galerie ‹abstraction-création› besuchten, an denen bill ab dezember 1933 teilgenommen hatte, konnten mit seinem namen schon etwas verbinden.

1121 van moorsel 2003, s. 234
1122 pieyre de mandiarques 1975

es war der aus sizilien stammende gualtieri di san lazzaro, der sich auf das verlegerisch kalkulierte risiko eingelassen hatte, bills album mit den in den jahren 1935–1938 entwickelten *fünfzehn variationen über ein thema* im jahr 1938 in seiner édition des chroniques du jour in paris herauszubringen.

der mappe beigelegt war ein erläuternder text von bill, der von a.j. dakin ins englische und von jean-paul samson – bills langjährigem freund, mit dem er ende der 1920er-jahre im zürcher kabarett ‹der krater› und später bei der *information* zusammengearbeitet hatte – ins französische übersetzt worden war. gedruckt wurde die serie in paris von monsieur mourlot, dem begnadeten drucker, der sowohl für pablo picasso als auch für henri matisse arbeitete. zu seinem grossen bedauern begegnete bill bei mourlot indes nie dem von ihm hochgeschätzten matisse.

gualtieri di san lazzaro war bekannt als jener verleger «dont le goût, en culture, alla toujours aux valeurs de choc, de renouveau et de révolution»[1122], erinnert sich rückblickend andré pieyre de mandiargues in einem text, den er nach dem tode san lazzaros, der am 7. september 1974 verstarb, schrieb.

max bill:
zwei blätter aus der grafischen reihe *fünfzehn variationen über ein thema*, 1935–1938, 30,5 x 32 cm

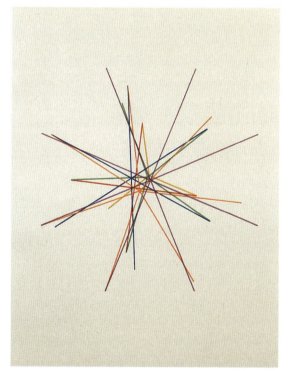

sein biograf pierre volboudt schildert den vielseitigen san lazzaro als einen skeptischen enthusiasten, der zwischen sich selbst hin- und hergerissen von einer impulsiven neugierde angetrieben worden sei: «sa cause était celle de toutes les créations qui décidèrent du visage d'une époque. il contribua plus que personne à les révéler; il les servit avec une ferveur lucide qu'un apparent détachement ne dissimulait qu'à peine sous une charmante et distraite courtoisie ... ce multiple san lazzaro, toujours partagé entre lui-même et lui-même ... sous le couvert d'une timidité autoritaire entretenue comme une sorte de dandysme protecteur, ce sceptique enthousiaste ...»[1123]

die publikation *san lazzaro et ses amis*, aus der diese zitate stammen, erschien in einer stabilen box, in der auch original-lithografien von unter anderem max ernst und max bill enthalten sind.

der kleine sizilianer san lazzaro habe oft kalt gewirkt, er sein in einer «impassibilité énigmatique» verharrt, einer rätselhaften emotionalen reglosigkeit, kaltblütigkeit. doch habe er sich nur distanziert gegeben, um ein umso exakteres, durchaus passioniertes urteil zu fällen: «san lazzaro, froid et compassé, laissait tomber un jugement féroce, sans bouger un cil, avec un sourire bref que suivait une phrase marquée de l'humour britannique le plus glacial.» er habe beim zuhören meist zerstreut gewirkt und seine vorgeblich abwesende, unbewegte miene hinter zigarettenrauch versteckt. dieser mann, der auf manche unentschlossen, skeptisch wirkte und so, als sei er nicht in der lage, irgendeinen elan zu entwickeln, sei aber zu grosser, anhaltend freundschaftlicher treue fähig gewesen.[1124]

einige seiner zeitgenossen erlebten san lazzaro als verschlossen, distanziert bis misstrauisch, doch bill kam bestens mit ihm aus, und die beiden wurden freunde, denn san lazzaro konnte ihm gegenüber seine andere, grosszügigere charakterseite einer «grande noblesse» durchaus aufscheinen lassen, ausserdem konnte er subtil ironisch sein, was bill durchaus gefiel.

zu san lazzaros engerem pariser freundeskreis gehörten nusch und paul éluard sowie das ehepaar kandinsky. wassily und nina kandinsky kannte er bereits seit april 1930, also schon acht jahre, bevor max bills *fünfzehn variationen über ein thema* in der édition des chroniques du jour in paris erschienen. in den jahren 1935, 1936 pflegten die kandinskys besonders intensive kontakte mit dem verleger und dessen aus litauen stammender ehefrau racha, mit der sie sich auf russisch unterhalten konnten. die kandinskys und die san lazzaros trafen sich in paris oft zu gemeinsamen dîners.[1125] vielleicht hatte bill ihn durch die vermittlung der kandinskys oder über jean arp, dem san lazzaro ebenfalls wohlbekannt war, oder über die éluards kennengelernt.

«matisse viveva separato della moglie, in un appartamento del boulevard montparnasse, dove una bellissima signora russa si occupava di lui con una devozione d'altri tempi ... era una delle due donne veramente belle e come temperate da una voluttà segreta, ch'egli aveva conosciuto.
l'altra era nush eluard, più spirituale, per lo meno nel fisico, di cui picasso aveva fatto un ritratto meraviglioso.»[1126]

bills einstige geliebte, nusch éluard, die mittlerweile mehrmals von picasso porträtiert worden war, hatte auch san lazzaro beeindruckt. er bewunderte sie als eine von nur zwei «wirklich schönen» frauen voll heimlicher sinnlichkeit, die er im laufe seines lebens kennengelernt habe: die eine, eine wunderschöne russische frau, «mit einer ergebenheit wie aus anderer zeit», umsorgte den alten henri matisse; die andere, nusch, war im vergleich zu jener russin nicht nur schön, sie hatte auch noch eine «geistvolle» ausstrahlung.

1123 volboudt 1975
1124 marchiori 1975
1125 siehe jouffroy 1975
1126 san lazzaro 1966, s. 187f.
1127 gualtieri di san lazzaro in: *XXe siècle*, no 27, paris, dezember 1966
1128 san lazzaro 1966, s. 187f.
1129 courthion 1975, s. 41f.

am tag nach der besetzung wiens durch die nazis erschien 1938 in paris die erste nummer der von san lazzaro lancierten kunstrevue *XXe siècle*. max bill hatte im auftrag von san lazzaro das cover gestaltet. der verleger verstand sich nicht als sektierer, deshalb versammelte er in seiner zeitschrift sowohl abstrakte, konkrete als auch surrealistische künstler, all jene, die sich als opposition zur drohend heranrollenden welle der ignoranz und der gewalttätigkeit verstanden.

die sechste nummer von *XXe siècle* kam kurz nach der besetzung von prag heraus. in frankreich erzielte die kunstrevue nicht den von san lazzaro erhofften erfolg. obwohl er auch abbildungen surrealistischer künstler mitberücksichtigte, sah sich san lazzaro in geschäftlicher konkurrenz zu dem von albert skira und den surrealisten selbst herausgebrachten organ *minotaure*. die surrealisten hatten damals in paris mit ihrer zeitschrift grossen ideologischen einfluss. und ihre ausstellungen provozierten unterschwellig eine zähe, hartnäckige aversion gegen gewagtere moderne tendenzen, also vor allem gegen die stilrichtung der konkreten kunst.

dieselben künstler, die sich politisch einig wussten in ihrer opposition gegen die nationalisten, begannen gerade jetzt in diesen schweren zeiten, sich aus stilistischen gründen zu bekämpfen. san lazzaro musste sich etwas einfallen lassen.

der künstler jean arp, der nach seiner frühen dadaistischen phase nun als ein grenzgänger zwischen den surrealistischen und abstrakten stilen changierte (vantongerloo: «il se faufile partout»), brachte san lazzaro auf die idee, als absolute neuigkeit in *XXe siècle* original-grafiken herauszubringen, was dieser ab der dritten heftnummer tat: nummer 3 (juli, august, september 1938) enthält einen original-farb-holzschnitt kandinskys; und «à partir du no 4 lequel comprend 8 gravures originales de henri matisse, henri laurens, miró, arp, magnelli, de chirico, zadkine, hélion, ansi que 2 lithographies de marcel duchamp et de max bill … *XXe siècle* est lancée … et deviendra la plus universellement connue des revues d'art.»[1129]

der einmarsch der faschisten in frankreich 1940 wird das weitere erscheinen von *XXe siècle* verunmöglichen, und somit entfällt auch für max bill und seine künstlerfreunde jahrelang die möglichkeit, über diese publikation an eine grössere öffentlichkeit zu gelangen. erst nach der befreiung von paris kann die zeitschrift mit beiträgen von unter anderen arp, louis aragon, max ernst, antoine pevsner wieder erscheinen.

nicht nur der name der von san lazzaro stets auf das sorgfältigste zusammengestellten, berühmt gewordenen kunstrevue lautete *XXe siècle*, sondern auch der seiner später in der rue des canettes eröffneten galerie. über diese aktivitäten hinaus war san lazzaro ein verdienter schriftsteller, autor autobiografi-

zum geistigen klima in jenem jahr äusserte sich san lazzaro rückblickend: «en 1938, nous étions déjà quelques-uns à craindre d'être à la veille d'une catastrophe … se donner la main entre artistes d'orientation diverses mais toutes opposées à la bêtise, dont il n'était pas insensé de prévoir le prochain déferlement, était une nécessité humaine et historique; contre le déluge imminent.»[1127]

«la mostra dei surrealisti aveva provocato una subdola, ma tenace avversione contro le tendenze più ardite dell'arte moderna.»[1128]

nicht nur die zeitschrift *XXe siècle* war nun mit den darin enthaltenen original-grafiken international lanciert, sondern mit ihr, im umfeld der wichtigen, bedeutenden künstlerkollegen matisse, arp, duchamp, auch max bill.

gualtieri di san lazzaro wird in zweiter ehe maria papa, eine begabte, hübsche polnische bildhauerin, heiraten.

nach dem tod san lazzaros wird das musée d'art moderne de la ville de paris dieser bedeutenden persönlichkeit die ausstellung *san lazzaro et ses amis, hommage au fondateur de XXe siècle* widmen (19. november 1975 bis 11. januar 1976). der ausstellungsliste sind viele bedeutende namen zu entnehmen, darunter jean arp, calder, chagall, robert und sonia delaunay, max ernst, hartung, kandinsky, man ray, miró, dorothea tanning wie auch max bill, der sich mit drei werken an der ausstellung zu ehren seines freundes beteiligte.

scher bücher sowie unter anderem eines buchs über paul klee, das auch ins deutsche, englische, italienische und portugiesische übersetzt erschien *(klee. la vie et l'œuvre,* fernand hazan éditeur, paris 1957).

variationsbreite konkreter kunst

das grundthema für die *fünfzehn variationen über ein thema* (1935–1938) hatte bill 1935 gefunden: eine spiralbewegung, die, mit je gleich langen linien, von einem dreieck zu einem viereck über ein fünf-, ein sechs- und ein siebeneck zu einem achteck führt und zurück, wobei jeweils eine linie sowohl der vorangegangenen als auch der darauf folgenden form angehört.

von diesem thema ausgehend, gestaltete er, unter strenger begrenzung auf sechs farben plus schwarz, grau und weiss, wobei er die einteilung der form präzis abwandelte, also variierte, die *fünfzehn variationen*.

mit der publikation seiner *fünfzehn variationen* machte bill öffentlich auf die variationsbreite konkreter kunst aufmerksam – und widerlegte mit diesem ‹coup de génie›, nebenbei bemerkt, auch noch peter meyers vorwürfe.

«innerhalb dieser so eng gezogenen grenzen liegen so viele variationsmöglichkeiten, dass man schon darin, dass ein einziges thema, das heisst eine einzige grundidee, zu fünfzehn sehr verschiedenen gebilden führt, einen beweis erblicken kann, dass die konkrete kunst unendlich viele möglichkeiten in sich birgt.»[1130]

da bill nicht schematisch vorging, hält seine visuelle und erläuternde argumentation vor den betrachtern stand. seine erste, im wahrsten sinne vorbildlich ästhetisch-logisch entwickelte reihe wird wegweisend für die weiterentwicklung konkreter kunst.

bill erzählte mir viel später im jahr 1980, er habe piet mondrian ein exemplar seiner *fünfzehn variationen* geschenkt, und mondrian, der nicht mehr in paris, sondern seit dem 21. september 1938 in london lebte, habe ihm brieflich geantwortet, das sei ihm «zu naturalistisch». bills verwendung von runden formen waren offensichtlich bei mondrian auf keine gegenliebe gestossen.

1130 max bill im gespräch mit angela thomas
1131 bill 1938 [b]
1132 gottfried sello: «das dreieck wird rund», in: *die zeit*, 12.3.1976

in seinem vorwort zu den *fünfzehn variationen* hatte bill vermerkt: «obschon die geometrie das werkmaterial geliefert hat ... sind es weder mathematische noch geometrische absichten, welche zu solchen gebilden führen. was in den ‹fünfzehn variationen über ein thema› sichtbar wird, ist ein reines spiel von form und farbe, ohne den äusseren zwang etwas andetes [sic] zu sein wie dieses, und einzig und allein zum zweck, durch seine existenz zu erfreuen.»[1131]

im jahr 1938 war mondrian 66 jahre alt; max bill wurde im dezember 30 jahre alt. nach der bombardierung londons durch die nazis wurde mondrian evakuiert. ab september 1940 wird er in new york wohnen.

über die zwei jahre, die sich mondrian von september 1938 bis september 1940 in london aufhielt, berichten in lesenswerten, erschütternden zeitzeugnissen u. a. barbara hepworth, ben nicholson und naum gabo: *mondrian in london*, in: *studio international, journal of modern art,* december 1966, s. 285–299.

noch jahre später wird die bedeutung von bills erster systematischer reihe in besprechungen seiner retrospektiven hervorgehoben. so schrieb beispielsweise der kritiker gottfried sello anlässlich der *max bill*-retrospektive in hamburg 1976: «heute, vier jahrzehnte danach, ist die bedeutung dieser variationsreihe leicht einzusehen, weil wir die folgen kennen, die sie ausgelöst hat, die unzähligen versuche, die in die gleiche richtung gehen, bis zu den jungen konstruktivisten der siebziger jahre, die streng nach mathematischen prinzipien arbeiten …
was bill von seinen nachfolgern unterscheidet, was er an seinen *fünfzehn variationen* exemplifiziert: er, max bill, ist kein dogmatiker …
der künstler bill tut, was der mathematiker oder der computer zu leisten nicht in der lage ist. er trifft seine wahl unter den unendlich vielen möglichkeiten der veränderbarkeit, die das thema ‹vom dreieck zum achteck› anbietet: fünfzehn variationen, nicht mehr und nicht weniger. die auswahlkriterien liegen ausserhalb der mathematischen disziplin, nämlich im visuellen bereich.»[1132]

«un déluge»

einen tag nach bills dreissigstem geburtstag erhielt der basler professor hans bernoulli einen vom präsidenten des schweizerischen schulrats am 23. dezember 1938 unterzeichneten brief, in dem bills freiwirtschaftlichem mentor mitgeteilt wurde, dass man ihn aus seiner eth-professur in zürich entlasse.

als bill vom bauhaus in die schweiz zurückgekommen war, hatten die freiwirtschafter in zürich ihre zusammenkünfte, an denen bill teilnahm, ab november 1929 «jeden montag, abends 8 uhr, bahnhofplatz 2, II. stock, in den räumen der tess-a.g.», und die leitung ihrer diskussionen hatte «prof. bernoulli» übernommen (laut annoncen in *letzte politik,* erste novembernummer 1929 und in der darauffolgenden nummer).
der basler hans bernoulli ist in zürich bis heute für die von ihm gebauten und nach ihm benannten «bernoulli-häuser» bekannt.

weit weniger verbreitet ist die tatsache, dass bernoulli wegen seiner freiwirtschaftlichen aktivitäten und seiner öffentlich geäusserten kritik im dezember 1938 gezwungen wurde, seine lehrtätigkeit an der eth zürich aufzugeben.

die begründung war skandalös – seine gegner bezeichneten bernoullis kritische haltung als «angriffe gegen verantwortlichste bundesstellen» – und belegt, dass es in der schweiz keine wirkliche kultur der auseinandersetzung gab;

beziehungsweise dass – wie bills freund san lazzaro in paris es zutreffend bemerkt hatte – «un déluge», eine (politische) sintflut bevorstand, deren ergüsse sich auch in der schweiz abzeichneten.

> aus dem brief, der dem «herrn titularprofessor h. bernoulli, riehen-basel, bettingerweg 22» das eth-lehrverbot mitteilte, sei an dieser stelle zitiert: «sehr geehrter herr, ich nehme bezug auf ... ihre aussentätigkeit im interesse der freiwirtschaftslehre ... seit dem jahr 1933 hat diese aussentätigkeit wiederholt anfragen bei uns veranlasst darüber, ob ihre angriffe gegen verantwortlichste bundesstellen mit ihrer lehrtätigkeit an einer eidgenössischen anstalt zu vereinbaren seien. sie gelten allgemein als dozent der eth ... nachdem sich der schweizerische schulrat schon wiederholt mit ihrer aussentätigkeit befasst hat und immer wieder versuchte, einen trennungsstrich zu ziehen zwischen dem hervorragenden fachmann der städtebaukunst und dem freiwirtschafter, so glaubt er jedoch heute diese auffassung nicht weiter aufrecht erhalten zu dürfen ... der schweizer schulrat hat daher ... beschlossen, die ihnen auf dem gebiete des städtebaus erteilten lehraufträge nach schluss dieses wintersemesters nicht zu erneuern ...»[1133]

bernoullis biograf werner schmid überliefert, dass der architekt «unter diesem schock aufs schwerste» gelitten habe, denn bernoulli hing an seiner lehrtätigkeit. ausserdem versicherte der professor ihm, «dass seit zehn jahren keine aussprache mit ihm stattgefunden» hätte. der anstellungsstopp entsetzte auch bernoullis eth-studenten, die dagegen protestierten. der ‹bund schweizer architekten› (bsa) schloss sich dem protest an.

hans bernoulli ersuchte am 18. januar 1939 um eine «rückgängigmachung des beschlusses» beim vorsteher des departmentes des innern, bundesrat etter; und letzterer geruhte, nach über zwei monaten am 24. märz 1939 abschlägig zu antworten.

«der finsterling etter», wie ihn biograf schmid nennt, «verkündete, dass der schulrat zuständig sei und der bundesrat keine möglichkeit habe zu einer intervention»; schmids schlussfolgerung daraus lautet: «der kulturwahrer der schweiz liess es also zu, dass ein im inland und ausland hoch angesehener und, wie der schulrat selber feststellte, ein hervorragender fachmann entlassen wurde, weil er sich erlaubt hatte, eine andere politische meinung zu haben und sie auch zum ausdrucke zu bringen.»[1134]

> der autor werner schmid, geboren 1898 in zollikon, kanton zürich, schrieb auch biografien über die freiwirtschafter silvio gesell und fritz schwarz, mit dem max bill korrespondierte; schmid leitete sieben jahre lang das vom migros-gründer gottlieb duttweiler neu geschaffene ‹büro gegen amts- und verbandswillkür› und er gehörte dem zürcher gemeinderat, dem zürcher kantonsrat sowie dem nationalrat an und wurde ehrenpräsident der liberalsozialistischen partei der schweiz.

1133 der brief ist in vollem wortlaut abgedruckt in: werner schmid 1974, s. 43f.
1134 schmid 1974, s. 45
1135 peter meyer, redaktion ‹das werk, schweiz. monatsschrift des bsa und swb für architektur kunst kunstgewerbe›, zürich, 14.12.1939, an alfred roth, architekt bsa, doldertal 19, zürich; kopie eingelegt in einer publikation über alfred roth in bibliothek max bill
1136 max bill [handschriftlich], 16.12.1939, an paul klee, bern; kopie freundlicherweise zur verfügung gestellt vom klee-spezialisten stefan frey, bern, 2007

es ist nicht besonders verwunderlich, dass max bill, angewidert von dem skandal, den die schweizer behörden um die person seines intelligenten freiwirtschaftlichen mentors entfachten, sich ernsthaft die frage stellte, ob nicht auch er selber wegen eben dieser freiwirtschafter-idee beruflich gefährdet sein könnte. diese überlegung dürfte seinen damaligen wunsch, aus der schweiz auszuwandern, verstärkt haben. die polemik gegen ihn, auf der sein widersacher peter meyer beharrte, wurde jedenfalls unübersehbar weiter betrieben.

«betrübender eindruck der vollkommenen nichtigkeit»
nachdem meyer bills *fünfzehn variationen* gesehen hatte, verharrte er in einem brief an alfred roth weiterhin auf seinem abwertenden standpunkt. «ich habe mir die variationen von max bill angesehen und den text gelesen und aus beiden den gleichen betrübenden eindruck der vollkommenen nichtigkeit gewonnen … wir stehen also nach beiden seiten, nach der sinnlichen wie nach der intellektuellen, im vollkommen willkürlichen und bodenlosen.» das von bill gewählte thema sei «schlechthin kindisch».

abschliessend befindet meyer: «ich finde, dass man mit diesen dingen gewiss spielen, nicht aber in dieser form schindluderei treiben darf … aus diesem grund kann ich mich nicht dazu überwinden, auf dieses opus von bill empfehlend hinzuweisen … es grüsst sie bestens, ihr peter meyer»[1135]

zwei tage vor diesem an bills architektenkollegen alfred roth adressierten brief, in dem bill indirekt vorgeworfen wurde, er betreibe «schindluderei» und produziere demnach keine ernsthafte, ernstzunehmende kunst, hatte bill seinerseits an den erkrankten paul klee in bern einen glückwunschbrief zum geburtstag abgeschickt.

«lieber meister klee, zu ihrem heutigen geburtstage gratuliere ich ihnen recht herzlich und wünsche ihnen, dass für die kommenden jahre ihnen bessere gesundheit beschieden sein werde wie in den zuletzt vergangenen … ihr bill»[1136]

«lebens- und todesspiralen»
bill hatte eine vorliebe für die ‹umgekehrt› laufende spirale, die in seinen *fünfzehn variationen* (1935–1938) auftaucht und erneut in seinem stahldraht-objekt *spirale* (1944–1948) vorkommen wird.

brancusi dagegen hatte eine ausgesprochene abneigung gegen eine ‹umgekehrte› spirale, die er «todesspirale» nannte. denn in seinen augen konnte eine solche «fatal» wirken, wie die kunsthistorikerin carola giedion-welcker überliefert: brancusi zeichnete «eine spirale, die sich nicht erschliesst wie ein werdendes blatt, sondern sich im gegensinn zurückwindet! ichbezogene entwicklung, erklärte er, desorientierte abwendung vom lichten leben in die dunkelheit, die zu selbstmord führen kann. für ihn ... eigenwillige, unbeugsame verirrung gegenüber dem grossen schicksalhaften rhythmus des lebens. auch für klee gibt es in diesem sinne ‹lebens- und todesspiralen›, die in ‹bewegungsvolle› weite oder in ‹bewegungsfeindliche› enge führen.»[1137]

mir erzählte max bill, als wir 1993 von einer paris-reise nach zumikon zurückkamen, er habe paul klee persönlich in bern besucht und ihm eine mappe seiner *fünfzehn variationen über ein thema* als geschenk mitgebracht – und klee habe seinerseits im jahr 1938 «spiral-bilder» gemalt.[1138]

und in einem brief an dr. salzmann hielt bill rückblickend fest, dass er «mehrmals gelegenheit» hatte, paul klee in dessen «schweizer zeit» ... «in seiner wohnung zu treffen und seine neuen und entstehenden werke zu sehen, denn es spielte in unserer beziehung auch das eine rolle, dass er in der nächsten umgebung meines heimatortes [moosseedorf im kanton bern] aufgewachsen war und wir eine ähnliche mundart sprachen, die er dem hochdeutschen gegenüber zeitlebens vorzog.

klee hat einmal gesagt, er sei erstaunt darüber, dass ich, obwohl er sich nicht daran erinnere, mich in seinem theoretischen unterricht gesehen zu haben, einer der wenigen sei, die verstanden hätten, was er damit erreichen wollte.»[1139]

klees «dünnhäutigkeit»

bills aufrichtige hoffnung, dass sich der gesundheitszustand von paul klee verbessern möge, sollte nicht in erfüllung gehen.

die krankheit, die klee sehr belastete, sei wohl die äusserst seltene, gravierendste form der sklerodermie gewesen, die heutzutage als sogenannte autoimmunkrankheit interpretiert wird.[1140]

als erklärungsversuch für die auslösung dieser seltenen krankheit kommt nachfolgendes in frage: «im komplexen krankheitsgeschehen einer autoimmunkrankheit können äussere und innere einflüsse als mögliche komponenten

---
1137 giedion-welcker 1958, s. 199
1138 handschriftliche notiz von angela thomas vom 31.3.1993
1139 max bill, zürich, 18.3.1971, an dr. siegfried salzmann; zit. *in paul klee und seine malerfreunde*, 1971
1140 suter 2006, s. 102
1141 ebenda, s. 107

paul klee: *junger mann, ausruhend* (selbstbildnis), 1911
covermotiv der französischen erstausgabe des *journal* von paul klee; bibliothek max bill

in der krankheitsauslösung nicht ganz ausgeschlossen werden: zum beispiel das einatmen von beim malen verwendeten organischen lösungsmitteln sowie die erlittenen schicksalsschläge in deutschland und die zeitbedingte weitgehende isolation als künstler nach klees rückkehr in die schweiz.»[1141]

bill mit mondrian und duchamp zum tee bei antoine pevsner und frau
in den 30er-jahren fühlte sich max bill kulturell und politisch stark dem geschehen in frankreich verbunden. er war mitglied von ‹abstraction-création›, lernte viele in paris lebende künstler kennen. während eines seiner aufenthalte in paris wurde bill mit piet mondrian bei antoine pevsner 1938 zum tee geladen und begegnete dort marcel duchamp.

es gab zum tee vor allem kaviar, den bill nicht mochte, und von duchamp mitgebrachte *rotoreliefs*, die er auf einem reisegrammofon, das am boden stand und von hand auf niedrige tourenzahlen heruntergebremst wurde, vorführte. die sechs, sowohl an der vorder- als auch an der rückseite farbig bedruckten scheiben, duchamps rotierende reliefs, fanden nicht die ungeteilte zustimmung.

die bewegung, die durch die «rotoreliefs» erzeugt wurde, die zum teil naturalistischen elemente eines primitiven kintops, «lampe», «montgolfière», «poisson japonais», wie einige der sujets betitelt waren, sahen nach einem trick aus, um aus flächigen gebilden durch drehen scheinbar raum zu erzeugen – neo-renaissance!

wie immer, wenn ihm etwas nicht ganz behagte oder «zu naturalistisch» erschien, hüllte sich mondrian in schweigen.

bill versetzten die duchamp'schen «rotoreliefs» einen nicht gelinden schock. denn diese farbigen scheiben hatten, solange sie nicht in bewegung waren, zu einzelnen seiner eigenen, eben in druck gehenden *fünfzehn variationen*, «eine perfide äusserliche ähnlichkeit». diesem schock verdankte es bill vielleicht, dass ihn das werk von marcel duchamp immer wieder anziehen sollte.

in späteren jahren wird bill werke sowohl von antoine pevsner (1949) als auch von mondrian (1955) und duchamp (1960) in zürich ausstellen.

1949 richtete er im kunsthaus die ausstellung *antoine pevsner. georges vantongerloo. max bill* ein, mit der er drei unterschiedliche konzepte konkreter kunst in zürich aufzeigte. bill gestaltete zudem das plakat und den katalog, in dem, neben texten der beiden älteren kollegen pevsner und vantongerloo, der essay von max bill *die mathematische denkweise in der kunst unserer zeit* publiziert ist (in: *antoine pevsner, georges vantongerloo, max bill*, ausst.-kat. kunsthaus zürich, 1949).

1955 veranstaltete das kunsthaus zürich die umfangreiche retrospektive *piet mondrian* mit 119 werken. die einrichtung der ausstellung, die gestaltung des plakats und des ausstellungskatalogs besorgte bill, der für den katalog eine ausführliche einleitung verfasste, darin unter anderem «der masstab der modernen malerei / der weg, den piet mondrian zurücklegte» (in: *piet mondrian*, ausst.-kat kunsthaus zürich, 1955).

schliesslich folgte 1960 der ausstellungskatalog *dokumentation über marcel duchamp* zur ausstellung im kunstgewerbemuseum zürich. diese ausstellung wurde zusammengestellt und eingerichtet von max bill, unter mitarbeit von arnold fawcus und serge stauffer. max bill gestaltete ausser der wegleitung auch das plakat.

bill und le corbusier

während eines seiner längeren aufenthalte in paris arbeitete bill 1938 im atelier von le corbusier, um band III (1934–1938) des werkverzeichnisses *le corbusier und pierre jeanneret* zusammenzustellen, der im drauffolgenden jahr in zürich erscheinen sollte (*le corbusier & p. jeanneret, œuvre complète 1934–1938*, herausgegeben von max bill, girsberger, zürich 1939). die arbeit an

---

1142 le corbusier, hôpital st. tropez, 25.8.1938, an hans girsberger, zürich; in girsberger 1981
1143 le corbusier an max bill, zit. in girsberger 1981, s. 53

band III war vorher für längere zeit ins stocken geraten, weil le corbusier wegen eines schwimmunfalls im krankenhaus in st. tropez lag.

bill wurde ungeduldig, und auf sein drängen hin erhielt er von le corbusier den bescheid: «vous pouvez vous vanter de m'empoisonner l'existence – sie können sich damit brüsten, mir das leben zu vergiften».[1143]

doch schliesslich kam es, im pariser büro des rekonvaleszenten, zu einem engeren kontakt zwischen le corbusier und bill. le corbusiers architekturatelier befand sich in einem knapp drei meter breiten, langen korridorschlauch an der rue de sèvres 35. er kam meist nur nachmittags ins studio. sein partner und cousin pierre jeanneret hatte die aufgabe übernommen, die architekturprojekte tagsüber zu betreuen.

bill suchte dort im archiv nach unpublizierten materialen zu corbusier-bauten. le corbusier und bill arbeiteten dann gemeinsam an den erläuterungen, an den bildlegenden zu den vorgefundenen fotos. für die schlussredaktion trafen sie sich 1939 in der schweiz, in corseaux am genfersee, in jenem haus namens ‹la petite maison›, das le corbusier im jahr 1925 für seine eltern gebaut hatte. nachdem le corbusiers vater bereits 1926 gestorben war, bewohnte seine mutter, madame jeanneret-perret, weiterhin das haus.

die von le corbusier hochverehrte mutter war klein, hatte einen äusserst lebendigen geist und erteilte klavierstunden. am ufer des genfersees arbeiteten le corbusier und bill hinter einer mauer mit herrlichem fernblick-ausschnitt. zwischendurch schwammen sie im see; le corbusier hatte das kleine trauma seines schwimmunfalls wohl überwunden.

corbusier schrieb vom krankenbett aus im august 1938 an den verleger girsberger in zürich: «j'avais déjà commencé le texte de la maquette que bill m'a laissée.»[1142]

dieses architektonische meisterwerk der einfachstmöglichen raumorganisation steht unter denkmalschutz und ist heute im besitz der *fondation le corbusier, paris*; abgebildet in: *le corbusier und die schweiz – zum 100. geburtstag,* wanderausstellung, konzeption und texte prof. dr. h. c. alfred roth, mitarbeiter emil miltchev, bundesamt für kulturpflege, bern, auslandszirkulation durch kulturstiftung pro helvetia, zürich 1987).

max bill: buchumschlag
*le corbusier & p. jeanneret
1934–1938,* 1939

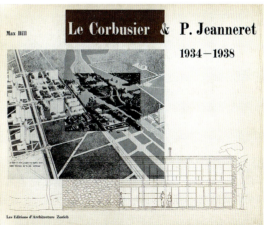

das haus in zumikon beherbergt die von mir gegründete ‹max bill georges vantongerloo stiftung›.

möglicherweise liess sich bill von diesem rechteckigen ausschnitt bei der planung seines eigenen hauses in zumikon anregen zur eigenen rechtwinkligen gestaltung des übergangs zwischen betonwand und terrassensitz-mäuerchen, die den blick, statt wie bei le corbusier auf den see, hier über eine gartenschneise auf den wald öffnet und auf das weiter hügelabwärts gelegene küsnachter tobel.

louis soutter

der arbeitstag am 15. juli 1939 in vevey endete, und bill brachte le corbusier per auto nach vallorbe, wo dieser den expresszug nach paris nehmen wollte – und bill seinen freund vantongerloo am bahnhof abholte, um mit ihm nach la sarraz zu fahren. doch vorher ereignete sich ein merkwürdiges zusammentreffen.

le corbusier fragte bill, ob es ihm etwas ausmache, in einem nachbarort von vallorbe noch jemanden zu treffen. in einem café angelangt, wurden sie von einem mann begrüsst, der eine verblüffende, an eine karikatur grenzende ähnlichkeit mit le corbusier hatte. er trug eine etwas zu grosse melone und war – nach aussage max bills mir gegenüber im november 1981 – «sehr entzückt über unser kommen». seine schlotternden dunklen kleider erinnerten an erbstücke aus le corbusiers repräsentationsmontur. auf seiner nase sass eine hornbrille, ähnlich, vielleicht gleich jener von le corbusier. selbst seine gesichtszüge waren denen le corbusiers ähnlich, «nur zusammengeschachtelter».

«der wesentlichste unterschied zwischen louis soutter und le corbusier war der halsschmuck, denn le corbusier trug meist eine fliege, louis soutter hingegen eine art krawatte. wie bei einem heutigen ‹punk› baumelten an der krawatte von oben bis unten sicherheitsnadeln. man ass gebäck, trank kaffee. dann entrollte soutter ein paket zeichnungen» und liess grosszügig daraus auswählen. bill war bescheiden und suchte sich nur eine zeichnung aus, eins der kleinsten blätter.

«die zeit war knapp geworden bis zur ankunft des zuges, wir verabschiedeten uns von soutter.»[1144] le corbusier verliess das café mit dem rest der werke unter dem arm. er bestieg winkend den zug.

später erfuhr bill, dass le corbusier das œuvre seines so ‹schräg› angezogenen vetters louis soutter hoch schätzte. ‹corbu› hatte schon über soutter geschrieben und dessen zeichnungen publiziert.

1144 max bill: «le corbusier», in: *sonntagszeitung*, 27.9.1987
1145 ebenda
1146 matthias vogel: «vom geist des schmerzes durchdrungen. louis soutter-retrospektive im kunstmuseum basel», in: *neue zürcher zeitung*, 3.12.2002
1147 ebenda
1148 karte von max bill an tine vantongerloo; in: vantongerloo-archiv

louis soutter lebte in jener zeit völlig einsam in einem asyl. in morges geboren, aus solidem schweizer bürgertum stammend, der vater ein apotheker, war soutter seiner reichen amerikanischen geliebten und späteren ehefrau magde fursman in ihr land gefolgt und hatte ab 1897 in colorado springs die kunstabteilung des colleges geleitet.

«1903 scheiterte die hoffnung, sich gesellschaftlich und künstlerisch in amerika zu etablieren, er kehrte physisch und psychisch geschwächt», krank – eventuell habe er typhus gehabt – und verwirrt, in die schweiz zurück. die familie «musste ihn wegen seiner aufwendigen lebensführung finanziell unterstützen, obwohl er in den nächsten zwei jahrzehnten eine wechselvolle musikerkarriere verfolgte.»[1146]

soutter, der architektur und musik studiert hatte, brachte sich als geiger durchs leben; anfangs im orchestre de la suisse romande, dann gelegentlich in sanatorien oder in ‹cinémas muets›. seine honorige familie schämte sich seiner. «damit das dandyhafte familienmitglied nicht weiter zur last falle, wurde soutter unter vormundschaft gestellt … und 1923 gegen seinen willen in das altersheim von ballaigues im waadtländischen jura eingeliefert»[1147], wo er, trotz mehrerer fluchtversuche, bis zu seinem tode verbleiben musste. erst nachdem er gesellschaftlich «unten durch» war, in geistiger isolation lebte, abgesehen von den vereinzelten kontakten zu seinem cousin le corbusier, entstand soutters œuvre, von dem le corbusier und bill sich einige kostbare blätter aussuchen durften und aus dem café in vallorbe mitnahmen.

nach jahren erst erfuhr max bill, dass le corbusier und louis soutter nahe vettern waren, «die zeichnungen, die le corbusier damals mitnahm, sind inzwischen wertvolle sammelstücke geworden und soutter ein hoch geachteter repräsentant der schweizer kunst.»[1145]

mit vantongerloo im schloss la sarraz

im sommer 1939 verbrachte max bill im château la sarraz einige ferientage zusammen mit seinem freund georges vantongerloo, wenige monate bevor ihre verbindung wegen des zweiten weltkriegs erst gestört, dann ganz gekappt wurde.

in vallorbe, der kleinen schweizer grenzstadt zu frankreich – wohin bill le corbusier zum zug nach paris gebracht hatte –, erwartete er am gleichen 15. juli 1939 vantongerloo am bahnhof, der mit dem express-zug aus paris hier ankommen sollte.

vantongerloo reiste alleine, ohne seine ehefrau tine vantongerloo, die ‹puma› genannt wurde. max bill sandte der frau vantongerloos auf einer postkarte vom chateau la sarraz einige liebenswürdige zeilen, und er liess auch «miss

«ma bien chère puma, c'est très dommage que vous n'avez pas eu la possibilité d'être ici … très cordialement à vous, votre bill. aussi des meilleurs salutations à miss moss et madame nijhoff».[1148]

«bald wurde das schloss zu einem wichtigen begegnungsort für die protagonisten der moderne. moholy-nagy, max ernst, oskar schlemmer, sergej eisenstein, hans arp, le corbusier, max bill – die liste der persönlichkeiten, die zwischen 1922 und 1947 la sarraz besuchten, ist lang und umfasst die bedeutendsten vertreter der europäischen avantgarde.»[1149]

diese doppelseite «max bill & georges vantongerloo» aus dem gästebuch von la sarraz (1939) ist abgebildet in: georges duplain: «en feuilletant les ‹albums› de la maison des artistes», livres d'hôtes, la sarraz (1939), in: *gazette de lausanne*, 11.6.1960, sowie in: alice rewald: «max bill à new york», in: *gazette de lausanne*, 1./2. juni 1963.

moss», die künstlerin marlow moss, grüssen, die wie bill und vantongerloo der gruppe ‹abstraction-création› angehörte.

bill nahm georges im auto mit nach la sarraz bei cossonay, wo sie als geladene gäste im ‹château› der madame de mandrot erwartet wurden. die schlossherrin hatte nach dem tod ihres mannes als mäzenin gewirkt und 1928 den ‹congrès international d'architecture moderne› (ciam) mit ins leben gerufen. 1922 hatte sie in ihrer auf das mittelalter zurückgehenden prachtvollen schlossanlage eine ‹maison d'artistes› gegründet und als treffpunkt für künstler zur verfügung gestellt.

bill und vantongerloo trugen sich im gästebuch auf einer doppelseite ein. vantongerloo zeichnete die kompositionsstrukturen eines drei jahre zuvor entstandenen werkes ins gästebuch; bill schrieb zu den beiden von ihm gezeichneten sujets: «pour la balance entre le blanc et le noir», und datierte die dauer seines aufenthalts auf la sarraz vom 16. bis 24. juli 1939.

die gewünschte ausgeglichenheit und ruhe konnte bill in diesen kurzferien nicht finden, denn die «balance» zwischen der aristokratischen gastgeberin und vantongerloo war nicht herstellbar. es gab unstimmigkeiten, und vantongerloo reiste deshalb früher als vorgesehen ab. bill blieb noch in la sarraz, unterliess es jedoch nicht, madame de mandrot ausdauernd von seinem engsten freund zu erzählen, und zwar so lange, bis jene zu weinen angefangen habe.

von heute aus betrachtet, kamen bill und vantongerloo relativ spät in den genuss einer solchen einladung, für die sich die gastgeberin madame de mandrot bei der auswahl ihrer gäste von sigfried giedion beraten liess. so hatten sich, jahre vor max bill, bereits unter anderen moholy-nagy (1935), willi baumeister (1932, 1937), max ernst (1935, 1936), serge brignoni, fausto melotti, xanti schawinsky und friedrich vordemberge-gildewart [alle ohne angabe der jahreszahl] im schloss aufgehalten.[1150]

der künstler-kollege friedel vordemberge-gildewart war mit seiner frau leda 1937/38 als emigrant aus deutschland beim ehepaar bill in höngg untergekommen. dies war, nachdem bill von der zürcher polizei 1936 mit einer geldstrafe gebüsst worden war, weil er dem «illegalen» emigranten alfred thomas monatelang unterschlupf gewährt hatte.

max bill wird vordemberge-gildewart nach dem krieg als dozent an die hochschule für gestaltung nach ulm berufen und ihm die leitung der abteilung ‹vi-

---

[1149] thomas ribi: «mäzenin der avantgarde – hommage an hélène de mandrot im kunsthaus», in: *tages-anzeiger*, 13./14.2.1999
[1150] baudin 1998, s. 319
[1151] curjel 1955

le château von la sarraz, wo 1928 der ciam gegründet wurde und wo bill, vantongerloo, ernesto rogers und alfred roth 1939 im urlaub waren

suelle gestaltung› überantworten. als dieser bald darauf in ulm mit einer einzelausstellung seiner kunstwerke geehrt wird, eröffnet max bill sie mit einer ansprache, und hans curjel, den bill vom zürcher corso her kannte und der sich im juli 1939 mit bill in schloss und schlosspark von la sarraz tummelte, verfasst einen text für den ausstellungskatalog.

man kann hier durchaus von einer gelungenen vernetzung der künstler sprechen, die sich – besonders nach den während des zweiten weltkriegs durchlebten negativen erfahrungen – stützen.

nebst bill und vantongerloo waren im juli 1939 ernesto nathan rogers, hans curjel sowie alfred roth, der nicht ganz so lange wie die anderen bleibt, nach la sarraz eingeladen.

nach der abreise von bills freunden georges vantongerloo, der nach paris zurückkehrte, und alfred roth hielt madame de mandrot diesen vertraulich auf dem laufenden über die bei ihr verbliebenen gäste, die sie als «épatants» (umwerfend) bezeichnet. deren intelligenz sei sehr unterschiedlich, aber sie würden sich gegenseitig ergänzen. diese restliche gästeschar erhielt von madame kollektiv das gütesiegel: ‹unbedingt wiedereinladbar›.

«vordemberge-gildewart gibt mit zirka fünfzig arbeiten aus dreissig schaffensjahren einen überblick über seinen künstlerischen weg und die erreichten ziele. diese rechenschaft besitzt im augenblick deshalb besondere bedeutung, weil vordemberge, von max bill an die ulmer hochschule für gestaltung berufen, seine lehrtätigkeit aufgenommen hat. hier wird nun einmal ein in voller reife stehender künstler aufgerufen, künstlerische und geistige prinzipien als pädagoge weiterzugeben, die er vital und logisch, kompromisslos und, trotz vielen negativen erfahrungen, freien, entspannten geistes verfolgt und verwirklicht hat.»[1151]

bills freund alfred roth berichtet über die ferientage im juli 1939: «wir verbrachten die schönen sommertage mit croquet-spiel, spaziergängen, gesprächen. eines tages entnahmen wir der tageszeitung ‹le matin›, dass die weltberühmte filmdiva marlene dietrich sich für einige tage in lausanne aufhalte. wir beschlossen unverzüglich, nach lausanne zu fahren und zu versuchen, den illustren gast irgendwo zu gesicht zu bekommen. nun hatte unsere schlossherrin auf dunklen umwegen von unserer absicht kenntnis erhalten, und sie beschloss, unserem vorhaben in spasshafter weise zuvorzukommen. der leser soll zunächst wissen, dass hélène de mandrot eine ganz aussergewöhnliche frauenfigur war, sehr kultiviert, geistreich, allem konventionellen abhold, kritisierend und anfeuernd zugleich und stets sehr elegant gekleidet. sie liebte es, von männern bewundert zu werden und mit geist und charme zu dominieren – für die frauenwelt hatte sie wenig übrig ... hélène de mandrot war, was man ‹une grande dame› zu bezeichnen pflegt.
zurück zu unserem geplanten ausflug nach lausanne wegen marlene dietrich. wir standen in lockeren gesprächen im schlosshof, da erschien völlig unerwartet ‹la grande dame› in denkbar elegantester aufmachung, aufgeputzt bis ins letzte einschliesslich maquillage, und stieg gemessenen schrittes majestätisch die schlosstreppe herunter. ihr erscheinen aus heiterem himmel verschlug uns die sprache, und wir begriffen sogleich den tieferen, wahren sinn ihres auftritts, nämlich: ‹da habt ihr ja marlene dietrich in persona vor euch›, worauf wir in spontane bewunderung dieser ‹diva› verfielen und kleinmütig auf unseren ausflug nach lausanne verzichteten.»[1152]
im buch *amüsante erlebnisse eines architekten* von alfred roth ist auch ein foto abgebildet mit max bill, alfred roth und georges vantongerloo beim croquetspiel im schlosspark la sarraz, im sommer 1939, aufgenommen von ernesto rogers, s. 63.

«cher roth, bill, curjel et rogers sont tous épatants dans leur genre très gentils et vraiment à réinviter. leur intelligence est très diverse mais ils se complètent. rogers est très attirant, les deux autres plus forts, sont un grand appui pour lui ...»[1153]
nach plänen des architekten alfred roth wird wenige jahre darauf in zürich für madame de mandrot ein haus (1943/44) erbaut werden.

roth wandte sich von zürich aus brieflich an max bill in la sarraz, der dort anscheinend insgesamt 16 tage lang ohne seine frau zu besuch war: «... schade waren die letzten tage so regnerisch und hundekalt. habt ihr im rittersaal feuer gemacht, um schweine am spiess zu braten? deine nächsten verwandten in zürich sind sehr, sehr wohl, überraschend wohl sogar, jawohl. grüsse alle freudensgenossen vielmals»[1154]

«die ästhetische wirkung beruht auf dem streng eingehaltenen system»
neben den publikationen zu le corbusier und den eigenen *fünfzehn variationen* war bill in den späten 30er-jahren zudem mitarbeiter am buch *moderne schweizer architektur* (1925–1945), herausgegeben von «professor dr. linus birchler, dr. giedion, ing. werner jegher, arch. peter meyer, dr. georg schmidt, arch. egidius streiff», bei dem er die typografische ausführung und die gestaltung der abgebildeten beispiele übernahm. das buch erschien unter dem namen von max bill 1949 im verlag karl werner, basel.
peter meyer hatte zu band III von le corbusiers werkverzeichnis (publiée par max bill, architecte, zurich) im *werk* eine kritik geschrieben, in der er diesen einen «begeisterten doktrinär» nannte und an bills typografischer gestaltung herummäkelte: «... vielleicht ist das prinzip, die seite mit text und bildern bis an den äussersten rand zu füllen, etwas zu weit getrieben.» mit dem inhaltlich von bill in der einleitung geschriebenen kann peter meyer auch nicht einiggehen: «wenn bill in seiner einleitung findet, der landesausstellung habe ‹die

---
1152 roth 1988, s. 61–63
1153 madame de mandrot, la sarraz, 27.7.1939, an alfred roth, zürich; gta archiv
1154 alfred roth, doldertal 19, zürich, 26.7.1939, an max bill zu gast auf schloss la sarraz; gta archiv
1155 peter meyer: «le corbusier & p. jeanneret, œuvre complète 1934–38» in: *werk*, heft 2, februar 1940, s. XIIIf.
1156 ebenda

kraft einer durchschlagenden, im ganzen weiterführenden idee völlig gefehlt› und von bleibenden werten habe sie nichts hinterlassen, so sind wir nicht seiner meinung …»[1155]

obwohl meyer bills typografie von band III des corbusier-werkverzeichnisses in frage stellte, wird im selben heft, in dem meyers kritik erschien, eine andere arbeit max bills in der rubrik ‹vorbildlich ausgestattete bücher› gelobt:

«*die neue architektur / la nouvelle architecture / the new architecture*, dargestellt an 20 beispielen, von alfred roth, unter mitwirkung zahlreicher mitarbeiter. auf einem festgelegten seitenschema, bestehend aus 9 teilen, werden die bildformate entsprechend ihrer wichtigkeit und im zusammenhang mit plänen und text geordnet, bei möglichster ausnützung des raumes. die ästhetische wirkung beruht auf dem streng eingehaltenen system und der folgerichtigen und freien anordnung von text und abbildungen.

verlag dr. h. girsberger, zürich 1940, mitarbeiter des buches und gestalter des typografischen aufbaues: max bill swb, zürich.»[1156]

zur entstehungsgeschichte des buchs *die neue architektur* äusserte sich dessen verleger girsberger: «die freundschaft hat im leben meines verlages stets eine wesentliche rolle gespielt. nie hätte das standardwerk meines damals noch in den anfängen steckenden verlages, ‹die neue architektur›, ohne die freundschaft mit alfred roth und max bill geschaffen werden können. bei einem mitternächtlichen gespräch auf dem heimweg vom café select kamen roth und ich

es sei an dieser stelle daran erinnert, dass es bill sehr bedauerte, für die *schweizerische landesausstellung 1939* in zürich keinen architekturauftrag ausführen zu dürfen. ein architekt, selbst ein bedeutender, muss mit solchen ungerechtigkeiten leben können. so räumte man etwa auch dem schweizer architekten le corbusier an der *expo 64* in lausanne keinerlei baumöglichkeiten ein, während sich nun diesmal bill als architekt des sogenannten ‹sektors: bilden und gestalten› profilieren kann.

auf einem kleinen, diesem *werkheft* beigelegten kärtchen, mit der gedruckten inschrift «überreicht von der redaktion» schrieb peter meyer handschriftlich: «herrn max bill – hoffentlich nicht zu neuem ärger, sondern als abschluss des alten, ihr p.m.»

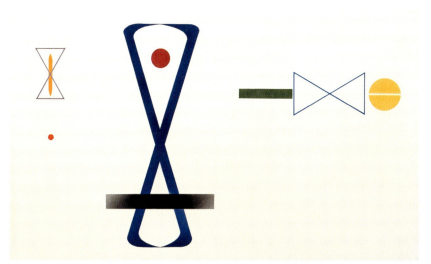

max bill: *realisation*, 1937
tempera auf karton,
29 x 49 cm

die anfängliche rezeption des von bill so vortrefflich gestalteten bandes *die neue architektur* liess nichts zu wünschen übrig. *architectural review,* ein ernstzunehmendes englisches fachorgan, urteilte: «it's a rolls-royce among books». girsberger: «... aber der kurz vor erscheinen 1939 ausgebrochene zweite weltkrieg zerschlug den zu schönsten hoffnungen berechtigenden anfangserfolg. die vorbestellungen aus übersee mussten annulliert werden, und erst nach kriegsende ist das buch zu einem sehr grossen erfolg mit vielen auflagen geworden. ein gleiches schicksal war auch dem kurz vor kriegsbeginn erschienenen und ebenfalls von bill bearbeiteten band III des gesamtwerkes le corbusier beschieden.»[1158]

«vom 26. november bis 21. dezember 1938 führt die ortsgruppe zürich swb ihre übliche weihnachtsausstellung durch. die einrichtung der ausstellung besorgte max bill swb.»[1159]

überein, eine repräsentative publikation über den stand der modernen architektur anhand der besten beispiele herauszugeben. alles sollte aufgeboten werden, um mit diesem werk mehr als ein gewöhnliches buch, geradezu die bibel der neuen architektur, zu schaffen.

die eingehenden pläne der damals führenden architekten aus aller welt wurden im atelier roth aufs minuziöseste umgezeichnet, und max bill, der sich damals noch gerne mit typografischen aufgaben befasste, wirkte bei der gestaltung dieses werkes in einer art und weise mit, die weit über die blosse formgebung hinausging. sein umschlag ... beweist eine ausserordentliche begabung auf diesem gebiete.»[1157]

in den jahren 1934 und 1938 hatte bill zudem die weihnachtsausstellung des ‹werkbunds› und des zürcher kunstgewerbes im kunstgewerbemuseum zürich eingerichtet. und er hatte im laufe der letzten jahre, sozusagen in eigenem auftrag, auch noch mehrere schmuckstücke entworfen. und wie stets war er ungebremst tätig und verfasste eine anzahl texte zu künstlerischen fragen.

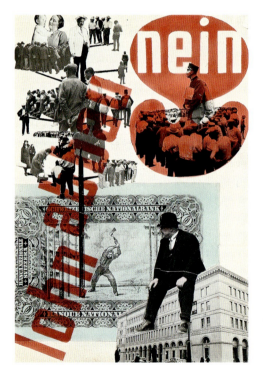

in dieser zeit erhielt bill auch den auftrag zum entwurf eines politischen plakats einer kampagne zur volksabstimmung ‹gegen den lohnabbau beim bundespersonal am 28. mai 1939›.

am 1. september 1939 wird polen von nazideutschland angegriffen, der zweite weltkrieg beginnt.

max bill: plakatentwurf «lohnabbau nein», 1939 fotomontage, gouache, 47 × 34,5 cm

---
1157 girsberger 1970, s. 28
1158 ebenda, s. 29f.
1159 in: *werk,* heft 12, dezember 1938
1160 max bill: «le corbusier», in: *sonntagszeitung,* 27.9.1987
1161 siehe oechslin 1987
1162 ernst morgenthaler; zit. nach *zürcher maler,* 1947, s. 18f.

bills kritik an der offiziellen schweiz

bill und le corbusier werden sich erst nach dem krieg wiedersehen. le corbusier sei «verehrt, verkannt, verschrien, verdächtigt» worden. er sei ein schöpferischer geist und warner gewesen, «geliebt und bekämpft zu seiner zeit». obwohl von vielen «zu lebzeiten missachtet», zählte le corbusier für bill unzweifelhaft «zu den grössten schweizern unseres jahrhunderts».

als die welt am 1. september 1965 in einer feierlichen zeremonie in paris, in anwesenheit von frankreichs kulturminister andré malraux, abschied von le corbusier nimmt, schmückt die tricolore seinen sarg.[1161]

von den projekten le corbusiers (1929–1934) in band II konnten in jener epoche mehr gebaut werden als von jenen, die bill im band III zum œuvre le corbusier für die periode 1934–1938 präsentiert.

bill nahm auch gegen ende der 30er-jahre kein blatt vor den mund und schrieb in band III frei heraus ein kritisches, angriffiges vorwort, in dem er auf seinem freiwirtschaftlichen lieblingsthema, der ‹bodenrechts-frage›, insistierte und die offiziellen schweizer stellen dafür tadelte, dass le corbusier für die ‹landi› (schweizerische landesausstellung 1939) keinen bauauftrag erhielt.

anders als seinen aktivitäten als baumeister erging es in zürich immerhin dem maler le corbusier. das kunsthaus zürich widmete ihm vom 15. dezember 1937 bis 9. januar 1938 die einzelausstellung *le corbusier, der maler*.

in der an das malerische werk von le corbusier im kunsthaus zürich anschliessenden ausstellung, die am 12. februar 1938 begann, wurde der maler ernst morgenthaler, der nachbar von binia und max bill in höngg, gewürdigt.

in genf, wo ernst morgenthaler von 1916 bis 1928 lebte, hatte er die aus der berner aristokratie stammende, sechs jahre jüngere sascha, seine zukünftige ehefrau, kennengelernt. wie vor ihm schon hugo ball, schrieb auch ernst morgenthaler an einer monografie zu dem auch mit ihm befreundeten hermann hesse. sie erschien 1936 und brachte morgenthaler weiterum ins gespräch. im ‹landi›-jahr 1939 führte seine frau sascha morgenthaler einen grossen auftrag aus: sie schuf schaufensterpuppen für den mode-pavillon, die aufsehen erregten. in der folge wurde sie landesweit bekannt mit der von ihr entworfenen und nach ihr benannten sascha-puppe.

le corbusier postulierte zum beispiel die notwendigkeit der grosszügigen planung, vor allem des wohnhauses, anstelle der verschwendung öffentlicher gelder für die militärische aufrüstung: «des canons, des munitions? merci! des logis, s.v.p.»[1160]

im buch von werner oechslin *le corbusier und die schweiz: dokumente einer schwierigen beziehung*, das 1987 erschien, wird der umgang der offiziellen schweiz mit ‹ihren› kulturschaffenden kritisch beurteilt.

beachtenswert ist bills anregung im gespräch mit mir im restaurant central, zürich, am 30. november 1981, man solle einmal le corbusiers werke unter dem aspekt des einflusses von louis soutter auf seine menschenfiguren hin anschauen.

morgenthaler war auf dem land im kanton bern aufgewachsen. nach dem willen seines vaters musste er den beruf eines seidenwebers erlernen, und erst als er bereits 27 jahre alt war, entschloss er sich, den beruf aufzugeben und maler zu werden. er habe «bei cuno amiet auf oschwand malstunden genommen, wie auch ... bei paul klee in münchen».[1162]

max bill kannte schmidt sehr gut. die beiden waren schon zusammen in paris gewesen, nachdem schmidt aus der udssr zurückgekommen war, und hatten über probleme des städtebaus und der landesplanung gleiche ansichten.

der architekt, der für die morgenthalers das haus in höngg gebaut hatte, hiess hans leuzinger. in einem anderen, ebenfalls von leuzinger erstellten bau sollten im auftrag der architektenverbände (‹schweizerischer ingenieur- und architektenverein› und ‹bund schweizer architekten›) an der ‹landi› auch der 1937 aus der udssr zurückgekehrte architekt hans schmidt zusammen mit dem von ihm zum mitarbeiter erkorenen max bill wirken. in der abteilung ‹plan & bau› sollten sie die themen ‹städtebau und landesplanung› anhand von vorgegebenen planmaterialien möglichst anschaulich und allgemein verständlich präsentieren.

wanderausstellung städtebau und landesplanung

«… ein kleiner vorraum, unter den umgängen eines platanenbeschatteten hofes liegend, ist den schweizerischen pionieren der ingenieurkunst und den architekten gewidmet und leitet gleichzeitig die eigentliche ausstellung ein.
an den wänden der langgestreckten halle mit ihrem galerieartigen obergeschoss erhält der besucher durch pläne, zeichnungen und modelle einen einblick in die aufgaben des neuzeitlichen städtebaus und seiner erweiterung zur regional- und landesplanung. plastische schweizer karten leiten jeweils in die wichtigste frage der vier untergruppen ein.»[1163]

bill nahm das buch *die welt der formen* von hermann friedmann in seine bibliothek auf mit dem vermerk «bill 1939»; die ersten drei kapitel hat er mit einigen randnotizen versehen.
er habe schliesslich «die kanalisation für die orte am zürisee» machen können, denn bis zur ‹landi› 1939 hätten diese noch keine kanalisation gehabt – erzählte er mir im gespräch in zürich am 30. november 1981.

auch fragen des umweltschutzes wurden berücksichtigt. in der rubrik ‹kanton zürich. kläranlagen› lesen wir: «unsere seen, flüsse und bäche verschmutzen infolge der steigenden mengen von abwässern, die ihnen aus dicht besiedelten gebieten, aus werkstätten und fabriken zugeführt werden. die verschmutzung kann verhindert werden durch die erstellung von kläranlagen im anschluss an die kanalisationsnetze. der bau von kläranlagen, heute schon erforderlich für den zürichsee, die limmat, die glatt, die töss, wird eine dringende aufgabe.»[1164]

bill, der sich um fragen der kanalisation und hygiene kümmern musste, hob per anstreichung in einem von ihm in jenem jahr gekauften buch unter anderen folgende stelle hervor: «… tief in die angewandte wissenschaft setzt sich der schöne zwang von symmetrie und harmonie fort. hippodamos, der architekt des perikles, entwirft den neuen strassenplan des piräus rechtwinklig und nach den himmelsrichtungen orientiert, dessen gewiss, dass er so der mathematik und der hygiene zugleich am besten diene.»[1165]

die ausstellung *städtebau und landesplanung* war als wanderausstellung konzipiert worden, doch wegen des kriegsausbruchs konnte sie vorerst nicht wei-

---
1163 *schweizerische landesausstellung 1939 zürich*, offizieller führer mit ausstellungsverzeichnis und orientierungsplan, s. 240
1164 hans schmidt in: ebenda
1165 siehe friedmann 1930
1166 max bill im gespräch mit angela thomas am 8.1.1994
1167 bill 1949 [c], s. 170–173
1168 max bill im gespräch mit angela thomas

terreisen. erst im jahr 1943 kam sie in basel im gewerbemuseum vom 21. februar – 21. märz erneut zur realisation.

die materialien jener ausstellung, die sich in vier abteilungen gliederte (‹stadt und land›, ‹verkehr›, ‹siedlung› und ‹erholung›) seien danach laut bill «unauffindbar verschwunden».

der «zementbogen» von robert maillart

es sei möglich, dass es wiederum der architekt hans leuzinger gewesen sei, der dafür gesorgt habe, dass der von ihm hochgeschätzte bauingenieur robert maillart seinen, in der folge oft reproduzierten «zementbogen» 1939 an der ‹landi› habe aufstellen können – wie mir bill im gespräch sagte.[1166]

obgleich kein gebrauchsbau, habe es sich beim «zementbogen» in konstruktiver hinsicht um ein echt maillart'sches bauwerk gehandelt. es war «vielmehr ein reklamebau, ein repräsentationsstück, also weder ein reines kunstwerk, noch ein reiner nutzbau, sondern ein propagandakunststück. projektiert war die anlage durch den architekten der abteilung ‹plan und bau›, und die halle sollte demonstrieren, welche qualitäten der baustoff ‹cement› verkörpert ... und für den portland-cement propaganda machen ... die ausführung der voûte erfolgte nach dem cementspritzverfahren (gunit) in einer dicke von 6 cm.»[1167]

in der zeit, als die ‹landi 39› stattfand, trafen sich unabhängig davon in zürich moderne, rationale architekten, die delegierten des ‹congrès international d'architecture moderne› (ciam) für ihren V. kongress vom 8.–11. juli 1939.

die form wird in den dienst der heimat gestellt

die allgemeine situation in der schweiz gegen ende der 30er-jahre ist gekennzeichnet durch deflation, arbeitslosigkeit, die abwertung des schweizer frankens sowie durch die politische radikalisierung unter dem einfluss des nationalsozialismus. der unsicherheit in der politischen zielsetzung wurde offiziell eine ‹nationale selbstbesinnung› – die sogenannte geistige landesverteidigung – entgegengehalten, so an der erwähnten *schweizerischen landesausstellung 1939*. die dort ausstellenden kunstschaffenden vermieden denn auch jedes experiment und bedienten sich mehrheitlich traditioneller ausdrucksformen.

«liste der versammlungen und kongresse 1928-1939» in: *ciam – internationale kongresse für neues bauen: dokumente 1928-1939,* hrsg. von martin steinmann, institut für geschichte und theorie der architektur, eth zürich, birkhäuser, basel/stuttgart 1979, s. 212.

max bill wird auch an den ciam-kongressen in italien und in frankreich teilnehmen: der VII. ciam-kongress findet statt in bergamo (23.–30. juli 1949), und bill begibt sich mit auf die exkursion zur olivetti-fabrik; während des IX. ciam-kongresses in aix-en-provence (19.–21. juli 1953) besuchen ciam-mitglieder, darunter bill, auf einer exkursion in marseille le corbusiers eben fertiggestelltes bauwerk *unité d'habitation*. auf dem dach trat le corbusier an bill heran, deutete auf die gruppe der dachaufbauten und sagte: «schau das! ich machte die grösste skulptur der modernen zeit.»[1168]

nach seinem erfolg an der *triennale di milano* 1936 und nachdem bill besonders augenfällig gerade während der 1930er-jahre sich in eine anzahl von architekturprojekten hineingekniet hatte, hatte er die hoffnung, für die *schweizerische landesausstellung* einen grösseren bauauftrag zu bekommen. doch es erging ihm wie dem bereits weitaus bekannteren le corbusier. er bekam nur eine abfuhr. der direktor der landesausstellung erläuterte ihm, was bill an der triennale gemacht habe, komme an der ‹landi› weniger in frage, und er redete sich damit heraus, die aufträge seien mehr oder weniger bereits vergeben.

die nachwehen der ‹landi› werden sich in der schweiz auf die kreativ-gestalterischen gebiete negativ auswirken. «nach der landesausstellung kommen schwere jahre für die ideen des ‹werkbunds›, für den begriff der qualität. auch die form wird in den dienst der heimat gestellt. egidius streiff [der 1931 die geschäftsführung des ‹schweizerischen werkbunds› übernommen hatte und der davor bei der zürcher kleinkunstbühne ‹der krater› aktiv war] versucht vor verwirrung zu bewahren, die aktivität aufrechtzuerhalten; aber der kreis [derer, die sich für die klare form, das gute design einsetzen] wird immer enger. alfred altherr ist schon 1938 zurückgetreten.»[1169]

eine kopie des hier zitierten artikels von richard paul lohse im *volksrecht* wurde mir handschriftlich so datiert («5-3-1943») von professor bruno reichlin freundlicherweise zugesendet. ich werde unter dem jahr 1943 im zweiten band auf den inhalt dieses artikels zurückkommen. hier sei schon einmal soviel vorweggenommen, dass lohse den wettbewerbsentwurf max bills solidarisch verteidigte.

auf dem gebiet der bildhauerei wurde vom zürcher stadtrat «aus anlass der *schweizerischen landesausstellung 1939* in zürich» ein öffentlicher wettbewerb ausgelobt, limitiert auf bildhauer «schweizerischer nationalität»: zu einem denkmal «als ehrung der arbeit». die anonym einzureichenden wettbewerbsbeiträge sollten je «ein modell des entwurfes in weissem, ungetöntem gips, i. m. 1 : 5» sein. für die potenziellen bezüger der wettbewerbsunterlagen würden ab 8. september 1941 je ein modell des helvetiaplatzes abholbereit zur verfügung stehen.

max bill reichte unter dem kennwort ‹werkplatz› seinen vorschlag für dieses denkmal ein (annahmeschluss war der 15. januar 1942). der stadtrat hatte zugesichert, dass alle wettbewerbseinschickungen öffentlich ausgestellt würden. das geschah dann auch tatsächlich im zürcher kunstgewerbemuseum – anscheinend jedoch erst 1943. die jury kam zum ergebnis, «dass keiner der eingereichten entwürfe ausführungsreif» sei, wie dies bills konkreter künstlerkollege richard paul lohse in einer presse-kritik berichtet.[1170]

1169 hans finsler; in *zum andenken an egidius streiff* [1952?]
1170 richard paul lohse: «denkmalwettbewerb: ‹ehrung der arbeit›», in: *volksrecht*, [5.3.1943]
1171 max bill im gespräch mit angela thomas am 1. juli 1975

mobilmachung

bill wurde zwischen 1939 und 1944 mehrmals für längere zeit in den militärdienst einberufen.

«erstmal sind schon alle gleich im schweizer militär, und das ist gut für die kameradschaft», sagte max bill 1975 ganz ernsthaft zu mir.[1171] er habe aber keinerlei ehrgeiz im hinblick auf eine militärische karriere entwickelt.

hiermit grenzte er sich deutlich von seiner mutter ab, deren vater einst als offizier gedient hatte und die sich seit jahren als militärenthusiastin gebärdet und einmal einen familienintern oft zitierten brief an den general guisan geschrieben hatte.

um der dumpfheit des militärdienstes wenigstens kurzzeitig zu entkommen, benützte bill seinen kopf und schrieb den artikel «paul klee – zu seinem 60. geburtstag». der text wurde am 17. dezember 1939, einen tag vor klees geburtstag, in der *neuen zürcher zeitung* veröffentlicht.

bills text nimmt einen viertel der blattseite ein. die drei anderen viertel sind besetzt von militärthemen – unter anderen «unsere wehrmänner schreiben, weihnachtsgruss von der grenze», «verdunkelungsalarm» und «für unsere soldaten».

viele schweizer soldaten im aktivdienst sind an der grenze zu nazideutschland eingesetzt und werden deshalb das weihnachtsfest 1939 nicht zuhause mit ihren familien feiern können.

anhang

editorische notiz

dieses buch ist in kleinschreibung gehalten, wie sie am bauhaus in dessau und von max bill ab 1930 konsequent verwendet wurde.
die autorin angela thomas hat max bill während ihres studiums kennengelernt; sie heirateten 1991. seit 1974 machte angela thomas regelmässig notizen zu den gemeinsamen gesprächen, erlebnissen, aktivitäten und zu den vielen reisen, die max bill und sie zusammen gemacht haben. aus diesen aufzeichnungen ist ein teil dieses buches entstanden. der grössere teil indes basiert auf umfangreichen recherchen, die angela thomas als kunsthistorikerin nach dem tod von max bill unternommen hat.

dank

der grösste dank gilt meinem mann erich schmid, der mich zu diesem buch motivierte und mit dem zusammen ich in den letzten fünf jahren viel recherchiert und über dieses vorhaben diskutiert habe.
einer unserer ersten gesprächspartner in dieser zeit war der im mai 2006 überraschend verstorbene verleger heiner spiess vom verlag scheidegger & spiess. diese gespräche waren ein seltener intellektueller hochgenuss. sein nachfolger thomas kramer übernahm dann zusammen mit monique zumbrunn die aufgabe, aus meinem manuskript ein buch entstehen zu lassen. die auswahl der abbildungen erfolgte gemeinsam mit guido widmer in mehreren konzentrierten durchgängen. über seine form der grafischen gestaltung bin ich glücklich und hocherfreut.

der marathonläufer christoph geiger (freienbach), ein sohn von ernst geiger, dem lieblingsonkel von max bill, war unermüdlich in der schweiz unterwegs, um mir materialien zu beschaffen; beispielsweise die hier erstmals reproduzierten fotos aus der ‹hübi-chronik› im archiv von frau christine gautschi zuppinger oder fotokopien aus dem museum neuhaus in biel. des weiteren überliess er mir diverse kopien und bildvorlagen aus dem familienbesitz wie auch prof. dr. hans-ulrich geiger (zürich), ein enkel des malers ernst geiger, mir seinerseits freundlicherweise abbildungsmaterial zur verfügung stellte, das noch nie veröffentlicht worden ist.

barbara bode (hamburg) hat den umfangreichen briefwechsel zwischen max bill und seinem künstlerfreund georges vantongerloo aus dem vantongerloo-archiv im haus bill in zumikon transkribiert. auch désirée thomas (hamburg) trug tatkräftig zu den umfangreichen recherchen bei.

mein dank gilt ferner folgenden personen und institutionen:
theodor marty, archiv ortsmuseum oetwil am see
daniel mani, stiftung historisches erbe der sbb / sbb historic
regine fellmann und judith fuchs, kantonsarchäologie aargau
stephan kunz, aargauer kunsthaus, aarau
titus j. meier und silvia siegenthaler, stadtarchiv brugg
dora nyfeler, gemeindeschreiberin ligerz
prof. dr. andreas tönnesmann, vorsteher departement architektur, eth zürich
bruno maurer, leiter gta archiv, sowie alex winiger und daniel weiss, gta archiv / eth zürich
professor bruno reichlin
paul müller, projektleiter werkkatalog ferdinand hodler, und michael schmid, leiter dokumentation und nachlassarchiv, schweizerisches institut für kunstwissenschaft (sik), zürich
judith durrer, registrar, kunstmuseum bern
dr. stefan frey, klee-nachlassverwaltung, bern
dr. robert dünki, stadtarchiv zürich
erich wagner, deutsches architekturmuseum, frankfurt am main
walburga krupp, stiftung hans arp und sophie taeuber-arp, rolandseck
dr. ulrike bestgen, weimar
ruth binde-schwarz, zürich

florian eidenbenz, riyoko probala, dr. elsa hotz wehrli und dr. heinz wehrli, peter petrej, annarella rotter-schiavetti, werner merzbacher (für den hinweis auf das buch über den anarchistischen jüdischen pelzhändler und mäzen bernhard mayer), sabine richebächer, peter niederhäuser, hendrik a. berinson, burckhard kieselbach, prof. jacques picard, universität basel, dr. simon erlanger, katharina morawietz, deborah holmes, jürg frischknecht, peter kamber, dirk scheper, yael aloni, tel aviv, hélène und charles kalfon.

besonderer dank für zuwendung, aufmunterung und liebe geht an meinen «smithy», meine schwestern barbara und désirée und meine freundin katrin strätz.

angela thomas, oktober 2008

quellenverzeichnis

götz adriani: *hannah höch – fotomontagen-gemälde-aquarelle*, dumont, köln 1980

albers and moholy-nagy from the bauhaus to the new world, achim borchert-hume (hrsg.), ausst.-kat. tate publishing, london 2006

ronald alley: [o.t.], in: *paule vézelay. paintings and constructions*, ausst.-kat. annely juda fine art, london 1987, o.p.

archiv christoph geiger, freienbach sz

archiv max bill, c/o max, binia + jakob bill stiftung, adligenswil

archiv sik, schweizerisches institut für kunstwissenschaft, zürich

archiv stiftung bauhaus dessau

archives de la maison d'artistes – château la sarraz

philippe audoin: *breton*, gallimard, paris 1970

ausstellung, ausst.-kat. kunsthaus zürich, 11. oktober – 4. november 1934

nicole avril: *moi, dora maar*, plon, paris 2002

emmy ball-hennings: «blume und flamme. geschichte einer jugend», mit einem geleitwort von hermann hesse, suhrkamp, frankfurt am main 1987 [1938]

emmy ball-hennings, «aus den tagebüchern», in: *emmy ball-hennings 1885-1948. texte, bilder, dokumente*, ausst.-kat. museum strauhof, robert walser-archiv, stroemfeld, roter stern, frankfurt am main/basel 1999, s. 208-211

hugo ball briefe 1904-1927, hrsg. von gerhard schaub und ernst teubner, band 2, 1924-1927, wallstein, göttingen 2003

nathalie bäschlin, béatrice ilg, patrizia zeppetella: «paul klees malutensilien», in: *paul klee: die sammlung bürgi*, hrsg. von stefan frey/josef helfenstein, benteli, bern 2000, s. 183-197

antoine baudin: «hélène de mandrot, ou quand la collection se confont avec l'action», in: *die kunst zu sammeln, schweizer kunstsammlungen seit 1848*, hrsg. vom schweizerischen institut für kunstwissenschaft, zürich 1998, s. 317-322

renate berger (hg.): *liebe macht kunst, künstlerpaare im 20. jahrhundert*, böhlau, köln/weimar/wien 2000

besucherbücher ernst geiger, deponiert im museum neuhaus, biel

bibliothek max bill, haus bill, zumikon

christoph bignens: *corso: ein zürcher theaterbau 1900 und 1934*, niggli, niederteufen 1985

christoph bignens: «die entwicklung des ‹guten geschmacks›, alfred willimann als grafiker, künstler, lehrer und mitglied des schweizerischen werkbunds», in: *hans finsler und die schweizer fotokultur: werk, fotoklasse, moderne gestaltung 1932-1960*, hrsg. von thilo koenig und martin gasser, ausst.-kat. museum für gestaltung zürich, gta, zürich 2006, s. 224-238

jakob bill: «persönliche notizen zur geschichte des hauses bill in höngg», in: *das atelierhaus max bill 1932/33. ein wohn- und atelierhaus in zürich-höngg von max bill und robert winkler*, hrsg. von arthur rüegg, niggli baumonografie, sulgen 1997, s. 87-102

jakob bill: «max bill und das corso in zürich», in: *max bill: aspekte seines werks*, hrsg. von kunstmuseum winterthur und gewerbemuseum winterthur, niggli, sulgen/zürich 2008, s. 171-175

max bill in: «interview mit bauhäuslern», *bauhaus*, zeitschrift für gestaltung, nr. 2/3, 1928, s. 24-25; schriftleitung ernst kállai

max bill, lebenslauf, [n.d., um 1930], stadelhoferstrasse 27, zürich

max bill: «konkrete gestaltung», in: *zeitprobleme in der schweizer malerei und plastik*, ausst.-kat. kunsthaus zürich, 1936, s. 9; typografie max bill

max bill: «über konkrete kunst», in: *werk*, nr. 8, august 1938 [a], s. 250-255

max bill: *quinze variations sur un même thème*, éditions des chroniques du jour, paris 1938 [b]; grafikserie gedruckt von mourlot für den verleger gualtieri di san lazzaro, text frz., engl., dt.; sowie in: *max bill: die grafischen reihen*, ausst.-kat. landratsamt esslingen, gerd hatje, stuttgart 1995

max bill: «les paysans suisses et la forme absolue», in: *XXᵉ siècle*, dezember 1938 [c]

max bill: lebenslauf, 26.2.1942

max bill: *allianz vereinigung moderner schweizer künstler*, ausst.-kat. kunsthaus zürich 1942

max bill: «sophie taeuber-arp», in: *werk*, juni 1943, s. 167-171

max bill: «wassily kandinsky», sonderdruck aus bd. IX der enzyklopädie *die grossen der weltgeschichte*, kindler; nach kandinskys tod im dezember 1944 verfasst

max bill, rückblickend geschrieben im märz 1947 auf anfrage von xanti schawinsky, in: schawinsky-archiv, san nazzaro

max bill: «über die mathematische denkweise», in: *werk*, heft 2, märz 1949 [a], s. 86-91

max bill: «die mathematische denkweise in der kunst unserer zeit», in: *antoine pevsner, georges vantongerloo, max bill*, ausst.-kat. kunsthaus zürich, 1949 [b]

max bill: *robert maillart*, verlag für architektur, erlenbach-zürich 1949 [c]; dt., frz., engl.

max bill: «kandinsky, l'éducateur», in: ders. (hrsg.): *wassily kandinsky*, maeght, paris 1951, s. 95-98

max bill: «vom staatlichen bauhaus in weimar zur hochschule für gestaltung in ulm», in: *magnum 1*, wien 1953; chefredakteur dr. klotilde maria gessner

max bill: «der massstab der modernen malerei / der weg, den piet mondrian zurücklegte / das werk und seine auswirkung / was mondrian nicht tat / zur zürcher mondrianausstellung», in: *piet mondrian*, ausst.-kat. kunsthaus zürich, 1955, s. 6–10

max bill: «meine erfahrungen mit der griechischen architektur», in: *griechenland*, office du livre, fribourg 1966, s. 3–6

max bill: «le corbusier – texte und bezeichnungen; kritik, polemik und präsentation», in: *universitas*, zeitschrift für wissenschaft, kunst und literatur, stuttgart, august 1968, s. 817–823

max bill: [«schweiz»], in: *konstruktive kunst: elemente und prinzipien*, ausst.-kat. biennale nürnberg, kunsthalle am marientor, hrsg. vom institut für moderne kunst, nürnberg 1969 [a], o.p.

max bill: «walter gropius – architekt und erzieher in unserer zeit», in: *universitas, zeitschrift für wissenschaft, kunst und literatur*, november 1969 [b], heft 11, s. 1145–1148

max bill: «rund um ‹die augen›», in: *hanns r. welti*, splitter nr. 2, august/september, ausst.-kat. galerie scheidegger + maurer, zürich 1971, o.p.

max bill: «begegnung mit marlow moss» [einleitung], in: *marlow moss. bilder, konstruktionen, zeichnungen*, ausst.-kat. gimpel & hanover galerie, zürich 1973, o.p.

max bill: «begegnung mit otto morach», in: *otto morach*, ausst.-kat., verein der freunde des schlösschens vorder-bleichenberg, biberist (solothurn) 1976 [a], s. 15

max bill, du, heft 424, juni, 1976 [b], cover und s. 12–69

max bill: «idee-konzept-werk: über ein thema», in: *idee-konzept-werk*, ausst.-kat. akademie der künste, berlin 1977 [a], s. 28–39; mit abbildungen

max bill: «meine 30er jahre», in: *um 1930 in zürich: neues denken – neues wohnen – neues bauen*, ausst.-kat. kunstgewerbemuseum zürich, 1977 [b], s. 186–188; gestaltung von plakat, katalogumschlag und einladungskarte max bill

max bill: «die kugel-pendelleuchte», in: *form + zweck*, fachzeitschrift für industrielle formgestaltung, heft 3, 1979 [a], s. 71

max bill: «lehren am und aus dem bauhaus», in: *form + zweck*, fachzeitschrift für industrielle formgestaltung, heft 3, 1979 [b], s. 66

max bill: «einflüsse von pionieren der architektur in und aus belgiens», vortrag am kolloquium «belgien und europa», königliche akademie der wissenschaften, literatur und schönen künsten von belgien, brüssel 13.11.1980 [a]

max bill: «oskar schlemmer 1888–1943», in: *neue zürcher zeitung*, 6./7.9.1980 [b]

max bill: «bauhaus und ‹abstraction-création› in bezug auf die entwicklung der konstruktiven kunst in der schweiz», in: *konstruktive kunst 1915–45* (reihe dreissiger jahre schweiz), ausst.-kat. kunstmuseum winterthur, 1981, s. 24–25

max bill: «der gesamtkunstwerkkreuzweg», in: *züriwoche*, 24.3.1983

max bill: «le corbusier», in: *sonntagszeitung*, 27.9.1987, s. 34f.

max bill: [o.t.], in: *max bill*, ausst.-kat. contemporary sculpture center, tokio, japan 1990 [a]; original auf deutsch und japanisch publiziert in japanischer ausgabe, o.p.

max bill: «räume von piet mondrian», in: *mondrian auf der tube. popularisierung und trivialisierung der ideale*, ausst.-kat. haus für konstruktive und konkrete kunst, stiftung für konstruktive und konkrete kunst, zürich 1990 [b], s. 35

max bill: text auf einladungskarte zu *alfred roth, prof. dr. hc., architekt, publizist und maler. sein malerisches werk von 1922–1990*, galerie arteba, zürich 1991

max bill: schreibmaschinenmanuskript von text über eduard bick, februar 1993

fritz billeter: «ein überlebender aus grosser zeit – serge brignoni im gespräch», in: ders.: *serge brignoni, abc*, zürich 1997, s. 13–41

«biografie – giovanni segantini, 1858–1899», in: *blicke ins licht – neue betrachtungen zum werk von giovanni segantini*, hrsg. von beat stutzer, segantini museum st. moritz/scheidegger & spiess, zürich 2004, s. 151–153

franz blei: *vermischte schriften*, bd. 4: *das schwere herz. zwiesprachen und gedichte*, georg müller, münchen/leipzig 1911, s. 149–176

carola bloch: *aus meinem leben*, neske, pfullingen 1981

ernst bloch: «alpen ohne photographie», in: ders.: *literarische aufsätze, gesamtausgabe bd. 9*, suhrkamp, frankfurt am main 1965 [a], s. 488–489

ernst bloch: «maloja-chiavenna-drift» (1934), in: ders.: *literarische aufsätze, gesamtausgabe bd. 9*, suhrkamp, frankfurt am main 1965 [b], S. 498–503

ernst bloch: *erbschaft dieser zeit* [1. auflage oprecht und helbling, zürich 1935], in: gesamtausgabe bd. 4, suhrkamp, frankfurt am main 1962

ernst bloch: *das abenteuer der treue. briefe an karola 1928–1949*, hrsg. von anna czajka, suhrkamp, frankfurt am main 2005

regula bochsler: *ich folgte meinem stern. das kämpferische leben der margarethe hardegger*, pendo, zürich 2004

achim borchardt-hume: «two bauhaus histories», in: ders. (hrsg.): *albers and moholy-nagy from the bauhaus to the new world*, ausst.-kat. tate publishing, london 2006, s. 66–78

christian borngräber: «ausländische architekten in der udssr: bruno taut, die brigaden ernst may, hannes meyer und hans schmidt», in: *wem gehört die welt – kunst und gesellschaft in der weimarer republik*, ausst.-kat. staatliche kunsthalle berlin, neue gesellschaft für bildende kunst, berlin 1977, s. 109–137

marianne brandt: «brief an die junge generation», in: hans brockhage, reinhold lindner: *marianne brandt – hab ich je an kunst gedacht*, chemnitzer verlag, chemnitz 2001, s. 45–49

jános brendel: «der deutsche einfluss von scheerbart und wilhelm ostwald auf die ungarische konstruktivistentheorie», in: *wechselwirkungen. ungarische avantgarde in der weimarer republik*, ausst.-kat. neue galerie kassel, museum bochum, jonas, marburg 1986, s. 173–178

iris bruderer-oswald: «die neue optik. kurt schwitters, carola giedion-welcker und sigfried giedion», in: *kurt schwitters: merz – ein gesamtweltbild*, ausst.-kat. museum tinguely basel, benteli, wabern/bern 2004, s. 22–31

iris bruderer-oswald: *das neue sehen: carola giedion-welcker und die sprache der moderne*, benteli, bern 2007

georg brühl: *herwarth walden und ‹der sturm›*, dumont, köln 1983

brigitte bruns: *werft eure hoffnung über neue grenzen: theater im schweizer exil und seine rückkehr*, hrsg. vom deutschen theatermuseum münchen, henschel, leipzig 2007

annemarie bucher: «verena loewensberg – versuch einer rekonstruktion von leben und werk», in: *verena loewensberg 1912–1986*, ausst.-kat. aargauer kunsthaus, aarau 1992, s. 9–23

elias canetti: *das augenspiel. lebensgeschichte 1931–1937*, carl hanser, münchen 1985

michael carlepsch: *picasso und der nationalsozialismus*, patmos, düsseldorf 2007

mary ann caws: *dora maar. die künstlerin an picassos seite*, fischer taschenbuch, frankfurt am main 2002 (erstausgabe nicolai, berlin 2000) bruce chatwin: «konstantin melnikow», in: ders., *was mache ich hier,* carl hanser, münchen 1989, s. 91–100

ciam – internationale kongresse für neues bauen: dokumente 1928– 1939, hrsg. von martin steinmann, institut für geschichte und theorie der architektur, eth zürich, birkhäuser, basel/stuttgart 1979

pierre courthion: «san lazzaro éditeur et animateur de l'art vivant», in: *san lazzaro et ses amis. hommage au fondateur de la revue XXe siècle,* la revue XXe siecle, paris 1975; ouvrage collectif comportant 15 lithographies dont 9 originales

cuno amiet – giovanni giacometti. briefwechsel, hrsg. von viola radlach, schweizerisches institut für kunstwissenschaft, scheidegger & spiess, zürich 2000

bice curiger: *meret oppenheim. spuren durchstandener freiheit,* abc, zürich 1982; neuauflage scheidegger & spiess, zürich 2002

hans curjel in: *vordemberge-gildewart werke aus den jahren 1923–1954,* ausst.-kat. museum kunstverein ulm, 5. juni – 3. juli 1955, ulm 1955, o.p.

claudio danuser: «béla bartók und die schweiz», in: *béla bartók 1945 – 50th anniversary – 1995,* hrsg. migros-genossenschafts-bund, zürich 1995

sigal davidi kuna: «the levant fair 1934 and the promotion of modern architecture in eretz israel», forschungsarbeit israel institute of technology, haifa 2001; übertragen von yael aloni

robert delaunay: «la lumière» (frz. originaltext) und «über das licht» (übersetzung ins deutsche von paul klee) wiederabgedruckt in: *der blaue reiter. dokumente einer geistigen bewegung,* hrsg. von andreas hüneke, 2. überarb. aufl., philipp reclam, leipzig 1989, s. 401–404

robert l. deleroy, maurice culot, anne van loo: *la cambre 1928-1978,* éditions aam archives d'architecture moderne, brüssel 1979

hans-eberhard dentler in: *du* «johann sebastian bach. der geometrische komponist», heft nr. 2, märz 2006

folke f. dietzsch: «die studierenden am bauhaus. eine analytische betrachtung zur strukturellen zusammensetzung der studierenden, zu ihrem studium und leben am bauhaus sowie zu ihrem späteren wirken», dissertation hochschule für architektur und bauwesen weimar fakultät architektur, weimar 1990

luzi dosch: «neues bauen in der schweiz: gewerbeschule und kunstgewerbemuseum zürich 1930–33 im werk von karl egender», lizentiatsarbeit bei prof. dr. a. reinle, kunstgeschichtliches seminar der universität zürich, 1979/80

julia drost: «max ernst in der schweiz», in: werner spies, anja müller-alsbach: *max ernst – im garten der nymphe ancolie,* ausst.-kat. hrsg. vom museum tinguely, hatje cantz, ostfildern-ruit 2007

magdalena droste: «beiträge zur geschichte der ittenschule in berlin», in: *aus der ittenschule berlin 1926–1934,* katalog galerie im trudelhaus, baden 1984, s. 3–14

sabine eckmann: «der verlust von heimat und kultureller identität. george grosz, lyonel feininger», in: *exil. flucht und emigration europäischer künstler 1933–1945,* hrsg. von stephanie baron mit sabine eckmann, prestel, münchen/new york 1997, s. 285–303

el lissitzky: maler, architekt, typograf, fotograf – erinnerungen, briefe, schriften, übergeben von sophie lissitzky-küppers, veb verlag der kunst, dresden 1976

paul éluard: *liebesbriefe an gala (1924–1948),* hrsg. und kommentiert von pierre dreyfus, hoffmann und campe, hamburg 1987 (dt. übersetzung der originalausgabe *lettres à gala,* gallimard, paris 1984)

vivian endicott barnett: «hommage an max bill und wassily kandinsky», in: *max bill. maler, bildhauer, architekt, designer,* hrsg. von thomas buchsteiner, otto letze, ausst.-kat. kunstmuseum stuttgart, hatje cantz, ostfildern-ruit 2005, s. 22–23

vivian endicott barnett: «from both sides of the atlantic to the pacific: klee and america in the twenties», in: *klee and america,* hrsg. von josef helfenstein/elizabeth hutton turner, the menil collection, hatje cantz, ostfildern-ruit 2006

friedrich engemann: «das bauhaus in dessau», in: *dessauer kalender 1977,* hrsg. rat der stadt dessau – stadtarchiv, 1977, s. 4–14

jimmy ernst: *nicht gerade ein stilleben. erinnerungen an meinen vater max ernst,* kiepenheuer & witsch, köln 1985 (originalausgabe: *a not-so-still life,* 1984)

max ernst: «was ist surrealismus?», in: *ausstellung,* ausst.-kat. kunsthaus zürich, 11. oktober – 4. november 1934, zürich 1934

experiment bauhaus, das bauhaus-archiv berlin (west) zu gast im bauhaus dessau, ausst.-kat. bauhaus dessau /ddr, hrsg. von bauhausarchiv/museum für gestaltung, kupfergraben, berlin 1988; katalogredaktion magdalena droste, jeannine fiedler

expressionismus aus den bergen. ernst ludwig kirchner, philipp bauknecht, jan wiegers und die gruppe rot-blau, hrsg. von beat stutzer, samuel vitali, han stenbruggen und matthias frehner, ausst.-kat. kunstmuseum bern, groninger museum, bündner kunstmuseum chur, scheidegger & spiess, zürich 2007

t. lux feininger: «die bauhauskapelle», in: *das frühe bauhaus und johannes itten,* katalogbuch anlässlich des 75. gründungsjubiläums des staatlichen bauhauses in weimar, gerd hatje, ostfildern 1994, s. 374–378

t. lux feininger: *zwei welten – mein künstlerleben zwischen bauhaus und amerika,* aus dem englischen von florian bergmeier, mitteldeutscher verlag, halle 2006

jeannine fiedler, peter feierabend (hrsg.): *bauhaus,* könemann, köln 1999

hans finsler: [ansprache], in: *zum andenken an egidius streiff,* nachrufbroschüre, [1952]; gta archiv, eth zürich, s. 7–9

guido fischer: «ernst geiger. 1.2.1876-16.12.1965» [nachruf], in: *brugger neujahrsblätter,* brugg [1966], s. 58–64; archiv christoph geiger

lothar fischer: *max ernst in selbstzeugnissen und bilddokumenten,* rowohlt, reinbek bei hamburg 1969

hans fischli: [ausführlicher autobiografischer bericht], in: *hans fischli. malerei plastik architektur,* ausst.-kat. kunsthaus zürich, 1968, s. 5–86

matthias frehner: «der engel des lebens oder: zu segantinis motiv der frau im baum», in: *blicke ins licht – neue betrachtungen zum werk von giovanni segantini,* hrsg. von beat stutzer, segantini museum st. moritz, scheidegger & spiess, zürich 2004, s. 91–110

annette frei: *rote patriarchen. arbeiterbewegung und frauenemanzipation in der schweiz um 1900,* chronos, zürich 1987

stefan frey: «die kandinsky-retrospektive in der kunsthalle bern 1937», in: *kandinsky nelle collezioni svizzere / kandinsky in den schweizer sammlungen / kandinsky dans les collections suisses,* ausst.-kat. museo cantonale d'arte lugano, skira, mailand 1995, s. 48ff.

stefan frey: «rolf bürgis engagement für paul und lily klee sowie die gründung der paul-klee-stiftung», in: *paul klee: die sammlung bürgi,* hrsg. von stefan frey, josef helfenstein, benteli, bern 2000, s. 199–217

stefan frey, «paul klee – chronologische biografie 1920–1931», in: *paul klee: lehrer am bauhaus,* hrsg. von wulf herzogenrath, anne buschhoff, andreas vowinckel, ausst.-kat. kunsthalle bremen, hauschild, bremen 2003, s. 220-252

hermann friedmann: *die welt der formen*, c.h. beck'sche verlagsbuchhandlung, münchen 1930

eva frosch: *clara friedrich. künstlerin und sammlerin*, scheidegger & spiess, zürich 2004

karin gallati, urs oechslin: «konstruktive konzepte der moderne. einfamilienhaus bremgarten 1942 max bill», diplomwahlfacharbeit, zürich 1995/96

hubertus gassner: «realität der sympathie. parallelismus der naturreiche», in: *élan vital oder das auge des eros. kandinsky, klee, arp, miró, calder*, hrsg. von ders., ausst.-kat. haus der kunst münchen, 1994, s. 25-38

robert f. gatje: *marcel breuer: a memoir*, monacelli, new york 2000

margrit gautschi-züricher: *gedenkschrift: bertha züricher 1869-1949, ulrich wilhelm züricher 1877-1961, gertrud züricher 1871-1956*, [ausst.-kat. zentenhaus köniz, sigriswil 1988]; 47 seiten mit s/w-abbildungen

ernst geiger: «robinsonade im langensee», handgeschriebener text über seinen hütedienst, o.d.; zur verfügung gestellt von christoph geiger, freienbach

ernst geiger: «vor fünfzig jahren. auf segantinis pfaden», rückblickend 1949 geschrieben; archiv christoph geiger

ernst geiger: «zur geschichte des stadthauses», in: *brugger neujahrsblätter*, brugg 1957, s. 34-39

ernst geiger: «rückblick, geschrieben im winter 1921/22», in: *brugger neujahrsblätter*, brugg 1969, s. 15-34; archiv christoph geiger

odette giacometti-duperret: «max ernst im bergell», in: *das bergell. heimat der giacometti*, hrsg. von ernst scheidegger, ernst scheidegger, zürich 1994, s. 176-177

andres giedion: «biografische notizen zu carola giedion-welcker (1893-1979)», in: iris bruderer-oswald: *das neue sehen: carola giedion-welcker und die sprache der moderne*, benteli, bern 2007, s. 385-401

carola giedion-welcker: *constantin brancusi*, benno schwabe, basel/stuttgart 1958

sigfried giedion: «zeitprobleme in der schweizer malerei und plastik», in: *zeitprobleme in der schweizer malerei und plastik*, ausst.-kat. kunsthaus zürich, 1936, s. 3-8; typografie max bill

hans girsberger: *stationen*, zürich 1970

hans girsberger: *im umgang mit le corbusier / mes contacts avec le corbusier*, les éditions d'architecture artemis, zürich/münchen 1981

will grohmann: *wassily kandinsky*, junge kunst 42, klinkhardt & biermann, leipzig 1924

will grohmann (hrsg.): *paul klee: handzeichnungen II 1921-1930*, müller & kiepenheuer, potsdam/berlin 1934

will grohmann: *wassily kandinsky. leben und werk*, m. dumont schauberg, köln 1958

will grohmann: «über max bill», in: *max bill*, ausst.-kat. kestner-gesellschaft, hannover 1968, s. 18-21

ludwig grote (hrsg.): *erinnerungen an paul klee*, prestel, münchen 1959

gta archiv, eth zürich

kurt guggenheim: *sandkorn für sandkorn*, artemis, zürich 1959; 2. aufl. huber, frauenfeld 1999

gunta stölzl – weberei am bauhaus und aus eigener werkstatt, ausst.-kat. bauhaus-archiv berlin, kunstgewerbemuseum zürich, gerhard-marcks-stiftung bremen, kunstverein hochrhein bad säckingen, nederlands textielmuseum tilborg, hrsg. von magdalena droste, kupfergraben, berlin 1987

gunta stölzl: meisterin am bauhaus dessau. textilien, textilentwürfe und freie arbeiten 1915-1983, hrsg. von der stiftung bauhaus dessau, gerd hatje, ostfildern-ruit 1997; «gunta stölzl. biographie» von ingrid radewaldt und monika stadler, s. 10-86

gustav a. hahn: «über den dessauer komponisten kurt weill», in: *dessauer kalender 1977*, hrsg. rat der stadt dessau – stadtarchiv, 1977, s. 62-65

peter hahn: «bill und das bauhaus», in: *max bill: aspekte seines werks*, hrsg. von kunstmuseum winterthur und gewerbemuseum winterthur, niggli, sulgen/zürich 2008, s. 72-83

hans r. hahnloser: «erinnerungen und briefauszüge», in: *künstlerfreunde um hedy und arthur hahnloser-bühler*, kunstmuseum winterthur, 1973, s. 21-32

margrit hahnloser-ingold: «félix vallotton in winterthur und zürich – die geschichte einer freundschaft», in: *félix vallotton in der villa flora. aus der sammlung arthur und hedy hahnloser-bühler und aus schweizer privat- und museumsbesitz*, hrsg. von ursula perucchi-petri, villa flora winterthur, benteli, bern 2007, s. 105-125

hans hildebrandt und sein kreis, ausst.-kat. graphisches kabinett, kunsthandel wolfgang werner, bremen 1978

wilhelm hausenstein: *kairuan oder eine geschichte vom maler klee und von der kunst dieses zeitalters*, kurt wolff, münchen 1921

josef helfenstein: «‹ort der verabredung› – die sammlung bürgi», in: *paul klee: die sammlung bürgi*, hrsg. von stefan frey, josef helfenstein, benteli, bern 2000, s. 33-165

marianne herold: *roman clemens*, abc, zürich 1991

wulf herzogenrath: «josef albers' werk bis zur zeit der übernahme eines teiles des vorkurses», in: ders.: *josef albers und der ‹vorkurs› am bauhaus 1919-1933*, sonderdruck aus: wallraf-richartz-jahrbuch, westdeutsches jahrbuch für kunstgeschichte, band XLI, wienand, köln 1979/80, s. 245-276

eleonore hertzberger: *durch die maschen des netzes. ein jüdisches ehepaar im widerstand gegen die nazis*, pendo, zürich 1993

hans hinterreiter: tagebuch; hans hinterreiter-stiftung, c/o dr. ferdinand meyer, meyer lustenberger, zollikon

hans hinterreiter: *die kunst der reinen form*, faksimile-ausgabe des originalmanuskripts 1936-1948, ediciones ebusus, ibiza/amsterdam 1978

deborah holmes: *ignazio silone in exile. writing and antifascism in switzerland 1929-1944*, ashgate, aldershot 2005

unda hörner: *die realen frauen der surrealisten*, bollmann, mannheim 1996

hubelhüsi-chronik, auch ‹hübi-chronik›; von christine gautschi zuppinger, bern, zur einsicht zur verfügung gestellt

richard huelsenbeck: *en avant dada*, paul steegemann, hannover/leipzig/wien/zürich 1920

max huggler: *paul klee: die malerei als blick in den kosmos*, huber, frauenfeld/stuttgart 1969

gustav huonker, «das geistige europa», in: *literaturszene zürich. menschen, geschichten und bilder 1914 bis 1945*, unionsverlag, zürich 1985

reginald r. isaacs: *walter gropius. der mensch und sein werk*, band 2, gebr. mann, berlin 1984

hans l.c. jaffé: *vordemberge-gildewart: mensch und werk*, m. dumont schauberg, köln 1971

v. jahn, pfr: «ulrich geiger-schwarz» [nekrolog], in: *brugger neujahrsblätter*, brugg 1917, s. 59f.

anatole jakovsky: *h. erni, h. schiess, k. seligmann, s.h. taeuber-arp, g. vulliamy*, éditions abstraction-création, paris 1934; mit widmung «für b und m bill in freundschaft, s.h. taeuber arp»

anatole jakovsky: «pevsner», in: ders.: *arp calder hélion miró pevsner séligmann*, jacques povolozky, paris o.j. [um 1933]; «plaquette composée par hans arp»

franz m. jansen: «von damals bis heute», in: *der blaue reiter. dokumente einer geistigen bewegung*, philipp reclam jun., leipzig 1989, s. 172–173

jeanne bucher – une galerie d'avant-garde, 1925–1946, ausst.-kat. les musées et l'université de strasbourg, skira, mailand 1994

alain jouffroy: «san lazzaro et kandinsky par nina kandinsky», interview mit nina kandinsky, in: *san lazzaro et ses amis. hommage au fondateur de la revue XXᵉ siècle*, la revue *XXᵉ siècle*, paris 1975; ouvrage collectif comportant 15 lithographies dont 9 originales

peter kamber: *geschichte zweier leben – wladimir rosenbaum und aline valangin*, limmat, zürich 1990

nina kandinsky: *kandinsky und ich*, unter mitarbeit von werner krüger, kindler, münchen 1976

wassily kandinsky: *punkt und linie zu fläche, beitrag zur analyse der malerischen elemente*, bauhausbücher band 9, albert langen, münchen 1926; schriftleitung walter gropius/ l. moholy-nagy, typografie herbert bayer

kassák lajos 1887–1967, ausst.-kat. akademie der künste, berlin/ddr 1987

alfred kerr: *der dichter und die meerschweinchen. clemens tecks letztes experiment*, hrsg. und mit einem nachwort von günther rühle. s. fischer, frankfurt am main 2004

martin kieren: *hannes meyer. dokumente zur frühzeit, architektur- und gestaltungsversuche 1919–1927*, niggli, heiden 1990

felix klee: «erinnerungen», in: *tagebücher von paul klee 1898–1918*, hrsg. und eingeleitet von ders., m. dumont schauberg, köln 1957, s. 422–427

michael carlo klepsch: *picasso und der nationalsozialismus*, patmos, düsseldorf 2007

herlinde koelbl: *jüdische portraits*, s. fischer, frankfurt am main 1989

rudolf koella: «bill vor bill: zum frühwerk des künstlers», in: *max bill: aspekte seines werks*, hrsg. von kunstmuseum winterthur und gewerbemuseum winterthur, niggli, sulgen/zürich 2008, s. 27–39

friedrich könig sen.: *land und leute des moosseetales*, verlag der flurgenossenschaft des münchenbuchsee-mooses, münchenbuchsee 1920

werner krüger: *die umwandlung von energie in kunst*, artemedia produktion, köln 1990; videofilm

karl lang: *kritiker, ketzer, kämpfer – das leben des arbeiterarztes fritz brupbacher*, limmat, zürich 1975, 2. auflage 1983

evelyne lang jakob: «die architektin», in: *flora steiger-crawford 1899–1991*, gta, zürich 2003, s. 110–139

lothar lang: *das bauhaus 1919–1933, idee und wirklichkeit*, zentralinstitut für formgestaltung, berlin/ddr 1965

heinrich lauterbach: «ansprache von heinrich lauterbach [vom 6. september 1958]», in: «oskar schlemmer zum 4. september 1958»; mit handschriftlicher widmung «zur erinnerung herzlichst zugeeignet von tut» [sonderdruck für den freundeskreis des verstorbenen bauhausmeisters]

le corbusier, *kommende baukunst*, übers. und hrsg. von hans hildebrandt, deutsche verlagsanstalt, stuttgart 1926

le corbusier und pierre jeanneret, *ihr gesamtes werk von 1910–1929*, hrsg. und übersetzt von o. stonorov und w. boesiger, einleitung und erläuternder text von le corbusier in zusammenarbeit mit den hrsg., girsberger, zürich 1930

le corbusier & p. jeanneret, *œuvre complète, 1929–1934*, hrsg. von w. boesiger, girsberger, zürich 1934; umschlaggestaltung max bill

le corbusier & p. jeanneret, *œuvre complète 1934–1938*, hrsg. von max bill, texte von le corbusier, girsberger, zürich 1939; umschlaggestaltung max bill

fredi lerch, erwin marti: «einführung – der kunstpublizist c. a. loosli», in: *carl albert loosli, hodlers welt*, hrsg. von fredi lerch und erwin marti, rotpunkt, zürich 2008, s. 7–16

jacques lipchitz: *my life in sculpture*, thames and hudson, london 1972

elena liessner-blomberg: «romanisches café», in: *russen in berlin, literatur, malerei, theater, film, 1918–33*, hrsg. von fritz mierau, philipp reclam jun., leipzig 1990, s. 336–338

el lissitzky: *russland: architektur für eine weltrevolution 1929*, anton schroll, wien 1930; neuausgabe ullstein, berlin/frankfurt am main/wien 1965

sophie lissitzky-küppers: «erinnerungen und briefe», in: *el lissitzky: maler, architekt, typograf, fotograf – erinnerungen, briefe, schriften*, übergeben von sophie lissitzky-küppers, veb verlag der kunst, dresden 1976, s. 11–98

heinz loew: «die bewegliche plastik und die mechanische bühne», in: joost schmidt: *lehre und arbeit am bauhaus 1919–32*, edition marzona, düsseldorf 1984 [a], s. 77–83

heinz loew: «joost schmidt: lehrer am bauhaus», in: joost schmidt: *lehre und arbeit am bauhaus 1919–32*, edition marzona, düsseldorf 1984 [b], s. 7–9

richard paul lohse: «1936, prolog zur allianz», in: *1936 – eine konfrontation* (reihe dreissiger jahre schweiz), ausst.-kat. aargauer kunsthaus, aarau 1981, s. 100–101

luise und erich mendelsohn – eine partnerschaft für die kunst, hrsg. ita heinze-greenberg und regina stephan, hatje cantz, ostfildern-ruit 2004

ute maasberg, regina prinz: *die neuen kommen! weibliche avantgarde in der architektur der zwanziger jahre*, junius, hamburg 2004

ulla machlitt, hans harksen: «aus der arbeit der bauhaus-werkstätten in dessau», in: *dessauer kalender 1977*, hrsg. von rat der stadt dessau - stadtarchiv, dessau/ddr, s. 74–103

franz maciejewski: *freud in maloja. die engadiner reise mit minna bernays*, osburg, berlin 2008

guido magnaguagno: [einführung], in: clément moreau/carl meffert: *linolschnitte zu ignazio silone*, litpol, berlin 1980, o.p.

giuseppe marchiori: «san lazzaro et les artistes italiens», in: *san lazzaro et ses amis. hommage au fondateur de la revue XXᵉ siècle*, la revue *XXᵉ siècle*, paris 1975, s. 109–115 (aus dem italienischen von angela delmont); ouvrage collectif comportant 15 lithographies dont 9 originales

bernhard mayer: *interessante zeitgenossen / interesting contemporaries / lebenserinnerungen eines jüdischen kaufmanns und weltbürgers / memoirs of a jewish merchant and cosmopolitan 1866–1946*, hrsg. von erhard roy wiehn, hartung-gorre, konstanz 1998

max bill, ausst.-kat. musée rath, genf, 6.–30. april 1972; konzeption der ausstellung und des katalogs max bill und valentina anker

max bill: *typografie, reklame, buchgestaltung*, mit textbeiträgen von gerd fleischmann, hans rudolf bosshard, christoph bignens, niggli, sulgen/zürich 1999

max ernst: *une semaine de bonté*, hrsg. von werner spies, ausst.-kat. albertina, wien, max ernst museum brühl, hamburger kunsthalle, dumont, köln 2008

walter mehring: *verrufene malerei – einst verkannt, geschmäht, verfolgt, heute weltberühmt und kaum mit geld zu bezahlen,* wilhelm heyne, münchen 1965

adrian mebold: «max bill und winterthur: geschichten zwischen heimat und avant-garde, in: *max bill: aspekte seines werks,* hrsg. von kunstmuseum winterthur und gewerbemuseum winterthur, niggli, sulgen/zürich 2008, s. 203–215

louise mendelsohn: «my life in a changing world», san francisco o.j., unveröffentlichtes manuskript, aus dem englischen von ita heinze-greenberg, in: *luise und erich mendelsohn – eine partnerschaft für die kunst,* hrsg. ita heinze-greenberg und regina stephan, hatje cantz, ostfildern-ruit 2004

felix meyer: «sonate für zwei klaviere und schlagzeug», in: *béla bartók 1945 – 50th anniversary – 1995,* hrsg. migros-genossenschaftsbund, zürich 1995

hannes meyer: «mein hinauswurf aus dem bauhaus. offener brief an herrn oberbürgermeister hesse, dessau», in: *bauhaus dessau, dimensionen 1925–1932,* ausst.-kat. bauhaus dessau 1993, dokument nr. 4

lászló moholy-nagy: *von material zu architektur,* bauhausbücher band 14, albert langen, münchen 1929

lucia moholy: *marginalien zu moholy-nagy. dokumentarische ungereimtheiten ... / moholy-nagy, marginal notes. documentary absurdities ...,* scherpe, krefeld 1972

sibyl moholy-nagy: *experiment in totality,* harper & brothers, new york 1950

iva mojzisová: «moholy-nagy in brünn und pressburg», in: *wechselwirkungen. ungarische avantgarde in der weimarer republik,* ausst.-kat. neue galerie kassel, museum bochum, jonas, marburg 1986, s. 282–283

piet mondrian: *le néo-plasticisme – aux hommes futurs,* éditions de l'effort moderne, léonce rosenberg, paris 1920; deutsche übersetzung

piet mondrian: «neue gestaltung», in: *bauhausbücher,* nr. 5, 1925, s. 9–10

hans mühlestein: *ferdinand hodler. ein deutungsversuch,* gustav kiepenheuer, weimar 1914; mit 85 lichtdrucken nach handzeichnungen und 2 nach einer originalplastik ferdinand hodlers

hans mühlestein/georg schmidt: *ferdinand hodler 1853–1918: sein leben und sein werk,* eugen rentsch, erlenbach-zürich 1942

thomas müller: *von charlottenburg zum central park west. henry lowenfeld und die psychoanalyse in berlin, prag und new york,* édition déja-vu, frankfurt am main 2000

arno münster: *ernst bloch. eine politische biografie,* philo, berlin 2004 (erstausgabe *l'utopie concrète d'ernst bloch,* kimé, paris 2001)

nachlass ernst f. burckhardt über die vereinigung für kleinkunst ‹der krater›; schweizerisches cabaret-, chanson- und pantomimen-archiv, thun/gwatt, h.u. von allmen

winfried nerdinger: *walter gropius: der architekt walter gropius,* ausst.-kat. bauhaus-archiv, busch-reisinger-museum, gebr. mann, berlin 1985; zeichnungen, pläne, fotos, werkverzeichnis, dt. & engl.

eckhard neumann (hrsg.): *bauhaus und bauhäusler. bekenntnisse und erinnerungen,* hallwag, bern/stuttgart 1971; sowie dumont taschenbücher, köln 1985

helene nonne-schmidt: «joost schmidt» [biografie], in: joost schmidt: *lehre und arbeit am bauhaus 1919–32,* edition marzona, düsseldorf 1984 [a], s. 115–117

helene nonne-schmidt: «reklame-unterricht 1930–32», in: joost schmidt: *lehre und arbeit am bauhaus 1919–32,* edition marzona, düsseldorf 1984 [b], s. 95–97

helene nonne-schmidt: «typografie 1923 bis 1932», in: joost schmidt: *lehre und arbeit am bauhaus 1919–32,* edition marzona, düsseldorf 1984 [c], s. 19–22

werner oechslin: *le corbusier und die schweiz: dokumente einer schwierigen beziehung,* gta/ammann, zürich 1987

hans oesch: *wladimir vogel. sein weg zu einer neuen musikalischen wirklichkeit,* francke, bern/münchen 1967

meret oppenheim in: werner spies, anja müller-alsbach: *max ernst – im garten der nymphe ancolie,* ausst.-kat. hrsg. vom museum tinguely, hatje cantz, ostfildern-ruit 2007, s. 195ff.

paul klee und seine malerfreunde. die sammlung felix klee, ausst.-kat. wilhelm-lehmbruck-museum der stadt duisburg, 1971

hansjörg pauli, dagmar wünsche: *hermann scherchen, musiker, 1891–1966,* ausst.-kat. akademie der künste, hentrich, berlin 1986

l. pazitnov: *das schöpferische erbe des bauhauses 1919–1933,* institut für angewandte kunst, berlin/ddr 1963

jürgen pech: «max ernst und ‹das goldene zeitalter›», in: *max ernst. fotografische porträts und dokumente,* ausst.-kat. stadt brühl, 1991

julia perrottet: «allar wird bühnenbildner», in: suzanne perrottet: *ein bewegtes leben,* text und bilder bearbeitet und ausgewählt von giorgio j. wolfensberger, benteli, bern o.j. [1989/90], s. 233–235

suzanne perrottet: *ein bewegtes leben,* text und bilder bearbeitet und ausgewählt von giorgio j. wolfensberger, benteli, bern o.j. [1989/90]

andré pieyre de mandiargues: «héroïque san lazzaro», in: *san lazzaro et ses amis. hommage au fondateur de la revue XXe siècle,* la revue *XXe siècle,* paris 1975; ouvrage collectif comportant 15 lithographies dont 9 originales

erwin poeschel: *augusto giacometti,* rascher, zürich 1922, mit neunundzwanzig farbigen bildern; mit bills handschriftlicher notiz «bill – antiquarisch gekauft 1944»

karl heinrich pohl: «eisner, fechenbach und die revolution in bayern», in: *felix fechenbach 1894–1933. journalist schriftsteller pazifist,* symposium zum 100. geburtstag in detmold, institut für lippische landeskunde und kreis lippe, detmold 1994, s. 42–59

julius posener: *fast so alt wie das jahrhundert,* siedler, berlin 1990

marie-aline prat: «contribution aux archives de l'art abstrait en france: le groupe et la revue ‹cercle et carré›», thèse de doctorat, université de paris, sorbonne 1980

ingeborg prior: *die geraubten bilder. die abenteuerliche geschichte der sophie lissitzky-küppers und ihrer kunstsammlung,* kiepenheuer & witsch, köln 2002

privatarchiv fritz und elly schwarz, schweizerisches sozialarchiv, zürich

emil rasch: «mit dem bauhaus arbeiten», in: eckhard neumann (hrsg.): *bauhaus und bauhäusler. bekenntnisse und erinnerungen,* hallwag, bern/stuttgart 1971, s. 183

paul renner: *kulturbolschewismus?,* eugen rentsch, erlenbach-zürich/münchen/leipzig 1932

horst richter: *el lissitzky: sieg über die sonne. zur kunst des konstruktivismus,* galerie czwiklitzer, köln 1958

alfred roth: «erinnerungen an den bau der ‹weissenhofsiedlung›», vorwort zu faksimiledruck von *zwei wohnhäuser von le corbusier und pierre jeanneret. fünf punkte zu einer neuen architektur von le corbusier und pierre jeanneret durch alfred roth* (wedekind, stuttgart 1927), karl krämer, stuttgart 1977; neuausgabe karl krämer, stuttgart 1991

alfred roth: *amüsante erlebnisse eines architekten,* gta/ammann, zürich 1988

michael roth: «aus einem gespräch mit anton stankowski», in: *anton stan-*

kowski gewollt – geworden. visualisierungen im freien und angewandten bereich, ausst.-kat. ulmer museum, hatje, stuttgart 1991, s. 25–37

paul sacher: «begegnungen mit béla bartók» (aufsatz von 1982), in: *béla bartók 1945 – 50th anniversary – 1995*, hrsg. migros-genossenschafts-bund, zürich 1995

rolf sachsse: *lucia moholy*, edition marzona, düsseldorf 1985

gualtieri di san lazzaro: *parigi era viva*, mondadori, milano 1966 (erstausgabe garzanti, milano 1949)

karl-heinz schaarschmidt: «grundlagen der gestaltung – plastik», manuskript zur vorlesung in der designausbildung, technische universität dresden, 3. ausgabe, neu bearbeitet 2003

marie-louise schaller: *otto morach (1887–1973)*, schweizerisches institut für kunstwissenschaft, zürich, prestel, münchen 1983

schawinsky-archiv c/o ronald schmid, san nazzaro

alexander ‹xanti› schawinsky: schreibmaschinenmanuskript zu bauhaus dessau, 1927; bauhaus-archiv berlin; ronald schmid, schawinsky-archiv, san nazzaro

ernst scheidegger: *max bill – maler, plastiker, architekt, erzieher und politiker*, videofilm farbe, 100 min., scheidegger & spiess, zürich 1998 (entstanden 1993); regie ernst scheidegger, kamera otmar schmid/daniel lehmann, schnitt franziska wirz, musik daniel fueter

walter scheiffele: *bauhaus junkers sozialdemokratie – ein kraftfeld der moderne*, form + zweck, berlin 2003

dirk scheper: «hermann scherchens zusammenarbeit mit oskar schlemmer», in: hansjörg pauli, dagmar wünsche: *hermann scherchen, musiker, 1891–1966*, ausst.-kat. akademie der künste, hentrich, berlin 1986, s. 101ff.

dirk scheper: *oskar schlemmer – das triadische ballett und die bauhausbühne*, schriftenreihe der akademie der künste, band 20, mit einem vorwort von max bill, berlin 1988

renate scheper: «die geschichte der werkstatt für wandmalerei am bauhaus», in: *farbenfroh! colourful! die werkstatt für wandmalerei am bauhaus / the wallpainting workshop at the bauhaus*, ausst.-kat. bauhaus-archiv, berlin 2005, dt. und engl., s. 8–40

jeroen schilt, herman selier: «het leven van lotte stam-beese», in: *lotte stam-beese 1903–1988, dessau, brno, charkow, moskou, amsterdam, rotterdam*, rotterdamse kunststichting/uitgeverij de hef, rotterdam 1993, s. 10–35

merle schipper: «jean hélion: the abstract years, 1929–1939», dissertation, university of california, los angeles 1974

oskar schlemmer, *briefe und tagebücher*, herausgegeben von tut schlemmer, albert langen, georg müller, münchen 1958

oskar schlemmer: *idealist der form. briefe, tagebücher, schriften 1912–1943*, reclam, leipzig 1990

erich schmid: *bill – das absolute augenmass*, farbfilm, 93,5 min., zürich 2008; buch und regie erich schmid, kamera ueli nuesch, ton dieter meyer/florian eidenbenz, beleuchtung ernst brunner, schnitt antoine boissonas, musik andré bellmont

werner schmid: *hans bernoulli: städtebauer politiker weltbürger*, peter meili, schaffhausen 1974

doris schmidt: *max bill*, filmporträt für das zweite deutsche fernsehen zdf, 1983

hans schmidt: «erinnerungen an lissitzky», in: *el lissitzky: maler, architekt, typograf, fotograf – erinnerungen, briefe, schriften*, übergeben von sophie lissitzky-küppers, veb verlag der kunst, dresden 1976, s. 395ff.

claude schnaidt: «von der diktatur der maschine zur diktatur des proletariats», vortragsreihe ‹moskau-zürich› an der eth zürich, 12. juni 1990; manuskript des autors in paris zur verfügung gestellt für angela thomas

albert schoop: *ernst ludwig kirchner im thurgau. die 10 monate in kreuzlingen 1917–1918*, kornfeld, bern 1992

lothar schreyer, *erinnerungen an sturm und bauhaus*, langen-müller, münchen 1956

thomas b. schumann (hrsg.): «wir verstummen nicht – jo mihaly (1902–1989). portrait einer vergessenen schriftstellerin, tänzerin und emigrantin» [nachwort], in: jo mihaly: *auch wenn es nacht ist*, roman [vermutlich ende der 40er- oder im laufe der 50er-jahre entstanden], memoria, hürth bei köln 2002

dieter schwarz: «die sammlung georg reinhart, winterthur», in: *die kunst zu sammeln, schweizer kunstsammlungen seit 1848*, schweizerisches institut für kunstwissenschaft, zürich 1998, s. 345–354

schweizerisches cabaret-, chanson- und pantomimen-archiv, thun/gwatt, h.u. von allmen

werner spies: «die desaster des jahrhunderts», in: *max ernst: une semaine de bonté*, hrsg. von ders., ausst.-kat. albertina, wien, max ernst museum brühl, hamburger kunsthalle, dumont, köln 2008, s. 10–71

peter stahlberger: *der zürcher verleger emil oprecht und die deutsche politische emigration 1933–1945*, europa, zürich 1970

mart stam: «die architektur-konzeption el lissitzkys», in: *el lissitzky: maler, architekt, typograf, fotograf – erinnerungen, briefe, schriften*, übergeben von sophie lissitzky-küppers, veb verlag der kunst, dresden 1976, s. 394–395

heiri steiner: «erinnerung an ernst keller 1924–27», in: *ernst keller, graphiker, 1891–1968. gesamtwerk*, hrsg. von hansjörg budliger et al., ausst.-kat. kunstgewerbemuseum zürich, 1976

stiftung hans arp und sophie taeuber-arp, rolandseck

beat stutzer: «ernst ludwig kirchner und basel», in: *ernst ludwig kirchner. die sammlung im kirchner-haus davos und die werke kirchners im kunstmuseum basel*, ausst.-kat. kunstmuseum basel, 1979, s. 23–26.

beat stutzer: «georg schmidt: ein gang durch die winterthurer kirchnerausstellung 1924», in: *expressionismus aus den bergen. ernst ludwig kirchner, philipp bauknecht, jan wiegers und die gruppe rot-blau*, hrsg. von beat stutzer, samuel vitali, han stenbruggen und matthias frehner, ausst.-kat. kunstmuseum bern, groninger museum, bündner kunstmuseum chur, scheidegger & spiess, zürich 2007, s. 281–286

hans suter: *paul klee und seine krankheit*, stämpfli, bern 2006

ursula suter (hrsg.): *hans schmidt 1893–1972. architekt in basel, moskau, berlin-ost (dokumente zur modernen schweizer architektur)*, gta, zürich 1993

tagebücher von paul klee 1898–1918, hrsg. und eingeleitet von felix klee, m. dumont schauberg, köln 1957

hans teubner: *exilland schweiz – dokumentarischer bericht über den kampf emigrierter deutscher kommunisten 1933–1945*, dietz, berlin 1975

angela thomas: «sophie taeuber-arp 1889–1943», in: *sophie taeuber-arp 1889–1943*, ausst.-kat. museo comunale ascona, 1983; auswahl der werke und ausstellungsgestaltung angela thomas, typografische gestaltung des katalogs und des ausstellungsplakats max bill

angela thomas: «max bill ed i suoi rapporti con l'italia / max bill and italy», in: *max bill*, hrsg. von luciano caramel und angela thomas, ausst.-kat. lorenzelli arte, milano 1991 [a], s. 10–24

angela thomas: *mit unverstelltem blick – bericht zu drei künstlerinnen: anna baumann-kienast, alis guggenheim, sophie taeuber-arp,* benteli, bern 1991 [b]

sabine thümmler, «bauhaus-tapete», in: *bauhaus,* rasch, 1999, o.p.

philipp tolziner: «mit hannes meyer am bauhaus und in der sowjetunion», in: *hannes meyer 1889–1954. architekt urbanist lehrer,* ausst.-kat. bauhaus archiv, berlin, deutsches architekturmuseum, frankfurt am main, museum für gestaltung, zürich, wilhelm ernst & sohn, berlin 1989, s. 134–165

margarita tupitsyn: *el lissitzky – jenseits der abstraktion. fotografie, design, kooperation,* ausst.-kat. sprengel museum hannover, schirmer/mosel, münchen/paris/london 1999

mercedes valdivieso: «eine ›symbiotische arbeitsgemeinschaft‹, lucia und lászló moholy-nagy», in: renate berger (hrsg.): *liebe macht kunst. künstlerpaare im 20. jahrhundert,* böhlau, köln/weimar/wien 2000, s. 63–85

wies van moorsel: *durchschnitt reicht nicht! nelly van doesburg 1899–1975,* niggli, sulgen/zürich 2003

vantongerloo-archiv, c/o angela thomas, haus bill, zumikon

c.f. [charles frédéric] vaucher: *aus meiner linken schublade. erzählungen eines lebens,* mit zwischentexten von peter kamber, rotpunkt, zürich 1996

wladimir vogel: *schriften und aufzeichnungen über musik: innerhalb – ausserhalb,* hrsg. und mit einem nachwort von walter labhart, atlantis musikbuch, zürich 1977

pierre volboudt: «portrait de san lazzaro», in: *san lazzaro et ses amis. hommage au fondateur de la revue XXe siècle,* la revue XXe siècle, paris 1975; ouvrage collectif comportant 15 lithographies dont 9 originales

waldheim-chronik; archiv ortsmuseum oetwil am see, theodor marty

w. [wilhelm wartmann]: [einleitung], in: *zeitprobleme in der schweizer malerei und plastik,* ausst.-kat. kunsthaus zürich; typografie max bill

eva weininger: «lieber lux», in: *das frühe bauhaus und johannes itten,* katalogbuch anlässlich des 75. gründungsjubiläums des staatlichen bauhauses in weimar, gerd hatje, ostfildern 1994, s. 379ff.

anne-kathrin weise: «pariser impressionen – marianne brandt und frankreich», in: *das bauhaus und frankreich 1919–1940 / le bauhaus et la france 1919–1940,* hrsg. von isabelle ewig, thomas w. gaehtgens, matthias noell, akademie verlag, berlin 2002

hannah weitemeier: «lászló moholy-nagy – leben und werk», in: *lászló moholy-nagy,* ausst.-kat. württembergischer kunstverein stuttgart, kölnischer kunstverein, kunstgewerbemuseum der stadt zürich, gerd hatje, stuttgart 1974, s. 8–114

robert p. welsh: *piet mondrian 1872–1944,* ausst.-kat. the art gallery of toronto, philadelphia museum of art, gemeentemuseum the hague, 1966

heiny widmer: «die gründer der sektion aargau 1904–1954», in: *aargauer almanach auf das jahr 1975,* buchdruckerei keller, 1974; archiv christoph geiger

wilhelm ostwald archiv, deutsche akademie der wissenschaften, berlin

hans m. wingler: *das bauhaus. 1919–1933: weimar, dessau, berlin,* gebr. rasch, bramsche 1962

hans m. wingler: *kleine bauhaus-fibel,* bauhaus-archiv, berlin 1974

klaus-jürgen winkler: «die werkstätten für wandmalerei und bildhauerei», in: hans m. wingler: *kleine bauhausfibel,* bauhaus-archiv, berlin 1974, s. 18–20

klaus-jürgen winkler: *baulehre und entwerfen am bauhaus 1919–1933,* bauhaus-universität weimar, universitätsverlag, weimar 2003

christian wollsdorff: «takehito mizutani», in: *experiment bauhaus, das bauhaus-archiv berlin (west) zu gast im bauhaus dessau,* ausst.-kat. bauhaus dessau/ddr, hrsg. von bauhaus-archiv und museum für gestaltung, kupfergraben, berlin 1988, s. 28 zu abb. 27; katalogredaktion magdalena droste, jeannine fiedler

james n. wood: [einleitender text], in: *max bill,* ausst.-kat. albright knox art gallery, buffalo 1974 (los angeles 1975, san francisco 1975), s. 19–36

zum andenken an egidius streiff, nachrufbroschüre, [1952?]; gta archiv, eth zürich

zürcher maler, ausst.-kat. kunsthaus zürich, 8. mai – 4. juni, 1947

personenregister

abraham, karl 1877–1925
65
adler, bruno maria 1889–1969
151
adler, waldemar 1906–?
152, 186
adorno, theodor w. 1903–1969
390
albers, anni 1899–1994
123, 169, 172, 248, 249, 252, 527, 528
albers, josef 1888–1976
112, 117–123, 138–141, 147, 152–159, 164, 165, 169, 172, 184, 195, 202, 204, 207, 210, 226, 227, 250, 251, 262, 269, 273, 277, 286, 295, 338, 365, 443, 444, 458, 494, 497, 514, 515, 517, 527, 528, 529
alexanian, diran 1881–1954
342, 345
aloni, yael *1929
248, 379
alpári, gyula 1882–1944
501
altherr, alfred 1911–1972
76, 78, 81, 84, 101, 106, 552
amiet, cuno 1868–1961
7, 29, 30, 31, 48, 549
apollinaire, guillaume 1880–1918
23
aragon, louis 1897–1982
193, 327, 533
arend, herbert von
249
arndt, alfred 1898–?
119, 171, 249
arp, jean 1886–1966
77, 146, 169, 190, 191, 242–245, 258, 262, 273, 287, 295–300, 305, 307, 312, 318, 321, 323, 326, 333, 346, 350, 360–363, 366, 376, 416–423, 447–451, 455–459, 470–472, 480, 497–500, 505, 509–511, 523, 530–534, 544
arp-hagenbach, marguerite 1902–1994
456, 511
artaud, antonin 1896–1948
317, 333
aurenche, jean
336
aurenche, marie-berthe
336, 422

bach, johann sebastian 1685–1750
177–179, 263–265, 309, 404
bailly, alice 1872–1938
42, 43, 48, 49
baker, josephine 1906–1975
193
ball-hennings, emmy 1885–1948
156, 157, 299
ball, hugo 1886–1927
156, 299, 300, 459
balmer, luc 1898–1996
178
banfi, gian luigi 1910–1945
496
baravalle, hermann von 1898–1973
346
barbusse, henri 1873–1935
224
bartók, béla 1881–1945
139, 259–261, 514
bartók-pásztory, ditta
259–261, 514
baumann-kienast, anna 1880–1961
156, 352, 515
baumann-kienast, rudolf 1868–1952
352

baumeister, willi 1889–1955
167, 168, 272, 544
bay, hanni 1885–1978
35
bayer, herbert 1900–1985
119, 129, 135, 141, 190, 199, 359, 402
becher, johannes r. 1891–1958
392
beckmann, max 1884–1950
23, 514
beese, lotte siehe stam-beese, lotte
behrens, peter 1868–1940
257
belgiojoso, lodovico di 1909–2004
496
ben-david, shlomo
152, 153
benjamin, walter 1892–1940
276, 390
benz, maria (nusch) 1906–1946
256, 280, 281, 289–291, 294, 295, 300–306, 318, 327–331, 337, 338, 341, 402, 409, 423, 427, 532
beöthy, istván (etienne) 1897–1961
448, 449, 458
berger, otti 1898–1944
251
bergner, helene siehe meyer-bergner, lena
bernays, minna 1865–1941
16
bernoulli, hans 1876–1959
282, 343, 357, 535, 536
beuys, joseph 1921–1986
299, 346
bick, eduard 1883–1947
71, 76, 519, 523
bienert, friedrich
187

bienert, ida 1870–1965
187, 450
bill, anna maria
25
bill, atsuko
135
bill, binia 1904–1988
169, 204, 253–256, 270, 294, 295, 334–337, 341–346, 351–356, 359, 364, 365, 368, 370, 379, 380, 384, 388, 389, 393, 394, 401, 402, 406–413, 417, 422–426, 431, 433, 446, 449, 452, 460–462, 466–468, 473–475, 482, 490, 492, 496–498, 502, 503, 505, 512, 514, 517, 518, 520, 544, 549
bill, (alfred) erwin 1875–1955
8, 14, 19–21, 24–26, 28, 35, 40–45, 48–52, 59, 60, 63, 66, 67, 74, 77, 79, 87–91, 98, 99, 104–109, 120, 165, 180, 181, 195, 202, 205, 234–236, 259, 266, 271, 282, 285–291, 299, 301, 303–309, 316–319, 322, 330, 337, 338, 341, 346–51, 364, 388, 410, 444, 445, 462, 490
bill, hugo 1911–1989
18, 21, 28, 36, 37, 41, 47, 65, 66, 104–106, 109, 120, 282, 316
bill, (johann) jakob *1942
28, 157, 209, 210, 227, 255, 270, 286, 293, 364, 462
bill, jason
135
bill-wolf, lina 1886–1959
108, 234, 271, 282, 290, 308, 309, 349, 444
bill-geiger, marie 1882–1963
7–12, 14, 17–29, 32–52, 55–57, 63, 65–67, 72, 74, 77, 79, 99, 104–

566

109, 120, 177, 208, 226, 234, 236, 271, 279, 287, 303, 316, 338, 351, 490, 553
bill, niklaus
25, 26, 27, 59
bindschedler, kurt
62
binswanger, ludwig 1881–1966
69, 468
birchler, linus 1893–1976
343, 546
bissier, julius 1893–1965
167
blei, franz 1871–1942
289, 290
bloch, ernst 1885–1977
10, 276, 368, 376, 387–393, 396, 416, 435–442, 450
bloch, jan *1937
441, 442
bloch, karola 1905–1994
368, 388–393, 435–437, 441, 442
blum, robert 1900–1994
139, 178, 309, 310, 316, 334, 335, 342, 343, 404, 503
bockhoff, maria siehe geiger-bock-hoff, maria
bohn, arthur
283
bolliger, hans 1915–2002
383
bondy, françois 1915–2003
372
bonnard, pierre 1867–1947
70
bortoluzzi, alfredo (freddo) 1905–1995
229
bosshard, alex
468
bosshard, franziska (fränzi)
408
bosshard-spoerri, klara
408, 468, 492, 497
both, katt 1905–1985
123–125, 154, 155, 168, 179, 230, 359
bourgeoise, victor 1897–1962
469
brancusi, constantin 1876–1957
281, 295, 453, 457–459, 509, 530, 538

brandeis, pavel
441, 442
brandt, erik
140
brandt, marianne 1893–1963
127, 140-142, 165, 236
braque, georges 1882–1963
219, 323, 468
braun, albert 1904–?
213, 272
braun, volker *1939
276
brecht, bertold 1898–1956
112, 256, 390, 405, 426, 460, 461, 487
brentano, bernard von 1901–1964
382, 384
breton, andré 1896–1966
310, 324, 416, 428–430
breuer, marcel 1902–1981
119, 120, 125, 135, 141, 162, 164, 190, 193, 359, 360, 389, 397, 398, 402, 431–434
brignoni, serge 1903–2002
323–326, 544
brupbacher, fritz 1874–1945
11, 74, 75, 108, 372, 373, 468, 504
brupbacher, paulette 1880–1967
11, 372, 373, 504
brzekowski, jan 1903–1983
322, 448
bucher, jeanne 1872–1946
281, 320–326, 351, 424, 427, 430, 443, 527
büchner, georg 1813–1837
10, 45, 276, 393, 403
bücking, peer
246, 247
bühler, alfred 1904–1982
71, 76
bühler, max
343
bühler, richard
70
bührer, jakob 1882–1975
310, 376, 378, 385
bürgi-bigler, hanni 1880–1938
218, 219
bürgi, käthi
219
bukofzer, manfred 1910–1955
407, 408

buñuel, luis 1900–1983
296, 333–336, 396
burckhardt, carl 1878–1923
314, 315
burckhardt, christoph
365
burckhardt-blum, elsa 1900–1974
102, 309–311, 313, 318, 334, 343–346, 351, 365, 404
burckhardt, ernst friedrich 1900–1958
102, 309–318, 322, 323, 331–333, 341–344, 350, 355, 358, 360, 365, 368, 371, 380, 382, 397, 411, 465, 492, 503
burckhardt, karl a. 1879–1960
311
busoni, ferrucio 1866–1924
139, 178, 310, 383, 404, 405
caflisch, hans luzi
55, 64
calder, alexander 1898–1976
458, 470–472, 507, 534
camilleri, andrea *1925
353
canetti, elias 1905–1994
178, 384, 403
carrington, leonora *1917
427, 430
casals, pablo 1876–1973
342, 345
celan, paul 1920–1970
327
chagall, marc 1887–1985
77, 212, 534
chaplin, charles 1889–1977
215, 216
char, rené 1907–1987
327, 329
clemens, roman 1910–1992
179, 194, 246, 369–371
closon, henri-jean 1898–1975
448
colette 1873–1954
474
collein, eddie
194
comeriner, erich 1907–1978
155
conrad, joseph 1857–1924
279, 453

consemüller, erich 1902–1957
198
coray, han 1880–1974
466
coray, hans 1906–1991
466
crawford, lili
385
crevel, rené 1900–1935
193
curjel, hans 1896–1974
369, 384, 411, 427, 545, 546

dahm, helen 1878–1968
60
dalí, salvador 1904–1989
296, 328, 329, 333, 336, 396, 423
danegger, mathilde 1903–1988
487
delaunay, robert 1885–1941
29, 30, 83, 84, 115, 131, 350, 458, 534
delaunay, sonia 1885–1979
131, 350, 534
dicker-brandeis, friedl 1898–1944
151, 252, 441, 442
diebold, bernhard 1886–1945
382, 506, 515
diesbach, fred de
401
dietrich, marlene 1901–1992
382, 546
domela, césar 1900–1992
458, 460, 509, 511
dreier, katherine sophie 1877–1952
192
dreier, ted 1902–1997
172
dürer, albrecht 1471–1528
428, 429
dulac, germaine 1882–1942
316, 317, 332–334
duttweiler, gottlieb 1888–1962
536
duttweiler, hans
232, 257, 284

eames, ray 1912–1988
141
edison, thomas 1847–1931
216
eesteren, cornelis van 1897–1988
438

egender, karl 1890-1969
343, 344, 351, 352, 423, 424
egender-wintsch, trudy 1902-1985
344, 406
ehrenburg, ilja 1891-1967
146, 147
ehrismann, albert 1908-1998
225, 315, 340, 341, 344
eidenbenz, willi 1908-1998
201, 292-294, 298
eiffel, gustave 1832-1923
82, 83, 215, 216
einstein, albert 1879-1955
10, 35, 346, 393, 405
einstein, maja
35
eisenstein, sergej 1898-1948
544
eisler, hanns 1898-1962
251
eisner, kurt 1867-1919
274
éluard, paul 1895-1952
193, 291, 327-331, 335, 336, 402, 409, 416, 423-430, 532
engelhardt, fritz
278
epper, ignaz 1892-1969
42, 43
erni, hans *1909
449, 460, 467, 492, 500
ernst, jimmy 1920-1984
422, 423, 427, 430
ernst, max 1891-1976
169, 193, 201, 253, 272, 273, 295, 317, 318, 323, 326, 330-337, 350, 397, 407-431, 459, 497, 532-534, 544
ertl, fritz
442
etter, philipp 1891-1977
536

falke, konrad 1880-1942
344
fawcus, arnold
540
fechenbach, felix 1894-1933
274
feininger, andreas 1906-1999
124, 148
feininger, julia
124, 148, 182, 194

feininger, lyonel 1871-1956
110, 124, 147, 148, 180-182, 194, 207, 215
feininger, t. lux (theodore) *1910
124, 173-175, 179, 180, 194, 195, 230, 238, 370
fernandez, louis 1900-1973
448, 449, 458
fink, paul 1875-1946
43, 68
finlay freundlich, erwin 1885-1964
263
finsler, hans 1891-1972
402, 411, 446, 492
fischer-rettenmund, bertie
79
fischer, carl 1888-1987
79, 128, 492
fischli, emil
225, 231, 233, 257
fischli, hans 1909-1989
56, 120, 126, 159, 167, 168, 184, 188, 189, 194, 198, 201, 210, 224-235, 257-259, 285, 297, 338, 343, 350, 351, 363, 442, 446-449, 453, 463-466, 471, 472, 479, 492, 500
fischli, peter *1952
225
flake, thomas 1908-?
127, 179
flake, otto 1880-1963
127, 179
flechtheim, alfred 1878-1937
218, 272
fleischmann, marcel
376
ford, henry 1863-1947
242
forrer, anita siehe hug-forrer, anita
forrer, hans
357
franco bahamonde, francisco 1892-1975
428, 503, 504
freitag, robert *1916
53, 54
freud, sigmund 1856-1939
16, 66, 215, 216, 331, 428, 429, 450
freundlich, otto 1878-1943
295, 322, 448, 457-460, 530

frey, werner 1912-1989
370
friedrich, clara 1894-1969
502, 506
friedrich, ernst 1894-1967
213
frölich, albert 1876-1953
12
frölich, johann jakob 1699-1774
17
gabo, naum 1890-1977
145-147, 202, 203, 212, 284, 509, 516, 518, 535
gandhi, mahatma 1869-1948
14
ganter, heinrich 1848-1915
35
gaudí, antoni 1852-1926
346
gaulle, charles de 1890-1970
105
gebhardt, max
124
geiger, christoph-beat *1942
17, 30, 39, 45, 74, 88, 90, 91, 94, 108, 132, 280, 349
geiger-woerner, clara 1902-1996
91, 131-133
geiger, ernst samuel 1876-1965
7-18, 20-24, 26, 28-37, 41, 45-50, 64, 65, 74, 75, 77, 79, 82, 84, 88-96, 105, 107-109, 113, 131-133, 205, 208, 234, 279-285, 297, 301, 302, 306, 327, 372, 377, 386, 425
geiger, hans arnold 1909-1998
37, 47, 91, 131-133
geiger, hans karl 1877-1934
22-24, 29, 34, 45
geiger, hans-ulrich
47
geiger, ida 1883-1955
24, 28, 36, 37, 41, 45, 47, 208
geiger-bockhoff, maria 1885-1921
13, 14, 31, 35-37, 46, 47, 91
geiger, marie siehe bill-geiger, marie
geiger, olga 1877-?
23
geiger, rosa 1887-1944
24, 28, 36, 37, 41, 45, 47, 92, 208
geiger-schwarz, sophie 1879-1908
22, 28, 34, 37, 38, 208

geiger, sophie siehe weibel-geiger, sophie
geiger, ulrich 1841-1916
12, 14, 15, 17, 18, 20, 22, 24, 26, 28, 29, 33-38, 45, 46, 52, 79, 82, 105, 208, 553
geiger, wolfgang ‹wölfi› 1921-2000
46, 47, 91, 93, 131
geiser, karl 1898-1957
73, 74
geiser, walther 1897-1993
178
gesell, silvio 1862-1930
80, 181, 213, 215, 355, 536
gessner-bührer, selma
376, 377
geyer, stefi 1888-1956
259, 261
giacometti, alberto 1901-1966
16, 324, 344, 416, 417, 423-426, 448, 497
giacometti, annetta 1871-1964
425
giacometti, augusto 1877-1947
42-44
giacometti, bruno *1907
344, 425
giacometti, diego 1902-1985
425, 426
giacometti, giovanni 1868-1933
7, 16, 29, 31, 49, 426
giacometti-duperret, odette 1910-2007
425, 426
giauque, elsi 1900-1989
132, 282, 491
giedion, andres
169, 296, 347
giedion-welcker, carola 1893-1975
169, 270, 295, 296, 318, 346, 347, 350, 398, 406, 409-411, 422, 423, 426, 430, 498, 509, 538
giedion, sigfried 1888-1968
111, 167, 169, 288, 289, 296, 298, 318, 343, 347, 350, 369, 376, 394, 397, 398, 409-411, 417, 430, 437-439, 457, 477, 497-500, 544, 546
gilot, françoise *1921
325
girardet, georg
277

girsberger, hans
102, 397, 406, 409, 436, 513, 541, 547, 548
gitermann, valentin 1900–1965
385
glarner, fritz 1899–1972
286, 343, 500
gleizes, albert 1881–1953
449, 457, 458
godé-darel, valentine 1873–1915
31, 38, 56, 57
goebbels, joseph 1897–1945
391, 428, 515
gogol, nikolai wassiljewitsch 1809–1852
224
goldtschmidt, harry
470
gonzález, julio 1876–1942
416, 458, 497
gorin, jean 1899–1981
322, 449, 457, 458
gorki, maxim 1868–1936
224
gould, glenn 1932–1982
264
grabowska, nadia 1904–1983
322
graeff, werner 1901–1978
145
graeser, camille 1892–1980
468
graeser, wolfgang 1906–1928
177, 263, 264
graubner, gotthard *1930
276
grohmann, will 1887–1968
58, 103, 218, 281, 371, 450
gropius, ise 1897–1983
116, 232
gropius, walter 1883–1969
109–111, 115–119, 125–129, 135, 140, 142, 146–148, 152, 153, 161–165, 169–172, 186, 187, 190–193, 199, 201, 203, 211, 232, 237, 240, 253, 256, 257, 268, 284, 317, 357–360, 369, 426, 437, 438, 469, 494, 529
grosch, karla
190, 193
gross, henry d.
351

grosz, george 1893–1959
214
grote, ludwig 1893–1974
211, 298
guggenbühl, nelly
387
guggenheim, alis 1896–1958
71–73, 76
guggenheim, g.
342, 343
guggenheim, isaak
343
guggenheim, kurt 1896–1983
89
guggenheim, peggy 1898–1979
431
haefeli, (max) ernst 1901–1976
102, 167, 214
haesler, otto 1880–1962
359
hagenbach, marguerite siehe arp-hagenbach, marguerite
hahnloser, arthur 1870–1936
70
hahnloser-bühler, hedy 1873–1952
42, 70
haller, hermann 1880–1950
74, 384
hardegger, margarethe 1882–1963
243
häring, hugo 1882–1958
125, 214
hartmann, georg
370
hauer, jakob wilhelm 1881–1962
413–415
hauser, otto 1874–1931
46
hausmann, raoul 1886–1971
145
hawkins, coleman 1904–1969
462
hebebrand, werner 1899–1966
222
hegetschweiler, emil 1887–1959
310, 311, 313, 340, 342, 344
heim, albert 1849–1937
88, 89
heim, ernst
88
hein, christoph *1944
276

heinz, wolfgang 1900–1984
487
hélion, jean 1904–1987
320, 448, 449, 458, 470–473, 523, 533
hennings, annemarie 1906–1987
156–160, 190, 198, 216, 224, 229, 350, 352
henri, florence 1893–1982
318
hepworth, barbara 1903–1975
448, 458, 459, 530, 535
herbin, auguste 1882–1960
447–449, 453, 457–460, 467, 478, 480, 512, 513
hermlin, irina
276
hermlin, stephan 1915–1997
276
hertzberger, eleonore *1917
149
hess, willy
80, 506
hesse, fritz 1881–1973
171, 173
hesse, heiner 1909–2003
300
hesse, hermann 1877–1962
299, 300, 549
hilberseimer, ludwig 1885–1967
125, 184, 204, 268
hildebrandt, hans 1878–1957
101, 273, 444
hinterreiter, hans 1902–1989
79, 80, 214, 239, 278, 467, 505–508, 523, 526
hinterreiter, liliane *1939
508
hinterreiter, lilli
80, 278
hinterreiter-salm, mina ?–1939
239, 505, 506, 508
hirsch, hans werner siehe surava, peter
hirschfeld, kurt 1902–1964
275
hirschfeld, ludwig 1893–1965
194
hitler, adolf 1889–1945
69, 216, 251, 371, 387, 391, 428–430, 441, 484, 493, 504, 505, 515
höch, hannah 1889–1978
145, 245, 307

hodel, fritz
503, 513
hodel-spoerri, elsbeth
497, 503
hodler, ferdinand 1853–1918
14, 22, 23, 25, 27, 29–32, 38, 42, 43, 48, 49, 55–58, 65, 66, 70, 74, 120, 226, 280, 376
hofmann, hans 1897–1957
343, 465
hofmann, hubert (höbi)
170, 194
hubacher, carl 1898–1973
169, 311, 367, 368
hubacher, hermann 1885–1976
74
huber, max 1919–1992
482
huchel, peter 1903–1981
392
huelsenbeck, richard 1892–1974
156, 243, 312
hürlimann, heinrich-otto
252, 253, 491
hürlimann, paul
344
hug-forrer, anita 1901–1966
331, 332, 503
huggler, max 1903–1995
204, 208, 209, 226
humm, rudolf jakob 1895–1977
338, 376, 381, 383, 385, 504, 505
igeler, ernst
194
itten, johannes 1888–1967
147–152, 196, 197, 254, 255, 343, 359, 461
jacobi, carl gustav jacob 1804–1851
216
jacobsohn, siegfried 1881–1926
213
jakovsky, anatole 1909–1988
459, 509, 510
janis, henriette
262
jansen, franz m. 1885–1958
30
jawlensky, alexej von 1864–1941
219
jeanneret, pierre 1896–1967
87, 111, 214, 348, 541

569

jeanneret-perret, marie-charlotte-amélie 1860–1960
541
jecklin, paul
311
jegher, werner 1900–1983
343, 546
jens, inge *1927
276
jens, tilman *1954
277
jens, walter *1923
276
jezower, ignaz 1878–?
213
johnson, isaac charles 1811–1911
394
johnson, uwe 1934–1984
276
jordi, fritz 1885–1938
113, 377
joyce, james 1882–1941
384
jung, carl gustav 1875–1961
331, 386, 506

käch, walter 1901–1970
402
kainz, josef 1858–1910
344
kalinin, michail iwanowitsch 1875–1946
263
kállai, ernst
143, 144, 146, 211, 272, 273, 285
kallin-fischer, grit 1897–1973
126, 297
kameneva, ?
263
kandinsky, nina 1896–1980
150–154, 162, 168, 171, 204, 218, 247, 322, 405, 423, 431, 513, 532
kandinsky, wassily 1866–1944
103, 110, 113, 115–118, 122, 123, 135, 141, 144, 146–154, 157, 159, 162, 167, 171–173, 187–190, 199, 202, 204, 206–219, 229, 236, 246, 247, 250, 251, 256, 266–269, 272, 281, 288, 295, 322, 346, 349, 359, 362–365, 369, 371, 405, 423, 428, 431, 458, 472, 478, 497, 501, 512, 513, 516–518, 523, 528, 530–534

kantorowicz, alfred 1899–1997
378
katz, lore siehe hertzberger, eleonore
katz, ludwig 1892–1940
149
kaufmann, edgar 1910–1989
81
keller-hürlimann, clara
50, 51
keller, ernst 1891–1968
78, 102, 237
keller-hürlimann, wilhelm
50, 53
kern, walter 1898–1966
288, 289, 299
kerr, alfred 1867–1948
390, 391
kienzle, wilhelm 1886–1958
78
kirchner, ernst ludwig 1880–1938
67–70, 287, 521, 522
kirsch, rainer *1934
277
klee, felix 1907–1990
110, 112, 154, 193, 217, 224
klee, hans 1849–1940
26, 191, 224
klee-frick, ida maria 1885–1921
224
klee-stumpf, lily 1876–1946
27, 110, 112, 153, 154, 193, 210, 216–218, 224, 231
klee-meyer, livia *1922
109–112
klee, paul 1879–1940
26, 27, 48, 49, 56, 83, 84, 110–113, 117–119, 133, 135, 146–149, 153, 154, 157, 159, 162, 167, 171, 176, 179, 187–193, 200–211, 216–220, 224, 226, 229, 230, 236, 239, 249–253, 256, 267–272, 281, 293, 295, 299, 309, 323, 326, 327, 351, 362–365, 369, 371, 387, 405, 428, 443, 500–502, 512, 534, 537–539, 549, 553
klemperer, otto 1885–1973
369, 390, 411
knell, karl
318, 368
knutson-tzara, greta 1899–1983
306, 330
kobro, katarzyna 1898–1951
448

koch-otte, benita 1892–1972
250, 251
koehn, friedrich
267
koestler, arthur 1905–1983
382, 390
kollek, teddy 1911–2007
167, 247
kollwitz, käthe 1867–1945
30, 214
kopp, friedel
155
kosnick-kloss, jeanne 1892–1955
460, 530
kracauer, siegfried 1889–1966
390
kreibig, manda von
190
kreis, marie-eve 1905–1981
312, 334, 355, 377
küppers, sophie siehe lissitzky-küppers, sophie
kupka, františek (frank) 1871–1957
448, 449, 453, 458, 460

laban, rudolf von 1879–1958
312, 354, 355, 370
laely, christian anton 1913–1992
521
lang, paul 1884–1970
315, 335, 339–344
langhoff, wolfgang 1901–1966
487
laurens, henri 1885–1954
457, 533
le corbusier 1887–1965
30, 85–87, 100–102, 111, 120, 197, 199, 214, 257, 273, 285, 326, 348, 396–401, 427, 446, 498–500, 506, 540–549, 551, 552
léger, fernand 1881–1955
86, 295, 322, 323, 326, 350, 448, 454, 497
leischner, grete
249
leiteritz, margaret camilla 1907–1976
184, 185, 230
lenin (wladimir iljitsch uljanow) 1870–1924
45
lenya, lotte 1898–1981
422

leonhard, frank 1882–1961
224
leonhard, walter
390
lesch, walter 1898–1958
311
leuppi, leo 1893–1972
351, 467, 497, 498, 500
leuzinger, hans 1887–1971
550, 551
levi, primo 1919–1987
442
lichtenhahn, dr.
512
liebermann, max 1847–1935
16, 401
linck, max paul 1898–1974
402
lipchitz, jacques 1891–1973
323, 325, 326, 427
lissitzky, el 1890–1941
85, 145–147, 170, 202, 203, 212, 223, 242–245, 281–287, 295, 326, 347, 375
lissitzky-küppers, sophie 1891–1978
146, 147, 243, 244
listing, johann benedict 1808–1882
435
liszt, franz 1811–1886
94, 96
loeb, pierre
509
loew, heinz 1903–1981
154, 236
loewensberg, dieter *1914
466
loewensberg, verena 1912–1986
60, 466, 467, 470, 518
lohse, richard paul 1902–1988
60, 387, 467, 468, 498, 523–526, 552
london, jack 1876–1916
279
loosli, carl albert 1877–1959
30
lüthy, oscar 1882–1945
258
lurcat, jean 1892–1966
457

maar, dora 1907–1997
306, 327, 330, 331

mack, heinz *1931
276

macke, august 1887–1914
309

mackintosh, charles rennie 1868–1928
494

mahler-werfel, alma 1879–1964
148

maillart, ella 1903–1997
332

maillart, robert 1872–1940
39, 394, 457, 551

maldonado, tomas *1922
346

malewitsch, kasimir 1878–1935
114–116, 125, 199, 200, 212, 295, 431, 508

malraux, andré 1901–1976
428, 433, 549

mandrot, hélène de 1867–1948
214, 289, 326, 426, 427, 522, 544–546

manet, édouard 1832–1883
31

mangiarotti, angelo *1921
442

mann, thomas 1875–1955
154

manuckiam, myriam
297

marc, franz 1880–1916
269, 309

markos-ney, suzanne
122

märten, lu 1879–1917
213, 284

martin, antonie (tony)
485

marx, gerda
152, 153, 179

marx, karl 1818–1883
10, 75, 355, 393, 400

masareel, frans 1889–1972
214

masson, andré 1896–1987
456

matisse, henri 1869–1954
158, 531–533

maurin, charles 1856–1914
299

mauser, emil
344

may, ernst 1886–1970
203, 214, 222, 223, 240, 241, 245, 283, 341, 347

may, walo von
1879–1928 338

mayer, bernhard
493

mayer, hans 1907–2001
276, 277

meffert, carl siehe moreau, clément

mehl, arnold (arne) 1904–?
195, 197, 268, 269, 272

mehring, walter 1896–1981
147, 217, 390, 391

melnikow, konstantin 1890–1974
85, 526, 527

melnikow, viktor ?–2006
85, 86

melotti, fausto 1901–1986
544

mendelsohn, erich 1887–1953
263, 357, 384, 404

mendelsohn, luise (louise) 1894–1980
263, 384, 404

mendelssohn, moses 1729–1786
114

mengel, johannes
112, 113

mengel, margret
112, 113

mensch, rené
241

mentzel, albert
370

meumann, klaus
241

meyenburg, marietta von
312, 334

meyer, adolf 1881–1929
257

meyer, claudia
109–112

meyer, hannes 1889–1954
109–113, 115, 122, 125, 135, 142, 143, 146, 161–164, 170–173, 184, 186, 187, 192, 204, 214, 220–223, 227, 233, 235, 240–245, 247, 249, 250, 268, 442

meyer-bergner, lena 1906–1981
112, 113, 221

meyer, livia siehe klee-meyer, livia

meyer-herkert, louise bianca nathalie
109–113

meyer, peter 1894–1984
343, 368, 515, 517, 529, 534, 537, 546, 547

meyer-amden, otto friedrich 1885–1933
110, 162, 167, 168, 292, 376, 475

mies van der rohe, ludwig 1886–1969
114, 172, 204, 243, 249–251, 257, 284, 360, 442

mihaly, anja (anja ott)
275

mihaly, jo 1902–1989
275, 276, 487

miller, lee 1907–1977
330

miró, joan 1893–1983
323–326, 336, 416, 497, 533, 534

möbius, august ferdinand 1790–1868
432, 435

modersohn-becker, paula 1876–1907
12

moholy-nagy, hattula
169

moholy-nagy, lászló 1895–1946
85, 110, 113, 115–118, 124, 127–130, 135, 139–163, 165, 167–172, 187, 190, 193, 199–203, 207, 215, 216, 249, 254, 261, 272, 273, 295, 296, 316, 325, 359, 360, 362, 369, 386, 397, 411, 418, 458, 459, 465, 469, 477, 478, 497, 501, 529, 544

moholy, lucia 1894–1989
85, 103, 112, 124, 142–145, 148–153, 156, 162, 165, 168, 216, 249, 254, 255, 343, 359, 441

moholy-nagy, sibylle geb. Pietzsch
169

moilliet, louis rené 1880–1962
309

moissi, alexander 1879–1935
476

mojonnier, arthur
311, 344

mondrian, piet 1872–1944
36, 85, 157, 158, 187, 203, 281, 295, 318, 321–325, 350, 363, 418, 446–460, 465, 470–472, 480, 516–520, 529, 534, 535, 539, 540

montet, anne de
386

moore, henry 1898–1986
431, 433, 434

morach, otto 1887–1973
35, 42, 43, 77–82, 84, 89, 91, 98, 128, 195, 196, 208, 282, 492

moreau, clément 1903–1988
214, 376, 377, 387, 436

morf, ernst peter 1888–1930
286

morgenthaler, ernst 1887–1982
549, 550

morgenthaler, sascha 1893–1975
549, 550

moser, werner 1896–1970
81, 102, 214, 343, 348, 402

moss, marlow 1890–1958
449, 454, 455, 458, 471, 472, 530, 543, 544

mötteli, arnold
53, 61

mourlot, fernand 1895–1988
531

muche, georg 1895–1987
112, 147, 153, 196, 197, 207, 475

mühlestein, hans 1887–1969
57, 376, 436, 440, 441, 493

mühsam, erich 1878–1934
213, 214

müller, gerda 1894–1951
176

müller, heiner 1929–1995
85

müller-widmann, annie
259, 384, 406, 470, 511

müller-widmann, oskar
259, 384, 470, 511, 515, 517

münch, maria
311, 341, 343, 344

münster, arno *1942
393

muschg, adolf *1934
276

mussolini, benito 1883–1945
377, 428, 493

neubauer, theodor 1890–1945
254, 255

neumann, heinz 1902–1937
490

nicholson, ben 1894–1982
459, 535

nijhoff, nettie
455, 543

nusch siehe benz, maria

oettli, max 1879–1965
  75
oppenheim, meret 1913–1985
  415, 416, 422, 459
oppenheimer, max 1885–1954
  156
oppenheimer, olga 1886–1941
  30
oprecht, emil 1895–1952
  372, 377, 382, 482
oprecht, hans 1894–1978
  443
ossietzky, carl von 1889–1938
  102, 213, 390, 391, 392
ostwald, wilhelm 1853–1932
  128, 129, 130, 135, 164, 236,
  239, 278, 526
otte, benita siehe koch-otte, benita
otto, hans 1900–1933
  486, 487
otto, teo 1904–1968
  486, 487
ozenfant, amédée 1886–1966
  359, 457

palucca, gret 1902–1993
  187–189, 193, 199, 298, 450
papa rostkowska, maria *1923
  533
parker, erwin 1903–1983
  487
paryla, emil 1907–1997
  475–477, 483–488
paryla, karl 1905–1996
  487
paryla, selma 1909–?
  476, 483–486, 488
pásztory, ditta siehe bartók-pásztory,
  ditta
peiper, tadeusz 1891–1969
  114, 115, 116
peressutti, enrico 1908–1976
  496
perret, auguste 1874–1954
  197, 441, 495
perrottet, andré 1916–1956
  370
perrottet, suzanne 1889–1983
  310, 312, 352, 370, 387
perrottet-von wyss, julia
  370

peterhans, walter 1897–1960
  204, 249, 250
pevsner, antoine 1886–1962
  212, 281, 284, 295, 318–321,
  448, 507, 509–511, 516–518, 529,
  530, 533, 539, 540
picasso, pablo 1881–1973
  30, 78, 158, 215, 216, 219, 295,
  296, 306, 317, 323–326, 330,
  386, 423, 427, 460, 472, 497,
  506, 525, 531, 532
pidermann, anita
  441
pinkus, theo 1909–1991
  393
piotrkowska, karola siehe bloch,
  karola
posener, julius 1904–1996
  198, 317, 357
power, john wardell 1881–1943
  448, 458
prampolini, enrico 1894–1956
  448
preiswerk, gertrud
  249, 251, 252
probala, riyoko
  135–137
probst, jakob 1880–1966
  338, 339
püschel, konrad 1907–1997
  179, 222, 241

rabinovitch, gregor 1884–1958
  384
ragaz, leonhard 1868–1945
  75, 224, 225
rantzsch, hilde 1908–?
  127, 155, 184, 229–231, 246, 272,
  297, 298, 349, 359, 417
raphael, max 1889–1952
  158, 296, 371, 376, 386,
  436
rasch, emil 1904–1971
  186 173, 182, 183, 186, 187
rasch, maria 1897–1959
  186
ray, man 1890–1976
  192, 306, 328–330, 336, 423,
  534
reich, lilly 1885–1947
  249
reich, willi 1898–1980
  407

reichardt, margaretha 1907–1984
  249
reinhart, georg 1877–1955
  68–71, 74, 286, 287,
  496
reinhart, theodor 1849–1919
  74
rené, denise *1913
  204
renner, paul 1878–1956
  400, 401
rentsch, eugen 1877–1948
  244
richter, hans 1888–1976
  145, 310
rietveld, gerrit thomas 1888–1964
  214
rigo, lori de
  278
rode, walther 1876–1934
  413–415
rodtschenko, alexander 1891–1956
  85, 200, 201
rogers, ernesto nathan 1909–1969
  496, 545, 546
roh, franz 1890–1965
  411
rolland, romain 1866–1944
  14, 75, 224
rölli, luise
  66
röseler, clemens
  120, 173, 175, 179, 180, 184, 194,
  198, 211, 229, 230, 238, 272
rosenbaum, wladimir 1894–1984
  365, 366, 371, 380, 383–386,
  405, 408–415, 424, 469, 504, 505
rosenthal, philip 1916–2001
  164
roshardt, walter 1897–1966
  385
roth, alfred 1903–1998
  102, 285, 348, 398, 427, 446,
  492, 537, 545–548
roth, emil 1893–1980
  243, 244, 398
rühlig, philipp
  260

sacher, paul 1906–1999
  259–261, 312
sahl, hans 1902–1993
  372

salm, mina siehe hinterreiter-salm,
  mina
salzmann, siegfried
  205, 502, 538
samson, jean-paul
  11, 310, 311, 339, 340, 343–345,
  349, 371, 372, 376, 384, 470,
  504, 505, 531
san lazzaro, gualtieri di 1904[?]–
  1974
  218, 507, 530–534, 536
satie, erik 1866–1925
  312, 354
schaichet, irma 1895–1988
  331
schawinsky, alexander (xanti) 1904–
  1979
  173, 175, 179, 194, 195, 238,
  253, 272, 298, 368–370, 389,
  527–529, 544
scheffler, béla 1902–1942
  241
scheidegger, ernst *1923
  426, 437, 461
scheper, britta
  112
scheper, dirk
  164, 186
scheper, hinnerk 1897–1957
  110, 112, 116, 119, 162, 164, 171,
  184–187, 248, 249, 253
scheper-berkenkamp, lou 1901–1976
  110, 112, 119, 164, 184–186, 230,
  248, 272
scherchen, hermann 1891–1966
  175–179, 383, 384, 402–404,
  431, 469, 470
schiaparelli, elsa 1890–1973
  422
schiavetti, fernando 1892–1917
  377
schiess, ernesto (ernst) 1872–1919
  44
schiess, hans rudolf 1904–1978
  459
schiesser, fritz
  260
schlaepfer, edwige
  466
schlemmer, oskar 1880–1943
  78, 109–113, 135, 147, 149, 153–
  155, 159, 162, 163, 165, 167, 168,
  171, 173–177, 180, 185, 189–191,

194, 202, 206, 207, 247, 248, 272, 284, 289, 359, 362, 369, 370, 376, 401, 411, 475, 497, 501, 544
schlemmer-tutein, tut 1890–1987
110, 111, 155, 163, 168, 176, 189, 248, 475
schmid, erich *1947
39, 85, 443, 482, 491
schmid, werner
536
schmidt, georg 1896–1965
56, 67–70, 73, 343, 361, 365, 371, 376, 380, 387, 408, 418, 482, 483, 508, 511, 514, 521, 546
schmidt, hans 1893–1972
214, 222, 223, 240–246, 301, 376, 394, 398, 503, 550
schmidt, joost 1893–1948
113, 119, 135, 141, 164, 175, 184, 186, 202, 236–238, 250, 284
schneider, ursula
152
schoop, trudi 1903–1999
310, 377, 466
schuh, gotthard 1897–1969
306–308, 339–345, 350, 354, 364, 365, 402, 410, 411, 492
schwarz, fritz 1887–1958
278, 279, 291, 292, 353, 354, 373, 519, 536
schweitzer, albert 1875–1965
14
schweizer, milly
310
schwitters, kurt 1887–1948
146, 262, 281, 295, 296, 307, 333, 448, 458
segantini, giovanni 1858–1899
11, 14–17, 29, 31, 65, 66, 75, 424
seghers, anna 1900–1983
277, 376
séguin, bruno
410
seligmann, kurt 1900–1962
448, 458, 459, 500
semper, gottfried 1803–1879
84
seuphor, michel 1901–1999
320–322
seurat, georges 1859–1891
29
severini, gino 1883–1966
131

sharon, arieh 1900–1984
119, 246–253, 378–380
sharon-stölzl, gunta 1897–1983
119, 152–156, 159, 171, 172, 220, 246–254, 368, 389, 491
sieber, ernst
64
siedhoff, e.
190
signac, paul 1863–1935
457
silone, ignazio 1900–1978
371, 372, 376, 377, 380–385, 436, 492–494, 496, 504
silverberg, louise 1905–1969
332
sinclair, upton 1878–1968
279
sjövall, hermana
77–79
spelterini, eduard 1852–1931
88, 89
spielrein, sabina 1885–1942
331
spoerri, binia mathilde siehe bill, binia
spoerri, ferdinand jakob ?–1936
342, 351, 352, 496, 497
spoerri-gross, ida elise
342, 351, 352, 497
stalin, josef 1879–1953
185, 240, 242, 378, 440, 509
stam, jettie
222
stam-lebeau, lenie
222
stam-beese, lotte 1903–1988
111–113, 163, 220–224, 242
stam, mart 1899–1986
110, 125, 145, 171, 201–203, 214, 222–224, 240–246, 268, 283, 341, 347, 360, 529
stam, peter *1931
112, 113, 221
stankowski, anton 1906–1998
292, 294, 351, 402
stauffer, serge 1929–1989
540
stazewski, henryk 1894–1988
448
steck, leo 1883–1960
338, 339

steck, r.
19
steckel, leonard 1901–1971
275
steiger, rudolf 1900–1982
169, 199, 257, 258, 311, 367, 376, 385, 427, 438
steiger-crawford, flora 1899–1991
257, 258, 367, 368, 385
steiner, heiri 1906–1983
201, 292, 294, 351, 402, 492
steiner-träger, liesel 1904[?]–1980
230, 246, 259, 294, 402
steiner, rudolf 1861–1925
80, 346
stiefel, rudolf
62
stöhr, emil siehe paryla, emil
stöhr, selma siehe paryla, selma
stölzl, gunta siehe sharon-stölzl, gunta
straus-ernst, lou (louise) 1893–1944
422, 430
strawinsky, igor 1882–1971
175, 176, 215, 216, 405
streiff, bruno
152, 153
streiff, egidius 1897–1952
311, 343, 344, 473, 546, 552
strzeminski, wladyslaw 1893–1952
448
stutschewsky, joachim 1891–1982
342, 345
sullivan, louis henri 1856–1924
81
surava, peter 1912–1995
443
svipas, vladas 1900–1968
198
szeemann, harald 1933–2005
346

taeuber-arp, sophie 1890–1943
77, 78, 82, 132, 242–244, 295, 305, 307, 312, 318, 321, 355, 361, 365, 366, 448, 449, 458–460, 499–502, 506, 509, 510, 511, 518, 519
tanguy, yves 1900–1955
336
tanning, dorothea *1910
534

taut, max 1884–1967
243
terpis, max 1889–1952
407
thomas, alfred franz 1906–?
426, 474–477, 482–491, 501, 544
thommen, elisabeth 1888–1960
377, 378
toller, ernst 1893–1939
384
tolstoi, leo 1828–1910
75, 214, 224
tolziner, philipp 1906–1996
214, 220–222, 241
torrès garcia, joaquín 1874–1949
295, 320–322, 402
träger, liesel siehe steiner-träger, liesel
tranquilli, secondo siehe silone, ignazio
trotzki, leo 1879–1940
185, 263, 429
tschichold, jan 1902–1974
387
tucholsky, kurt 1890–1935
213, 214, 384, 390, 391
turel, adrien 1890–1957
295
tutundijan, leon arthur 1906–1968
448
tzara, tristan 1896–1963
191, 306, 423

unseld, siegfried 1924–2002
277
urban, anton
241

valangin, aline 1889–1986
365, 366, 371, 380–384, 386, 406–408, 412–415, 469, 470, 504, 505
vallotton, félix 1865–1925
42, 43, 70, 299, 338, 339
valmier, georges 1885–1937
448, 458
van de velde, henry 1863–1957
23, 32, 55, 68, 69, 109, 319, 468, 469, 494
van de velde, nele 1897–1965
68

van doesburg, theo 1883–1931
146, 295, 305, 320–322, 350, 418, 447, 448, 453–457, 499, 502

vantongerloo, georges 1886–1965
85, 203, 237, 281, 284, 295, 318–321, 350, 363, 409, 420, 427, 431, 435, 447–467, 470–474, 477–481, 490, 500, 501, 507, 509, 511–513, 516–522, 530, 533, 540–546

vaucher, charles ferdinand 1902–1972
311, 312, 316, 355, 377

vézelay, paule 1892–1984
448, 455, 456, 530

vogel, wladimir 1896–1984
139, 178, 310, 383–386, 403–408, 431, 469, 470, 505

vogel, wolfgang 1909–1988
51–55, 59, 61–63

vogeler, heinrich 1872–1942
113

voigt, ilse
249, 251

von der heydt, baron august 1851–1929
71

von fischer
475, 488

von st. leger, ‹baronin› antonietta
94–96

von wyss, roland
370

vordemberge-gildewart, friedrich 1899–1962
169, 170, 286, 295, 458, 470–472, 514, 516, 517, 530, 544, 545

vuillard, édouard 1868–1940
70

walden, herwarth 1878–1941
83, 103, 143–145, 147, 168, 254, 404

walden, nell
144, 147

wartmann, wilhelm 1882–1970
288, 498

wassmer, max
259, 299–301, 304–306, 337, 338, 503

weibel, adolf 1870–1952
17, 28, 29, 32, 33, 35, 48, 49, 76, 306

weibel-geiger, sophie 1879–?
24, 28, 29, 33, 208

weigel, helene 1900–1971
390

weill, kurt 1900–1950
114, 178, 256, 390, 404, 405

weiner, tibor 1906–1965
222, 241

weinert, erich 1890–1953
251

weininger, andor 1899–1986
175, 193, 194, 197, 238, 370

welti, albert 1862–1912
49, 258

welti, hanns robert 1894–1934
292–295, 297, 320, 350, 351, 402, 497

welti, lucie
295

westhoff, clara 1878–1954
12

widmer, johannes
14, 30, 31, 386

widmer, robert
386

wiedner, rosa trude 1900–?
482, 486, 489

wigman, mary 1886–1973
187, 312

willimann, alfred 1900–1957
446, 449

winkler, robert 1898–1973
169

winter, fritz 1905–1976
370

wittwer, hans 1894–1952
111, 162, 243, 244, 247, 268

woerner, clara siehe geiger-woerner, clara

wolf, christa *1929
234, 276

wölfflin, heinrich 1864–1945
158, 296, 397, 411

wolfsohn, r.
339, 340

wood, james n.
58

worringer, emmy 1889–1961
30

wright, frank lloyd 1869–1959
81, 119, 263

wulff, katja 1890–1992
312, 316, 334, 354, 355, 377

zeman, ernst
222

zervos, christian 1889–1970
455, 457

zollinger, albin 1895–1941
315, 331, 332

züricher, bertha 1869–1949
7–9, 11, 13, 14, 20, 35, 49

züricher, gertrud 1871–1956
7–9, 13, 14, 20, 33

züricher, ulrich wilhelm 1877–1961
7–15, 20, 30, 31, 74, 75

bildnachweis

archiv ortsmuseum oetwil am see: s. 52, 53

bauhaus-archiv berlin: s. 140, 152, 153, 155, 175

max, binia + jakob bill stiftung, adligenswil: s. 368, 410, 433, 461, 467, 502, 526, 527 links

eidgenössisches archiv für denkmalpflege/graphische sammlung der schweizerischen nationalbibliothek, bern: s. 89

galerie berinson, berlin: s. 126 oben

galerie kornfeld, bern: s. 69

christine gautschi zuppinger, bern: s. 8, 9 oben, 10, 13, 31 unten, 33

christoph geiger, freienbach sz: s. 7, 9 unten, 17, 18 unten, 36, 37 unten, 38, 50, 90, 107, 301 links

sammlung hans-ulrich geiger, zürich: s. 22, 34, 133

gta archiv/eth zürich: s. 397, 438, 465

kunstmuseum bern: s. 44, 49

raymond martin, ligerz: s. 39 links (foto: a. kölla, brugg)

© 2008, bühnen archiv oskar schlemmer, 28824 oggebbio (vb), italien: s. 190

schweizerisches bundesarchiv, bern, dossier max bill: s. 474, 491

schweizerisches cabaret-, chanson- und pantomimen-archiv, thun/gwatt: s. 340, 345

schweizerisches institut für kunstwissenschaft (sik), zürich: s. 25

stadt brugg: s. 132

stadtarchiv brugg: s. 18 oben, 37 oben

stadtbibliothek winterthur: s. 40 unten

angela thomas, zumikon: s. 19, 21 (foto: angela thomas), s. 26, 27 oben, 27 unten, 31 oben, 41, 43, 54, 61, 72, 73, 76, 77, 80, 81, 87, 91, 97–101, 103, 106, 109, 118, 125, 126 unten links, 126 unten rechts, 127, 130, 134, 137, 139, 143, 144, 149, 160, 161, 166 oben, 166 unten, 180, 181–183, 185, 188, 189 oben, 191, 192 links, 192 rechts, 196 rechts, 197, 200, 201, 205, 207, 215, 217 links, 217 rechts, 219, 223 (foto: angela thomas), 227, 228 (foto: angela thomas), 229 links, 229 rechts, 234, 237, 239, 252 links, 252 rechts, 255 (foto: angela thomas), 261, 262, 267, 270, 271, 273, 279, 281, 293 oben, 293 unten, 297, 300, 301 mitte, 301 rechts, 311 links, 311 rechts, 314, 315, 319–321, 330, 337, 339, 342 oben, 342 unten, 354 oben, 354 unten, 356 links, 356 rechts, 358, 361, 362, 363 (foto: spreng, basel), 365, 367, 369 links, 369 rechts (foto: giorgio hoch), 385, 395, 399 oben, 399 unten, 402 rechts, 403, 407 oben, 407 unten, 408, 412, 417, 419, 420 links, 420 rechts, 434, 440, 443 oben, 443 unten, 444, 445 links, 445 mitte, 445 rechts, 447, 449, 456, 459, 473, 483, 493–495, 499, 511, 517, 524, 531 links, 531 rechts, 541, 545, 547, 548

sammlung elsa und heinz wehrli, zürich: s. 167

sammlung wilhelm-hack-museum, ludwigshafen: s. 521

zentrum paul klee, bern: s. 189 unten

max bill: *robert maillart*, verlag für architektur, erlenbach-zürich 1949: s. 39 rechts

gilbert lupfer, paul sigel: *walter gropius 1883–1969, propagandist der neuen form*, taschen, köln 2004: s. 112

the bauhaus. masters and students by themselves, hrsg. von frank whitford, conran octopus, london 1992: s. 402 links

selim o. khan-magomedov: *konstantin melnikov (masters of architecture)*, moskau 1989: s. 527 rechts

marie-louise schaller: *otto morach (1887–1973)*, schweizerisches institut für kunstwissenschaft, zürich, prestel, münchen 1983: s. 196 links

paul klee: *journal*, grasset, paris 1959: s. 539

lotte stam-beese 1903–1988, dessau, brno, charkow, moskou, amsterdam, rotterdam, rotterdamse kunststichting/uitgeverij de hef, rotterdam 1993: s. 222

wies van moorsel: *durchschnitt reicht nicht! nelly van doesburg 1899–1975*, niggli, sulgen/zürich 2003: s. 530

carola giedion-welcker: *modern plastic art*, girsberger, zürich 1937: 525 oben

splitter, hrsg. von der galerie scheidegger & maurer, nr. 2, august/september 1971, zürich 1971: s. 294

«damals in zürich», hugo ball & emmy hennings, briefe aus den jahren 1915–1917, arche, zürich 1978: s. 157

hans girsberger: *im umgang mit le corbusier/mes contacts avec le corbusier*, les editions d'architecture artemis, zürich 1981: s. 102

blicke ins licht – neue betrachtungen zum werk von giovanni segantini, hrsg. von beat stutzer, segantini museum st. moritz/scheidegger & spiess, zürich 2004: s. 65

werk, 25. jg, nr. 3, märz 1928: s. 525 unten

XXe siècle, dezember 1938: s. 20